제4판

원가관리회계

김순기 · 황국재 · 임태종 · 이상완

弘文社

제 4 판 머리말

먼저, 본서를 오랜 기간 교재로 사용해 주신 교수님들과 독자들에게 감사의 마음을 전한다. 원가관리회계 제4판은 기존 제3판의 체계와 내용을 그대로 유지하면서 다음과 같은 사항을 추가 및 보완하였다.

첫째, 최근 국가시험의 경향을 반영해 문제를 보완하였다. 단답형 문제와 객관식 문제뿐만 아니라 주관식 문제도 일부 보완하였다. 특히, 주제가 결합되는 문제에 대비할 수 있도록 결합원가계산과 종합원가계산, 표준원가계산과 종합원가계산이 연결된 문제를 소개하였다. 그리고 응용력을 배양할 수 있도록 전통적인 원가계산과 ABC의 비교에 있어서 법인세효과를 묻는 문제를 추가하였다.

둘째, 마음은 있었지만 그동안 교재에 다 반영하지 못했던 몇 가지 내용을 추가하였다. 대표적으로 감손 회계처리에 대해 본문에 설명과 예제를 싣고, 연습문제에 기출문제를 추가하였다. 그리고 단계배부법의 배부순서에 따른 배부금액의 차이를 묻는 문제에 대비할 수 있도록 본문 내용을 보완하고 해당 기출문제를 연습문제로 실었다.

끝으로 본서가 독자들이 원가관리회계를 공부하고, 소기의 목표를 달성하는 데 도움이 되길 바란다. 본서의 출간을 위해 수고한 홍문사 관계자 분들에게 감사드린다.

2021년 2월

저 자

제 3 판 머리말

원가관리회계 제2판이 출간된 지 3년 6개월이란 시간이 흘렀다. 먼저 본서를 교재로 사용해 주신 교수님들과 독자들에게 감사를 드리며, 독자들에게 좀더 도움이 되는 교재를 만들고자 하는 마음에 금번 제3판을 출간하게 되었다. 제3판은 제2판의 체계와 내용을 그대로 유지하면서 다음과 같은 사항을 추가하였다.

첫째, 국제회계기준(IFRS)이 도입되어 전면 적용됨에 따라 원가계산과 관련하여 이론과 기준 간의 관계를 보다 명확히 설명할 필요성이 대두되었다. 이에 따라 IFRS 내용 중에서 원가계산과 외부보고용 재무제표작성시 고려할 사항을 추가로 설명하였다. 추가된 내용은 실무자들과 각종 국가시험을 준비하는 학생들에게 도움이 되리라 생각한다.

둘째, 객관식 연습문제가 부족하다는 지적과 최근 국가시험의 경향을 반영해 달라는 독자들의 요구에 따라 최근 공인회계사, 세무사, 감정평가사 1차 기출문제를 엄선하여 각 장 마지막 연습문제로 추가하였다. 다만, 본서는 연습서가 아닌 관계로 객관식 문제를 그대로 싣지 않고 단답형 문제로 변형하여 추가하였다.

끝으로, 독자들의 도움으로 제2판의 오탈자를 수정하고, 몇몇 연습문제와 예제를 보다 포괄적이고 정교한 문제로 수정, 보완하였다.

아무쪼록 본서를 통하여 독자들이 스스로의 목표에 한발짝 더 다가가게 되길 바란다. 본서가 출간되는 데 노고를 아끼지 않은 홍문사 제위와 서강대학교 대학원 박사과정의 이다솜, 이규상 선생에게 감사드린다.

2015년 2월

저 자

제 2 판 머 리 말

원가관리회계 초판을 출간한 지 어느덧 4년이란 시간이 흘렀다. 그간 여러 대학에서 이 책을 교재로 사용해 주신 교수님들과 독자들에게 감사를 드리며, 그 분들의 조언을 바탕으로 실제적인 도움이 되는 책이 되도록 제2판을 내놓게 되었다. 초판과 비교해 달라진 점과 보다 강조한 내용은 다음과 같다.

첫째, 독자들이 원가관리회계를 보다 잘 이해 할 수 있도록 이론적인 배경, 내용들의 연결고리, 그리고 전체적인 흐름을 설명하는데 그 어느 때보다 많은 지면을 할애하였다.

둘째, 활동기준원가계산이 보편화되면서 그 개념이 표준원가계산, CVP 분석, 그리고 단기의사결정 등에 활용되고 있는 점을 감안하여, **V**부 '현대원가관리회계'에서 소개하던 활동기준원가계산을 **II**부 '원가계산과 원가배부'로 이동하여 교재 초반부에 설명하였다.

셋째, 분권화로 인한 부문간의 업적평가와 세계화에 따른 다국적 기업의 업적평가 등과 관련하여 대체가격에 대한 이해가 강조되고 있고, 최근 공인회계사와 세무사 시험 등에 이와 관련된 문제들이 자주 출제되고 있는 점을 고려하여, 별도의 장(제18장)을 마련하여 대체가격을 자세히 설명하였다.

넷째, 종합원가계산에서 선입선출법을 적용하는 계산과정을 국내의 다른 교재에서 많이 사용하는 방법으로 변경함으로써 이후 독자들이 수험목적으로 다른 저자의 연습서 등을 공부하는 데 편리함을 주고자 하였다.

끝으로, 연습문제가 너무 많다는 지적이 있어 핵심 문제를 선별하여 문제 수를 줄이는 대신, 문제풀이를 보다 자세히 하고 본문에서 설명한 방식에 따라 일관성 있게 풀이하였다.

아무쪼록 본서가 독자들이 소기의 목표를 달성하는데 도움이 되길 바라며, 본서가 출간되기까지 도움을 준 많은 분들에게 감사의 마음을 전한다. 특히 자료정리와 교정작업에 도움을 준 서강대학교 대학원의 이상완 선생과 김민성 선생, 그리고 홍문사 제위께도 감사드린다.

2011년 8월

저 자

초판 머리말

본서는 과거에 출간하였던 원가회계를 대폭 수정·보완한, 대학교 학부생을 위한 고급 관리회계 및 원가회계의 내용을 담고 있는 교과서이다. 개념상 원가회계와 관리회계는 구분이 가능하나 대학교에시 원가회계와 관리회계는 내용면에시는 거의 동일하며 단지 난이도에서만 구분이 되고 있다. 학교마다 차이는 있겠지만 저자들이 근무하고 있는 서강대학교의 경우 관리회계는 경영학을 전공하는 학생들이 반드시 수강하여야 하는 기초과목이며 원가회계는 고급 선택과목이다. 따라서 관리회계는 교과내용이 포괄적이며 난이도 측면에서 평이하며 원가회계는 관리회계의 고급과목이기 때문에 난이도 측면에서 관리회계에 비해서 고급내용을 담고 있다. 본시는 기본직인 원가 및 관리회계의 내용을 이미 습득한 학생들이 관리회계와 원가회계의 고급내용을 알고자 할 때 도움이 되는 교과서이다. 한편 저자들이 과거와 달리 본서의 제목을 원가·관리회계로 정한 이유는 본서가 관리회계와 원가회계의 내용을 모두 포함하고 있기 때문이다.

본서는 과거의 원가회계에 비해서 제목을 원가·관리회계로 변경한 것에 추가하여 다음과 같은 몇 가지의 차이점과 특징을 갖고 있다. 첫째, 교과목의 성격상 학생들이 많은 계산문제를 접하게 되는데 이때 요구되는 정확한 개념의 이해를 위해서 저자들은 개념설명에 보다 많은 지면을 할애하였다. 둘째, 새로운 경향의 연습문제를 대폭 수록하였다. 각 장에 수록된 많은 문제들을 통하여 본문 내용을 보다 잘 이해할 수 있으리라 확신한다. 한편 연습문제의 선별에 있어 저자들은 공인회계사와 세무사 본시험을 염두에 두었다. 끝으로 과거 원가회계의 오, 탈자와 어색한 표현을 수정하였다.

아무쪼록 본서의 학습을 통하여 모든 독자들이 소기의 목적을 보다 조기에 달성하기를 바란다. 이 책의 집필에 많은 분들의 도움을 받았음을 밝힌다. 그중에서도 우선 이 책의 초고를 독자의 입장에서 읽고 좋은 의견을 제시해 준 서강대학교 석·박사과정의 이상완, 송현경 그리고 김기범 원생에게 고마운 마음을 전한다. 그리고 이 책의 출판을 맡아 노고를 아끼지 않은 홍문사 제위께도 각각 고마운 마음을 전한다.

2007년 3월 노고산자락 경영관에서

김순기·황국재 씀

CONTENTS

PART 1 원가관리회계의 기본개념 1

제1장 원가관리회계의 소개 ··· 3

제1절 회계정보의 필요성과 회계의 분류 ··· 5

1 회계정보의 필요성 • 5
2 재무회계와 관리회계 • 6
3 원가회계 • 8
4 원가관리회계 • 9

제2절 원가관리회계 환경의 변화 ··· 10

1 경영환경의 변화 • 11
2 제조환경의 변화 • 11
3 원가회계에의 영향 • 12

제3절 현대 원가관리회계의 특징 ··· 13

1 좀 더 정교한 원가계산제도 • 13
2 제조이전단계의 중요성 • 16
3 가치사슬을 통한 통합적 관리 • 17
4 성과평가의 중요성 • 18

제4절 원가회계제도와 원가회계 담당자 ··· 19

1 원가회계제도에 영향을 주는 요인 • 19
2 원가회계 담당자의 역할 • 20

제2장 원가개념 및 용어 ··· 23

제1절 원가개념 ··· 25

1 원가의 정의 • 25
2 원가대상의 정의 • 27

제2절 원가의 분류 ··· 28

1 추적가능성에 따른 분류 • 28
2 원가행태에 따른 분류 • 30
3 의사결정을 위한 원가분류 • 32

제3절 제조원가 ··· 34

1 제품원가의 3요소 • 34
2 제조기업의 재고자산 • 36
3 제품원가의 흐름 • 37
4 제품원가와 기간비용 • 41
5 한국채택국제회계기준에 의한 손익계산서 작성 • 46

연습문제 ··· 50

PART 2

원가계산과 원가배부

원가계산과 원가배부 63

제3장 개별원가계산 ······ 65

제1절 개별원가계산의 기초 ······ 68

1 의 의 • 68
2 개별원가계산의 주요문서 • 69
3 기타서류 • 71
4 문서의 흐름 • 72

제2절 제조간접비의 배부 ······ 72

1 제조간접비배부의 기초 • 73
2 제조간접비배부의 절차 • 74
3 한국채택국제회계기준 • 79

제3절 회계처리와 명세서 작성 ······ 81

1 개별원가계산의 회계처리 예시 • 81
2 제조원가 및 매출원가명세서 작성 • 85

제4절 부서별 제조간접비배부율 ······ 89

연습문제 ······ 93

제4장 종합원가계산 ······ 105

제1절 종합원가계산의 기초 ······ 107

1 의 의 • 107
2 특 징 • 108
3 종합원가계산 운영단계 • 109

제2절 종합원가계산 예시 ······ 112

1 제조원가보고서 작성 절차 • 113
2 기초재공품 재고가 없는 경우 • 114
3 전공정대체가 있는 경우 • 119
4 기초재공품 재고가 있는 경우 • 122

제3절 종합예제 ······ 130

연습문제 ······ 134

제5장 공손회계 ······ 145

제1절 산출물 단위의 변화 ······ 147

제2절 공손 일반사항 ······ 150

1 비정상공손 • 151
2 정상공손 • 157
3 정상공손과 비정상공손 • 162

제3절 공손 추가사항 ······ 164

1 공손검사시점 • 164
2 공손품의 처분가치 • 167

제4절 공손 종합예제 ······ 172

제5절 감손 회계처리 ······ 175

❶ 의　　의 • 175　　❷ 감손과 수율 • 175
❸ 감손의 원가계산 • 176
▶ 연습문제 ······ 181

제6장 결합제품과 부산물회계 ······ 193

제1절 서　론 ······ 195
❶ 의　　의 • 195　　❷ 용　　어 • 195

제2절 결합제품의 원가계산 ······ 196
❶ 물리적 단위법 • 197　　❷ 분리점에서의 판매가치법 • 198
❸ 순실현가치법 • 199　　❹ 균등이익률법 • 201
❺ 복수 분리점 • 203

제3절 부산물회계 ······ 206
❶ 잡수익법 • 207　　❷ 순실현가치법 • 207
❸ 한국채택국제회계기준 • 212

제4절 결합제품과 의사결정 ······ 213
❶ 추가가공에 관한 의사결정 • 213　　❷ 결합제품의 재고관리 • 215

제5절 종합예제 ······ 216
▶ 연습문제 ······ 220

제7장 보조부서 원가의 배부 ······ 229

제1절 서　론 ······ 231
❶ 의　　의 • 231　　❷ 원가배부의 목적 • 233
❸ 원가배부에서 고려해야 할 점 • 234　　❹ 원가배부의 행동적 측면 • 237

제2절 보조부서 원가의 배부방법 ······ 238
❶ 직접배부법 • 238　　❷ 단계배부법 • 239
❸ 상호배부법 • 243

제3절 정리 및 종합예제 ······ 245
❶ 정　　리 • 245　　❷ 종합예제 • 247

보론: 차지백 시스템 ······ 250

▶ 연습문제 ······ 253

제8장 활동기준원가계산 ······ 265

제1절 전통적 원가계산제도의 한계 ······ 267
❶ 두 단계 원가배부방법 • 267　　❷ 제품원가의 왜곡 • 269

제2절 활동기준원가계산의 기초 ··· 271

❶ 활동기준원가계산의 의의 • 271
❷ 활동기준원가계산의 도입배경 • 272
❸ 생산활동의 유형 • 273

제3절 활동기준원가계산의 절차와 한계점 ··· 277

❶ 활동기준원가계산의 절차 • 277
❷ 전통적 원가계산과 활동기준원가계산의 비교 • 280
❸ 활동기준원가계산의 한계 • 286

제4절 종합예제 ··· 286

연습문제 ··· 289

PART 3 계획수립과 의사결정 303

제9장 원가행태분석 ··· 305

제1절 서 론 ··· 307

❶ 의 의 • 307
❷ 역사적 원가자료의 분석 • 208

제2절 원가행태분석방법 ··· 310

❶ 공학적 방법 • 310
❷ 계정분류분석법 • 311
❸ 고저점법 • 312
❹ 산포도법 • 315

제3절 회귀분석 ··· 316

❶ 단순선형회귀 • 317
❷ 통계적 추론 • 319
❸ 가 정 • 325
❹ 다중회귀분석 • 328

제4절 종합예제 ··· 331

연습문제 ··· 335

제10장 원가·조업도·이익분석 ··· 343

제1절 기본 CVP 모형 ··· 346

❶ 경제학적 CVP 모형 • 346
❷ 회계학적 CVP 모형 • 348
❸ 원가·조업도·이익의 기본관계 • 349
❹ 가 정 • 360

제2절 기본 CVP 모형의 확장 ··· 361

❶ 현금흐름분기점 분석 • 362
❷ 다수제품 CVP 분석 • 365
❸ 비선형함수의 CVP 분석 • 369

제3절 불확실성하에서의 CVP 분석 ··· 373

❶ 민감도 분석 • 374
❷ 확률분포를 이용한 분석 • 374

3 확률나무 분석 • 379

연습문제 ········ 382

제11장 전부원가계산과 변동원가계산 ········ 393

제1절 전부원가계산과 변동원가계산 기초 ········ 395

제2절 표준전부원가계산과 표준변동원가계산 ········ 398

1 표준원가계산 기초 • 398
2 표준원가계산에서 전부원가계산과 변동원가계산 • 400

제3절 전부원가계산에서의 손익분기점 ········ 400

제4절 스루풋 원가계산 ········ 407

제5절 기준조업도 ········ 411

1 기준조업도의 유형 • 411
2 기준조업도와 고정제조간접비 배부율 • 413
3 기준조업도와 재무제표 • 413

보론: 제약이론 ········ 416

1 스루풋 원가계산(throughput costing) • 416
2 제약요소관리 5단계 • 417

연습문제 ········ 422

제12장 종합예산 ········ 435

제1절 서　론 ········ 437

1 예산의 특징 • 437　2 예산편성의 목적 • 439

제2절 종합예산 편성절차 ········ 441

1 운영예산 • 443　2 재무예산 • 454

제3절 종합예산편성 방법 ········ 460

1 예산참여정도에 따른 분류 • 460　2 예산설정 방법에 따른 분류 • 462

제4절 원가유형과 통제방법 ········ 464

1 공학적 원가 • 464　2 조직기반원가 • 465
3 자유재량원가 • 465

연습문제 ········ 468

제13장 특수의사결정 ········ 477

제1절 특수의사결정의 기초 ········ 479

1 의사결정의 접근방법 • 479 2 관련원가 • 480

제2절 특수의사결정의 일반유형 481

1 특별주문의 수락 • 481 2 자가생산 또는 외부구매 • 483
3 부문의 폐쇄 • 486 4 제품믹스 • 488
5 전략적 분석과 관련원가계산 • 490

제3절 정보취득 의사결정 490

1 의사결정모형 • 491 2 불확실성하의 의사결정 • 492
3 완전정보의 기대가치 • 493 4 불완전정보의 기대가치 • 494

제4절 가격결정 498

1 가격결정에서 원가의 역할 • 498 2 원가가산 가격결정 • 500

제5절 목표원가계산 503

연습문제 506

제14장 학습곡선과 선형계획법 523

제1절 학습곡선의 기초 525

1 학습곡선의 의의 • 525 2 학습효과가 있는 원가 • 526

제2절 학습곡선모형 526

1 누적평균시간모형 • 526 2 증분단위시간모형 • 530

제3절 학습곡선의 적용 532

1 학습곡선모형 계수의 결정 • 532
2 학습곡선모형을 이용한 원가예측 • 534
3 자가생산 또는 외부구매 의사결정 • 535
4 기타 적용분야 • 537

제4절 선형계획법 538

1 선형계획법 • 538 2 불확실성하에서의 선형계획법 • 540

연습문제 543

PART 4 통제와 성과평가 553

제15장 원가중심점의 업적평가 555

제1절 책임회계제도 557

1 책임회계제도의 의의 • 557 2 책임중심점의 유형 • 558

제2절 표준원가제도 560

❶ 표준원가 • 560 ❷ 표준의 유형 • 562

제3절 차이분석 ········ 563

❶ 재료비와 노무비 차이분석 • 564 ❷ 변동예산 • 567
❸ 제조간접비 차이분석 • 568

제4절 차이안분 ········ 575

❶ 제1단계: 재료비 가격차이의 안분 • 575
❷ 제2단계: 그 밖의 차이의 안분 • 576
❸ 한국채택국제회계기준 • 578

제5절 배합차이와 수율차이 ········ 579

❶ 재료비 배합차이와 재료비 수율차이 • 579
❷ 노무비 배합차이와 노무비 수율차이 • 582

제6절 활동기준원가계산에서 차이분석 ········ 585

제7절 표준종합원가계산 ········ 587

❶ 표준종합원가계산의 의의 • 587 ❷ 원가계산절차 • 588

제8절 차이조사결정 ········ 591

연습문제 ········ 595

제16장 이익중심점의 업적평가 ········ 607

제1절 서 론 ········ 609

❶ 이익중심점 • 609 ❷ 이익중심점의 식별 • 610

제2절 이익중심점보고서의 작성 ········ 610

제3절 매출차이 ········ 613

❶ 단일제품의 경우 • 614 ❷ 다수제품의 경우 • 616

연습문제 ········ 620

제17장 투자중심점의 업적평가 ········ 629

제1절 분 권 화 ········ 631

❶ 분권화의 의의 • 631 ❷ 분권화의 장단점 • 632

제2절 투자중심점의 업적평가 ········ 633

❶ 투자수익률 • 634 ❷ 매출수익률 • 635
❸ 잔여이익 • 636 ❹ 경제적 부가가치 • 636

제3절 균형성과표 ········ 639

❶ 균형성과표의 의의 • 639 ❷ 균형성과표의 개념 • 640

❸ 성과지표들의 연계성 • 645 ❹ 성과평가의 예 • 646

제4절 투자중심점 업적측정의 문제점 ······ 648

❶ 투자의 정의 • 648 ❷ 자산의 측정 • 649
❸ 그 밖의 문제 • 650

보론: 경제적 부가가치 ······ 652

❶ 경제적 부가가치(EVA)의 등장배경 • 652
❷ 경제적 부가가치(EVA)의 의의 및 개념 • 654
❸ 경제적 부가가치와 시장부가가치 • 656
❹ EVA의 한계점 • 657 ❺ EVA의 유용성 • 658

연습문제 ······ 661

제18장 대체가격 ······ 671

제1절 대체가격의 기초 ······ 673

❶ 의 의 • 673 ❷ 대체가격 결정시 고려할 기순 • 674
❸ 대체가격의 결정방법 • 676 ❹ 대체가격결정의 일반지침 • 679

제2절 자율성기준에 의한 내부대체 의사결정 ······ 683

❶ 공급사업부의 최소대체가격 • 683 ❷ 구매사업부의 최대대체가격 • 686
❸ 대체여부 의사결정이 회사전체 이익에 미치는 영향 • 687

제3절 다국적기업의 대체가격 ······ 690

연습문제 ······ 693

PART 5

현대원가관리회계 703

제19장 JIT회계: 역류원가계산 ······ 705

제1절 전통적 생산 ······ 707

❶ 푸쉬시스템에서의 제품원가계산 • 708
❷ 매출총이익과 제품원가간의 관계 • 708

제2절 적시생산 ······ 709

❶ JIT에서 간반의 사용 • 710 ❷ JIT적용의 효익 • 710
❸ 성공적 JIT적용의 조건 • 713 ❹ JIT 구매제도 • 714
❺ JIT 업적 측정 • 715

제3절 역류원가계산 ······ 716

❶ 역류원가계산 1 • 718 ❷ 역류원가계산 2 • 719

3 역류원가계산 3 • 721
4 역류원가계산제도의 평가 • 722

연습문제 ······ 724

제20장 전략적 원가관리 ······ 731

제1절 서　론 ······ 733

1 전략적 원가관리 • 733
2 전략적 관리 및 원가자료 • 734

제2절 원가회계와 가치사슬 ······ 735

1 가치사슬원가의 식별 • 736
2 상류 및 하류 원가의 측정 • 737
3 가치사슬 정보의 유용성 • 738

제3절 제품수명주기 원가계산 ······ 739

1 전통적 원가계산 • 739
2 제품수명주기 원가계산 • 740
3 제품수명주기 가격결정 • 742

제4절 목표원가계산 ······ 742

1 전통적 원가계산과 목표원가계산 • 743
2 목표원가계산의 문제점 • 744

제5절 카이젠원가계산 ······ 745

1 전통적 원가계산과 카이젠원가계산 • 746
2 카이젠원가계산의 문제점 • 746

제6절 품질원가계산 ······ 747

1 품질표준 • 747
2 품질원가 • 748
3 품질원가의 관리 • 751
4 품질원가계산의 문제점 • 752

연습문제 ······ 754

부록 ······ 765

찾아보기 ······ 775

I

원가관리회계의 기본개념

제1장 원가관리회계의 소개

제2장 원가개념 및 용어

제 1 장

원가관리회계의 소개

제1절 회계정보의 필요성과 회계의 분류

제2절 원가관리회계 환경의 변화

제3절 현대 원가관리회계의 특징

제4절 원가회계제도와 원가회계 담당자

학습목표

투명하고 정확한 원가정보의 중요성이 어느 때보다 강조되고 있다. 이 장에서는 원가관리회계가 무엇인지를 소개하고, 환경변화에 따른 현대 원가관리회계의 특징에 대하여 설명하고자 한다. 이 장을 공부하고 나면 아래의 내용을 파악할 수 있을 것이다.

1. 회계정보의 필요성과 원가관리회계의 영역
2. 경영환경의 변화와 원가관리회계 환경의 변화
3. 새로운 원가관리회계의 강조점
4. 원가회계제도에 영향을 주는 요인
5. 원가회계 담당자의 역할

제1장 원가관리회계의 소개

글로벌 경제에서 경쟁해야 하는 경영자들에게 회계정보의 중요성이 지금보다 더 강조된 적은 없었다. 수익을 창출하기 위한 기업의 경영활동과정에서 원가는 필수적으로 발생하는데, 경쟁 환경에서 원가를 정확하게 측정하고 보고하는 일이 중요한 이유는 자신의 능력(원가)을 정확히 알아야 경쟁(가격)에서 이기고 각종 의사결정을 정확히 할 수 있기 때문이다. 의사결정에 이용되는 회계정보는 많은 경우에 원가와 관련이 있다. 경영자들은 효과적으로 경쟁하기 위해 원가회계자료를 이용하여 종업원의 활동을 감시하고 성과를 평가하며 각종 의사결정을 내린다. 원가자료를 보다 현명하게 사용하기 위해서 경영자들은 원가자료가 무엇을 의미하고 또한 원가자료가 어떻게 산출되었는지를 파악해야만 한다. **제1장**에서는 회계정보의 필요성, 원가관리회계의 영역, 원가관리회계 환경의 변화, 현대 원가관리회계의 특징, 그리고 원가회계제도에 영향을 주는 요인과 원가회계 담당자에 대해서 설명한다.

제1절 회계정보의 필요성과 회계의 분류

1 회계정보의 필요성

조직 경영에서 회계정보는 오랫동안 중요한 역할을 해 왔다. 또한 회계정보에 대한 필요성은 조직의 변화에 따라 변화해 왔다. 공업화가 이루어지지 않은 산업혁명 이전의 기업조직은 제조활동보다는 상업 위주였으며 제조자의 경우에도 그 작업이 노동집약적이고 단순하였다. 이런 조직의 관리자들은 기업이 이익을 내면서 운영하는지를 평가할 수 있는 정도의 비교적 단순한 자료를 필요로 하였다. 그러나 기업이 성장하여 기업운영이 더 복잡해지면서 조직의 재무결과를 측정 기술하는 데 필요한 회계정보는 양이 보다 많아지고 또한 복잡하게 되었다.

산업의 발달로 인하여 경제사회는 더욱 복잡해지고, 기업의 이해관계자는 더욱 많아졌으며 그들이 직면하는 의사결정은 양적인 측면에서 증가되었을 뿐만 아니라 내용적인 측면에서도 더욱 복잡하게 되었다. 이와 같은 상황에서 합리적인 의사결정을 하기 위하여 더 많은 회계정보가 필요하게 되었으며, 특히 회계정보의 기초가 되는 원가정보가 중요하게 되었다.

2 재무회계와 관리회계

회계(accounting)란 정보이용자들이 합리적인 의사결정을 할 수 있도록 경제실체에 관한 유용한 경제적 정보를 식별·측정·기록하여 정보이용자에게 전달하는 과정을 말한다. 여기서 정보이용자란 주주, 채권자, 경영자 등과 같이 의사결정을 위하여 회계정보를 필요로 하는 기업의 이해관계자를 말한다. 회계는 단순히 회계정보를 생산하는 과정만을 의미하는 것이 아니라 회계정보를 전달하는 과정까지를 포함하는 하나의 정보시스템이다. 과거에는 단순히 회계정보의 생산측면만을 중요시하였으나, 최근에는 회계정보의 전달 및 이용측면을 강조하고 있다.

경제사회의 성장과 함께 회계는 크게 두 분야로 발전하였는데 하나는 기업의 외부정보이용자인 주주, 채권자 등의 정보욕구를 충족시키기 위한 재무회계이고, 다른 하나는 기업의 내부정보이용자인 경영자들의 정보욕구를 충족시키기 위한 관리회계이다. 즉, **재무회계**(financial accounting)는 주주, 채권자, 정부기관과 같은 기업 외부정보이용자들의 의사결정에 유용한 정보를 제공하는 것을 목적으로 하는 회계이고, **관리회계**(managerial accounting)는 기업 내부정보이용자인 경영자의 의사결정에 유용한 정보를 제공하는 것을 목적으로 하는 회계이다.

재무회계정보는 외부정보이용자에게 경영자와 그 밖의 조직구성원이 내린 의사결정과 업무 프로세스개선의 결과를 전달하며, 외부정보이용자는 그 정보

그림 1-1 재무회계와 관리회계의 목적

회 계
- 재무회계 — 외부정보이용자에게 유용한 정보 제공
- 관리회계 — 내부정보이용자에게 유용한 정보 제공

를 이용하여 자신에게 필요한 의사결정을 한다. 외부정보이용자는 다수이고 이해관계도 서로 상이하므로 재무회계에서는 객관성과 신뢰성을 강조하며, 다수의 이해관계자가 공통으로 필요로 하는 범용목적의 정보를 제공하기 위하여 기업회계기준에 따라 재무제표를 작성하여 공시한다. 재무회계는 기획재정부, 금융감독위원회 그리고 국세청 등의 외부규제를 받는다. 이러한 결과 재무회계는 규칙에 얽매이고 재무회계를 공부하는 학생은 기업회계기준에 따른 재무제표를 작성하기 위하여 분개 및 회계절차를 배운다.

한편 관리회계는 종업원, 중간관리자, 그리고 최고경영자 등 조직의 내부정보이용자에게 경제적 정보를 제공하므로 기업회계기준을 따라야 하는 재무회계와 달리 기업은 관리회계시스템 설계에 비교적 폭넓은 자유재량권을 지닌다. 왜냐하면 조직구성원들이 제품, 서비스, 프로세스, 공급자 그리고 고객 등에 관한 의사결정은 물론 조직의 재무적, 물적, 그리고 인적 자원에 대한 의사결정을 잘 내릴 수 있도록 도움을 주는 조직에 적합한 정보시스템을 설계하기 위해서는 경영자들에게 자유재량권이 필요하기 때문이다. 관리회계시스템은 조직구성원들이 운영의 질 개선, 운영원가 절감, 또는 고객욕구 충족을 위한 다양한 의사결정을 할 때 필요한 정보를 제공한다. 그러므로 관리회계를 배우는 학생들은 조직구성원들이 내리는 의사결정과 이들이 필요로 하는 정보에 초점을 맞추어야 한다. 재무회계와 관리회계의 주요 차이점을 요약하면 다음과 같다.

	재무회계	관리회계
이 용 자	· 주주, 채권자, 정부기관 등 외부정보 이용자	· 종업원, 중간관리자, 최고경영자 등 내부 정보이용자
보 고 서	· 범용목적의 재무제표	· 특수목적의 보고서
범 위	· 전체조직에 대한 통합적 보고	· 부문조직에 대한 구체적, 비통합적 보고
정보성격	· 객관적, 신뢰성 있는 정보	· 좀 더 주관적, 목적적합한 정보
정보형태	· 재무적 측정치	· 재무적 측정치, 운영적 측정치

적 시 성	· 역사적 과거사실에 대한 지연된 보고	· 현행, 미래지향적 보고
규 제	· 회계규칙에 의해 요구됨 · 회계기준과 일치해야 함	· 유용성이 있어서 작성됨 · 회계기준에 적용받을 필요 없음

과거에 많은 기업들은 관리회계의 역할 및 중요성을 크게 인식하지 못하였다. 반면 재무회계는 강제적으로 요구되었기 때문에 재무회계정보를 개발하는 데 주력하여 왔다. 그 결과 대부분의 조직에서 관리회계시스템은 변화하는 경쟁적, 기술적, 그리고 시장 상황에 대한 적합한 정보를 제공하지 못하고 있다. 다행히 최근에 들어서 기업들은 관리회계 정보의 중요성을 크게 인식하고 있으며, 정교하고 세련된 관리회계시스템을 구축하는 데 많은 노력을 기울이고 있다.

3 원가회계

앞에서 회계를 크게 재무회계와 관리회계로 구분하였고 그 차이점을 알아보았다. 외부 재무보고 목적으로나 내부 의사결정을 위해서나 모두 원가정보가 필요하다. 재무회계와 관리회계에서 요구하는 원가정보의 성격은 상이할 수 있으나 원가정보를 산출하는 것은 필수적이다.

원가회계(cost accounting)는 재무회계보고서(재무제표)와 관리회계보고서(특수목적 보고서)의 작성에 필요한 원가자료를 제공한다. 두 유형의 보고서는 목적이 다르지만 원가회계 자료는 재무 및 관리회계활동을 지원하는 기초자료이다. 원가회계, 재무회계 및 관리회계간의 관계는 **그림 1-2**와 같이 나타낼 수 있다.

그림 **1-2** 원가회계, 재무회계, 그리고 관리회계간의 관계

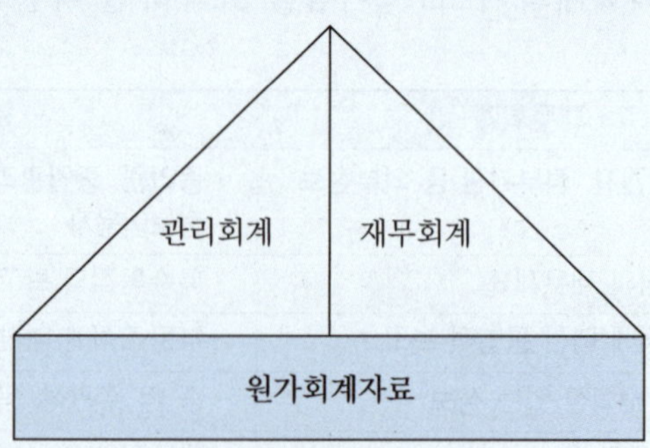

경영자들이 그 기능을 수행하는 데 유용한 많은 정보는 원가회계자료이다. 원가회계정보는 기업조직의 성패를 좌우하는 데 주요 역할을 수행한다. 가령 훌륭한 제품을 생산하고 있는 기업도 정확하고 유용한 원가회계정보를 갖고 있지 못하면 오늘날의 글로벌 경제의 경쟁적 환경에서 실패할 수 있다. 또 어떤 기업들은 시대에 뒤떨어진 원가회계제도를 사용함으로써 어떤 제품에 대해서는 가격을 너무 낮게 책정하는가 하면 또 다른 제품에 대해서는 가격을 너무 높게 책정하여 수익성과 경쟁력을 동시에 상실하기도 한다. 효과적인 원가회계정보시스템은 운전자본의 부족 또는 바람직스럽지 못한 재고의 증가와 같은 잠재적 문제점들을 예방하거나 탐지할 수 있는 목적적합하고 시기적절한 정보를 제공한다. 뿐만 아니라 원가회계는 과거 의사결정의 결과를 시기적절하게 보고함으로써 경영자로 하여금 사업운영을 보다 잘 통제하고 현행 및 잠재적인 문제점들을 해결할 수 있게 한다.

4 원가관리회계

원가정보를 산출하는 원가회계와 이렇게 산출된 원가정보를 관리적 측면에 사용하는 관리회계는 개념적으로는 구분할 수 있으나 실무적으로는 함께 사용된다. 그래서 실무적으로는 원가회계와 관리회계를 별도로 구분하지 않고 하나로 통합하여 원가관리회계라 한다. 즉, 원가관리회계는 기업이 생산한 제품의 원가를 계산하고, 이를 관리적 측면에서 활용할 수 있도록 정보를 제공하는 회계분야이다. 원가관리회계에서 다루는 내용은 **그림 1-3**과 같다.

원가관리회계의 첫 번째 영역은 외부보고목적의 재무제표 작성에 필요한 제품원가를 산정하는 것이고, 두 번째 영역은 관리적인 측면에 사용하기 위하여 원가자료를 변환하고 그에 기초하여 계획수립과 의사결정하는 것이다. 그리고

그림 **1-3** 원가관리회계에서 다루는 내용

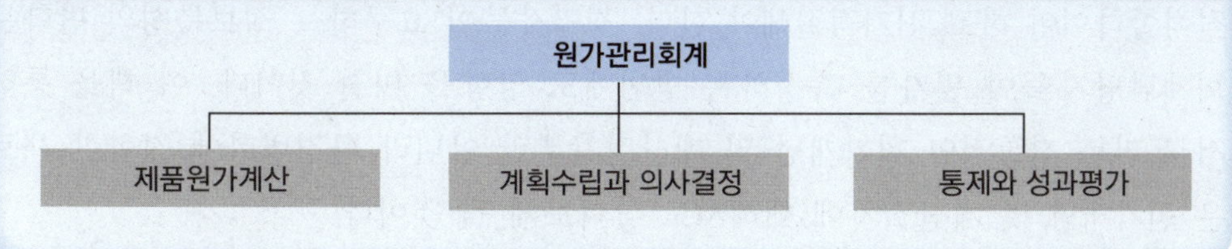

세 번째 영역은 의사결정의 결과에 대하여 통제하고 성과평가하는 것이다.

이 책에서는 위에서 설명한 원가관리회계의 영역에 따라 원가관리회계의 전반적인 내용을 다음과 같은 체계에 따라 설명한다. 즉, I부에서는 본 내용에 들어가기에 앞서 기본 개념을 설명하고 II, III, IV부에서는 원가관리회계의 각 영역별 내용을 설명하며, 마지막으로 V부에서는 원가관리회계의 신이론을 소개하고자 한다.

	주요내용
I 부　원가관리회계의 기본개념	원가관리회계의 소개, 원가개념과 용어
II 부　원가계산과 원가배부	개별원가계산, 종합원가계산, 결합원가계산, 보조부서 원가의 배부, ABC
III 부　계획수립과 의사결정	원가행태분석, CVP분석, 변동원가계산, 종합예산, 특수의사결정, 학습곡선과 선형계획법
IV 부　통제와 성과평가	원가중심점의 성과평가, 이익중심점의 성과평가, 투자중심점의 성과평가, 대체가격
V 부　현대원가관리회계	역류원가계산, 전략적 원가관리회계

제2절 원가관리회계 환경의 변화

세계경제의 글로벌화로 기업들은 많은 새로운 도전에 직면해 있다. 가격, 품질 및 대고객서비스 등 모든 측면에서 기업들은 국제경쟁을 치르지 않으면 안되게 되었다. 이러한 새로운 도전은 심한 원가경쟁을 낳고 있으며 결과적으로 이윤폭을 점점 좁혀가고 있다. 그 결과 많은 기업의 경영자들은 정확한 제품원가 정보의 중요성을 크게 인식하고 있다. 회계정보는 경영층의 정보욕구에 맞게 목적적합하여야 하고 시기적절해야 한다. 경영자들이 요구하는 정보특성의 변화는 회계담당자들이 원가를 측정하는 방법에도 영향을 미칠 것이다. 이 책을 통해서 우리는 전통적인 원가개념 및 계산절차뿐만 아니라 환경변화에 적합한 새로운 원가개념 및 계산절차에 대해서도 살펴보게 될 것이다.

1 경영환경의 변화

최근 제조기업들을 둘러싸고 있는 환경은 급속하게 변화하고 있다. 기술발전이 가속화되고 있으며, 경쟁은 보다 치열해지고 있고, 제반 규제조치의 변화가 일어나고 있는가 하면 소비자의 욕구에도 커다란 변화가 일어나고 있다. 이러한 환경변화에 대응하여 기업들은 내적 변신을 꾀하고 있다.

최근 우리나라 기업의 경영환경변화에서 가장 큰 것 중의 하나는 민주화흐름에 편승하여 근로자들이 제목소리를 내기 시작했다는 점이다. 1987년 민주화 선언이후 근로자들은 보다 적극적으로 임금인상을 기업에 요구하기 시작하였다. 이러한 적극적인 임금인상요구는 급작스런 인건비의 상승으로 연결되어 저임을 바탕으로 한 가격경쟁력의 유지는 더 이상 불가능하게 되었다. 나아가 우리나라 기업들을 경쟁대상으로 보는 선진국들은 기술이전을 점차 회피하고 있으며, 선진 수입국들은 ISO(International Standardization Organization, 국제 표준화 기구) 9000 시리즈의 품질을 우리 기업에게 요구하고 있다. 이것 역시 국제적으로 상품인지도가 낮은 우리나라 기업에게는 극복해야 할 새로운 시련이 되고 있다. 우리나라도 1990년대에 들어와 ISO 9000 시리즈를 채택하는 기업들이 늘어나고 있다. 이와 같이 국제시장에서 가격 경쟁력과 품질경쟁력을 모두 갖춰야 하는 우리 기업으로는 커다란 경영환경의 변화를 맞고 있다.

2 제조환경의 변화

이러한 외적 환경변화에 순응하여 기업은 생산성 향상을 위한 자동화 설비투자에 적극 나서 기업의 제조 방식과 기술도 크게 달라지고 있다. 자동화를 중심으로 한 새로운 생산시스템에 대한 투자는 가격 경쟁력뿐만 아니라 품질 및 납기 등의 측면에서도 경쟁력을 향상시킬 수 있는 방안이다. JIT(just-in-time), TQC(total quality control), CIM(computer-integrated manufacturing) 및 FMS(flexible manufacturing system) 등의 도입 및 강조가 이를 반영하고 있다.

자동화의 정도와 필요성은 산업 특성에 크게 좌우된다. 특히 철강, 석유화학과 같은 장치산업에서는 공장설치 단계에서부터 자동화가 이루어져 왔으나, 기계 및 자동차와 같은 가공 조립형 산업에서 자동화의 이점을 인식하기 시작한 것은 보다 최근의 일이다. 종래의 소품종 대량생산에 의한 경영전략이 소비자의 개성화, 다양화, 그리고 고급화에 따라 다품종 소량생산으로 변하지 않으면 안 되었다. 그런데 다품종 소량생산을 효과적으로 실행에 옮길 수 있는 한 가지 방안이 바로 자동화이다. 또한 전자기술의 발달과 그로 인한 자동화 설비의 저렴화는 기업들로 하여금 자동화 설비에 대한 투자를 보다 가능하게 하였다. 기업들은 공장 자동화를 통해서 제품 수명주기의 단축이라는 수요 측면에서의 변화에 보다 효과적으로 대응할 수 있다.

3 원가회계에의 영향

기업 경영자들에게 유용한 정보를 제공함을 목적으로 하는 원가회계제도도 그 기능을 제대로 수행하려면 이러한 변화에 맞추어 적절하게 변모되어야 한다. 그러나 현재의 원가회계제도는 이러한 제조환경의 변화에 적응하지 못하고 있다. 원가회계에서 이러한 지체현상이 나타나는 이유를 요약하면 다음과 같다.

첫째, 적절한 원가회계의 역할 모형이 없기 때문이다. 제조기술 및 조직에서의 혁신적인 변화는 외부적으로 나타나지만 원가회계 및 통제시스템의 변화는 외적 관찰이 쉽지 않다. 또한 지금까지의 교과서 및 각종 논문에서는 대부분 단순하고 정태적인 상황에서의 원가회계 모형을 설정하여 사용하고 있는데 이러한 모형은 실제로 기업에 적용할 수 있는 대안을 제시하기에는 부적절하다.

둘째, 컴퓨터화된 회계시스템 때문이다. 컴퓨터는 회계분야에서 큰 변화를 가져다 주었지만 주로 재무거래를 중심으로 이루어져 왔기 때문에 관리회계에 적용시키기에는 많은 어려움이 따른다. 왜냐하면 관리회계에 컴퓨터를 사용하기 위해서는 컴퓨터화된 회계시스템을 전체적으로 수정해야 하는데 이는 쉽지 않다. 최근에는 EWS (enterprise-wide systems) 기술의 발전으로 많은 기업에서 새로운 EWS의 도입을 고려하고 있으나, EWS의 정착에는 많은 자금과 노력, 그리고 시간이 소요되므로 아직까지는 초기단계이다.

셋째, 관리회계 제도가 재무회계식 사고에 그 바탕을 두고 있기 때문이다. 기존의 관리회계는 공장운영에 대하여 많은 지식을 가지고 있지 않은 사람들이 담당하여 왔다. 이들의 주 관심은 재무회계식 사고인 객관적이고 일관성 있는 방법으로 거래를 기록하고 간접비를 배부하는 데 집중되어 있다.

넷째, 기존 경영층의 관심이 부족하다. 기업의 제조환경이 변화함에도 불구하고 관리회계 시스템이 이러한 변화에 적응하고 목적적합한 정보를 제공해 줄 수 있도록 개선되어야 한다는 욕구가 부족하다.

제3절 현대 원가관리회계의 특징

원가 및 관리회계 환경은 제조 환경의 변화와 경영층의 정보욕구변화로 급변하고 있다. 이에 따라 오늘날의 원가관리회계에서는 과거의 단순한 원가계산과 달리 다음과 같은 사항에 대하여 강조점을 두고 있다.

1 좀 더 정교한 원가계산제도

정보기술이 발전하고 경쟁이 심화됨에 따라 경영층은 좀 더 정교한 원가계산제도를 갈망하고 있다. 현재 기업에서 사용하고 있는 원가계산제도는 완벽한 것도 아니며 그렇다고 없는 것과 마찬가지인 아주 단순한 제도도 아니다. 아마도 완벽한 제도와 아주 단순한 제도간의 어느 중간쯤에 위치한다고 볼 수 있으며 이를 그림으로 요약하면 **그림 1-4**와 같이 표현된다.

그림 **1-4** 과거의 원가계산제도

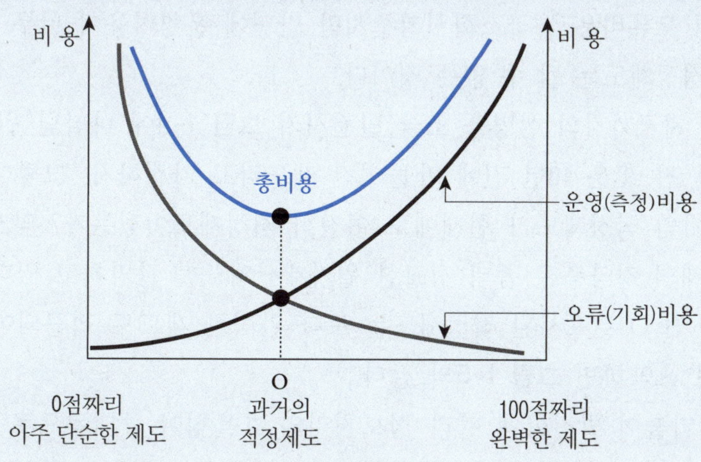

어느 수준의 정교한 원가계산제도를 갖느냐를 결정하는 데 영향을 주는 요인으로는 운영비용(측정비용)과 오류비용(기회비용)을 들 수 있다. 어떤 원가계산제도의 운영비용은 상식적으로 원가계산제도가 정교하면 할수록 증가하게 된다. 즉 0점짜리 아주 단순한 원가계산제도는 운영비용이 거의 발생하지 않으며 제도의 정교성이 증가할수록 운영비용은 증가하다가 100점짜리 완벽한 원가계산제도는 가장 높은 운영비용이 발생한다. 만약에 운영비용만을 고려해서 원가계산제도를 결정한다면 원가가 가장 적게 소요되는 0점짜리 아주 단순한 원가계산제도를 선택하게 될 것이다. 원가계산제도의 결정에 있어서 고려해야 할 또 하나의 요소는 오류비용이다. 운영비용이 원가계산제도를 운영하는 데 소요되는 비용이라면 오류비용은 잘못된 원가정보의 제공이 경영층의 의사결정에 영향을 주어서 나타나게 되는 기회손실을 의미한다. 가령 보다 정확한 정보를 지녔더라면 올바른 의사결정으로 더 많은 이익을 낼 수 있었는데 이를 상실하였다면 오류비용 또는 기회비용이 발생한다. 오류비용은 **그림 1-4**에 나타난 바와 같이 운영비용 또는 측정비용과는 반대로 원가계산제도가 정교할수록 적게 나타날 것이다.

이때 한 기업의 원가계산제도는 운영비용과 오류비용의 합계인 총비용을 극소화하는 수준에서 결정될 것이며 이렇게 결정된 원가계산제도는 적정원가계산제도(optimal cost accounting system)라고 볼 수 있다. **그림 1-4**에서 0점과 100점의 중간점 O에 위치하는 제도가 적정원가계산제도이다. 여기서 한 가지 강조해야 할 사항은 100점으로 표시되는 완벽한 제도(perfect 또는 ideal system)가 적정제도(optimal system)는 아니라는 것이다. 완벽한 제도는 가장 양질의 정보를 제공함으로써 오류비용을 극소화시켜주지만 반면에 운영비용이 너무 많이 소요되기 때문에 적정제도는 될 수 없는 것이다.

이제 지금까지의 설명을 조금 발전시켜 **그림 1-4**에 나타난 원가회계 적정제도는 5년 전 혹은 10년 전에 만들어진 제도라고 가정하자. 그렇다면 점 O로 표시된 과거의 적정제도가 현재에도 여전히 적정제도이겠는가? 앞서 기술한 바와 같이 현재의 경영층은 좀더 정교한 원가계산제도를 갈망하고 있다. 따라서 **그림 1-4**에서 점 O로 표시된 적정제도는 보다 완벽한 제도로 접근되어야 한다. 이를 그림으로 요약하면 **그림 1-5**와 같다.

정보기술이 발전함에 따라 정보처리의 효율성이 증대됨으로 운영비용은 과거에 비해 점점 감소하고 있다. 따라서 **그림 1-5**에 나타난 바와 같이 새로운 운

그림 1-5 현재의 원가계산제도

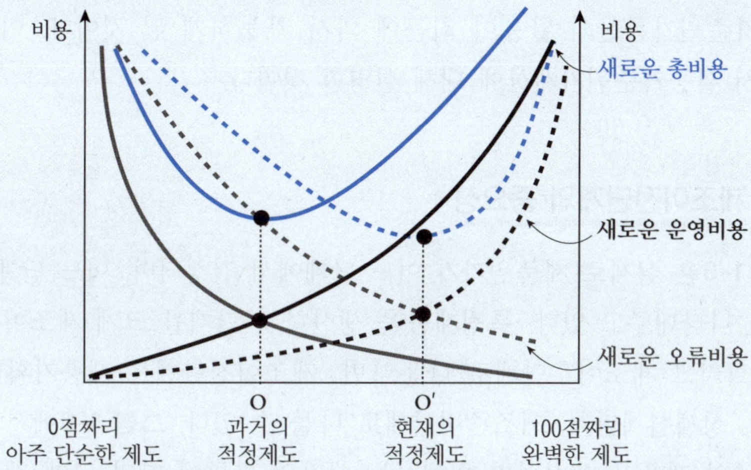

영비용은 과거의 운영비용에 비해 낮다. 이와는 반대로 오류비용은 과거에 비해 증가하고 있다. 경쟁이 보다 치열해지고 있고 소비자의 욕구가 점점 까다로워지고 있어 결국 가격과 원가의 격차인 마진폭이 점점 줄어들고 있다. 결국 현재는 과거에 비해 경영층이 보다 정확한 정보를 제공받지 않는다면 그릇된 의사결정으로 손실을 입게 될 가능성은 높아지게 된다. 따라서 **그림 1-5**에 나타난 바와 같이 새로운 오류비용은 과거의 오류비용에 비해 높다. 이러한 운영비용과 오류비용의 변화로 말미암아 현재의 적정원가회계제도는 점 O′에서 결정된다. 그리고 현재의 적정제도는 과거의 적정제도에 비해서 완벽한 제도에 접근되어 있음을 알 수 있다. 즉 경영층은 보다 정교한 원가계산제도를 도입 사용해야 한다.

보다 정교한 원가계산제도의 한 가지 유형으로 1980년 초부터 활동기준원가계산제도(ABC, activity-based costing)가 제안되어 각광을 받고 있다. 전통적인 원가계산에서는 단순히 직접작업시간에 의해 제조간접비를 제품에 배부한다. 그러나 제조설비의 자동화로 직접작업시간을 기준으로 하는 제조간접비의 배부는 그 유효성이 상실되었고 제품원가를 왜곡시킨다는 비난을 받게 되었다. 활동기준원가계산에서는 직접작업시간 대신 원가동인(cost driver)이라 불리는 다수의 보다 정확하고 개선된 활동측정치를 배부기준으로 활용하여 각 제품의 제조간접비자원의 소모액을 전통적인 원가계산방법보다 정확하게 측정하려 하고 있다.

활동기준원가계산은 전통적인 원가계산에 비해 운영(측정) 비용이 많이 소요된다. 정보기술의 발달로 인한 정보처리비용의 감소로 운영비용이 많이 소요되는 활동기준원가계산의 활용이 최근에 와서 가능하게 된 것이다. 이 책에서는 **제8장**에서 활동기준원가계산에 대해 설명할 것이다.

2 제조이전단계의 중요성

그림 1-6은 실제로 제품원가가 어느 단계에서 결정되며, 어느 단계에서 발생하는지를 나타내주고 있다. 특정제품을 생산하는 단계를 크게 제조이전단계, 제조단계, 그리고 제조이후단계로 나눈다면, 제조이전단계는 제품기획단계, 예비설계단계, 상세설계단계, 제조준비단계로 나눌 수 있다. **그림 1-6**에서 보는 바와 같이 하나의 제품을 생산하기 위해서는 시간의 흐름에 따라 크세 제품기획, 에비설계, 상세설계, 그리고 제조 등의 단계로 나누어 볼 수 있다.

그림 1-6에서 확정원가(committed cost)란 차후 제품원가의 발생을 결정하는데 기여한 것을 의미한다. 가령 **그림 1-6**에 의하면 제품기획단계에서 총제품원가의 65%가 확정됨을 알 수 있다. 이에 반하여 실제발생원가는 제품원가로 인식할 수 있는 비용이 실제로 발생된 것을 말한다. 제품기획단계에서 실제 발생한 원가는 총원가의 10%임을 알 수 있다.

그림 **1-6** 제품원가의 확정 및 발생

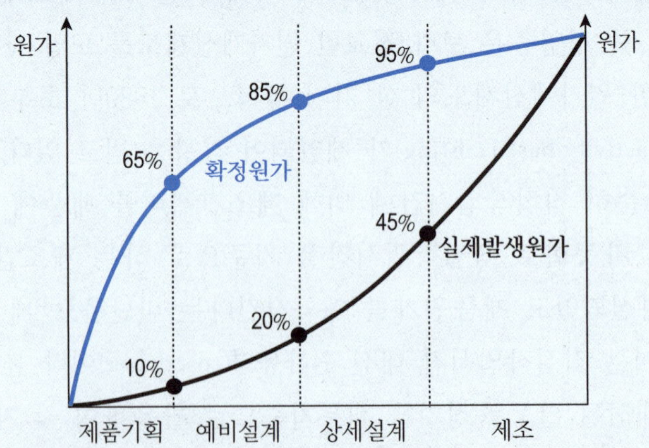

실제발생원가는 제조단계에서 급격히 증가하고 있다. 전통적인 원가회계는 실제발생원가의 비중이 큰 제조단계에 초점을 두고 있었다. 그러나 확정원가를 보면 제조단계에서는 거의 발생하지 않으며 대부분 제조이전단계인 제품기획, 예비설계, 그리고 상세설계에서 원가가 확정됨을 알 수 있다. 이는 제조이전단계를 철저히 통제함으로써 원가발생을 보다 효과적으로 관리할 수 있음을 알려준다. 한 제품의 연구개발에서 폐기처분에 이르기까지의 제품수명주기 전체의 원가를 측정하고 분석하는 기법인 **제품수명주기원가계산**에서도 제조이전단계의 중요성을 강조한다. 이것은 단순히 원가계산시스템의 변화를 의미하는 것이 아니라 관리철학의 변화가 있어야 함을 나타내는 것이다. 과거 원가회계는 대개 물리적 생산, 즉 제조원가에 관심이 모아져 있었다. 그러나 제품수명주기원가계산은 제품의 전체 수명주기 가운데 제품개발과 제품물류 및 지원단계 등에서 발생하는 비제조원가까지를 포함한 폭넓은 원가영역에 초점을 두고 있다.

과거에 생산자는 설비 또는 제품의 제조원가와 생산제품을 사용자에게 인도할 때까지 발생되는 부대비용에만 관심을 두었다. 즉 인도후 사용자측에서 발생하는 원가에는 별다른 관심을 보이지 않았다. 그러나 경쟁의 심화, 제품의 고기능화의 진전에 따라 생산자는 사용자의 성과나 수익성이 최적화될 수 있도록 제품을 제조하지 않으면 안되게 되었다. 이에 따라 설계의 초기단계에서 제품의 품질, 신뢰성 그리고 지원성을 높이도록 설계하지 않으면 안 되게 되었다. 다시 말하면 생산자는 제품개발단계에서 인정받을 수 있는 가치, 고객의 만족도, 경쟁력이라고 하는 복합적인 요소를 고려하지 않으면 안되게 되었다. 특히 제품원가의 90% 이상이 제품기획과 제품설계 등 제조이전단계에서 결정되기 때문에 기업의 경쟁자들은 제조이전단계를 중시하게 되었다.

3 가치사슬을 통한 통합적 관리

과거에 기업조직은 제조, 구매, 유통, 마케팅 등 각 기능의 특수화를 통해서 경쟁적 우위를 접할 수 있었다. 그러나 최근에 와서 이러한 각 기능의 특수화를 통한 극대화 노력은 부서이기주의, 부서간의 부조화, 늦은 반응 프로세스 등 엄청난 비효율을 낳고 있다는 지적을 받고 있다. 현대환경에서 기업조직은 통합된 사업 프로세스로 운영되어져야 한다.

그림 **1-7** 가치사슬로 본 기업조직

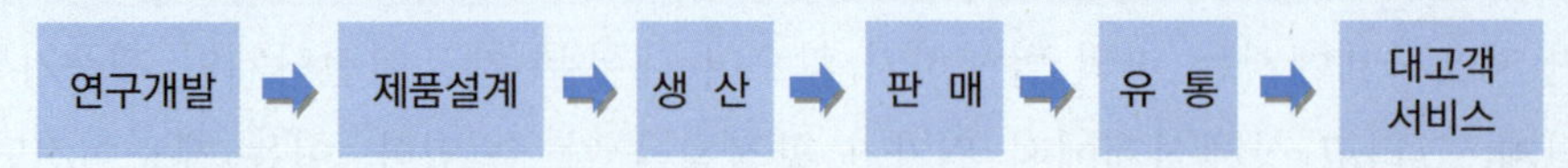

따라서 기업조직은 **그림 1-7**에 나타난 바와 같이 고객에게 제공되는 재화나 서비스를 생산하는 일련의 연속된 활동으로 간주된다. 또한 사슬의 각 단계에서 고객이 제품에 가치를 두는 그 무엇이 가산됨으로 재화나 서비스를 창출하는 일련의 연속된 활동은 가치사슬(value chain)로 간주될 수 있다.

과거의 원가회계는 주로 생산기능에 그 초점이 맞추어져 있었다. 앞서 설명한 바와 같이 현대원가회계에서는 생산이전단계인 연구개발 및 제품설계 기능이 중요시되고 있으며 또한 생산 이후 단계인 판매, 유통 그리고 대고객서비스 기능도 중요시되고 있다. 즉 회계는 **그림 1-7**에 나타난 고객에게 제공하기 이전의 모든 일련의 활동인 가치사슬 전체를 관리하는 경영자에게 유용한 정보를 제공해야 한다. 또한 회계는 각 기능에 관한 정보뿐만 아니라 전체기능의 조정에 관한 정보도 제공해 주어야 한다. 이 책에서는 **제19장** 전략적 원가관리에서 생산이전단계의 중요성 및 가치사슬을 통한 통합적 관리에 대해서 설명할 것이다.

4 성과평가의 중요성

원가회계의 고객을 경영자로 볼 때 현대원가회계의 주요한 관심사 가운데 하나는 성과측정 및 평가라 할 수 있다. 전통적인 원가계산에 의한 재무적 성과평가는 단기적이고 공정치 못할 뿐만 아니라 기업의 전략적 목표를 달성하는 데 오히려 방해가 될 수 있다는 비난을 받아왔다. 이러한 문제점을 해결하려는 노력이 지속되고 있는데 최근에 제안된 균형성과표(balanced scorecard)는 많은 관심을 불러일으키고 있다. 균형잡힌 성과기록표에서 제시되고 있는 측정치는 재무적인 측정치에 추가하여 고객만족, 학습 및 혁신, 내부 기업 프로세스 등 비재무적인 측정치가 포함된다. 즉 제안자들은 균형잡힌 성과기록표에서 재무적 측정치와 비재무적 측정치의 조화, 과거의 성과측정치와 미래지향적 성과측정치의 조화를 강조하면서 각 성과측정치간의 연계와 각 성과측정치의 기업전략에의 연계를 제안하고 있다. 이에 관해서 **제17장** 투자중심점의 성과평가에서 설명할 것이다.

제4절 원가회계제도와 원가회계 담당자

1 원가회계제도에 영향을 주는 요인

원가회계제도가 얼마나 복잡해야 할 것인지, 그리고 얼마나 많은 자료를 산출할 것인지를 결정하는 요인으로는 기업의 규모와 운영의 복잡성, 생산 프로세스의 유형, 제품종류의 수, 원가정보에 대한 경영층의 태도, 그리고 정부규제 등이 있다.

(1) 기업의 규모와 운영의 복잡성

기업을 경영하는 데 필요한 원가자료의 양은 기업의 규모와 운영의 복잡성에 달려 있다. 일반적으로 운영이 비교적 단순한 중소기업은 운영이 복잡한 대기업과 비교해서 단순한 원가회계제도를 지녀도 괜찮을 것이다. 일반적으로 기업규모가 클수록 원가자료의 양은 많아지고, 원가회계제도는 더욱 복잡해진다.

(2) 생산 프로세스의 유형

좁은 의미의 원가회계는 생산된 제품에 발생한 원가를 할당하는 것이다. 생산 프로세스가 단순한 경우에는 제품을 생산하는 데 사용된 원재료, 노동력, 그리고 그 밖의 자원에 대한 원가를 측정하는 것이 용이하다. 그러나 생산 프로세스가 복잡한 경우에는 특정제품에 대한 구체적인 재료비, 노무비, 그리고 그 밖의 간접비를 추적하는 것이 어려운 일이다. 생산 프로세스가 복잡해질수록 특정제품의 원가를 측정하는 일은 더욱 어려워지며 따라서 좀더 정밀한 원가회계제도가 요구된다.

(3) 제품종류의 수

만약에 기업이 생산하고 있는 제품의 종류가 한 가지라면 모든 제조원가가 그 제품에 할당된다. 그러나 상이한 여러 종류의 제품을 생산하는 경우에는 제조원가는 여러 종류의 제품에 분배되어져야 한다. 재료비와 같은 제조원가는 특정제품과 직접적으로 관련되어 발생하지만 동력비, 재산세 및 감가상각비 등 그 밖의 많은 제조원가는 특정제품과 관련해서 명확하게 식별되어지지 않는다. 일반적으로 제품의 종류가 늘어나면 날수록 특정제품과 관련해서 명확하게 식별되어지지 않는 간접원가는 늘어나게 마련이며, 이에 따라 원가회계제도는 더욱 복잡해진다.

(4) 원가정보에 대한 경영층의 태도

기업 규모에 상관없이 모든 기업이 외부보고 목적 및 세무보고 목적을 충족시키기 위해서 최소한의 원가측정 노력은 기울여야 한다. 그러나 이러한 최소한의 외부보고 목적을 위한 원가자료의 양과 광범위한 관리보고제도를 사용하는 기업에서 산출하는 원가자료의 양은 엄청난 차이를 보인다. 최소원가시스템과 최적원가시스템과의 차이는 원가정보에 대한 경영층의 태도에 의해 결정된다. 원가정보는 공짜로 얻어지는 것이 아니다. 정보의 가치가 정보를 산출하는 원가보다 클 경우에만 그 정보가 생산되어져야 한다.

(5) 정부규제

세무당국, 금융감독위원회 등 정부규제기관도 외부보고에 나타나는 원가자료의 빈도, 상세성, 그리고 구조에 영향을 미친다. 경영자의 정보욕구를 충족시켜 주는 것에 더해서 원가회계시스템은 다양한 정부규제기관에서 요구하는 정보를 보고해야 한다.

2 원가회계 담당자의 역할

오늘날의 원가회계 담당자는 단순히 원가정보의 생산자에 그치지 않고 보다 폭넓은 역할이 요구된다. 그 역할을 요약해 보면 다음과 같다.

첫째, 원가회계 담당자들도 변화하는 환경에서 많은 새로운 도전에 직면하게 된다. 우선 기업들이 국경이 없는 경쟁을 벌이고 있기 때문에 어느 경영자들과 마찬가지로 원가회계 담당자들도 국제적 감각을 갖출 것이 어느 때보다 절실히 요청되어지고 있다. 외국 시장에서의 기회포착을 위한 의사결정을 보다 현명하게 내리기 위해선 다른 국가의 정치 및 경제에 대해서도 관심을 가져야 한다.

둘째, 원가회계 담당자들은 기업의 각 기능을 가치사슬의 개념으로 연결시켜 볼 줄 아는 새로운 통찰력을 지녀야 한다. 지나친 기능 세분화를 바탕으로 한 개별 기능분야의 효율성 제고는 오히려 기업 전체의 목적달성에 방해가 될 수 있다. 가령 생산과 판매기능을 통합시켜 상호 보완하고자하는 것은 이러한 경영층의 노력의 일환이다. 원가회계 담당자들은 경영층의 이러한 노력을 진작시킬 수 있는 분위기와 정보를 제공해야 한다.

셋째, 원가회계 담당자들은 단순히 원가측정에만 고집해서는 안 된다. 기업의 핵심성공요인(critical success factor)은 단순히 원가의 절감에만 있지 않고 이와 더불어 품질향상, 반응시간의 단축, 그리고 전반적 대고객 서비스 향상이 포함된다. 품질, 시간, 그리고 고객서비스를 무시하는 원가절감은 기업을 성공의 길로 이끌 수가 없다.

넷째, 원가회계 담당자들은 환경변화에 맞추어 과거의 잘못된 관습에서부터 과감히 탈피해야 한다. 급격한 환경변화 이전에 설정한 원가회계시스템에서 산출되는 원가정보는 왜곡되고 진부화된 것일 수 있기 때문에 환경변화를 잘 포착하고 올바른 정보를 전달하도록 세심한 노력을 기울여야 한다.

다섯째, 원가회계 담당자들은 부문효율화보다는 전체 목표달성을 강조하는 방향에서 정보를 측정 제공해야 한다. 원가회계 담당자들은 사실상 기업조직의 모든 국면을 원가계산, 보고, 측정하는 포괄적인 위치에 있다.

이상에서 살펴본 바와 같이 변화하는 환경 속에서 원가회계 담당자의 역할은 점점 중요시되고 있다. 그만큼 원가회계 담당자들은 그 기능을 수행하는 데 막중한 책임과 보람을 느낄 수 있을 것이다.

제 2 장

원가개념 및 용어

제1절 원가개념

제2절 원가의 분류

제3절 제조원가

학습목표

원가개념 및 용어를 잘 이해하면 원가관리회계의 전반적인 내용을 이해하는 데 큰 도움이 된다. 이 장에서 다루는 원가용어들은 처음에는 이해하기 쉽지 않지만 이 장 이후에서 다루게 될 원가관리회계의 내용을 이해하는데 기초가 되므로 그 내용을 잘 파악하고 있어야 한다. 이 장을 공부하고 나면 아래의 내용을 파악할 수 있어야 한다.

1. 원가의 정의
2. 원가대상의 정의
3. 직접원가와 간접원가의 구분
4. 변동원가와 고정원가의 구분
5. 의사결정을 위한 원가분류
6. 제품원가의 3요소와 원가흐름

제2장 원가개념 및 용어

이미 **제1장**에서 설명한 바와 같이, 현명한 의사결정을 내리는 데 있어서 회계정보는 필수적이다. 경영자들은 효과적인 결정을 내리기 위해서 적절한 회계정보를 선택해야 한다. 이러한 의사결정 과정에서 중요한 것은 영리단체이건 비영리단체이건 경영자가 원가개념을 얼마나 잘 이해하느냐이다. 특히 현명한 경영자는 원가의 특성과 원가용어에 대해서 잘 이해하고 있어야 하며 기업활동 수준이 변화함에 따라 원가가 어떻게 변화할지에 대해서 잘 알아야 한다.

제1절 원가개념

1 원가의 정의

오늘날 일상 대화에서 원가보다 자주 사용되는 회계용어는 그리 많지 않다. 사람들은 생활비, 음식값, 주택가격, 전세값, 전기료, 교통비, 기름값, 그리고 바캉스비용 등이 올라갔다고 이야기한다. 원가란 용어는 사람에 따라 다른 의미를 지닌다. 원가란 대부분 화폐단위로 측정되지만, 경우에 따라서는 특정업무를 수행하는 데 소요된 시간으로 측정될 수도 있고, 또는 여러 가능한 대안 가운데 하나밖에 선정하지 못하기 때문에 나머지는 상실할 수밖에 없는데 이때에는 상실된 기회로 원가가 측정되기도 한다.

회계담당자는 모든 형태의 기업활동에 대한 원가를 측정한다. 예를 들면 여기에는 한 제품을 제조하는 데 소요되는 원가, 서비스를 제공하는데 소요되는 원가, 제품을 운송하는 원가 또는 전산부서를 운영하는 원가 등의 측정이 포함된다. 전형적으로 한 활동의 원가는 화폐단위로 측정되어 다른 활동의 원가와 함께 보고될 수 있고, 경우에 따라서는 이전 기간의 유사한 활동의 원가와 비교되어 질 수도 있다. 기업에는 많은 다양한 형태의 원가가 있지만 원가의 기본개념은 매우 단순하다.

원가(cost)는 특정 목적을 달성하기 위하여 희생된 자원을 화폐가치로 나타낸 것이다. 이 정의에서 특정 목적이란 일반적으로 재화나 서비스의 획득을 말하고, 희생된 자원이란 일반적으로 목정달성을 위해 포기된 현금을 말한다. 가령 자동차 기름을 리터당 1,000원씩 40리터를 주유하고 현금 40,000원을 지불했다면 자동차 기름의 원가는 40,000원이다. 어떤 재화나 서비스를 획득하기 위해 현금 이외의 것을 주었다면 그 포기한 자원의 양을 공정가치로 측정하여, 화폐가치로 나타낸 것을 원가라고 한다. 가령 한 기업이 소유하고 있던 운반용 차량을 주고 새 기계를 취득했다면 그 기계는 포기한 운반용 차량의 공정가치로 평가된다. 이런 예에서, 제품이나 서비스의 원가는 단순히 그 구매가격이거나 구매한 자원과 교환하기 위해 포기한 자산의 가치이다.

그러나 어떤 경우에는 제품이나 서비스의 원가를 결정하는 일이 쉽지 않다. 가령 한 기업이 어떤 물품을 구입하는 대신 자체적으로 제조하기로 결정하였다면 이때 그 물품의 원가에는 그 물품을 제조하는 데 소요되는 모든 자원의 원가가 집계되어 산출된다. 그 물품의 제조원가에는 원재료비, 노무비, 공장 및 기계 사용비용 등이 포함될 것이다. 추가로 특정물품과 곁들여서 여러 물품이 생산되는 경우 전체 공장 및 기계 사용비용 가운데 얼마만큼을 특정물품의 원가에 귀속시켜야 하는지를 결정하는 일은 쉽지 않다.

특정제품의 원가를 보고하는 목적은 어떤 원가들이 그 보고서에 포함되는지를 결정하는 데 있다. 재무회계 담당자들은 외부보고 목적을 위한 보고서(재무제표)에 제품이나 서비스를 생산하는 데 소요된 모든 원가를 포함시킨다. 그러나 경영자는 특정의사결정을 할 때 그 의사결정과 관련된 특정 원가만을 포함하여 보고서를 작성한다. 그러므로 다양한 정보요구를 충족시키기 위해서 다양한 형태의 원가회계 보고서가 제공된다. 즉, **상이한 목적에 따라 상이한 원가를 사용**

하여야 한다(Different costs are used for different purposes).

원가를 정확하게 측정하고 특정형태의 원가보고서를 원하는 경영자의 욕구를 충족시키기 위해서는 우선 원가가 보고되어지는 특정제품이나 기업활동이 서술되고 정의되어져야 한다.

2 원가대상의 정의

어떤 재화나 활동의 원가를 결정하기 위한 첫번째 단계는 정확하게 원가대상을 정의하는 것이다. 원가대상(cost objective)은 원가가 측정되어지는 어떤 제품, 활동, 부서, 또는 프로젝트 등이다. 즉, 원가를 집계할 수 있는 대상(원가집계대상)을 원가대상이라 한다. 이를테면 경영자가 어떤 것의 원가를 알고 싶다면 그 어떤 것이 바로 원가대상이다. 원가대상을 좀 더 정확하고 명료하게 정의하게 되면 의사결정에 사용되는 원가측정 결과는 보다 정확해지고, 원가대상이 명료하지 않으면 그 대상의 원가측정은 부정확하게 될 것이다.

제조기업에서 주요 원가대상은 생산되는 제품이다. 그렇지만 제품만이 경영자들이 관심을 갖는 유일한 원가대상은 아니다. 경영자들은 기업의 모든 측면을 효과적이면서 동시에 효율적으로 관리해야 하기 때문에 다양한 원가정보를 요구한다. 제품 이외에 경영자들이 관심을 갖는 원가대상으로는 광고 캠페인, 제품의 유통, 인사부서의 운영 등 매우 다양하다. 원가대상이 무엇이든지간에 원가를 측정하기 전에 먼저 원가대상이 조심스럽게 정의되어져야만 한다.

예제 1 원가대상

다음의 원가대상에 해당하는 예를 들어보시오.

원가대상		예
① 제　　품	→	(　　　　　　　　)
② 부　　문	→	(　　　　　　　　)
③ 프로젝트	→	(　　　　　　　　)
④ 프로그램	→	(　　　　　　　　)
⑤ 활　　동	→	(　　　　　　　　)

해답

원가대상		예
① 제　　품	→	책상, 의자, TV, 비디오
② 부　　문	→	가공부문, 조립부문, 도색부문
③ 프로젝트	→	주택건축, 선박건조, 미사일설계
④ 프로그램	→	체력단련 프로그램, 교육훈련 프로그램
⑤ 활　　동	→	재료처리활동, 조립활동, 품질검사활동

이하에서는 앞에서 설명한 원가를 다양한 기준에 따라 분류하는 것에 대하여 설명하려 한다. 그런 다음 제품을 생산하기 위한 제조원가의 구성요소와 제품원가의 흐름에 대하여 설명하려 한다.

제2절 원가의 분류

원가는 여러 가지 기준에 의하여 다양하게 분류할 수 있다. 즉, 원가대상에 대한 추적가능성에 따라 직접원가와 간접원가로 분류할 수 있고, 원가행태에 따라 변동원가와 고정원가로 분류할 수 있으며, 의사결정 목적을 위해 관련원가, 매몰원가 및 기회원가로 분류할 수 있다.

1 추적가능성에 따른 분류

원가는 원가대상에 대한 추적가능성에 따라 직접원가와 간접원가로 분류할 수 있다. **직접원가**(direct costs)란 원가대상에 대한 원가측정을 인과관계에 따라 직접 추적할 수 있는 원가를 말한다. 즉, 특정 원가대상에 추적가능한 원가를 직접원가라고 한다. 한편, **간접원가**(indirect costs)란 원가대상에 대한 원가측정을 인과관계에 따라 직접 추적할 수 없는 원가를 말한다. 직접원가와 간접원가를 분류할 때는 다음 사항에 주의하여야 한다.

첫째, 특정 원가대상과 관련을 맺고 있다 하더라도 그 원가대상에 실질적으로 또는 경제적으로 추적할 수 없는 원가는 간접원가로 분류한다. 즉, 원가대상에 대한 추적가능성(traceability)이 있다고 하더라도 경제적으로 중요성(materiality)이 없으면 간접원가로 분류된다. 예를 들어 책상을 제조하는 회사에서 못(nail)의 원가는 책상별로 추적할 수 있으나 이와 같이 추적하는 것이 경제적으로는 중요성이 없으므로 책상 제조회사에서 못의 원가는 간접원가로 분류한다.

둘째, 직접원가와 간접원가의 분류는 원가대상의 선택에 따라 달라진다. 똑같은 원가일지라도 원가대상의 범위가 넓어지면 직접원가가 되고 원가대상의 범위가 좁아지면 간접원가가 되는 것이 일반적이다. 즉, 원가대상의 범위가 넓어지면 추적가능성이 높아져서 많은 원가가 직접원가로 분류된다.

예제 2 직접원가와 간접원가

삼송전자는 수원과 목포에 각각 공장을 두고 있으며 각 공장에서는 각각 냉장고, 세탁기, 에어컨 등의 제품을 생산하고 있다.

요구사항

1. 수원공장 조립부문의 감독자급여를 다음 각각의 경우에 직접원가 또는 간접원가로 분류해 보시오.
   ① 원가대상이 제품일 때
   ② 원가대상이 부문일 때
   ③ 원가대상이 공장일 때
2. 수원공장의 공장장급여를 다음 각각의 경우에 직접원가 또는 간접원가로 분류해 보시오.
   ① 원가대상이 제품일 때
   ② 원가대상이 부문일 때
   ③ 원가대상이 공장일 때

해답

1. 조립부문의 감독자급여
① 간접원가 ② 직접원가 ③ 직접원가

2. 공장장의 급여
① 간접원가 ② 간접원가 ③ 직접원가

2 원가행태에 따른 분류

원가행태(cost behavior)는 조업수준이 변화함에 따라 원가가 어떻게 변화하는지를 나타내준다. 조업수준의 측정치로는 매출액, 생산량, 기계사용시간, 원재료 소모량, 서비스를 제공받은 고객수 등이 있다. 보통 원가행태는 다양한 조업수준에서의 총원가를 분석하여 다양한 조업수준에서 총원가가 어떻게 변화하였는지를 봄으로써 결정된다. 가령 회계담당자가 월별로 광열비와 생산량을 기록하였다고 하자. 이때 회계담당자는 월별 광열비의 변화를 월별 생산량의 변화와 비교해 봄으로써 생산량의 변화에 따른 광열비의 원가행태의 패턴이 어떠한지를 알게 될 것이다.

기본적인 원가행태의 패턴은 크게 변동원가, 고정원가, 혼합원가, 그리고 계단식원가로 구분할 수 있다. 이들 원가를 그림으로 나타내면 **그림 2-1**과 같다.

그림 **2-1** 네 가지 원가행태의 패턴

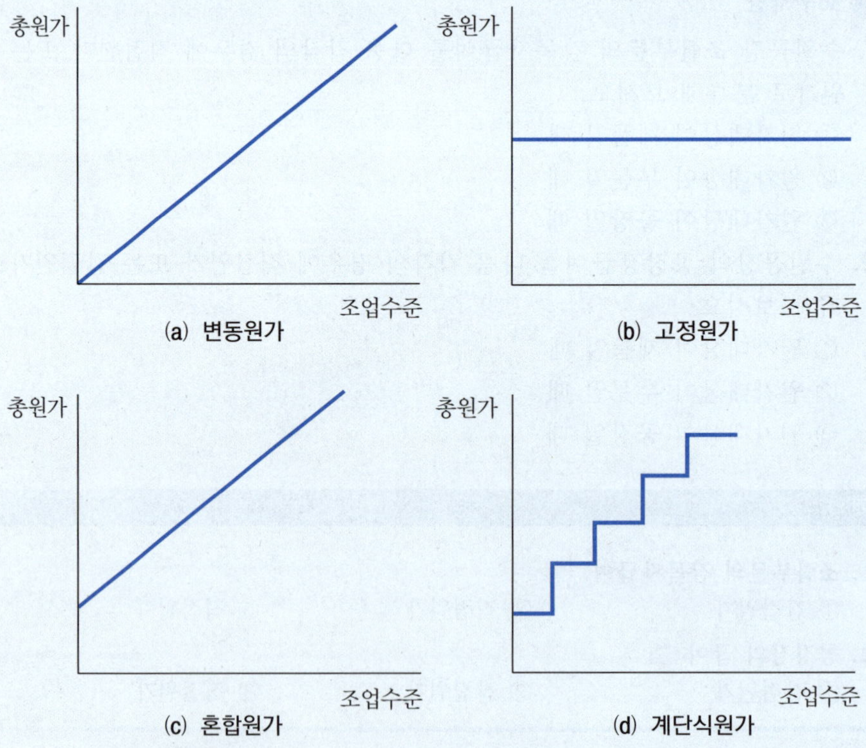

(1) 변동원가

총원가가 활동량의 변화에 따라 비례적으로 변화하면 변동원가(variable cost)라 한다. 조업수준과 총변동원가와의 관계는 **그림 2-1** (a)와 같다. 총변동원가선의 기울기는 단위당 변동원가를 나타내 준다. 단위당 변동원가가 증가하면 기울기의 경사는 올라간다. 변동원가의 예로는 직접재료비, 판매수수료, 직접노무비 등을 들 수 있다. 가령 한 단위 생산에 직접재료비 10,000원이 소요된다면 10단위 생산하는 데에는 총직접재료비가 비례적으로 증가하여 그 10배인 100,000원이 소요될 것으로 예상할 수 있다. 변동원가는 단위당 원가는 일정하고, 총원가는 조업수준에 비례하여 발생한다는 특성을 갖고 있다.

(2) 고정원가

조업수준의 변화에도 불구하고 총원가가 전혀 변화하지 않는 원가를 고정원가(fixed cost)라 한다. 조업수준과 총고정원가와의 관계는 **그림 2-1** (b)와 같다. 조업수준이 증가함에도 총고정원가는 증가하지 않기 때문에 총고정원가선은 수평선인 조업도축과 평행을 이루고 있다. 고정원가의 예로는 감가상각비, 재산세, 임차료, 관리직 종업원의 급여, 연구개발비, 광고비 등이 있다. 한 가지 주의할 점은 고정비는 일정한 관련범위가 유지되는 일정기간을 전제로 분석한다는 것이다. 여기서 관련범위(relevant range)란 현실적으로 달성 가능한 최저조업도와 최대조업도 사이의 범위를 의미한다. 따라서 우리가 분석하고자 하는 관련범위를 벗어나면 총고정원가도 변동될 수 있다.

현재 경영층이 총고정원가의 금액을 가감시킬 수 있는지에 따라서 고정원가는 확정고정원가(committed fixed cost)와 자유재량고정원가(discretionary fixed cost)로 분류된다. 확정고정원가는 현재 경영층이 쉽게 가감시킬 수 없는 고정원가로써 감가상각비, 재산세, 장기리스료 등이 이에 속한다. 이들 확정고정원가는 계약 또는 의사결정에 의해서 한번 결정되면 그 계약기간이나 그 의사결정에 영향을 받는 기간내에는 변동시킬 수 없다.

한편 자유재량고정원가는 경영층의 의사결정에 의해 총발생금액을 변화시킬 수 있는 원가이다. 이의 예로는 연구개발비, 광고비, 교육훈련비 등이 있다. 이들 자유재량고정원가는 조업수준에는 영향을 받지 않으나 경영자의 의사결정에 따라서 늘어날 수도, 또는 줄어들 수도 있는 원가이다. 그러나 이러한 원가를 줄이는 데 경영자는 주의해야 한다. 자유재량고정원가의 단기적인 절약이 장기적으로는 조직에 더 큰 문제를 야기시킬 수도 있기 때문이다. 가령 현재 광고비의 절약이 미래 매출의 감소를 가져다 줄 수 있으며 현재 연구개발비의 절약이 미래 제품품질의 저하를 가져다주어 경쟁력을 약화시킬 수도 있다.

(3) 혼합원가

혼합원가(mixed cost)는 준변동원가(semi-variable cost)라고도 하는데 고정원가와 변동원가 두 요소를 모두 포함하고 있는 원가를 말한다. **그림 2-1** (**c**)에 나타난 바와 같이 고정원가의 요소를 지니고 있기 때문에 조업수준이 0인 경우에도 일정 수준의 원가가 발생하고 있고 조업수준이 올라감에 따라 일정 비율로 총원가가 증가하고 있다. 혼합원가의 예로는 전력료, 판매원의 보상액, 수선비 등이 있다. 가령 판매원에게 기본급여에 부가해서 판매액에 대해 일정 비율로 수수료를 지급하기로 하였다면 판매원에게 지급되는 총보상액은 고정원가와 변동원가를 모두 포함하므로 준변동원가의 행동패턴을 따르게 된다.

(4) 계단식원가

계단식원가(step cost)는 준고정원가(semi-fixed cost)라고도 하는데, 총원가가 일정 조업구간 내에서는 고정원가의 행태를 보이다가 조업구간이 바뀌면 총원가가 점프하여 다시 고정원가의 행태를 보이는 원가를 계단식원가라 한다. **그림 2-1** (**d**)에 나타난 바와 같이 일정 조업구간 내의 고정원가가 지속적으로 점프하여 마치 계단처럼 보인다. 계단식원가의 행태를 보이는 대표적인 원가로는 감독자의 급여를 들 수 있다. 즉 일정 조업구간에는 한명의 감독자가 필요한데 조업수준이 이 한도를 넘어서면 또 한명의 감독자가 필요하게 되고 이런 행태가 반복되면 감독자의 급여는 계단식원가의 행태를 따르게 된다.

3 의사결정을 위한 원가분류

의사결정 목적을 위해 원가는 관련원가, 매몰원가 및 기회원가로 분류할 수 있다.

(1) 관련원가

의사결정에 도움을 주는 원가를 관련원가(relevant cost)라 하는데 관련원가는 한마디로 의사결정에 목적적합한 원가를 말한다. 관련원가의 중요 특성은 미래에 발생될 원가이고, 의사결정 대안간에 차이를 발생시키는 원가라는 것이다. 즉, 어떤 원가가 의사결정에 유용한 목적적합한 원가가 되려면 기대되는 미래원가(expected future cost)라야 한다. 역사적 원가는 과거원가이기 때문에 그 자체로는 의사결정에 영향을 미치지 못한다. 또한 어떤 원가가 목적적합한 원가가 되려면 의사결정 대안이 달라짐에 따라 원가도 달라져야 한다. 그렇지 않다면 대안의 선택에 아무런 영향을 미치지 못할 것이다. 관련원가와 비슷한 의미에서 대안간에 차이를 발생시키는 원가를 차액원가(differential cost) 또는 증분원가(incremental cost)라고 한다.

(2) 매몰원가

매몰원가(sunk cost)는 과거 의사결정으로부터 기인하여 이제는 경영자가 더 이상 통제할 수 없는 역사적 원가이다. 즉, 이미 역사 속에 묻혀버려서 미래 의사결정에는 영향을 미치지 못하는 원가이다. 그렇기 때문에 매몰원가는 미래 의사결정에는 목적적합하지 않다. 가령 과거 주당 15,000원에 구입한 주식의 현재 시장가격이 주당 12,000원이라 하자. 이때 과거 취득가격 15,000원은 역사적 원가로써 매몰원가이다. 이 매몰원가는 소유주식을 처분할 것인가의 의사결정에는 목적적합하지 않다. 단지 소유주식의 가격이 미래 어떻게 변화할 것인가 또한 다른 주식의 가격은 어떻게 변화할 것인가 등이 소유주식의 처분 의사결정에 중요한 정보이다. 그럼에도 불구하고 현행가액 12,000원을 매몰원가인 15,000원에 견주어 주당 3,000원의 손실이 발생하였고, 이미 발생한 3,000원의 손실이 현재 시점에서 주식을 처분할 것인지를 결정하는데 영향을 끼친다면 이는 합리적이지 않다. 물론 재무보고 목적으로는 매몰원가인 취득가격 15,000원은 중요한 정보이다. 그러나 경영의사결정에서는 매몰원가는 유용한 정보가 아니다.

(3) 기회원가

특정 행동경로를 선택한 것의 기회원가(opportunity cost)는 차선의 행동경로를 동시에 선택하지 못함으로써 포기해야 하는 순효익으로 정의된다. 기회원가는 유한한 자원의 활용과 관련되어 나타난다. 가용자원이 무제한적이라면 기회원가는 발생되지 않을 것이다. 또한 기회원가는 재무회계 장부에는 기록되지 않지만 행동경로를 평가하는 데에는 반드시 고려되어야 하는 원가이다.

예제 3 원가개념

다음 보기의 원가개념 중 아래 문장의 괄호에 가장 알맞은 것을 선택하시오.

매몰원가, 증분원가, 변동원가, 고정원가, 혼합원가, 기회원가

1. 태진사는 헌 기계를 매각 처분하려 한다. 헌 기계의 장부가치는 500만원이다. 매각처분결정에서 헌 기계 장부가치는 ( )이다.
2. 헌 기계에 대한 대안으로써 태진사는 새 기계의 리스를 고려하고 있다. 리스료는 1년에 150만원이다. 행태별 분류에 의할 때 리스료는 ( )이다.
3. 새 기계를 가동하는 직원에는 기본급에 추가로 생산 단위당 일정 금액을 지급하려 한다. 이 직원의 급여는 행태별 분류에 의할 때 ( )이다.
4. 1에서 언급한 헌 기계는 200만원에 팔 수 있는데, 태진사는 계속해서 이 기계를 사용하려 한다. 이때 200만원은 ( )이다.

해답

1. 매몰원가　2. 고정원가　3. 혼합원가　4. 기회원가

제3절 제조원가

1 제품원가의 3요소

제조(manufacture)란 노동력과 공장의 재반설비를 이용하여 재료를 제품으로 바꾸는 것으로, 제조활동에서 소요되는 모든 원가를 **제조원가(manufacturing cost)**라 한다. 제품 제조 과정에서 발생하는 원가를 **제품원가요소(product cost elements)**라 하는데 제품원가의 3요소는 직접재료비, 직접노무비 및 제조간접비이다.

직접재료비(direct materials cost)는 직접재료의 원가인데 특정제품의 생산에 구체적으로 식별시킬 수 있는 원재료이다. 원재료는 완성된 제품의 부분이 되는데 직접재료는 많은 경우 세 가지 제조원가요소 중 가장 큰 비중을 차지한다. 제조과정에서 사용되는 원재료 가운데는 제품의 부분을 형성하지 않거나 형성하더

라도 전체 제조원가에 견주어서 그 중요성이 미약한 것이 있는데 이러한 원재료는 간접재료(indirect materials)라 불린다. 간접재료의 원가인 **간접재료비**(indirect materials cost)는 제조간접비에 포함된다.

직접노무(direct labor)는 특정제품이나 제품군의 생산과 구체적으로 식별되어질 수 있는 노동이며 제품의 완성에 직접적으로 기여한다. 가령 자동차 조립라인에서 자동차를 완성시키기 위해 자동차의 부품을 조립하는 종업원은 직접노무로 분류되며 직접노무의 원가는 **직접노무비**(direct labor cost)라 부른다. 직접노무와는 달리 생산공정에 필수적인 직무를 수행하지만 개별제품이나 제품군의 생산과 용이하게 식별되어질 수 없는 노동이 있는데 이를 간접노무(indirect labor)라 부른다. 간접노무의 예로는 생산기계를 유지 보수하는 종업원, 생산 감독자등 직접노무를 제공하는 종업원 이외의 생산현장의 모든 종업원이 이에 포함된다. 이들 간접노무를 제공하는 종업원의 노무비는 **간접노무비**(indirect labor cost)라 하는데 간접노무비는 앞에서 설명한 간접재료비와 그 밖의 제조간접비 항목과 함께 제조간접비에 포함된다.

제조간접비(manufacturing overhead cost)는 직접재료비와 직접노무비 이외 제품생산에 필요한 모든 원가로 구성된다. 즉 모든 간접제조비용을 총칭하여 제조간접비라 하는데 이의 특징은 제품생산에 필요한 원가이지만 특정제품군과 직접적으로 연계시켜 식별하기는 어렵다는 데 있다. 제조간접비에는 간접재료비와 간접노무비 이외에 제조공장에서 발생된 감가상각비, 수선유지비, 보험료, 광열비, 재산세, 임차료 등이 포함된다. 이 밖에도 직접재료비와 직접노무비 이외에 제조공장에서 발생된 모든 비용이 제조간접비에 포함된다. 제조간접비는 제조원가의 한 요소이기 때문에 제품원가계산에 포함시켜야 한다. 그러나 제조간접비는 특성상 특정제품군과 직접적으로 연계시켜 추적할 수 없기 때문에 직접원가처럼 관련 제품군에 직접 부과시키지는 못하고 간접적으로 배부시킬 수밖에 없다.

이상에서 우리는 **제품원가의 3요소**인 직접재료비, 직접노무비, 그리고 제조간접비에 대해 살펴보았다. 제품원가에 대해서 이야기할 때 이들 3요소를 개별적으로 칭하는 것 이외에 둘씩 합쳐서 부르는 경우도 있다. 가령 직접재료비와 직접노무비를 합쳐서 **기초원가**(prime cost)라 한다. 기초원가는 완제품과 직접적으로 연계시켜 추적할 수 있는 원가의 총칭인 셈이다. 또한 기초원가는 전통적으로 원가통제를 하려는 경영자들에게 가장 많은 관심의 초점이 된 원가이다. 물론

그림 **2-2** 제품원가의 3요소

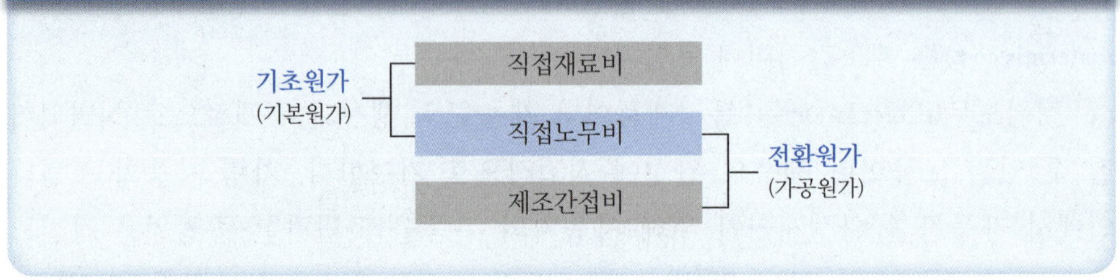

지금은 원가통제의 초점이 제조간접비에도 많이 쏠리고 있다. 한편 직접노무비와 제조간접비를 합쳐서 부를 때는 가공원가 또는 전환원가(conversion cost)라 한다. 전환원가는 직접재료인 원재료를 완제품으로 가공하는 데 또는 전환하는 데 소요되는 원가를 총칭하는 것이다.

제품원가의 3요소 중 어느 한 요소가 다른 요소보다 더 중요하다고 말할 수는 없다. 참고로 한 조사에 의하면 우리나라 제조기업의 원가요소별 원가구성비율은 대략 직접재료비 60%, 직접노무비 11%, 그리고 제조간접비 29%인 것으로 나타났다.[1] 물론 원가요소별 원가구성비율은 기업 및 산업의 특성에 따라서 차이가 날 것이다. 위에서 제시한 비율만 가지고 볼 때 직접재료비의 비중이 다른 두 요소 보다 훨씬 큼을 알 수 있다. 또한 우리는 자동화나 정보화가 더 많이 이루어질수록 제조간접비의 비중이 더 커지는 반면 직접노무비의 비중은 더 작아질 것이라고 예상할 수 있다. 구성비율이 달라지면 원가계산제도는 달라질 수 있는데 이에 대한 설명은 이후 활동기준원가계산과 전략적 원가관리회계에서 하게 될 것이다. 여기서 직접노무비란 기업의 모든 인건비를 포함한 것이 아니라 그중에서 제조부문의 인건비, 또한 제조부문의 인건비 중에서 직접노동에 대한 인건비만을 이야기하는 것은 물론이다.

2 제조기업의 재고자산

서비스기업은 서비스를 판매하기 때문에 재고개념이 중요하지 않다. 제조부문이 없는 상기업(상품매매기업)은 제조된 상품을 외부에서 구매해서 고객에게 판매하고, 제조기업(제품제조기업)은 자체에서 제품을 생산해서 판매한다. 그러므로

1) 김순기, 이건영, 「한·미·일 관리회계실무」, 홍문사, 1996, p.75.

상기업과 제조기업은 서비스기업과는 달리 재고자산이 존재하며 그 관리에 신경을 써야 한다. 상기업에서도 재고자산을 상품의 유형별로 구분하면 품목이 다양해지지만 재고자산을 한데 묶는다면 상품 하나로 볼 수가 있다. 즉, 상기업에서 재고자산은 판매 목적으로 보유하고 있는 상품밖에 없다. 이에 비해 제조기업은 통상 재고자산을 원재료, 재공품, 그리고 완제품 등으로 구분한다.

(1) 원 재 료

완제품으로 전환되는 기본적인 자재투입물을 원재료(raw materials)라 칭한다. 원재료라고 해서 철강석, 목재 등과 같이 아주 기본적인 자원일 필요는 없다. 생산되는 제품에 따라서는 이미 상당부분 가공이 끝난 제조물일 수도 있다. 그렇기 때문에 직접재료비의 비중이 총제품원가의 60% 내외를 점유하는 것으로 나타난다.

(2) 재 공 품

완제품으로 전환되는 과정에 있는 미완성인 제품을 재공품(work in process)이라 칭한다. 많은 다양한 가공단계에 있는 제품들이 동시에 재공품이 될 수 있다. 또한 재공품계정은 제품원가의 흐름에선 모든 발생된 제품원가를 누적·집계하는 수단으로 이용된다. 모든 제품원가는 일단 발생되면 재공품계정에 모아졌다가 생산이 완료되면 완제품계정으로 넘어가게 된다.

(3) 완 제 품

완성되어 판매할 수 있는 제품을 완제품(finished goods)이라 칭하며, 보통 제품이라고 하면 완제품을 의미한다. 이하에서는 완제품과 제품을 혼용하여 쓰게 되는데, 그 의미는 같다. 제조기업에 있어서 완제품재고는 상기업에 있어서 상품재고와 유사하다. 참고로 상품은 판매를 목적으로 외부에서 구입한 것이고, 제품은 판매를 목적으로 자체적으로 제조한 것이다. 따라서 상기업에서는 상품이라 하고, 제조기업에서는 제품이라 한다.

3 제품원가의 흐름

제품의 원가를 산정하기 위해서 회계담당자들은 생산활동의 흐름을 원가자료를 수집하는 근거로 삼고 있다. 따라서 전통적인 원가계산제도에서는 생산활

그림 **2-3** 제조기업의 원가흐름

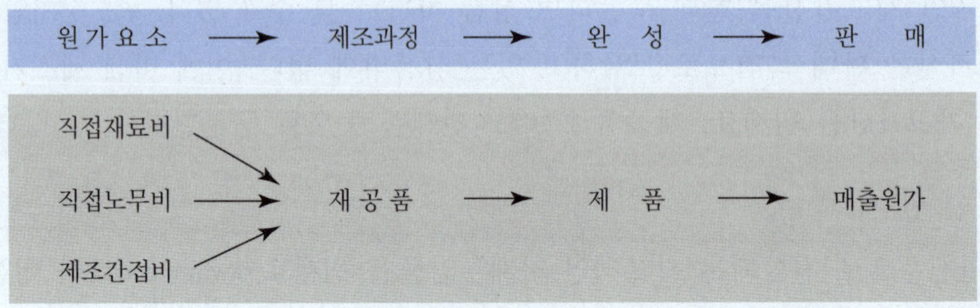

동의 흐름과 이러한 생산활동에 따른 발생원가의 흐름이 일치된다. 생산활동에 따른 제조기업의 원가흐름(계정흐름)은 **그림 2-3**과 같다.

제품원가의 흐름은 생산활동에 의해 이루어지는 제품의 물리적 흐름과 병행해서 발생된다. 원재료의 구입은 원재료재고계정의 차변에 기입된다. 구입된 원재료는 직접재료나 간접재료로 쓰이게 되는데, 생산에 투입되면 직접재료원가는 원재료계정에 대기됨과 동시에 재공품계정에 차기되며, 간접재료원가는 원재료계정에 대기됨과 동시에 제조간접비계정에 차기된다.

원 재 료

차변		대변	
기 초	×××	사 용 액	
당기매입	×××	재공품(직접재료)	×××
		제조간접비(간접재료)	×××
		기 말	×××
	×××		×××

재 공 품

차변		대변
직접재료비	×××	

제조급여는 노무비를 나타내는데 원재료와 유사하게 직접노무비는 재공품계정에 차기되지만 간접노무비는 제조간접비계정에 차기된다.

노 무 비

차변		대변	
발 생 액	×××	소 비 액	
		재공품(직접노무)	×××
		제조간접비(간접노무)	×××
	×××		×××

재 공 품

차변		대변
직접재료비	×××	
직접노무비	×××	

제조간접비계정에 차기되는 항목은 간접재료비와 간접노무비 이외에 감가상각비, 보험료, 재산세, 광열비, 수선비 등 수많은 제조간접비 항목이 포함된다. 이렇게 집계된 제조간접비는 추가적인 배부단계를 거쳐 재공품계정에 차기된다.

제조간접비

감가상각비	×××	재공품	×××
수도광열비	×××		
보 험 료	×××		
수선유지비	×××		
	×××		×××

재 공 품

직접재료비	×××	
직접노무비	×××	
제조간접비	×××	

제조간접비의 배부가 끝나면 재공품계정의 차변에는 이미 기입된 직접재료비와 직접노무비와 함께 제품원가의 3요소가 모두 집계되는 것이다. 따라서 재공품계정은 제품원가를 축적하는 수단인 셈이다. 재공품계정 차변에 집계된 금액은 현재 생산 중에 있는 모든 제품의 제조원가를 말해준다. 여기서 생산이 완료되면 생산품은 자연히 물리적으로 재공품재고로부터 완제품재고로 전환되게 된다. 이런 물리적 흐름과 병행되어 이루어지는 제품원가의 흐름은 완료된 제품의 원가 금액만큼 재공품재고계정에 대기하고 완제품재고계정에 차기하는 것이다. 이로써 제공품재고 금액은 감소되고 완제품재고 금액은 증가되는 것이다.

재 공 품

기 초	×××	제 품	×××
직접재료비	×××	기 말	×××
직접노무비	×××		
제조간접비	×××		
	×××		×××

완 제 품

기 초	×××	매출원가	×××
재 공 품	×××	기 말	×××
	×××		×××

완제품재고계정에 차기할 때까지, 또는 달리 표현하면 완제품의 생산이 완료될 때까지 발생된 모든 원가는 제품의 가치를 증대시키기 때문에 자산으로 처리되는데 이와 같이 생산의 흐름에서 제품의 가치를 증대시키는 직접재료비, 직접노무비, 그리고 제조간접비를 총칭해서 **재고가능원가**(inventoriable costs)라 말한다.

생산의 완료단계까지 자산으로 처리된 재고가능원가는 제품 판매가 이루어지면 매출수익을 창출하고 비용화된다. 따라서 제품원가 흐름의 최종단계는 제

그림 2-4 생산활동의 흐름과 제품원가의 흐름

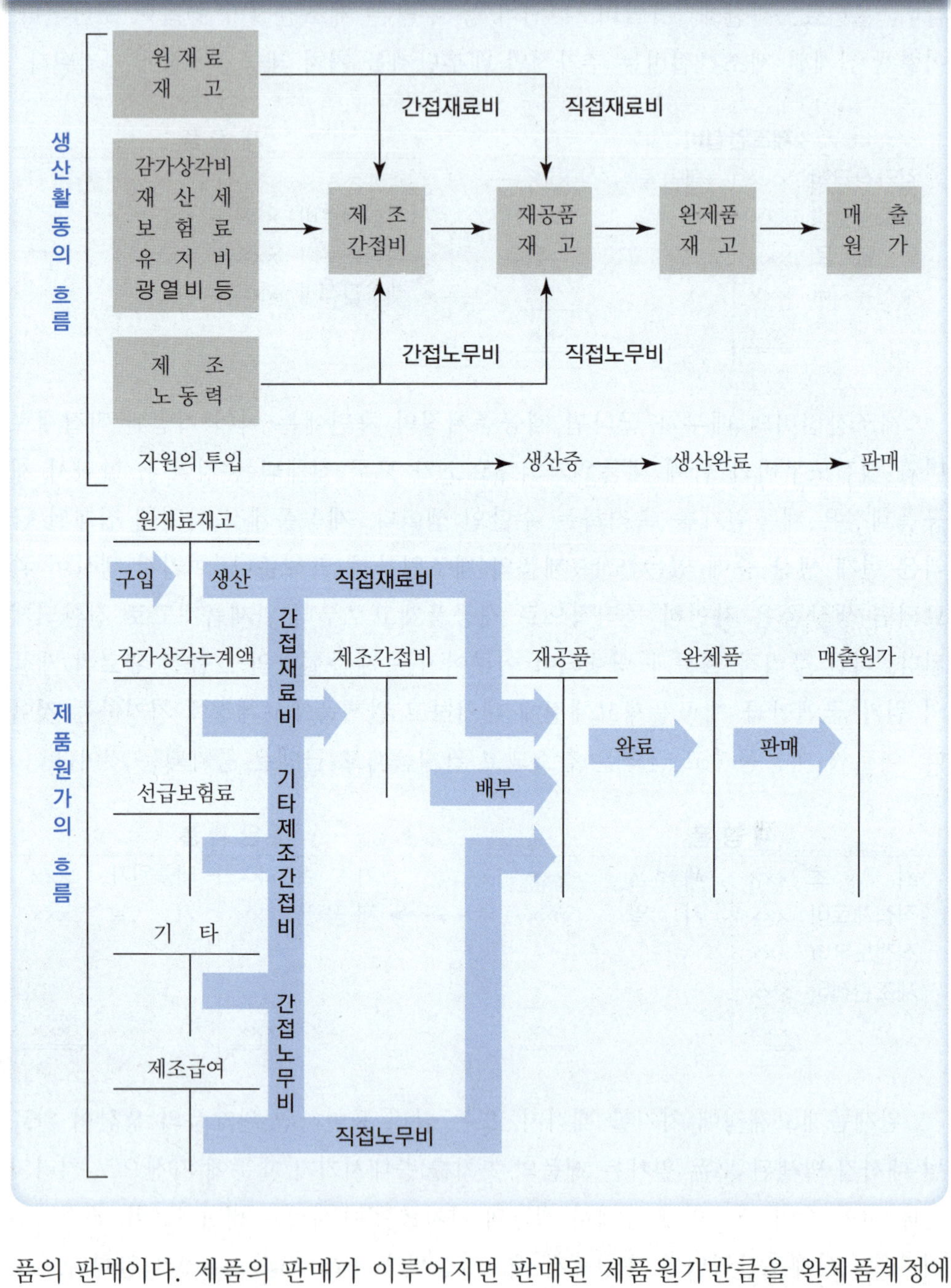

품의 판매이다. 제품의 판매가 이루어지면 판매된 제품원가만큼을 완제품계정에서 비용계정인 매출원가로 전환시키게 된다. 이러한 제품원가의 측정은 기본적으로 비용과 관련수익의 대응을 요구하는 대응원칙(matching principle)에 따라 이루어진다. 생산활동이 이루어지면 발생된 원가는 자산으로 처리되며 일단 제품에 할당된다. 그 후에 생산된 제품이 판매되면 판매된 제품에 할당된 원가는 매출원가(cost of goods sold)라는 비용으로 처리되어 판매에 의해 창출된 수익과 대응되는 것이다. 대응개념은 앞으로도 책 전체에서 제품원가계산과 각종 경영보고서 작성에서 필수적인 회계원칙으로 강조될 것이다. 대응원칙에 의하면 제품원가는 각 제품의 제조에 사용된 생산자원의 실제 사용을 정확하게 반영하게끔 측정되어져야 한다. 이같이 제품원가 계산이 정확해야 손익계산서에 보고되는 매출원가가 해당 제조제품의 판매에서 벌어드린 수익과 확실하게 대응된다.

지금까지 설명한 생산활동의 흐름과 제품원가의 흐름은 **그림 2-4**와 같이 나타낼 수 있다.

4 제품원가와 기간비용

전통적으로 회계담당자들은 재무보고를 위해 발생된 원가를 제품을 제조하는 데 소요된 원가와 비제조 활동에서 발생된 원가로 분류한다. 전자를 제품원가(product costs)라 하고 후자를 기간비용(period costs)이라 하는데, 분류하는 주된 이유는 발생된 원가가 어느 항목에 속하느냐에 따라서 회계처리가 달라지기 때문이다. 제조활동과 관련해서 발생된 제품원가는 발생되면 일단 자산으로 기록되었다가 제품이 판매되면 비용으로 처리된다. 기간비용은 소비된 회계기간에 비용으로 기록되는 재화나 서비스의 원가이다.

제품원가와 기간비용의 차이를 보다 분명히 하기 위해서 상기업과 제조기업에서 각각 손익계산서에 제품원가와 기간비용이 어떻게 보고되는지를 살펴보기로 하자.

(1) 상기업의 손익계산서

상기업의 손익계산서는 **표 2-1**과 같다. 상기업은 상품을 구입해서 고객들에게 다시 판매하는 기업이다. 따라서 구입한 상품의 원가가 상품재고액이 된다. 상품의 원가는 판매가 이루어지기 전까지는 자산으로 기록되다가 판매가 이루어지면 매출원가(비용)가 된다. 회계기간말에 판매되지 않은 상품의 원가는 재무상태표에 자산으로 나타난다. 매출원가는 대응원칙에 따른 비용이다. 즉 상품판매로부터의 수익이 손익계산서에 보고되면 상품의 원가는 같은 기간의 손익계산서에 매출원가라는 비용으로 보고된다. 매출수익과 매출원가간의 차이를 매출총이익이

표 2-1 상기업의 손익계산서

손익계산서		
××기업		2011년 1월 1일~12월 31일
매 출		₩253,100
매출원가		
기초상품재고액	₩92,000	
당기매입액	164,700	
판매가능액	256,700	
기말상품재고액	104,800	151,900
매출총이익		101,200
급 여	₩34,200	
판매수수료	5,300	
이자비용	8,400	
관리비	7,200	
광고비	11,200	66,300
순이익		₩34,900

라 한다. 매출원가 이외의 비용은 그 성격이나 기능에 따라 계정을 구분하여 기간비용으로 처리한다. 매출총이익에서 기간비용을 차감하면 순이익이 산출된다.

(2) **제조기업의 손익계산서**

제조기업에서도 상기업과 마찬가지로 매출수익으로부터 판매된 제품의 원가를 차감하여 매출총이익이 산정된다. 제조기업의 손익계산서는 **표 2-2**와 같다.

상기업에서 상품원가는 단순히 상품에 대해 지급된 송장가액이지만 제조기업은 제품원가를 별도로 산정하여야 한다. 하지만 제조기업의 기간비용은 상기업의 기간비용과 유사하다. 즉 모든 비제조부문에서 발생된 원가는 기간비용이다.

매출원가의 산정은 제품계정을 연상하면 이해하기 쉽다. 즉, 제품계정의 차변합계(판매가능액)에서 기말제품재고를 차감하여 매출원가를 산정한다.

기초제품재고
+ 당기제품제조원가
판매가능액
− 기말제품재고
매출원가

제품			
기초	×××	매출원가	×××
당기제품제조원가	×××	기말	×××
	×××		×××

표 2-2 제조기업의 손익계산서

손익계산서		
OO기업		2011년 1월 1일~12월 31일
매 출		₩929,600
매출원가		
기초제품재고액	₩91,250	
당기제품제조원가(**표 2-3** 참조)	587,200	
판매가능액	678,450	
기말제품재고액	123,700	554,750
매출총이익		374,850
판매급여	48,100	
판매수수료	46,450	
광고료	18,400	
관리급여	91,250	
감가상각비-본사건물	68,000	
보험료	30,900	303,100
순이익		₩71,750

(3) 제조원가명세서

제조기업에서 매출원가를 산정하기 위해서는 당기제품제조원가를 산정하여야 한다. 당기제품제조원가를 산정하기 위하여 작성하는 표를 제조원가명세서(Schedule of Cost of Goods Manufactured)라 하는데 이는 **표 2-3**과 같다. 제조원가명세서는 한 기간 동안 생산이 완료되어 재공품재고로부터 완제품재고로 전환되는 제품의 원가를 보고한다. 즉, 제조원가명세서는 재공품계정을 보고서 형식으로 작성한 것이다. 당기제품제조원가는 다음과 같이 산정할 수 있는데 재공품계정을 연상하면 이해하기 쉽다.

기초재공품재고
\+ 당기총제조원가
총생산가능액
\- 기말재공품재고
당기제품제조원가

재 공 품

기 초	×××	제 품**	×××
* 직접재료비	×××	기 말	×××
직접노무비	×××		
제조간접비	×××		
	×××		×××

* 당기총제조원가　　** 당기제품제조원가

표 2-3 제조원가명세서

제조원가명세서		
OO기업		2011년 1월 1일~12월 31일
직접재료비		₩159,100
직접노무비		184,900
제조간접비		
간접재료비	₩9,580	
간접노무비	21,620	
감가상각비-공장	100,000	
생산감독자급여	92,800	
공장보험료	14,300	
공장재산세	17,900	
공장광열비	32,700	288,900
당기총제조원가		632,900
기초재공품재고		107,400
총생산가능액		740,300
기말재공품재고		153,100
당기제품제조원가		₩587,200

여기서 당기총제조원가와 당기제품제조원가의 차이점에 대해 잘 파악할 필요가 있다. 당기총제조원가(total current manufacturing costs)는 특정 기간 동안 재공품계정에 가산되는 총 금액이다. 여기에는 생산완료와는 상관없이 해당기간 동안 투입된 제조원가가 모두 포함된다. 반면 당기제품제조원가(cost of goods manufactured)는 해당 기간중에 완성된 제품의 제조원가를 말한다. 여기에는 기초재공품재고액이 포함될 수 있다. 언제 투입되었는지와는 상관없이 해당 기간중에 완성이 되었다면 그 제품원가는 당기제품제조원가에 귀속된다. 한편, 매출원가(cost of goods sold)의 산정과 당기제품제조원가(cost of goods manufactured)의 산정의 차이점은 매출원가의 산정에는 완제품계정이 사용되는 데 반해서 당기제품제조원가의 산정에는 재공품계정이 사용된다는 데 있다. **표 2-2**에서 매출원가를 산정한 부분을 별도로 작성한 것을 매출원가명세서라 한다.

예제 4 당기제품제조원가와 매출원가의 산정

아래 정보를 이용하여 물음에 답하시오.

기초 원재료재고	₩10,000
원재료 당기구입액	50,000
기말 원재료재고	12,000
기초 재공품재고	30,000
직접노무비	50,000
제조간접비	45,000
기말 재공품재고	23,000
기초 제품재고	20,000
기말 제품재고	70,000

요구사항

1. 직접재료비는 얼마인가?
2. 당기제품제조원가는 얼마인가?
3. 매출원가는 얼마인가?

해답

1. 직접재료비

기초 원재료재고	₩10,000
당기구입액	50,000
사용가능액	60,000
기말 원재료재고	12,000
직접재료비	₩48,000

2. 당기제품제조원가

직접재료비	₩48,000
직접노무비	50,000
제조간접비	45,000
당기총제조원가	143,000
기초 재공품재고	30,000
총생산가능액	173,000
기말 재공품재고	23,000
당기제품제조원가	₩150,000

3. 매출원가

기초 제품재고	₩20,000

당기제품제조원가	150,000
판매가능액	170,000
기말 제품재고	70,000
매출원가	₩100,000

☞ 직접재료비는 원재료 계정, 당기제품제조원가는 재공품계정, 그리고 매출원가는 제품계정을 분석하면 쉽게 산출할 수 있다. 각자 관련계정을 직접 분석해 보길 바란다. 계정별 분석결과는 예제5의 요구사항1 해답에 제시되어 있으니 참고하기 바란다.

5 한국채택국제회계기준에 의한 손익계산서 작성

손익계산서를 작성하기 위해서는 비용을 분류하여야 하는데 한국채택국제회계기준(K-IFRS)에서는 그 동안 실무에서 많은 기업이 사용하고 있던 비용의 기능(function of expense)별 분류뿐만 아니라 비용의 성격(nature of expense)별 분류도 허용하고 있다. 비용의 성격별 분류법에서는 비용을 감가상각비, 원재료의 구입, 종업원급여 등과 같이 성격별로 통합하여 공시하나, 비용의 기능별 분류법에서는 비용을 매출원가, 판매비, 관리비 등 수행한 활동에 따라 재분류하여 공시한다. 예를 들어 종업원 급여로 ₩100,000이 발생하였는데 이중 ₩40,000이 생산직 종업원급여로, ₩60,000이 판매직 종업원급여로 발생한 경우 성격별 분류법에서는 ₩100,000을 종업원급여로 통합하여 표시한다. 그러나 기능별 분류에서는 종업원급여 ₩100,000을 수행한 기능에 따라 재분류하여 ₩40,000은 제조원가를 산정할 때 반영하고 ₩60,000은 판매비로 표시한다. 성격별 분류는 기능별로 재분류할 필요가 없으므로 실무적으로 적용하기 간편하다는 장점이 있고, 기능별 분류는 재무제표이용자에게 보다 목적적합한 정보를 제공할 수 있다는 장점이 있다.

비용을 성격별로 분류한 경우와 기능별로 분류한 경우의 손익계산서는 다음과 같다. 실제로 K-IFRS에서 요구하는 손익계산서는 기타포괄손익을 포함한 포괄손익계산서(statement of comprehensive income)로서 그 구성내용이 매우 복잡하다. 그러나 이에 대한 자세한 설명은 이 과목의 학습범위를 벗어나므로 여기에서는 원가회계와 관련된 부분만을 설명하고자 영업이익까지만 간략히 표시하였다.

성격별 비용분류법	
매 출	×××
제품과 재공품의 변동	×××
원재료와 소모품의 사용액	(×××)
종업원급여	(×××)
감가상각비와 기타비용	(×××)
영업이익	×××

기능별 비용분류법	
매 출	×××
매출원가	(×××)
매출총이익	×××
판 매 비	(×××)
관 리 비	(×××)
영업이익	×××

대부분의 기업에서는 비용을 기능별로 분류하고 있다. 특히 제조기업의 경우에는 정확한 제품원가를 산정하기 위하여 비용을 기능별로 분류할 수밖에 없다. 따라서 본서에서는 특별한 가정이 없는 경우 기능별 비용분류법에 따라 손익계산서를 작성할 것이다.

예제 5 비용의 기능별 분류와 성격별 분류

다음은 ㈜태종의 20×8년 생산 및 영업활동과 관련된 자료이며, ㈜태종의 20×8년 매출액은 ₩400,000이다.

1. 기초와 기말의 재고자산은 다음과 같다. 단, 원재료 구입액은 ₩50,000이며, 원재료 사용액은 전액 제품생산과 직접 관련된 것이다.

	기초	기말	증감
원재료	₩10,000	₩12,000	₩2,000
재공품	30,000	23,000	(7,000)
제 품	20,000	70,000	50,000

2. 20×8년 비용은 다음과 같다. 종업원급여 중 재고자산 관련된 것은 전액 제품생산과 직접 관련된 것이다.

	재고자산 관련	판매비 관련	관리비 관련	합 계
종업원급여	₩50,000	₩40,000	₩25,000	₩115,000
감가상각비	30,000	18,000	42,000	90,000
기타비용	15,000	32,000	63,000	110,000
	₩95,000	₩90,000	₩130,000	

요구사항

1. 당기제품제조원가와 매출원가를 각각 산정하시오.

2. 기능별 손익계산서를 작성하시오.

3. 성격별 손익계산서를 작성하시오.

해답

1.

원재료

기 초	10,000		사 용	48,000
매 입	50,000		기 말	12,000
	60,000			60,000

재공품

기 초	30,000		제 품	150,000
직접재료비	48,000			
직접노무비	50,000			
제조간접비	45,000		기 말	23,000
	173,000			173,000

제 품

기 초	20,000		매출원가	100,000
재공품	150,000		기 말	70,000
	170,000			170,000

∴ 당기제품제조원가 = ₩150,000

∴ 매출원가 = ₩100,000

☞ 이 부분은 앞의 예제4를 원재료계정, 재공품계정, 제품계정을 이용하여 분석한 것이다. 앞의 결과와 비교해 보기 바란다.

2. 손익계산서 : 기능별 비용분류

매 출	₩400,000
매출원가	(100,000)
매출총이익	300,000
판 매 비	(90,000)
관 리 비	(130,000)
영업이익	₩80,000

☞ 기능별 비용분류법은 비용을 수행한 기능(제조활동, 판매활동, 관리활동 등)에 따라 분류하는 방법이다. 비용을 기능별로 재분류함에 있어서 자의성이 존재할 수 있으나 어떤 활동에서 얼마만큼의 비용이 발생했는지를 보여주기 때문에 회계정보이용자에게 보다 목적적합한 정보를 제공할 수 있다는 장점이 있다.

3. 손익계산서 : 성격별 비용분류

매 출		₩400,000
제품과 재공품의 변동	+50,000-7,000 =	43,000
원재료의 사용액		(48,000)
종업원급여		(115,000)
감가상각비		(90,000)
기타비용		(110,000)
영업이익		₩80,000

☞ 성격별 비용분류법은 비용을 성격(원재료의 사용, 종업원급여, 감가상각비, 기타비용 등)에 따라 분류하는 방법이다. 이 방법은 적용하기가 쉽고, 비용을 기능에 따라 재분류하지 않아도 된다는 장점이 있다. 이 방법을 적용할 때 주의할 점은 제품과 재공품의 증가는 비용의 감소 즉, 수익과 같은 성격이고, 제품과 재공품의 감소는 비용의 증가에 해당한다는 것이다.

연습문제

문 1 원가의 개념

'원가란 특정목적을 달성하기 위하여 희생된 경제적 자원'이라고 정의된다. 이러한 원가는 보기와 같이 여러 가지로 분류할 수 있다.

재 료 비	기 본 원 가	변동원가
제조원가	가 공 원 가	고정원기
직접원가	준변동원가	기간비용
간접원가	준고정원가	매출원가

요구사항

다음은 다양한 원가의 개념을 정의한 것이다. 각 항목에 해당되는 사항을 보기에서 고르시오.

1. (　　　) 제품을 제조하기 위해 투입되는 재료의 소비로 인하여 발생하는 원가요소
2. (　　　) 특정제품의 제조를 위해서만 소비되어 직접 그 제품에 포함(관련)시킬 수 있는 원가
3. (　　　) 직접재료비와 직접노무비를 합한 금액
4. (　　　) 고정원가와 변동원가가 혼합되어 있는 원가
5. (　　　) 판매된 제품 수익에 대응되는 원가
6. (　　　) 특정범위의 조업도에서는 고정원가가 일정하게 발생하지만 조업도가 이 범위를 벗어나면 일정액만큼 증가 또는 감소하는 원가
7. (　　　) 조업도수준이 변동함에 따라 총액이 직접적으로 비례하여 변동하는 원가
8. (　　　) 여러 종류의 제품제조를 위해서 공통적으로 소비되어 특정제품에 직접 부과(관련)시킬 수 없는 원가
9. (　　　) 조업도가 증가하거나 감소하더라도 이에 영향을 받지 않고 총원가가 일정하게 발생하는 원가

10. (　　　) 재료를 직접 가공하는데 또는 재료를 제품으로 전환시키는데 소비된 원가

11. (　　　) 제품원가 이외의 모든 원가로서 그것이 발생한 기간에 비용으로 처리되는 원가

문 2 원가행태와 그래프

다음은 조업도에 따른 원가행태를 그래프로 표시한 것이다. 단, X축은 조업도를 나타내고, Y축은 총수익 또는 총원가를 나타낸다.

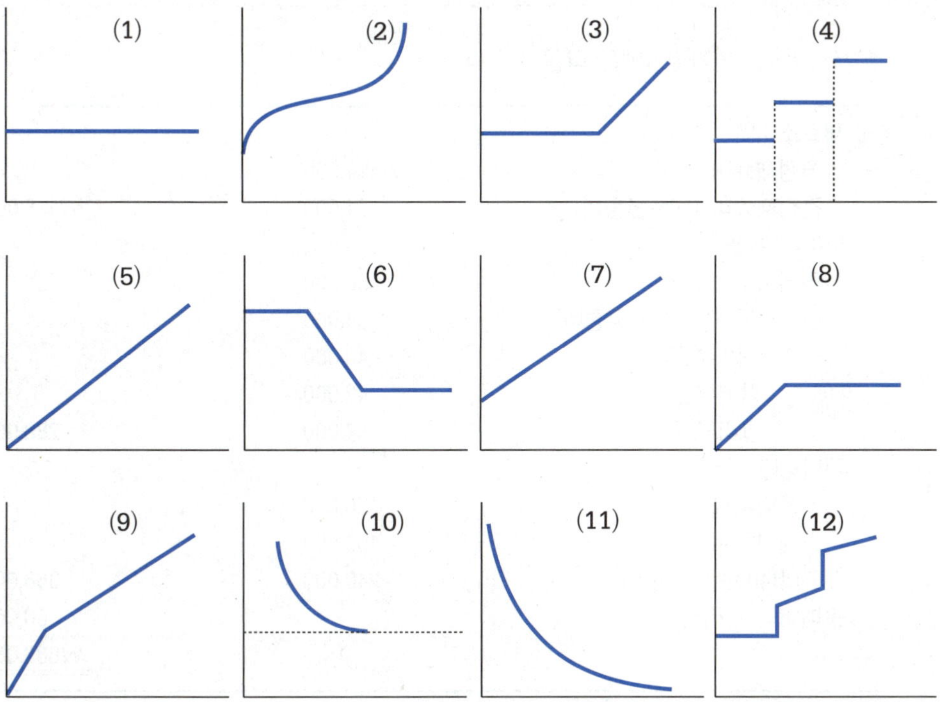

● 요구사항

다음에 해당하는 그래프를 보기에서 고르시오. 단, 요구상항 (8)~(10)에 해당되는 그래프는 X축은 조업도, Y축은 단위당 원가를 나타낸다.

1. 제품제조에 사용된 직접재료비
2. 일정 사용량까지는 기본요금을 내고, 일정량을 초과하여 사용하는 경우에는 초과사용량에 대해서만 단위당 일정하게 가산되는 전력비
3. 생산량 1,000개마다 품질검사요원이 한 사람씩 증원되는 경우 품질검사요원의 급여
4. 정액법에 의한 건물의 감가상각비

5. 생산량을 500개 증가시킬 때마다 고정급의 감독자를 증원해야 하는 경우의 감독자 급여
6. 복사기를 임차하여 사용할 때 일정한 고정비에 사용시간에 비례하여 가산되는 요금을 합하여 지급하는 경우의 총원가
7. 완전경쟁시장에서 생산량이 전량 판매된다고 가정할 때 생산량의 증가에 따라 비례적으로 증가하는 매출액
8. 조업도 단위당 평균변동원가
9. 조업도 단위당 평균고정원가
10. 조업도 단위당 평균원가(혼합원가)

문 3 단위당 변동원가, 제조원가 및 총원가

(주)서강의 7월 원가발생액은 다음과 같다.

재료소비액		
직접재료비	₩154,000	
간접재료비(100%변동비)	24,000	₩178,000
노무비발생액		
직접노무비	100,000	
간접노무비(30%는 고정비)	34,000	
급여-제조부문	40,000	
판매부문	42,000	
관리부문	64,000	280,000
기타경비		
건물임차료	20,000	
기계임차료	108,000	
기타(40%는 고정비)	240,000	368,000
판매비와 관리비		60,000
		₩886,000

추가정보

- 건물총면적의 80%는 제조부문이 사용하고 있다.
- 기계임차료는 매월 ₩8,000의 고정비에 제품단위당 ₩50의 변동비로 계산하여 지급하고 있다.
- 재공품은 없다.
- 기타경비의 기타는 전액 제조부문에서 발생하였다.

◉ 요구사항

1. 제품생산량을 계산하시오.
2. 변동제조간접비와 고정제조간접비 발생액을 계산하시오.
3. 제품단위당 변동원가를 계산하시오.
4. 제품단위당 제조원가를 계산하시오.
5. 제품단위당 총원가(full cost)를 계산하시오.

문 4 단위원가, 제품원가, 변동원가, 고정원가

서강(주)는 단일품목을 제조하고 있다. 원가는 다음과 같다. 단, V는 변동원가, F는 고정원가를 나타낸다.

완성된 제품수량	100,000단위
발생원가:	
직접재료비	₩165,000 V
직접노무비	70,000 V
동력비	5,000 V
간접노무비	10,000 V
간접노무비	20,000 F
기타제조간접비	8,000 V
기타제조간접비	20,000 F
판매비	30,000 V
판매비	20,000 F
일반관리비	50,000 F
재공품재고(20×7년 12월 31일)	–
직접재료재고수량(20×7년 12월 31일)	2,000kg
제품재고(20×7년 12월 31일)	₩26,820

20×7년의 매출액은 ₩318,500이다. 20×7년의 기초재고자산은 없었다. 회사의 기말제품재고는 20×7년의 단위당 평균제조원가로 계산되었다. 직접재료의 가격은 연중 변함이 없었다. 제품 한 단위를 제조하기 위해서는 직접재료 3kg이 필요하다.

◉ 요구사항

1. 20×7년 12월 31일의 직접재료재고액을 계산하시오.
2. 20×7년 12월 31일의 제품재고수량을 산출하시오.
3. 20×7년 단위당 판매가격을 산출하시오.

문 5 제조원가명세서와 재고자산의 계산

서강(주)의 다음 자료를 참조하여 물음에 답하시오.

	20×6년 12월 31일		20×7년 12월 31일
직접재료재고액	₩40,000		₩70,000
재공품재고액	70,000		?
제품재고액	100,000		?
직접재료구입액		330,000	
기초원가		450,000	
미지급임금	20,000		30,000
노무비지급액		180,000	
제조간접비		가공비의 80%	
매출액		1,000,000	
매출총이익률		40%	
판매가능한 제품원가		850,000	

요구사항

1. 20×7년 직접노무비는 얼마인가?
2. 20×7년 간접노무비와 제조간접비는 각각 얼마인가?
3. 20×7년 제조원가명세서와 매출원가명세서를 작성하시오.
4. 20×7년 12월 31일 재공품재고액을 계산하시오.
5. 20×7년 12월 31일 제품재고액을 계산하시오.

문 6 화재손실, 재고자산의 추정

신촌(주)는 2001년 3월 26일 제조공장에 화재가 발생하여, 공장과 보유중이던 재고자산이 소실되었다. 다행히 일부 회계자료들을 회수하였으며, 이들 자료로부터 2001년 1월 1일부터 2001년 3월 26일까지 거래내역에 대해 다음과 같은 정보를 입수하였다.

원재료 구입액	₩350,000
직접노무비 발생액	200,000
기초원가	500,000
제조간접비	가공원가의 60%
매출액	₩900,000
판매가능액	780,000
매출총이익률	30%
2001년 1월 1일의 재고자산	

원재료	₩50,000
재공품	80,000
제 품	120,000

◉ 요구사항

1. 3월 26일의 제품 재고액은 얼마인가?
2. 3월 26일의 재공품 재고액은 얼마인가?
3. 3월 26일의 원재료 재고액은 얼마인가?

문 7 제조원가명세서, 손익계산서의 작성

다음은 서강(주)의 20×7년 생산 및 판매에 관한 자료이다.

재고자산:			
기초재공품	₩100,000	기말재공품	₩20,000
기초제품	400,000	기말제품	120,000
기초매출채권	500,000	기말매출채권	300,000
기초매입채무	400,000	기말매입채무	200,000
기초원재료	300,000	기말원재료	50,000
영업활동:			
공장동력비	₩50,000	간접노무비	₩200,000
공장감가상각비	90,000	매출액	3,500,000
기타제조간접비	100,000	판매비와 관리비	900,000
원재료 구입액	800,000	직접노무비	400,000
공장소모품 사용액	60,000	공장재산세	10,000

◉ 요구사항

1. 20×7년 서강(주)의 제조원가명세서를 작성하시오.
2. 20×7년 서강(주)의 손익계산서를 작성하시오.

문 8 제조원가 및 매출원가 산출

신촌(주)의 9월중 자료는 다음과 같다.

● 직 접 재 료 :	기초재고	₩17,000
	당월매입	74,000
	기말재고	11,900
● 직접노무비 :	당월지급액	₩46,000

	당월미지급액	11,000
	전월미지급액	0
● 제조간접비 :	당월지급액	₩17,400
	당월미지급액	6,600
	전월선급액	1,800
● 재 공 품 :	기초재고액	₩8,000
	기말재고액	4,100
● 제 품 :	기초재고액	₩6,500
	기말재고액	₩7,500

● 제조간접비는 실제발생액으로 재공품 계정에 차기한다.

요구사항

1. 당월제품제조원가를 구하시오.
2. 매출원가를 구하시오.

문 9 제조원가명세서와 손익계산서 작성

(주)한국의 20×7년 수익 및 원가자료는 다음과 같다.

20×7년 매출액	₩20,000,000
기초재공품원가	3,000,000
기초제품재고액	1,500,000
직접노무비는 가공비의 30%	
기말재공품재고액	2,500,000
매출총이익은 매출액의 40%	
당기발생 제조간접비	5,250,000
직접노무비는 기초원가의 40%	
관리비는 순이익의 1.5배이며 판매비의 40%이다.	
직접재료구입액은 직접재료 사용액과 동일하다.	

요구사항

위의 자료를 이용하여 물음에 답하시오.

1. 20×7년 제조원가명세서를 작성하시오.
2. 20×7년 손익계산서를 작성하시오.

문10 제조원가명세서와 손익계산서

(주)유성은 20×7년초에 영업을 개시하였다. 이 회사는 단일제품을 생산·판매하고 있으며, 20×7년 원가자료는 다음과 같다.

	변동비	고정비	합 계
직접재료비	₩480,000	–	₩480,000
직접노무비	300,000	–	300,000
동 력 비	50,000	–	50,000
간접노무비	90,000	₩60,000	150,000
기타제조간접비	40,000	60,000	100,000
판 매 비	78,750	41,250	120,000
관 리 비	–	130,000	130,000

20×7년말 재고자산은 다음과 같다.

원재료	5,000kg
재공품	–
제 품	₩135,000

추가정보

- 당기중의 제품생산량은 20,000단위이고, 매출액은 ₩1,225,000이다.
- 기말제품재고액은 20×7년의 단위당 평균제조원가로 계산되었다.
- 제품의 단위당 판매가격과 원재료의 구입가격은 연중 안정적이며, 제품 1단위를 생산하는 데에는 원재료 3kg이 소요된다.

요구사항

1. 다음을 계산하시오.
   ① 기말원재료 재고액 ② 기말제품재고량
   ③ 제품의 단위당 판매가격 ④ 당기순이익
2. 회사는 20×8년의 예상손익계산서를 작성하려고 한다. 20×8년의 제품판매량은 25,000단위이며, 기말제품재고량은 1,500개로 예상되며, 원재료와 재공품의 기말재고는 없는 것으로 가정한다. 회사는 선입선출법을 사용하여 재고자산을 평가한다. 20×8년 예상손익계산서를 작성하시오. 단, 20×8년에도 제품의 판매가격과 원재료의 구입가격은 변하지 않으며, 원가행태 또한 20×7년과 동일한 것으로 가정한다.

문11 손익계산서 작성 : 기능별 비용분류법과 성격별 비용분류법

다음은 ㈜태종의 20×8년 생산 및 영업활동과 관련된 자료이며, ㈜태종의 20×8년 매출액은 ₩500,000이다.

1. 기초와 기말의 재고자산은 다음과 같다. 단, 원재료 구입액은 ₩80,000이며, 원재료 사용액은 전액 제품생산과 직접 관련된 것이다.

	기초	기말	증감
원재료	₩10,000	₩17,000	₩7,000
재공품	30,000	38,000	8,000
제 품	50,000	40,000	(10,000)

2. 20×8년 비용은 다음과 같다. 종업원급여 중 재고자산 관련된 것은 전액 제품생산과 직접 관련된 것이다.

	재고자산 관련	판매비 관련	관리비 관련	합 계
종업원급여	₩40,000	₩52,000	₩25,000	₩117,000
감가상각비	42,000	24,000	52,000	118,000
기타비용	26,000	13,000	73,000	112,000
	₩108,000	₩89,000	₩150,000	

요구사항

1. 매출원가를 산정하시오.
2. 기능별 손익계산서를 작성하시오.
3. 성격별 손익계산서를 작성하시오.

문12 단답형 기출문제

1. ㈜한국은 5월중 ₩43,000의 직접재료를 구입하였다. 5월중 제조간접비의 합은 ₩27,000이었고 총제조원가는 ₩106,000이었다. 직접재료의 5월초 재고가 ₩8,000이었고 5월말 재고가 ₩6,000이었다면 5월중 직접노무비는 얼마인가?

2. ㈜한국의 2009년 기초와 기말재고에 관련된 자료는 다음과 같다.

	기 초	기 말
원재료	₩50,000	₩60,000
재공품	70,000	50,000
제 품	55,000	35,000

한편, 2009년 동안 원가와 비용은 다음과 같을 때, 당기의 매출원가는 얼마인가?

원재료 구입액	₩500,000
직접노무비	250,000
공장 간접노무비	100,000
공장건물 감가상각비	70,000
영업부사무원 급료	50,000

3. ㈜한국의 1월중 발생한 비용과 월초 및 월말 재고자산이 다음과 같을 때, 회사의 1월 당기제품제조원가는 얼마인가? 단, 1월중 직접재료의 매입은 발생하지 않았다.

1월중 발생비용		재고자산	1월초	1월말
직접노무원가	₩300	재공품재고	₩1,000	₩800
감가상각비-공장	50	직접재료재고	300	100
감가상각비-영업점포	50			
감가상각비-본부사옥	100			
공장감독자급여	100			
그밖의 제조간접비	200			

4. 20×7년 1월 5일에 영업을 시작한 ㈜한국은 20×7년 12월 31일에 직접재료 재고 ₩5,000, 재공품 재고 ₩10,000 제품재고를 ₩20,000 가지고 있었다. 20×8년에 영업실적이 부진하자 이 회사는 동년 6월말에 재료와 재공품 재고를 남겨두지 않고 전량 제품으로 생산한 뒤 싼 가격으로 처분하고 공장을 폐쇄하였다. 이 회사의 20×8년 당기총제조원가, 당기제품제조원가, 매출원가를 큰 순서대로 정리하면?

5. 본사와 생산공장이 동일 건물에 소재하는 (주)대한의 3월중 발생한 비용과 재고자산 자료는 다음과 같다.

〈3월 중 발생비용〉	
직접노무원가	₩3,000,000
공장감독자급여	100,000
기타 제조간접 원가	200,000
전기료(본사에 40%, 공장에 60% 배부)	200,000
감가상각비(본사에 20%, 공장에 80% 배부)	500,000
본사의 기타 판매관리비	400,000
	₩4,400,000

〈재고자산〉

	3월초	3월말
재공품재고	₩1,000,000	₩800,000
직접재료재고	300,000	100,000
제품재고	700,000	400,000

3월중 직접재료 매입액이 ₩1,200,000이고, 매출액가 ₩7,400,000일 때, (주)대한의 3월 1일부터 3월 31일까지의 영업이익은 얼마인가?

문13 객관식 기출문제

1. 다음 중 가장 옳지 않은 것은?
   ① 고정원가는 총원가가 일정하다.
   ② 변동원가는 단위당 원가가 일정하다.
   ③ 직접노무원가는 기초원가와 전환원가에 공통으로 포함된다.
   ④ 직접원가와 간접원가는 원가행태에 따라 분류한 것이다.
   ⑤ 원가대상이 좁아지면 많은 원가가 간접원가로 분류된다.

2. ㈜유나의 총제조원가(Y)와 생산량(X)의 관계가 다음과 같다고 가정한다. 다음 중 가장 옳지 않은 것은?

   Y = ₩120,000 + ₩500X

   ① 총고정제조원가는 ₩120,000이다.
   ② 생산량이 1,000단위인 경우 총변동제조원가는 ₩500,000이다.
   ③ 생산량이 1,000단위인 경우 단위당 제조원가는 ₩620이다.
   ④ 생산량이 증가할수록 단위당 제조원가는 감소한다.
   ⑤ 생산량이 증가할수록 단위당 변동제조원가는 감소한다.

3. ㈜유현의 당기 발생 원가 및 비용에 관련된 자료는 다음과 같다. 다음 중 가장 옳은 것은?

직접재료비	₩10,000	공장설비 보험료	₩1,600
직접노무비	14,000	본사 건물 감가상각비	9,000
판매원 보수	7,000	생산 감독자 급여	2,500
공장 소모품비	2,000	영업부 소모품비	2,800
공장설비 감가상각비	5,000	이자비용	1,200

① 기초원가는 ₩24,200이다.
② 제조간접비는 ₩10,200이다.
③ 전환원가는 ₩25,100이다.
④ 제조원가는 ₩35,000이다.
⑤ 비제조원가는 ₩19,000이다.

4. 다음 그래프의 종축은 총원가를 나타내며, 횡축은 1년간의 생산량을 나타낸다. 다음 중 그래프를 적정하게 설명하지 못한 것을 고르시오.

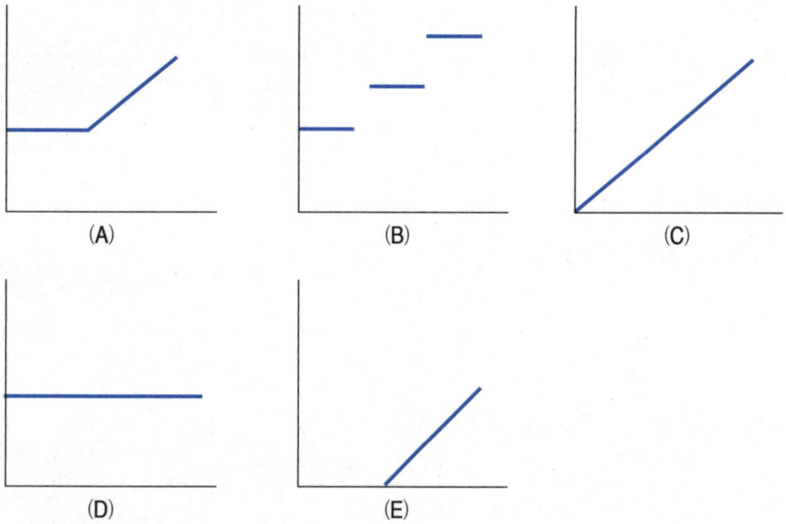

① A: 일정량의 kwh까지는 기본요금을 내고 그것을 초과하는 경우에는 변동원가가 추가된다(kwh는 생산량에 비례하여 증가).
② B: 수도요금 청구액은 다음과 같이 계산된다.

100,000 갤런이하	기본요금	₩100,000
추가 10,000갤런	추가 사용된 갤런당	₩3
추가 10,000갤런	추가 사용된 갤런당	₩6

③ C: 기계사용시간(생산량에 비례)을 기준으로 계산되는 설비의 감가상각비
④ D: 정액법에 의한 설비의 연간 감가상각비
⑤ E: 어떤 조업도 수준 이상으로 생산되는 매 생산단위마다 ₩100을 관리자에게 지급하는 상여금 제도

Ⅱ

원가계산과 원가배부

제3장 개별원가계산

제4장 종합원가계산

제5장 공손회계

제6장 결합제품과 부산물회계

제7장 보조부서 원가의 배부

제8장 활동기준원가계산

제 3 장

개별원가계산

제1절 개별원가계산의 기초

제2절 제조간접비의 배부

제3절 회계처리와 명세서 작성

제4절 부서별 제조간접비배부율

학습목표

제 2장에서 우리는 제품의 생산활동에 따른 제품원가의 흐름에 대해 살펴보았다. 여기에서는 제조원가가 어떻게 측정되며 또한 특정제품에 어떻게 배부되는지에 초점을 두고 설명하려 한다. 이 장에서 설명되는 개념을 잘 이해하게 되면 원가회계정보를 이용하고, 분석하고, 해석하는 능력이 생길 것이다. 이 장을 공부하고 나면 다음 사항을 파악할 수 있어야 한다.

1. 작업원가집계표
2. 제조간접비의 배부
3. 회계처리 방법
4. 제조원가 및 매출원가명세서
5. 부서별 제조간접비배부율

제3장 개별원가계산

제품원가계산이란 생산활동이 진척됨에 따라 원재료가 완제품으로 전환되는 과정에서 발생하는 원가를 재공품 및 제품 등의 재고자산에 할당시키는 것을 의미한다. **제2장**에서 우리는 제조활동의 흐름에 따른 원가흐름을 이미 살펴보았다.

우리는 모든 제품원가계산제도의 기초가 되는 공통개념을 살펴보았고, 제품원가와 기간비용의 차이에 대해서도 알아보았다. 우리는 또한 제품원가의 3요소인 직접재료비, 직접노무비 그리고 제조간접비의 특성도 살펴보았다. 이미 **제2장**에서 살펴본 바와 같이 단순한 제조상황에서는 발생된 원가를 추적해서 특정제품에 할당시키는 과정은 그리 어려운 일이 아니다. 그러나 경쟁이 치열해짐에 따라 많은 기업들은 보다 복잡하고 고도로 자동화된 생산시스템을 도입하고 있다. 이렇게 생산활동이 복잡하게 되면 이에 맞추어 원가계산제도도 좀더 복잡하게 될 수밖에 없다.

제품원가계산은 재무회계 영역인 재무보고뿐만 아니라 관리회계 영역의 많은 주제와도 관련이 있다. 가령 제품원가계산에서 산출되는 제품원가 정보는 재무회계에서는 매출원가와 재고자산을 평가하는 데 도움을 주며 관리회계에서는 가격결정, 원가추정, 단기계획의 수립, 그리고 업적평가 등 광범위한 경영자의 의사결정에 도움을 준다. 이뿐만 아니라 개별원가계산을 잘 이해하면 종합예산을 편성하는 데 사용되는 틀을 이해하는 데에도 유용할 것이다.

기업이 제품을 생산하는 형태에 따라 원가계산에 적용하는 방법이 다르다.

조선업, 건설업, 항공기산업 등과 같이 특정제품을 주문생산 하는 기업에서는 개별 제품별로 일일이 원가계산을 하는 개별원가계산(job-order costing)을 적용하고, 정유업, 화학공업, 제지업 등과 같이 동종제품을 연속·대량생산하는 기업에서는 종합원가계산(process costing)을 적용한다. 즉, 주문생산 하는 기업에서는 각 주문별로 원가를 집계하여 제품원가와 재공품원가를 산정하는 개별원가계산을 적용하고, 시장생산 하는 기업에서는 각 제품별로 일일이 원가계산을 하는 것이 비효율적이므로 일정기간 동안에 발생한 원가를 완성품과 재공품에 배분하여 원가계산을 하는 종합원가계산을 적용한다. 이하에서는 개별원가계산을 설명하고 종합원가계산은 장을 달리하여 **제4장**에서 설명하기로 한다.

제1절 개별원가계산의 기초

1 의 의

개별원가계산에서는 제품마다 그 종류, 모양, 크기 등이 서로 다르기 때문에 개별 작업별로 원가를 구분하여 계산한다. 개별원가계산은 고객의 요구에 따라 소량으로 주문생산 하는 제조업에서 흔히 볼 수 있으며, 작업내용을 명확히 구분할 수 있는 회계법인이나 법률법인 등과 같은 서비스업에도 적용할 수 있다. 여기서 작업(job)이란 투입되는 원재료나 노동력을 구분하여 인식할 수 있는 단위를 말하며, 이는 하나의 제품으로 구성될 수도 있고, 동종의 여러 제품(제품군)으로 구성될 수도 있다. 예를 들어 선박을 만드는 회사에서 **그림 3-1**과 같은 3가지 주문을 받았다고 가정하자.

그림 **3-1** 조선회사의 세 가지 주문

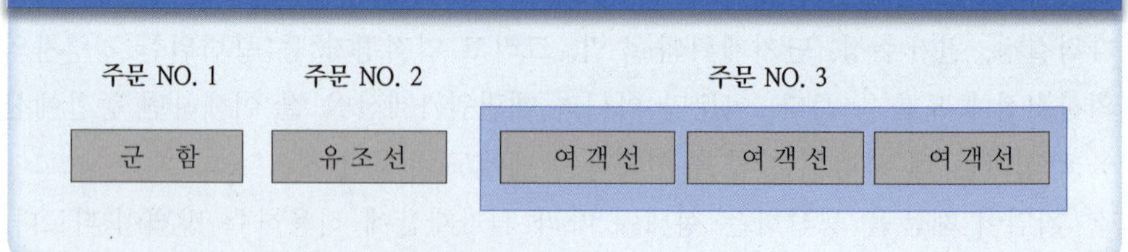

군함과 유조선은 작업내용이 다르므로 각각 별도의 작업으로 분류하여 원가를 집계한다. 그러나 여객선은 동일한 작업을 수행하는 것이므로 하나의 작업으로 분류하여 원가를 집계한 후에 생산량으로 나누어서 단위당 원가를 산정한다. 개별원가계산에서 원가집계의 대상이 되는 것은 각종의 개별 작업(제품)이며, 제품제조의 착수와 동시에 원가계산이 시작되어 제품의 완성과 함께 제품원가가 확정된다.

개별원가계산에서는 작업을 하면서 직접재료비와 직접노무비가 발생하면 이들 원가는 개별 작업에 직접 추적하여 집계하고, 제조간접비는 여러 작업을 위하여 공통적으로 발생한 것이므로 별도로 집계한 후에 일정한 기준에 따라 개별 작업에 배분한다.

2 개별원가계산의 주요문서

개별원가계산은 개별 작업별로 원가를 계산하는 방식으로 이와 같이 원가를 계산하기 위해서는 제조지시서, 작업원가집계표, 그리고 기타의 문서가 필요하다. 개별원가계산을 이해하기 위해서는 이 문서 중에서도 특히 작업원가집계표에 대해 이해할 필요가 있다.

제조지시서(job order)는 제조지령서, 작업지시서라고도 하며, 어떤 사양으로 제품을 생산할지를 명령하는 서류이다. 이는 작업현장에 대하여 내리는 제조명령을 기재한 서식으로 보통 생산부문에서 작성한다. 제조지시서는 반드시 주문받은 작업별(제품별)로 1매씩 작성하는 것이 원칙이며, 각 제조지시서에는 작업번호가 부여되는데 이 작업번호가 작업원가집계표에도 동일하게 부여된다.

작업원가집계표(job cost sheet)는 작업원가표, 개별원가계산표라고도 하며, 원가를 집계하는 서류이다. 즉, 제조지시서에 따라 작업이 수행됨에 따라 회계부문에서 개별작업별로 원가를 기록하고 집계하는 서식이다. 작업원가집계표도 제조지시서와 마찬가지로 작업별(제품별)로 1매씩 작성한다. 제조원가 중 직접재료비와 직접노무비는 개별작업과의 인과관계에 따라 직접대응시킬 수 있기 때문에 발생시점에서 작업원가집계표에 기록되지만 제조간접비는 개별작업과 인과관계에 따라 직접대응시킬 수 없기 때문에, 일정한 기준에 의해 배부된 금액을 작업원가집계표에 기록한다.

그림 **3-2** 작업원가집계표

작업원가집계표-태진사

착수일 : ________	작업번호 : ________
완료일 : ________	수 량 : ________
품 명 : ________	고 객 : ________

직접재료비			직접노무비			제조간접비		
날 짜	비 고	금 액	날 짜	비 고	금 액	날 짜	비 고	금 액

원 가 집 계

항 목	총 원 가	단 가
직접재료비	________	________
직접노무비	________	________
제조간접비	________	________
총 액	________	________

작업원가집계표는 개별원가계산에서 가장 중요한 서류인데 그 예는 **그림 3-2**와 같다. 일반적으로 작업원가집계표는 세 부분으로 나누어진다. 맨 윗 부분은 제품, 고객, 그리고 작업에 대한 일반적인 정보를 담는다. 두 번째 부분은 생산원가를 누적하는 데 사용되며 마지막 부분은 제품원가 집계자료를 담는다.

각 작업은 유일한 개별작업번호(job number)를 부여하여 다른 작업과 구별한다. 제조지시서의 작업번호와 개별작업번호는 단순 일련번호이거나 또는 일련 생산 공정에서의 제품에 대한 정보를 지닐 수도 있다. 중간 부분의 비고란은 작업원가집계표에 기입될 원가자료의 출처를 식별하는 데 사용된다. 따라서 비고란은 다른 회계기록과 상호대조 확인하는데 필요한 정보를 제공하게 된다. 맨 마지막 부분은 개별 작업에 대한 제조원가를 요약한다. 원가가 요약 집계된 후에는 그 원가 금액이 재공품계정으로부터 완제품계정으로 이전된다. 그리고 이 원가자료는 경영자가 생산활동의 결과를 평가하고, 생산비용의 추세를 감지하며, 제품가격을 평가하고 그 밖에 다양한 결정 및 평가를 내리는 데 활용된다.

제조공정에서 특정 개별작업을 수행하게 되면 작업원가집계표의 맨 윗 부분에 제품, 고객, 그리고 작업에 대한 일반 정보를 기입함으로써 해당 작업원가집계표의 작성이 시작된다. 한 번 작업원가집계표가 작성되면 그 개별작업이 완성되

그림 3-3 열린 작업원가집계표와 재공품통제계정

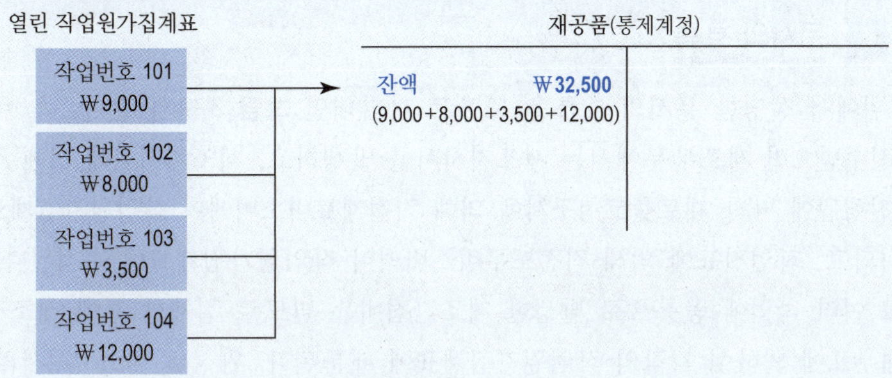

어 원가집계표가 요약 집계되기까지 그 작업원가집계표는 열린 작업원가집계표(open job cost sheet)라 부른다. 물론 개별작업이 끝나면 그 집계된 금액은 재공품계정에서 완제품계정으로 이전된다.

개별원가계산제도에서 회계기간 한 시점에서의 재공품 통제계정의 잔액은 모두 열린 작업원가집계표의 잔액들의 합계와 같다. **그림 3-3**은 열린 작업원가집계표들과 재공품통제계정간의 관계를 보여 준다. 한편 요약 집계되서 그 금액이 완제품으로 이전된 작업원가집계표는 닫힌 작업원가집계표(closed job cost sheet)라 부른다. 닫힌 작업원가집계표는 더 이상 재공품 통제계정의 일부분은 아니지만 경영자에게 분석 및 평가를 위한 원가자료를 제공한다. 이상에서 본 바와 같이 열린 작업원가집계표는 재공품계정의 보조원장인 셈이다.

3 기타서류

기타서류로는 재료출고청구서, 작업전표, 그리고 제조간접비배부표 등이 있다. 먼저 재료출고청구서는 작업현장에서 재료출고를 창고부서에 요청할 때 사용하는 서류이다. 재료출고청구서는 직접재료비를 각각의 작업원가집계표에 할당하기 위한 기초자료가 된다. 그리고 작업전표는 종업원별로 각 작업(제조지시서)에서 일한 작업시간을 기록하는 서류이다. 작업전표는 직접노무비를 각각의 작업원가집계표에 배부하기 위한 기초자료가 된다. 마지막으로 제조간접비배부표는 제조간접비를 각각의 작업원가집계표에 배부하기 위하여 작성하는 표이다.

4 문서의 흐름

위에서 설명한 문서의 흐름을 도표로 나타내면 **그림 3-4**와 같다. 즉, 주문을 접수받으면 제조부문에서는 제조지시서를 발행하고, 제조지시서에 의해 작업이 진행됨에 따라 재료출고청구서에 의해 직접재료비소비액이 작업원가집계표에 축적되고, 작업전표에 의해 직접노무비소비액이 작업원가집계표에 축적된다. 그리고 여러 작업에 공통으로 발생한 제조간접비는 별도로 집계한 후에 제조간접비배부표에 의하여 각각의 작업원가집계표에 배분된다. 완성된 제조지시서의 작업원가집계표에 집계된 금액은 당기제품제조원가(제품원가)가 되고 미완성된 제조지시서의 작업원가집계표에 집계된 금액은 기말재공품원가가 된다.

그림 3-4 문서의 흐름

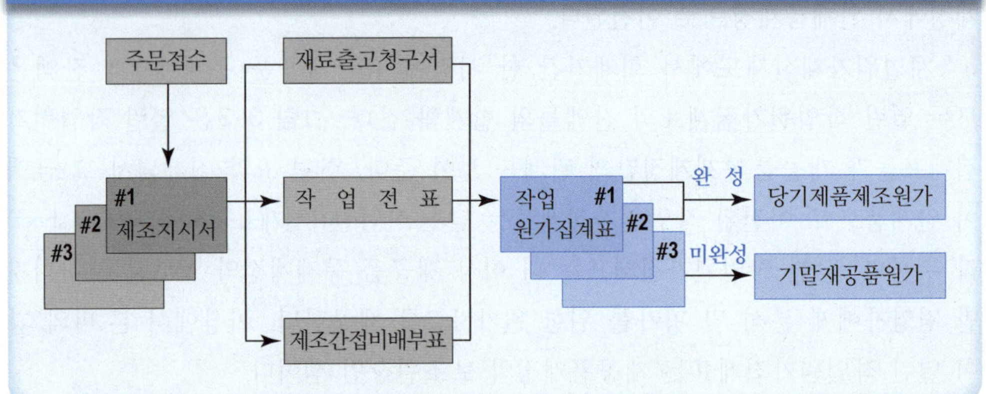

제2절 제조간접비의 배부

개별원가계산의 핵심은 제조간접비를 개별 작업(제품)별로 배분하는 것이다. 따라서 **제2절**에서 제조간접비 배부와 관련된 것을 먼저 설명하고 나서 **제3절**에서 개별원가계산의 전반적인 회계처리에 대하여 설명하고자 한다.

1 제조간접비배부의 기초

자동화가 보편화된 새로운 제조환경에서는 제조간접비의 측정이 보다 중요시되고 있다. 제품원가의 3요소 중 제조간접비를 제외한 직접재료비나 직접노무비는 특정제품에 직접적으로 연관시켜 식별할 수 있기 때문에 제품원가계산에서 큰 어려움을 초래하지 않는다. 하지만 제조간접비는 간접재료비, 간접노무비, 감가상각비, 수선유지비, 광열비, 재산세 등 이질적이고도 다양한 항목을 모두 포함하고 있을 뿐만 아니라 구체적으로 특정제품과의 연계가 불가능하기 때문에 제품원가계산에서 제조간접비는 신중하게 처리되어야 한다.

개별원가계산의 핵심사항은 여러 작업을 위하여 공통적으로 발생한 제조간접비를 어떻게 개별 작업별로 배분할 것인가이다. 제조간접비는 회계 전기간에 걸쳐 발생된다. 간접재료가 생산에 투입되고, 간접노무활동이 이루어지고, 동력이 사용되고, 공장 수선유지활동이 수행되면 제조간접비는 발생된다. 실제 제조간접비가 발생되면 그 금액은 제조간접비 계정에 차기된다. 대변 계정과목은 발생된 제조간접비에 따라 달라진다. 제조간접비의 발생에 대한 몇 가지 회계처리를 예시하면 다음과 같다.

제조간접비 실제 발생	(차) 간접재료비	×××	(대) 원 재 료	×××
	(차) 간접노무비	×××	(대) 미지급급료	×××
	(차) 보 험 료	×××	(대) 현 금	×××
	(차) 감가상각비	×××	(대) 감가상각누계액	×××
제조간접비 계정에 대체	(차) 제조간접비	×××	(대) 간접재료비	×××
	(차) 제조간접비	×××	(대) 간접노무비	×××
	(차) 제조간접비	×××	(대) 보 험 료	×××
	(차) 제조간접비	×××	(대) 감가상각비	×××

위 회계처리를 자세히 보면 결국 제조활동과 관련한 간접비는 모두 제조간접비로 집계된다. 따라서 앞으로 제조간접비와 관련된 회계처리를 예시할 때는 다음과 같이 압축하여 제시하기로 한다.

제조간접비 실제 발생	(차) 제조간접비	×××	(대) 원 재 료	×××
	(차) 제조간접비	×××	(대) 미지급급료	×××
	(차) 제조간접비	×××	(대) 현 금	×××
	(차) 제조간접비	×××	(대) 감가상각누계액	×××

위와 같이 발생된 제조간접비를 제조간접비 계정에 차기하여 누적시킨다 해서 제품원가계산이 저절로 이루어지는 것은 아니다. 제품원가계산이 이루어지려면 제조간접비를 특정제품에 배부시켜야 된다.

제조간접비를 제품에 배부시키는 방법에는 크게 2가지가 있다. 한 가지 방법은 실제 발생한 모든 제조간접비가 전부 기록되는 회계기간 말까지 기다렸다가 그 금액을 일정한 배부기준에 따라 개별 제품별로 배분하는 것이고, 다른 한 가지 방법은 예산상의 사료를 이용하여 미리 제조간접비 예정배부율을 정해두고 이에 기초하여 제조간접비가 개별 제품별로 배분되도록 하는 것이다. 전자를 실제원가계산(actual costing)이라 하고 후자를 정상원가계산(normal costing) 또는 평준화원가계산이라 한다. 실제원가계산을 사용하면 실제 발생한 모든 제조간접비가 집계되기 전까지는 경영자에게 적시에 제품원가에 대한 정보를 제공하지 못한다는 문제점이 있다. 따라서 적시에 제품원가에 대한 정보를 제공하기 위하여 정산원가계산 즉, 제조간접비 예정배부율을 이용하여 제품원가를 계산하는 방식을 사용한다.

2 제조간접비배부의 절차

신속한 원가계산을 위하여 제조간접비를 예정배부하고 이에 기초하여 제품원가를 산정하는 절차는 다음과 같다.

(1) 제조간접비 배부기준의 설정

제조간접비 배부기준으로는 생산량, 직접작업시간, 기계사용시간, 원재료 소비량 등이 고려될 수 있다. 적합한 기준이 되려면 인과관계를 지녀야 한다. 여기서 인과관계란 배부기준이 증가하면 이에 비례해서 제조간접비의 발생도 증가하는 관계를 의미한다. 가령 기계화된 공장인 경우에는 기계사용시간이 직접작업시간보다 제조간접비 배부기준으로 더 적합할 것이다. 왜냐하면 이 경우 제조간접비의 발생은 직접작업시간보다는 기계사용시간의 증감에 의해 더욱 민감하게 변화할 것이기 때문이다. 반대로 수작업에 많이 의존하는 공장인 경우에는 제조간접비의 배부기준으로 직접작업시간이 더 적합할 것이다. 생산량은 여러 다양한 품종의 제품이 생산되는 경우에는 공통분모가 될 수 없기 때문에 배부기준으로서 한계를 지닌다.

(2) 제조간접비 예정배부율의 산정

제조간접비 예정배부율(predetermined overhead rate)은 한 기간 동안의 제조간접비 예상액을 배부기준으로 측정한 예상활동수준으로 나누어 산정한다.

$$\text{제조간접비 예정배부율} = \frac{\text{1년간 제조간접비 예상액}}{\text{1년간 예상활동수준}}$$

가령, 내년도 총 제조간접비를 ₩5,000,000으로 예상하고 총 작업시간을 12,500시간으로 예상한다고 하자. 물론 배부기준은 작업시간이다. 그러면 이때 제조간접비 예정배부율은 작업시간당 ₩400(₩5,000,000/12,500시간)이다.

(3) 제조간접비의 배부

제조간접비 예정배부율이 산정되고 나면 회계담당자는 생산된 제품에 대해 제조간접비를 배부시킬 수 있다. 제조간접비 배부액은 해당제품의 배부기준 사용량에 제조간접비 예정배부율을 곱하여 결정된다.

$$\text{제조간접비 배부액} = \text{배부기준 사용량} \times \text{제조간접비 예정배부율}$$

가령, 제조간접비 예정배부율이 작업시간당 ₩400인데 개별 작업번호 101과 102를 수행하는 데 각각 10시간과 20시간의 작업시간을 사용하였다고 하자. 이때 제조간접비 배부액은 각각 ₩4,000(10×₩400)과 ₩8,000(20×₩400)이다. 제조간접비의 배부에 대한 회계 처리는 다음과 같다.

(차) 재공품	×××	(대) 제조간접비	×××

제조간접비를 예정배부하다.

위와 같이 회계처리함으로써 제조간접비에 대한 제품원가계산이 재공품계정을 통해서 이루어지게 되는 것이다.

(4) 제조간접비 배부차이의 조정

제조간접비계정의 차변금액(실제발생액)의 합계와 대변금액(예정배부액)의 합계는 거의 유사하여야 정상적이지만 그렇다고 반드시 같을 수는 없다. 예정배부액이 실제발생액보다 작다면 제조간접비가 부족배부(underapplied) 또는 과소배부되었다고 하며, 반대로 예정배부액이 실제발생액보다 크다면 초과배부(overapplied) 또는 과대배부되었다고 한다. 그 차액은 부족배부 또는 초과배부 제조간접비라 한다.

① 과소배부가 발생하는 경우　　실제발생액 > 예정배부액

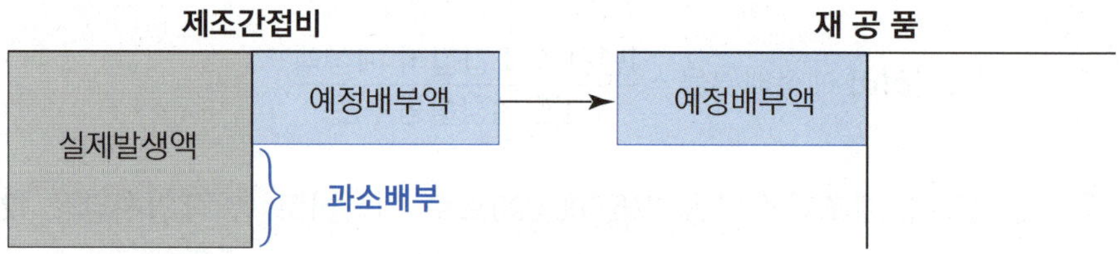

② 과대배부가 발생하는 경우　　실제발생액 < 예정배부액

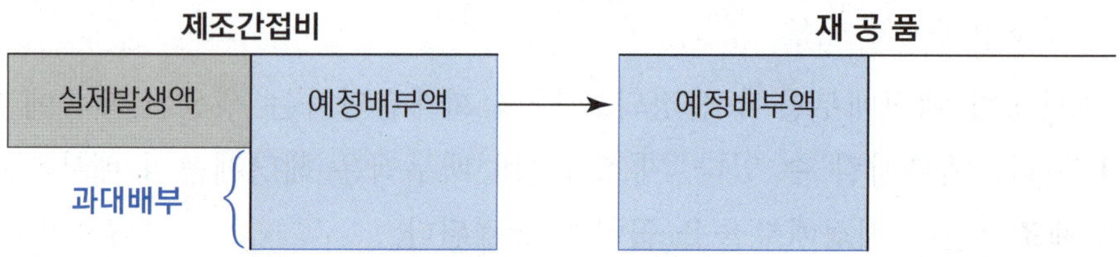

어쨌든 차액이 발생하면 조정해 주어야 한다. 이때 기준은 실제발생액이다. 즉 예정배부액을 실제발생액에 맞추어 주어야 한다. 가령 제품원가계산을 위하여 예정배부한 금액이 ₩1,400,000인데 기말에 집계된 실제발생액은 ₩1,500,000이었다고 하자. 이때 제조간접비 계정은 다음과 같다.

제조간접비

₩1,500,000 (실제발생액)	₩1,400,000 (예정배부액)

조정이 끝나면 제조간접비 계정잔액은 0이 되어야 한다. 따라서 그 차액만큼 부족한 곳에 보충해 주어야 한다. 따라서 부족배부된 경우에는 제조간접

비 계정 대변에 차액을 채워주게 된다. 그리고 부족배부 금액은 매출원가계정 차변에 기입한다. 따라서 회계처리는 다음과 같다.

(차) 매출원가	₩100,000	(대) 제조간접비	₩100,000

제조간접비 부족배부액을 조정하다.

위와 같이 부족배부 제조간접비는 매출원가에 가산되며 반대로 초과배부 제조간접비는 매출원가에서 차감된다. 이전에 부족배부되었다는 것은 실제 발생액보다 적은 금액을 제품원가에 부과하였다는 것을 의미한다. 따라서 위와 같이 회계처리함으로써 적게 산정한 제품원가를 매출원가에서 상향조정하는 것이다. 적게 산정된 제품원가를 매출원가에서 보충하는 이유는 궁극적으로 제품원가는 매출원가로 전환되기 때문이다.

물론 위의 회계처리는 그 차액이 중요하지 않을 때에 한한다. 그 차액이 중요하다면 그 차액은 매출원가 이외 재공품과 완제품계정에서도 조정된다. 이 경우 각 계정의 조정전 잔액에 비례해서 차액이 할당된다.

예제 1 제조간접비의 예정배부

(주)유진은 직접노동시간을 기준으로 제조간접비를 예정배부하는 회사이다. 연초에 예상한 당기 제조간접비는 ₩1,000,000이고 직접노동시간은 5,000시간이다. 1월에 발생한 실제 제조간접비는 총 ₩108,000(감가상각비 ₩45,000, 보험료 ₩27,000, 수도광열비 ₩36,000)이고 실제 작업한 직접노동시간은 460시간이다.

요구사항

1. 제조간접비 배부차이는 얼마인가?
2. 제조간접비계정을 작성하시오.

해 답

1. 배부차이

① 제조간접비 예정배부율 $= \dfrac{1,000,000}{5,000} = 200$

② 배부차이

실제발생액		108,000
예정배부액	460시간 × 200 =	92,000
부족배부액		16,000

2. 제조간접비계정

제조간접비			
감가상각비	45,000	재 공 품	92,000(예정배부액)
보 험 료	27,000		
수도광열비	36,000		

예제 2 부족배부 제조간접비의 조정

부족배부 제조간접비를 조정하기 전 태진사의 20×7년 12월 말 원장에 나타난 관련정보는 다음과 같다.

원재료	
12/31 잔액 ₩25,000	

재공품	
12/31 잔액 ₩35,000	

완제품	
12/31 잔액 ₩70,000	

제조간접비	
₩190,000	₩170,000

매출원가	
₩245,000	

요구사항

1. 부족배부 제조간접비가 중요하지 않은 경우 조정을 위해 필요한 분개를 하시오.
2. 부족배부 제조간접비가 중요한 경우 조정을 위해 필요한 분개를 하시오.

해답

1. 중요하지 않은 경우 부족배부 제조간접비의 조정

(차)	매출원가	₩20,000	(대) 제조간접비	₩20,000

2. 중요한 경우 부족배부 제조간접비의 조정

관련계정	기말잔액	비 율
재 공 품	₩35,000	10%
완 제 품	70,000	20%
매출원가	245,000	70%
총 계	₩350,000	100%

(차)	재 공 품	₩2,000*	(대) 제조간접비	₩20,000
	완 제 품	4,000		
	매출원가	14,000		

* 20,000×10% = 2,000

제조간접비가 부족배부된 만큼 재공품, 제품, 매출원가가 과소계상되었으므로 부족배부액을 조정하면 각각의 금액이 증가한다. 즉 중요하지 않은 경우의 매출원가를 전액조정하면 조정후 매출원가는 ₩265,000(245,000 + 20,000)이 되고, 중요한 경우에서 조정전 잔액에 따라 비례조정하면 조정후 매출원가는 ₩259,000(245,000 + 14,000)이 된다.

3 한국채택국제회계기준

한국채택국제회계기준(K-IFRS)에서는 자가제조하는 재고자산인 제품, 재공품 등의 취득원가는 원재료의 매입원가와 전환원가의 합계로 산정하도록 규정하고 있다. 전환원가(conversion cost)는 직접노무비와 제조간접비로 구성되며, 제조간접비는 변동제조간접비와 고정제조간접비로 구분할 수 있다. 변동제조간접비는 생산량에 따라 총원가는 변하지만 단위당 원가는 일정하므로 생산설비의 실제 사용(실제조업도)에 기초하여 원가를 배분하여도 제품의 단위당 원가는 왜곡되지 않는다. 그러나 고정제조간접비는 생산량에 따라 총원가는 변하지 않지만 단위당 원가는 변하기 때문에 생산설비의 실제 사용(실제조업도)에 기초하여 원가를 배분하는 경우 실제조업도가 비정상적이면 제품의 단위당 원가가 중요하게 변동되고 왜곡될 수 있다. 그래서 K-IFRS에서는 이를 방지하기 위하여 고정제조간접비를 생산설비의 정상조업도에 기초하여 재고자산 원가로 배부하는 것을 원칙으로 정하고 있다. 다만 이렇게 고정제조간접비를 배부하면 특정연도의 실제조업도가 정상조업도에 미달하거나 초과하는 경우에는 재고자산에 배부된 원가와 고정제조간접비 실제발생액에 차이가 발생하므로 이를 처리하기 위한 규정이 필요하다. 그래서 K-IFRS에서는 특정연도에 실제조업도가 낮아서 재고자산에 배부된 원가가 고정제조간접비 실제발생액에 미달하는 경우에는 그 차액을 발생한 기간의 비용으로 즉시 인식하고, 특정연도의 실제조업도가 높아서 재고자산에 배부된 원가가 실제 투입원가를 초과하는 경우에는 실제조업도에 따라 단위당 고정제조간접비 배부액을 감소시키도록 규정하고 있다.

예를 들어 고정제조간접비 실제발생액이 ₩24,000인 상황에서 실제 조업도가 1,500개이면 제품 단위당 고정제조간접비는 ₩16이고, 실제조업도가 800개이면 제품 단위당 고정제조간접비는 ₩30이 된다. 그 결과 실제조업도에 따라 제품의 단위당 원가가 중요하게 변동될 수 있다. 정상조업도가 1,000개라면 정상조업도를 기준으로 고정제조간접비를 배부하면 실제조업도에 관계없이 제품 단위당 ₩24의 고정제조간접비가 배부된다. 다만, 실제조업도가 800개인 경우 재고자산에 배부된 원가 ₩19,200(800개×₩24)이 고정제조간접비 실제발생액 ₩24,000에 미달하는 문제가 발생한다. 이 경우에는 그 차액 ₩4,800을 즉시 기간비용(조업도손실)으로 처리한다. 반면, 실제조업도가 1,500개인 경우 재고자산에 배부된 원가 ₩36,000(1,500개×₩24)이 고정제조간접비 실제발생액 ₩24,000을 초과하는 문제가 발생한다. 이 경우에는 실제조업도에 따라 제품 단위당 고정제조간접비 배부액을 ₩16으로 감소시킨다.

한편, 실제조업도가 정상조업도와 유사한 경우에는 정상조업도를 기준으로 고정제조간접비를 배부하지 않고, 실제조업도를 사용하여 고정제조간접비를 배분할 수 있다. 이는 실제조업도에 따라 제품 단위당 고정제조간접비가 조금씩 변동할 수는 있으나 그 차이가 중요하지 않기 때문에 실무적 편의를 위한 규정이라 판단된다. 다만 실무에서 제조간접비 배부와 관련하여 K-IFRS의 규정을 적용하기 위해서는 실제조업도와 정상조업도가 유사한 경우에 대한 판단 기준이 있어야 하는데 아직 그 기준은 제시되어 있지 않다. 실제조업도와 정상조업도가 유사한 지에 대해서는 기업이 스스로 판단할 문제인 것 같다.

▶ 참고 : K-IFRS 제1002호 재고자산 문단 10~16

10 재고자산의 취득원가는 매입원가, 전환원가 및 재고자산을 현재의 장소에 현재의 상태로 이르게 하는 데 발생한 기타 원가 모두를 포함한다.

11 재고자산의 매입원가는 매입가격에 수입관세와 제세금(과세당국으로부터 추후 환급받을 수 있는 금액은 제외), 매입운임, 하역료 그리고 완제품, 원재료 및 용역의 취득과정에 직접 관련된 기타 원가를 가산한 금액이다. 매입할인, 리베이트 및 기타 유사한 항목은 매입원가를 결정할 때 차감한다.

12 재고자산의 전환원가는 직접노무원가 등 생산량과 직접 관련된 원가를 포함한다. 또한 원재료를 완제품으로 전환하는 데 발생하는 고정 및 변동 제조간접원가의 체계적인 배부액을 포함한다. 고정제조간접원가는 공장 건물이나 기계장치의 감가상각비와 수선유지비 및 공장 관리비처럼 생산량과는 상관없이 비교적 일정한 수준을 유지하는 간접 제조원가를 말한다. 변동제조간접원가는 간접재료원가나 간접노무원가처럼 생산량에 따라 직접적으로 또는 거의 직접적으로 변동하는 간접 제조원가를 말한다.

13 고정제조간접원가는 생산설비의 정상조업도에 기초하여 전환원가에 배부하

는데, 실제조업도가 정상조업도와 유사한 경우에는 실제조업도를 사용할 수 있다. 정상조업도는 정상적인 상황에서 상당한 기간 동안 평균적으로 달성할 수 있을 것으로 예상되는 생산량을 말하는데, 계획된 유지활동에 따른 조업도 손실을 고려한 것을 말한다. 생산단위당 고정제조간접원가 배부액은 낮은 조업도나 유휴설비로 인해 증가되지 않으며, 배부되지 않은 고정제조간접원가는 발생한 기간의 비용으로 인식한다. 그러나 비정상적으로 많은 생산이 이루어진 기간에는, 재고자산이 원가 이상으로 측정되지 않도록 생산단위당 고정제조간접원가 배부액을 감소시켜야 한다. 한편, 변동제조간접원가는 생산설비의 실제 사용에 기초하여 각 생산단위에 배부한다.

15 기타 원가는 재고자산을 현재의 장소에 현재의 상태로 이르게 하는 데 발생한 범위내에서만 취득원가에 포함된다. 예를 들어 특정한 고객을 위한 비제조 간접원가 또는 제품 디자인원가를 재고자산의 원가에 포함하는 것이 적절할 수도 있다.

16 재고자산의 취득원가에 포함할 수 없으며 발생기간의 비용으로 인식하여야 하는 원가의 예는 다음과 같다.

(1) 재료원가, 노무원가 및 기타 제조원가 중 비정상적으로 낭비된 부분
(2) 후속 생산단계에 투입하기 전에 보관이 필요한 경우 이외의 보관원가
(3) 재고자산을 현재의 장소에 현재의 상태로 이르게 하는데 기여하지 않은 관리간접원가
(4) 판매원가

제3절 회계처리와 명세서 작성

1 개별원가계산의 회계처리 예시

여기서는 개별원가계산을 하고 있는 태진사의 2011년 8월 한달간의 거래를 놓고 회계시스템에서 제조원가가 어떻게 기록되는지를 간략하게 설명하려 한다.

자료1

태진사의 재고자산 유형별 8월 초 재고는 다음과 같다. 단 재공품은 작업번호 100과 101로 각각 ₩5,000과 ₩10,000이다.

원재료	₩5,000
재공품	15,000
완제품	35,000

각 거래에 대한 회계처리 및 설명은 해당거래의 바로 아래에 하였다.

(1) **원재료의 구입**

태진사는 외상으로 A원재료와 B원재료를 각각 ₩50,000과 ₩46,000에 구입하였다.

(차) 원재료	96,000	(대) 매입채무	96,000

원재류를 구입하다.

총계정원장 원재료계정에 ₩96,000 차기하는 경우 보조원장 각 원재료계정에도 기입하게 된다. 따라서 항상 보조원장 잔액의 합계는 통제계정 잔액과 일치하게 된다. 여기서는 보조원장의 기입은 편의상 생략한다.

(2) **원재료의 투입**

원재료 ₩92,610을 생산에 투입하였는데 그중 직접재료는 ₩91,350이고 나머지는 간접재료로 사용되었다.

(차) 재공품	91,350	(대) 원재료	92,610
제조간접비	1,260		

원재료를 생산에 투입하다.

직접재료비는 재공품계정에 차기되며 간접재료비는 제조간접비계정에 차기된다. 재공품계정에 차기된 금액은 해당 작업별 작업원가집계표 직접재료비란에 분할되어 기입된다. 가령 사용된 직접재료 ₩91,350이 개별 작업번호 100에 ₩35,000, 101에 ₩45,000, 102에 ₩11,350이 투입되었다면 작업번호 100의 작업원가집계표에 ₩35,000, 작업번호 101의 작업원가집계표에 ₩45,000, 그리고 작업번호 102의 작업원가집계표에 ₩11,350이 기입된다. 여기서는 편의상 생략한다.

(3) 노무비의 발생

노무비 ₩46,000이 발생되었는데 그중 ₩31,600은 직접노무비이고 나머지는 간접노무비이다.

(차) 재공품	31,600	(대) 미지급급료	46,000
제조간접비	14,400		

노무비가 발생하다.

여기서도 재공품계정은 통제계정이기 때문에 보다 구체적인 내용은 그 보조장부인 작업원가집계표에 기록된다. 가령 재공품계정에 차기된 직접노무비 ₩31,600 가운데 작업번호 100, 101, 그리고 102에 관련해서 각각 ₩9,300, ₩12,000, 그리고 ₩10,300이 발생했다면 작업번호 100, 101, 그리고 102의 작업원가집계표에 각각 ₩9,300, ₩12,000, 그리고 ₩10,300이 기입된다.

(4) 제조간접비의 예정배부

제조간접비는 기계사용시간을 기준으로 배부된다. 제조간접비 예정배부율은 시간당 ₩12이다. 해당기간에 기계를 5,100시간 사용하였다.

여기서도 재공품계정에 차기된 금액 ₩61,200은 해당 작업별 작업원가집계표에 분할되어 기입된다. 가령 작업번호 100, 101, 102의 생산에 각각 기계시간이 2,000시간, 2,200시간, 900시간이 사용되었다면 작업번호 100, 101, 102의 작업원가집계표에는 각각 ₩24,000, ₩26,400, ₩10,800이 기입된다.

(차) 재공품	61,200	(대) 제조간접비	61,200*

* ₩12 × 5,100

제조간접비를 배부하다.

(5) 제조간접비의 발생

해당 기간 동안 발생된 제조간접비는 다음과 같다.

감가상각비—공장자산	₩10,440
재산세—공장	26,400
광열비	9,600

(차)제조간접비	46,440	(대) 감가상각누계액	10,440
		미지급재산세	26,400
		미지급광열비	9,600

제조간접비가 발생하다.

제조간접비의 발생은 위와 같이 제조간접비계정에 차기되며 제조간접비의 배부는 제조간접비계정에 대기된다.

(6) 생산의 완료

작업번호 100과 101의 작업이 완료되었다. 이때 작업원가집계표별 제품원가 총액을 산정하면 다음과 같다.

거래번호	작업번호 100 작업원가집계표	작업번호 101 작업원가집계표	작업번호 102 작업원가집계표	합 계
기초재고	₩5,000	₩10,000	₩0	₩15,000
직접재료비 (**2**)	35,000	45,000	11,350	91,350
직접노무비 (**3**)	9,300	12,000	10,300	31,600
제조간접비 (**4**)	24,000	26,400	10,800	61,200
총 계	₩73,300	₩93,400	₩32,450	₩199,150
	닫힌 작업원가집계표		**열린 작업원가집계표**	

(차) 완제품	166,700	(대) 재공품	166,700

생산이 완료되다.

작업번호 100과 101의 작업원가집계표에 축적된 제품원가는 ₩73,300과 ₩93,400으로 총 ₩166,700이었다. 따라서 위의 분개를 통해서 ₩166,700이 재공품계정에서 완제품계정으로 이전된다. 이때 작업번호 100과 101의 작업원가집계표는 닫힌 작업원가집계표가 된다. 그리고 작업번호 102의 작업은 아직 완료되지 않은 상태이기 때문에 그 작업원가집계표는 열린 것이며 작업번호 102의 작업원가집계표상의 잔액 ₩32,450은 기말재공품 잔액을 나타내 준다.

(7) 제품의 판매

제품원가가 ₩182,000인 완제품을 ₩244,000에 외상으로 판매하였다.

(차) 매출채권	244,000	(대) 매　출	244,000
(차) 매출원가	182,000	(대) 완제품	182,000

제품을 외상으로 판매하다.

(8) **제조간접비 배부차이의 조정**

이상에 나타난 거래를 놓고 제조간접비계정의 차변금액과 대변금액을 집계해 보면 아래와 같다. 즉, 제조간접비 실제 발생액은 ₩62,100이고 예정배부액은 ₩61,200이다.

제조간접비

간접재료비　(**2**)	1,260	배부제조간접비 (**4**)	61,200
간접노무비　(**3**)	14,400		
감가상각비 등 (**5**)	46,440		
	62,100		

따라서 예정배부액이 실제발생액보다 작기 때문에 제조간접비는 부족배부되었고 부족배부액은 ₩900이다. 그 금액이 중요하지 않다면 다음과 같이 전액 매출원가에서 조정한다.

(차) 매출원가	900	(대) 제조간접비	900

제조간접비 부족배부액 전액을 매출원가계정에서 조정하다.

2 제조원가 및 매출원가명세서 작성

위에서 예시한 태진사의 자료를 바탕으로 제조원가 및 매출원가명세서를 작성해 보면 **표 3-1**과 같다. 여기에 소개된 제조원가 및 매출원가명세서는 **제2장**에서 설명된 제조원가명세서와 다음 몇 가지 점에서 차이가 난다.

첫째, 여기서 소개된 제조원가 및 매출원가명세서는 **제2장**에서 본 제조원가명세서를 확대하여 완제품재고의 변화까지 포함시킨 매출원가도 보여준다.

둘째, **제2장**에서는 제조간접비란에 제조간접비 실제발생액을 사용하고 있는데 여기서는 제조간접비 예정배부액을 사용하고 있다. 왜 제조간접비 예정배부액을 사용하는지에 대해서는 이미 설명하였다. 이 점에 대해 다시 한 번 강조하면 제품에 할당되는 제조간접비는 예정배부액이지 실제발생액이 아니다. 이에 따라

표 **3-1** 제조원가 및 매출원가명세서

제조원가 및 매출원가명세서		
태진사		2011년 8월 1일~8월 31일
직접재료비:		
기초 원재료 재고	₩5,000	
당기매입액	96,000	
차감: 기말 원재료 재고	(8,390)	
원재료사용액	92,610	
차감: 간접재료비	(1,260)	₩91,350
직접노무비		31,600
제조간접비배부액		61,200
당기총제조원가		184,150
기초 재공품 재고		15,000
차감: 기말 재공품 재고		(32,450)
당기제품제조원가		166,700
기초 완제품 재고		35,000
차감: 기말 완제품 재고		(19,700)
조정전 매출원가		182,000
가산: 부족배부 제조간접비		900
조정후 매출원가		₩182,900

명세서를 작성하면 여기서처럼 제조간접비는 예정배부액을 사용해야 한다.

셋째, 제조간접비 예정배부액을 사용하여 발생한 부족 또는 초과배부 제조간접비는 조정후매출원가 산정을 위해 조정전매출원가에서 가산되거나 차감된다. 여기서는 편의상 부족배부 제조간접비 전액을 매출원가에 가산시켜 조정하였다.

마지막으로, 원재료는 거의 대부분 직접재료로 사용되지만, 경우에 따라선 그 일부가 간접재료로 사용되기도 한다. 이 경우에는 총 원재료 사용액에서 간접재료로 사용된 부분만큼 차감시켜서 직접재료비를 산출한다. 여기서는 총 원재료 사용액이 ₩92,610이었는데 그중 ₩1,260은 간접재료로 사용되었기 때문에 직접재료비는 ₩91,350이다.

예제 3 제조원가 및 매출원가명세서의 작성

태진사의 2011년 12월 말 원장에 나타난 관련 정보는 아래와 같다. 각 계정에 물음표(?)로 표시한 것은 해독하기 불가능한 자료이다. 제조간접비는 직접노무비의 80%의 비율로 제품에 배부된다.

원재료

1/1 잔액	₩23,000	₩55,000
	48,000	
12/31 잔액	?	

완제품

1/1 잔액	?	₩105,000
	?	
12/31 잔액	₩19,000	

재공품

1/1 잔액	₩15,000	₩86,000
직접재료비	51,000	
직접노무비	?	
제조간접비	?	
12/31 잔액	₩43,000	

매출원가

?	

제조간접비

₩32,000	₩28,000

제조급여

₩38,000	

매 출

	₩165,000

요구사항

1. 다음을 산정하시오.

① 2011년도 제조간접비 배부액
② 2011년도 직접노무비
③ 2011년도 간접재료비
④ 2011년도 간접노무비
⑤ 2011년도 매출원가
⑥ 2011년도 12월 말 기말 원재료 재고액
⑦ 2011년도 1월 초 기초 완제품 재고액
⑧ 2011년도 부족배부(또는 초과배부) 제조간접비

2. 제조원가 및 매출원가명세서를 작성하시오. 단 초과배부 및 부족배부 제조간접비는 매출원가에서 조정된다.

해답

1. ① 2011년도 제조간접비 배부액
제조간접비계정의 대변금액인 ₩28,000
② 2011년도 직접노무비
제조간접비 배부액 = 직접노무비 × 0.8
₩28,000 = 직접노무비 × 0.8
직접노무비 = ₩28,000 ÷ 0.8 = ₩35,000
③ 2011년도 간접재료비

간접재료비 = 원재료계정 대변금액 − 직접재료비
= ₩55,000 − ₩51,000 = ₩4,000

④ 2011년도 간접노무비

간접노무비 = 총제조급여 − 직접노무비
= ₩38,000 − ₩35,000 = ₩3,000

⑤ 2011년도 매출원가

완제품계정의 대변금액인 ₩105,000

⑥ 기말 원재료 재고액

기말 재고액 = ₩23,000 + ₩48,000 − ₩55,000 = ₩16,000

⑦ 기초 완제품 재고액

기초 완제품 재고액 + 당기제품제조원가 = 매출원가 + 기말 완제품 재고액

기초 완제품 재고액 = 매출원가 + 기말완제품 재고액 − 당기제품제조원가
= ₩105,000 + ₩19,000 − ₩86,000 = ₩38,000

⑧ 부족배부 제조간접비

부족배부 제조간접비 = 실제발생액 − 배부액
= ₩32,000 − ₩28,000 = ₩4,000

2. 제조원가 및 매출원가명세서

제조원가 및 매출원가명세서

태진사		2011년 1월 1일~12월 31일
직접재료비:		
기초 원재료 재고	₩23,000	
당기구입	48,000	
차감: 기말 원재료 재고	(16,000)	
원재료사용액	55,000	
차감: 간접재료비	(4,000)	₩51,000
직접노무비		35,000
제조간접비배부액		28,000
당기총제조원가		114,000
기초 재공품 재고		15,000
차감: 기말 재공품 재고		(43,000)
당기제품제조원가		86,000
기초 완제품 재고		38,000
차감: 기말 완제품 재고		(19,000)
조정전 매출원가		105,000
가산: 부족배부 제조간접비		4,000
조정후 매출원가		₩109,000

제4절 부서별 제조간접비배부율

제2절과 **제3절**에서 제조간접비를 제품에 할당시킬 때 하나의 배부기준과 하나의 제조간접비배부율을 사용하였다. 즉, 제조간접비총액을 직접노동시간이나 직접노무비와 같은 단일배부기준으로 나누어서 제조간접비배부율을 산정하여 이를 적용하여 제조간접비를 제품에 할당하였다. 이는 생산부서가 하나이거나 동질적인 여러 개의 생산부서를 가지고 있는 경우에는 적합한 배부방법이다. 그러나 이질적인 생산부서가 여러 개 있으며 각 부서간 제조간접비의 특성에 차이를 보이는 경우에는 제조간접비의 배부를 보다 정확하게 하기 위해서는 생산부서별로 별도의 배부기준과 배부율을 적용하는 것이 바람직스러울 것이다. 공장 전체에서 하나의 배부기준과 배부율을 적용시키면 제조간접비는 **단일배부기준**에 의해 배부된다고 하며, 이때의 제조간접비배부율을 **공장전체 제조간접비배부율**(plant-wide overhead rate)이라 한다. 그리고 각 부서별로 각기 다른 배부기준과 배부율을 적용하면 제조간접비는 **복수배부기준**에 의해 배부된다고 하며, 이때의 제조간접비배부율을 **부서별 제조간접비배부율**(departmental overhead rate)이라 한다. 부서별 제조간접비배부율은 일정기간동안 부서의 제조간접비예상액을 부서의 예상활동수준으로 나누어서 산정된다.

$$\text{부서별 제조간접비 배부율} = \frac{\text{부서의 제조간접비 예상액}}{\text{부서의 예상활동수준}}$$

부서의 예상활동수준은 배부기준으로 표시되는데, 배부기준은 부서의 특성을 고려해서 결정된다. 가령 직접노무비를 많이 사용하는 노동집약적 부서는 작업시간이나 직접노무비를, 기계를 많이 사용하는 부서는 기계시간을 각각 배부기준으로 설정할 수 있다. **예제 4**를 이용하여 단일배부기준과 복수배부기준의 차이를 살펴보자.

예제 4 단일배부기준과 복수배부기준의 차이

태진사는 두 개의 생산부서 P_1과 P_2를 가지고 있는데 P_1은 자동화가 많이 되었으며 P_2는 수작업에 의존하고 있다. 2011년 9월 한 달간 각 부서별 제조간접비 예상액과 예상활동수준은 아래와 같다.

	P_1	P_2	전 체
제조간접비 예상액	₩700,000	₩500,000	₩1,200,000
직접작업시간	100시간	500시간	600시간
기계시간	500시간	0시간	500시간

또한 태진사는 9월중 두 개의 작업 #101과 #102를 착수하여 완료시켰는데 각 작업별로 각 생산부서의 활동량은 다음과 같다.

	P_1 활동량		P_2 활동량		
작업	직접작업시간	기계시간	직접작업시간	기계시간	총작업시간
#101	2	10	5	0	7
#102	1	2	12	0	13

요구사항

1. 공장전체 제조간접비배부율을 사용하는 경우 각 작업별 제조간접비배부액을 산정하시오.

2. 부서별 제조간접비배부율을 사용하는 경우 각 작업별 제조간접비배부액을 산정하시오.

해답

1. 단일배부기준: 공장전체 제조간접비배부율

태진사는 공장전체의 제조간접비를 직접작업시간을 기준으로 해서 원가대상에 배부하고 있다. 또 다른 배부기준으로 기계시간을 생각할 수도 있는데 생산부서 P_2에서는 전혀 기계시간을 사용하지 않고 있기 때문에 이는 적합하지 않다. 따라서 직접작업시간을 기준으로 공장전체 제조간접비배부율을 산정하고 이를 이용하여 작업별로 제조간접비를 배부하면 다음과 같다.

- 공장전체 제조간접비배부율 $= \dfrac{₩1,200,000}{600\text{직접작업시간}} =$ ₩2,000 / 직접작업시간
- 작업별 제조간접비 배부액

	공장전체 배부액		총배부액
작업 #101	7작업시간 × ₩2,000	=	₩14,000
작업 #102	13작업시간 × ₩2,000	=	₩26,000

2. 복수배부기준: 부서별 제조간접비배부율

태진사가 제조간접비의 배부를 보다 정확하게 하기 위해서 복수의 배부기준을 사용한

다고 가정하자. 태진사의 생산부서 P_1은 자동화가 많이 되었기 때문에 기계시간을 배부기준으로 사용하고, 생산부서 P_2는 수작업에 의존하고 있기 때문에 직접작업시간을 배부기준으로 설정하였다. 부서별 제조간접비배부율을 산정하고 이를 이용하여 작업별로 제조간접비를 배부하면 다음과 같다.

● 부서별 제조간접비배부율

$$\text{생산부서 } P_1 \text{ 제조간접비배부율} = \frac{₩700,000}{500\text{기계시간}} = ₩1,400 / \text{기계시간}$$

$$\text{생산부서 } P_2 \text{ 제조간접비배부율} = \frac{₩500,000}{500\text{직접작업시간}} = ₩1,000 / \text{직접작업시간}$$

● 작업별 제조간접비 배부액

	생산부서 P_1의 배부액		생산부서 P_2의 배부액		총배부액
작업 #101	10기계시간 × ₩1,400	+	5직접작업시간 × ₩1,000	=	₩19,000
작업 #102	2기계시간 × ₩1,400	+	12직접작업시간 × ₩1,000	=	₩14,800

위 예제를 자세히 분석해보자. 먼저 공장전체 제조간접비배부율을 사용하면 각 생산부서에서 원가를 발생시키는 원인이 다름에도 불구하고 제조간접비를 무조건 직접작업시간당 ₩2,000씩 제품 또는 작업에 할당한다. 예상대로 생산부서 P_1과 P_2에서 사용한 실제작업시간이 각각 100시간, 500시간이라면 각 생산부서에서 원가대상에 할당되어진 금액은 P_1이 ₩200,000, P_2가 ₩1,000,000으로 각 부서의 제조간접비예상액 ₩700,000, ₩500,000과는 큰 차이를 보여주고 있다. 이는 제조간접비의 성격과 규모가 동질적이지 않은 여러 생산부서를 지니고 있는 경우 제조간접비 배부에 있어서 단일배부기준의 사용은 왜곡된 원가정보를 제공할 수도 있음을 시사하는 것이다.

한편, 부서별 제조간접비배부율을 사용하는 경우 P_1과 P_2에서 예상대로 각기 500기계시간과 500직접작업시간을 사용했다면 각 생산부서에서 원가대상에 할당되어진 금액은 P_1이 ₩700,000, P_2가 ₩500,000으로 각 부서의 제조간접비 예상액과 정확하게 일치함을 알 수 있다. 이는 여러 이질적인 생산부서가 존재하는 경우 제조간접비의 배부는 단일배부기준보다 복수배부기준의 사용이 바람직함을 간접적으로 시사하고 있다. 물론 각 생산부서의 예상활동수준은 실제활동수준과 일치될 수 없기 때문에 어떤 경우에도 제조간접비예상액과 실제배부액은 차이가 나게 마련이다.

단일배부기준과 복수배부기준을 통해서 두 작업에 할당된 제조간접비 금액의 차이를 요약해 보면 아래와 같다.

	단일배부기준 제조간접비배부액(A)	복수배부기준 제조간접비배부액(B)	차액(A−B)
작업 #101	₩14,000	₩19,000	(₩5,000)
작업 #102	₩26,000	₩14,800	₩11,200

여기서 우리는 단일배부기준을 사용하느냐 아니면 복수배부기준을 사용하느냐에 따라서 원가대상에의 제조간접비 배부액은 큰 차이를 보이고 있음을 알 수 있다. 작업 #101은 복수배부기준에 의한 제조간접비 배부액이 단일배부기준에 의한 제조간접비보다 ₩5,000이 더 큰 반면, 작업 #102는 단일배부기준에 의한 제조간접비 배부액이 복수배부기준에 의한 제조간접비보다 ₩11,200 더 크게 나타났다. 어떤 방법으로 제조간접비를 배부하느냐에 따라 원가정보가 다르게 나타나 경영자들의 의사결정에 큰 영향을 미칠 수 있다. 특히 가격결정에 있어서는 그 영향이 심각할 수 있다. 그러므로 경영자들은 의사결정에 앞서 제조간접비 배부방법에 보다 깊은 관심을 가져야 할 것이다.

연습문제

문1 제조간접비 배부 및 추정

다음 각 사례별로 요구사항에 답하시오.

사례1 ‖ 서강회사는 개별원가계산을 하고 있다. 다음은 2011년 3월 서강회사의 재공품계정에 차기(대기)된 내용이다.

3월	내 용	금 액
1일	기초재고	₩4,000
30일	직접재료비	24,000
30일	직접노무비	16,000
30일	제조간접비	12,800
30일	제품으로 이체	(48,000)

서강회사는 제조간접비 예정배부율을 이용하여 제조간접비를 배부하고 있으며, 예정배부율은 직접노무비의 80%이다. 2011년 3월 31일 현재 작업번호 #5의 작업만이 끝나지 않은 상태이며, 작업번호 #5에는 직접노무비가 ₩2,000으로 기록되어 있다. 작업번호 #5에 기록된 직접재료비는 얼마인가?

사례2 ‖ 동강회사는 개별원가계산제도를 채택하고 있다. 2011년 3월의 재공품 통제계정에 기입된 내용은 다음과 같다.

3월 1일 잔액(작업 #106)	₩30,000
직접재료비	?
직접노무비	?
제조간접비	80,000
당기제품제조원가	350,000
3월 31일 잔액	20,000

이 회사는 제조간접비를 직접노무비 ₩1당 ₩0.8의 비율로 각 작업지시에 배부하고 있

다. 31일 현재 진행중인 작업은 #125뿐이며, 여기에는 직접재료비 ₩7,400이 부과되어 있다.

◉ 요구사항

1. 3월중 직접재료비 소비액은 얼마인가?
2. 작업 #125에 배부된 제조간접비는 얼마인가?

문 2 제조간접비의 배부: 복수의 원가집합과 복수의 배부율

서강사는 개별원가계산제도를 채택하고 있다. 지금까지의 제조간접비의 제품별 배부기준은 직접노동시간이었다. 서강사는 제조간접비 배부기준을 재검토하기로 하였다.

서강사의 제조지시서 A_1과 A_2의 제조원가는 다음과 같다.

제조지시서		A_1		A_2
기계가동시간		45		48
직접노동시간		405		400
직접재료비		₩3,400,000		₩7,600,000
직접노무비		4,860,000		4,800,000
제조간접비	(405 × ₩2,240)	907,200	(400 × ₩2,240)	896,000
		₩9,167,200		₩13,296,000

회계담당자의 보고에 의하면 제조간접비 예정배부율은 직접노동시간당 ₩2,240으로 공장제조간접비 예산 ₩224,000,000을 100,000 직접노동시간으로 나누어서 산정되었다고 한다. 서강사 자체 내에서 공장제조간접비를 분석한 결과 공장제조간접비는 기계관련원가와 재료구입관련원가 및 제조보조원가로 구분될 수 있었다.

이를 구분하여 편성된 당년도 공장제조간접비 예산자료는 다음과 같다.

● 기계관련원가	₩108,000,000
● 재료구입관련원가	48,000,000
● 제조보조원가(직접노동시간 기준)	68,000,000
	₩224,000,000

예산상의 기계예정가동시간은 12,000시간이고 직접재료비 예산은 ₩1,200,000,000이다. 단 재료구입관련원가는 직접재료비와 관련있다.

◉ 요구사항

직접노동시간을 기준으로 제조간접비를 배부하는 대안으로서 복수의 원가집합(기계관련원가, 재료구입관련원가, 제조보조원가)과 복수의 배부율을 적용하였을 경우 제조지시서

A_1과 A_2의 제조원가를 구하시오.

문 3 실제개별원가계산: 종합

종로회사는 실제발생한 제조간접비 총액을 월말에 집계하여 직접노동시간에 따라 개별작업에 배분하고 있다. 1월 1일의 재고자산계정 잔액은 다음과 같다.

원 재 료	₩35,000
재 공 품(작업 #102)	20,000
제 　 품(작업 #101)	60,000

1월 중 다음과 같은 거래가 발생하였다.

① 원재료 ₩105,000을 외상으로 구입하였고 월말원재료는 ₩9,000이다.

② 1월중 작업 #103, #104를 착수하였으며 #102, #103이 완성되었다. 작업원가집계표의 내용 중 당월분은 다음과 같다.

	#102	#103	#104	합 계
직접재료비	₩20,000	₩50,000	₩45,000	₩115,000
직접노무비	35,000	40,000	15,000	90,000
직접노동시간	500시간	400시간	100시간	1,000시간

③ 당월중 노무비 발생액은 ₩100,000이다.

④ 당월에 발생된 실제제조간접비 총액은 ₩80,000이다.

⑤ 작업 #101, #102가 각각₩75,000과 ₩120,000에 외상으로 판매되었다.

요구사항

1. 간접재료비와 간접노무비 발생액은 얼마인가?
2. 당기에 발생한 제조간접비를 개별작업별로 배분하시오.
3. 각 작업에 투입되는 노동자의 숙련도가 다르다고 한다. 당기의 작업 중에서 숙련공이 작업한 것은 어느 것인가? 그 이유는 무엇인가?
4. 기말 제품과 재공품 재고액은 얼마인가?
5. 당기 매출총이익은 얼마인가?

문 4 정상개별원가계산: 종합

종로회사는 직접노동시간을 기준으로 제조간접비를 예정배부하는 정상개별원가계산제도를 이용하고 있다. 연초에 예상한 연간제조간접비는 ₩800,000 직접노동시간은 10,000시간이다. 전기말까지는 제조간접비배부차이가 발생하지 않았으며 1월 1일의 재고자산계정 잔액은 다음과 같다.

원재료	₩35,000
재공품(작업 #102)	20,000
제 품(작업 #101)	60,000

1월 중 다음과 같은 거래가 발생하였다.

① 원재료 ₩105,000을 외상으로 구입하였고 월말원재료는 ₩10,000이다.

② 1월중 작업 #103, #104를 착수하였으며 #102, #103이 완성되었다. 수행된 작업에 대한 당월의 작업원가표는 다음과 같다.

	#102	#103	#104	합 계
직접재료비	₩20,000	₩50,000	₩45,000	₩115,000
직접노무비	35,000	40,000	15,000	90,000
직접노동시간	500시간	400시간	100시간	1,000시간

③ 월초 미지급임금은 ₩12,000이고, 월말 미지급임금은 ₩15,000이며 당월 임금 지급액은 ₩100,000이다.

④ 당월에 발생된 실제제조간접비 총액은 ₩76,000(간접재료비, 간접노무비 포함)이다.

⑤ 작업 #101, #102가 각각 ₩75,000과 ₩120,000에 외상으로 판매되었다.

요구사항

1. 간접재료비와 간접노무비 발생액은 얼마인가?
2. 제조간접비를 예정배부하여 #102, #103, #104의 제조원가를 구하시오.
3. 제조간접비 배부차이를 구하시오. 단, 과소, 과대를 반드시 밝히시오.
4. 동 회사는 제조간접비 배부차이를 매월 매출원가에서 전액 조정한다고 가정한다. 제조간접비 배부차이 조정에 필요한 분개를 제시하시오.

문 5 총계정원장과의 관계

민중(주)는 개별원가계산제도를 사용하고 있으며 회계기간은 1월 1일부터 12월 31일까지이다. 20×7년 1월 31일 현재 다음과 같은 자료가 수집되었다.

- 1월의 원재료 사용액은 ₩400,000이다(모두 직접재료비이다).
- 1월의 매출원가는 ₩1,300,000이다.
- 20×7년 1월 31일의 원재료 재고액은 ₩18,000이다.

- 1월중 완성되어 제품계정으로 대체된 원가는 ₩1,400,000이다.
- 20×7년의 제조간접비 예정배부율은 직접노무비의 180%이다.
- 20×6년 12월 31일의 제품재고는 ₩84,000이었다.
- 1월의 총임금지급액은 ₩390,000이다.
- 직접노무자의 임률은 모두 같으며, 1월의 직접노동시간은 14,000시간이다. 공장감독자임금 등 간접노무비 합계액은 ₩30,000이다.
- 20×7년 1월 31일 현재 완성되지 않은 제조지령서는 #240과 #241이다. 이에 대한 노무비는 ₩12,000(480 직접노동시간), 직접재료비는 ₩26,400이다.
- 1월 31일의 초과배부제조간접비는 ₩28,000이다.
- 1월중의 원재료 구입액은 ₩414,000이다.
- 20×7년 1월 31일에 미지급임금계정의 잔액은 ₩8,000이다.

요구사항

다음을 계산하고 그 과정을 표시하시오.

1. 20×6년 12월 31일 원재료계정 잔액
2. 20×7년 1월 31일 제품계정 잔액
3. 1월에 발생한 직접노무비
4. 1월에 발생한 실제 제조간접비
5. 20×6년 12월 31일 미지급임금계정 잔액
6. 20×7년 1월 31일 재공품계정 잔액
7. 20×6년 12월 31일 재공품계정 잔액

문 6 정상원가계산: 금액추정

(주)영남은 개별원가계산제도를 채택하고 있다. 2011년 5월의 월초재료는 ₩30,000, 월초제품은 ₩40,000이고, 재공품재고액은 다음과 같다.

	월초재공품	월말재공품
직접재료비	₩20,000	₩15,000
직접노무비	21,000	20,000

추가정보

- 제조간접비 예정배부율은 직접노무비의 140%이다.
- 제조간접비 과대배부액은 ₩45,000이다.
- 제조간접비 과대배부액을 조정하기 전의 매출원가는 ₩806,000이다.

- 당월의 노무비지급액은 ₩350,000이며, 미지급임금의 월초잔액은 ₩60,000이다. 또한 직접노동시간은 1,500시간, 간접노동시간은 200시간이며 시간당 임률은 ₩180이다.
- 당월의 재료매입액은 ₩200,000이며, 당월의 제품제조원가는 ₩836,000이다.

요구사항

위의 자료를 이용하여 다음의 금액을 계산하시오.

1. 월말재료재고액
2. 당월재료사용액
3. 미지급임금 월말잔액
4. 월말재공품재고액
5. 월말제품재고액
6. 제조간접비 실제발생액

문 7 제조간접비 배부차이의 조정

태종(주)는 고객의 주문에 따라서 기계를 제작하며, 개별원가계산을 사용하여 원가계산을 하고 있다. 제조간접비는 예정배부율에 따라 제품에 배부된다. 제조간접비예정배부율은 회계연도초에 예측한 제조간접비와 직접노무비에 의해서 계산되며, 2011년도의 직접노무비와 제조간접비 예상액은 다음과 같다.

제조간접비	₩168,000
직접노무비	₩280,000

2011년말 현재 두 개의 작업지시서가 미완성되었다. 이 중 작업지시서 #101의 직접노무비는 ₩11,000이고, #102의 직접노무비는 ₩39,000이다. 또한 기계시간은 각각 287시간과 687시간이다. 작업지시서별 직접재료비는 각각 ₩22,000과 ₩42,000이다. 2011년말 현재 제조간접비계정의 차변합계는 ₩186,840이고 모든 작업지시서에 부과된 직접노무비 합계액은 ₩400,000이다.

기초재고자산은 없으며, 기말의 제품재고액은 ₩72,000이다. 매출액은 ₩2,700,680이며, 매출원가는 ₩648,000, 판매비와 관리비는 ₩1,857,870이다. 재고자산과 매출원가는 배부차이를 배분하기 전의 금액이며, 태종(주)는 제조간접비 배부차이를 모두 재고자산과 매출원가에 배분한다.

요구사항

1. 기말재공품재고액을 구하시오.
2. 비례배분법을 사용하여 배부차이를 조정하는 분개를 하시오.

3. 비례배분법을 사용하지 아니하고 배부차이를 전액 매출원가계정에서 조정한다면 2011년의 영업이익은 얼마만큼 증가 혹은 감소하겠는가?

문 8 불완전 자료에 의한 추정

한국(주)의 20×7년 1월 31일 현재 총계정원장 중에서 일부분을 나타낸 것이다. 이 회사의 회계담당자가 1월 31일 갑작스럽게 수술로 인하여 이들 계정들은 불완전한 상태로 남아 있다. 이들 자료를 참고하여 물음에 답하시오.

직접재료통제

차변		대변
1/1 잔액	₩15,000	
	35,000	

재공품통제

차변		대변
1/1 잔액	₩1,000	₩40,000
직접재료출고액	20,000	

제품통제

차변		대변
1/1 잔액	₩10,000	₩20,000

미지급임금

차변	대변	
	1/1 잔액	₩1,000
	임금총액	40,000

추가정보

- 배부제조간접비는 제조지령서에 배부되는 간접비총액에 대기(貸記)된다.
- 이 달의 작업전표를 보니 5,500시간의 직접노동시간이 소요되었다. 모든 근로자의 임률은 시간당 ₩6으로 동일하다.
- 간접비는 직접노동시간당 ₩4이다.
- 간접비 실제발생액은 ₩24,000이다

요구사항

1. 1월 31일의 원재료 재고액은 얼마인가?
2. 1월중 제조지령서에 부담시킬 총직접노무비는 얼마인가?
3. 1월의 공장노무비는 얼마인가?
4. 제품에 배부될 간접비 총액은 얼마인가?
5. 1월 31일의 재공품 재고액은 얼마인가?
6. 1월 31일의 제품 재고액은 얼마인가?
7. 1월의 초과 혹은 부족배부액은 얼마인가?

문 9 서비스기업의 개별원가계산(1)

태종세무법인은 25명의 세무사(경력세무사 5명, 수습세무사 20명)로 구성되어 있다. 20×1년 세무사 1인당 평균예산연봉은 ₩20,800,000이다. 각 세무사는 20×1년에 고객에 대해

1,600시간의 고객서비스시간을 가지도록 예산되었다. 모든 세무사의 직접노무비는 하나의 직접비에 포함되어 있으며 시간기준으로 각 작업까지 추적된다. 세무사의 연봉 이외의 모든 원가는 하나의 간접원가집합에 포함되어 있으며, 세무사의 고객서비스시간을 이용하여 배부되고 있다. 20×1년의 간접원가 예산은 ₩440,000,000이다.

◉ 요구사항

1. 세무사의 고객서비스시간당 예산직접비와 예산간접비는 얼마인가?
2. 다음과 같은 두 건의 작업이 제공될 경우 각 작업의 원가는 얼마인가?
   ① 100시간의 고객서비스시간이 예상되는 A모씨의 상속관련 작업
   ② 150시간의 고객서비스시간이 예상되는 B모씨의 양도관련 작업

※ 다음 자료를 이용하여 3~5에 답하시오.

태종세무법인은 더 정확한 원가계산을 위하여 직접비를 경력세무사와 수습세무사로 구분하고, 간접비도 일반지원과 비서지원으로 구분하기로 하였다. 직접비와 간접비에 대한 관련 예산정보는 다음과 같다.

● 직접비

	경력세무사	수습세무사
세무사의 수	5	20
세무사당 고객서비스시간	연간 1,600	연간 1,600
1인당 평균연봉	₩40,000,000	₩16,000,000

● 간접비

	일반지원	비서지원
연간 총원가	₩360,000,000	₩80,000,000
원가배부기준	전체세무사 고객서비스시간	경력세무사 고객서비스시간

3. 경력세무사와 수습세무사별로 고객서비스시간당 예산직접비와 일반지원과 비서지원별로 고객서비스시간당 예산간접비를 계산하시오.
4. 다음과 같은 두 건의 작업이 제공될 경우 각 작업의 원가는 얼마인가?
   ① 경력세무사 60시간, 수습세무사 40시간이 예상되는 A모씨의 상속관련 작업
   ② 경력세무사 30시간, 수습세무사 120시간이 예상되는 B모씨의 양도관련 작업

문10 서비스기업의 개별원가계산(2)

다음은 서강회계법인의 20×7년도 예산관련 자료이다.

예상수익	₩300,000,000
직접노무비	100,000,000
기타영업비용(간접비)	140,000,000
예상영업이익	₩60,000,000

서강회계법인은 개별원가계산제도를 사용하고 있으며, 회계감사를 책임지고 있는 파트너에 의해 전문가별 작업시간이 관리된다. 각 작업단위별로 실제 소요시간과 원가가 집계되고, 작업단위별 수익성이 측정될 것이다.

● 요구사항

1. 각 업무의 원가는 실제 직접노무비와 직접노무비에 일정비율의 간접비를 더한 것이다. 예산상 간접비 배부율은 얼마인가?
2. 작업단위별로 총수익의 20%의 이익률을 달성하기 위해서는 직접노무비의 몇 %를 청구해야 하는가?
3. (주)신촌에 대한 회계감사에 할당된 인원, 작업시간, 그리고 각 담당자별 시간당 직접노무비는 다음과 같다.

	작업시간	시간당 직접노무비
파트너	5시간	₩200,000
매니저	20시간	100,000
보조자	100시간	50,000

(주)신촌에 대한 총원가와 정상적인 청구율을 적용할 경우의 청구액을 산출하시오.

문11 단답형 기출문제 1

1. 한국회사는 개별원가계산을 사용하고 있으며, 직접노무비의 150%를 제조간접비로 예정배부하고 있다. 제조간접비 배부차이는 전액 매월말 매출원가에서 조정한다. 다음 자료에 의할 때, 당월중 제조간접비 배부차이는 얼마인가?

기초재공품		당기투입원가	
직접재료비	₩6,000	직접재료비	₩45,000
직접노무비	4,000	직접노무비	36,000
제조간접비	6,000	실제제조간접비	59,000
계	₩16,000	계	₩140,000

2. 한국회사는 정상원가시스템하에서 개별원가계산을 사용한다. 20×1년 4월 동안 이 회사의 재공품 계정의 내역은 다음과 같다.

기초잔액 : ₩4,000　　　　직접재료비: ₩24,000
직접노무비: ₩16,000　　　　제조간접비: ₩12,800
제품계정으로의 대체액: ₩48,000

회사는 제조간접비를 제품에 배부할 때 예정 제조간접비율을 사용하며 당기의 제조간접비 예정배부율은 직접노무비의 80%이다. 당기에 새로 시작한 작업 #5가 4월말 현재 유일하게 완성되지 않은 작업이며 작업 #5를 완성하는데 예정된 직접노무비는 ₩3,000이지만 당기에 투입된 실제 직접노무비는 ₩2,000이다. 작업 #5에 지금까지 투입된 직접재료비는 얼마인가?

3. 제조간접비 배부차이계정의 차변잔액이 ₩1,800이다. 배부차이를 매출원가조정법으로 회계처리하는 경우에 비하여 총원가비례법으로 회계처리하면 당기순이익은 얼마가 증감하겠는가? 단, 계정 잔액은 다음과 같다.

원재료	기말재공품	기말제품	매출원가
1,000	1,400	2,600	5,000

4. ㈜한라는 2007년초에 설립되었으며 정상원가계산(normal costing)을 적용하고 있다. 제조간접비는 직접노무시간을 기준으로 예정 배부한다. 회사는 제조간접비 배부차이를 기말재고자산 및 매출원가에 포함된 제조간접비 예정배부액에 비례하여 안분한다. 당기에 기말재공품, 기말제품 및 매출원가에는 1 : 3 : 4의 비율로 제조간접비가 각각 예정배부 되었고, 기말재공품에 차감하여 조정된 배부차이는 ₩2,500이었다. 당기의 실제 제조간접비는 ₩180,000이고, 실제 직접노무시간은 총 1,250시간이었다면, 제조간접비 예정배부율은 직접노무시간당 얼마인가?

5. ㈜태종은 정상원가계산을 채택하고 있다. 20×9년의 관련 자료는 다음과 같다.

제조간접비예산	₩10,000,000
직접노무비예산	5,000,000
실제제조간접비	10,120,000
실제직접노무비	5,800,000
제조간접비배부기준	직접노무비

한편, 배부차이 조정전 관련 금액은 다음과 같다.

	직접노무비	총 원 가
기말재공품	₩1,450,000	₩6,344,000
기말제품	2,030,000	8,784,000
매출원가	2,320,000	9,272,000

제조간접비 배부차이를 총원가비례법으로 조정할 경우와 원가요소비례법으로 조정할 경우 조정후의 매출원가는 각각 얼마인가?

문12 단답형 기출문제 2

1. 다음은 개별원가계산제도를 이용하는 ㈜경애의 원가자료이다. 제조간접비는 기본원가(prime)를 기준으로 배부한다.

	작업 #1	작업 #2	작업 #3	합계
기초재공품	₩2,000	₩4,000	₩0	₩6,000
직접재료비	2,800	3,000	2,200	8,000
직접노무비	4,000	5,000	3,000	12,000
제조간접비				6,000

작업 #1과 작업 #3은 당기에 완성되었고, 작업 #2는 기말 현재 미완성되었다. ㈜경애의 기말재공품은 얼마인가?

2. ㈜정선은 정상원가계산을 사용하고 있으며, 직접노무시간을 기준으로 제조간접비를 예정배부하고 있다. ㈜정선의 20×1년도 연간 제조간접비 예산은 ₩600,000이고, 실제 발생한 제조간접비는 ₩650,000이다. 20×1년도 연간 예정조업도는 20,000시간이고 실제 직접노무시간은 18,000시간이다. ㈜정선은 제조간접비 배부차이를 전액 매출원가에서 조정하고 있다. 20×1년도 제조간접비 배부차이 조정전 매출총이익이 ₩400,000이라면, 포괄손익계산서에 인식할 매출총이익은 얼마인가?

3. ㈜은미는 개별정상원가계산제도를 채택하고 있다. ㈜은미는 제조간접원가를 예정배부하며, 예정배부율은 직접노무원가의 60%이다. 제조간접원가의 배부차이는 매기 말 매출원가에서 전액 조정한다. 당기에 실제 발생한 직접재료원가는 ₩24,000이며, 직접노무원가는 ₩16,000이다. 기초재공품은 ₩5,600이며, 기말재공품에는 직접재료원가 ₩1,200과 제조간접원가 배부액 ₩1,500이 포함되어 있다. 또한 기초제품은 ₩5,000이며, 기말제품은 ₩8,000이다. 제조간접원가 배부차이를 조정한 매출원가가 ₩49,400이라면 당기에 발생한 실제 제조간접원가는 얼마인가?

4. ㈜신혜는 정상원가계산을 적용하고 있으며, 제조간접비는 기본원가(prime cost)의 50%를 예정 배부한다. ㈜신혜는 제조간접비 배부차이를 원가요소기준 비례배부법으로 조정한다. 기초재고자산은 없으며, 9월의 기본원가, 매출액과 배부차이 조정 후 기말재고자산은 다음과 같다. 9월의 배부차이 조정 후 매출원가율이 80%일 때 배부차이는 얼마인가?

기본원가	₩750,000	매출액	₩1,000,000
기말재공품	120,000	기말제품	180,000

제 4 장

종합원가계산

제 1 절 종합원가계산의 기초
제 2 절 종합원가계산 예시
제 3 절 종합예제

학습목표

제 3장에서는 개별원가계산을 살펴보았다. 개별원가계산은 제품을 주문에 의해서 또는 배치 형태로 생산하는 경우 적합한 제품원가계산방법이다. 이 장에서는 제품을 연속적 흐름과정에서 생산하는 경우에 적합한 제품원가계산인 종합원가계산에 대해 설명할 것이다. 이 장을 공부하고 나면 다음 사항을 파악할 수 있어야 한다.

1. 개별원가계산과 종합원가계산의 차이
2. 제조원가보고서
3. 완성품환산량
4. 가중평균법
5. 선입선출법
6. 회계처리방법

제4장 종합원가계산

제1절 종합원가계산의 기초

1 의 의

종합원가계산(process costing)은 연속적 흐름생산을 통해서 생산되는 제품의 원가를 측정 보고하는 시스템이다. 대부분의 화학제품, 석유제품, 플라스틱 및 많은 가공식품들은 종합원가계산에 의해 원가가 산정된다. 개별원가계산에서는 배치나 간헐적인 고객의 주문을 통해 생산되는 제품의 원가가 측정된다. 개별원가계산에서는 작업이 완성될 때 단위원가를 산정하지만 종합원가계산에서는 제품이 연속적인 생산흐름을 통해 생산되므로 모든 단위가 완성되는 시점을 별도로 파악하기가 매우 어렵기 때문에 월간 또는 주간 등 인위적인 기간을 정해 원가를 산정한다.

개별원가계산에서 가장 중요한 서류는 재공품계정의 보조장부역할을 하는 작업원가집계표(job cost sheet)이다. 반면에 종합원가계산에서 가장 중요한 서류는 각 제조부서별 제조원가보고서(cost of production report)이다. 제조원가보고서는 종합원가계산에서 부서별 작업단위 및 원가자료에 대한 요약표이다. 즉 여기에는 작업된 단위, 부서에 할당된 원가, 작업된 단위원가, 그리고 부서에서 이전될 원가 및 기말재공품원가 등이 요약보고된다.

개별원가계산은 종합원가계산에 비해서 운영비가 많이 소요되는 방법이다. 종합원가계산에서는 부서별로 원가를 축적시키는 것에 반하여 개별원가계산에서는 각 작업별로 세분해서 원가를 축적시키기 때문에 보다 상세한 원가계산이 가능하다. 따라서 개별원가계산이나 종합원가계산 어느 것도 이용이 가능한 상황이라면 원가효익분석에 의하여 적절한 원가계산방법을 결정할 것이다. 효익이 많은 데 비해서 그 운영비가 많이 들어가는 방법은 개별원가계산인 데 반해 효익은 그보다 적은데 그 운영비도 적게 들어가는 방법은 종합원가계산이다.

2 특 징

종합원가계산은 동질적 제품의 대량·연속·반복 생산 때문에 여러 가지 특징이 있다. 이하에서는 종합원가계산의 특징에 대하여 간략히 설명하고자 한다.

- 동일공정을 거쳐 생산되는 제품은 동질적이므로 각 제품의 단위원가는 동일하다고 가정하고, 제품의 원가를 평균개념에 의하여 산출한다. 여기서 제품이 동질적이라는 것은 모든 제품의 형태, 크기, 작업내용, 그리고 규격이 같다는 의미이다.
- 같은 제품이 연속적이고 반복적인 형태로 대량생산이 이루어지므로 생산이 완전히 종료되기 전까지는 생산량 파악이 어렵다. 따라서 인위적으로 원가계산기간을 설정하여 그 기간에 발생된 총제조원가와 생산량을 구하여 원가계산을 실시한다. 보통 월별, 분기별로 원가계산을 실시한다.
- 각 공정별로 원가가 집계되어 공정별로 제조원가보고서가 작성된다. 따라서 공정별로 원가가 집계되므로 원가에 대해 책임소재가 명확해지기 때문에 원가관리통제와 성과평가가 용이해진다. 이때 원가관리통제와 성과평가는 제품별로 이루어지는 것이 아니라 공정별로 이루어진다.
- 동일 공정내에서 발생하는 원가는 그 공정에 모두 집계되므로 직접비와 간접비를 구분할 필요가 없다. 따라서 원가를 재료비와 가공비로 구분하여 원가계산을 실시하는 것이 일반적이다. 물론 주어진 상황에 따라서 직접재료비, 직접노무비 및 제조간접비로 구분할 수도 있다.
- 형태, 크기, 그리고 작업내용이 같은 동종제품을 계속적으로 대량생산하기 때문에 개별작업별로 제조지시서를 발행할 필요가 없다. 또한 제품별로 제조지시서를 발행할 필요가 없으므로 개별원가계산보다 단순하고 관리비용이 적게 든다.

- 일정기간내(보통 월별)에 생산한 제품을 종합적으로 집계하기 때문에 개별원가계산처럼 제조간접비를 각 제품(제조지시서)별로 배부할 필요가 없다. 개별원가계산의 경우 여러 종류의 제품을 생산하는 데 공통적으로 발생하는 제조간접비가 있기 때문에 이를 제품에 배부하는 문제가 발생하였다. 그러나 종합원가계산의 경우에는 한 종류의 제품을 생산하므로 제조간접비를 제품에 배부하는 문제는 발생하지 않는다.

그동안 설명한 내용을 바탕으로 개별원가계산과 종합원가계산을 비교하면 다음 표와 같으며, 이후에 설명되는 내용을 통하여 이에 대한 보다 깊은 이해를 할 수 있을 것이다.

구 분	개별원가계산	종합원가계산
적용생산형태	· 개별생산형태(주문생산)	· 연속생산형태(시장생산)
제품의 종류	· 이종의 제품	· 동종의 제품
생산수량	· 주문수량에 따라 결정됨	· 생산계획에 따라 결정됨
제조지시서	· 특정제조지시서	· 계속제조지시서
원가의 집계단위	· 개별제품	· 원가계산기간의 생산량
직·간접비의 구별	· 반드시 필요함	· 원칙적으로 불필요함
관리노력 및 비용	· 작업별로 상이한 기록을 필요로 하므로 관리노력 및 비용이 큼	· 관리노력 및 비용이 상대적으로 적음

3 종합원가계산 운영단계

종합원가계산에서는 발생된 원가를 공정별로 집계해서 해당 공정의 기말재공품과 완성품에 각각 나누어서 할당하게 된다. 종합원가계산에서의 제조원가보고서 작성에 대해 구체적으로 설명하기 전에 우선 종합원가계산제도의 운영에 대해서 알아보도록 하자. 종합원가계산제도를 운영하는 데에는 몇 가지 단계가 있다.

(1) 공정의 설정

동종의 제품을 대량·연속·반복 생산하는 경우에 종합원가계산제도를 적용한다. 여러 개의 공정을 통하여 제품이 생산되는 경우 공정별로 원가계산을 하기 위하여 제조원가를 축적할 공정을 설정한다.

(2) 기간의 결정

개별원가계산에서는 작업이 완성되면 단위원가가 산출되지만 종합원가계산에서는 지속적인 흐름으로 생산이 이루어지기 때문에 모든 투입물이 완성되는 시점이 명확히 구분되어 존재하지 않는다. 따라서 경영자가 원하는 기간에 맞추어 보고서 제출시기를 미리 정하여 시기적절한 보고서를 작성해야 한다.

(3) 실제제조원가의 축적

공정이 설정되고 원가계산을 하기 위한 기간이 결정되면 공정별, 기간별로 실제제조원가를 축적한다. 이때 제조원가는 원가요소별로 축적한다. 왜냐하면 원가요소별(재료비, 가공비 등)로 투입되는 방식이 다르므로 원가요소별로 원가를 축적하여야 산출물의 단위원가를 정확히 계산할 수 있기 때문이다.

(4) 산출물의 측정

앞에서 설명한 바와 같이 종합원가계산에서는 모든 투입물이 모두 완성되는 시점이 구분되어 존재하지 않거나 또는 그 시점이 있다고 해도 그때까지 기다릴 수 없어서 인위적인 보고기간을 설정한다. 그러기 때문에 어떤 보고기간에도 통상 기초재공품재고가 있으며, 기초재공품재고가 있으면 이를 가지고 보고기간중에 추가로 생산활동을 하여 완성시킨 산출물이 있다. 또한 보고기간중에 착수하여 완성시킨 산출물이 있는가 하면, 착수했으나 기말까지 완성시키지 못한 기말재공품재고가 있게 마련이다.

회계담당자들은 당기에 작업한 산출물을 산정하기 위해서 **완성품환산량**(equivalent units)이라 불리는 개념을 사용한다. 완성품환산량은 부분적으로 완성시킨 산출물을 완전히 완성시킨 산출물로 전환시켜 표현하는 측정치이다. 즉, 산출물을 완성품 기준으로 환산한 것을 완성품환산량이라 한다. 종합원가계산에서 기초재공품재고나 기말재공품재고는 산출물의 측정을 위해 완성품환산량단위로 전환시켜 표현되어져야 한다. 완성품환산량은 물량에 완성도를 곱하여 계산된다.

$$완성품환산량 = 물량 \times 완성도$$

가령 30% 완성시킨 기말재공품 100단위의 완성품환산량은 30단위이다.

$$완성품환산량 = 100단위 \times 0.3 = 30단위$$

즉 기말재공품 100단위를 30%씩 완성시킨 것은 산출물 측정목적으로 완성품환산량으로 계산하면 30단위인데, 이는 한 단위씩 차례로 완성시킨다면 30단위 완성시키고 나머지 70단위는 전혀 손을 대지 않은 것과 같다는 의미이다.

완성품환산량을 계산할 때 주의할 점은, 완성품환산량은 제품원가요소별로 별도로 계산해야 한다는 것이다. 즉 직접재료비, 직접노무비, 그리고 제조간접비로 나누어서 완성품환산량을 산출해야 한다. 왜냐하면 제품원가요소별로 투입방법이 다를 수 있기 때문이다. 가령 원재료의 직접재료로의 투입은 모두 공정초에 이루어지고 직접노무비와 제조간접비는 전공정에 걸쳐 균등하게 투입된다면 직접재료비는 직접노무비와 제조간접비와는 다르게 완성품환산량이 계산되어져야 한다. 따라서 원재료는 공정 초에 투입되고, 가공비가 30% 진척된 기말재공품 100단위의 완성품환산량을 제품원가요소별로 계산하면 다음과 같다.

직접재료비 완성품환산량 = 100단위 × 1.0 = 100단위
직접노무비 완성품환산량 = 100단위 × 0.3 = 30단위
제조간접비 완성품환산량 = 100단위 × 0.3 = 30단위

위에 나타난 바와 같이 직접재료비의 완성품환산량과 직접노무비나 제조간접비의 완성품환산량이 다름을 알 수 있다. 직접재료비의 경우에는 공정 초에 투입되기 때문에 재공품상태에 있을지라도 100%가 완성되어 완성품환산량의 계산에 물량의 100%로 환산된다. 물론 직접노무비와 제조간접비의 경우에는 완성품환산량 계산에서 그 진척도 30%만 환산되어진다. 또한 위와 같이 직접노무비와 제조간접비의 완성품환산량이 같을 경우에는 보통 직접노무비와 제조간접비를 합쳐서 가공비 완성품환산량 30단위로 표현한다.

예제 1 완성품환산량의 계산

태진사는 의자를 생산하고 있다. 2011년 9월중 의자 500단위를 생산에 착수해서 9월 말 현재 400단위를 완성시켰고 나머지 100단위에 대한 가공비 완성도는 50%이다. 단, 기초재공품재고는 없었으며 원재료는 공정 초에 전량 투입된다.

요구사항

제품원가요소(재료비, 가공비)별로 9월중 태진사의 생산산출물의 완성품환산량을 계산하시오.

해답

	물 량	완성품환산량 재료비	완성품환산량 가공비
완성품	400단위	400단위	400단위
기말재공품	100단위	100단위	50단위
총 계	500단위	500단위	450단위

완성품 400단위에 대해서는 재료비와 가공비가 각각 100% 투입되어 있으므로 완성품환산량은 각각 400단위이다. 기말재공품 100단위의 경우에는 재료비는 공정 초에 100% 투입되므로 완성품환산량도 100단위인 데 비해 가공비는 50%만 진척되었기 때문에 그 완성품환산량은 50단위(100단위×0.5)가 된다.

(5) **제품 단위원가의 계산**

제품 단위원가는 각 생산 공정별로 계산된다. **단계** (3)에서 집계된 제품원가요소별 발생원가와 **단계** (4)에서 계산된 제품원가요소별 완성품환산량을 대응시켜 각 원가요소별 완성품환산량 단위원가를 먼저 산출한 후 이를 취합하여 제품 단위원가가 계산된다.

(6) **제조원가보고서의 작성**

종합원가계산에서는 제조원가보고서를 이용하여 정기적으로 제조원가가 보고된다. 제조원가보고서에는 총제조원가, 생산량, 단위원가와 더불어 기말재공품원가와 완성품원가가 보고된다. 완성품원가는 그 해당부서가 공정의 마지막 부서인 경우에는 완제품원가가 되고 그렇지 않은 경우에는 차공정대체 원가(transferred-out cost)가 된다.

제2절 종합원가계산 예시

종합원가계산은 개별원가계산에 비하여 제품원가계산 절차가 복잡하다. 따라서 제품원가계산을 위한 전반적인 틀을 파악한 후에 예시된 자료를 통하여 그 내용을 익히는 것이 효율적인 학습방법이라고 생각한다. 따라서 이하에서는 제조원가보고서를 작성하기 위한 기본적인 절차에 대하여 간략히 설명한 후에 예시된 자료를 통하여 상황별로 종합원가계산을 설명하고자 한다.

1 제조원가보고서 작성 절차

종합원가계산을 하는 기업에서 공정별로 특정기간 동안의 완성품원가와 기말재공품 원가를 산정하는 서류를 제조원가보고서라 하는데 제조원가보고서는 다음과 같은 5단계를 통하여 작성된다.

(1) **1단계:** 물량흐름파악

재공품계정을 이용하여 투입된 총량(기초재공품수량+당기투입량)과 산출된 총량(완성품수량+기말재공품수량)을 파악한다. 물론 제조원가보고서를 작성할 때는 재공품계정을 그리지 않고 보고서양식에 따라 물량흐름을 보여주지만 물량흐름을 정확히 이해하는 데는 재공품계정을 작성하는 것이 큰 도움이 된다.

1단계 — 재공품(수량)

차변		대변	
기초재공품수량	×××	완성품수량	×××
당기투입량	×××	기말재공품수량	×××
총투입량	×××	총산출량	×××

(2) **2단계:** 원가요소별로 완성품환산량 계산

산출된 총량에 대하여 원가요소별로 완성도를 곱하여 원가요소별 완성품환산량을 계산한다. 원가요소별로 투입되는 시점이 다르면 완성도에 차이가 있으므로 완성품환산량은 반드시 원가요소별로 산정한다. 특히 원재료의 경우에 종류가 완전히 다르고 투입하는 시점이 다른 경우에는 원재료 종류별로 완성품환산량을 산정한다.

1단계 — 재공품(수량) / 2단계 — 완성품환산량

차변		대변		재료비	가공비
기초재공품수량	×××	완성품수량	×××	×××	×××
당기투입량	×××	기말재공품수량	×××	×××	×××
총투입량	×××	총산출량	×××	×××	×××

(3) **3단계:** 원가요소별로 원가요약

원가요소별로 기초재공품원가와 당기투입원가를 계산한다.

3단계	재료비	가공비	총원가
기초재공품	×××	×××	×××
당기투입	×××	×××	×××
총투입원가	×××	×××	×××

(4) **4단계:** 완성품환산량 단위원가 계산

원가요소별로 집계된 원가를 완성품환산량으로 나누어 완성품환산량 단위원가를 계산한다.

3단계	재료비	가공비	총원가
기초재공품	×××	×××	×××
당기투입	×××	×××	×××
총투입원가	×××	×××	×××
4단계			
완성품환산량	÷×××	÷×××	
완성품환산량 단위원가	×××	×××	

(5) **5단계:** 완성품과 기말재공품의 원가계산

완성품과 기말재공품의 완성품환산량에 완성품환산량 단위원가를 곱하여 각각의 원가를 계산한다.

5단계		
완성품(차공정대체)	(재료비 완성품환산량×@)+(가공비 완성품환산량×@)	×××
기말재공품	(재료비 완성품환산량×@)+(가공비 완성품환산량×@)	×××
총배부원가		×××

여기서 총배부원가는 위 3단계에서 계산된 총투입원가와 반드시 일치해야 한다.

2 기초재공품 재고가 없는 경우

아래의 자료를 이용하여 종합원가계산의 구체적인 절차를 설명하고자 한다.

자료1

태진사는 제품A를 생산하는 회사이다. 제품A는 두 가지 공정을 걸쳐서 제품이 된다. 2011년 4월 중 1공정에서 발생된 활동 및 관련원가 자료는 다음과 같다.

- 4월 초 재공품재고는 없었다.
- 4월중 생산에 착수한 물량은 11,000단위인데 4월말까지 10,000단위는 완성해서 2공정으로 대체했고 나머지 1,000단위는 기말재공품재고로 남아 있다.
- 원재료는 공정 초에 투입되며 가공비는 전공정에 걸쳐 균등하게 발생된다.
- 기말재공품재고는 가공비가 70% 진척된 상태에 있다.
- 4월중 발생된 제품원가요소별 원가는 다음과 같다.
  재료비 ₩19,800　　　　가공비 ₩32,100

(1) 물량흐름과 완성품환산량

주어진 자료를 이용하여 물량흐름을 파악하고 완성품환산량을 계산하면 다음과 같다.

1단계	재공품(수량)			2단계 완성품환산량 재료비	가공비
기초재공품수량	0	완성품수량	10,000	10,000	10,000
당기투입량	11,000	기말재공품수량	1,000	1,000	700
총투입량	11,000	총산출량	11,000	11,000	10,700

먼저 물량흐름을 보면 기초재공품과 당기투입은 총투입량을 형성하고 당기완성(차공정대체)과 기말재공품은 총산출량을 형성하는데 총투입량과 총산출량은 항상 같아야 한다. 후속공정이 있는 경우 해당 공정의 완성품은 다음 공정으로 대체되어 추가가공을 하게 되는데 이때 해당 공정의 완성품을 특별히 차공정대체라 일컫는다. 후속공정이 없다면 완성품은 최종 완성된 것이므로 제품 또는 완제품이라 불리어질 것이다. 위 경우에는 총투입량과 총산출량이 11,000단위로 일치하고 있다. 투입한 것 이상으로 산출될 수는 없기 때문에 산출량이 투입량보다 많을 수는 없다. 단지 공정중에 공손, 유실, 감모 등으로 산출량이 투입량보다 적어질 수는 있는데 그런 경우에 대해서는 **제5장**에서 설명하려 한다.

완성품환산량은 산출량에 대해 제품원가요소별로 계산된다. 당기완성 10,000단위는 각 요소별로 100% 진척된 것이므로 각각 제품원가요소별 완성품환산량은 10,000단위이다. 다만 기말재공품 1,000단위에 대해서는 원재료는 공정 초에 투입되었고 가공비는 70% 진척된 상태에 있기 때문에 재료비 완성품환산량은 1,000(1,000×100%)단위인 데 비해 가공비 완성품환산량은 700(1,000×70%)단위이다.

(2) 총투입원가와 완성품환산량 단위원가

주어진 자료를 이용해서 총투입원가에 대한 자료를 요약하고, 완성품환산량 단위원가를 산정하면 다음과 같다.

3단계	재료비	가공비	총원가
기초재공품	0	0	0
당기투입	19,800	32,100	51,900
총투입원가	19,800	32,100	51,900
4단계			
완성품환산량	÷ 11,000	÷ 10,700	
완성품환산량 단위원가	1.8	3.0	

기초재공품이 없기 때문에 원가자료는 쉽게 요약된다. 완성품환산량 단위원가는 투입원가를 그 원가투입으로 인한 산출량으로 나누어 제품원가요소별로 산정한다. 태진사는 1공정에서 2011년 4월에 재료비와 가공비를 각각 ₩19,800, ₩32,100 투입하여 완성품환산량으로 재료비와 가공비를 각각 11,000단위, 10,700단위 산출하였다. 따라서 완성품환산량 단위원가는 재료비와 가공비가 각각 ₩1.8과 ₩3.0이고 제품의 단위원가는 ₩4.8이다.

(3) 완성품원가와 기말재공품원가

이전단계에서 산출된 원가요소별 완성품환산량(2단계)과 완성품환산량 단위원가(4단계)를 이용해서 완성품(차공정대체)원가와 기말재공품원가를 산정하면 다음과 같다.

5단계

완성품원가와 기말재공품원가:

완성품(차공정대체)	10,000 × 1.8 + 10,000 × 3.0	=	48,000
기말재공품	10,000 × 1.8 + 700 × 3.0	=	3,900
총배부원가			51,900

완성품(차공정대체) 10,000단위의 원가는 ₩48,000, 기말재공품 1,000단위의

원가는 ₩3,900이다. 완성품과 기말재공품 원가의 구체적인 내역은 다음과 같다.

	재 료 비	가 공 비	합 계
완 성 품	10,000 × 1.8 = 18,000	10,000 × 3.0 = 30,000	48,000
기말재공품	1,000 × 1.8 = 1,800	700 × 1.8 = 2,100	3,900

완성품 원가의 경우에는 다음과 같이 구할 수도 있다.

완성품 원가: 10,000단위 × (1.8 + 3.0) = ₩48,000

완성품과 기말재공품 원가의 합은 총투입원가와 동일한 ₩51,900이다. 즉, 종합원가계산은 일정기간 동안의 총투입원가를 산출물(완성품, 기말재공품)에 합리적으로(완성품환산량의 개념을 이용) 배분하기 위하여 고안된 원가계산방법이므로 총투입원가와 총산출원가는 항상 일치한다.

이상에서 단계별로 나타낸 것을 종합하여 **표 4-1**과 같이 제조원가보고서를 작성할 수 있다.

(4) **회계처리**

여기서는 4월중 태진사의 1공정에서 발생한 거래와 그에 따른 제조원가보고서를 토대로 분개를 한 후 관련 재공품계정을 사용하여 종합원가계산에서의 원가흐름을 파악해 보자. 우선 4월중에 발생된 거래에 대한 분개는 다음과 같다.

① 재료비의 투입

(차) 재공품-1공정	19,800	(대) 원재료	19,800

② 가공비의 발생

(차) 재공품-1공정	32,100	(대) 현금, 제조간접비 등	32,100

③ 1공정 생산의 완료(4월 말)

(차) 재공품-2공정	48,000	(대) 재공품-1공정	48,000

1공정에서 재공품이 완성되면 2공정으로 대체되는데 4월에 2공정으로 대체된 물량은 총 10,000단위이다. 이 10,000단위의 원가는 4월말에 위에서 제시한 종합원가계산 방식에 따라 산정되며 그 원가는 ₩48,000이다. 즉, 다음 공정으로 물량이 대체되면 그에 해당하는 원가도 보고시점(4월말)에 대체된다. 이상의 회계처리를

표 4-1 태진사 1공정의 제조원가보고서

제조원가보고서

태진사 1공정 — 2011년 4월

물량흐름과 완성품환산량:

	물 량		완성품환산량: 재료비	완성품환산량: 가공비
기초재공품	0			
당기투입량	11,000			
계	11,000			
당기완성	10,000		10,000	10,000
기말재공품	1,000	(0.7)	1,000	700
계	11,000		11,000	10,700

총투입원가와 완성품환산량 단위원가:

	재료비	가공비	총원가
기초재공품	–	–	–
당기투입	19,800	32,100	51,900
총투입원가	19,800	32,100	51,900
완성품환산량	÷11,000	÷10,700	
완성품환산량 단위원가	1.8	3.0	

완성품원가와 기말재공품원가:

완성품(차공정대체)	10,000 × 1.8 + 10,000 × 3.0	=	48,000
기말재공품	1,000 × 1.8 + 700 × 3.0	=	3,900
총배부원가			51,900

관련 재공품계정에 나타내 원가흐름을 요약하면 다음과 같다.

태진사 1공정 4월의 원가흐름

재공품-1공정

차변		대변	
기초	0	③ 차공정비	48,000
① 재료비	19,800		
② 가공비	32,100	기말	3,900
	51,900		51,900

➡ 재공품-2공정

차변		대변	
③ 전공정비	48,000		

이미 설명한 바와 같이 종합원가계산에서는 각 공정별로 재공품계정을 설정하여 발생된 원가를 집계한다. 태진사의 재공품-1공정 계정에 나타난 정보를 보면 1공정에서 4월중 발생된 원가는 모두 ₩51,900(₩19,800 + ₩32,100)인데, 그중

₩48,000은 완성되어 2공정으로 이전되어 갔으며, 나머지 ₩3,900은 기말재공품으로 재공품-1공정 계정에 남아 있음을 알 수 있다.

3 전공정대체가 있는 경우

다음에 제시된 자료를 이용하여 전공정대체가 있는 경우의 종합원가계산 절차를 설명하고자 한다.

자료2

태진사는 제품A를 생산하는 회사이다. 제품A는 두 가지 공정을 걸쳐서 제품이 된다. 2011년 4월중 2공정에서 발생된 활동 및 관련원가 자료는 다음과 같다.

- 4월 초 기초재공품은 없었다.
- 4월중 1공정에서 넘어온 10,000단위가 생산에 투입되어 그중 8,000단위는 완성되어 제품(완제품)이 되었으며, 나머지 2,000단위는 기말재공품으로 남아 있다.
- 4월중 1공정에서 넘어온 10,000단위의 전공정비는 ₩48,000이다.
- 원재료는 공정 초에 투입되며, 가공비는 전공정에 걸쳐 균등하게 발생된다.
- 기말재공품재고는 가공비가 40% 진척된 상태에 있다.
- 4월중에 2공정에서 발생된 원가요소별 원가는 다음과 같다
  재료비 ₩16,000 가공비 ₩22,880

앞선 공정에서 다음 공정으로 대체하는 물량을 차공정대체라 하고 그 원가를 차공정대체원가 또는 차공정비라 한다. 다음 공정 입장에서는 대체되어 온 물량은 전공정대체라 하고, 그 원가는 전공정대체원가 또는 전공정비라 한다.

전공정대체(transferred-in)는 해당 공정에서는 원재료의 일종으로 간주된다. 단지 외부에서 구입한 원재료가 아니라 기업 내부의 앞선 공정에서 넘어온 원재료로 생각하면 된다. 전공정대체의 경우 제품원가요소를 분리할 때 제조원가보고서에는 재료비, 가공비 이외에 전공정비를 별도로 두고 재료비보다 앞에 두는 것이 일반적이다. 전공정대체는 공정의 성격상 해당 공정 초에 투입되는 것이 보통이다. 왜냐하면 앞선 공정에서 물량이 대체되어 오면 이를 해당 공정에서 추가가공을 하기 때문이다. 따라서 완성품환산량을 구할 때 특별한 가정이 없는 한 전공정비는 공정 초에 전량 투입되는 재료와 같은 방식으로 산정하면 된다.

(1) 2공정의 제조원가보고서

태진사 2공정 4월의 제조원가보고서를 작성하면 **표 4-2**와 같다.

우선 물량의 흐름과 완성품환산량 부분을 살펴보자. 2공정은 공정의 성격상 1공정에서 이전되어온 물량을 가지고 작업을 해야 하기 때문에 당기투입물량은 전공정대체 물량인 10,000단위가 된다. 또한 이미 설명한 바와 같이 2공정의 경우 앞선 공정이 있기 때문에 완성품환산량 계산시 제품원가요소를 나눌 때 재료비와 가공비 이외에 별도로 전공정비 난을 둔다. 이미 앞에서도 설명하였지만 전공정비는 해당 공정 초에 전량 투입되므로 전공정비의 완성품환산량은 공정 초에 전량 투입되는 재료비와 동일하다. 위 사례에서 2공정에서 재료비가 공정 초에 투입되고 있으므로 전공정비와 재료비의 완성품환산량이 동일하게 산정되

표 4-2 태진사 2공정의 제조원가보고서

제조원가보고서

태진사 2공정 — 2011년 4월

물량흐름과 완성품환산량:

	물 량		완성품환산량 전공정비	재료비	가공비
기초재공품	0				
당기투입량	10,000				
계	10,000				
당기완성	8,000		8,000	8,000	8,000
기말재공품	2,000	(0.4)	2,000	2,000	800
계	10,000		10,000	10,000	8,800

총투입원가와 완성품환산량 단위원가:

	전공정비	재료비	가공비	총원가
기초재공품	0	0	0	0
당기투입	48,000	16,000	22,880	86,880
총투입원가	48,000	16,000	22,880	86,880
완성품환산량	÷10,000	÷10,000	÷8,800	
완성품환산량 단위원가	4.8	1.6	2.6	

완성품원가와 기말재공품원가:

완성품	$8{,}000\times4.8+8{,}000\times1.6+8{,}000\times2.6$	= 72,000
기말재공품	$2{,}000\times4.8+2{,}000\times1.6+800\times2.6$	= 14,880
총배부원가		86,880

었다. 만약 재료비가 공정 말에 투입된다면 둘의 완성품환산량은 다를 것이다.

총투입원가와 완성품환산량 단위원가 부분을 보면 당기투입 전공정비는 1공정에서 차공정비로 기록한 ₩48,000을 그대로 사용한 것이다. 앞선 공정에서 다음 공정으로 물량이 이전되면 그에 해당하는 원가도 이전됨을 알 수 있다.

완성품과 기말재공품 원가의 구체적인 내역은 다음과 같다.

	전공정비	재 료 비	가 공 비	합 계
완 성 품	8,000×4.8	8,000×1.6	8,000×2.6	72,000
기말재공품	2,000×4.8	2,000×1.6	800×2.6	14,880

완성품 원가의 경우에는 다음과 같이 구할 수도 있다.

완성품 원가: 8,000단위×(4.8+1.6+2.6)=₩72,000

(2) **회계처리**

2공정에서 4월중에 발생한 거래와 앞서 작성한 1공정의 제조원가보고서를 토대로 분개를 한 후 관련 재공품 계정을 사용하여 종합원가계산에서의 원가흐름을 파악해 보기로 하자.

1공정에서 생산완료시 행한 회계처리는 다음 ③과 같았으며, 그 이하 ④와 ⑤는 2공정에서 발생한 원가에 대한 분개이고, ⑥은 2공정 완성품에 대한 분개이다.

③ 1공정 완성품의 대체

(차) 재공품-2공정	48,000	(대) 재공품-1공정	48,000

④ 2공정 재료비의 투입

(차) 재공품-2공정	16,000	(대) 원재료	16,000

⑤ 2공정 가공비의 발생

(차) 재공품-2공정	22,880	(대) 현금, 제조간접비 등	22,880

⑥ 2공정 생산의 완료(4월 말)

(차) 제 품	72,000	(대) 재공품-2공정	72,000

태진사는 2공정까지 있기 때문에 2공정의 완성품은 최종 완성품, 즉 제품(완제품)이 된다. 위 분개를 반영하여 2공정 원가의 흐름을 다음과 같이 계정으로 나타

낼 수 있다.

태진사 2공정 4월의 원가흐름

재공품-1공정

차변		대변	
		③ 차공정비	48,000

재공품-2공정

차변		대변	
기초	0	⑥ 제품	72,000
③ 전공정비	48,000		
④ 재료비	16,000		
⑤ 가공비	22,880	기말	14,880
	86,880		86,880

제품

차변		대변	
⑥ 당기	72,000		

4 기초재공품재고가 있는 경우

종합원가계산에서 기초재공품재고가 존재하는 경우에는 원가흐름가정을 먼저 결정하여야 그에 따른 원가계산이 가능하다. 종합원가계산은 동종의 제품을 대량·연속·반복 생산하는 환경에서 적용하는 원가계산방법이므로 실제 물량흐름은 선입선출법을 따르겠지만 간편한 원가를 계산을 위하여 원가흐름을 가정한다. 제조기업 재고원가계산에 사용하는 가장 보편적인 원가흐름가정은 가중평균법과 선입선출법이다. 아래의 자료를 기초로 이에 대해 자세히 설명하고자 한다.

자료3

서강사가 생산하는 제품 X는 두 가지 공정을 걸쳐서 완성품이 된다. 2011년 7월 중 1공정에서 발생된 활동 및 관련원가 자료는 다음과 같다.

- 7월 초 기초재공품재고는 1,000단위이며, 가공비 완성도는 70%이다.
- 7월중 생산에 착수한 물량은 11,000단위인데 7월 말까지 10,000단위는 완성되어 2공정으로 대체되었고, 나머지 2,000단위는 기말재공품재고로 남아 있다.
- 원재료는 공정초에 투입되며 가공비는 전공정에 걸쳐 균등하게 발생된다.
- 기말재공품재고는 가공비가 50% 진척된 상태에 있다.
- 원가요소별 원가는 다음과 같다.

	재 료 비	가 공 비
기초재공품원가	₩1,800	₩2,500
당기투입원가	13,200	20,600

(1) 가중평균법

가중평균법(weighted-average method)에서는 전기투입(기초재공품)과 당기투입을 구분하지 않고 모두 합하여 총체적으로 완성품환산량 단위원가를 산출하여, 이렇게 산출된 가중평균 개념의 완성품환산량 단위원가를 기준으로 완성품과 기말재공품에 총원가를 배분시킨다. 따라서 원가계산에 있어서는 마치 기초재공품의 경우에도 당기에 투입한 것처럼 당기투입과 합하여 계산하면 된다. 가중평균법에 의하여 원가배분하는 것을 재공품계정에서 간단히 나타내면 다음과 같다.

재 공 품

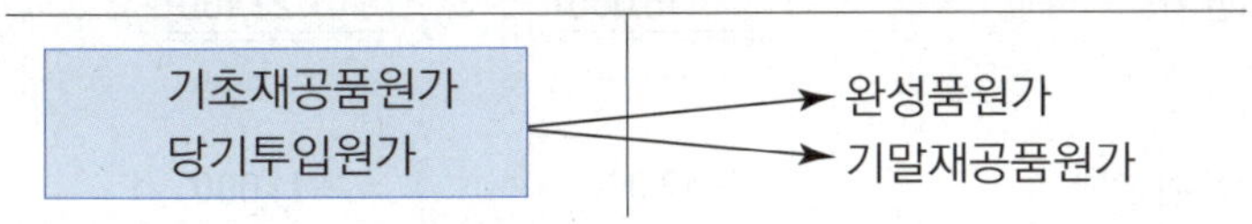

가중평균법에 의해 서강사 1공정 7월의 제조원가보고서를 작성하기 위한 절차를 차례로 밟아 보도록 하자.

① **물량흐름과 총완성품환산량** 주어진 자료를 이용하여 물량흐름을 파악하고 총완성품환산량을 계산하면 다음과 같다. 여기서 총완성품환산량이란 전기투입과 당기투입 모두를 합한 것이다.

1단계	재공품(수량)				2단계 총완성품환산량 재료비	가공비
기초재공품수량	1,000	완성품수량	10,000		10,000	10,000
당기투입량	11,000	기말재공품수량	2,000	(0.5)	2,000	1,000
총투입량	12,000	총산출량	12,000		12,000	11,000

먼저 물량흐름을 살펴보면, 기초재공품 1,000단위, 당기투입 11,000단위, 기말재공품 2,000단위는 주어진 자료이지만 당기완성은 주어지지 않았다. 총투입량과 총산출량은 같아야 하므로 총투입량(기초재공품+당기투입) 12,000단위에서 기말재공품 2,000단위를 차감해서 당기완성 10,000단위를 구할 수 있다.

그 다음 완성품환산량을 살펴보기로 하자. 가중평균법에서는 이미 설명한 바와 같이 기초재공품이냐 당기투입이냐를 구분하지 않는다. 따라서 기초재공품의 완성도는 별도로 고려할 필요 없으며, 기초재공품도 모두 당기에 투입한 것처럼 간주하여 완성품환산량을 산정한다. 즉, 당기에 12,000단위가 투입되어 그중에서 10,000단위는 완성되고 2,000단위는 기말재공품으로 남은 것으로 생각하여 완성품환산량을 산정하면 된다.

② **총투입원가와 총완성품환산량 단위원가** 주어진 자료를 이용해서 총투입원가와 총완성품환산량 단위원가를 산정하면 다음과 같다.

3단계	재료비	가공비	총원가
기초재공품	1,800	2,500	4,300
당기투입	13,200	20,600	33,800
총투입원가	15,000	23,100	38,100

4단계	재료비	가공비
총완성품환산량	÷12,000	÷11,000
총완성품환산량 단위원가	1.25	2.1

위에서 완성품환산량을 구할 때 총체적으로 구했던 것과 같은 이치로 투입원가도 기초재공품과 당기투입 모두 합하여 총체적으로 구해서 총투입원가를 총완성품환산량으로 나누면, 가중평균법에서 사용되는 총완성품환산량 단위원가를 산정할 수 있다.

③ **완성품원가와 기말재공품원가** 이전단계에서 산출된 제품원가요소별 완성품환산량과 총완성품환산량 단위원가를 이용해서 완성품원가와 기말재공품원가를 산정하면 다음과 같다.

5단계

완성품원가와 기말재공품원가:

완성품	$10{,}000 \times 1.25 + 10{,}000 \times 2.1$	=	33,500
기말재공품	$20{,}000 \times 1.25 + 1{,}000 \times 2.1$	=	4,600
총배부원가			38,100

완성품과 기말재공품 원가의 구체적인 내역은 다음과 같다.

	재료비	가공비	합계
완성품	$10{,}000 \times 1.25 = 12{,}500$	$10{,}000 \times 2.1 = 21{,}000$	33,500
기말재공품	$2{,}000 \times 1.25 = 2{,}500$	$1{,}000 \times 2.1 = 2{,}100$	4,600

완성품 원가의 경우에는 다음과 같이 구할 수도 있다.

표 4-3 서강사 1공정의 제조원가보고서: 가중평균법

제조원가보고서

서강사 1공정 — 2011년 7월

물량흐름과 총완성품환산량:

	물 량		총완성품환산량 재료비	총완성품환산량 가공비
기초재공품	1,000	(0.7)		
당기투입량	11,000			
계	12,000			
당기완성	10,000		10,000	10,000
기말재공품	2,000	(0.5)	2,000	1,000
계	12,000		12,000	11,000

총투입원가와 총완성품환산량 단위원가:

	재료비	가공비	총원가
기초재공품	1,800	2,500	4,300
당기투입	13,200	20,600	33,800
총투입원가	15,000	23,100	38,100
총완성품환산량	÷12,000	÷11,000	
총완성품환산량 단위원가	1.25	2.1	

완성품원가와 기말재공품원가:

완성품	$10{,}000 \times 1.25 + 10{,}000 \times 2.1 =$	33,500
기말재공품	$20{,}000 \times 1.25 + 1{,}000 \times 2.1 =$	4,600
총배부원가		38,100

$$\text{완성품 원가: } 10{,}000\text{단위} \times (1.25 + 2.1) = ₩33{,}500$$

앞에서 가중평균법에 의해 제품원가요소별 총완성품환산량 단위원가를 기준으로 완성품과 기말재공품에 발생된 원가를 배부하였다. 이상에서 단계별로 나타낸 것을 종합하여 **표 4-3**과 같은 제조원가보고서를 작성할 수 있다.

(2) 선입선출법

선입선출법(first-in first-out method)에서는 전기투입(기초재공품)과 당기투입을 구분해서, 선입선출의 가정에 따라 전기투입(기초재공품)은 당기에 완성된 것으로 간주하여 기초재공품재고의 원가는 모두 완성품에 배부한다. 그리고 당기발생원가에 대해서는 당기완성품환산량 단위원가를 산출해서 이를 기준으로 완성

품과 기말재공품에 배부한다. 따라서 선입선출법에 의한 원가계산에서는 기초재공품을 제외한 당기완성품환산량 단위원가를 산정해야 한다. 당기완성품환산량 단위원가는 제품원가요소별로 당기발생원가를 당기완성품환산량으로 나누어서 산출된다. 선입선출법에 의하여 원가배분하는 것을 재공품 계정에서 간단히 나타내면 다음과 같다.

선입선출법에 의해 서강사 1공정 7월의 제조원가보고서를 작성하기 위한 절차를 차례로 밟아 보도록 하자.

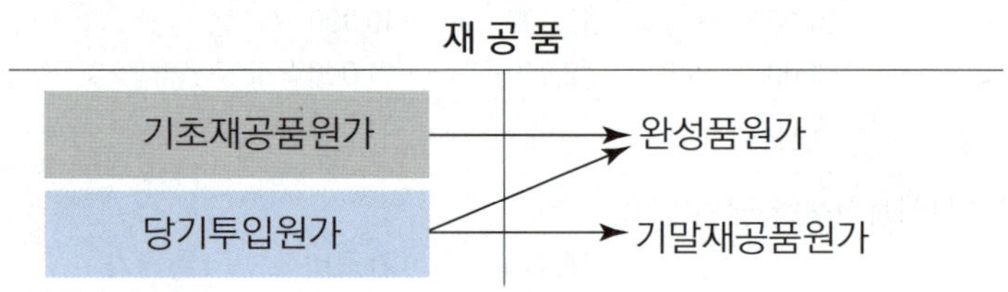

① **물량흐름과 당기완성품환산량** 먼저 주어진 자료를 이용해서 물량흐름을 파악하고 당기완성품환산량을 계산하면 다음과 같다. 여기서 당기완성품환산량이란 기초재공품에 대하여 전기에 진척된 부분을 제외한 순수한 당기작업분만을 의미한다.

1단계	재공품(수량)					2단계 당기완성품환산량	
						재료비	가공비
기초재공품수량	1,000	(0.7)	기초재공완성	1,000		0	300
			당기투입완성	9,000		9,000	9,000
당기투입량	11,000		기말재공품수량	2,000	(0.5)	2,000	1,000
총투입량	12,000		총산출량	12,000		11,000	10,300

선입선출법에서는 기초재공품이 먼저 완성되어 완성품을 구성한다고 가정한다. 따라서 기초재공품에 대하여 전기에 투입된 원가는 무조건 완성품원가를 먼저 구성한다. 그러므로 선입선출법의 핵심은 당기투입원가를 당기완성품환산량을 기준으로 당기 작업량(기초재공품중 당기 작업분+당기투입량 중 완성분+당기투입량 중 기말재공품)에 배분하는 것이다.

물량흐름을 파악할 때는 기초재공품완성분과 당기투입완성분을 구분하며, 완성품환산량을 구할 때는 당기 작업한 것만 산정한다. 이는 우리의 관심사는 당기투입원가를 당기완성품환산량을 기준으로 배분하는 것이기 때문이다.

선입선출법에서는 완성품환산량 산정이 매우 중요하다. 재료비는 공정 초에 전량 투입된다. 따라서 기초재공완성 1,000단위에 대해서는 이미 전기에 100% 투입되어 당기에 투입한 것이 전혀 없기 때문에 이에 대한 당기완성품환산량은 0이다. 당기투입완성 9,000단위에 대해서는 당기에 100% 투입되었으므로 당기완성품환산량은 9,000단위이다. 기말재공품 2,000단위에 대해서도 당기에 100% 투입되었다. 기말재공품의 경우 아직 완성되지는 않았지만 재료비만 보면 공정 초에 이미 재료비가 100% 투입되었기 때문이다.

가공비는 전공정에 걸쳐서 균등하게 투입된다. 따라서 기초재공완성 1,000단위에 대해서 전기에 70% 투입되었고 당기에 나머지 30%가 투입되어 완성되었으므로 이에 대한 당기완성품환산량은 300단위이다. 당기착수완성 9,000단위에 대해서는 당기에 100% 투입되었으므로 당기완성품환산량은 9,000단위이다. 기말재공품 2,000단위에 대해서는 당기에 50% 투입되었으므로 이에 대한 당기완성품환산량은 1,000단위이다.

참고로 선입선출법을 적용하는 경우 다음과 같은 방법으로 당기완성품환산량을 산정할 수도 있다.

1단계	재공품(수량)				2단계 당기완성품환산량	
					재료비	가공비
기초재공품수량	1,000 (0.7)	완성품수량	10,000		10,000	10,000
당기투입량	11,000	기말재공품수량	2,000	(0.5)	2,000	1,000
총투입량	12,000	총산출량	12,000		(1,000)	(700)
					11,000	10,300

이 방법은 가중평균법과 동일하게 물량흐름을 파악하고 총완성품환산량을 구한 후에 기초재공품에 대하여 전기에 작업한 부분을 차감하여 당기완성품환산량을 산정한 것이다. 이를 통하여 기초재공품에 대하여 전기에 작업한 것만큼 가중평균법에 의한 완성품환산량과 선입선출법에 의한 완성품환산량에 차이가 난다는 것을 알 수 있다.

② **당기투입원가와 당기완성품환산량 단위원가** 주어진 자료를 이용해서 당기투입원가와 당기완성품환산량 단위원가를 산정하면 다음과 같다.

3단계	재료비	가공비	총원가
기초재공품	1,800	2,500	4,300
당기투입	13,200	20,600	33,800
총투입원가	15,000	23,100	38,100

4단계		
당기투입원가	13,200	20,600
당기완성품환산량	÷11,000	÷10,300
당기완성품환산량 단위원가	1.2	2

여기서 총투입원가에 대한 자료는 물론 가중평균법에서와 같다. 단, 선입선출법에서는 원가흐름가정에 따라서 기초재공품원가 ₩4,300은 전액 완성품에 할당된다. 따라서 선입선출법에서의 관심은 당기투입원가를 완성품과 기말재공품에 어떻게 배분하느냐에 있다. 이를 위해 먼저 제품원가요소별로 당기투입액을 당기완성품환산량으로 나누어 당기완성품환산량 단위원가를 구한다.

선입선출법에 의한 원가요소별 당기완성품환산량 단위원가는 재료비 ₩1.2, 가공비 ₩2이다. 이 금액은 가중평균법에 의한 총완성품환산량 단위원가(₩1.25과 ₩2.1)에 비하여 조금 낮은 편인데 이는 전기보다 당기에 완성품환산량 단위원가가 적게 발생했다는 의미이다.

③ **완성품원가와 기말재공품원가**　이전 단계에서 산출된 제품원가요소별 당기완성품환산량과 당기완성품환산량 단위원가를 이용해서 당기투입원가를 완성품과 기말재공품에 배분하고 기초재공품원가는 전액 완성품에 배분하여 완성품원가와 기말재공품원가를 산정하면 다음와 같다.

5단계

완성품원가와 기말재공품원가:

완성품(차공정대체)	4,300 + 9,000 × 1.2 + 9,300 × 2	=	33,700
기말재공품	2,000 × 1.2 + 1,000 × 2	=	4,400
총배부원가			38,100

완성품과 기말재공품 원가의 구체적인 내역은 다음과 같다.

	기초재공원가	재 료 비	가 공 비	합　계	
기초재공완성품	4,300	0 × 1.2	300 × 2	4,900	33,700
당기투입완성품	0	9,000 × 1.2	9,000 × 2	28,800	
기말재공품	0	2,000 × 1.2	1,000 × 2	4,400	

선입선출법의 가정에 의해 기초재공품원가 ₩4,300은 전액 완성품원가에 포함되었다. 그리고 기초재공품을 당기에 완성시키기 위해 투입된 원가는 '0×1.2+300×2'이고, 당기투입분을 당기에 완성시키기 위해 투입된 원가는 '9,000×1.2+9,000×2'이다. 이를 합하면 '9,000×1.2+9,300×2'된다.

이상에서 단계별로 나타낸 것을 종합하여 **표 4-4**와 같은 제조원가보고서를 작성할 수 있다.

표 4-4 서강사 1공정의 제조원가보고서: 선입선출법

제조원가보고서

서강사 1공정 — 2011년 7월

물량흐름과 당기완성품환산량:

	물 량		당기완성품환산량 재료비	가공비
기초재공품	1,000	(0.7)		
당기투입량	11,000			
계	12,000			
기초재공완성	1,000		0	300
당기투입완성	9,000		9,000	9,000
기말재공품	2,000	(0.5)	2,000	1,000
계	12,000		11,000	10,300

당기투입원가와 당기완성품환산량 단위원가:

	재료비	가공비	총원가
기초재공품	1,800	2,500	4,300
당기투입	13,200	20,600	33,800
총투입원가	15,000	23,100	38,100
당기투입원가	13,200	20,600	
당기완성품환산량	÷11,000	÷10,300	
당기완성품환산량 단위원가	1.2	2.0	

완성품원가와 기말재공품원가:

완성품(차공정대체)	4,300+9,000×1.2+9,300×2	=	33,700
기말재공품	2,000×1.2+1,000×2	=	4,400
총배부원가			38,100

(3) 가중평균법과 선입선출법의 비교

기초재공품재고가 있는 경우에 가중평균법 또는 선입선출법에 의한 원가흐름을 가정하고 종합원가계산을 할 수 있다. 두 방법을 비교하면 다음과 같다.

구 분	가중평균법	선입선출법
기본가정	· 기초재공품도 당기 중에 투입되었다고 가정한다.	· 진기발생원가는 전기 작업분에, 당기발생원가는 당기분에 투입된다고 가정한다.
물량흐름 파악	· 기초재공품수량 + 당기투입량 = 완성품수량 + 기말재공품수량	· 기초재공품수량 + 당기투입량 = 기초재공품수량 + 당기투입완성품수량 + 기말재공품수량
완성품 환산량	· **총**완성품환산량 = 당기까지의 작업분 = 완성품수량 + (기말재공품수량 × 기말재공품완성도)	· **당기**완성품환산량 = 당기 중의 작업분 = 기초재공품수량 × (1 − 기초재공품완성도) + 당기투입완성품수량 + (기말재공품수량 × 기말재공품완성도)
원가요약	· 기초재공품원가 + 당기투입원가 = **총원가**	· 기초재공품원가 + **당기투입원가** = 총원가
완성품 환산량 단가	· $\frac{\textbf{총}\text{원가}}{\textbf{총}\text{완성품환산량}}$	· $\frac{\textbf{당기}\text{투입원가}}{\textbf{당기}\text{완성품환산량}}$
완성품 원가	· 완성품수량×Σ(원가요소별 완성품환산량 단가)	· 기초재공품원가 + 기초재공품을 완성시키기 위하여 당기 중 투입한 원가 + 당기투입완성품원가
기말 재공품 원가	· Σ(기말재공품의 원가요소별 완성품환산량 × 원가요소별 완성품환산량 단가)	· Σ(기말재공품의 원가요소별 완성품환산량 × 원가요소별 완성품환산량 단가)
장 점	· 전기와 당기를 구분하지 않으므로 계산이 간편함	· 전기와 당기를 구분하므로 관리통제와 성과평가에 유용함

제3절 종합예제

(주)화서는 제품 W를 생산하는데, 제품 W는 두 가지 공정을 거쳐 완제품이 된다. 2011년 4월 중 2공정에서 발생된 활동 및 관련 원가자료는 다음과 같다.

- 4월 초 기초재공품재고는 4,000단위이다.
- 2공정에서 원재료는 공정말에 투입되며, 가공비는 전공정에 걸쳐 균등하게 발생한다.
- 기초재공품재고는 가공비가 25% 진척된 상태에 있었다.
- 4월 중 1공정에서 대체된 8,000단위의 전공정비는 ₩40,000이다.
- 기말재공품재고는 2,000단위가 남아 있는데, 가공비는 75% 진척된 상태에 있었다.
- 원가요소별 원가는 다음과 같다.

	전공정비	재료비	가공비
기초재공품원가	₩19,520	₩0	₩3,180
당월투입원가	40,000	30,400	38,220

요구사항

다음 각각의 방법으로 제품 W에 대하여 2011년 4월 2공정의 제조원가보고서를 작성하고, 2공정 재공품계정과 관련된 분개를 제시하시오.

1. 가중평균법

2. 선입선출법

해 답

1.

제조원가보고서

(주)화서 2공정 2011년 4월

물량흐름과 총완성품환산량:

	물량		총완성품환산량 전공정비	재료비	가공비
기초재공품	4,000	(0.25)			
당기투입량	8,000				
계	12,000				
당기완성	10,000		10,000	10,000	10,000
기말재공품	2,000	(0.75)	2,000	0	1,500
계	12,000		12,000	10,000	11,500

총투입원가와 총완성품환산량 단위원가:

	전공정비	재료비	가공비	총원가
기초재공품	19,520	0	3,180	22,700
당기투입	40,000	30,400	38,220	108,620
총투입원가	59,520	30,400	41,400	131,320
총완성품환산량	÷12,000	÷10,000	÷11,500	
총완성품환산량 단위원가	4.96	3.04	3.60	

완성품원가와 기말재공품원가:

완성품	10,000 × 4.96 + 10,000 × 3.04 + 10,000 × 3.6	=	116,000
기말재공품	2,000 × 4.96 + 0 × 3.04 + 1,500 × 3.6	=	15,320
총배부원가			131,320

(차) 재공품-2공정	40,000	(대) 재공품-1공정	40,000
(차) 재공품-2공정	30,400	(대) 재료비	30,400
(차) 재공품-2공정	38,220	(대) 가공비	38,220
(차) 제　품	116,000	(대) 재공품-2공정	116,000

완성품과 기말재공품 원가의 구체적인 내역은 다음과 같다.

	전공정비	재 료 비	가 공 비	합　계
완성품	10,000 × 4.96	10,000 × 3.04	10,000 × 3.6	116,000
기말재공품	2,000 × 4.96	0 × 3.04	1,500 × 3.6	15,320

완성품 원가는 다음과 같이 구할 수도 있다.

완성품 원가: 10,000단위 × (4.96 + 3.04 + 3.6) = ₩116.000

2.

제조원가보고서

(주)화서 2공정 2011년 4월

물량흐름과 당기완성품환산량:

	물량		당기완성품환산량		
			전공정비	재료비	가공비
기초재공품	4,000	(0.25)			
당기투입량	8,000				
계	12,000				
기초재공완성	4,000		0	4,000	3,000
당기투입완성	6,000		6,000	6,000	6,000
기말재공품	2,000	(0.75)	2,000	0	1,500
계	12,000		8,000	10,000	10,500

당기투입원가와 당기완성품환산량 단위원가:

	전공정비	재료비	가공비	총원가
기초재공품	19,520	0	3,180	22,700
당기투입	40,000	30,400	38,220	108,620
총투입원가	59,520	30,400	41,400	131,320
당기투입원가	40,000	30,400	38,220	
당기완성품환산량	÷ 8,000	÷ 10,000	÷ 10,500	
당기완성품환산량 단위원가	5.0	3.04	3.64	

완성품원가와 기말재공품원가:

완성품	22,700 + 6,000 × 5 + 10,000 × 3.04 + 9,000 × 3.64 =	115,860
기말재공품	2,000 × 5 + 0 × 3.04 + 1,500 × 3.64	15,460
총원가		131,320

(차) 재공품-2공정	40,000	(대) 재공품-1공정	40,000
(차) 재공품-2공정	30,400	(대) 재료비	30,400
(차) 재공품-2공정	38,220	(대) 가공비	38,200
(차) 제　품	115,860	(대) 재공품-2공정	115,860

완성품과 기말재공품 원가의 구체적인 내역은 다음과 같다.

	기초재공원가	전공정비	재료비	가공비	합　계	
기초재공완성품	22,700	0 × 5	4,000 × 3.04	3,000 × 3.64	45,780	115,860
당기투입완성품	0	6,000 × 5	6,000 × 3.04	6,000 × 3.64	70,080	
기말재공품	0	2,000 × 5	0 × 3.04	1,500 × 3.64	15,460	

연습문제

문 1 완성품환산량

사례 1 ‖ 서강회사는 단일의 제품을 대량·연속·반복 생산하고 있다. 원재료 A는 공정 시점에서 투입되고, 원재료 B는 가공비 완성도 80% 시점에 투입되며, 가공비는 전공정에 걸쳐 균등하게 발생한다. 수량과 진척도 관련 자료는 다음과 같으며, 진척도는 가공비의 진척도를 의미한다.

	수 량	진척도		수 량	진척도
월초재공품	150	40%	완성품	1,100	100%
당월투입	1,200	–	기말재공품	250	60%

가중평균법에 의한 완성품환산량과 선입선출법에 의한 완성품환산량을 각각 구하시오.

사례 2 ‖ 동강회사는 음료를 생산하고 있으며, 4개의 원재료가 공정진척도에 따라 각각 다른 시점에서 투입되고 있다. 당월에 150,000병의 음료수를 생산하였으며, 30,000병이 월말재공품(가공비 진척도 60%)으로 남아 있다. 기초재공품은 20,000병이며 가공비 진척도는 40%이다. 원재료 투입방법은 다음과 같으며, 가공비는 전공정에 걸쳐 균등하게 발생한다.

- 원재료 A: 공정초에 투입
- 원재료 B: 진척도 50% 시점에 투입
- 원재료 C: 공정종점에 투입
- 원재료 D: 전공정에 걸쳐 균등하게 투입

가중평균법에 의한 완성품환산량과 선입선출법에 의한 완성품환산량을 각각 구하시오.

문 2 연속되는 제조공정: 가중평균법

신촌(주)는 연속되는 두 개의 제조공정을 거쳐 전자제품을 생산하고 있다. 두 번째 제조공정인 B공정에서는 공정의 60% 시점에서 원재료 X를 전량 투입하고 있으며, B공정의 가공비는 전공정을 걸쳐서 균등하게 발생한다. 20×7년 3월중 B공정에 대한 생산 및 원가자료는 다음과 같으며, 제시된 완성도는 가공비 완성도를 의미한다.

기초재공품:		기말재공품:	
수　　량	2,000개	수　　량	3,000개
전공정비	₩12,500	완 성 도	50%
직접재료비	20,000		
가 공 비	16,150		
완 성 도	70%		
당기생산 및 발생원가:			
착 수 량	15,000		
전공정비	₩157,500		
재 료 비	120,000		
가 공 비	84,600		

요구사항

1. 가중평균법을 이용하여 20×7년 3월 B공정의 제조원가보고서를 작성하시오.
2. 선입선출법을 이용하여 20×7년 3월 B공정의 제조원가보고서를 작성하시오.

문 3 가중평균법

서강회사는 두 개의 제조공정 X, Y를 통해 제품을 생산하고 있다. 재료는 X공정 초에 일부 투입되고 Y공정의 70% 시점에서 나머지가 투입되며, 가공비는 전공정에 걸쳐 균등하게 투입된다. 서강회사는 20×7년 2월에 X공정에 2,200개분을 투입하였는데, 이 중 1,350개가 완성되었다. 서강회사의 2월의 X공정원가는 다음과 같다.

Y공정으로 대체된 X공정 완성품원가	₩7,830
X공정 기말재공품	800

2월의 Y공정에 대한 자료는 다음과 같다. 단, 괄호 안의 완성도는 가공비 완성도이다.

기초재공품		500개(완성도, 40%)
기말재공품		250개(완성도, 40%)
2월에 완성된 제품	1,600개	
기초재공품의 원가:		
가공비	₩5,200	
전공정비	3,270	
2월중에 발생한 총원가:		
직접재료비	₩11,200	
가공비	8,400	

요구사항

가중평균법을 사용하여 Y공정의 다음을 구하시오.

1. 전공정비에 대한 완성품환산량 단위원가
2. 직접재료비에 대한 완성품환산량 단위원가
3. 가공비에 대한 완성품환산량 단위원가

문 4 선입선출법

서강회사는 두 개의 제조공정 X, Y를 통해 제품을 생산하고 있다. 재료는 X공정초에 일부 투입되고 Y공정의 70% 시점에 나머지가 투입되며, 가공비는 전공정에 걸쳐 균등하게 투입된다. 서강회사는 20×7년 2월에 X공정에 2,200개분을 투입하였는데, 이중 1,350개가 완성되었다. 서강회사의 2월의 X공정 원가는 다음과 같다.

Y공정으로 대체된 X공정 완성품원가	₩7,830
X공정 기말재공품	800

2월의 Y공정에 대한 자료는 다음과 같다. 단, 괄호 안의 완성도는 가공비 완성도이다.

기초재공품		500개(완성도, 40%)
기말재공품		250개(완성도, 40%)
2월에 완성된 제품	1,600개	
기초재공품의 원가:		
가공원가	₩5,200	
전공정원가	3,270	
2월중에 발생한 총원가:		
직접재료원가	₩11,200	
가공원가	8,400	

요구사항

선입선출법을 사용하여 Y공정의 다음을 계산하시오.

1. 전공정원가에 대한 완성품환산량 단위원가
2. 직접재료비원가에 대한 완성품환산량 단위원가
3. 가공원가에 대한 완성품환산량 단위원가
4. 기말재공품 총원가
5. 완성품의 총원가

문 5 종합원가계산: 평균법과 선입선출법의 비교

서강제조회사는 제작공정과 마무리공정을 통하여 특수열쇠를 제조하는 회사이다. 공장장은 최근에 마무리 공정의 제조원가보고서를 제출받고 보고결과에 놀라서 원가담당과장에게 다음과 같이 말하면서 원인규명을 요구하였다.

"생산공정이나 제조원가보고서에 문제가 있는 것 같은데 이해를 못하겠단 말야. 전월의 재고자산이 특히 이상해. 나는 제품 단위원가가 이렇게 높은지 이해할 수 없네. 이래선 타사와 경쟁할 수 없어."

원가담당과장은 공장장에게 제조원가보고서를 검토·보고하겠다고 하며, 아마도 제품단위원가가 상승한 이유는 원재료 단가가 급격히 상승하였기 때문인 것이라고 보고했다. 전월(10월)에 보고된 제조원가보고서는 다음과 같다.

마무리 공정의 제조원가보고서

월초재공품원가(12,000개, 가공비 60% 진척도)		
전공정비	₩25,200,000	
재료비	12,000,000	
가공비	28,944,000	₩66,144,000
당월투입 전공정비(118,000개)		247,800,000
당월 재료비(전체 공정의 50% 시점에서 투입)		129,600,000
당월 가공비		469,536,000
총생산원가		₩913,080,000
완성품 수량		120,000개
완성품 단위원가		₩7,609
월말재공품 수량(가공비 40% 진척도)		10,000개

요구사항

1. 평균법에 의하여 마무리 공정의 수정된 제조원가보고서를 작성하시오.
2. 선입선출법에 의하여 마무리 공정의 수정된 제조원가보고서를 작성하시오.
3. 10월 동안 전월대비 원재료비의 증가액은 얼마인가? 단, 9월 이전의 재고자산관련 단위당 원재료비는 변동이 없다고 가정하시오.
4. 평균법과 선입선출법의 주장근거를 설명하고, 원재료비의 증가를 잘 나타낼 수 있는 방법은 무엇인가?

문 6 오류수정 및 분개

당신은 디지털시계를 생산하는 신촌(주)의 2011년 12월 31일 재무제표 감사를 위해 고용되었다. 당신은 매출원가와 기말재공품 및 제품재고액에 대한 검증을 실시하고 있다. 신촌(주)의 장부상 자료는 다음과 같다.

	단 위	원 가
매출원가	700,000	₩3,525,240
재공품(가공비 50% 완성)	300,000	660,960
제품재고액	200,000	1,009,800

원재료는 제조공정의 초기에 투입되며, 제조간접비는 직접노무비의 60%가 각 제품에 배부된다. 기초제품재고는 없었으며, 다음과 같은 자료를 추가로 발견하였다.

		원 가	
	단 위	재료비	직접노무비
기초재공품(가공비 80% 완성)	200,000	₩200,000	₩315,000
당기투입단위	1,000,000		
당기투입원가		1,300,000	1,995,000
당기완성품	900,000		

요구사항

1. 가중평균법을 적용하여 2011년의 제조원가보고서를 작성하시오.
2. 적절한 기말제품재고액은 얼마인가?
3. 장부가 마감되지 않았다고 가정하고 오류를 수정하기 위한 분개를 하시오.

문 7 종합원가계산과 손익계산서

(주)태진은 생산부와 영업부로 구분되어 있으며, 생산부는 단일공정에서 원재료를 투입하여 가공작업을 거쳐 제품을 생산하며, 영업부는 생산된 제품을 판매하고 있다.

[7월 1일의 재무상태]

현 금	₩12,300,000	기계장치	₩40,000,000	비 품	₩5,500,000
원 재 료	1,400,000	재 공 품	1,100,000	제 품	800,000
선급급료	240,000	소 모 품	360,000 (@8,000×100kg)		
미지급전기수도료	240,000	이익잉여금	5,690,000	자본금	55,770,000

[7월 1일부터 7월 31일까지의 거래내용]

- 원재료 ₩5,800,000을 현금으로 지급하였다.
- 급료 ₩7,160,000을 현금으로 지급하였다.
- 전기수도료 명목으로 ₩1,080,000을 현금으로 지급하였다.
- 전액 생산부에서 사용하는 기계장치의 감가상각비는 월 ₩400,000이며, 전액 영업부에서 사용하는 비품의 감가상각비는 월 ₩100,000이다.
- 7월 발생분 급료의 20%는 영업부에서, 80%는 생산부에서 부담한다.
- 7월 발생분 전기수도료의 10%는 영업부에서, 90%는 생산부에서 부담한다.
- 소모품은 전액 영업부에서 사용하며, 7월중 소모품 ₩1,500,000어치를 현금으로 구입하였다.
- 7월중 제품 1,000kg을 kg당 ₩20,000에 현금으로 매출하였다.
- 7월 31일 계정잔액은 다음과 같다.

원재료	₩480,000	선급급료	₩100,000
소모품	120,000	미지급전기수도료	360,000

[원가계산자료]

- 생산부에서는 선입선출법의 원가흐름을 가정하여 종합원가계산을 실시하고 있다.
- 기초재공품의 수량은 500㎏이며, 재료비진척도(가공도)는 60%, 가공비진척도(가공도)는 40%이다.
- 7월중 생산부에 신규로 투입된 원재료는 1,000㎏이며, 작업과정 중에 공손품, 감손품은 발생하지 않았다.
- 기말재공품의 수량은 400㎏이며 재료비진척도(가공도)는 40%, 가공비진척도(가공도)는 80%이다.
- 영업부에서도 선입선출법의 원가흐름을 가정하여 재고자산을 판매·관리하고 있다.

요구사항

1. 당기(7월 1일~7월 31일) 제조원가명세서를 작성하기 위해 다음을 구하시오.
   ① 직접재료비 금액
   ② 당기총제조원가
   ③ 기말재공품 원가
   ④ 당기제품제조원가
2. 당기(7월 1일~7월 31일) 손익계산서를 작성하기 위해 다음을 구하시오.
   ① 매출원가
   ② 당기순이익

문 8 다양한 기말재공품과 완성도 추정

㈜대한은 단일제품을 생산하며 선입선출법에 의한 종합원가계산제도를 채택하고 있다. 이 제품은 생산과정에서 두 가지 재료를 투입하는데 X재료는 공정초기에 투입하고 Y재료는 공정진척도 50%시점에서 공정에 투입하며, 가공원가는 공정전반에 걸쳐서 균등하게 발생한다. 20×1년 6월과 7월의 제품에 관련된 정보는 다음과 같다.

(1) 6월말 재공품 수량은 2,000단위이고 가공원가 완성도는 1,000단위는 90%, 500단위는 40%, 나머지 500단위는 20%이다.

(2) 6월과 7월에 착수한 수량과 완성된 수량은 다음과 같다.

	6월	7월
착수량	4,500단위	5,000단위
완성량	5,000단위	5,500단위

(3) 6월과 7월에 발생한 원가는 다음과 같다

		6월	7월
기초재공품원가		58,000	?
당월투입원가	X재료 원가	54,000	65,000
	Y재료 원가	48,000	51,000
	가공원가	1,300,000	1,430,000

요구사항

1. 6월의 가공원가 당기 완성품환산량은 5,200단위이다. 이 경우 기초재공품의 가공원가 완성도를 산정하시오.
2. 6월의 완성품원가를 산정하시오.
3. 7월의 가공원가 당기 완성품환산량이 5,200단위이다. 이 경우 기말재공품의 가공원가 완성도를 산정하시오.
4. 7월의 완성품원가를 산정하시오.

문 9 단답형 기출문제 1

1. 한국회사는 선입선출법 종합원가계산을 사용한다. 제2공정의 관련 자료는 다음과 같다.

	물량단위	가공비완성도
기초재공품수량	500단위	40%
전공정대체량	5,400	
당기완성품수량	?	
기말재공품수량	200	80%

제2공정에서 재료가 가공비완성도의 30%에서 전량 투입된다면, 재료비와 가공비의 당기작업량의 완성품환산량은 각각 얼마인가?

2. 한국회사는 종합원가계산을 사용하고 있다. 재료 중 1/2은 공정초기에 투입되고 나머지는 가공이 50% 진행된 시점부터 공정의 종점까지 공정진행에 따라 비례적으로 투입된다. 다음은 11월의 원가자료이다.

기초재공품 (가공비 완성도 60%)	1,000개
완성량	4,000개
기말재공품(가공비 완성도 20%)	2,000개

제조과정에서 공손 등은 발생하지 않는다. 선입선출법에 의할 경우 11월의 재료비 환산량은 얼마인가?

3. 대한회사는 평균법에 의한 종합원가계산을 채택하고 있다. 기초재공품이 75,000단위이고 당기착수량이 225,000단위이다. 기말재공품이 50,000단위인데 직접재료는 전량 투입되었고, 가공비완성도는 70%이다. 기초재공품에 포함된 가공비가 ₩14,000이고 당기발생 가공비가 ₩100,000이면 기말재공품에 얼마의 가공비가 배부되어야 하는가?

4. ㈜대한의 3월 제조와 관련된 자료는 다음과 같다, 가중평균법을 사용하는 경우 월말 재공품에 포함되는 가공비는 얼마인가?

월초 재공품 완성도	60%
월말 재공품 완성도	40%
월초 재공품 수량	9,200개
당월 착수량	20,000개
월말 재공품 수량	2,000개
월초 재공품 가공비	₩30,320
당월 발생 가공비	₩52,000

5. 대한회사는 선입선출법에 의한 종합원가계산을 채택하고 있다. 제품제조를 위하여 원재료 A와 원재료 B가 사용되는데 원재료 A는 공정초기에 전부 투입되고 원재료 B는 공정의 50% 시점에 전부 투입된다. 그리고 가공원가는 공정 전체를 통하여 균등하게 발생한다. 대한회사의 당기 제품제조활동과 관련한 다음의 자료를 기초로 할 때, 기말재공품의 원가는 얼마인가?

- 기초재공품의 수량은 5,000개이며 가공비완성도는 60%이다.
- 당기 완성품의 수량은 80,000개이다.
- 기말재공품의 수량은 10,000개이며 가공비완성도는 30%이다.
- 기초재공품의 원가와 당기에 발생한 원가의 현황은 다음과 같다.

	원재료 A	원재료 B	가공원가	합 계
기초재공품원가	₩850,000	₩900,000	₩400,000	₩2,150,000
당기발생원가	₩3,400,000	₩4,500,000	₩1,600,000	₩9,500,000

문 10 단답형 기출문제 2

1. ㈜만세는 가중평균법에 의한 종합원가계산을 도입하고 있다. 직접재료는 공정 초에 전량 투입되고 가공원가는 공정 전반에 걸쳐 균등하게 발생한다. 원가계산을 위해 다음과 같은 자료를 수집하였다.

● 직접재료원가의 완성품환산량	5,000단위
● 가공원가의 완성품환산량	4,400단위
● 당기완성품수량	3,500단위

위 자료를 이용하여 계산한 기말재공품의 가공원가 완성도는 얼마인가?

2. ㈜평화는 종합원가계산을 사용하고 있다. 재료 중 1/2은 공정초기에 투입되고 나머지는 가공이 50% 진행된 시점부터 공정의 종점까지 공정진행에 따라 비례적으로 투입된다. 다음은 11월의 원가자료이다.

● 기초재공품(가공원가 완성도 60%)	1,000단위
● 완성량	4,000단위
● 기말재공품(가공원가 완성도 20%)	2,000단위

제조과정에서 공손 등은 발생하지 않는다. 선입선출법에 의할 경우 11월의 재료원가 완성품환산량은 얼마인가?

3. ㈜통일의 월초재공품은 1,000단위이고 당월투입수량은 4,500단위이며, 월말재공품은 300단위이며 완성도는 30%이다. 선입선출법에 의한 완성품환산량이 4,600단위일 경우 월초재공품의 완성도는 몇 %인가?

4. ㈜정의는 종합원가계산제도를 채택하고 있으며, 원재료는 공정의 초기에 전량 투입되며, 가공원가는 공정 전반에 걸쳐서 진척도에 따라 균등하게 발생한다. 재료원가의 경우 평균법에 의한 완성품환산량은 78,000단위이고, 선입선출법에 의한 완성품환산량은 66,000단위이다. 또한 가공원가의 경우 평균법에 의한 완성품환산량은 54,400단위이고, 선입선출법에 의한 완성품환산량은 52,000단위이다. 기초재공품의 완성도는 몇 %인가?

제 5 장

공손회계

제 1 절　산출물단위의 변화

제 2 절　공손 일반사항

제 3 절　공손 추가사항

제 4 절　공손 종합예제

제 5 절　감손 회계처리

학습목표

제4장 종합원가계산에서 우리는 종합원가계산의 개념 및 기본절차를 파악하였다. 이 장에서는 종합원가계산과 관련된 보다 심층적인 주제를 설명하고자 한다. 먼저 여러 공정이 있는 경우 공정별 산출물 단위가 같지 않은 경우의 원가계산에 대해 설명할 것이다. 또한 실제 공정에서 흔히 발생하는 공손의 원가계산에 대해 설명하려 한다. 이 장을 공부하고 나면 다음 내용을 파악할 수 있어야 한다.

1. 산출물단위가 변하는 경우의 원가계산
2. 공손원가계산
3. 정상공손과 비정상공손의 차이
4. 제품원가계산시 공손품의 영향
5. 공손에 대한 회계처리

제5장 공손회계

우리는 개별원가계산과 종합원가계산의 차이점 가운데 하나가 제품원가의 축적방법임을 배웠다. 개별원가계산에서는 개별작업별로 발생된 제품원가를 누적시키지만 종합원가계산에서는 프로세스별로 발생된 제품원가를 누적시킨다. 이렇게 누적된 제품원가는 완성품환산량을 기준으로 기말재공품과 완성품에 배분되는데 완성품환산량은 제품원가요소별로 산정된다. 또한 **제4장**에서 설명한 종합원가계산은 비교적 단순한 상황에 관한 것이었다. 여기서는 종합원가계산과 관련해서 보다 복잡하고 현실적인 주제를 설명하려 한다. 이를테면, 첫째 생산부서가 둘 이상 있는 경우 각 생산부서에서 사용하는 제품단위는 같지 않을 수도 있다. 둘째 생산공정중에 여러 가지 이유로 유실이나 공손이 발생하여 총투입물량과 총산출물량은 일치하지 않는 경우가 많다. 이 장에서는 이러한 상황들이 제조원가보고서와 회계처리에 어떻게 영향을 미치는지를 알아보겠다.

제1절 산출물 단위의 변화

태진화학사는 연속된 공정을 거쳐 방향제를 생산하고 있다. 제1공정에서는 각종 화학물질이 혼합되고, 제2공정에서는 향료가 추가되고 산출물단위가 갤론

표 **5-1** 제1공정의 제조원가보고서

제조원가보고서

태진화학사 제1공정 | 20×7년 4월

물량흐름, 완성품환산량과 완성품환산량 단위원가:

	물량(갤론)	완성품환산량 직접재료비	완성품환산량 가 공 비
기초재공품	0		
당기투입	2,400		
계	2,400		
당기완성(차공정대체)	2,000	2,000	2,000
기말재공품(62.5%)	400	400	250
계	2,400	2,400	2,250
완성품환산량 단위원가		2.8	2.2

완성품원가와 기말재공품원가:

완성품	2,000 × 2.8 + 2,000 × 2.2	=	10,000
기말재공품	400 × 2.8 + 250 × 2.2	=	1,670
총배부원가			11,670

(gallon)에서 쿼트(quart)로 바뀐다. 편의상 기초재공품재고가 없다고 하자. 먼저 20×7년 4월 태진화학사 제1공정의 제조원가보고서가 **표 5-1**과 같으며, **표 5-1**의 완성품원가와 기말재공품원가는 구체적으로 다음과 같이 산정된 것이다.

	직접재료비	가공비	합 계
완 성 품	2,000 × 2.8 = 5,600	2,000 × 2.2 = 4,400	10,000
기말재공품	400 × 2.8 = 1,120	250 × 2.2 = 550	1,670

제1공정의 완성품 2,000갤론은 제2공정으로 넘어 가면 8,000쿼트(2,000갤론 × 4 쿼트/갤론)가 된다. 따라서 2,000 물량단위가 8,000 물량단위로 변한다.

다음에 제시된 자료를 이용하여 산출물 단위가 변화할 때 태진화학사의 제조원가보고서를 작성해 보면 **표 5-2**와 같다.

자료1

태진화학사의 20×7년 4월중 제2공정의 활동내역과 관련원가는 다음과 같다.

- 4월 초 기초재공품재고는 없었다.

- 4월중 제1공정에서 넘어온 2,000갤론이 생산에 투입되어 그중 7,000쿼트는 완성되었고 나머지는 기말재공품으로 남아 있다.
- 원재료는 공정 초에 투입되며, 가공비는 전공정에 걸쳐 균등하게 발생된다.
- 기말재공품은 가공비가 60% 진척된 상태에 있다.
- 4월중 발생된 제품원가요소별 원가는 다음과 같다.
  직접재료비 ₩3,200 직접노무비 ₩3,260 제조간접비 ₩7,000

표 5-2에 나타난 제2공정의 제조원가보고서를 보면 이미 설명한 바와 같이 제2공정의 당기투입물량은 단위가 바뀌어서 2,000갤론이 8,000쿼트로 환산되어 있으며, 산출물 물량단위가 측정단위의 변경으로 4배 늘어남에 따라 당기투입물량

표 5-2 제2공정의 제조원가보고서

제조원가보고서

태진화학사 제2공정 20×7년 4월

물량흐름과 완성품환산량:

	물량(쿼트)	완성품환산량: 전공정비	직접재료비	가 공 비
기초재공품	0			
당기투입(전공정대체)	8,000			
계	8,000			
당기완성(차공정대체)	7,000	7,000	7,000	7,000
기말재공품(60%)	1,000	1,000	1,000	600
계	8,000	8,000	8,000	7,600

총투입원가와 완성품환산량 단위원가:

	전공정비	직접재료비	가 공 비	총 계
기초재공품	–	–	–	–
당기투입	10,000	3,200	10,260	23,460
총투입원가	10,000	3,200	10,260	23,460
완성품환산량	÷8,000	÷8,000	÷7,600	
완성품환산량 단위원가	1.25	0.40	1.35	

완성품원가와 기말재공품원가:

완성품(차공정대체)	7,000×1.25+7,000×0.4+7,000×1.35	=	21,000
기말재공품	1,000×1.25+1,000×0.4+600×1.35	=	2,460
총배부원가			23,460

의 단위원가(전공정비의 완성품환산량 단위원가)는 ₩5.0(2.8+2.2)에서 ₩1.25으로 1/4로 줄어들었음을 알 수 있다. 그리고 완성품원가와 기말재공품원가는 구체적으로 다음과 같이 산정되었다.

	전공정비	직접재료비	가 공 비	합 계
완 성 품	7,000×1.25=8,750	7,000×0.4=2,800	7,000×1.35=9,450	21,000
기말재공품	1,000×1.25=1,250	1,000×0.4= 400	600×1.35= 810	2,460

제2절 공손 일반사항

제조 프로세스에서는 투입된 물량이 전량 양질의 산출물로 항상 전환되는 것은 아니다. 최종 산출물로 전환되는 과정에서 증발하거나 소실되어 유실품(lost units)이 나타나기도 하고, 검사한 결과 품질통제기준에 미달되어서 공손품(spoiled units)이 발생되기도 한다. 또한 공손품과 유실품 이외에도 재작업품, 스크랩 등도 있다. 재작업품(reworked units)은 공손품보다는 그 판매가치가 크다는 점에서 구분한다. 재작업품은 보통 품질통제기준에 미달되었던 것을 재작업을 통해 보완시켜 정상적인 유통경로로 판매되는 제품이다. 스크랩(scrap)은 판매가치가 거의 없다는 점에서 공손품과 구별된다. 공손품은 가끔 불량품(defected units)으로 불리기도 한다. 여기서는 공손품에 초점을 맞추어 설명한다. 공손품원가는 검사결과로 기준미달되어서 공손으로 판정되는 시점까지 축적된 총 발생원가에서 공손품의 처분가치를 차감시켜 측정한다.

공손은 어떻게 발생되었느냐에 따라서 크게 정상공손과 비정상공손 두 가지 유형으로 구분된다. 정상공손(normal spoilage)은 능률적인 생산작업조건에서도 공정의 성격상 피할 수 없이 발생하는 공손으로 그 원가는 제품원가의 일부로 간주된다. 이에 반해 비정상공손(abnormal spoilage)은 능률적인 생산작업조건에서는 피할 수 있었던 성질의 공손으로 전액 손실로 처리한다. 일반적으로 정상공손의 범위를 산출물 등을 기준으로 일정비율까지 정해놓고 그 이상 공손이 발생되는 경우 그 초과발생분에 대해서만 비정상공손으로 처리하고 나머지는 정상공손으로 처리한다. 공손원가를 어떻게 처리하든 관리통제적인 측면에서 보면 공손원가는 별도로 축적시켜 경영자로 하여금 공손의 발생 및 통제에 대해서 관심을 갖도록 해야 한다.

여기서는 공손발생을 다음의 세 가지 경우로 구분해서 아래 자료를 이용해서 설명하려 한다.

- 공손원가를 전액 공손손실로 처리하는 경우: 비정상공손
- 공손원가를 전액 제품원가로 처리하는 경우: 정상공손
- 일부는 공손손실로, 나머지 일부는 제품원가로 처리하는 경우: 비정상공손과 정상공손

자료2

태진사는 단일 공정에서 제품을 생산하고 있는데 종합원가계산을 사용하고 있다. 20×7년 4월중 태진사의 활동내역과 관련원가는 다음과 같다.

- 4월 초 기초재공품 재고는 1,500단위가 있었다. 기초재공품재고의 제품원가요소별 원가는 다음과 같다.
  직접재료비 ₩5,120　　직접노무비 ₩902　　제조간접비 ₩902
- 4월중 새로 5,500단위가 생산에 투입되어 모두 5,000단위가 완료되었고 나머지는 기말재공품으로 남아 있다.
- 공손검사는 생산완료시에 하는데, 완료된 5,000단위 중 4,500단위는 양품이며 나머지는 공손품인 것으로 나타났다.
- 원재료는 공정 초에 투입되며 가공비는 전공정에 걸쳐 균등하게 발생된다.
- 기초재공품재고는 가공비가 75% 진척된 상태에 있었고, 기말재공품재고의 가공비는 30% 진척된 상태이다.
- 4월중 발생된 제품원가요소별 원가는 다음과 같다.
  직접재료비 ₩19,800　　직접노무비 ₩5,370　　제조간접비 ₩5,370

1 비정상공손

기대하지 않은 공손이 발생하면 비정상공손으로 간주되어 그 공손품원가는 전액 손실로 처리된다. 즉 양품(good units)에 할당된 원가는 해당 공정의 재공품 계정에서 완제품이나 다음 공정의 재공품계정으로 이전되지만, 공손품에 할당된 원가는 해당 공정의 재공품계정에서 공손손실계정으로 이전된다. 공손품의 원가를 산정하기 위해서는 제품원가요소별 공손품의 완성품환산량를 계산해야 한다.

완성품환산량 계산의 경우 공정 중 어느 시점에서 양품과 공손품 또는 불량품을 가려내었는지를 알아야 한다. 양품과 공손품을 가려내는 것을 검사(inspection), 그 시점을 검사시점(inspection point)이라 하는데, 공정이 100% 완료된 시점에서 검사하는 것을 종점검사(terminal inspection)라 한다. 가령 가공비가 75% 진척된 시점에서 검사한다면 공손품 가공비의 완성품환산량은 공손품 물량단위에 75%를 곱하면 되는데, 공손품으로 판정된 물품에 대해서는 검사시점에서 생산활동이 종료될 것이기 때문이다. 여기서는 종점검사의 경우에 대해 알아보자.

위의 자료에서 발생된 공손은 모두 작업자의 실수에 의해 나타났다고 가정하면, 이는 기대하지 않았던 것으므로 비정상공손이고, 전액 공손손실로 처리된다. **제4장**에서 이미 설명한 바와 같이 종합원가계산에서 기초재공품재고가 있는 경우에는 원가흐름가정에 따라 가중평균법과 선입선출법 두 가지 방법의 원가계산이 가능하다. 먼저 가중평균법하에서 **제4장**에서 설명한 종합원가계산에서의 다섯 단계 절차를 순서대로 적용해 본 후 선입선출법에 대해서 알아보자.

(1) 가중평균법

① **물량흐름과 완성품환산량** 주어진 자료를 이용해서 물량흐름을 파악하고 총완성품환산량을 계산하면 다음과 같다.

물량흐름과 총완성품환산량

태진사			20×7년 4월
	(제1단계)	(제2단계) 총완성품환산량	
	물 량	직접재료비	가 공 비
기초재공품	1,500(0.75)		
당기투입	5,500		
계	7,000		
양품(완성품)	4,500	4,500	4,500
공손품	500(1.0)	500	500
기말재공품	2,000(0.3)	2,000	600
계	7,000	7,000	5,600

여기서 제1단계인 물량흐름을 살펴보면 **제4장**에서와는 달리 총산출량속에 공손품이 포함되어 나타남을 알 수 있다. 즉 총투입량 7,000단위는 양품 4,500단위, 기말재공품 2,000단위 이외에도 공손품 500단위를 산출하였다. 여

기서도 물론 총투입량은 공손품이 포함된 총산출량과 같아야 한다. 제2단계인 완성품환산량 계산에 있어서는 공손품은 완성된 시점에서 검사결과로 나타나기 때문에 양품과 마찬가지로 직접재료비, 가공비 모두 100% 진척된 상태에 있으므로 물량과 완성품환산량 단위가 똑같이 500단위이다.

② **총투입원가와 총완성품환산량 단위원가** 주어진 자료를 이용하여 총투입원가를 요약하고 총완성품환산량 단위원가를 산정하면 다음과 같다.

총투입원가와 총완성품환산량 단위원가

태진사 20×7년 4월

		직접재료비	가공비	총계
(제3단계)	기초재공품	5,120	1,804	6,924
	당기투입	19,800	10,740	30,540
	총투입원가	24,920	12,544	37,464
(제4단계)	총완성품환산량	÷7,000	÷5,600	
	단위원가	3.56	2.24	

여기서 산출된 총완성품환산량 단위원가는 다음 단계에서 완성품, 기말재공품, 그리고 공손품에 발생된 원가를 할당하는 데 사용되는 주요 정보이다.

③ **양품원가, 기말재공품원가, 그리고 공손품원가** 이전 단계에서 산출된 제품원가요소별 총완성품환산량 단위원가를 이용해서 양품원가, 기말재공품원가, 그리고 공손품원가를 산정하면 다음과 같다.

양품원가, 기말재공품원가, 그리고 공손품원가

태진사 20×7년 4월

(제5단계)

양품(완성품)	4,500×3.56+4,500×2.24	=	26,100
공손품	500×3.56+500×2.24	=	2,900
기말재공품	2,000×3.56+600×2.24	=	8,464
총배부원가			37,464

여기서도 총배부원가 ₩37,464은 앞에서 나타난 총투입원가와 같은 금액임을 알 수 있으며, 각 원가의 구체적인 내용은 다음과 같다.

	직접재료비	가 공 비	합 계
완 성 품	4,500 × 3.56 = 16,020	4,500 × 2.24 = 10,080	26,100
공 손 품	500 × 3.56 = 1,780	500 × 2.24 = 1,120	2,900
기말재공품	2,000 × 3.56 = 7,120	600 × 2.24 = 1,344	8,464

④ **비정상공손의 회계처리** 앞의 자료를 바탕으로 4월 말에 태진사가 행할 분개는 다음과 같다. 태진사는 한 공정뿐이므로 완성품이 곧 완제품이 된다.

〈양품의 생산완료〉

(차) 완제품	₩26,100	(대) 재공품	₩26,100

〈비정상공손의 발생〉

(차) 공손손실	₩2,900	(대) 재공품	₩2,900

비정상공손을 인식하다.

위의 분개에 의해서 재공품 계정에서 ₩29,000(₩26,100 + ₩2,900)이 각각 완제품 계정으로 ₩26,100 그리고 공손손실계정으로 ₩2,900 이전된다.

이상에서 설명된 태진사의 활동내용을 관련 T계정에 나타내서 원가흐름을 요약하면 다음과 같다.

원가흐름

재공품

차변		대변	
기초재공품	6,924	① 양품생산	26,100
직접재료비	19,800	② 비정상공손	2,900
직접노무비	5,370	기말재공품	8,464
제조간접비	5,370		
	37,464		37,464

완제품

차변	대변
① 26,100	

공손손실

차변	대변
② 2,900	

재공품계정에 누적된 금액은 모두 ₩37,464(₩6,924 + ₩19,800 + ₩5,370 + ₩5,370)인데 그중 양품원가 ₩26,100은 완제품계정으로, 비정상공손품원가 ₩2,900은 공손손실계정으로 각각 이전되었으므로 재공품계정의 기말잔액은 ₩8,464이 남게 된다. 이 금액은 물론 앞에서 구한 기말재공품원가와 일치된다.

이상에서 단계별로 설명한 비정상공손이 있는 경우 가중평균법에서의 원가계산을 제조원가보고서로 요약하면 **표 5-3**과 같다.

표 5-3 비정상공손이 있는 경우 제조원가보고서: 가중평균법

제조원가보고서

태진사 20×7년 4월

물량흐름과 총완성품환산량:

	물 량		총완성품환산량 직접재료비	가공비
기초재공품	1,500	(0.75)		
당기투입	5,500			
계	7,000			
양품(완성품)	4,500		4,500	4,500
공손품	500	(1.0)	500	500
기말재공품	2,000	(0.3)	2,000	600
계	7,000		7,000	5,600

총투입원가와 총완성품환산량 단위원가:

	직접재료비	가공비	총 계
기초재공품	5,120	1,804	6,924
당기투입	19,800	10,740	30,540
총투입원가	24,920	12,544	37,464
총완성품환산량	÷7,000	÷5,600	
총완성품환산량 단위원가	3.56	2.24	

양품원가, 기말재공품원가, 그리고 공손품원가:

양품(완성품)	4,500×3.56+4,500×2.24 =	26,100
공손품	500×3.56+500×2.24 =	2,900
기말재공품	2,000×3.56+600×2.24 =	8,464
총배부원가		37,464

(2) 선입선출법

여기서는 다섯 단계 절차를 생략하고 주어진 자료를 이용해 직접 선입선출법에서의 제조원가보고서를 작성해 보기로 하자. 선입선출법에 의한 제조원가보고서는 **표 5-4**와 같다.

표 5-4에서 제조원가보고서의 마지막 부분인 원가배부과정을 살펴보면, 총투입원가는 양품, 공손품, 기말재공품에 각각 배부되었다. 선입선출의 가정에 의해서 양품 4,500단위는 전기투입당기완성 양품 1,500단위와 당기투입당기완성 양품 3,000단위로 구분 계산되는데, 양품(완성품)원가 ₩25,824은 다음과 같이 구성되

표 5-4 비정상공손이 있는 경우 제조원가보고서: 선입선출법

제조원가보고서

태진사 20×7년 4월

물량흐름과 당기완성품환산량:

	물 량	당기완성품환산량 직접재료비	가 공 비
기초재공품	1,500 (0.75)		
당기투입	5,500		
계	7,000		
기초재공완성	1,500	0	375
당기투입완성	3,000	3,000	3,000
공손품	500 (1.0)	500	500
기말재공품	2,000 (0.3)	2,000	600
계	7,000	5,500	4,475

당기투입원가와 당기완성품환산량 난위원가:

	직접재료비	가 공 비	총 계
기초재공품	5,120	1,804	6,924
당기투입	19,800	10,740	30,540
총투입원가	24,920	12,544	37,464
당기투입원가	19,800	10,740	
당기완성품환산량	÷5,500	÷4,475	
당기완성품환산량 단위원가	3.6	2.4	

양품원가, 공손품원가, 그리고 기말재공품원가:

양품(완성품)	6,924 + 3,000 × 3.6 + 3,375 × 2.4	=	25,824
공손품	500 × 3.6 + 500 × 2.4	=	3,000
기말재공품	2,000 × 3.6 + 600 × 2.4	=	8,640
총배부원가			37,464

어 있다.

	기 초	직접재료비	가 공 비	합 계
전기투입당기완성	6,924	0 × 3.6 = 0	375 × 2.4 = 900	7,824
당기투입당기완성	0	3,000 × 3.6 = 10,800	3,000 × 2.4 = 7,200	18,000
합 계	6,924	3,000 × 3.6 = 10,800	3,375 × 2.4 = 8,100	25,824

이와 같은 계산은 기초재공품이 먼저 완성되고, 기초재공품 중에서는 공손이 하나도 발생되지 않았음을 전제로 한 것이다. 발생된 공손중 일부는 전기에

투입된 물량(기초재공품) 가운데서 나타난 것이라면 이러한 계산 방법은 옳다고 말할 수 없을 것이다. 기초재공품은 가공비가 75% 진척중에 있었기 때문에 완료시 검사하는 경우에는 그 상태에서는 공손을 이미 내포하고 있었는지의 여부를 알 수 없다. 그럼에도 불구하고 기초재공품이 있는 상황에서 공손이 발생한 경우 선입선출법을 적용할 때는 편의상 기초재공품 속에서는 공손이 발생되지 않았다고 가정하고 원가계산을 한다. 이런 측면에서 보면 가중평균법이 선입선출법보다 우월하다고 말할 수 있다. 기초재공품이 공손과 무관하다면 공손품 500단위는 모두 당기에 발생된 것이다. 따라서 공손품원가 계산은 500단위에 당기완성품환산량 단위원가 ₩6.0(3.6+2.4)을 곱하면 된다.

한편, 기말재공품원가는 다음과 같이 구성되어 있다.

	기 초	직접재료비	가 공 비	합 계
기말재공품	0	2,000×3.6=7,200	600×2.4=1,440	8,640

2 정상공손

현행 생산절차에서 어쩔 수 없이 발생될 수밖에 없어서 효율적인 작업 상황에서도 공손의 발생이 기대된다면 이는 정상공손으로 간주된다. 정상공손의 원가는 공손손실로 처리되지 않고 양품에 할당시킨다. 여기서는 태진사의 사례에서 발생된 공손이 모두 예상되었던 것으로 정상공손으로 간주된다고 가정해 보자. 정상공손원가를 양품에 할당시키는 방법은 정상공손품 원가를 별도로 산출하느냐의 여부에 따라 두 가지로 나누어질 수 있다.

(1) 정상공손품 원가를 별도로 산출하는 방법(분리계산법)

이 방법에서 원가계산은 기본적으로 앞에서 설명한 비정상공손의 원가계산과 동일하다. 즉 정상공손원가를 별도로 산출하려면 우선 완성품환산량 계산시 공손품도 포함시켜야 한다. 여기서는 편의상 가중평균법을 중심으로 살펴보기로 하자. 가중평균법을 사용하면 앞의 **표 5-3**에 요약된 대로 공손품을 포함시켜 직접재료비의 총완성품환산량은 7,000단위이고 가공비의 총완성품환산량은 5,600단위이다. 이렇게 별도로 산출된 공손품원가는 ₩2,900이다. 이전에는 비정상공손이었기 때문에 ₩2,900이 공손손실로 처리되었지만 여기서는 정상공손이므로 제품원가의 일부로 처리되어야 한다. 정상공손이 발생한 경우 공손품원가를 제품원가의 일부로 처리하는 방법은 크게 직접배부법과 간접배부법이 있다.

① **직접배부법** 종합원가계산에서 발생된 원가는 완성품, 공손품, 그리고 기말재공품에 할당되는데, 별도로 할당되어 산출된 공손품원가가 다시 공손손실이 아닌 제품원가의 일부로 처리되려면 양품이나 기말재공품에 할당될 수 밖에 없다. 직접배부법은 정상공손품원가를 양품이나 기말재공품에 직접 할당하는 방법이다. 즉 기말재공품이 공손품 검사시점을 통과하지 않은 경우 정상공손품원가는 전액 완성품에 할당된다. 만약 기말재공품이 공손품 검사시점을 통과할 경우에는 정상공손품원가는 완성품과 기말재공품의 상대적 물량에 따라 각각 완성품과 기말재공품에 할당된다. 가령 정상공손품원가가 ₩1,000이고 완성품과 기말재공품의 물량이 각각 800단위와 200단위라면 양품에 할당될 정상공손품원가는 ₩800이고 기말재공품에 할당될 정상공손품원가는 ₩200이다. 태진사 사례에서는 공손 검사가 생산이 완료된 시점에 이루어지기 때문에 이론상 기말재공품은 검사시점에 도달될 수 없다. 따라서 이 경우 정상공손품원가는 모두 완성품에 할당되고, 완제품원가는 ₩29,000(₩26,100+₩2,900)이 된다. 이때의 회계처리는 아래와 같다.

〈양품의 생산 완료〉

(차) 완제품	₩26,100	(대) 재공품	₩26,100

〈정상공손의 발생: 직접배부법〉

(차) 완제품	₩2,900	(대) 재공품	₩2,900

만약 기말재공품도 공손 검사시점을 통과하여 공손품원가 ₩2,900이 완제품에 ₩2,600, 그리고 기말재공품에 ₩300 할당되어지는 경우라면 이때 회계처리는 다음과 같다.

(차) 완제품	₩2,600	(대) 재공품	₩2,600

이에 대한 보다 자세한 내용은 **제3절**에서 설명될 것이다.

② **간접배부법** 간접배부법은 정상공손품원가를 제품원가의 일부로 처리하는데 위에서와 같이 직접 그 금액을 완성품이나 기말재공품에 할당시키지 않고 제조간접비계정을 경유해서 간접적으로 배부하는 방법이다. 직접배부법에 의해 완성품이나 기말재공품계정에 직접 할당되어진 금액은 해당 산출물의 원

가중가에 직접적인 영향을 미친다. 이에 반해 제조간접비계정 차변에 누적된 금액은 제조간접비 예정배부율을 이용한 제조간접비 배부 메커니즘을 통해서 관련된 모든 산출물에 골고루 할당되게 된다. 간접배부법을 사용하는 경우에는 직접배부법에 비해 제조간접비 예정배부율이 발생될 정상공손품원가를 반영한 만큼 어느 정도 높게 책정되어 있을 것이다.

태진사의 경우 간접배부법을 적용시키면 회계처리는 다음과 같다.

〈양품의 생산 완료〉

(차) 완제품	₩26,100	(대) 재공품	₩26,100

〈정상공손의 발생: 간접배부법〉

(차) 제조간접비	₩2,900	(대) 재공품	₩2,900

이상에서 설명한 바와 같이 정상공손원가를 별도로 산출하는 방법에서는 제조원가보고서는 비정상공손의 경우에 작성한 **표 5-3**, **표 5-4**와 같게 된다. 단지 공손품원가에 대한 회계처리만 다르다.

(2) 정상공손품원가를 별도로 산출하지 않는 방법(비분리계산법)

이 방법에서는 완성품환산량 계산시 공손품은 나타나지 않는다. 따라서 정상공손품원가를 별도로 산출하는 방법에 비해 제품원가요소별 완성품환산량은 공손품이 지니는 완성품환산량만큼 줄어들게 된다. 따라서 이 방법에서의 완성품환산량 단위원가는 정상공손품원가를 별도로 산출하는 방법에 비해서 그만큼 커지게 된다. 이 방법에서는 이렇게 올라간 완성품환산량 단위원가에 의해 발생된 원가가 공손품은 제외해 놓고 완성품과 기말재공품에 배부된다.

앞에서 주어진 태진사 자료를 이용하여 정상공손품원가를 별도로 산출하지 않는 방법에 의해 제조원가보고서를 작성하면 가중평균법은 **표 5-5**, 선입선출법은 **표 5-6**과 같다.

이상에서 제시한 **표 5-3**부터 **표 5-6**까지의 자료를 가지고 직접배부법에 의한 정상공손품원가를 별도로 산출하는 방법과 정상공손품원가를 별도로 산출하지 않는 방법의 완성품환산량 단위원가와 완성품 및 기말재공품에 할당된 배부원가를 비교·요약해 보면 **표 5-7**과 같다.

표 5-7을 보면 가중평균법이든 선입선출법이든 각 방법에 따른 적절한 완성품환산량은 공손품원가를 별도로 산출하지 않는 방법이 공손품을 제외시켰기

표 5-5 공손품원가를 별도로 산출하지 않는 경우 제조원가보고서: 가중평균법

제조원가보고서

태진사			20×7년 4월
물량흐름과 총완성품환산량(공손품 제외):			
		총완성품환산량(공손품 제외)	
	물 량	직접재료비	가 공 비
기초재공품	1,500 (0.75)		
당기투입	5,500		
계	7,000		
양품(완성품)	4,500	4,500	4,500
공손품	500	–	–
기말재공품	2,000 (0.3)	2,000	600
계	7,000	6,500	5,100

총투입원가와 총완성품환산량(공손품 제외) 단위원가:

	직접재료비	가 공 비	총 계
기초재공품	5,120	1,804	6,924
당기투입	19,800	10,740	30,540
총투입원가	24,920	12,544	37,464
총완성품환산량(공손품 제외)	÷6,500	÷5,100	
총완성품환산량(공손품 제외) 단위원가	3.834	2.460	

양품원가와 기말재공품원가:

양품(완성품)	4,500×3.834+4,500×2.460	=	28,323
기말재공품	2,000×3.834+600×2.460	=	9,144
총배부원가*			37,467

* 단위원가 계산시 반올림했기 때문에 총투입원가와 ₩3 차이가 생겼음.

때문에 작다. 완성품환산량이 작기 때문에 완성품환산량 단위원가는 별도로 산출하지 않는 방법이 크게 나타난다. 완성품과 기말재공품에의 할당된 원가금액을 보면 별도로 산출하지 않는 방법이 기말재공품원가를 높게 산정하고 있다. 즉 가중평균법에서 정상공손품원가를 별도로 산출하는 방법은 기말재공품원가가 ₩8,464으로 계산되었는데 비해 별도로 산출하지 않는 방법은 기말재공품원가가 그보다 많은 ₩9,144으로 계산되었다. 왜냐하면 별도로 산출하는 방법에 의하면 이 경우 기말재공품재고는 아직 검사시점에 도달하지 못했기 때문에 별도로 산출된 정상공손품원가는 기말재공품에는 전혀 할당되지 않으며 모두 완

표 5-6 공손품원가를 별도로 산출하지 않는 제조원가보고서: 선입선출법

제조원가보고서			
태진사			20×7년 4월
물량흐름과 당기완성품환산량(공손품 제외):			
		당기완성품환산량(공손품 제외)	
	물 량	직접재료비	가 공 비
기초재공품	1,500(0.75)		
당기투입	5,500		
계	7,000		
기초재공완성	1,500	0	375
당기투입완성	3,000	3,000	3,000
공손품	500	–	–
기말재공품	2,000 (0.3)	2,000	600
계	7,000	5,000	3,975

당기투입원가와 당기완성품환산량(공손품 제외) 단위원가:			
	직접재료비	가 공 비	총 계
기초재공품	5,120	1,804	6,924
당기투입	19,800	10,740	30,540
총투입원가	24,920	12,544	37,464
당기투입원가	19,800	10,740	
당기완성품환산량(공손품 제외)	÷5,000	÷3,975	
당기완성품환산량(공손품 제외) 단위원가	3.960	2.702	

양품원가와 기말재공품원가:			
양품(완성품)	6,924 + 3,000 × 3.960 + 3,375 × 2.702	=	27,923
기말재공품	2,000 × 3.960 + 600 × 2.702	=	9,541
총배부원가			37,464

성품에 할당된다. 이에 비해 별도로 산출하지 않는 방법에서는 완성품환산량 단위원가가 높게 계산되어 이를 기준으로 완성품재고와 기말재공품재고에 발생원가를 할당하기 때문에 결과적으로 정상공손품원가의 일부가 기말재공품재고에도 할당되어 별도로 산출하는 방법에 비해서 원가가 늘어나게 된다.

정상공손품원가를 별도로 산정하지 않는 방법은 기말재공품재고에도 항상 정상공손품원가의 일부를 할당시키므로 정상공손품원가를 별도로 산정하는 방법에 비해 뒤떨어진다고 할 수 있다. 경영자들에게 공손품원가가 얼마나 발생하였는지에 관한 정보를 알려주어야 한다는 관점에서 볼 때도 정상공손품원가를

표 5-7 정상공손품원가를 산출하는 방법간의 비교

		완성품환산량		완성품환산량 단위원가		완성품 원 가	기 말 재공품원가
		직접재료비	가공비	직접재료비	가공비		
가중평균법	별도 산출하는 방법	7,000	5,600	₩3.560	₩2.240	₩29,000	₩8,464
	별도 산출 **않는** 방법	6,500	5,100	₩3.834	₩2.460	₩28,323	₩9,144
선입선출법	별도 산출하는 방법	5,500	4,475	₩3.600	₩2.400	₩28,824	₩8,640
	별도 산출 **않는** 방법	5,000	3,975	₩3.960	₩2.702	₩27,923	₩9,541

별도로 산정하는 방법은 바람직하나. 왜나하면 이러힌 정보는 경영자들이 공손을 관리하는 데 유용할 것이기 때문이다.

3 정상공손과 비정상공손

지금까지 비정상공손과 정상공손을 분리해서 각각 살펴보았지만 이제부터는 정상공손과 비정상공손이 동시에 발생한 경우에 대해 알아보려 한다. 앞에서 설명했듯이 정상공손은 기대되는 것으로 효율적인 상황에서도 발생되지만 비정상공손은 기대되지 않은 것으로 효율적인 상황에서는 발생하지 않는다. 정상공손품원가는 제품원가의 일부로 간주되어 직접 또는 제조간접비계정을 통하여 간접적으로 산출물에 부과되는 반면에 비정상공손품원가는 손실로 처리된다.

다음은 앞의 **자료2**를 공손에 대해서만 수정·보완한 자료이다.

자료3

- 공손품검사는 생산이 완료되었을 때 행하여진다.
- 검사시점에서 양품의 10%까지 정상공손으로 간주되며, 정상공손품원가는 제품원가의 일부로 처리된다.
- 정상공손을 초과하여 발생한 공손은 비정상공손으로 간주되며, 비정상공손품원가는 공손손실로 처리된다.
- 태진사는 가중평균법을 사용하고 있다.

표 **5-8** **정상공손과 비정상공손을 포함한 제조원가보고서: 가중평균법**

제조원가보고서

태진사 20×7년 4월

물량흐름과 총완성품환산량:

	물 량	총완성품환산량 직접재료비	총완성품환산량 가 공 비
기초재공품	1,500 (0.75)		
당기투입	5,500		
계	7,000		
양품(완성품)	4,500	4,500	4,500
정상공손품	450	450	450
비정상공손품	50	50	50
기말재공품	2,000 (0.3)	2,000	600
계	7,000	7,000	5,600

총투입원가와 총완성품환산량 단위원가:

	직접재료비	가 공 비	총 계
기초재공품	5,120	1,804	6,924
당기투입	19,800	10,740	30,540
총투입원가	24,920	12,544	37,464
총완성품환산량	÷7,000	÷5,600	
총완성품환산량 단위원가	3.56	2.24	

완제품원가, 비정상공손손실, 그리고 기말재공품원가:

완제품	4,500 × 3.56 + 4,500 × 2.24 + 450 × 3.56 + 450 × 2.24	=	28,710
비정상공손손실	50 × 3.56 + 50 × 2.24	=	290
기말재공품	2,000 × 3.56 + 600 × 2.24	=	8,464
총배부원가			37,464

이 자료를 이용해 제조원가보고서를 작성하면 **표 5-8**과 같다.

공손품 500단위 가운데 양품 4,500단위의 10%인 450단위는 정상공손이며, 나머지 50단위(500단위 − 450단위)는 비정상공손이다. 이 경우 검사는 생산완료시에 이루어지므로 직접배부법에서 정상공손품원가는 모두 완제품에 할당된다. 즉 완제품원가는 양품 4,500단위의 원가(₩26,100)와 정상공손품 450단위의 원가(₩2,610)의 합(₩28,710)으로 계산된다. 비정상공손품원가 ₩290은 손실로 처리된다.

완제품 원가의 구체적인 내역은 다음과 같다.

	직접재료비		가 공 비		합 계
완 성 품	4,500 × 3.56 =	16,020	4,500 × 2.24 =	10,080	26,100
정상공손품	450 × 3.56 =	1,602	4,50 × 2.24 =	1,008	2,610
계		17,622		11,008	28,710

따라서 4월말 직접배부법과 간접배부법에 의한 분개는 각각 다음과 같다.

〈생산의 완료 및 정상, 비정상공손의 발생: 직접배부법〉

(차) 완제품	₩28,710	(대) 재공품	₩29,000
공손손실	290		

〈생산의 완료 및 정상, 비정상공손의 발생: 간접배부법〉

(차) 완제품	₩26,100	(대) 재공품	₩29,000
제조간접비	2,610		
공손손실	290		

제3절 공손 추가사항

1 공손검사시점

앞에서는 공손품검사가 생산완료시에 이루어져 직접배부법을 사용할 때 정상공손품원가 전액이 완제품재고에 할당되었다. 이제 검사시점을 앞당겨 기말재공품의 진척도가 검사시점을 넘어선 경우에 대해 알아보기로 하자.

20×7년 4월중 태진사의 마지막 공정의 활동내역과 관련원가는 다음과 같다.

자료4

- 4월 초 기초재공품은 없었다.
- 4월중 이전공정에서 넘어온 5,000단위가 생산에 투입되어 그중 3,500단위가 양품으로 완성되고 500단위의 공손이 발생되었다. 1,000단위는 기말재공품으로 남아 있다.
- 검사시점에서 양품의 10%까지 정상공손으로 간주된다.
- 공손검사는 이전공정에서 전공정대체품을 넘겨 받고 마지막 공정에서 원재료와 가공비가 투입되기 직전에 이루어진다.

- 공손검사 후 원재료는 전량 투입되며 가공비는 전공정에 걸쳐 발생된다.
- 기말재공품재고는 가공비가 80% 진척된 상태에 있다.
- 월중 마지막 공정에서 발생된 원가요소별 제품원가는 다음과 같다.

전공정비 ₩24,750 직접재료비 ₩5,850 가공비 ₩5,160

이 자료를 이용하여 제조원가보고서를 작성하면 **표 5-9**와 같다.

표 5-9 공손검사시점이 앞당겨진 경우의 제조원가보고서

제조원가보고서

태진사 마지막 공정 20×7년 4월

물량흐름과 총완성품환산량:

	물 량	총완성품환산량		
		전공정비	직접재료비	가 공 비
기초재공품	0			
당기투입	5,000			
계	5,000			
당기완성	3,500	3,500	3,500	3,500
정상공손품	450	450	0	0
비정상공손품	50	50	0	0
기말재공품	1,000 (0.8)	1,000	1,000	800
계	5,000	5,000	4,500	4,300

총투입원가와 완성품환산량 단위원가:

	전공정비	직접재료비	가 공 비	총 계
기초재공품	–	–	–	–
당기투입	24,750	5,850	5,160	35,760
총투입원가	24,750	5,850	5,160	35,760
완성품환산량	÷5,000	÷4,500	÷4,300	
완성품환산량 단위원가	4.95	1.30	1.20	

완제품원가, 비정상공손손실, 그리고 기말재공품원가:

완제품	3,500 × 4.95 + 3,500 × 1.3 + 3,500 × 1.2 + 1,732.5	=	27,807.5
비정상공손손실	50 × 4.95	=	247.5
기말재공품	1,000 × 4.95 + 1,000 × 1.3 + 800 × 1.2 + 495	=	7,705.0
총배부원가			35,760.0

(1) 정상공손과 비정상공손의 분리

공손검사시점은 정상공손과 비정상공손의 단위결정에도 영향을 미친다. 이 사례에서 검사시점은 공정 초이다. 이 경우 검사시점에서 양품은 최종 완성된 양품과 기말재공품을 합친 4,500단위이다. 따라서 검사시점에서의 양품 4,500단위의 10%인 450단위는 정상공손이며 나머지 50단위(500단위－450단위)는 비정상공손이다. 만약 검사가 생산종료시에 이루어진다면 이때 양품은 3,500단위이고 정상공손은 그 10%인 350단위가 될 것이다. 따라서 이때 비정상공손은 150단위가 된다.

(2) 완성품환산량의 결정

공손검사시점은 공손품의 완성품환산량 결정에 영향을 미친다. **표 5-9**에서 보듯이 이 경우 공손검사는 직접재료비와 가공비가 투입되기 직전 전공정대체품을 받고 이루어지기 때문에 공손품의 완성품환산량은 다음과 같이 나타난다.

		완성품환산량		
	물 량	전공정비	직접재료비	가 공 비
정상공손품	450	450	0	0
비정상공손품	50	50	0	0

만약에 공손검사가 가공비가 50% 진척된 시점에서 이루어진다면 완성품환산량은 다음과 같이 나타날 것이다.

		완성품환산량		
	물 량	전공정비	직접재료비	가 공 비
정상공손품	450	450	450	225
비정상공손품	50	50	50	25

(3) 정상공손품원가의 결정

공손품의 검사시점은 공손품원가에도 영향을 미친다. 공손품원가는 공손이 발생할 때까지 발생된 총원가에서 공손품의 판매가치를 차감한 금액이다. 따라서 검사시점이 늦추어질수록 공손품원가는 늘어나게 된다. 물론 공손품의 판매가치가 없는 경우에는 발생된 총원가가 공손품원가이다. 이 예제에서 검사는 이

공정에서 직접재료비와 가공비가 전혀 발생하기 전에 이루어지기 때문에 공손품원가에는 전공정비만 포함된다. 따라서 정상공손품원가는 전공정비의 완성품환산량 450단위에 단위원가 ₩4.95을 곱한 ₩2,227.50이다.

(4) 정상공손품원가의 배부

공손품의 검사시점은 정상공손품원가의 배부에도 결정적인 영향을 미친다. 앞서 설명한 바와 같이 기말재공품재고의 진척수준이 검사시점을 통과한 경우에는 정상공손품원가는 기말재공품재고에도 배부된다. 그런데 이 경우 기말재공품재고의 진척도가 검사시점을 이미 지났기 때문에 정상공손품원가는 완제품재고에는 물론 기말재공품재고에도 할당되어져야 한다. 정상공손품원가의 완성품재고 및 기말재공품재고에의 배부는 물량단위를 기준으로 이루어진다. 따라서 정상공손원가는 물량단위에 비례하여 다음과 같이 할당된다.

완제품에 배분	2,227.5 × (3,500/4,500) =	1,732.5
기말재공품에 배분	2,227.5 × (1,000/4,500) =	495.0

정상공손품원가의 배부를 완성품환산량 단위를 이용하지 않고 물량단위를 이용하는 이유는 검사시점에서는 완성품(양품) 물량 한 단위나 기말재공품 물량 한 단위나 똑같기 때문이다. 따라서 그 시점까지 발생 축적된 정상공손품원가는 물량단위를 기준으로 재고자산에 배부된다.

한편, 완제품원가와 기말재공품원가의 구체적인 내역은 다음과 같다.

	전공정비	직접재료비	가 공 비	정상공손원가배분	합 계
완 제 품	3,500 × 4.95	3,500 × 1.3	3,500 × 1.2	1,732.5	27,807.5
기말재공품	1,000 × 4.95	1,000 × 1.3	800 × 1.2	495.0	7,705.0

2 공손품의 처분가치

이상에서 우리는 공손품의 처분가치에 대해서는 거의 고려하지 않았다. 여기서는 공손품의 처분가치를 고려하여 공손의 원가계산을 적절한 사례를 이용해 설명하려 한다. 이미 설명한 바와 같이 공손품원가는 공손이 발생한 시점까지의 총발생원가에서 공손품의 처분가치를 차감한 금액으로 평가된다. 이렇게 산정된 공손품의 처분가치를 차감한 공손원가는 적절한 절차를 거쳐 정상공손과 비정상공손으로 나뉜다. 그리고 정상공손원가는 제품원가의 일부로 처리되며 비정상공손은 공손손실로 처리됨은 이미 설명한 바와 같다. 한편 공손품의 처분가치는 생산완료시점에서 재공품계정에서 공손품재고(spoiled units inventory)계정으로 이전되었다가 공손품의 판매시 현금 또는 매출채권계정으로 이전된다.

자료5

태진사는 생활도기를 생산하고 있는데, 이 회사는 선입선출법에 의한 종합원가계산을 사용하고 있다. 생활도기는 작업실과 건조실을 거쳐 생산된다. 태진사의 4월 한 달간 관련자료는 다음과 같다.

- 공손검사는 생활도기가 작업실을 거쳐 건조실에 투입되기 직전에 이루어지는데, 이때 공징의 진척도는 직접재료비와 직접노무비는 완성된 상태이며 다만 제조간접비만 50% 진척된 상태이다.
- 건조실로 투입되는 양품도자기의 10%는 정상공손으로 간주된다.
- 공손품 도기는 별도의 유통경로를 통해서 한 점당 ₩10씩에 판매된다.
- 태진사는 20×7년 4월 초 건조실에 1,000점의 생활도기가 있었는데 이 도기들은 제조간접비가 90% 진척된 상태에 있었다.
- 4월중 건조실을 거쳐 완성된 생활도기는 모두 10,000점이었으며 건조실에 투입직전 불량품으로 판정된 생활도기는 1,000점이었다.
- 공손품 생활도기의 처분가치는 공손품재고계정으로 이전된다.
- 20×7년 4월 말 기말재공품은 500점이며 제조간접비가 80% 진척된 상태이다.
- 20×7년 4월 초 기초재공품재고는 ₩74,500이었고 4월중 발생된 원가는 다음과 같다.
  직접재료비 ₩210,000　　직접노무비 ₩420,000　　제조간접비 ₩100,000

우선, 제조원가보고서의 작성에 앞서 물량의 흐름을 수식을 이용해서 파악하기로 하자.

$$\text{총투입량} = \text{총산출량} \tag{5-1}$$
$$\text{기초재공품} + \text{당기투입} = \text{완제품} + \text{공손품} + \text{기말재공품} \tag{5-2}$$

위의 식 (5-2)에 주어진 자료를 대입하면,

$$1{,}000 + \text{당기투입} = 10{,}000 + 1{,}000 + 500$$
$$\therefore \ \text{당기투입} = 10{,}500\text{단위}$$

그림 5-1 검사시점에서의 양품단위

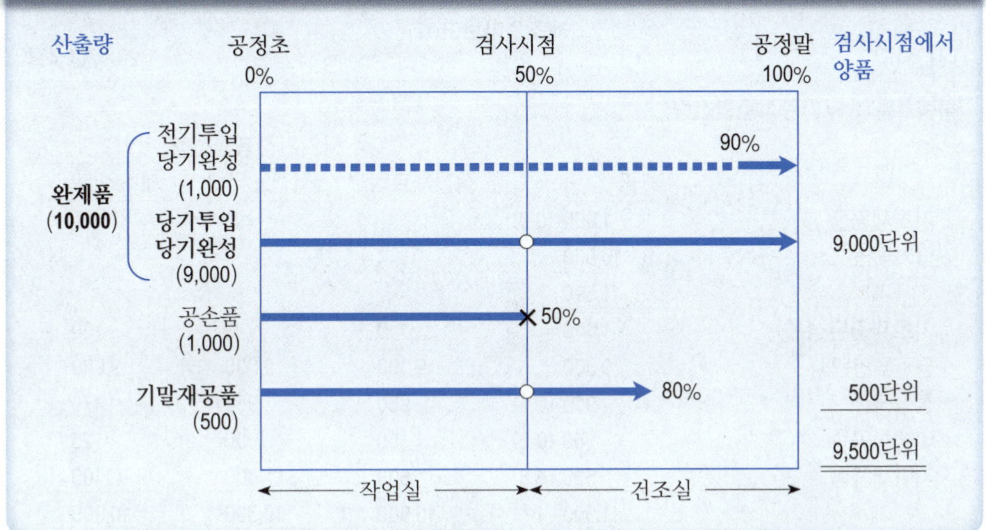

둘째, **그림 5-1**을 이용하여 검사시점에서의 양품단위를 산출해 보자.

산출물은 모두 완제품, 공손품 그리고 기말재공품 세 유형으로 분류된다. 그리고 완제품 10,000단위는 전기투입당기완성 1,000단위와 당기투입당기완성 9,000단위로 세분된다. 우선 전기투입당기완성 1,000단위는 전기에 검사시점(공정진척의 50% 지점)을 통과했기 때문에 당기의 양품단위에 포함되지 않는다. 당기투입당기완성 9,000단위는 검사시점을 당기에 통과했으므로 포함된다. 공손품 1,000단위는 검사시점에는 도달했지만 양품이 아닌 관계로 포함되지 않는다. 그런데 만약에 검사시점에 도달한 모든 물량의 10%를 정상공손으로 간주한다면 공손품도 포함시켜야 한다. 가공비 80%의 진척도를 보이고 있는 기말재공품 500단위는 당기에 검사시점을 통과하였으므로 양품단위에 포함된다. 따라서 당기에 검사시점을 통과한 양품은 당기투입당기완성 9,000단위와 기말재공품 500단위를 합쳐서 9,500단위이다. 그러므로 1,000단위의 공손 가운데 950단위는 정상공손이며 나머지 50(1,000 − 950)단위는 비정상공손으로 간주된다. 태진사의 제조원가보고서를 작성하면 **표 5-10**과 같다.

이제 **표 5-10**을 이용해서 공손품의 처분가치가 존재할 때의 공손원가 및 공손품재고의 산정에 대해 알아보기로 하자. 우선 이때의 공손원가는 발생원가에서 처분가치를 차감한 금액임을 잊지 말아야 한다. 앞서 설명한 바와 같이 1,000

표 5-10 공손품의 처분가치를 고려한 제조원가보고서: 선입선출법

제조원가보고서

태진사 20×7년 4월

물량흐름과 당기완성품환산량:

	물 량	당기완성품환산량 직접재료비	직접노무비	제조간접비
기초재공품	1,000 (0.9)			
당기투입	10,500			
계	11,500			
기초재공완성	1,000	0	0	100
당기투입완성	9,000	9,000	9,000	9,000
정상공손	950 (0.5)	950	950	475
비정상공손	50 (0.5)	50	50	25
기말재공품	500 (0.8)	500	500	400
계	11,500	10,500	10,500	10,000

당기투입원가와 당기완성품환산량 단위원가:

	직접재료비	직접노무비	제조간접비	총 계
기초재공품	?	?	?	74,500
당기투입	210,000	420,000	100,000	730,000
총투입원가	?	?	?	804,500
당기투입원가	210,000	420,000	100,000	
당기완성품환산량	÷10,500	÷10,500	÷10,000	
당기완성품환산량 단위원가	20	40	10	

완제품원가, 공손손실, 공손품재고 그리고 기말재공품원가:

완제품	74,500 + 9,000 × 20 + 9,000 × 40 + 9,100 × 10 + 49,500 =	755,000
비정상공손손실	50 × 20 + 50 × 40 + 25 × 10 − 50 × 10 =	2,750
공손품재고	1,000 × 10 =	10,000
기말재공품	500 × 20 + 500 × 40 + 400 × 10 + 2,750 =	36,750
총배부원가		804,500

단위의 공손은 정상공손 950단위 그리고 비정상공손 50단위로 세분된다. 비정상공손원가는 전액 공손손실로 처리되어 간단하다. 정상공손원가는 기말재공품재고가 검사시점을 통과하였기 때문에 직접배부법에 의해 완제품재고와 기말재공품재고에 할당되어져야 한다. 정상공손원가와 비정상공손손실은 다음과 같이 계산될 수 있다.

정상공손원가:				
직접재료비	950단위 × 20	=	19,000	
직접노무비	950단위 × 40	=	38,000	
제조간접비	475단위 × 10	=	4,750	61,750
차감: 공손품의 처분가치	950단위 × 10	=		(9,500)
정상공손원가				52,250
비정상공손손실:				
직접재료비	50단위 × 20	=	1,000	
직접노무비	50단위 × 400	=	2,000	
제조간접비	25단위 × 100	=	250	3,250
차감: 공손품의 처분가치	50단위 × 10	=		(500)
비정상공손손실				2,750

한편, 정상공손원가와 비정상공손손실은 다른 방법으로 구할 수도 있다. 즉, 공손이 직접재료비와 직접노무비는 100% 진척되고 제조간접비만 50% 진척된 상태에서 발생하므로 직접재료비 완성품환산량 단위원가 ₩20, 직접노무비 완성품환산량 단위원가 ₩40, 그리고 제조간접비 완성품환산량 단위원가 ₩10의 50%인 ₩5을 모두 합쳐 공손 한 단위당 발생원가 ₩65(₩20 + ₩40 + ₩10 × 0.5)에 공손품 단위당 처분가액 ₩10을 차감해서 단위당 공손품원가 ₩55(₩65 − ₩10)을 구해서 이를 각각 정상공손 950단위, 비정상공손 50단위에 곱하여 구할 수 있다. 이러한 방법으로 구한 정상공손원가와 비정상공손손실은 다음과 같다.

정상공손원가	950단위 × (20 + 40 + 10 × 0.5 − 10) = 52,250
비정상공손손실	50단위 × (20 + 40 + 10 × 0.5 − 10) = 2,750

이렇게 산출된 정상공손원가 ₩52,250은 물량에 비례해서 완제품재고와 기말재공품재고에 배부되게 된다. 검사시점에서 완제품물량은 9,000단위이고 기말재공품물량은 500단위이므로 다음과 같이 배분한다.

완제품에 배분	52,250 × (9,000 / 9,500) = 49,500
기말재공품에 배분	52,250 × (500 / 9,500) = 2,750

표 5-10을 토대로 태진사가 20×7년 4월 말에 해야 할 분개는 다음과 같다.

(차) 완제품	₩755,000	(대) 재공품	₩767,750
공손손실	2,750		
공손품재고	10,000		

만약 공손품이 판매되면 그 때의 분개는 다음과 같다.

(차) 현금	₩10,000	(대) 공손품재고	₩10,000

제4절 공손 종합예제

태진사는 여러 제품을 생산하고 있는데 그중 한 제품은 단일공정에서 생산된다. 그 제품에 관한 4월 한 달간 관련 자료는 다음과 간다.

- 원재료는 공정 초에 투입되며 가공비는 전공정에 걸쳐서 균등하게 발생된다.
- 공손품검사는 가공비가 75% 투입되었을 때 이루어진다.
- 이 회사는 검사시점에서 양품의 10%까지를 정상공손으로 간주한다.
- 기초재공품재고는 1,500단위가 있었는데 가공비가 60% 진척된 상태에 있었다.
- 기초재공품재고의 제품원가요소별 원가는 다음과 같다.
  직접재료비 ₩14,000　　가공비 ₩5,260
- 당기 새로 투입된 물량은 8,500단위, 완제품은 7,000단위였고, 기말재공품은 2,000단위였다.
- 기말재공품의 가공비는 80% 진척된 상태에 있다.
- 당기에 투입된 원가는 다음과 같다.
  직접재료비 ₩68,000　　가공비 ₩84,500

단, 이 회사는 직접배부법에 의해 정상공손품원가를 해당재고자산에 할당한다.

요구사항

1. ① 공손은 모두 몇 단위가 발생하였는가?
② 그중 정상공손과 비정상공손은 각각 몇 단위인가?

2. 가중평균법을 사용하여 완제품원가, 기말재공품원가 및 비정상공손손실을 각각 구하시오.

3. 선입선출법을 사용하여 완제품원가, 기말재공품원가 및 비정상공손손실을 각각 구하시오.

해답

1. ① **총투입량 = 총산출량**

기초재공품 + 당기투입 = 완제품 + 공손품 + 기말재공품

1,500 + 8,500 = 7,000 + 공손품 + 2,000

∴ 공손품 = 1,000단위

② 정상공손과 비정상공손

∴ 정상공손: 9,000단위 × 10% = 900단위

비정상공손: 1,000단위 − 900단위 = 100단위

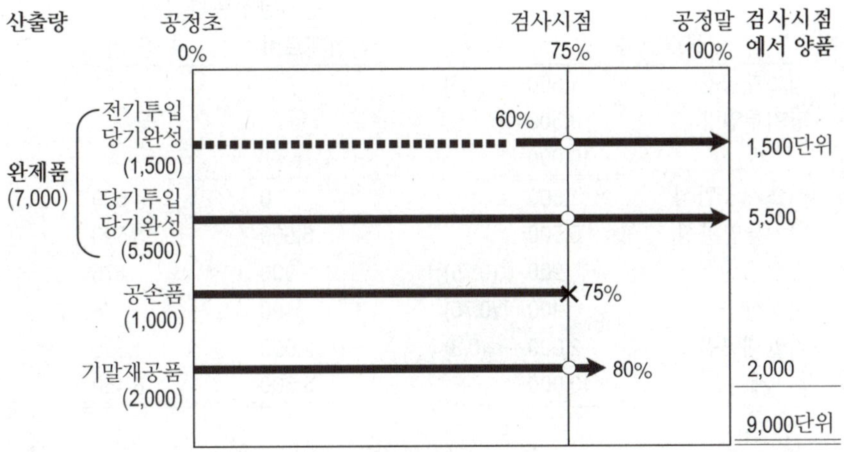

2. 가중평균법

물량흐름			총완성품환산량	
			직접재료비	가 공 비
기초재공품	1,500	(0.6)		
당기투입량	8,500			
계	10,000			
완제품	7,000		7,000	7,000
정상공손	900	(0.75)	900	675
비정상공손	100	(0.75)	100	75
기말재공품	2,000	(0.8)	2,000	1,600
계	10,000		10,000	9,350

	직접재료비	가 공 비	합 계
기초재공품	14,000	5,260	19,260
당기투입	68,000	84,500	152,500
총투입원가	82,000	89,760	171,760
완성품환산량	÷10,000	÷9,350	
완성품환산량 단위원가	8.2	9.6	

완제품	7,000 × 8.2 + 7,000 × 9.6 + 13,860 × 7,000/9,000	=	135,380
공손손실	100 × 8.2 + 75 × 9.6	=	1,540
기말재공품	2,000 × 8.2 + 1,600 × 9.6 + 13,860 × 2,000/9,000	=	34,840
총배부원가			171,760

* 정상공손원가: 900 × 8.2 + 675 × 9.6 = 13,860

3. 선입선출법

물량흐름			당기완성품환산량 직접재료비	당기완성품환산량 가 공 비
기초재공품	1,500	(0.6)		
당기투입량	8,500			
계	10,000			
기초재공완성	1,500		0	600
당기투입완성	5,500		5,500	5,500
정상공손	900	(0.75)	900	675
비정상공손	100	(0.75)	100	75
기말재공품	2,000	(0.8)	2,000	1,600
계	10,000		8,500	8,450

	직접재료비	가 공 비	합 계
기초재공품	14,000	5,260	19,260
당기투입	68,000	84,500	152,500
총투입원가	82,000	89,760	171,760
당기투입원가	68,000	84,500	
당기완성품환산량	÷8,500	÷8,450	
당기완성품환산량 단위원가	8	10	

완성제품	19,260 + 5,500 × 8 + 6,100 × 10 + 13,950 × 7,000/9,000	=	135,110
공손손실	100 × 8 + 75 × 10	=	1,550
기말재공품	2,000 × 8 + 1,600 × 10 + 13,950 × 7,000/9,000	=	35,100
총배부원가			171,760

* 정상공손원가: 900 × 8 + 675 × 10 = 13,950

제5절 감손 회계처리

1 의 의

감손(waste, shrinkage)은 제조과정 중에서 증발, 분산, 가스화, 소화 등으로 제품화되지 못하고 소실된 원재료로서 이 경우의 감손은 형체가 없으므로 가치는 전혀 없다. 감손도 공손과 같이 정상감손원가는 정상품에 배분하고 비정상감손원가는 영업외비용으로 처리한다.

2 감손과 수율

예를 들어 어떤 기업이 A라는 제품을 생산하기 위하여 100kg의 원재료를 제조과정에 투입하였는데, 제조과정에서 원재료의 일부가 소실되었다. 제조과정에서 소실된 양을 알아보기 위해서 가공이 끝난 제품의 무게를 달아보니 60kg이었다. 이 때 투입량 100kg에서 산출량 60kg을 차감한 40kg, 즉 소실되어 없어진 양을 감소량이 한다. 이 경우에 재료투입량에 대한 감손량의 비율을 감손율이라 하고, 재료투입량에 대한 산출량의 비율을 수율(yield rate)이라고 한다. 이를 산식으로 표시해 보면 다음과 같다.

- 감손율 = $\dfrac{\text{감손량}}{\text{투입량}} = \dfrac{40kg}{100kg} = 40\%$
- 수 율 = $\dfrac{\text{산출량}}{\text{투입량}} = \dfrac{60kg}{100kg} = 60\%$
- 감손율 + 수율 = 100%

이때 감손율은 40%이고, 수율은 60%이다. 그러므로 제조과정에 투입된 원재료는 제조과정에서 감손되거나, 아니면 재공품이나 제품으로 산출될 것이므로 감손율과 수율을 합하면 100%가 된다. 완성도와 수율 및 감손율의 관계를 그림으로 나타내면 다음과 같다.

완성도가 높아짐에 따라 감손량도 증가하므로 결국 완성도와 감손량은 비례관계에 있다. 따라서 완성될 때까지 발생할 총감손량에 대한 현재까지 발생한 감손량의 비율은 현재의 완성도와 같게 된다. 그러므로 감손량을 이용해 현재의

감손율이 40%인 경우

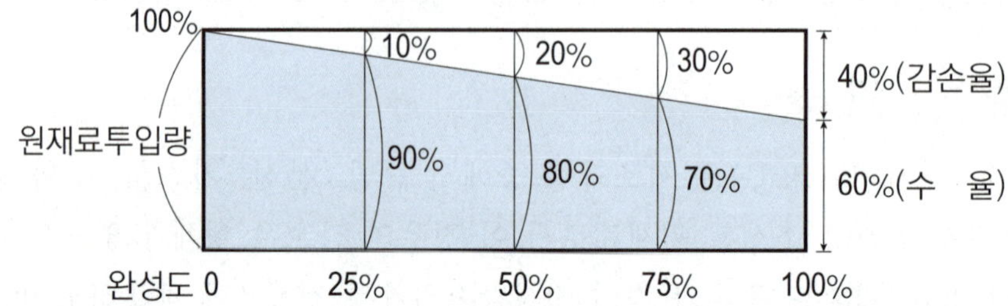

완성도를 다음과 같이 구할 수 있다.

$$\bullet \text{ 현재의 완성도} = \frac{\text{현재의 감손량}}{\text{100\% 완성시 발생하는 감손량}} \times 100\%$$

$$= \frac{\text{현재의 감손량}}{\text{예상 총감손량}}$$

3 감손의 원가계산

감손이 공정전반에 걸쳐 균등하게 발생하는 경우(이를 누증적 감손이라 함)에는 투입량을 기준으로 물량흐름을 표시하고 다음의 각 방법에 의하여 원가계산을 한다. 감손에서 핵심이 되는 것은 가공비이다. 이론적으로는 분리계산법이 우수하나 실무적으로는 계산이 간편한 비분리계산법을 선호한다.

(1) 비분리계산법

감손을 따로 분리시키지 않고 투입량을 기준으로 가공비의 완성품환산량을 계산하는 방법이다. 비분리계산법은 감손이 있는데도 불구하고 감손이 없는 것처럼 간주하여 완성품환산량을 계산하고, 이에 따라 완성품원가와 기말재공품원가를 계산하는 방법이다.

(2) 분리계산법

감손을 따로 분리시켜서 실제 가공량을 기준으로 가공비와 완성품환산량을 계산하는 방법이다. 다시 말하면 재료가 공정초에 전량 투입되는 경우에는 비록 감손이 되었다 하더라도 재료는 100% 투입된 상태에서 감손이 발생하였으므로 감손의 재료비 완성도는 100%이다. 그러나 가공비의 경우에는 공정초에 원재료가 투입되자마자 감손된 것도 있을 것이고, 어느 정도 가공을 받은 후에 감손된 것도 있으며, 가공이 거의 끝난 상태에서 감손된 것도 있을 것이므로 감손이 평균적으로 발생한다면 감손의 가공비 완성도는 현재까지 작업 받은 완성도의 50%가 된다. 재료가 공정초에 전량 투입되는 경우 감손의 완성도는 다음과 같다.

- 감손의 재료비 완성도 = 100%
- 감손의 가공비 완성도 = 50%

감손 회계에서는 완성품환산량을 구하는 것이 핵심이다. 다음 **자료 6**을 통해 제시된 가정에 따라 완성품환산량을 구해보도록 하자.

자료6

㈜한국은 하나의 제조공정을 거쳐서 동일 종류의 제품을 생산하고 있다. 제조과정의 전공정을 통하여 20%의 감손이 발생하며, 재료는 공정 초에 모두 투입된다. 감손은 모두 정상적인 것으로 간주한다.

	수 량	완성도
기초재공품	1,840kg	40%
당기착수량	8,000	
당기완성품	4,800	
기말재공품	3,520	60%

- **기초재공품과 기말재공품의 감손 전 수량(투입량)**

기초재공품의 현재 감손율은 8%(0.2×0.4)이다. 따라서 감손 전 수량은 역산하여 다음과 같이 구할 수 있다. 1,840kg÷0.92=2,000kg

한편, 기말재공품의 현재 감손율은 12%(0.2×0.6)이다. 따라서 감손 전 수량은 역산하여 다음과 같이 구할 수 있다. 3,520kg÷0.88 = 4,000kg

- **원가흐름의 가정이 평균법인 경우에 비분리계산법 적용**

비분리계산법을 적용하면 투입량을 기준으로 완성품환산량을 구하면 된다.

완성품환산량은 다음과 같이 구할 수 있다.

	물 량		완성품환산량	
			재료비	가공비
기초재공품	2,000	(0.4)		
당기착수량	8,000			
계	10,000			
완 성 품	6,000		6,000	6,000
기말재공품	4,000	(0.6)	4,000	2,400
계	10,000		10,000	8,400

● **원가흐름의 가정이 평균법인 경우에 분리계산법 적용**

분리계산법을 적용하면 산출량을 기준으로 완성품환산량을 구하면 된다. 완성품환산량은 다음과 같이 구할 수 있다.

	물 량		완성품환산량	
			재료비	가공비
기초재공품	2,000	(0.4)		
당기착수량	8,000			
계	10,000			
완 성 품	6,000	(1.0)	6,000	5,400[*1]
기말재공품	4,000	(0.6)	4,000	2,400[*2]
계	10,000		10,000	7,656

[*1] (6,000+4,800)×1.0×0.5=5,400

[*2] (4,000+3,520)×0.6×0.5=2,256

가공비 완성품환산량은 다음 그림과 같이 이해할 수 있다.

① 완성품　　② 기말재공품

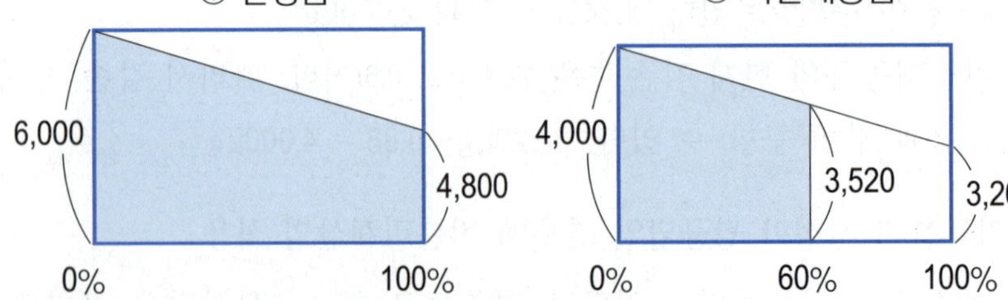

	가공비 완성품환산량	
① 완성품	(6,000+4,800)×1.0×0.5 =	5,400
② 기말재공품	(4,000+3,520)×0.6×0.5 =	2,256
		7,656

● **원가흐름의 가정이 선입선출법인 경우에 비분리계산법 적용**

비분리계산법을 적용하면 투입량을 기준으로 완성품환산량을 구하면 된다. 다만, 선입선출법이므로 기초재공완성과 당기착수완성을 구분하여야 한다. 완성품환산량은 다음과 같이 구할 수 있다.

	물 량		완성품환산량 재료비	완성품환산량 가공비
기초재공품	2,000	(0.4)		
당기착수량	8,000			
계	10,000			
기초재공완성	2,000		0	1,200
당기착수완성	4,000		4,000	4,000
기말재공품	4,000	(0.6)	4,000	2,400
계	10,000		8,000	7,600

● **원가흐름의 가정이 선입선출법인 경우에 분리계산법 적용**

분리계산법을 적용하면 산출량을 기준으로 완성품환산량을 구하면 된다. 다만, 선입선출법이므로 기초재공완성과 당기착수완성을 구분하여야 한다. 완성품환산량은 다음과 같이 구할 수 있다.

	물 량		완성품환산량 재료비	완성품환산량 가공비
기초재공품	2,000	(0.4)		
당기착수량	8,000			
계	10,000			
기초재공완성	2,000		0	1,032*1
당기착수완성	4,000		4,000	3,600*1

기말재공품	4,000	(0.6)	4,000	2,256[*3]
계	10,000		8,000	6,888

[*1] (1,840+1,600)×0.6×0.5=1,032

[*2] (4,000+3,200)×1.0×0.5=3,600

[*3] (4,000+3,520)×0.6×0.5=2,256

가공비 완성품환산량은 다음 그림과 같이 이해할 수 있다.

① 기초재공완성　② 당기착수완성　③ 기말재공품

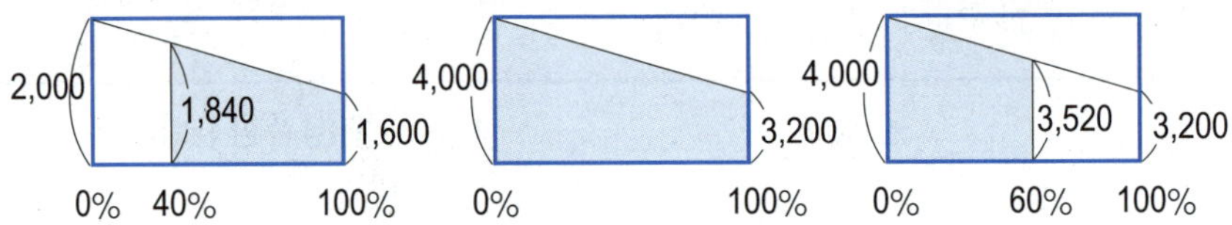

	가공비 완성품환산량	
① 기초재공완성	(1,840+1,600)×0.6×0.5 =	1,032
② 당기착수완성	(4,000+3,200)×1.0×0.5 =	3,600
③ 기말재공품	(4,000+3,520)×0.6×0.5 =	2,256
		6,888

연습문제

문 1 검사시점과 정상공손수량

(주)태백은 제품 X를 생산하는 회사이다. 제품 X는 두 가지 공정을 걸쳐서 완제품이 된다. 2011년 4월 중 1공정에서 발생된 활동 및 관련원가 자료는 다음과 같다.

- 4월초 기초재공품재고는 1,000단위이며, 가공비 완성도는 40%이다.
- 4월 중 생산에 착수한 물량은 11,000단위인데 4월말까지 8,000단위는 완성해서 2공정으로 대체했고 나머지 2,000단위는 기말재공품재고로 남아 있다.
- 기말재공품재고는 가공비가 60% 진척된 상태에 있다.

요구사항

1. 공손수량은 몇 단위인가?
2. (주)태백은 당기 중 검사를 통과한 정상품의 10%까지를 정상공손으로 허용하고 있다. 검사시점이 다음과 같을 경우 정상공손수량을 각각 구하시오.
   ① 20% ② 50% ③ 80%
3. (주)태백은 당기 중 검사를 받은 총수량의 10%까지를 정상공손으로 허용하고 있다. 검사시점이 다음과 같을 경우 정상공손수량을 각각 구하시오.
   ① 20% ② 50% ③ 80%
4. 정상공손수량은 검사를 통과한 정상품을 기준으로 결정할 수도 있고, 검사를 받은 총수량을 기준으로 결정할 수도 있다. 어떤 방법이 이론적으로 더 우수한가? 그 이유는 무엇인가?

문 2 비정상공손원가: 선입선출법

(주)루이스는 최종공정인 세공공정을 포함한 3개의 공정을 거쳐서 진주를 생산하고 있다. 재료는 세공공정 초에 전량 투입되고 공손은 모두 세공공정에서 발생하며, 가공비는 전공정을 통하여 평균적으로 발생한다. (주)루이스의 7월중 세공공정 제조활동에 관한 자료는 다음과 같다. 괄호 안의 숫자는 가공비 진척도를 나타낸다.

- 진주의 생산량

월초재공품	10,000(진척도 3/4)
전공정대체량	40,000
완성품	35,000
월말재공품	10,000(진척도 1/2)

- 월초재공품원가

전공정비	₩38,000
재료비	21,500
노무비	39,000
제조간접비	42,000
계	₩140,500

- 7월중 세공공정으로 대체된 진주의 원가는 ₩140,000이다.
- 7월중 세공공정의 원가자료는 다음과 같다.

재료비	₩70,000
노무비	162,500
제조간접비	130,000
계	₩362,500

- (주)루이스는 재고자산평가를 선입선출법으로 한다.

요구사항

1. 7월중에 공손된 진주의 원가를 계산하시오. 단 공손은 모두 비정상공손이며, 재료가 투입된 직후에 발생한 것이다.
2. 7월의 진주 완성품원가는 얼마인가?
3. 월말재공품원가는 얼마인가?

문 3 기말재공품이 두 종류인 경우: 선입선출법

(주)서울은 단일제품을 시장생산하고 있으며, 선입선출법에 의한 종합원가계산제도를 실시하고 있다. 이 제품의 생산과정에서 두 가지 원재료가 투입되는데 원재료 A는 가공비완성도 25%시점에서 공정에 투입되고, 원재료B는 75%시점에서 공정에 투입된다. 제품에 대한 검사는 원재료 B 투입 직전에 실시하고, 검사를 통과한 합격품에만 원재료 B가 투입된다. 그리고 정상공손은 검사를 통과한 합격품의 2%이다. 한편, 가공비는 전공정을 통하여 균등하게 발생한다.

2011년 8월의 제품과 관련된 사항은 다음과 같다.

- 기초재공품수량은 2,500단위이고, 가공비완성도는 40%이다.
- 기말재공품의 완성도는 900단위는 10%, 1,000단위는 80%이다.
- 당기에 착수된 수량은 3,520단위이며, 완성된 수량은 4,000단위이다.

8월에 발생한 원가는 다음과 같고, 기초재공품원가는 ₩677,000이다.

원재료 A	₩524,000
원재료 B	415,000
가공비	1,194,000

요구사항

다음 금액 또는 수량을 구하시오.

1. 비정상공손원가
2. 완성품원가
3. 기말재공품원가
4. 기본자료와 동일한 상황에서 선입선출법 대신 평균법을 적용하는 경우의 완성품환산량을 계산하시오.

문 4 두 기간에 대한 선입선출법

㈜광교는 단일제품을 생산하며 선입선출법에 의한 종합원가계산제도를 채택하고 있다. 이 제품은 생산과정에서 두 가지 재료를 투입하는데 X재료는 공정초기에 투입하고 Y재료는 공정진척도 50%시점에서 공정에 투입하며, 가공원가는 공정전반에 걸쳐서 균등하게 발생한다. 2011년 6월과 7월의 제품에 관련된 정보는 다음과 같다.

- 6월말 재공품 수량은 2,000단위이고 가공원가 완성도는 1,000단위는 90%, 500단위는 40%, 나머지 500단위는 20%이다.
- 6월과 7월에 착수한 수량과 완성된 수량은 다음과 같다.

	6 월	7 월
착 수 량	4,500단위	5,000단위
완 성 량	5,000단위	5,500단위

- 6월과 7월에 발생한 원가는 다음과 같다.

	6 월	7 월
기초재공품원가	58,000	?
당월투입원가		

X재료 원가	54,000	65,000
Y재료 원가	48,000	51,000
가공원가	1,300,000	1,430,000

요구사항

1. 6월의 가공원가 당기 완성품환산량은 5,200단위이다. 이 경우 기초재공품의 가공원가 완성도를 산정하시오.
2. 6월의 완성품원가를 산정하시오.
3. 7월의 가공원가 당기 완성품환산량이 5,200단위이다. 이 경우 기말재공품의 가공원가 완성도를 산정하시오.
4. 7월의 완성품원가를 산정하시오.

문 5 정상공손과 비정상공손

서강(주)는 단일공정을 통하여 제품 A를 생산하고 있으며, 선입선출법에 따라 원가계산을 실시하고 있다. 동사는 완성도 50% 시점에서 품질검사를 실시하고 있으며, 검사통과수량의 10%를 정상공손으로 간주한다. 20×7년 4월중에 생산 및 원가자료는 다음과 같다.

- **수량자료:**

기초재공품	2,000(완성도 60%)
생산착수량	25,000
당기완성량	20,000
기말재공품	4,000(완성도 40%)

- **원가자료:**

기초재공품:	재료비	₩20,000	가공비	₩40,000
당기투입원가:	재료비	150,000	가공비	219,000

동사는 공정초에 원재료의 전량을 투입하며, 가공비는 전공정에 걸쳐 균등하게 발생한다.

요구사항

다음 금액 또는 수량을 구하시오.

1. 정상공손수량
2. 비정상공손손실
3. 완성품원가
4. 기말재공품원가

문 6 기초재공품이 전기에 검사시점을 통과한 경우(1)

태종(주)는 가구제조업체로서 가구제조공정은 조립부문과 도색부문으로 구성되어 있다. 도색부문에서의 재료비는 완성시점에서 투입되며, 가공비는 평균적으로 발생한다. 또한 도색부문은 공정의 70%시점에서 검사를 실시하며, 검사를 통과한 수량의 5%까지를 정상공손으로 허용하고 있다. 도색부문의 기초재공품은 12,000단위(완성도 90%), 전공정 대체수량은 36,000단위, 완성품수량은 34,000단위, 기말재공품 수량은 10,000단위(완성도 75%)이다. 단, 정상공손원가는 완성품에만 배부하기로 한다.

도색부문의 원가관련 자료는 다음과 같다.

	전공정비	재 료 비	가 공 비
기초재공품	₩915,000	₩ 0	₩834,560
당기발생원가	2,273,400	864,960	2,293,410

요구사항

1. 도색부문이 원가계산방법으로 선입선출법을 사용할 경우 다음 물음에 답하시오.
   ① 정상공손수량과 비정상공손수량
   ② 원가요소별 완성품환산량
   ③ 원가요소별 완성품환산량 단위당원가
   ④ 비정상공손손실
   ⑤ 완성품원가
   ⑥ 기말재공품원가
2. 재공품과 관련된 분개를 하시오.

문 7 공손품회계: 평균법과 선입선출법의 비교

다음 자료를 참고로 하여 요구사항에 답하시오.

- **물량자료**

기초재공품	800개(가공비 완성도 3/4)
당월완성품	2,500개
공손품	500개(비정상공손 200개)
기말재공품	600개(가공비 완성도 2/3)

- **원가자료**

당월발생 전공정대체원가	₩3,520
당월발생 재료비	11,550

당월발생 가공비	7,710		
기초재공품원가	5,457		

단, 기초재공품원가의 구성은 다음과 같다.

전공정비	800	재료비	2,400
가공비	1,740	정상공손품원가	517

- **검사시점:** 공손품은 가공비 완성도 50% 시점에서 검사된다.

요구사항

1. 재료는 가공비완성도 60%시점에서 투입되고 원가계산방법은 평균법이다. 이때 완성품원가, 기말재공품원가, 비정상공손손실을 계산하시오.
2. 원가계산방법이 선입선출법일 경우에 요구사항 1의 요구에 답하시오.

문 8 기초재공품이 전기에 검사시점을 통과한 경우(2)

한샘(주)는 다음과 같이 두 개의 공정을 통하여 최종제품을 생산하고 있다. 다음은 20×6년 1월의 제 2공정 생산관련 자료이다.

기초재공품	2,000단위(70%)
당기착수량	10,800단위
완 성 품	10,000단위
기말재공품	1,200단위(90%)

공정의 특성상 A재료는 공정시점에서, B재료는 공정종점에서 각각 투입되며, 가공비는 공정의 진행에 따라 균일하게 발생된다. 공손의 발생에 대한 검사는 공정의 50%시점에서 실시하고 있으며, 검사시점을 통과한 물량의 10%까지를 정상공손으로 허용하고 있다.

	전공정비	A재료비	B재료비	가 공 비	정상공손원가
기초재공품원가	₩16,600	₩7,280	−	₩17,160	₩900
당기 투입 원가	124,200	32,400	75,000	172,920	−

요구사항

1. 재공품 평가방법이 선입선출법일 경우 다음 물음에 답하시오.
   ① 정상공손수량
   ② 완성품환산량 단위당 원가
   ③ 정상공손원가, 비정상공손손실, 완성품원가, 기말재공품원가
2. 재공품 평가방법이 평균법일 경우 다음 물음에 답하시오. 단, 단수발생시에는 소수점 첫째자리에서 반올림하시오.

① 정상공손수량
② 정상공손원가
③ 완성품원가

문 9 두 개의 검사시점

신촌(주)는 단일공정을 거쳐 제품 X를 생산하고 있다. 동사는 공정초기에 원재료 A를 전량투입하고 있으며, 공정의 60% 시점에서 원재료 B를 전량투입하며, 가공비는 전공정을 거쳐 균등하게 발생한다. 동사는 두 차례에 걸쳐 품질검사를 실시하는데 첫 번째 품질검사는 원재료 B를 투입하기 직전에 실시되며, 첫 번째 품질검사를 통과한 수량에 대해 원재료 B를 투입하게 된다. 두 번째 품질검사는 제품 완성시점에서 실시된다. 20×7년 4월중 생산 및 원가자료는 다음과 같다.

- **수량자료:**

기초재공품	3,000단위(완성도 50%)
당기착수량	25,000
당기완성량	22,000
기말재공품	2,500(완성도 80%)

- **원가자료:**

기초재공품:	
원재료 A	₩50,000
가공비	20,400
당기투입원가:	
원재료 A	510,000
원재료 B	390,000
가공비	300,000

공손품은 첫 번째 품질검사에서 2,000단위가 발생하였으며, 나머지는 두 번째 품질검사에서 발생한 것이다. 동사는 품질검사를 통과한 수량의 5%를 정상공손으로 간주한다.

요구사항

가중평균법을 사용하여 신촌(주)의 20×7년 4월의 제조원가보고서를 작성하시오.

문10 정상공손과 비정상공손

(주)서강은 원재료A와 원재료B를 투입하여 가전제품을 생산하고 있다. 동사는 가공공정 X, Y를 통해 제품을 생산하고 있으며, 각 공정의 기능은 다음과 같다.

- 동사의 가전제품은 원재료A 1단위, 원재료B 1단위를 투입하여 완성된다. 공정X에서는 원재료A를 투입하여 가공한 다음, 추가적인 가공을 위하여 공정Y에 대체한다. 공정Y에서는 공정의 50%가 완성된 이후에 원재료B를 추가하여 완제품을 생산한다. 각 공정은 24시간 계속해서 가동된다.
- 공정X에서 원재료는 공정초에 투입되며, 공정의 50% 시점에서 검사가 이루어진다. 공정X에서 발생한 공손품중에서 당월 투입량의 10%는 정상공손으로 간주하고, 나머지는 비정상공손으로 간주한다. 정상공손의 원가는 정상품에 배부하고, 비정상공손의 원가는 기간비용으로 처리한다. 그러나 공정Y에서는 어떤 공손도 발생하지 않는다.
- 공정X의 가공비는 전공정을 통하여 균등하게 발생하며, 정상공손에 대해서는 양품에 대하여 배분한다.
- 공정Y에서도 가공비는 전공정을 통하여 균등하게 발생한다.
- 동사의 20×7년 10월의 생산 및 원가자료는 다음과 같다.

	공정X	공정Y
기초재공품	24,000단위	20,000단위
기초재공품 완성도	75%	30%
당월투입량	150,000단위	?
당월대체량	139,500단위	?
기말재공품	15,000단위	?
기말재공품 완성도	1/3	20%
공정Y에 투입된 원재료B의 총소요량	–	135,500단위
기초재공품원가	₩487,500	₩800,000
2000년 10월의 발생원가		
원재료A의 단위당원가	₩15	
원재료B의 단위당원가	8	
가공비 환산량 단위당원가		
공정X	₩7	
공정Y	10	

요구사항

(주)서강은 원가계산을 위하여 선입선출법을 사용하고 있다.

1. 공정X의 제조원가보고서를 작성하시오.
2. 공정Y의 제조원가보고서를 작성하시오.

문11 공손품의 처분가치가 있는 경우

한라(주)는 단일공정을 통해 제품을 생산하고 있다. 원재료 A는 공정의 시점에 투입되고 있으며, 공정의 60% 시점에서 검사를 통해 공손품을 골라내고 있다. 원재료 B는 검사 후 양품에 대해 추가되어 완성된다. 20×7년 10월의 생산 및 원가자료는 다음과 같다.

	단 위	원 가
기초재고량	12,000(80%)	₩984,000
당기완성량	90,000	
기말재고량	18,000(70%)	
당기투입원가		
원재료A		7,140,000
원재료B		960,000
가공비		1,738,800

20×7년 10월중 6,000개의 공손이 발생하였으며, 이중 4,800개는 정상공손, 1,200개는 비정상공손으로 간주한다. 공손품은 하나에 ₩30에 판매할 수 있다.

요구사항

선입선출법으로 20×7년 10월의 제조원가보고서를 작성하시오.

문12 공손이 포함된 종합원가계산

서강(주)의 20×1년 10월 생산에 관련된 자료는 다음과 같다.

기초재공품	800개(완성도 60%)
당기착수	5,200개
완성품	5,000개
1차공손	300개
2차공손	200개
기말재공품	500개(완성도 40%)

재료A는 공정초기에 투입, 재료B(BIO칩)는 75%시점에서 투입, 가공비는 공정전반에 걸쳐 발생하고, 1차 검사시점은 공정의 50%시점이고, 2차 검사시점은 공정의 100%시점에서 이루어진다. 정상공손수량은 검사시점을 통과한 양품의 1차는 5%, 2차는 2%이다.

20×1년 10월의 각 원가요소별 원가자료는 다음과 같다.

	재료A	재료B	가 공 비	정상공손원가
기초재공품원가	₩30,000	₩0	₩32,400	₩7,000
당기투입원가	208,000	156,000	354,900	

당사는 원가계산방법으로 선입선출법을 사용하고 있으며, 공손품의 처분가치는 없는 것

으로 간주한다.

1. 정상공손수량을 구하시오.
2. 원가요인별로 완성품환산량을 계산하시오.
3. 공손품원가 배분후 제품으로 대체될 원가를 구하시오.

문13 단답형 기출문제

1. ㈜태종은 컴퓨터칩을 생산하고 있다. 직접재료는 생산공정의 초기에 투입되며, 가공원가는 공정의 전반에 걸쳐 균등하게 발생한다. 생산공정에서 공손품이 발생하는데 이러한 공손품은 제품을 검사하는 시점에서 파악된다. 정상적인 공손품은 품질검사시점을 통과한 합격품의 10%의 비율로 발생한다. 5월의 생산자료를 보면, 월초재공품(완성도 30%) 10,000개, 당월 생산착수량 75,000개, 당월 생산착수완성품 52,000개, 월말재공품(완성도 80%) 15,000개, 공손품 8,000개이다. 품질검사가 생산공정의 20% 시점에서 실시되는 경우 정상공손품 수량은 얼마인가? 만약 생산공정의 50% 시점에서 품질검사가 실시된다면, 정상공손품 수량은 얼마인가?

2. ㈜한국은 종합원가계산에 의하여 제품을 생산한다. 재료는 공정의 초기단계에 투입이 되며, 가공원가는 전체 공정에 고르게 투입된다. 20×1년 6월 1일의 재공품 10,000단위에 대해서는 공정이 50% 진행되었고, 동년 6월 30일의 재공품 20,000단위에 대해서는 공정이 90% 진행되었다. 품질검사는 공정이 80% 진행되었을 때에 실시하며, 불합격품에 대해서는 재작업을 실시하지 않는다. 정상공손은 당월의 품질검사에서 합격한 제품의 5%로 설정하고 있다. 6월중 55,000단위가 착수되었으며, 총40,000단위가 완성이 되었다. 6월에 발생한 비정상공손품의 가공원가 완성품환산량은 얼마인가?

3. ㈜유정은 하나의 공정에서 단일 종류의 제품을 생산하며, 종합원가계산(process costing)을 적용하여 제품원가를 계산한다. 원재료는 공정의 초기단계에 100% 투입된다. 당기의 생산 및 원가자료는 다음과 같다.

	물량단위	가공비 완성도	직접재료비	가공비
기초재공품	600	1/3	₩ 5,000	₩ 60,950
기초재공품	400	1/2	5,000	60,950
당기착수(투입)	9,000	–	135,000	281,700
기말재공품	200	40%	?	?
기말재공품	300	70%	?	?

재공품 평가방법은 평균법이고 공정의 종료단계에서 품질검사를 실시하였다. 검사받은

총수량의 2%가 공손품인 것으로 판명되었다. 공손품원가는 얼마인가?

4. ㈜태종은 단일공정을 거쳐서 제품을 생산하며, 선입선출법에 의한 종합원가계산을 적용하고 있다. 20×1년도 기초재공품은 1,000단위(완성도 40%)이고, 기말재공품은 3,000단위(완성도 80%)이며, 당기 완성품은 5,000단위이다. 공정 중에 품질검사를 실시한 결과 공손품 500단위가 발생하였고, 모두 정상공손으로 간주하였으며, 공손품의 처분가치는 없다. 기초재공품과 기말재공품은 모두 당기에 품질검사를 받은 것으로 판명되었다. 직접재료원가와 가공원가는 공정 전반에 걸쳐 균등하게 발생한다. 제품원가계산 결과 당기의 완성품환산량 단위당 원가는 ₩180이고, 완성품에 배부된 정상공손원가는 ₩33,750이었다. 품질검사는 완성도 몇 % 시점에서 이루어진 것으로 추정되는가?

5. ㈜한국공업은 두 개의 공정을 거쳐서 제품을 생산한다. 회사의 재공품 평가방법은 선입선출법(FIFO)이고, 공정별 종합원가계산을 적용하여 제품원가를 계산한다. 다음은 두 번째 공정의 생산 및 원가자료이다.

	물량단위	전공정대체원가	직접재료비	가공비
기초재공품	1,000(60%)	₩172,000	₩450,000	₩320,000
당기투입	5,000	625,000	1,470,000	924,000
완성품	4,000			
기말재공품	1,500(40%)			

* 괄호 안의 숫자는 가공비 완성도를 의미함.

두 번째 공정의 원재료는 50% 시점에서 모두 투입되고, 가공비는 전 공정을 통해 균등하게 발생한다. 공정의 80% 시점에서 품질검사를 실시하며, 정상공손 허용수준은 합격품의 5%이다. 공손품은 모두 폐기되며, 정상공손비는 합격품원가에 가산되고, 비정상공손비는 기간비용으로 처리된다. 두 번째 공정의 비정상공손비와 완성품원가는 각각 얼마인가?

문14 감손 발생시 완성도 추정

1. ㈜한국은 가공공정과 완성공정의 두 공정을 거쳐서 단일 종류의 제품을 생산한다. 가공공정에서는 전공정을 통하여 30%의 감손이 발생하며, 원재료는 공정착수시점에서 전량 투입된다. 7월의 기초재공품은 1,700kg이고 완성도는 50%이다. 그리고 당월의 투입재료는 9,000kg, 당기완성량은 6,720kg이다. 기말재공품이 1,064kg이라면 기말재공품의 완성도는 몇 %인가?

2. ㈜서울은 하나의 제조공정을 거쳐서 단일 종류의 제품을 생산하고 있다. 제조과정에서 전공정을 통하여 20%의 감손이 발생하며, 재료는 공정의 개시시점에 전량 투입된다. 1월의 원가계산 자료가 다음과 같은 경우, 기초재공품의 완성도는 몇 %인가?

기초재공품:	920kg	완성도 ?
당기착수량:	4,000kg	
당기완성량:	2,400kg	
기말재공품:	1,760kg	완성도 60%

제6장

결합제품과 부산물회계

제1절 서 론
제2절 결합제품의 원가계산
제3절 부산물회계
제4절 결합제품과 의사결정
제5절 종합예제

학습목표

한 생산프로세스에서 하나의 제품을 생산하는 경우도 있으나 동일한 생산 프로세스에서 두 가지 이상의 제품이 생산되는 경우도 예외는 아니다. 한 공정에서 부위별로 다양한 제품이 생산되는 정육제품과 원유의 정유과정에서 생산되는 수많은 유류들이 이러한 예에 속한다. 이 장에서는 이러한 제품들의 원가계산 문제를 설명하려 한다. 이 장을 공부하고 나면 다음 사항을 파악할 수 있어야 한다.

1. 결합 생산 프로세스의 본질
2. 결합제품과 부산물의 정의
3. 다양한 결합제품의 원가계산 방법
4. 부산물에 대한 회계처리 방법
5. 결합제품 및 부산물과 관련된 원가흐름의 기록
6. 결합제품과 관련된 특수의사결정

제6장 결합제품과 부산물회계

제1절 서 론

1 의 의

두 가지 이상의 상이한 제품이 동일한 생산공정에서 생산될 때 이 공정을 결합생산공정(joint production process)이라 하고, 결합생산공정으로부터 생산되는 주요 제품들을 결합제품(joint products) 또는 주제품(major products)이라 부른다. 결합제품의 예로는 유제품, 나무제품, 석유제품, 육유제품, 화학제품 등이 있다. 결합생산공정에서는 상대적인 판매가치가 적은 제품들도 생산되는데 이를 부산물(by-products)이라 부른다.

결합생산공정에 투입된 투입물들은 어느 정도의 프로세스를 거치면 개별적으로 식별될 수 있는 상태에 도달하게 되는데 원가회계 담당자는 이때가 되어야 비로소 개별 결합제품이나 부산물에 제품원가를 할당할 수 있게 된다. 이 장의 목적은 여러 가지 결합제품의 원가계산 방법을 제시하고 평가하는 데 있다. 이와 더불어 부산물에 대한 회계처리 방법과 결합제품의 추가가공 여부에 관한 의사결정 문제도 설명한다.

2 용 어

결합제품의 원가측정을 설명하기 전에 먼저 관련용어 몇 가지를 정리해 보자.

결합생산공정에서 결합제품이 개별적으로 식별될 수 있는 상태에 도달한 공정의 특정지점을 **분리점**(split-off point)이라 한다. 즉 분리점 이전에는 투입물의 개별식별은 불가능한 상태에 있게 된다. 또한 분리점 이전에 발생된 생산원가는 **결합원가**(joint cost)라 한다. 분리점 이전에 발생된 결합원가는 여러 종류의 제품을 생산하기 위하여 공동으로 발생한 원가이기 때문에 제품원가의 일부를 구성한다. 따라서 결합원가는 결합제품에 적절하게 배부되어야 한다. 분리점 이후에도 제조원가가 발생될 수 있는데 이런 원가를 **추가가공원가**(further processing costs) 또는 **분리가능원가**(separable costs)라 한다. 추가가공원가는 해당제품에 직접적으로 연계지어 추적할 수 있기 때문에 결합원가와는 달리 복잡한 원가배부 문제가 발생되지 않는다. 따라서 본 장의 주 내용은 분리점 이전에 발생된 결합원가를 분리점 이후에 개별적으로 식별되는 결합제품 또는 부산물에 어떻게 배부시키는가이다.

제2절 결합제품의 원가계산

결합제품 원가계산의 주요 목적은 결합제품 원가정보를 외부이용자와 내부이용자에게 보고하는 데 있다. 다른 제품 원가정보와 마찬가지로 결합제품 원가도 재무제표를 작성하거나, 경영자를 위한 원가보고서를 작성하는 데 이용된다. 결합제품원가는 결합원가와 추가가공원가로 구성되는데 여기서는 결합원가의 배부에 초점을 맞추어 설명한다.

결합원가를 결합제품에 배부하는 방법으로는 다음과 같은 4가지가 있는데 다음 자료를 사용하여 4가지 방법을 비교 설명하고자 한다.

- 물리적 단위법(물량기준법)
- 분리점에서의 판매가치법
- 순실현가치법
- 균등이익률법

자료1

20×7년 4월 태진화학사는 900리터의 화학물질 A를 가공하여 600리터의 화학물질 B와 300리터의 화학물질 C를 생산하였는데, 발생된 원가는 재료비 및 가공비를 포함하여 ₩180,000이다

결합원가의 배부는 제품의 물리적 흐름, 결합원가 분리점, 결합제품 등의 물리적 관계가 표시되는 다이아그램(공정흐름도)으로 나타내서 보면 쉽게 이해될 수 있는데 그 내용은 다음과 같다.

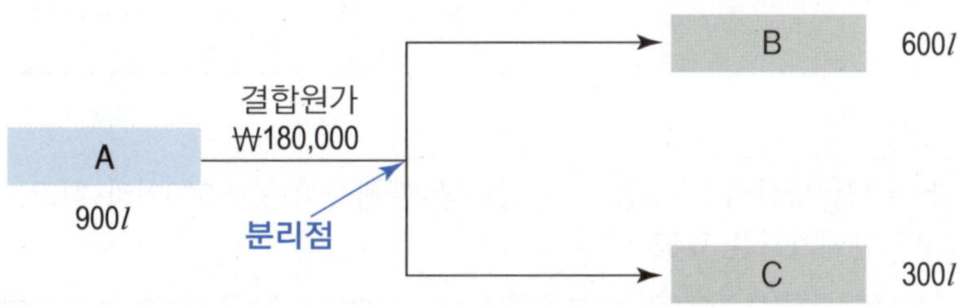

1 물리적 단위법

결합원가를 결합제품에 배부하는 방법 가운데 하나가 물리적 단위법(physical units allocation method)이다. 이는 각 결합제품의 상대적인 물리적 단위를 기준으로 해서 결합원가를 배부시키는 방법이다. 물리적 단위로는 생산량, 무게, 부피 등이 있다. 물리적 단위법에 의한 태진화학사 결합원가의 배부는 다음과 같으며, 여기서 비율은 각 제품의 상대적 부피를 나타낸다.

제 품	부 피	비 율		결합원가		배 부 액
B	600l	2/3	×	180,000	=	120,000
C	300	1/3	×	180,000	=	60,000
	900l	1				180,000

물리적 단위법에 의하면 제품에 관계없이 각 제품의 리터당 원가는 ₩200 (₩120,000÷600 또는 ₩60,000÷300)이다. 따라서 이 방법은 각 제품의 물리적 단위당 가격이 서로 유사하다면 만족스러운 방법이라고 할 수 있다. 만약에 제품별로

물리적 단위당 가격이 크게 차이가 날 경우에는 이 방법은 시장가격을 고려하고 있지 않기 때문에 적절한 방법이라고 볼 수 없다.

2 분리점에서의 판매가치법

분리점에서의 판매가치법(sales value at split-off method)은 결합원가를 결합제품에 배부하는데 분리점에서의 각 결합제품의 판매가치를 그 배부기준으로 사용하는 방법이다. 따라서 물리적 단위법과는 달리 분리점에서 각 결합제품의 판매가치를 알아야 이 방법의 사용이 가능하다.

자료2

태진화학사에서 생산하는 제품 B의 리터당 판매가격은 ₩300이라 하고, 제품 C의 리터당 판매가격은 ₩600이라 하자.

이때 분리점에서의 판매가치법에 의한 결합원가의 배부는 다음과 같으며, 여기서 비율은 각 제품의 상대적 판매가치를 나타낸다.

제 품	판매가치		비 율		결합원가		배 부 액
B	600×300 =	180,000	0.5	×	180,000	=	90,000
C	300×600 =	180,000	0.5	×	180,000	=	90,000
		360,000	1.0				180,000

분리점에서의 판매가치법에 의하면 제품 B의 리터당 원가는 ₩150(₩90,000÷600)이며 제품 C의 리터당 원가는 ₩300(₩90,000÷300)이다. 그러나 판매가치 ₩1당 배부금액은 제품에 관계없이 ₩0.5이다. 왜냐하면 판매가치를 기준으로 해서 결합원가를 각 결합제품에 배부하였기 때문이다.

이상에서 설명한 두 방법을 비교하기 위해서 각 제품이 모두 예상대로 판매되었다는 전제로 제품별 손익계산서를 작성해 보면 **표 6-1**과 같다.

표 6-1 (a)에 나타난 바와 같이, 물리적 단위법에 의하면 제품 C의 수익성이 제품 B의 수익성에 비해 월등히 높게 나타나고 있다. 따라서 제품 B보다 제품 C의 판매를 강조하면 전체 수익성은 보다 좋게 나타날 것이다. 그러나 따지고 보

표 6-1 제품별 손익계산서

(a) 제품별 손익계산서: 물리적 단위법

태진사			20×7년 4월
	제품 B	제품 C	총 계
판 매 량	600	300	900
매 출	₩180,000	₩180,000	₩360,000
매출원가	(120,000)	(60,000)	(180,000)
매출총이익	₩60,000	₩120,000	₩180,000
매출총이익률	33.3%	66.7%	50.0%

(b) 제품별 손익계산서: 분리점에서의 판매가치법

태진사			20×7년 4월
	제품 B	제품 C	총 계
판 매 량	600	300	900
매 출	₩180,000	₩180,000	₩360,000
매출원가	(90,000)	(90,000)	(180,000)
매출총이익	₩90,000	₩90,000	₩180,000
매출총이익률	50.0%	50.0%	50.0%

면 제품 C의 수익성이 좋게 나타난 것은 단순히 제품 C의 물량 단위가 제품 B의 물량단위에 비해 월등히 적기 때문에 물리적 단위법에 의해 결합원가를 적게 배부받았기 때문이다. 따라서 물리적 단위법은 원가계산을 왜곡시켜 그릇된 의사결정을 내리게 하는 위험을 지니게 된다. 반면에 분리점에서의 판매가치법에 의하면 **표 6-1** (b)에 나타난 바와 같이 분리점에서 각 제품의 매출총이익률은 똑같게 보고되고 있다. 이런 점에서는 각 제품의 판매가치를 고려한 분리점에서의 판매가치법이 물리적 단위법보다 우월하다고 할 수 있다.

3 순실현가치법

분리점에서 각 결합제품이 외부로 팔려 나갈 수 있다면 분리점에서의 시장가치법이 적절한 결합원가 배부방법이라고 할 수 있다. 그러나 많은 경우에는 분리점에서 분리된 결합제품이 추가가공되지 않고서는 판매될 수 없다. 이런 경우 분리점에서의 판매가치법을 약간 수정하여 순실현가치법(estimated net relizable value method)에 의해 결합원가를 배부하게 된다. 순실현가치법은 각 제품의 상대적인 추정순실현가치를 기준으로 결합원가를 결합제품에 배부하는 방법이다. 순실현가치(NRV)는 순판매가치(net sales value)라고도 하는데 이는 제품의 최종판매가격에서 추가가공 및 판매비용을 차감시켜 계산된다.

자료3

태진화학사가 생산하는 제품 B는 분리점에서 리터당 ₩300에 판매될 수 있는데 제품 C는 시장이 존재하지 않기 때문에 추가가공하지 않으면 판매될 수 없다고 가정하자. 그래서 태진화학사는 제품 C 300리터를 추가가공하여 판매가능한 제품인 제품 D 300리터를 생산하는데, 제품 D의 리터당 판매가격은 ₩1,000이며 이때 추가가공비는 ₩80,000이 소요되었다.

이 내용을 다이아그램으로 나타내면 다음과 같다.

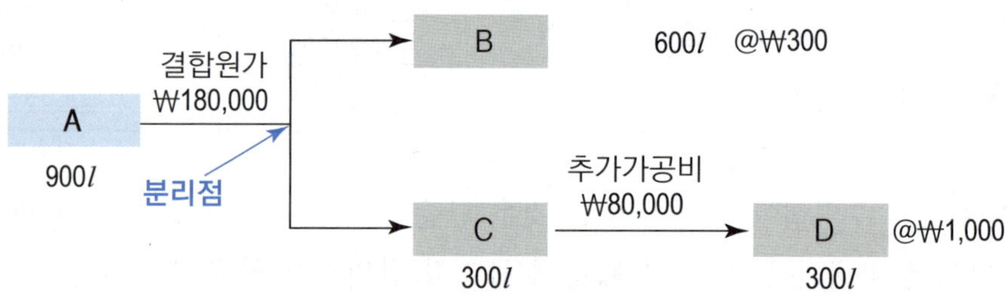

여기서 제품 C의 순실현가치는 제품 D의 최종판매가치, ₩300,000(300×₩1,000)에서 추가가공비 ₩80,000을 차감해서 ₩220,000으로 추정된다. 따라서 추정 순실현가치법에 의한 각 결합제품에의 결합원가의 배부는 다음과 같다.

제 품	순실현가치	비 율		결합원가		배 부 액
B	180,000	0.45	×	180,000	=	81,000
C	220,000	0.55	×	180,000	=	99,000
	400,000	1.00				180,000

따라서 제품 D의 원가는 제품 C에의 결합원가 배부액 ₩99,000에 추가가공비 ₩80,000을 가산해서 ₩179,000이 된다. 모든 제품이 예상대로 판매되었다고 가정하고 제품별 손익계산서를 작성하면 다음과 같다.

제품별 손익계산서: 순실현가치법

태진사			20×7년 4월
	제품 B	제품 D	총 계
판 매 량	600	300	900
매 출	₩180,000	₩300,000	₩480,000
매출원가	(81,000)	(179,000)	(260,000)
매출총이익	₩99,000	₩121,000	₩220,000
매출총이익률	55.00%	40.33%	45.83%

순실현가치법에 의해 결합원가를 배부하여 제품별 손익계산서를 작성해 보면 제품별 매출총이익률이 똑같지 않음을 알 수 있다. 즉 제품 B의 매출총이익률은 55.00%인 데 비해 제품 D의 매출총이익률은 40.33%이다. 그러나 분리점에서의 판매가치법에 의한 제품별 손익계산서는 앞의 **표 6-1** (b)와 같이 분리점에서 각 제품별 매출총이익률이 같게 나타남을 우리는 이미 알고 있다.

분리점에서 판매가치를 알 수 없는 경우에는 분리점에서의 판매가치법을 적용할 수 없기 때문에 순실현가치법을 사용하였다. 그 결과 각 제품별 매출총이익률이 서로 상이하게 나타난 것이다. 즉, 일부 제품에 대하여 분리점에서 판매가치를 알 수 없는 경우에 추정된 순실현가치를 분리점에서 판매가치와 같을 것이라고 가정하고 이를 적용하여 결합원가를 배분하는 방법이 순실현가치법이다. 다음에는 순실현가치법을 보완해서 각 제품별 매출총이익률을 똑같이 만드는 방법에 대해 알아보기로 하자.

4 균등이익률법

균등이익률법(constant gross-margin percentage net realizable value method)은 분리점에서 시장가치를 모르는 경우 각 결합제품별 매출총이익률이 똑같게 산출되게 결합원가를 결합제품에 배부시키는 방법이다. 이 방법은 다음 4단계를 거쳐 결합원가 배부액을 산정할 수 있는데 앞의 자료를 사용하여 결합원가 배부액을 산정하면 다음과 같다.

① **전체 매출총이익률 산정** 모든 제품이 예상대로 판매되었다고 가정하고 각 제품별로 매출액과 매출원가를 구한 후에 이를 합하여 전체 매출총이익률을 산정한다.

전체 매출액	180,000 + 300,000	=	480,000
전체 매출원가	180,000 + 80,000	=	260,000
전체 매출총이익			220,000
전체 매출총이익률	220,000 ÷ 480,000	=	45.83%

② **각 제품별 매출총이익 산정** 위에서 산정한 전체 매출총이익률을 각 제품별 매출액에 곱하여 각 제품별 매출총이익을 산정한다.

제품 B의 매출총이익	180,000 × 0.4583	=	82,500
제품 D의 매출총이익	300,000 × 0.4583	=	137,500

③ **각 제품별 총원가 산정** 각 제품별로 매출액에서 위에서 산정한 매출총이익을 차감하여 총원가를 산정한다.

제품 B의 총원가	180,000 − 82,500	=	97,500
제품 D의 총원가	300,000 − 137,500	=	162,500

④ **각 제품별 결합원가 배부액 산정** 위에서 산정한 각 제품별 총원가에서 추가가공비를 차감하여 각 제품별 결합원가 배부액을 산정한다.

제품 B의 배부액	97,500 − 0	=	97,500
제품 D의 배부액	162,500 − 80,000	=	82,500

모든 제품이 예상대로 판매되었다고 가정하고 균등이익률법에 의한 제품별 손익계산서를 작성해 보면 다음과 같다.

제품별 손익계산서: 균등이익률법

태진사 20×7년 4월

	제품B	제품D	총 계 ①
판 매 량	600	300	900
매 출	₩180,000	₩300,000	₩480,000
매출원가			
결합원가 ③, ④	97,500	82,500	180,000
추가가공비 ③, ④	–	80,000	80,000
매출총이익 ②	₩82,500	₩137,500	₩220,000
매출총이익률	45.83%	45.83%	45.83%

균등이익률법을 적용하기 위한 4단계를 별도로 적용하지 않고 손익계산서를 작

성할 때 반영하여 적용할 수도 있다. 즉, 앞에서 적용한 4단계 중 ①은 손익계산서의 총계난과 같은 것이고, ②는 손익계산서의 각 제품별 매출총이익과 같다. 그리고 ③과 ④는 각 제품별 매출총이익이 되도록 결합원가를 역산하여 구하는 과정이다.

위 손익계산서에 나타난 바와 같이 균등이익률법에 의해 결합원가를 배부하여 제품별 손익계산서를 작성해 보면 각 제품별 매출총이익률은 전체 매출총이익률과 같은 45.83%로 나타난다. 이와 같이 매출총이익률이 같게 나타난다는 점에서 이 방법은 단순한 순실현가치법에 비해 우월한 방법이라 할 수 있다.

지금까지 설명한 방법을 비교하면 분리점에서의 판매가치법을 적용하면 분리점에서 각 제품별 매출총이익률이 같아지고, 균등이익률법을 적용하면 추가가공비까지 고려한 최종시점기준으로 각 제품별 매출총이익률이 같아진다. 한편, 물량적 단위법이나 순실현가치법을 적용하면 각 제품별 매출총이익률이 상이한 것이 일반적이다.

5 복수 분리점

이상에서 우리는 분리점이 하나 있는 경우의 결합원가의 배부에 대해 알아보았다. 여기에서는 분리점이 여러 개 있는 경우 순실현가치법에 의한 결합원가의 배부에 대해 설명하려 한다. 분리점이 여러 개 있는 복잡한 상황에서는 결합원가를 배부하는데 다음 단계를 순서대로 밟아 보면 편리하다.

- 제품의 물리적 흐름, 분리점, 결합제품, 결합원가, 그리고 추가가공비 등이 표시되는 물리적 관계를 나타내는 다이아그램을 그린다.
- 제품 흐름의 맨 마지막 분리점에서부터 시작해서 차차 첫번째 분리점까지 거꾸로 각 분리점에서 해당 결합제품의 상대적 순실현가치를 산출한다.
- 위에서 산출된 상대적 순실현가치를 토대로 결합원가를 첫번째 분리점에서 맨 마지막 분리점까지 순서대로 해당 결합제품에 배부한다.

자료4

태진화학사는 세 개의 공정을 통해 다양한 제품을 생산하고 있는데 20×7년 4월의 활동내역은 다음과 같다.

- 제1공정에서는 화학물질 A 900리터를 가공하여 화학물질 B 300리터와 화학제품 C 600리터를 생산하였다.
- 제2공정에서는 제1공정에서 생산된 화학물질 B 300리터에 추가로 화학물질 P 300리터를 첨가하여 화학물질 E 200리터, 산업폐기물 100리터, 그리고 화학제품 F 300리터를 생산하였다.
- 제3공정에서는 제2공정에서 생산된 화학물질 E 200리터를 추가가공하여 화학제품 G 200리터를 생산하였다.
- 각 공정별 4월에 발생된 원가는 다음과 같다.

	공 정		
	1	2	3
직접재료비	₩100,000	₩60,000	–
직접노무비	40,000	20,000	₩40,000
제조간접비	40,000	20,000	40,000
총 계	₩180,000	₩100,000	₩80,000

- 최종제품의 리터당 판매가격은 다음과 같다.

제 품	리터당 판매가격
C	₩250
F	400
G	800

위 자료의 내용을 먼저 다이아그램으로 그려 보면 다음과 같다.

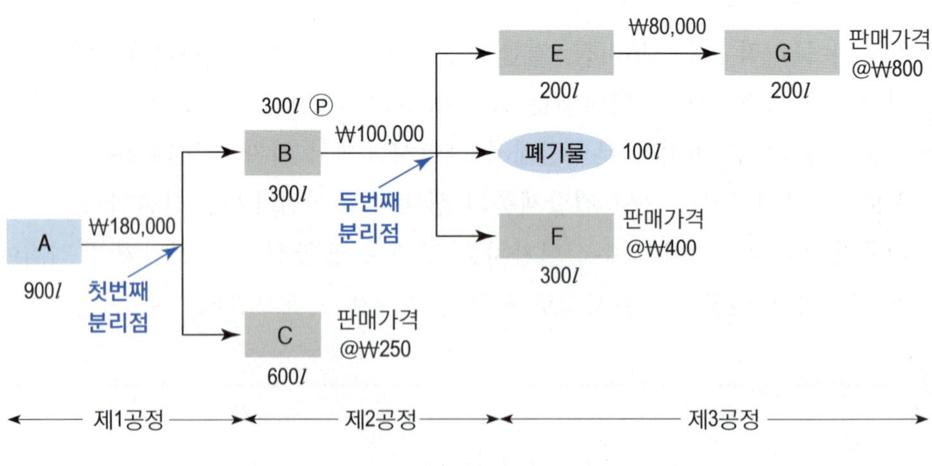

둘째, 뒤로부터 순서대로 두 번째 분리점에서 제품 G와 제품 F의 상대적 순실

현가치를 구하고, 그 다음으로 첫 번째 분리점에서 물질 B와 제품 C의 상대적 순실현가치를 산출하면 다음과 같다.

● **두 번째 분리점**

제 품	판매가치		추가가공비		순실현가치	상대적 순실현가치
E	200*l*×800	−	80,000	=	80,000	0.4
F	300*l*×400	−	0	=	120,000	0.6
					200,000	1.0

● **첫 번째 분리점**

제 품	판매가치		추가가공비		순실현가치	상대적 순실현가치
B	200,000	−	100,000	=	100,000	0.4
C	600*l*×250	−	0	=	150,000	0.6
					250,000	1.0

두 번째 분리점에서 제품 E와 제품 F의 순실현가치는 ₩80,000과 ₩120,000이다. 따라서 첫번째 분리점에서 제품 B의 순실현가치는 앞에서 산출한 제품 E와 제품 F의 순실현가치를 합친 후 추가가공비를 차감하여 산출한 결과 ₩100,000이며 제품 C의 순실현가치는 ₩150,000이다.

셋째, 앞서 산출된 상대적 순실현가치를 적용하여 첫 번째 분리점부터 결합원가를 각 해당 결합제품에 배부하면 다음과 같다.

● **첫 번째 분리점**

제 품	배부할 총결합원가	상대적 순실현가치	배 부 액
B	180,000	0.4	72,000
C		0.6	108,000
			180,000

● **두 번째 분리점**

제 품	배부할 총결합원가	상대적 순실현가치	배 부 액
E	72,000 + 100,000 = 172,000	0.4	68,800
F		0.6	103,200
			172,000

첫번째 분리점에서 결합원가 ₩180,000은 상대적 순실현가치를 기준으로 제품

B와 제품 C에 각각 ₩72,000과 ₩108,000이 배부되었다. 두 번째 분리점에서는 첫번째 분리점에서 제품 B에 배부된 ₩72,000과 제2공정에서 발생된 결합원가 ₩100,000이 합쳐져서 총 ₩172,000이 제품 E와 제품 F에 각각 ₩68,800과 ₩103,200이 배부되었다.

이러한 결과에 따라 각 판매가능한 제품별 총원가와 리터당 원가를 산출하면 다음과 같다.

제 품	결합원가		추가가공비		총 원 가	생산량(리터)	리터당 원 가	리터당 판매가격
C	108,000	+	0	=	108,000	600	180	250
F	103,200	+	0	=	103,200	300	344	400
G	68,800	+	80,000	=	148,800	200	744	800
					360,000			

(1) 폐기물을 처분하는 데 원가가 발생하는 경우

두 번째 공정에서 제품 E, 제품 F와 더불어 폐기물이 생산되었다. 만약에 이 폐기물을 처분하는 데 추가비용이 발생한다면 이 비용은 두 번째 공정의 결합원가 ₩100,000에 추가로 더해져서 제품 E와 제품 F에 배부되어야 한다.

(2) 분리점에서 판매가격이 존재하는 경우

첫번째 분리점에서 제품 B의 시장가격이 존재하지 않았다. 만약에 추가가공과는 상관없이 제품 B의 시장가격이 존재한다면 이때 B의 상대적 가치는 위에서 살펴보았듯이 복잡한 순실현가치에 의해 산정되는 것이 아니다. 알려진 시장가격(또는 판매가치)에 의해 산정된다. 그러므로 계산은 매우 간단해진다.

제3절 부산물회계

지금까지 우리는 결합제품의 용어를 상대적인 총판매가치가 큰 주제품(major product)이란 의미로 사용해 왔다. 부산물(by-product)은 상대적인 총판매가치(relative total sales value)가 작은 제품을 말한다. 생산공정은 부산물만 주목적으로 하지 않는다. 주제품을 생산하다 보면 부수적인 결과로 부산물이 얻어지는 것이다.

부산물과 유사한 용어로 스크랩(scrap)이 있다. 이는 생산공정에서 사용되는 원재료로 나온 자투리(조각)를 의미한다. 부산물은 적지만 판매가치를 지니지만 스크랩이나 폐기물(waste product)은 판매가치가 없거나 오히려 처분에 비용이 들기도 한다. 스크랩이나 폐기물은 (**제5장**에서 설명한) 온전치 않은 주제품 단위를 말하는 공손과 달리 처음부터 주제품이 될 수 없어 폐기되는 원재료나 산출물을 가리킨다. 이제 부산물에 초점을 맞춰 그 회계처리방법을 설명하려 한다. 부산물의 회계처리방법은 다양하지만 잡수익법과 순실현가치법이 널리 쓰인다.

1 잡수익법

잡수익법(miscellaneous income approach)은 판매기준법이라고도 하는데 이 방법은 생산시점에서 부산물의 존재를 인정하지 않고, 판매시점에 부산물의 순판매가치를 잡수익으로 처리하는 방법이다. 따라서 부산물을 생산해도 결합원가는 주제품(major products)에만 배부하고 부산물에는 배부하지 않는다. 이 방법은 부산물 시장이 불안정하여 부산물의 가치가 불확실하거나 아주 적을 때 적합한 방법이다. 가령 부산물을 추가가공하게 되는 경우와 같이 부산물이 중요하거나 그 가치가 큰 상황에서는 잡수익법을 적용하는 것이 적절하지 않다.

잡수익법에 의한 회계처리는 다음과 같다.

① **부산물의 생산** 부산물 생산에 대한 회계처리는 없고 모든 결합원가는 주제품에만 할당된다.

② **부산물의 판매**

(차) 현금(또는 매출채권)	×××	(대) 잡수익	×××

만약 부산물의 처분비용이 있으면 위의 금액은 이를 공제한 순판매가치(판매가치 − 처분비용)로 표시된다.

2 순실현가치법

순실현가치법(net realizable value approach)은 생산기준법이라고도 하는데 이 방법은 생산시점에서 부산물의 존재를 인정하여 부산물의 순실현가치에 해당하는 금액만큼을 우선 부산물에 배부하고 나머지 금액(결합원가 − 부산물의 순실현가치)

을 주제품에 배부하는 방법이다. 부산물의 판매시 수익은 인정되지 않는다.

순실현가치법에 의한 회계처리는 다음과 같다.

① 부산물의 생산

(차) 부산물	×××	(대) 재공품	×××

분리점에서 부산물의 순실현가치만큼 부산물에 할당된다. 따라서 주제품에 할당되는 결합원가는 그만큼 작아진다.

② 부산물의 판매

(차) 현금(또는 매출채권)	×××	(대) 부산물	×××

만약에 실제 판매가격이 부산물 원가계산에서 사용된 가격과 차이가 나는 경우에는 그 차이는 부산물 판매시 부산물 재고판매익 또는 부산물 재고판매손으로 처리된다. 이 방법은 부산물의 가치가 비교적 확실하거나 안정되어 있을 때 적합한 방법이다.

예제 1 결합원가의 배부: 부산물

태진화학사는 20×7년 4월 한 달간 화학물질 M 100리터를 가공하여 화학제품 A 40리터, 화학제품 B 50리터, 그리고 화학제품 C 10리터를 생산하였다. 이때 결합원가는 ₩1,500이며, A, B, 그리고 C 각 제품의 리터당 판매가격은 각각 ₩50, ₩15, 그리고 ₩5이다.

요구사항

1. 제품 A, B, 그리고 C가 모두 주제품일 경우 판매가치법에 의해 결합원가를 배부하시오.

2. 제품 C만 부산물일 경우, 잡수익법에 의해 결합원가를 배부하시오.

3. 제품 C만 부산물일 경우, 순실현가치법에 의해 결합원가를 배부하시오.

해답

[다이아그램]

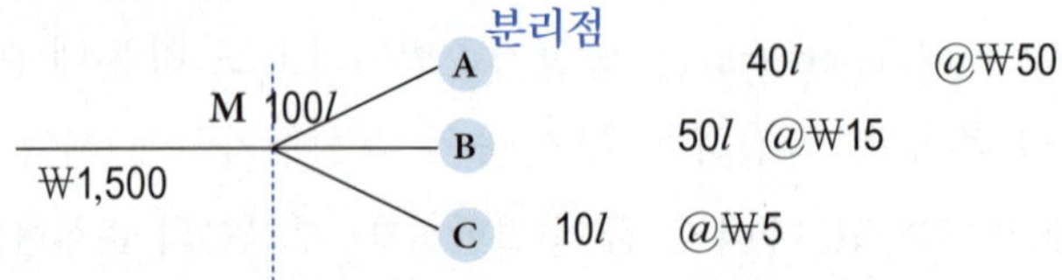

1. A, B, 그리고 C 모두 주제품일 경우

제 품	판매가치	상대적 판매가치	총결합원가	배 부 액
A	40l × 50 = 2,000	2,000/2,800	× 1,500 =	1,071
B	50l × 15 = 750	750/2,800		402
C	10l × 5 = 50	50/2,800		27
	2,800			1,500

2. C만 부산물일 경우: 잡수익법

제 품	판매가치	상대적 판매가치	총결합원가	배 부 액
A	40l × 50 = 2,000	2,000/2,750	× 1,500 =	1,091
B	50l × 15 = 750	750/2,750		409
	2,750			
C				0
				1,500

3. C만 부산물일 경우: 순실현가치법

제 품	판매가치	상대적 판매가치	총결합원가	배 부 액
A	40l × 50 = 2,000	2,000/2,750	× (1,500 − 50) =	1,055
B	50l × 15 = 750	750/2,750		395
	2,750			1,450
C	10l × 5 = 50	········→		50
				1,500

위의 경우 제품 C만 재고로 남고 제품 A와 B가 예상대로 판매된 경우의 비교손익계산서를 작성해 보면 다음과 같다.

모두 주제품인 경우		C 부산물: 잡수익법		C 부산물: 순실현가치법	
매 출	₩2,750	매 출	₩2,750	매 출	₩2,750
매출원가	(1,473)	매출원가	(1,500)	매출원가	(1,450)
매출총이익	₩1,277	매출총이익	1,250	매출총이익	₩1,300
		잡수익	0		
		영업이익	₩1,250		
기말재고	₩27	기말재고	0	기말재고	₩50

비교손익계산서를 보면 제품 C만 재고로 남은 경우 순실현가치법의 매출총이익이 ₩1,300으로 제일 크게 나타난 반면 잡수익법의 매출총이익은 ₩1,250으로 제일 작게 나타난 것을 알 수 있다. 앞서 설명한 바와 같이 잡수익법은 부산물

의 재고가치가 적고 불확실할 경우에 사용되는 가장 보수적인 방법이며 반면에 순실현가치법은 부산물의 재고가치가 보다 크고 확실할 때 사용되는 방법이다.

다만 생산한 모든 제품이 판매되는 경우에는 제품 C를 어떻게 처리하는지에 관계없이 총이익(영업이익)은 다음과 같이 동일하다. 왜냐하면 총수익은 ₩2,800이고 총비용은 ₩1,500이므로 결합원가 배분방법이나 부산물 처리방법에 관계없이 전체 이익은 ₩1,300이기 때문이다.

모두 주제품인 경우 : 1,277 + (50 − 27) = ₩1,300
C 부산물, 잡수익법 적용 : 1,250 + (50 − 0) = ₩1,300
C 부산물, 순실현가치법 적용 : 1,300 + (50 − 50) = ₩1,300

예제 2 부산물 회계처리방법

종로화학은 주산품 X, Y와 부산물 B를 생산하고 있다. 2011년 1월 중의 생산 및 판매활동에 관한 자료는 다음과 같다.

제 품	생 산 량	판 매 량	분리원가	제품단위당 최종판매가격
X	2,000개	1,700개	₩10,000	₩35
Y	1,000	800	25,000	65
B	2,000	1,500	3,500	5

1월의 결합원가는 ₩70,000이고, 부산물 B는 처분시 단위당 ₩1의 변동판매비가 발생한다. 월초 재고자산은 없으며, 결합원가는 분리점에서의 순실현가치에 따라 배분한다.

요구사항

다음 요구사항은 각각 독립적이다.

1. 부산물 B의 순판매가치를 판매시점에서 잡수익으로 처리(잡수익법)하는 경우 다음을 계산하시오.
① 월말재고자산 X, Y, B의 제품 단위당 원가
② 2011년 1월의 순이익

2. 부산물 B의 순실현가치를 생산시점에서 결합원가에서 차감하여 인식(순실현가치법)하는 경우 다음을 계산하시오.
① 월말재고자산 X, Y, B의 제품 단위당 원가
② 2011년 1월의 순이익

해답

[다이아그램]

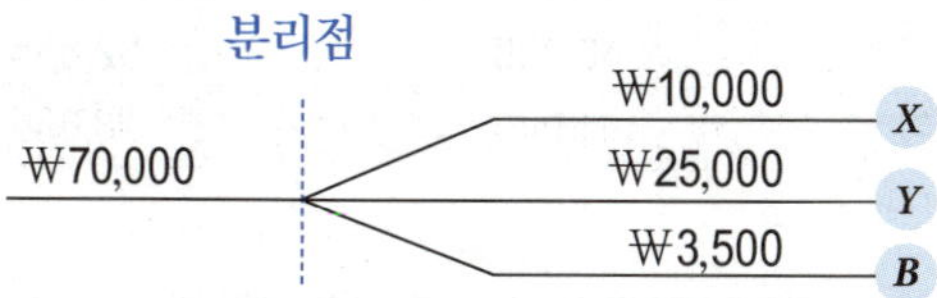

생산량	판매가격
2,000개	₩35
1,000개	₩65
2,000개	₩ 5

1. 잡수익법

① 단위당 원가

제 품	순실현가치	결합원가배부액	+	분리원가	=	총 원 가	단위당원가
X	60,000	42,000*		10,000		52,000	26.00
Y	40,000	28,000		25,000		53,000	53.00
	100,000	70,000					
B	–	–		3,500		3,500	1.75
				38,500		108,500	

$* \ 70{,}000 \times \frac{60{,}000}{100{,}000} = 42{,}000$

② 순이익

	X 제 품	Y 제 품	합 계
매출액	59,500	52,000	111,500
매출원가	44,200**	42,400	86,600
매출총이익	15,300	9,600	24,900
잡수익(B제품)			3,375***
순이익			28,275

** 1,700개 × 26 = 44,200
*** 1,500개 × (5 − 1.75 − 1) = 3,375

2. 순실현가치법

① 단위당 원가

제 품	순실현가치	결합원가배분액	+	분리원가	=	총원가	단위당원가
X	60,000	39,300**		10,000		49,300	24.65
Y	40,000	26,200		25,000		51,200	51.20
	100,000	65,500					
B	4,500* ········➤	4,500		3,500		8,000	4.00
				38,500		108,500	

* 2,000개 × (5 − 1) − 3,500 = 4,500

$** \ (70{,}000 - 4{,}500) \times \frac{60{,}000}{100{,}000} = 39{,}300$

② 순이익

	X 제 품	Y 제 품	합 계
매출액	59,500	52,000	111,500
매출원가	41,905***	40,960	82,865
매출총이익	17,795	11,040	28,635

*** 1,700개 × 24.65 = 41.905

3 한국채택국제회계기준

한국채택국제회계기준(K-IFRS)에서는 결합원가를 합리적이고 일관성 있는 방법으로 각 제품에 배부한다고 규정하고 있으며, 각 제품을 분리하여 식별가능한 시점 또는 완성 시점의 제품별 상대적 판매가치를 기준으로 배부할 수 있다고 예시하고 있다. 따라서 기업은 처한 상황에 따라 분리점에서의 상대적 판매가치법, 순실현가치법, 균등이익률법 등 합리적인 방법을 적용하여 결합원가를 배부하고, 이를 일관성 있게 적용하면 된다. 한편, 부산물은 순실현가능가치로 측정하며 주산물의 원가에서 차감된다고 되어 있는데 이것도 예시 규정으로 보인다. 따라서 기업이 처한 상황에 따라 부산물에 대한 합리적인 결합원가 배부방법을 적용하여 일관성 있게 적용하면 될 것으로 판단된다.

▶ 참고 : K-IFRS 제1002호 재고자산 문단 14

14 연산품이 생산되거나 주산물과 부산물이 생산되는 경우처럼 하나의 생산과정을 통하여 동시에 둘 이상의 제품이 생산될 수도 있다. 이 경우, 제품별 전환원가를 분리하여 식별할 수 없다면, 전환원가를 합리적이고 일관성 있는 방법으로 각 제품에 배부한다. 예를 들어, 각 제품을 분리하여 식별가능한 시점 또는 완성 시점의 제품별 상대적 판매가치를 기준으로 배부할 수 있다. 한편 대부분의 부산물은 본래 중요하지 않은데, 이 경우 부산물은 흔히 순실현가능가치로 측정하며 주산물의 원가에서 차감된다. 따라서 주산물의 장부금액은 원가와 중요한 차이가 없다.

제4절 결합제품과 의사결정

1 추가가공에 관한 의사결정

어떤 제품을 분리점에서 판매할 것인가 그렇지 않으면 분리점 이후 추가가공해서 판매할 것인가에 대한 경영의사결정을 추가가공에 관한 의사결정(sell or process further decision)이라 한다. 이러한 의사결정은 각 대안별로 상이한 미래의 원가와 수익에 기초하여 내려져야 한다. 추가가공에 관한 의사결정은 이미 결합제품을 분리점까지 가공한 후에 내리는 것이다. 따라서 그 이전에 발생된 결합원가는 아무리 그 금액이 크더라도 추가가공에 관한 의사결정에 영향을 줄 수 없으며 목적적합하지 않다. 의사결정에 유용한 목적적합한 원가(relevant cost)가 되려면 적어도 미래에 발생될 원가이어야 하기 때문이다. 그런데 이미 발생된 결합원가는 미래 어떤 의사결정을 내리더라도 변경될 수 없으며 똑같기 때문이다. 그러므로 결합원가를 어떤 방법을 사용해서 결합제품에 배부하더라도 이는 추가가공에 관한 의사결정에 영향을 미쳐서는 안 된다. 결론적으로 어떤 제품을 분리점에서 판매할 것인가 아니면 분리점 이후 추가가공해서 판매할 것인가에 대한 의사결정에 있어서 의사결정자는 결합원가나 결합원가의 배부방법에 대해서 관심을 가질 필요가 없으며 단지 추가가공에 따른 증분수익과 증분원가에 관심의 초점을 맞추어야 한다. 이때 증분수익과 증분원가가 목적적합한 정보이다. 여기서 증분수익이란 추가가공을 하는 경우 그렇지 않은 경우에 비해 늘어날 것으로 예상되는 수익의 증가분이며, 증분원가는 추가가공을 하는 경우 늘어날 것으로 예상되는 비용의 증가분이다. 증분수익이 증분비용보다 크다면 추가가공하는 편이 더 좋을 것이며 반대로 오히려 증분비용이 증분수익보다 크다면 추가가공하지 않고 분리점에서 판매하는 편이 더 유리할 것이다.

예제 3 추가가공에 관한 의사결정

ABC화학사는 결합원가 ₩100,000을 투입해서 세 가지 유형의 제품 A, B, 그리고 C를 생산하고 있다. 지난 달 각 제품별 생산량, 단위당 판매가격, 그리고 추가가공비는 다음과 같다.

제 품	생산량(리터)	판매가격/리터	추가가공비
A	6,000	₩15	₩30,000
B	3,000	20	9,000
C	1,000	50	11,000
	10,000		₩50,000

결합원가를 각각 물리적 단위법과 균등이익률법을 사용하여 결합제품에 배부하면 그 결과는 (a), (b)와 같다.

(a) 물리적 단위법에 의한 결합원가의 배부

제 품	생산량(리터)	상 대 적 생 산 량		결합원가		배 부 액
A	6,000	0.6	×	100,000	=	60,000
B	3,000	0.3	×	100,000	=	30,000
C	1,000	0.1	×	100,000	=	10,000
	10,000					100,000

(b) 균등이익률법에 의한 결합원가의 배부

	제품A	제품B	제품C	총 계
매 출	90,000	60,000	50,000	200,000
매출원가				
결합원가	**37,500**	**36,000**	**26,500**	**100,000**
추가가공비	30,000	9,000	11,000	50,000
매출총이익	22,500	15,000	12,500	50,000
매출총이익률	25%	25%	25%	25%

요구사항

1. 제품 A는 추가가공하지 않고도 판매될 수 있다고 가정하자. 이때의 리터당 판매가격은 ₩11이며 물론 추가가공비는 발생되지 않는다. 그렇다면 ABC사는 추가가공을 해야 하겠는가?
2. 만약에 제품 A의 추가가공비 가운데 25%는 회피불가능한 원가(unavoidable cost)라면 ABC사는 추가가공을 해야 하겠는가?

해답

1. 우선 앞에서 설명한 바와 같이 이러한 의사결정에 있어서 결합원가와 결합원가의 배부방법은 전혀 무관하다. 즉 물리적 단위법에 의한 제품 A에의 배부액은 ₩60,000이고 균등이익률법에 의한 제품 A에의 배부액은 ₩37,500인데 이에 대해서는 관심을 둘 필요가 없다. 여기서 중요한 것은 증분수익과 증분원가이다.

추가가공시 증분수익:	(₩15 − ₩11) × 6,000 =	₩24,000
추가가공시 증분원가: 추가가공비		30,000
추가가공시 증분이익		₩(6,000)

따라서 추가가공하는 경우 증분원가가 증분수익보다 ₩6,000이 더 많으므로 ABC사는 추가가공할 필요가 없다.

2. 회피불가능한 원가는 추가가공을 하든지 하지 않든지 발생하는 원가이기 때문에 증분원가의 산출에서 제외된다. 따라서 이때 의사결정을 위한 증분원가는 다음과 같이 산정된다.

추가가공시 증분원가: ₩30,000 − ₩30,000 × 0.25 = ₩22,500

따라서 추가가공하는 경우 증분수익(₩24,000)이 증분원가(₩22,500)보다 ₩1,500 더 크므로 ABC사는 추가가공해야 한다. 이 경우 추가가공하는 것과 그렇지 않은 것에 대한 총수익, 총비용, 총이익을 구해 비교해 보면 다음과 같다.

	추가가공한다	추가가공하지 않는다	차 액
수익	₩200,000*	₩176,00**	₩24,000
결합원가	(100,000)	(100,000)	−
추가가공비	(50,000)	(27,500)***	(22,500)
매출총이익	₩50,000	₩48,500	₩1,500

* 6,000 × 15 + 3,000 × 20 + 1,000 × 50 = 200,000
** 6,000 × 11 + 3,000 × 20 + 1,000 × 50 = 176,000
*** 30,000 × 0.25 + 9,000 + 11,000 = 27,500

위의 총수익, 총원가의 비교에서도 앞선 증분수익과 증분원가를 비교한 결과와 똑같이 나타났음을 알 수 있다. 위의 총이익의 계산에서도 자세히 보면 결합원가는 추가가공을 하는 경우나 그렇지 않은 경우 모두 똑같이 ₩100,000으로 나타나기 때문에 의사결정에 영향을 주지 않음을 알 수 있다. 차액란에 나타난 수익 ₩24,000과 추가가공비 ₩22,500은 증분수익과 증분원가를 나타내 준다.

2 결합제품의 재고관리

결합제품은 생산공정의 특성상 그 상대적 생산비율이 고정되어 있어 개별 제품의 생산량을 조절할 수 없는 경우가 흔히 있다. 따라서 그렇지 않은 제품에 비해 결합제품의 재고평가 및 관리는 한층 복잡해진다. 결합제품의 재고관리에서 주요 이슈는 어떻게 각 결합제품별로 바람직한 재고수준을 유지하느냐이다. 어떤 결합제품은 판매활동이 원활하게 이루어지지만 다른 결합제품은 그렇지 않다면 한쪽은 재고수준이 너무 낮게 나타나는 데 비해 다른 한쪽은 재고수준이 너무 높게 나타날 것이다. 결합제품간 상대적 생산비율이 고정되어 있으면 어느 한 쪽의 생산량을 늘리면서 다른 한쪽의 생산량은 줄일 수가 없게 된다. 따라서 결합제품인 경우 최적 재고관리 방법을 일관성 있게 시행하기가 어렵다.

경영자들이 이와 같이 복잡한 결합제품의 재고관리 문제를 해결할 수 있는 방안으로는 다음 몇 가지를 생각할 수 있다.

첫째, 꾸준한 연구개발 활동을 통하여 결합제품 산출물믹스를 바람직한 방향으로 변경시켜 나간다. 둘째, 판매가 부진하여 재고가 많이 쌓이는 결합제품에 대해서는 추가적인 마케팅 활동으로 판매를 늘려 나가도록 노력한다. 셋째, 두 번째 방법과 결부시켜 판매가 부진한 결합제품에 대해서는 가격을 조정하여 판매를 늘린다.

제5절 종합예제

태진화학사는 세 공정을 통해서 여러 결합제품을 생산한다. 각 공정의 생산제품을 보면 다음과 같다.

- 첫 번째 공정에서는 AA와 BH라는 두 가지 원재료가 투입되어 A, B, 그리고 AS를 생산한다. A는 분리점에서 판매되지만 B는 추가가공하지 않고서는 판매할 수 없다. AS는 분리점에서 판매 가능한 제품이지만 태진사는 AS를 추가가공하고 있다.
- 두 번째 공정에서는 첫 번째 공정에서 생산된 B를 추가가공해서 판매가능한 BX라는 제품을 생산한다. 지난 수개월간 B의 투입량과 BX의 산출량간의 비율은 일정하게 유지되어 왔다.
- 세 번째 공정에서는 첫번째 공정에서 생산된 AS에 화학물질 C를 첨가시켜 CB를 생산한다. 이러한 과정에서 부산물로 D가 생산된다.

태진화학사는 저가법으로 재고를 평가하며 원가는 선입선출법으로 평가한다. 부산물 D에 할당되는 결합원가는 판매가격에서 리터당 포장 및 판매비용 ₩0.04을 공제한 순실현가치이며 부산물 판매시 이익이나 손실은 인식되지 않는다.

20×7년 10월의 관련 자료는 다음과 같다.

● 원재료 투입량:

원 재 료	투입량(리터)	총 원 가
AA	6,300	₩5,670
BH	9,100	6,370
C	5,600	2,240

● 공정별 가공비:

공　　정	총가공비
제1공정	₩33,600
제2공정	3,306
제3공정	22,400

● 제품 생산량:

제　　품	생산량(리터)	재고(리터) 기 초	재고(리터) 기 말	리터당 판매가격
A	3,600			₩6.65
B	2,800	210	110	
AS	7,600	400	600	6.30
BX	2,755			4.20
CB	1,400			43.00
D	9,800			0.54

단, 각 공정 모두 기초 및 기말재공품 재고는 없었다.

◉ **요구사항**

1. 제품의 물리적 흐름, 분리점, 결합제품, 공정 등의 물리적 관계가 나타나는 다이아그램을 작성하시오.

2. 추정순실현가치법을 사용하여 제품 A, B, 그리고 AS의 리터당 원가를 산정하시오. 최종 답은 소수점 이하 셋째 자리에서 반올림하시오.

3. 물리적 단위법을 사용하여 제품 A, B, 그리고 AS의 리터당 원가를 산정하시오.

4. AS의 리터당 원가는 9월에 ₩3.40, 10월에 ₩3.50이라고 가정하자. CB의 리터당 원가는 얼마인가? 최종 답은 소수점 이하 셋째 자리에서 반올림하시오.

해 답

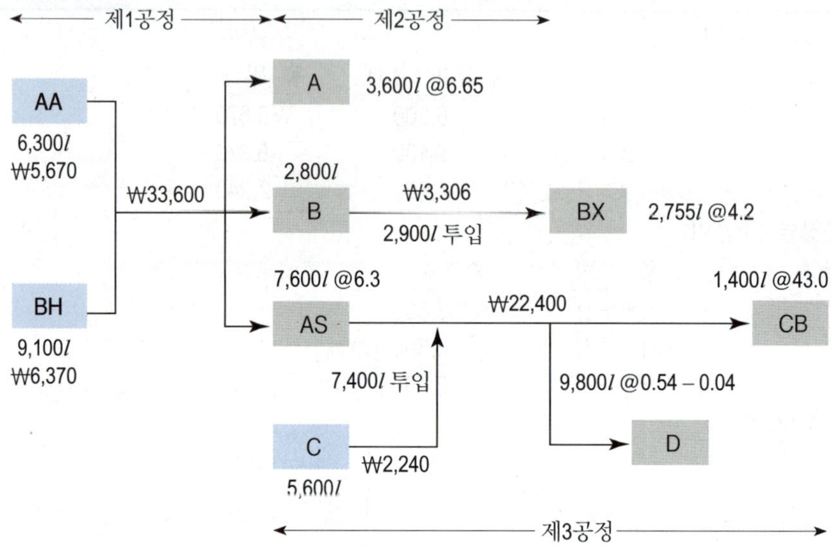

1. 물리적 관계 다이아그램

2. 순실현가치법

제 품	판매가치	추가가공비	순실현가치
A	3,600l × 6.65	0	23,940
B	2,800l × 0.95 × 4.2	3,306 × 2,800/2,900	7,980
AS	7,600l × 6.3	0	47,880
			79,800

제 품	상대적 순실현가치	결합원가	배부금액	리터당원가
A	0.3		13,692	3.80
B	0.1	45,640*	4,564	1.63
AS	0.6		27,384	3.60
	1.0		45,640	

* 5,670 + 6,370 + 33,600 = 45,640

☞ 제품 B의 판매가치는 생산량 2,800리터에 대한 것이다. 수율이 95%(2,755/2,900)이기 때문에 제품 B 2,800리터는 BX로 2,800×0.95 단위가 될 것이다. 가공비 ₩3,306은 제품 B 2,900리터의 가공비이다. 그러므로 제품 B 2,800리터 가공비는 ₩3,306 × 2,800/2,900이다.

3. 물리적 단위법

물리적 단위법에 의하면 결합제품의 종류에 관계없이 리터당 원가는 균등하게 배부된다. 그러므로 제품 A, B, AS의 리터당 원가는 모두 똑같이 다음과 같이 계산된다.

총결합원가 ÷ 총 산출량 = (₩5,670 + ₩6,370 + ₩33,600) ÷ (3,600 + 2,800 + 7,600)
= ₩45,640 ÷ 14,000 = ₩3.26/리터

4. CB의 파운드당 원가

총결합원가:

AS재료비(FIFO)	$400l \times$ ₩3.4 + $7{,}000l \times$ ₩3.5	=	₩25,860
C 재료비			2,240
가공비			22,400
총결합원가			₩50,500
부산물 D의 순실현가치:	9,800 × ₩(0.54 − 0.04)	=	₩4,900
CB에 할당될 원가:	₩50,500 − ₩4,900	=	₩45,600
리터당 원가:	₩45,600 ÷ 1,400	=	₩32.57

연습문제

문 1 부산물이 있는 경우의 균등이익률법

2011년에 (주)태종은 결합공정에서 원재료 100,000kg을 가공하여 주산품(주제품) A와 B 및 부산물 Y를 생산하였다. A제품은 즉시 판매되고, B제품과 부산물 Y는 추가 가공되어 판매된다. 관련 자료는 다음과 같다.

	제품 A	제품 B	부산물 Y	계
① 결합원가				
변동비				₩50,000
고정비				160,000
② 추가가공비				
변동비	–	₩30,000	₩1,000	31,000
고정비	–	70,000	9,000	79,000
③ 생산량	50,000개	30,000개	10,000개	90,000개
④ 판매단가	₩5.2	₩8	₩2	

(주)태종은 기초 및 기말재고자산을 보유하지 않는다.

요구사항

특별한 가정이 없는 한 다음은 각각 독립된 상황이다.

1. 균등이익률법에 의해 결합원가를 배분하는 경우 A, B 및 Y의 단위당 원가를 구하시오. 단, 회사는 생산시점에서 부산물의 순실현가치를 주산품에 배분될 결합원가에서 차감한다.
2. 회사가 부산물에 대해 판매시점의 잡수익법을 적용하는 경우에 (요구사항 1)에 답하시오.

문 2 부산물회계(1)

서강(주)는 두 개의 주제품 A, B와 부산물 C를 생산하고 있다. 20×7년 5월중 생산활동에 관한 자료는 다음과 같다.

	5월 1일 재고		5월중 생산량
	단 위	원 가	단 위
제품 A	40,000	₩360,000	200,000
제품 B	20,000	300,000	400,000
제품 C	4,000	38,000	80,000

분리점 이후 주제품 A, B의 단위당 판매가격은 각각 ₩40과 ₩60이다. 부산물 C의 단위당 판매가격은 ₩11인데, 부산물 판매와 관련하여 단위당 ₩1.2의 포장비와 ₩0.3의 운송비가 발생한다. 20×7년 5월중의 결합원가는 직접재료비 ₩1,200,000, 직접노무비 ₩2,100,000, 그리고 제조간접비 ₩4,000,000이 발생하였다. 20×7년 5월중 판매량은 제품 A 230,000단위, 제품 B 390,000단위, 그리고 부산물 C 82,000단위이다. 주제품인 A, B의 판매와 관련된 비용은 ₩2,000,000이며, 이들 비용은 제품 A, B에 균등하게 배분된다. 부산물에 대한 회계처리는 생산시점에서 부산물의 순실현가치를 주제품에 배부될 결합원가에서 차감하는 방법을 사용하고 있다. 또한 결합원가는 분리점에서의 상대적 판매가치를 기준으로 주제품에 배부하고 있다. 단, 재고자산에 대한 평가는 선입선출법을 사용하고 있다.

◉ 요구사항

1. 주제품 A, B에 배부될 결합원가는 각각 얼마인가?
2. 각 제품라인별 매출원가를 산정하시오.
3. 각 제품라인별 손익계산서를 작성하시오.

문 3 부산물회계(2)

세원(주)는 하나의 원재료를 사용하여 주제품 X, Y와 부산물 A를 생산하고 있다. 이들 각 제품은 분리점 이후의 추가공정을 거쳐 판매할 수 있는 최종제품이 된다. 1998년 1월의 생산 및 판매활동에 관한 자료는 다음과 같다.

제 품	생 산 량	판 매 량	분리원가 (변동원가)	단위당 최종 판매가치	1월중 매 출 액
X	80,000개	72,000개	₩120,000	₩7.5	₩540,000
Y	40,000	30,000	128,000	10	300,000
A	10,000	6,000	8,000	4	24,000

1월의 결합원가는 ₩600,000이며, 부산물 A의 처분시 단위당 ₩1의 판매비가 발생한다. 기초재고자산은 없으며, 결합원가는 분리시점에서의 순실현가치에 따라 배분한다.

요구사항

1. 부산물 A를 판매시점에서 잡수익으로 처리한다고 가정하고 다음을 계산하시오.
   ① 1월의 순이익
   ② 기말재고자산 X, Y, A의 원가
2. 부산물 A의 가치를 생산시점에서 결합원가에서 차감하여 인식한다고 가정하고 다음을 계산하시오.
   ① 1월의 순이익
   ② 기말재고자산 X, Y, A의 원가
3. 부산물 A가 주제품으로 분류되는 경우 1월의 순이익은 얼마인가?

문 4 추가가공에 대한 의사결정

언강(주)는 하나의 공징을 통해 제품 A, B, C를 생산하고 있으며, 제품 A는 생산과 동시에 외부에 판매할 수 있으며, 제품 B는 추가가공을 통해 외부에 판매된다. 제품 C는 그 동안 폐기물처리업체에 매월 ₩50,000을 지불하고 처리하여 왔다. 20×7년 10월 생산 및 판매관련 자료는 다음과 같다.

제　품	생 산 량	판 매 량	단위당 판매가격
제품 A	100,000단위	100,000단위	₩41
제품 B	50,000	50,000	30
제품 C	30,000	–	–

20×7년 10월 중 제품B에 대한 추가가공비는 ₩750,000이며, 자원재활용 업체가 제품C를 추가가공하여 제품X와 유사한 제품을 생산하기 위해 연강(주)에 단위당 ₩6에 제품C를 자신들에게 팔 것을 제안하였다. 제품C의 판매를 위한 추가적인 판매비는 단위당 ₩1이 발생하는 것으로 간주한다. 20×7년 10월 결합원가는 ₩3,500,000이다.

요구사항

1. 제품 A, B, C를 모두 주제품으로 간주할 경우 순실현가치법에 따라 결합원가를 배분하시오.
2. 모든 제품이 주제품으로 간주되어야 하는가? 설명하시오.
3. 제품C에 대한 처리업체 등장으로 인한 증분이익은 얼마인가?

문 5 결합원가 배분

서강(주)는 생산공정 1에서 원재료 X를 가공하여 중간제품 A, B, C를 생산하고 있다. 20×7년에는 원재료 X 100,000kg을 가공하여, 제품 A 30,000kg, 제품 B 50,000kg, 그리고 제품 C 20,000kg을 생산하였다. 이들 세 가지 제품의 생산비율은 매년 동일하게 유지된다. 동사에서 작성한 제품별 손익계산서는 다음과 같다.

	제품 A	제품 B	제품 C	합 계
생산량	30,000kg	50,000kg	20,000kg	100,000kg
kg당 판매가격	₩60	₩40	₩50	
매출액	₩1,800,000	₩2,000,000	₩1,000,000	₩4,800,000
결합원가	600,000	1,000,000	400,000	2,000,000
추가가공비	800,000	800,000	700,000	2,300,000
순이익	₩400,000	₩200,000	(₩100,000)	₩500,000

요구사항

1. 서강(주)의 현재 결합원가 배부방법은 무엇인가?
2. 서강(주)의 재무담당자는 제품 C의 경우 연간 ₩100,000의 손실을 가져오기 때문에 생산할 필요가 없다고 주장하는데 이에 대한 당신의 의견과 그 이유를 설명하시오.
3. 서강(주)가 순실현가치법을 이용하여 결합원가를 배부할 경우 제품별 손익계산서를 작성하시오.
4. 제품 B를 추가적으로 가공하여 제품 D를 생산할 경우 제품단위당 판매가격이 ₩60이다. 이때 추가적으로 발생하는 원가는 ₩500,000이며, 제품의 수율이 80%로 떨어질 것이다. 이때 서강(주)의 최선의 선택은 무엇인가? 계산근거를 밝히시오.

문 6 결합원가계산 종합문제(1)

(주)강남은 여러 공정을 거쳐서 최종적으로 제품 F(1,000개), 제품 G(1,000개), 제품 H(1,000개), 부산물 W(120개) 등 4개의 제품을 생산하고 있다. 공정 1에서는 원재료 X를 투입하여 최종제품 F와 중간제품 R(2,000개), 부산물 W를 생산하고 있다. 중간제품 R은 판매시장이 존재하지 않아 추가가공을 하여야 한다. 따라서 공정 2 에서는 중간 제품 R을 추가가공하여 제품 G와, 제품 H를 생산하다. 제품 G와, 제품 H는 각각 ₩500,000과 ₩1,000,000의 원가를 추가로 투입하여야 최종제품이 된다. 부산물은 생산시점의 원가차감법(순실현가치법)을 적용한다. 공정별 원가 및 제품별 단위당 판매가격은 다음과 같다.

- 공정 1의 결합원가: ₩1,512,000
- 공정 2의 결합원가: 1,200,000
- 단위당 판매가격

최종 제품 F:	₩1,700	최종 제품 G:	₩1,000
최종 제품 H:	₩2,000	부산물 W:	₩100

◉ 요구사항

1. 순실현가치법을 기준으로 결합원가를 배분할 때, 각 제품(부산물 포함)에 배분될 결합원가는 얼마인가?
2. 요구사항 1에 기초할 때 각 제품별로 최종제품의 단위당 원가를 구하시오.
3. 위 기본자료와 달리 부산물 W가 폐기물에 해당하여 판매가치는 전혀 없고 폐기처분하는데 단위당 ₩50이 소요된다고 가정한다. 순실현가치법으로 결합원가를 배분할 때 최종제품 G의 총원가는 얼마인가?
4. 기본자료와 동일한 상황에서 모든 제품은 최종 완성되기 이전에는 판매가치가 없다고 가정한다. 제품 H의 판매가격이 단위당 ₩400으로 떨어진다면 각 제품별 생산여부 의사결정을 수행하시오.
5. 중간제품 R의 판매가격이 ₩500일 때 제품 R을 추가가공하여 최종제품 G와 H를 생산하려 한다. 추가가공하기 위한 최종제품 H의 최소 판매가격을 구하시오. 단, 제품 G의 판매가격은 동일하다.

문 7 결합원가 종합문제(2)

(주)태종은 한 공정에서 갑 200단위, 을 300단위, 병 500단위, 부산물 정 100단위를 생산하고 있으며, 이들에 대한 결합원가는 ₩1,000,000이다. 을과 병은 추가가공하지 않고 분리점에서 즉시 판매할 수 있으며, 이들의 판매단가는 각각 ₩2,000과 ₩2,160이다. 갑은 추가가공하여 슈퍼 갑으로 판매되는데, 슈퍼 갑의 판매단가는 ₩4,100이며 추가가공원가는 ₩100,000이다. 부산물의 순실현가치는 주산물에 배분될 결합원가에서 차감되나, 부산물 정의 순실현가치는 없다.

◉ 요구사항

1. 각 제품의 순실현가치를 기준으로 결합원가를 배분하고자 할 때, 각 제품의 단위당 제조원가를 구하시오. 단, 단수 발생시에는 소수점 이하 둘째자리에서 반올림하시오.
2. 생산된 모든 제품은 당기에 전부 판매된다고 가정하고, 슈퍼 갑과 을 및 병의 매출총이익률을 구하시오. 단, 기초재고는 없으며, 단수 발생시에는 소수점 이하 둘째자리에서 반올림하시오.

3. 다음 각 상황에서 각 제품에 대하여 추가가공하는 것이 유리한지 아니면 추가가공하지 않는 것이 유리한지 추가가공여부에 대한 의사결정을 하시오. 단, 아래의 각 상황은 서로 독립적이다.
   (1) 갑 제품을 단위당 ₩3,700에 구입하겠다는 주문을 받았다. 이때 갑은 추가가공하는 것이 유리한가?
   (2) 을을 추가가공하면 슈퍼 을을 생산할 수 있다. 이때 투입량의 20%만큼 감손이 발생한다. 슈퍼 을의 판매단가는 ₩2,800이고, 추가가공원가는 ₩100,000 발생할 것으로 예측된다면 을을 추가가공하는 것이 유리한가?
   (3) 병을 추가가공하면 슈퍼 병을 생산할 수 있다. 이때 투입량의 120%에 해당하는 생산량이 산출된다. 슈퍼 병의 판매단가는 ₩2,200이고, 추가가공원가는 ₩100,000 발생할 것으로 예측된다면 병을 추가가공하는 것이 유리한가?

문 8 단답형 기출문제

1. 한국회사는 결합제품 A, B, C를 생산하며 순실현가치법에 의하여 결합원가를 배분한다. 기초 및 기말에서의 재고자산은 없으며, 당기의 제조 및 판매에 관한 자료가 다음과 같을 경우 제품C의 매출총이익은 얼마인가?

	A	B	C	합 계
생산량	7,000개	5,000개	3,000개	15,000개
결합원가	?	?	?	₩400,000
추가가공원가	₩50,000	₩20,000	₩40,000	110,000
판매가격	380,000	200,000	130,000	710,000

2. 대한정유는 수입한 원유를 정제하여 제품 X, Y, Z를 생산하고 있다. 다음은 2009년 1월 한 달 동안 정제공정에 투입된 총 공통원가와 X, Y, Z의 생산량에 관한 자료이다.

   (1) 원가

1월 한달 동안 정제공정에 투입된 재료비(원유)	₩150,000,000
1월 한달 동안 정제공정에 투입된 노무비와 제조경비	130,000,000

   (2) 생산량과 판매가격

제품	생산량	판매량	단위당 판매가격
X	20,000ℓ	15,000ℓ	₩15,000
Y	16,000ℓ	16,000ℓ	12,000
Z	12,000ℓ	10,000ℓ	9,000

공통원가는 각 제품이 공정에서 분리되는 시점에서 상대적 판매가치에 비례하여 배분한다. Y에 배분되는 공통원가는 얼마인가? 단, 2009년 1월 1일 현재 기초재공품은 없다.

3. 아래 그림과 같이 제품A는 공정1, 공정2, 공정4를 거쳐서 생산되고 제품B는 공정1, 공정2, 공정5를 거쳐서 생산된다. 제품C는 공정1과 공정3을 거쳐서 생산된다. 각 공정의 제조원가는 그림에서 주어진 수치와 같다. 결합원가가 순실현가치를 기준으로 배부되고, 제품A, 제품B, 제품C의 판매가액이 각각 ₩500,000, ₩200,000, ₩300,000일 때, 제품A의 총제조원가는 얼마인가?

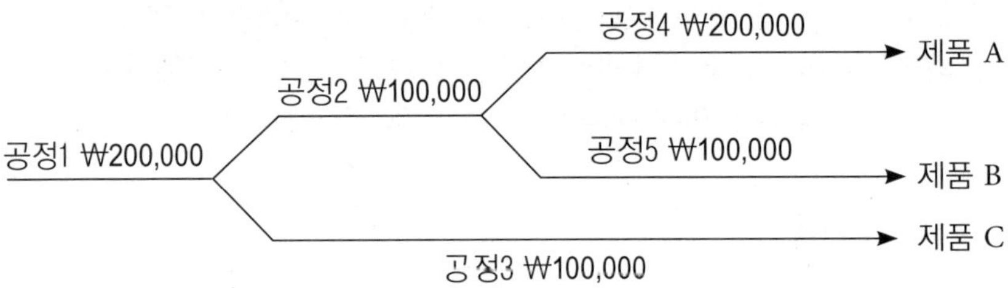

4. ㈜영남은 동일한 원료를 결합공정에 투입하여 주산품 X, Y와 부산품 B를 생산한다. 결합원가는 순실현가치(net realizable value)를 기준으로 제품에 배부한다. 당기에 결합공정에 투입된 총원가는 ₩150,000이고, 주산품 X, Y 및 부산품 B의 분리점에서 순실현가치의 상대적 비율은 6 : 3 : 1 이었다. 주산품 X에 배부된 결합원가가 ₩80,000이었다면, 부산품 B의 순실현가치는 얼마인가? 단, 부산품은 생산된 시점에서 순실현가치로 평가하여 재고자산으로 계상한다.

5. ㈜한국은 결합공정을 통해 중간재 X를 생산하고, 이를 추가가공하여 결합제품A와 B를 생산한다. 20×1년 결합공정에서 기초재공품은 없었고, 완성품은 8,000kg, 기말재공품은 1,000kg(완성도 40%)을 생산하였으며, 공손 및 감손은 없었다. 결합제품과 관련된 자료는 다음과 같다.

제 품	기초제품 수량	생산량	기말제품 수량	분리점이후 추가가공원가	단위당 판매가치
A	100개	4,000개	700개	₩20,000	₩50
B	500	2,000	125	40,000	80

당기 중 결합공정에 투입된 직접재료원가는 ₩72,000이었고, 가공원가는 ₩33,600이었다. 결합공정에서 재료는 공정 초에 모두 투입되고, 가공원가는 공정전반에 걸쳐 균등하게 발생한다. 순실현가치법으로 결합원가를 배부할 때 결합제품A에 얼마가 배부되는가? 단, 원가흐름은 평균법을 가정하며, 분리점이후 추가공정에서 재공품은 없었다.

문 9 결합원가계산과 종합원가계산

유현은 두 개의 제조공정에서 제품A, B를 생산한다. 1공정에서는 1:2의 비율로 연산품 A와 B를 생산하는데, 연산품 A는 1공정 종료시점에서 즉시 판매할 수 있으며 연산품 B는 2공정에서 추가가공한다. 당기동안의 생산 및 원가자료는 다음과 같다.

1공정:	기초재공품	500개	₩3,000
	제품A의 생산량	2,000개	?
	중간제품B의 생산량	4,000개	?
	당기발생 총제조원가		₩22,000
	기말재공품	600개	₩4,000
2공정:	기초재공품 없음		
	완제품B의 생산량	3,000개	?
	가공비		₩14,800

〈추가자료〉

① 제품 A와 B의 단위당 판매가격은 각각 ₩4과 ₩7이다.

② 2공정에서 재료비는 발생하지 않았으며, 기말재공품의 가공비완성도는 70%이다.

③ 회사는 결합원가를 순실현가치에 의하여 배분하고 있다.

④ 공손은 발생하지 않았다.

요구사항

1. 1공정의 결합원가 중 당기에 배분할 원가는 얼마인가?
2. 2공정의 가공비 완성품환산량과 완성품환산량 단위당원가를 구하시오.
3. 1공정의 결합원가 중 A제품에 배분될 금액은 얼마인가?
4. 2공정의 기말재공품원가와 완성품원가는 얼마인가?
5. 1공정과 2공정의 재공품계정을 작성하시오.
6. 재공품계정과 관련있는 회계처리를 하시오.

제 7 장

보조부서 원가의 배부

제1절 서 론

제2절 보조부서 원가의 배부방법

제3절 정리 및 종합예제

보 론 차지백 시스템

학습목표

제조간접비의 측정 및 통제는 원가회계에서 가장 어려운 과제 중의 하나이다. 여기서는 우선 보조부서와 생산부서의 관계를 살펴본 후 보조부서 원가의 생산부서에의 배부에 대해 설명하려 한다. 이 장을 공부하고 나면 다음사항을 파악할 수 있어야 한다.

1. 생산부서와 보조부서의 관계
2. 원가배부의 목적
3. 단일배부율과 이중배부율의 차이
4. 직접배부법, 단계배부법 및 상호배부법간의 차이
5. 차지백 시스템

제7장 보조부서 원가의 배부

제1절 서 론

1 의 의

제조활동을 수행하는 부서는 크게 생산부서와 보조부서로 구분될 수 있다. 생산부서(production department)는 원재료를 가공하여 완제품을 만드는 제품의 생산과 직접적으로 관련 있는 활동을 수행하는 제조공장의 부서이다. 많은 기업에는 생산부서 이외에 생산부서의 원활한 활동을 도와주는 부서인 보조부서(service department)가 있다. 보조부서는 제조활동의 일부를 수행하기는 하나 제품의 생산과 직접적인 관련이 없다는 점에서 생산부서와 구분된다. 보조부서의 예로는 수선부서, 공장원가회계부서, 전산부서, 재고관리부서, 청소부서, 인사부서, 그리고 전력부서 등이 있다. 보조부서활동은 제품을 직접 생산하는 활동은 아니지만 제품을 생산하는 데 필요한 활동이기 때문에 보조부서에서 발생된 비용(또는 보조부서원가)도 제품원가의 일부이다. 따라서 보조부서원가는 제품원가를 산정할 때 포함되어야 한다. 그렇지 않으면 제품원가는 과소계상된다.

보조부서에서 발생된 비용에는 소모품비, 자재비, 부서인력의 급여 등 자체 직접비도 있고 또한 광열비, 부서설비에서 파생되는 감가상각비, 부서점유면적에서 파생되는 비용 등 간접비도 있는데 이들 모든 보조부서원가는 제조활동과

그림 **7-1** 보조부서원가의 배부

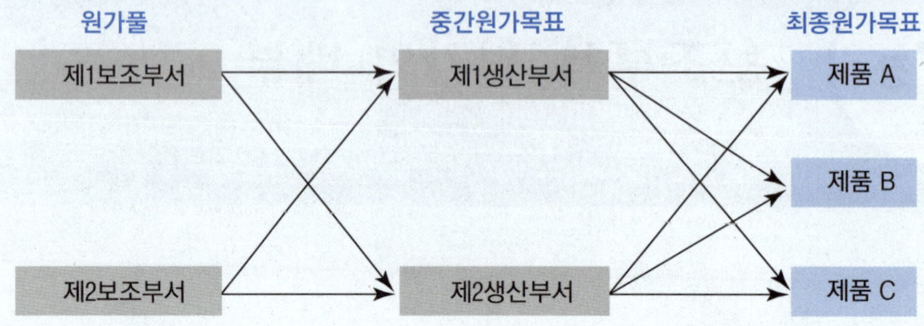

직접적으로 관련을 가지지 않기 때문에 제조간접비이다. 또한 보조부서의 활동단위는 생사부서의 활동단위와는 전혀 다르기 때문에 보조부서원가는 제품에 직접 할당되어질 수 없다. 대신에 보조부서원가는 일단 각 생산부서로 배부되어진 다음 해당 생산부서의 제조간접비의 일부분으로 간주되어 해당 생산부서의 자체 제조간접비가 제품으로 배부될 때 함께 제품에 배부된다. 즉 보조부서 원가배부액과 생산부서 자체 제조간접비가 합쳐져서 해당 생산부서의 제조간접비풀(pool)을 형성한다. 따라서 보조부서원가를 어떻게 생산부서에 배부할 것인가가 이 장의 주요 주제이다. 그 이후 집계된 제조간접비를 제품에 배부하는 문제는 **제3장** 등에서 이미 설명한 제조간접비 배부와 그 방법이 동일하다.

이상에서 설명한 보조부서원가를 제품으로 배부하는 절차를 간단히 요약해보면 **그림 7-1**과 같다.

위에서 각 보조부서별 발생원가를 원가풀(cost pool)이라 하는데, 이는 원가목표(cost objective) 또는 원가대상(cost object)에 배부될 관련 비용의 집합이다. 각 생산부서는 보조부서 원가배부에 있어서는 중간원가목표이다. 왜냐하면 여기서 원가계산의 궁극적인 목표는 제품원가의 계산이기 때문에 최종원가목표는 제품이다.

보조부서에 집계된 제조간접비를 제품에 배부하는 절차는 다음과 같이 요약할 수 있다. 이 절차 중에서 이번 장에서는 보조부서원가를 생산부서에 배부하는 방법에 대해 주로 설명할 것이다.

- 원가풀인 보조부서원가를 일정한 방법에 따라 중간원가목표인 해당 생산부서에 배부한다.

- 배부된 보조부서원가와 해당 생산부서 제조간접비가 합쳐져 또 다른 원가풀인 생산부서별 제조간접비 풀을 형성한다.
- 각 생산부서의 제조간접비 풀이 이미 **제3장** 등에서 설명된 제조간접비 배부방법에 의해 최종원가목표인 각 제품에 할당된다.

2 원가배부의 목적

이상에서 살펴본 바와 같이 제품원가계산을 위해서는 보조부서원가의 배부가 필수적이다. 이와 같은 원가배부는 원가계산의 목적과 똑같은 목적을 지니고 있다. 우선 재무보고목적을 충족시키기 위해서 원가배부를 해야 할 것이다. 그런데 원가배부의 목적이 단순히 재무보고목적을 충족시켜 주는 데 있다면 우리는 원가배부에 그렇게 큰 관심을 가질 필요는 없을지도 모른다. 왜냐하면 재무보고를 위해서라면 총체적으로 얼마만큼이 소멸된 원가(매출원가)이고 또한 얼마만큼이 소멸되지 않은 원가(기말재고)인지를 가려내면 되는데 원가배부방법이 여기에는 그렇게 큰 영향을 주지 않기 때문이다.

그러나 원가배부의 목적은 재무보고목적 이외에 관리회계적인 목적을 지닌다. 즉 계획, 가격결정 등의 의사결정, 성과평가 및 통제 등에 원가배부가 잘 부합되어야 한다. 왜냐하면 관리회계에서는 총체적인 것보다 특정부서, 특정제품 등 부분적인 것에 더 관심을 두어야 하기 때문이다. 가령 그릇된 원가배부로 말미암아 특정제품의 가격이 높게 책정되었다면 그 제품은 단순히 이로 인해 경쟁력을 상실할 수도 있다. 반대로 그릇된 원가배부로 말미암아 특정제품의 가격이 낮게 책정되었다면 단순히 이로 인해 제품을 판매하면 할수록 손실을 더 많이 보게 되는 결과를 초래할 수도 있다. 또한 그릇된 원가배부로 말미암아 성과평가가 잘못된다면 조직 구성원들의 사기를 저하시킴은 물론 조직 구성원들로 하여금 조직의 이익을 위해 최선을 다하게끔 동기부여하는 데도 문제가 야기될 수 있다. 따라서 기업들은 원가배부를 보다 정확히 하는 데 노력을 기울이고 있다.

한편 **제8장**에서 설명될 활동기준원가계산(ABC)도 보다 정확한 원가정보를 산출하기 위한 노력의 일환으로 기업들이 많은 관심을 기울이고 있는 원가계산의 한 방법이다.

3 원가배부에서 고려해야 할 점

어떠한 원가배부 상황에서도 경영자들은 다음과 같은 사항에 대해서 묵시적으로나 명시적으로 결정해야 한다.

(1) 원가풀의 숫자

원가풀은 원가목표에 배부될 관련원가의 집합체이다. 원가풀에 축적된 원가는 보통 두 개 이상의 원가목표에 기여하기 위해 발생되므로 공통원가(common cost)이다. 일반적으로 원가풀의 숫자를 늘리면 원가계산은 그만큼 정확하게 된다. 그러나 원가계산에 비용이 그만큼 많이 들기 때문에 경영자들은 원가풀의 숫자를 적절히 조정해야 한다. 가령 제조간접비 배부에 있어서 공장전체 제조간접비배부율을 사용하기로 결정하였다면 이때 제조간접비 원가풀의 숫자는 하나이다. 반면에 부서별 제조간접비배부율을 사용하기로 하였다면 생산부서의 숫자만큼 제조간접비 원가풀의 숫자는 늘어나게 된다. 이 경우 기업들은 원가계산에 소요되는 비용을 절약하기 위해서 유사한 생산부서가 있다면 원가배부 목적을 위해 하나의 풀로 묶어서 제조간접비 원가풀의 숫자를 줄이면서도 정확한 원가계산을 할 수 있는 방안을 강구하게 된다. 마찬가지로 보조부서원가를 생산부서에 배부하는 경우에도 유사한 부문을 한데 묶어서 풀의 숫자는 줄이면서도 보다 정확한 배부결과가 나타날 수 있도록 할 수 있을 것이다.

(2) 원가배부의 기준

기본적으로 합리적인 원가배부의 기준은 인과관계에 따라 결정하는 것이다. 인과관계(cause and effect)란 배부기준으로 결정된 측정치의 사용량이 늘어나면 이에 비례해서 배부될 원가의 사용도 늘어나는 관계에 있는 것을 의미한다. 가령 전력부 원가의 배부기준으로 전력사용량의 측정치인 킬로와트시(kwh)를 사용하게 되면 인과관계를 적절히 반영한다고 할 수 있다. 왜냐하면 어떤 생산부서에서 생산활동 결과 많은 킬로와트시를 기록하였다면 이는 보조부서인 전력부의 활동을 많이 유발시켜 전력부의 자원을 그만큼 많이 사용했다고 볼 수 있기 때문이다. 또한 배부기준을 결정하는 데에는 수혜기준(benefits received criterion)을 이용할 수도 있다. 가령 회사 전체광고를 하였을 경우 이 광고비용을 사업부문에 할당시키는데 사업부문의 매출액 증가액을 이용하는 것이 그것이다. 또한 부담할 능력(ability to bear)도 원가배부의 기준을 결정하는 데 사용된다. 예를 들어 회사의 이미지광고를 하였을 경우, 그 광고비용을 각 사업부의 매출액을 이용하여 각 사업부에 배부하는 것은 부담능력기준을 적용한 것이다.

수혜기준은 혜택 또는 효익의 정도에 따라 원가를 배부하는 기준이고, 부담능력기준은 원가를 부담할 수 있는 능력인 수익의 크기에 따라 원가를 배부하는 기준이라는 점에서 차이가 있다.

그 밖에도 원가배부기준으로는 공정성과 공평성기준(fairness and equity criterion) 등이 있다. 그러나 어떠한 방법에 의해 원가배부의 기준을 결정하더라도 원가배부가 정확하게 되었는지는 그 성격상 아무도 알 수 없는 것이기 때문에 경영자들은 항상 원가배부의 기준을 결정하는 데 세심한 주의를 기울여야 할 것이다.

(3) 단일배부율법과 이중배부율법

원가배부에 있어서 **단일배부율법**(single-rate method)은 원가행태에 불문하고 모든 원가를 하나의 풀로 묶어서 그 원가를 하나의 배부율로 원가대상에 배부하는 방법이다. 지금까지의 원가배부는 사실상 단일배부율을 이야기하는 것이었다. **이중배부율법**(dual-rate method)은 하나의 원가풀에 있는 원가를 변동원가와 고정원가로 구분하여 두 개의 하부 원가풀로 나누어 각 하부원가풀에 각각 상이한 별도의 원가배부율을 적용하여 배부하는 방법이다.

보조부서에서 발생한 원가는 변동원가와 고정원가로 구분될 수 있다. 보조부서에서 발생한 변동원가는 생산부서의 보조부서의 활동사용량이 증가되면 그 원가가 증가되는 원가인 데 반해 고정원가는 보조부서의 활동사용량이 증가되더라도 그 원가가 증가되지 않는 원가이다. 보조부서의 조업능력과 관련된 원가는 고정원가이다. 이중배부율법에 의하면 보조부서 원가를 변동원가와 고정원가의 두 가지 하부풀로 나누어서 변동원가에 대해서 실제사용량을 기준으로 원가를 생산부서에 배부하고 고정원가에 대해서 예정사용량을 기준으로 원가를 생산부서에 배부하게 된다. 고정원가를 예정사용량을 기준으로 배부하는 이유는 고정원가는 보조부서의 서비스생산 조업능력과 결부되어 있고 이러한 고정원가는 보조부서가 이미 어느 규모의 조업능력을 갖춰 놓고 있으면 사용하든지 안 하든지 발생할 수밖에 없기 때문이다. 그런데 보조부서에서 그러한 조업능력을 갖춰 놓는 것은 생산부서의 예정사용량에 맞추어 하게 된다.

예제 1 단일배부율법과 이중배부율법

수선부서는 제1생산부서와 제2생산부서에게 서비스를 제공하고 있다. 수선부서의 연간 예산자료는 다음과 같다.

수선부서 연간 고정비	₩180,000
예산상 사용수선시간:	
제1생산부서	600시간
제2생산부서	300시간
총사용수선시간	900시간
수선시간당 변동비	₩100/사용시간

제1생산부서와 제2생산부서는 실제로 각각 연간 450시간씩의 수선시간을 사용하였다.

요구사항

1. 단일배부율법에 의해 각 생산부서에 할당될 수선부서의 원가를 구하시오.
2. 이중배부율법에 의해 각 생산부서에 할당될 수선부서의 원가를 구하시오.

해답

1. 단일배부율법

① 배부율

예산상 총원가:	₩180,000 + (900예산시간 × ₩100) =	₩270,000
예산상 총사용수선시간:		900시간
예산상 배부율:	₩270,000 ÷ 900시간 =	₩300/시간

② 배부액

제1생산부서 배부액:	450실제시간 × ₩300 =	₩135,000
제2생산부서 배부액:	450실제시간 × ₩300 =	₩135,000

2. 이중배부율법

① 배부율

고정원가:	₩180,000 ÷ 900시간 =	₩200/시간
변동원가:		₩100/시간

② 배부액

제1생산부서 배부액:	600시간 × ₩200 + (450실제시간 × ₩100) =	₩165,000
제2생산부서 배부액:	300시간 × ₩200 + (450실제시간 × ₩100) =	₩105,000

단일배부율을 사용하게 되면 원가행태와 관계없이 실제사용량에 의해 보조부서의 원가가 제조부서로 배분된다. 반면 이중배부율을 사용하게 되면 변동원가는 실제사용량에 의해 배분되고, 고정원가는 예정사용량에 의해 배분된다.

단일배부율법은 이중배부율법에 비해서 적용이 간단하고 비용이 적게 발생하는 방법이다. 그러나 단일배부법의 경우 보조부서에서 발생된 원가를 변동원가와 고정원가의 구분 없이 일률적으로 배부하므로 생산부서 관리자들이 보조부서 자원의 효율적 활용을 등한시할 우려가 있다.

4 원가배부의 행동적 측면

보조부서원가의 생산부서에로의 배부는 관리회계의 행동적 관점에서 보면 내부에서 서비스를 생산한 부서가 서비스에 가격을 매겨서 그 서비스를 내부이용자 부서에게 판매하는 것으로 볼 수 있다. 이때 내부서비스는 사용자에게 적정가격으로 부과되어져야 한다. 만약에 보조부서원가가 사용자에게 적정가격으로 부과되지 않고 적당히 배부된다면, 다음과 같은 문제점이 나타날 수도 있다.

첫째, 사용자는 기업에서 경제적으로 제공할 수 있는 수준 이상의 서비스를 요구할 수도 있다. 둘째, 보조부서가 효율적으로 운영되었는지를 평가할 수 있는 기준이 없게 된다. 셋째, 해당 서비스를 외부에서 조달하는 것이 더 유리한지 그렇지 않은지 결정기준이 없게 된다. 마지막으로, 제공하는 서비스의 질을 평가하는 기준이 없게 된다.

보조부서의 원가가 사용자부서에 적정가격으로 부과된다면, 사용자부서의 경영자는 서비스의 사용을 통제하게 될 것이고, 외부구매의 경우와 비교하게 되고 또한 제공받는 서비스의 질을 평가하게 될 것이다. 아울러 보조부서 부서장과 의사소통을 하여 개선점을 모색하도록 도와 줄 수도 있을 것이다. 또한 보조부서의 부서장은 사용자부서에서 그 서비스를 사용하도록 관심을 기울이고 사용자지향적인 마음을 지니고 서비스를 제공하게 될 것이다. 따라서 기업전체로 볼 때 보조부서비용을 사용자에게 적정가격으로 부과시키는 것은 내부자원의 배분이 적절하게 이루어질 수 있도록 경영자의 결정을 유도하게 될 것이다. 사실 앞으로 설명할 보조부서원가의 배부절차는 단순한 기술적인 측면이다. 우리는 보조부서 원가배부에 있어서 기술적이고 계산적인 측면만 강조한 나머지 행동적인 측면에 대한 고려를 무시하는 우를 범하여서는 안 된다.

제2절 보조부서 원가의 배부방법

보조부서 원가배부에서 가장 중요한 결정은 배부방법에 대한 결정이다. 배부방법이 결정되면 보조부서원가를 생산부서에 배부하는 절차는 복잡하지 않다. 가장 널리 사용되는 보조부서 원가의 배부방법은 직접배부법, 단계배부법, 그리고 상호배부법 등이다. 세 가지 방법은 보조부서간에 제공하는 서비스(용역)를 어느 정도 고려할 것인가에 따라 구분된다. 즉, 보조부서원가를 생산부서에 배분할 때 보조부서간의 서비스제공을 전혀 고려하지 않으면 직접배부법, 순서를 정하여 일부만 고려하면 단계배부법, 완전히 고려하면 상호배부법이라 한다.

여기서는 단일배부율법을 사용하여 이들 세 방법에 따른 절차를 설명하고자 한다. 이중배부율법에 대해서는 종합예제에서 설명할 것이다.

자료1

태진철강사는 두 개의 보조부서(수선부, 전력부)와 두 개의 생산부서(공작부, 조립부)로 구성되어 있다. 이 회사는 수선부의 원가는 수선시간을 기준으로 생산부서에 배부하며 전력부의 원가는 전력사용량인 kwh를 기준으로 배부한다. 배부목적을 위해서 보조부서가 자신에게 공급한 서비스인 자가서비스(self-service)는 무시하고 있다. 이 회사의 20×7년 보조부서원가를 생산부서에 배부하기 전의 부서별 제조간접비예산과 보조부서의 예상 서비스 제공비율 등의 자료는 다음과 같다.

	보조부서		제조부서		
	수선부	전력부	공작부	조립부	총계
배부전 제조간접비	₩30,000	₩17,000	₩30,000	₩20,000	₩97,000
서비스 제공비율:					
수선부	–	20%	60%	20%	100%
전력부	40%	–	30%	30%	100%

1 직접배부법

직접배부법(direct allocation method)은 **직접법**이라고도 하는데 간단히 적용할

그림 7-2 보조부서 원가의 배부: 직접배부법

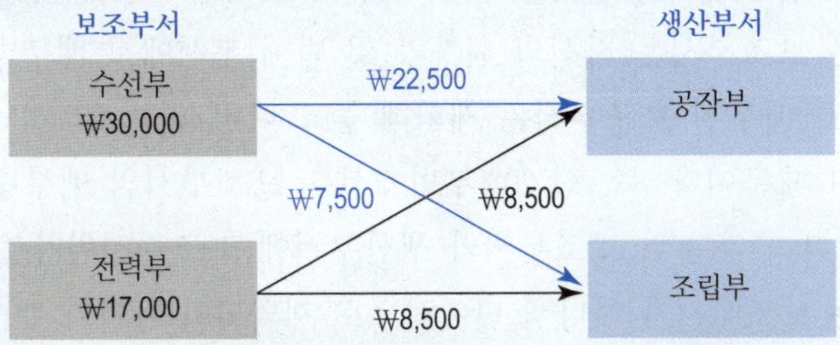

	보조부서		생산부서		
보조부서원가 배부	수 선 부	전 력 부	공 작 부	조 립 부	합 계
배부전 제조간접비	30,000	17,000	30,000	20,000	97,000
수선부원가(6/8, 2/8)	(30,000)	–	22,500	7,500	0
전력부원가(3/6, 3/6)	–	(17,000)	8,500	8,500	0
배부후 제조간접비	0	0	61,000	36,000	97,000

수 있어 가장 많이 사용되는 보조부서 원가배부 방법이다. 직접배부법은 각 보조부서원가를 직접 생산부서에 배부한다. 즉 보조부서 원가배부에서 다른 보조부서에게 제공한 서비스는 무시하고 오직 각 생산부서에 제공된 서비스의 양에 비례해서 원가를 배부한다. **자료1**에서 수선부 원가는 전력부에는 전혀 배분하지 않고 공작부와 조립부에만 60:20의 비율로 배분한다. 그리고 전력부 원가도 수선부에는 전혀 배분하지 않고 공작부와 조립부에만 30:30의 비율로 배분한다.

주어진 **자료1**을 이용하여 직접배부법에 의해 보조부서의 원가를 배부하면 **그림 7-2**와 같다. 참고로 보조부서원가를 직접배부법에 의하여 생산부서로 배부하는 것에 대한 회계처리는 다음과 같이 나타낼 수 있다.

(차) 제조간접비-공작부	31,000	(대) 제조간접비-수선부	30,000
제조간접비-조립부	16,000	제조간접비-전력부	17,000

2 단계배부법

단계배부법(step-allocation method)에서는 다른 보조부서에 제공한 서비스를 부분적으로 인정하여 보조부서 원가배부에 고려한다. 이 방법을 적용하려면 원가담당자는 먼저 어떤 보조부서의 원가를 제일 먼저 배부하고 그 다음에 어떤 보조부서를 배부할 것인지 배부순서를 확정해 놓아야 한다. 왜냐하면 첫 번째로 배부되는 보조부서의 원가는 모든 보조부서와 모든 생산부서에 배부되는데, 두 번째로 배부되는 보조부서는 자신의 원가와 첫 번째 부서에서 배부받은 원가를 합쳐서 첫 번째로 배부된 보조부서는 제외해 놓고 나머지 보조부서와 모든 생산부서에 배부되기 때문이다. 즉, 단계배부법에서는 보조부서의 배부순서를 정한 후에 그 순서에 따라 후순위 보조부서와 생산부서에 보조부서원가를 배부한다. 따라서 배부받는 보조부서가 하나씩 단계적으로 제외되어 나아가 맨 마지막으로 남은 보조부서가 생산부서에만 원가를 배부하고 나면 배부절차가 완료된다.

배부순서를 결정하는 방법은 보통 자신이 다른 보조부서에 제공한 서비스가 다른 보조부서로부터 제공받은 서비스보다 큰 부서를 먼저 배부한다. 이때 보조부서끼리 주고받는 서비스 양은 비율로써 측정할 수도 있고 금액으로써 측정할 수도 있는데 저자의 견해로는 금액으로 측정하는 것이 합리적이라고 생각한다. 왜냐하면 단계배부법의 취지는 서비스를 많이 제공한 보조부서를 먼저 여타의 보조부서에게 배부시킨다는 것인데 보조부서에서 제공한 서비스의 총체적인 금액이 적은 경우에는 비율이 높다 해도 그 비중이 떨어지기 때문이다.

앞의 **자료1**에서 배부순서를 결정하기 위해 보조부서간 상호 서비스의 제공비율 및 금액을 살펴보면 다음과 같다.

보조부서	다른 보조부서에 제공한 금액	비율기준	금액기준
수 선 부	₩30,000 × 0.2 = ₩6,000	20%	₩6,000
전 력 부	₩17,000 × 0.4 = ₩6,800	40%	₩6,800

즉 수선부로부터 전력부에 제공되는 예상 서비스금액은 ₩6,000인데 반하여 전력부로부터 수선부에 제공되는 예상 서비스금액은 ₩6,800이다. 따라서 금액을 기준으로 배부순서를 결정하면 전력부의 원가를 먼저 배부해야 한다. 그리고 비율을 기준으로 배부순서를 결정하면 수선부로부터 전력부에 제공되는 예상 서비스비율은 20%이고, 전력부로부터 수선부에 제공되는 예상 서비스비율은 40%이므로 전력부의 원가를 먼저 배부해야 한다. 제시된 자료에 의할 경우 금액기준이든 비율기준이든 전력부의 원가를 먼저 배부한다.

전력부의 원가를 먼저 배부하는 경우 다음과 같이 단계별로 배부한다. 우선 전력부의 원가를 후순위 보조부서인 수선부와 생산부서인 공작부 및 조립부에 각각 40 : 30 : 30의 비율로 배부한다. 이 단계는 다음과 같이 나타낼 수 있다.

	보조부서원가 배부	수선부	전력부	공작부	조립부
	배부전 제조간접비	30,000	17,000	30,000	20,000
1단계	**전력부원가**(0.4, 0.3, 0.3)	6,800	(17,000)	5,100	5,100

전력부의 원가를 배부하고 나면 다음으로 수선부의 원가를 배부한다. 수선부는 후순위 보조부서가 없으므로 생산부서인 공작부와 조립부에만 60 : 20의 비율로 원가를 배부한다. 이때 주의할 것은 수선부에서 배부할 금액은 수선부 자체의 예상금액인 ₩30,000뿐만 아니라 선순위 보조부서인 전력부로부터 배부받은 ₩6,800을 합한 ₩36,800이라는 것이다. 이 단계는 다음과 같이 나타낼 수 있다.

	보조부서원가 배부	수선부	전력부	공작부	조립부
	배부전 제조간접비	30,000	17,000	30,000	20,000
1단계	**전력부원가**(0.4, 0.3, 0.3)	6,800	(17,000)	5,100	5,100
2단계	수선부원가(0.6, 0.2)	(36,800)	–	27,600	9,200

그림 **7-3a** 보조부서 원가의 배부: 단계배부법

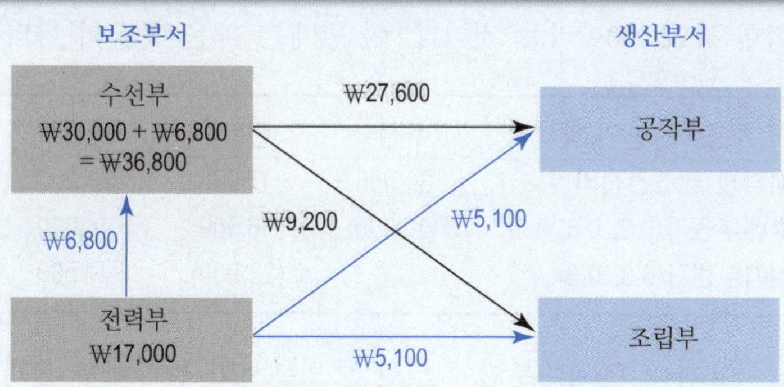

	보조부서		생산부서		
보조부서원가 배부	수 선 부	전 력 부	공 작 부	조 립 부	합 계
배부전 제조간접비	30,000	17,000	30,000	20,000	97,000
수선부원가(0.4, 0.3, 0.3)	**(6,800)**	**(17,000)**	**5,100**	**5,100**	**0**
전력부원가(6/8, 2/8)	(23,000)	–	27,600	9,200	0
배부후 제조간접비	0	0	62,700	34,300	97,000

자료1을 이용하여 단계배부법에 의한 보조부서의 원가배부 결과를 요약하면 **그림 7-3a**와 같다.

보조부서원가를 단계배부법에 의하여 생산부서로 배부하는 것에 대한 회계처리는 다음과 나타낼 수 있다.

(차) 제조간접비-공작부	32,700	(대) 제조간접비-수선부	30,000
제조간접비-조립부	14,300	제조간접비-전력부	17,000

참고로 만약 수선부의 원가를 먼저 배부하기로 한다면 다음과 같이 한다. 우선 수선부의 원가를 후순위 보조부서인 전력부와 생산부서인 공작부 및 조립부에 각각 20 : 60 : 20의 비율로 배부한다. 이 단계는 다음과 같이 나타낼 수 있다.

	보조부서원가 배부	수선부	전력부	공작부	조립부
	배부전 제조간접비	30,000	17,000	30,000	20,000
1단계	**수선부원가**(0.2, 0.6, 0.2)	(30,000)	6,000	18,000	6,000

수선부의 원가를 배부하고 나면 다음으로 전력부의 원가를 배부한다. 전력부는 후순위 보조부서가 없으므로 생산부서인 공작부와 조립부에만 30 : 30의 비율로 원가를 배부한다. 이때 주의할 것은 전력부에서 배부할 금액은 전력부 자체의 예상금액인 ₩17,000뿐만 아니라 선순위 보조부서인 수선부로부터 배부 받은 ₩6,000을 합한 ₩23,000이라는 것이다. 이 단계는 다음과 같이 나타낼 수 있다.

	보조부서원가 배부	수선부	전력부	공작부	조립부
	배부전 제조간접비	30,000	17,000	30,000	20,000
1단계	**수선부원가**(0.2, 0.6, 0.2)	(30,000)	6,000	18,000	6,000
2단계	전력부원가(0.3, 0.3)		(23,000)	11,500	11,500

자료1을 이용하여 단계배부법에 의한 보조부서의 원가배부 결과를 요약하면 **그림 7-3b**와 같다.

보조부서원가를 단계배부법에 의하여 생산부서로 배부하는 것에 대한 회계처리는 다음과 나타낼 수 있다.

(차) 제조간접비-공작부	29,500	(대) 제조간접비-수선부	30,000
제조간접비-조립부	17,500	제조간접비-전력부	17,000

그림 7-3b 보조부서 원가의 배부: 단계배부법

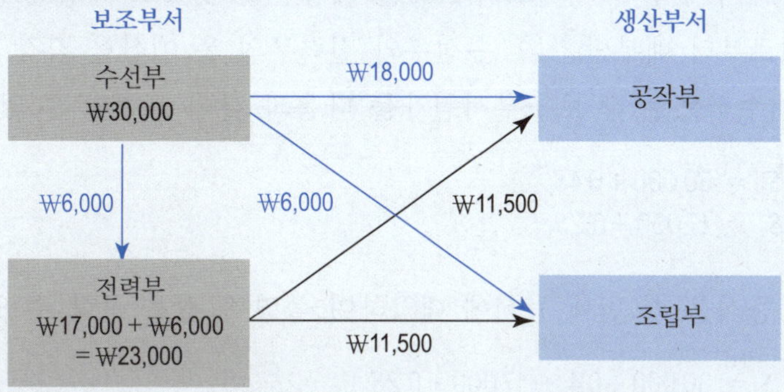

보조부서원가 배부	보조부서		생산부서		
	수 선 부	전 력 부	공 작 부	조 립 부	합 계
배부전 제조간접비	30,000	17,000	30,000	20,000	97,000
수선부원가(0.2, 0.6, 0.2)	**(30,000)**	**6,000**	**18,000**	**6,000**	**0**
전력부원가(3/6, 3/6)	–	(23,000)	11,500	11,500	0
배부후 제조간접비	0	0	59,500	37,500	97,000

3 상호배부법

단계배부법은 부분적이나마 한 보조부서에서 다른 보조부서에 제공한 서비스를 고려했다는 점에서 직접배부법보다 좀더 정확한 원가배부방법이라 할 수 있다. 그러나 단계배부법은 위에서 보았듯이 보조부서 사이의 서비스제공을 완전히 고려하지는 않았다. **상호배부법**(reciprocal allocation method)은 보조부서간의 서비스의 상호교환을 완전히 고려한다는 점에서 세 방법 가운데 가장 논리적이고 가장 정확한 정보를 제공해 주는 방법이다. 그러나 계산절차가 복잡하여 실무에서는 세 방법 가운데 가장 적게 사용되는 방법이기도 하다. 보통 상호배부법은 선형대수를 사용하기 때문에 **선형대수법**(linear algebra method)이라고도 한다.

상호배부법은 보조부서가 많은 경우 손으로 작업하면 계산 시간이 많이 걸리기 때문에 보통 계산작업은 컴퓨터에 의해 행해진다. 여기서는 보조부서가 두 개이기 때문에 수작업을 하는 데 큰 문제는 없다.

자료1에 의하면 수선부는 전력부에서 전력부 서비스의 40%를 제공받고 전력부는 수선부에서 수선부 서비스의 20%를 제공받을 것으로 예상된다. 따라서 다른 보조부서로부터 배부받은 후 수선부와 전력부의 총 예산을 각각 S_1과 S_2라 하면 우리는 대수적으로 각 보조부서원가를 다음과 같이 표현할 수 있다.

$$S_1 = 30{,}000 + 0.4S_2$$
$$S_2 = 17{,}000 + 0.2S_1$$

두 번째 등식을 첫 번째 등식에 대입하여 풀면 S_1 값을 구할 수 있다.

$$S_1 = 30{,}000 + 0.4 \times (17{,}000 + 0.2S_1)$$
$$S_1 = 30{,}000 + 6{,}800 + 0.08S_1$$
$$0.92S_1 = 36{,}800$$
$$S_1 = 40{,}000$$

위에서 구한 S_1 값을 두 번째 등식에 대입하면 S_2 값을 구할 수 있다.

$$S_2 = 17{,}000 + 0.2 \times (40{,}000)$$
$$S_2 = 25{,}000$$

그림 7-4 보조부서 원가의 배부: 상호배부법

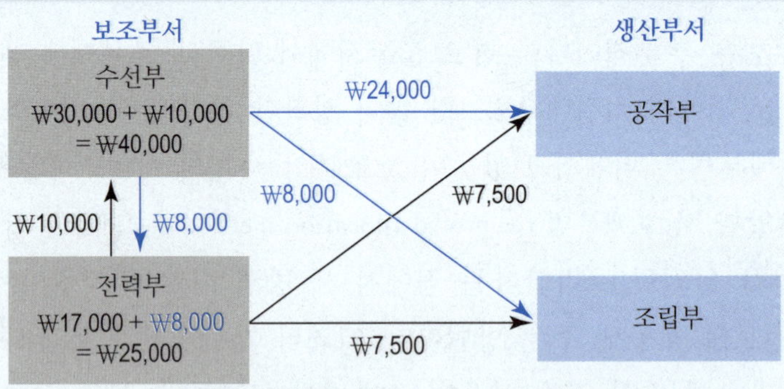

	보조부서		생산부서		
보조부서원가 배부	수 선 부	전 력 부	공 작 부	조 립 부	합 계
배부전 제조간접비	30,000	17,000	30,000	20,000	97,000
수선부원가(0.2, 0.6, 0.2)	(40,000)	8,000	24,000	8,000	0
전력부원가(0.4, 0.3, 0.3)	10,000	(25,000)	7,500	7,500	0
배부후 제조간접비	0	0	61,500	35,500	97,000

이제 상호배부 받은 후 각 보조부서의 원가인 ₩40,000과 ₩25,000을 서비스 제공 비율에 따라 다른 부서(보조부서 및 생산부서)에 배부하면 다음과 같다.

보조부서원가 배부		전 력 부	공 작 부	조 립 부	합 계
수 선 부	서비스 제공비율	20%	60%	20%	100%
	원가(₩40,000)의 배부	8,000	24,000	8,000	40,000
전 력 부	서비스 제공비율	40%	30%	30%	100%
	원가(₩25,000)의 배부	10,000	7,500	7,500	25,000

앞의 **자료1**을 이용하여 상호배부법에 의한 보조부서의 원가배부 결과를 요약하면 **그림 7-4**와 같다.

참고로 보조부서원가를 상호배부법에 의하여 생산부서로 배부하는 것에 대한 회계처리는 다음과 같이 나타낼 수 있다.

(차) 제조간접비-공작부	31,500	(대) 제조간접비-수선부	30,000
제조간접비-조립부	15,500	제조간접비-전력부	17,000

상호배부법은 단계배부법에 비해 다음과 같은 이유에서 우월하다.

첫째, 상호배부법은 보조부서간의 상호서비스의 교환을 충분하게 고려하기 때문에 좀더 정확한 원가배부라고 말할 수 있다.

둘째, 단계배부법에서는 어느 보조부서의 원가를 먼저 배부하느냐를 결정해야 하고 또한 그 배부순서가 바뀔 경우 배부결과도 그릇될 수 있는데 상호배부법에서는 그런 염려가 없다.

셋째, 보조부서에서 발생한 원가가 모두 변동원가인 경우 상호배부법은 경영자에게 그 서비스를 내부에서 제공하는 데 소요되는 원가정보를 제공해 준다.

제3절 정리 및 종합예제

1 정 리

이상 **제7장**에서 설명한 내용은 **그림 7-5**에서 1단계 배부에 해당하는 것이

그림 7-5 제조간접비의 배부: 두 단계 배부

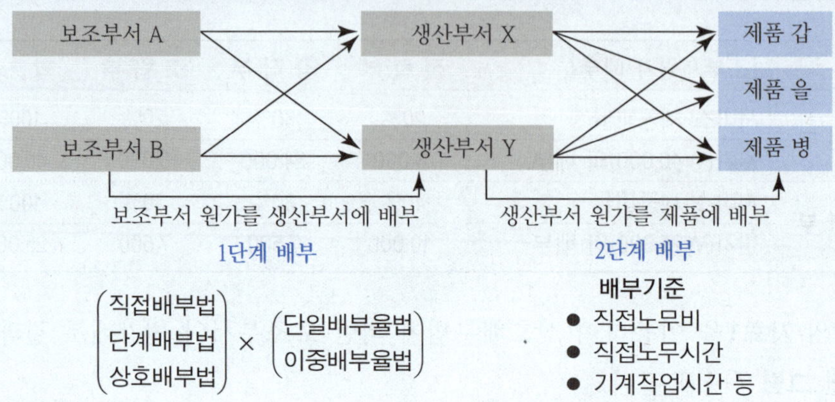

며, 2단계 배부에 대한 것은 **제3장**에서 이미 설명하였다.

직접배부법, 단계배부법, 그리고 상호배부법은 보조부서간의 서비스 제공을 어느 정도 고려할 것이냐에 따른 구분이고, 단일배부율법과 이중배부율법은 원가행태에 따라 배부기준을 달리할 것이냐에 따른 구분이다.

보조부서상호간의 서비스 수수에 의한 구분

	직접배부법	단계배부법	상호배부법
의 의	· 보조부서간의 용역제공비율을 무시하고 보조부서원가를 생산부서에만 배분	· 보조부서원가를 배분순서에 따라 후순위 보조부서와 생산부서에 배분	· 보조부서간의 용역제공비율을 모두 고려하여 보조부서와 생산부서에 배분
단 점	· 원가계산이 부정확	· 배분순서에 따라 원가상이	· 시간과 비용이 많이 소요

보조부서원가의 원가행태에 의한 구분

	단일배부율법	이중배부율법
의 의	· 보조부서원가를 변동원가와 고정원가로 구분하지 않고 하나의 배부기준으로 배부	· 보조부서원가를 변동원가와 고정원가로 구분하여 각각 다른 배부기준으로 배부
단 점	· 원가계산이 부정확	· 계산이 복잡

2 종합예제

태진식품은 보조부서, S_1, S_2와 생산부서 P_1, P_2를 가지고 있다. 보조부서에서 발생된 모든 원가는 생산부서에 배부된다. 예상조업능력(budgeted capacity)에 의한 서비스배부율과 실제사용량에 의한 서비스배부율은 각각 다음과 같다.

● 예상조업능력에 의한 서비스배부율

		S_1	S_2	P_1	P_2
S_1으로부터	–	20%	40%	40%	
S_2로부터	10%	–	50%	40%	

● 실제사용량에 의한 서비스배부율

		S_1	S_2	P_1	P_2
S_1으로부터	–	20%	50%	30%	
S_2로부터	10%	–	60%	30%	

또한 보조부서에서 발생된 원가는 다음과 같다.

	고정원가	변동원가
S_1	₩600,000	₩480,000
S_2	₩450,000	₩270,000

태진식품은 보조부서의 고정원가는 예상조업능력을 기준으로 배부하며 변동원가는 실제사용량을 기준으로 배부한다. 즉, 이중배부율법을 적용한다.

◉ **요구사항**

보조부서원가를 각각 다음 방법을 사용하여 배부하시오.

1. 직접배부법
2. 단계배부법
3. 상호배부법

해 답

1. 직접배부법

① 고정원가의 배부

	S_1	S_2	P_1	P_2
고정원가	600,000	450,000		

	S_1	S_2	P_1	P_2
S_1 고정원가의 배부(4/8, 4/8)	(600,000)		300,000	300,000
S_2 고정원가의 배부(5/9, 4/9)		(450,000)	250,000	200,000
			550,000	500,000

② 변동원가의 배부

	S_1	S_2	P_1	P_2
변동원가	480,000	270,000		
S_1 변동원가의 배부(5/8, 3/8)	(480,000)		300,000	180,000
S_2 변동원가의 배부(6/9, 3/9)		(270,000)	180,000	90,000
			480,000	270,000

2. 단계배부법

S_1과 S_2의 상호서비스의 금액 및 배부율을 비교해 보면 S_1이 S_2보다 크기 때문에 S_1을 먼저 배부한다.

① 고정원가의 배부

	S_1	S_2	P_1	P_2
고정원가	600,000	450,000		
S_1 고정원가의 배부(0.2, 0.4, 0.4)	(600,000)	120,000	240,000	240,000
S_2 고정원가의 배부(5/9, 4/9)		(570,000)	316,667	253,333
			556,667	493,333

② 변동원가의 배부

	S_1	S_2	P_1	P_2
변동원가	480,000	270,000		
S_1 변동원가의 배부(0.2, 0.5, 0.3)	(480,000)	96,000	240,000	144,000
S_2 변동원가의 배부(6/9, 3/9)		(366,000)	244,000	122,000
			484,000	266,000

3. 상호배부법

선형대수를 이용한 등식은 다음과 같이 설정된다.

고정원가:

$$S_1 = 600{,}000 + 0.1S_2$$
$$S_2 = 450{,}000 + 0.2S_1$$
$$S_1 = 600{,}000 + 0.1 \times (450{,}000 + 0.2S_1)$$
$$S_1 = 600{,}000 + 45{,}000 + 0.02S_1$$
$$0.98S_1 = 645{,}000$$
$$S_1 = 658{,}163$$
$$S_2 = 450{,}000 + 0.2 \times (658{,}163) = 581{,}633$$

변동원가:

$$S_1 = 480{,}000 + 0.1S_2$$

$$
\begin{aligned}
S_2 &= 270{,}000 + 0.2S_1 \\
S_1 &= 480{,}000 + 0.1 \times (270{,}000 + 0.2S_1) \\
S_1 &= 480{,}000 + 27{,}000 + 0.02S_1 \\
0.98S_1 &= 507{,}000 \\
S_1 &= 517{,}347 \\
S_2 &= 270{,}000 + 0.2 \times (517{,}347) = 373{,}469
\end{aligned}
$$

① 고정원가의 배부

	S_1	S_2	P_1	P_2
고정원가	600,000	450,000		
S_1 고정원가의 배부(0.2, 0.4, 0.4)	(658,163)	131,633	263,265	263,265
S_2 고정원가의 배부(0.1, 0.5, 0.4)	58,163	(581,633)	290,817	232,653
			554,082	495,918

② 변동원가의 배부

	S_1	S_2	P_1	P_2
변동원가	480,000	270,000		
S_1 변동원가의 배부(0.2, 0.5, 0.3)	(517,347)	103,469	258,674	155,204
S_2 변동원가의 배부(0.1, 0.6, 0.3)	37,347	(373,469)	224,081	112,041
			482,755	267,245

보론: 차지백 시스템

보조부서 원가를 사용자부서에 배부하는 것은 포괄적으로 보면 발생원가를 원가대상(cost object)에 할당하는 것으로 해석할 수 있다. 원가할당(cost assignment)이란 원가대상에 원가숫자를 부여하는 것을 의미한다. 모든 원가할당은 크게 두 부분으로 구성되는데 하나는 직접원가를 원가대상에 할당시키는 원가추적(cost tracing), 또는 원가귀속(cost attribution)이며 또 다른 하나는 간접원가를 원가대상에 할당시키는 원가배부(cost allocation)이다. 원가추적과 원가배부의 차이는 원가추적은 직접원가의 할당을 의미하는 데 반하여 원가배부는 간접원가의 할당을 의미한다. 또한 직접원가의 할당인 원가추적에 있어서는 원가왜곡이 발생될 가능성이 거의 없는 데 반히여 간접원가의 할당인 원가배부에 있어서는 자의성이 개입되기 때문에 원가왜곡이 발생될 가능성이 높아진다.

지금까지 **제7장** 보조부서 원가의 배부에서 다룬 내용은 배부라는 용어가 말해 주듯 보조부서 원가를 간접원가로 간주하여 원가대상인 사용자부서에 할당하는 것이었다. 따라서 자의성이 개입되어 원가왜곡이 발생될 가능성을 내포하고 있었다. 그런데 보론에서 소개할 차지백 시스템(chargeback system)은 보조부서 원가를 간접원가로 간주하여 사용자에게 단순히 배부(allocate)시키는 보조부서 원가배부시스템이 아니라 직접원가로 간주하여 보다 정확하게 부과시킬 금액을 계산하여 사용자에게 부과시키는 보조부서 원가귀속시스템인 것이다.

차지백 시스템은 기업의 간접원가가 계속해서 증가하고 있음에도 불구하고 이를 고정원가로 간주하여 거의 관리를 하지 못하고 있던 웨이어하우저사(Weyerhaeuser Company: 이하에서는 W사라 칭함)에서 개발하여 기업의 간접원가를 효과적으로 관리할 수 있게 된 보조부서 원가귀속시스템이다.*

즉 전통적인 보조부서 원가배부시스템에서는 간접원가를 관리하기 위해서 경영자들의 행태에 간접적으로 영향력을 행사하는 데 그 목적을 두고 있지만 새로운 차지백 시스템에서는 경영자들로 하여금 간접원가를 발생시키는 자원의 사용에 대해서 직접적인 권한을 행사할 수 있도록 만들어 준다.

* H. Thomas Johnson, "ch, 2: Organizational Design versus Strategic Information Procedures for Managing Corporate Overhead Cost: Weyerhaeuser Company, 1972-1986," in Accounting & Management Field Study Perspectives, edited by William J. Bruns, Jr. and Robert S. Kaplan, Harvard Business Press, 1987, pp. 49-72.

표 7-1 W사의 차지백 시스템

			1986년 FSD(단위 $1,000)				
			FSD 비용의 부과 금액				
주요활동	총금액	부과기준	제지회사	산림제품사	레코등	스탭그룹	지주회사
연결회계	1,147		14	122	4	28	979
-보고서 작성		hour					
-데이터베이스관리		report					
일반회계	2,437		625	875	66	270	601
-분석 및 기장보조		hour					
-시스템		report					
급여회계	1,071		269	321	280	145	56
-수표발행		paycheck					
매입채무회계	1,411		306	607	42	315	141
-서류필림제작		hour					
-통계 및 보조		document					
-매입채무		invoice					
-기업매입채무		invoice					
매출채권회계	2,787		903	1,663	221	0	0
-현금회수		invoice					
-고객파일유지		customer					
송장작성	1,203		152	967	77	7	0
-매출코딩		transaction					
-국내송장작성		invoice					
-수출서류작성		document					
총 계	10,056		2,269	4,555	690	765	1,777

W사는 1985년 이후 보조부서 원가를 모두 사용자부서에 부과(charge back)하였는데, 단순한 배부가 아닌 공통자원의 소모를 일으키는 활동들을 면밀히 분석하여 자원사용에 대해 원가를 귀속시켰다. 또한 W사는 모든 사용자부서와 보조부서를 이익중심점으로 만들어 보조부서가 서비스를 내부사용자부서뿐만 아니라 외부수요자들에게도 판매할 수 있도록 하였고 사용자부서에게도 외부에서 저렴하게 양질의 서비스를 공급받을 수 있다면 내부보조부서는 물론 외부에서도 서비스를 공급받을 수 있는 권한을 부여하였다.

이하에서는 W사의 재무보조부서(FSD, Financial Services Department)가 42개의 사용자부서에게 어떻게 부서비용을 부과시키는지를 설명하고자 한다.

모든 중앙회계활동을 관장하는 FSD의 활동은 크게 연결회계, 일반회계, 급여회계, 매입채무회계, 매출채권회계, 그리고 송장작성 등으로 구분된다. 회계연도초에 FSD는 모든 사용자부서에 제공하는 각종 서비스에 대해 어떻게 부과하는지를 통보하는데, 이때 부과시키는 금액은 각 사용자부서에게 자원의 소비를 발생시키는 구체적인 활동을 기준으로 산정된다. **표 7-1**에서는 W사의 FSD의 주요 활동 및 활동별 부과기준과 사용자부서에 부과된 금액 내역이 나타나 있다.

가령 **표 7-1**에 나타난 매출채권회계 서비스 활동을 어떻게 사용자부서인 제지회사, 산림제품사, 그리고 지주회사 등에 부과시키는지를 살펴보기로 하자. 매출채권회계활동은 크게 현금회수활동과 고객파일유지활동으로 구성된다. 현금회수활동에 대한 부과금은 송장분량을 기준으로 결정되고 고객파일유지활동에 대한 부과금의 경우는 파일상의 고객숫자가 원가동인이 된다. 사용자부서 경영자들에게 원가동인과 원가동인 한 단위당 부과금액이 통보되기 때문에 사용자부서 경영자들은 1년간 자신의 부서에 얼마만큼의 서비스원가가 부과될 것인지를, 예상되는 활동량에 따라 보다 분명하게 예측할 수가 있다. 가령 적은 고객을 가지고 있는 사업부서는 고객의 숫자가 많은 사업부서에 비해서 부과되는 고객파일유지 서비스원가가 그만큼 적게 된다. 만약 이렇게 예측되는 부과금액이 외부에서 서비스를 조달하는 경우 지급해야 하는 가격보다 큰 경우에는 사용자부서 경영자들은 그 서비스를 외부에서 조달할 수 있는 권한을 행사할 수도 있다. 마찬가지로 FSD 경영자는 기업외부로 생산하는 서비스를 판매할 수 있는 자율권을 지니고 있다. **표 7-1**에 나타난 바와 같이 1986년 차지백 시스템에 의해 FSD 보조부서가 제지회사라는 사용자부서에 매출채권회계 서비스를 제공해 주고 부과한 금액은 $903,000임을 알 수 있다. 또한 FSD가 제지회사에 재무서비스를 제공하고 부과한 총원가는 $2,269,000이다.

차지백 시스템은 기업의 간접자원을 소모하는 활동에 대한 합리적인 관리방법을 제공한다. 차지백 시스템에서 서비스공급활동이 서비스 공급부서의 자유재량에 의해 결정되지는 않는다. 즉 사용자의 수요나 시장에서 이용가능한 대안을 무시하는 공급부서의 의사결정은 허용되지 않는다. 차지백 시스템의 도입으로 W사의 사용자부서와 서비스 공급부서의 경영자들은 모두 제공되는 서비스의 본질과 원가에 대해 더 잘 이해하게 되었다. 또한 FSD의 예산을 크게 절감시킴으로써 차지백 시스템은 간접원가의 관리에 효과적인 방법임을 보여 주었다.

연습문제

문1 보조부문의 원가배부(1)

서강(주)는 두 개의 보조부문과 두 개의 제조부문을 가지고 있다. 보조부문은 동력부문과 수선부문이다. 보조부문의 서비스 제공비율은 다음과 같다.

	동력부문	수선부문	제조 A	제조 B
동력부문	–	20%	50%	30%
수선부문	25%	–	30%	45%

각 부문의 제조간접비 발생액은 다음과 같다.

동력부문	₩14,000
수선부문	20,000
제조부문 A	35,000
제조부문 B	50,000

요구사항

1. 직접배부법에 의하여 보조부문의 원가를 배부하시오.
2. 단계배부법에 의하여 보조부문의 원가를 배부하시오. 단, 동력부문부터 배부.
3. 상호배부법에 의하여 보조부문의 원가를 배부하시오.
4. 위의 3과 같이 원가를 배부할 경우 필요한 분개를 제시하시오.

문2 보조부문의 원가배부(2)

노고산(주)는 세 개의 보조부문과 두 개의 제조부문을 가지고 있다. 세 개의 보조 부문은 인사부문, 동력부문, 수선부문 등이다. 인사부문은 각 부서별 종업원수, 동력부문은 동력 사용량, 수선부문은 수선시간을 기준으로 원가를 배부한다. 각 부문별 2001년 5월중 원가 자료 및 서비스 사용량은 다음과 같다.

	인사부문	동력부문	수선부문	제조 1	제조 2
배부전 원가	₩210,000	₩160,000	₩100,000	₩400,000	₩350,000
종업원수	20명	30명	15명	45명	60명
동력사용량	5,000kwh	2,000kwh	10,000kwh	25,000kwh	15,000kwh
수선시간	100시간	150시간	100시간	600시간	400시간

◉ 요구사항

1. 직접배부법에 의하여 보조부문의 원가를 배부하시오.
2. 단계배부법에 의하여 보조부문의 원가를 배부하시오. 단, 인사부문, 동력부문, 수선부문 순으로 배부하시오.

문 3 단일배부율법과 이중배부율법

이화(주)의 20×7년 5월의 동력부문의 발생원가는 고정비가 ₩5,000,000이고, 변동비가 ₩3,000,000이다. 유일한 보조부문인 동력부문은 두 개의 제조부문 A, B에 용역을 제공하고 있으며, 제조부문의 잠재적인 수요에 대비하여 충분한 설비를 보유하고 있다. 최대로 이용가능한 동력소비량과 5월중의 실제동력소비량이 다음과 같을 때 요구사항에 답하시오.

사 용 량	부문 A	부문 B	합 계
최 대	250,000	750,000	1,000,000
실 제	200,000	300,000	500,000

◉ 요구사항

1. 단일배부율법을 사용하여 동력부문의 원가를 제조부문 A, B에 배분하시오.
2. 단일배부율법을 사용할 때 어느 제조부문이 불만이겠는가? 불만의 근거를 구체적으로 설명하시오.(최대이용가능 동력소비량 기준과 실제 동력소비량기준 각각에 대해 구할 것)
3. 이중배부율법을 사용하여 동력부문의 원가를 제조부문에 배부하시오.
4. 이중배부율법의 이론적 장점은 무엇인가? 또한 이론적 장점으로 인한 궁극적인 효과는 무엇인가?

문 4 보조부문 원가의 배부

신촌(주)는 2개의 제조부문과 2개의 보조부문으로 운영되고 있다. 이들 각 부문들의 보조부문에 대한 예상사용비율은 다음과 같다.

제공부문	사용부문			
	동력부문	정보시스템	제조 A	제조 B
동력부문	–	10%	30%	60%
정보시스템	20%	–	50%	30%

20×7년 10월 한달 동안 각 부문이 사용한 서비스의 비율은 다음과 같다.

제공부문	사용부문			
	동력부문	정보시스템	제조 A	제조 B
동력부문	–	20%	40%	40%
정보시스템	25%	–	55%	20%

20×7년 10월 한달 동안 발생한 각 보조부문의 원가자료는 다음과 같다.

	고정비	변동비
동력부문	₩300,000	₩540,000
정보시스템	80,000	75,000

고정비는 서비스의 예상사용량을 기준으로, 변동비는 서비스의 실제사용량을 기준으로 배부한다.

신촌(주)는 단위당 원가를 이용하여 각 제조부문을 통제하고 있으며, 단위당 원가에는 보조부문에서 배부된 원가가 포함된다. 20×7년 10월 한달 동안 각 제조부문의 생산량은 제조부문A는 15,000단위, 제조부문B는 12,000단위이다.

요구사항

1. 다음 세 가지 방법에 따라 보조부문의 원가를 제조부문에 배부하시오.
   ① 직접배부법
   ② 단계배부법(동력부문 먼저)
   ③ 상호배부법
2. 위 1의 세 가지 방법에 따른 제조부문별 단위당 원가를 산출하시오.

문 5 개별원가계산-보조부문비 배부

개별원가계산제도를 채택하고 있는 해정회사는 두 개의 제조부문(제1공장, 제2공장)과 두 개의 보조부문(동력부문, 수선부문)으로 구성되어 있다. 다음은 당월의 제조원가자료이다.

- **재료소비액**

	#101	#102	제1공장	제2공장	동력부문	수선부문	계
주요재료(kg)							
A 재료@₩10	2,000	1,600			20	40	3,660
B 재료@₩20	1,800	1,200					3,000
보조재료			₩4,000	₩3,200	₩2,000	₩2,900	₩12,100

- **직접노동시간**(직접노무비는 시간당 ₩10)

	제1공장	제2공장	계
#101	2,000시간	1,500시간	3,500시간
#102	1,500	1,000	2,500
계	3,500시간	2,500시간	6,000시간

- **간접노무비 발생액**

제1공장	₩10,000
제2공장	12,000
동력부문	8,800
수선부문	7,000

- **기타제조경비 발생액**

부문개별비:	
제1공장	₩8,700
제2공장	8,000
동력부문	7,000
수선부문	5,000
부문공통경비:	10,000

- **작업폐물발생액**

작업#101	40kg(순실현가치 @₩5)
작업#102	50kg(순실현가치 @₩6)

추가정보

- 원가배분기준은 다음과 같다.

	제1공장	제2공장	동력부문	수선부문
부문공통원가	8	10	12	10
보조부문원가(직접배부법)				
동력부문원가	10	15		
수선부문원가	10	10		

- 제조부문원가의 작업지시서별 배부는 직접노동시간을 기준으로 한다.

- 작업폐물 평가액은 작업지시서별 제조원가에서 차감한다.
- 당월에 작업을 시작한 #101, #102는 모두 당월중에 완성되었다.

◉ 요구사항

다음 순서에 따라 작업 #101과 #102의 제품 제조원가를 각각 구하시오.

1. 부문 공통경비(₩10,000)를 각 부문에 배부한 후의 각 부문별 제조간접비 합계
2. 보조부문원가를 제조부문에 배부
3. 제조부문별 제조간접비배부율
4. 작업별 제품제조원가

문 6 보조부문비의 배부

석화(주)는 지금까지 A형 타이어만을 생산해 왔다. 이 기업은 당월에 생산된 것을 모두 판매하므로 기초·기말재고는 없다. 당기에 석화(주)는 B형 타이어를 개발해서 판매하려 하고 있으며 회사는 B형 타이어가 회사의 수익성을 개선할 것으로 믿고, 9월부터 판매를 시작하였다. 그런데 10월까지의 실제성과는 기대치 이하였다. 사장은 기술이사에게 이에 대한 설명을 요구하였다.

다음은 1월부터 8월까지 매출에 대한 손익계산서이다.

손익계산서	
매출액	₩300,000,000
매출원가	270,000,000
매출총이익	₩30,000,000
매출총이익률	10%

회사가 B형 타이어를 판매하고 난 후의 9월과 10월의 실제매출은 다음과 같다.

	9월	10월
매출액	₩50,000,000	₩55,000,000
매출원가	46,000,000	51,000,000
매출총이익	₩4,000,000	₩4,000,000
매출총이익률	8%	7.2%

9월과 10월의 실제 타이어별 매출자료는 다음과 같다.

	9월		10월	
	A형 타이어	B형 타이어	A형 타이어	B형 타이어
매 출 액	₩35,000,000	₩15,000,000	₩37,500,000	₩17,500,000
직접재료비	13,000,000	4,000,000	13,500,000	5,000,000
직접노무비	11,000,000	5,500,000	11,500,000	7,000,000

다음은 각 타이어가 사용한 기계작업시간과 직접노동시간이다.

	9월		10월	
	A형 타이어	B형 타이어	A형 타이어	B형 타이어
기계작업시간	500시간	300시간	650시간	350시간
직접노동시간	900시간	600시간	1,000시간	700시간

9월과 10월에 발생한 제조간접비의 내역은 다음과 같다.

	9월	10월
동 력 비	₩4,000,000	₩4,500,000
기계수선비	3,500,000	4,000,000
기타관리비	5,000,000	5,500,000
계	₩12,500,000	₩14,000,000

요구사항

1. 직접노동시간을 이용하여 직접배부법에 의하여 9월의 제조간접비를 배부한다고 할 때 각 타이어별로 매출총이익보고서를 작성하시오.
2. 기계작업시간을 이용하여 10월의 제조간접비를 직접배부법으로 배부한다고 할 때 각 타이어별로 매출총이익보고서를 작성하시오,
3. 위 질문에서 직접노동시간을 사용했을 때와 기계작업시간을 사용했을 때의 수익률이 차이가 나는 이유는 무엇인가?
4. 당신이 기술이사라면 사장에게 어떤 적절한 배부방법을 제시할 것인가?
5. 다음 자료를 이용해 제조간접비를 배부할 때 상호배부법에 의한 연립방정식을 작성하시오.

사용부서 / 공급부서	동력부	기계수선부	관리부	A타이어	B타이어
동력부	–	2/20	2/20	10/20	6/20
기계수선부	3/20	–	–	10/20	7/20
관리부	2/20	3/20	–	10/20	5/20

문 7 보조부문비의 제조부문 배부와 의사결정

백범(주)는 서로 다른 부문에서 생산되는 두 가지의 주요제품 A, B를 판매하는 업체이다. 이들 두 제품을 생산하기 위해 보조부문으로 관리부문과 동력부문이 있다. 1998년에 보조부문에 제공된 용역량과 원가는 다음과 같다

공급부문	수요부문				
	관리부문	동력부문	제품 A	제품 B	총용역량
관리부문	–	15	59.5	25.5	100
동력부문	40	–	12.0	48.0	100

보조부문의 원가

	재료비와 노무비	감독자의 연봉	감가상각비	총 계
관리부문	₩100,000,000	₩20,000,000	₩30,000,000	₩150,000,000
동력부문	30,000,000	20,000,000	30,000,000	80,000,000

백범(주)는 최근 동력공급에 대한 외부의 제안을 받았다. 이 제안을 받아들이면 동력부문의 감독자는 해고하고, 동력부문의 기계장치는 연간 ₩5,000,000에 임대할 수 있다.

요구사항

1. 다음 각 방법으로 보조부문의 원가를 제조부문에 배부하시오.
   ① 직접배부법
   ② 단계배부법(동력부문부터)
   ③ 상호배부법
2. 외부업체에서 제시한 동력부문의 단위당 단가가 ₩700,000일 경우 이 제안을 수락하여야 할 것인가?

문 8 보조부문비 배부와 외부구입 의사결정

태종(주)는 수선부와 전력부 두 개의 보조부문을 가지고 있으며 두 부문은 다음과 같이 용역을 공급하고 있다.

	수 선 부	전 력 부	제조부문 A	제조부문 B	계
수선부	–	2,000시간	3,000시간	5,000시간	10,000시간
전력부	2,000kwh	4,000kwh	6,000kwh	8,000kwh	20,000kwh

수선부는 시간당 ₩5의 변동비가 발생하며, 전력부는 kwh당 ₩19의 변동비가 발생한다. 고정비는 회피불가능원가이다.

◉ 요구사항

1. 상호배분법에 의하여 보조부문의 원가를 제조부문A와 B에 배분할 때 각 제조부문에 배부되는 원가는 얼마인가?
2. 전력부의 전력을 외부에서 구입하려고 한다.
   ① 외부구입량은 얼마인가?
   ② 외부구입으로 인하여 절감되는 원가절감액은 얼마인가?
   ③ 외부구입할 때 지급할 수 있는 단위당 최대금액은 얼마인가?

문 9 보조부문비 배부와 의사결정

백송(주)의 동력부문은 2개의 생산부서에 전력을 제공하고 있다. 과거 경험에 기초하여 동력부문의 원가는 고정비가 연간 ₩500,000, 변동비가 1,000kw당 ₩40씩 발생한다. 생산부서 A는 배부된 간접비 외에 연간 고정비 ₩250,000, 변동비는 기계시간당 ₩20이 발생한다. 생산부서 B는 배부된 간접비 외에 연간 고정비 ₩350,000, 변동비는 기계시간당 ₩50이 발생한다.

기계작동을 위해 생산부서 A에서는 기계시간당 1,000kw의 전력이, 생산부서 B에서는 기계시간당 500kw의 전력이 필요하다. 생산부서 A, B의 연간 최대 가능 기계시간은 각각 36,000시간, 28,800시간이다. 현재의 경제상황에서 경영자는 20×7년 동안 생산부서 A에서 20,000시간, 생산부서 B에서 28,800시간이 사용될 것으로 기대한다.

◉ 요구사항

1. 20×7년 동안 발생한 동력부문의 원가는 얼마인가?
2. 이중배부율법을 이용하여 동력부문의 원가를 배부하기 위한 예정배부율(기대 기계시간 기준)을 계산하시오.
3. 단일배부율(기대 기계시간 기준)을 이용하여 동력부문의 원가를 배부할 때 예정배부율을 계산하시오.
4. 모든 간접비를 배부하기 위한 공장 전체의 배부율을 산출하시오.
5. 다음 2가지 작업에 대해 앞에서 산출한 간접비 배부율(2, 3, 4의 배부율)을 이용하여 작업별 원가를 산출하시오.

	기계시간		
	생산부문 A	생산부문 B	합 계
작업 600	500	300	800
작업 700	300	500	800

6. 백송(주)는 100개의 제품 X를 ₩270,000에 주문을 받았다. 제품 X를 1단위 생산에 직접재료비 ₩200, 직접노무비 ₩250이 발생하며, 생산부문 A에서 10시간, 생산부문 B에서 20시간의 기계시간이 필요하다. 잉여설비가 있을 경우 위의 주문을 받아들일 것인가?

문10 보조원가의 배분과 종합원가계산

태진(주)는 유일한 보조부문인 전력부문과 두 단계의 연속적인 제조부문 A와 제조부문 B로 구성되어있다. 강원회사는 선입선출법을 사용하여 종합원가계산을 하고 있다. 태진(주)의 제조부문 A에서는 공정초기에 원재료가 전량 투입되며 가공원가는 전 공정에 걸쳐서 균등하게 발생한다. 제조부문 A의 2005년 6월중 생산 자료는 다음과 같다.

기초재공품(60%)	1,000단위
당기착수량	23,580단위
당기완성량	20,000단위
기말재공품(25%)	4,000단위

검사는 공정의 50%시점에서 이루어지며 검사시점을 통과한 합격품의 2%는 정상공정으로 간주한다. 2005년 6월 중 제조부문 A의 원가자료는 다음과 같다.

	직접재료비	가 공 비
기초재공품 원가	3,100원	4,800원
당기발생원가(보조부문 배분전)	70,740원	144,830원

전력부문의 생산 설비용량은 각 제조부문의 예상전력 수요를 감안하여 결정된다. 매기간마다 예상되는 회사전체의 전력수요는 각 제조부문의 예상기계가동시간에 의해 추정되며 전력부문의 예산원가는 각 제조부문에 배부된다. 전력부문의 2005년 6월 변동예산은 다음과 같다.

고 정 비	₩50,000
변 동 비	기계시간당 0.25

태진(주)의 2005년 6월 정상조업도는 200,000기계시간이며 이중 제조부문 A에서 75,000기계시간을 사용할 것으로 예상하였다. 당월 제조부문 A에서는 단위당 3시간의 기계시간이 사용되었다.

요구사항

1. 2005년 6월 제조부문 A에 배부된 전력부문 원가의 금액을 구하시오.
2. 2005년 6월 제조부문 A의 당기완성품원가는 얼마인가? 단 가공원가의 완성품 환산량 단위원가는 소수셋째자리에서 반올림하시오.

문11 단답형 기출문제

1. ㈜태종은 두 개의 보조부문과 두 개의 제조부문을 가지고 있다. 보조부문은 동력부문(X)과 수선부문(Y)이다. 보조부문의 용역제공비율과 각 부문에서 발생한 제조간접비는 다음과 같다. 상호배분법을 적용하는 경우에 제조부문A에 배분될 보조부문원가는 얼마인가?

	동력부문X	수선부문Y	제조부문A	제조부문B
동력부문	–	20%	50%	30%
수선부문	25%	–	30%	45%

각 부문의 제조간접비 발생액은 다음과 같다.

동력부문X	₩14,000
수선부문Y	20,000
제조부문A	35,000
제조부문B	50,000

2. 부문별 개별원가계산을 채택하고 있는 한국조선의 다음 원가계산자료를 이용하여 화물선에 배부될 제조간접비를 구하시오.

(1) 제조간접비에 대한 부문비내역

제 조 부 문		보 조 부 문		
제1공장	제2공장	수선부	동력부	생산관리부
₩3,800,000	₩3,200,000	₩1,100,000	₩900,000	₩2,000,000

(2) 보조부문비의 배부는 단계배부법을 사용하며, 보조부문상호간의 배부순서는 생산관리, 동력, 수선부문의 순으로 하여 다음의 배부기준에 의한다.

구 분	제1공장	제2공장	수선부	동력부
생산관리부	40%	40%	15%	5%
동 력 부	50%	40%	10%	–
수 선 부	60%	40%	–	

(3) 제품별 제조간접비 배부를 위한 공장별 작업시간집계표

구 분	화물선	유조선	군 함	합 계
제1공장	800시간	500시간	700시간	2,000시간
제2공장	400시간	300시간	300시간	1,000시간

3. 대한회사는 제조부문(성형, 조립)과 보조부문(수선, 동력)을 이용하여 제품을 생산하고 있으며, 제조부문과 보조부문에 관련된 자료는 다음과 같다.

	제조부문		보조부문		
	성 형	조 립	수 선	동 력	
수 선	400시간	200시간	100시간	400시간	1,100시간
동 력	4,000kW	4,000kW	8,000kW	2,000kW	18,000kW

수선부문와 동력부문에 집계된 부문원가는 각각 ₩160,000, ₩80,000이다. 대한회사는 상호배분법을 사용하여 보조부문원가를 제조부문에 배분한다. 조립부문에 배분될 보조부문원가는 얼마인가?

4. ㈜한강은 두 개의 제조부문(P_1, P_2)과 두 개의 보조부문(S_1, S_2)으로 운영된다. 회사는 상호배부법을 이용하여 보조부문비를 제조부문에 배부하고 있으며, 각 보조부문의 용역제공비율은 다음과 같았다.

	제조부문		보조부문	
	P_1	P_2	S_1	S_2
S_1	50%	30%	–	20%
S_2	40%	40%	20%	–
부문비	?	?	X	?

두 개의 보조부문(S_1, S_2)으로부터 P_1에 배부된 금액은 ₩50,000이고, P_2에 배부된 금액은 ₩40,000이었다. 부문비 배부전 S_1에 집계된 원가(X)는 얼마인가?

5. ㈜신혜의 제조부문 A, B와 보조부문 X, Y의 서비스 제공 관계는 다음과 같다.

	보조부문		제조부문	
	X	Y	A	B
X	–	40단위	20단위	40단위
Y	80단위	–	60단위	60단위

X, Y부문의 원가는 각각 ₩160,000, ₩200,000이다. 단계배부법에 의해 X부문을 먼저 배부하는 경우와 Y부문을 먼저 배부하는 경우의 제조부분 A에 배부되는 총보조부문원가의 차이는 얼마인가?

제 8 장

활동기준원가계산

제1절 전통적 원가계산제도의 한계

제2절 활동기준원가계산의 기초

제3절 활동기준원가계산의 절차와 한계점

제4절 종합예제

학습목표

이 장에서 우리는 전통적 원가계산의 특징과 문제점을 간략하게 살펴본 후 전통적 원가계산의 대안으로써 활동기준원가계산을 기술하고자 한다. 이 장을 공부하고 나면 다음 사항을 파악할 수 있어야 한다.

1. 전통적 원가계산의 문제점
2. 활동기준원가계산의 도입배경
3. 생산활동의 유형
4. 활동기준원가계산의 절차
5. 전통적 원가계산과 활동기준원가계산의 차이

제 8 장 활동기준원가계산

제1절 전통적 원가계산제도의 한계

1 두 단계 원가배부방법

전통적 원가계산제도에서는 두 단계 절차(two-stage procedure)로 간접원가를 제품에 할당한다. 첫 번째 단계에서 간접원가를 생산부서에 할당하고 그 다음 두 번째 단계에서 생산부서에 집계된 간접원가를 제품에 할당한다.

많은 공장들은 주어진 활동을 수행하는 부서로 조직되어 있다. 부서는 크게 생산부서와 보조부서로 분류된다. 생산부서(production department)는 원재료를 완제품으로 전환시키는 데 직접적으로 책임을 지는 부서이다. 반면에 보조부서(service department)는 기계수선, 생산엔지니어링, 생산스케줄링과 같은 생산을 보조하는 활동을 수행하는 부서이다. 모든 보조부서에서 발생하는 비용은 간접보조활동원가이다.

전통적 원가계산제도는 두 단계 절차로 최종원가대상인 개별직무나 제품에 간접원가를 할당한다. 첫 번째 단계에서 원가계산제도는 다양한 생산부서와 보조부서의 간접원가를 식별하고, 보조부서의 모든 원가를 생산부서로 배부한다. 두 번째 단계에서 원가계산제도는 생산부서에 누적된 간접원가를 미리 결정해 놓은 부서별 제조간접비배부율을 기초로 해서 개별직무나 제품에 할당한다. 이를 요약하면 **그림 8-1**과 같다.

그림 **8-1** 두 단계 원가배부제도

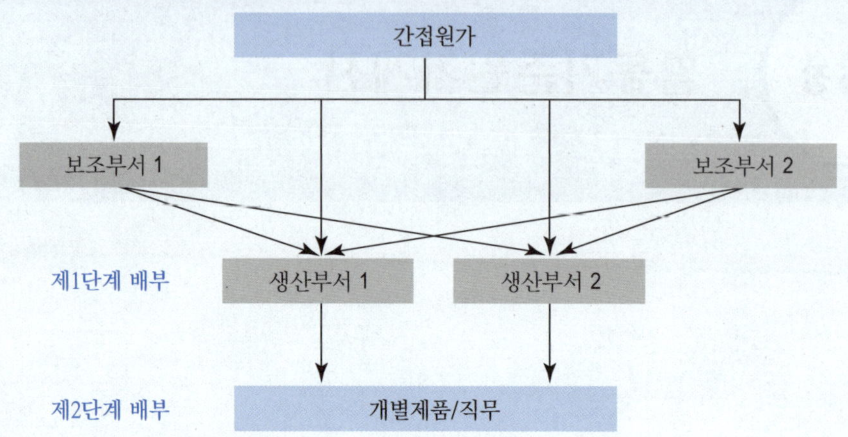

이미 **제7장**에서 설명한 바와 같이 제1단계 배부에서 보조부서원가를 생산부서로 배부하는 방법으로는 직접배부법, 단계배부법, 그리고 상호배부법 등이 있다. 보조부서별로 합리적인 배부기준을 설정하여 생산부서별 배부기준의 상대적 사용량에 비례하여 각 보조부서의 원가를 생산부서에 배부한다. 제2단계 배부에선 각 생산부서별로 적절한 배부기준을 설정하여 부서별 제조간접비배부율에 기초해서 생산부서 간접원가를 개별제품이나 직무에 할당한다.

전통적 원가계산제도에서 사용되는 배부기준은 제품생산량, 직접작업시간, 직접노무비 또는 기계사용시간 등과 같은 단위관련원가동인(unit-related cost driver)이다. 가령 기계를 많이 사용하는 생산부서의 간접원가를 개별제품에 배부할 때는 기계사용시간을 배부기준으로 사용하고, 노동력을 많이 사용하는 생산부서의 간접원가를 제품에 배부할 때는 직접작업시간을 배부기준으로 사용한다. 기계사용시간이나 직접작업시간 등은 제품생산량과 비례하여 발생하는 경우가 대부분인데 이를 기준으로 생산부서에 집계된 간접원가를 개별제품에 배부하게 되면 제품생산량에 비례하지 않은 간접원가는 잘 못 배부하게 된다. 개별제품들 간에 자원의 소모량이 서로 상이함에 불구하고 기계사용시간이나 직접작업시간과 같은 단위관련원가동인을 이용하여 원가할당을 균일하게 하는 전통적 원가계산방법을 땅콩버터원가계산(peanut-butter costing)이라고 한다.

2 제품원가의 왜곡

이상에서 설명한 두 단계 배부방법은 보조부서원가를 생산부서에 아무리 잘 배부하더라도 결국 생산부서에서는 대부분의 간접원가를 단위관련원가동인(생산량, 직접작업시간 등)에 따라 개별제품에 배부하기 때문에 제품원가를 왜곡시킬 수 있다. 다음 예를 사용해서 전통적 원가계산제도가 어떻게 제품원가를 왜곡시킬 수 있는지 살펴보자.

예제 1 제품원가의 왜곡

태진사는 하나의 서비스부서(작업준비부서)와 두 개의 생산부서(기계부서와 조립부서)로 조직되어 있으며, 두 종류의 제품(A와 B)을 생산하고 있다. 작업준비부서의 원가 ₩3,200,000은 작업준비시간에 비례해서 생산부서에 배부되는데 기계부서와 조립부서에서 사용한 작업준비시간은 각각 480시간과 320시간이다. 태진사의 제품별 관련 자료는 다음과 같다.

	A제품	B제품
정상조업도(단위)	64,000단위	16,000단위
정상조업도(배치)	80배치	80배치
배치당 소요작업준비시간		
기계부서	3시간	3시간
조립부서	2시간	2시간
단위당 소요기계사용시간		
기계부서	0.1시간	0.1시간
조립부서	0.1시간	0.1시간

◉ 요구사항

1. 작업준비부서의 원가 중 기계부서와 조립부서에 배분할 금액은 각각 얼마인가?
2. 기계부서와 조립부서에 배분된 작업준비원가를 전통적인 원가계산방법(기계사용시간)에 따라 각 제품에 배부하는 경우 각 제품 한 단위에 배부할 금액은 각각 얼마인가?
3. 합리적인 원가계산방법(작업준비시간)에 따라 작업준비원가를 제품에 배부하는 경우 각 제품 한 단위에 배부할 금액은 각각 얼마인가?

해답

1. 서비스부서 원가를 생산부서에 배분

(1) 작업준비부서의 배부율 : ₩3,200,000÷(480+320)=₩4,000/작업준비시간

(2) 기계부서에 배분할 금액 : 480작업준비시간×₩4,000=₩1,920,000

(3) 조립부서에 배분할 금액 : 320작업준비시간×₩4,000=₩1,280,000

2. 전통적인 원가계산방법

(1) 기계부서의 배부율 : ₩1,920,000÷(64,000×0.1+16,000×0.1)=₩240/기계사용시간

(2) 조립부서의 배부율 : ₩1,280,000÷(64,000×0.1+16,000×0.1)=₩160/기계사용시간

(3) 제품 한 단위에 배부할 작업준비원가

제품A : 0.1×₩240 + 0.1×₩160=₩40

제품B : 0.1×₩240 + 0.1×₩160=₩40

3. 합리적인 원가계산방법

(1) 제품A 한 단위에 배부할 작업준비원가 : (5작업준비시간×₩4,000)÷800*단위=₩25

(2) 제품B 한 딘위에 배부할 작업준비원가 : (5작업준비시간×₩4,000)÷200*단위=₩100

*64,000÷80=800

16,000÷80=200

☞ **별해**

(1) 작업준비원가를 각 제품에 배분하기 위한 기준

제품A 생산을 위한 작업준비시간 : 80배치×(3시간+2시간) = 400시간

제품B 생산을 위한 작업준비시간 : 80배치×(3시간+2시간) = 400시간

(2) 각 제품에 배분할 작업준비원가

제품A에 배부할 작업준비원가 : ₩3,200,000×400/800=₩1,600,000

제품B에 배부할 작업준비원가 : ₩3,200,000×400/800=₩1,600,000

(3) 제품 한 단위에 배부할 작업준비원가

제품A 한 단위에 배부할 작업준비원가 : ₩1,600,000÷64,000단위=₩25

제품B 한 단위에 배부할 작업준비원가 : ₩1,600,000÷16,000단위=₩100

따라서 작업준비원가를 각 제품에 배분함에 있어서 전통적 원가방식에서는 제품A의 원가는 ₩40으로 합리적인 할당액 ₩25보다 과대계상 되고 있다. 반대로 제품B의 원가는 ₩40으로 합리적인 할당액 ₩100보다 과소계상 되고 있음을 알 수 있다.

위 예제에서 보는 바와 같이 전통적 원가계산에서 왜곡이 발생되는 이유는 보조부문의 활동을 일으키는 원인(원가동인)은 작업준비시간인데 개별제품에 원가를 할당하는 기준은 기계사용시간으로 서로 일치하지 않기 때문이다. 전통적인 두 단계 배부방법은 두 번째 단계에서 보조활동원가를 배부하는 데 단위관

련원가동인을 사용한다. 그러나 보조활동에 대한 수요는 대부분 작업준비 및 제품설계변경 등과 같은 비단위관련원가동인(배치관련원가동인, 제품유지원가동인)에 의해 발생된다. 단위관련원가동인은 생산량이 증가함에 따라 늘어나는 비용은 잘 설명하지만 생산량에 비례하지 않는 배치관련활동이나 제품유지활동은 잘 설명하지 못하므로 정확한 원가계산을 위해서는 활동기준원가계산을 적용하여야 한다. 활동기준원가계산을 이해하기 위해서 먼저 활동수준(활동유형)을 이해해야 한다. 이에 대해서는 절을 바꾸어 설명할 것이다.

제2절 활동기준원가계산의 기초

1 활동기준원가계산의 의의

활동기준원가계산(ABC, activity-based costing)이란 새로운 제조기술의 도입과 설비투자로 인하여 급격히 증가하고 있는 제조간접비를 제품에 정확히 배부하고 효과적으로 관리하기 위하여, 활동별로 제조간접비를 집계하고 이를 제품에 배부하는 새로운 원가계산방식을 말한다. 즉, 활동기준원가계산에서는 제조간접비를 부문별로 집계하여 조업도(생산량, 직접노동시간 등)기준으로 배분하는 전통적 원가계산과 달리 제조간접비를 활동별로 집계하여 원가동인에 따라 제품에 배부한다. **원가동인(cost-driver)**이란 활동에 대한 계량적 측정치로서 해당 활동원가에 영향을 주는 어떠한 요인(주문횟수, 작업준비횟수, 품질검사시간)을 말한다. 즉, 원가동인 수준의 변화는 관련원가목적의 총원가수준의 변화를 일으킨다.

부문별 원가계산	부문별로 원가집계	→ 소수의 배부기준(조업도) →	**제품에 배분**
활동기준 원가계산	활동별로 원가집계	→ 다양한 배부기준(원가동인) →	**제품에 배분**

활동기준원가계산에서는 활동(activity)이 원가계산의 중심이 된다. 원가는 스스로 발생하는 것이 아니라 무엇(something)에 의해 발생되는데 이때 무엇(something)에 해당하는 것이 곧 활동(activity)이다. 제조업에 있어서 재료처리, 검사, 조립, 포장 등이 활동에 해당한다. 이들 활동이 수행되면 자원(resource)이 소비되고 그 결과 원가가 발생한다. 활동이란 자원을 소비하는 사건(event)이나 거래(transaction)를 말하는 것으로 제품의 설계에서부터 제조가 완료될 때까지 발생하는 모든 작업을 뜻한다.

자 원	수익창출활동에 이용되는 것	예 공장감독자, 기계장치
활 동	자원을 소비하여 제품을 생산하는 작업	예 재료처리, 검사

활동기준원가계산은 '제품은 활동을 소비하고, 활동은 자원을 소비한다(Products consume activities, and activities consume resources)'는 사고에 근거하여 제품생산을 위하여 소비된 활동을 측정하여 이를 근거로 제품원가를 계산한다. 이러한 활동기준원가계산은 총체적 개념으로서 개별원가계산을 사용하는 기업뿐만 아니라 종합원가계산을 사용하는 기업에도 적용할 수 있으며, 제조업뿐만 아니라 서비스업에도 적용가능하다.

2 활동기준원가계산의 도입배경

최근에는 제조환경이 급변하고 소비자의 욕구가 다양해짐에 따라 기업은 무한 경쟁에 직면하게 되었다. 이와 같은 상황에서 기업은 보다 정확한 원가정보를 필요로 하게 되었으며 이에 따라 등장하게 된 새로운 원가계산제도가 활동기준원가계산이다. 활동기준원가계산의 도입배경은 다음과 같이 정리할 수 있다.

(1) 제조환경의 급변

제조기술의 발달과 공장자동화로 인하여 직접노동을 제공하던 종업원이 감소하여 제조원가에서 많은 비중을 차지하던 직접노무비는 감소하게 된 반면 감가상각비, 수선유지비 등의 증가로 제조간접비는 증가하게 되었다. 따라서 제조간접비를 보다 정확히 배분할 수 있는 ABC가 등장하게 되었다.

(2) 소비자 욕구의 다양성

소비자의 욕구가 다양해짐에 따라 소품종 대량생산체제가 다품종 소량생산체제로 변하게 되었다. 소품종 대량생산체제에서는 제조간접비를 어떻게 배분하든 제품 종류별로 제품원가에 미치는 영향이 적었으나 다품종 소량생산체제에서는 제조간접비를 어떻게 배분하느냐에 따라 제품의 원가가 극심하게 변하기 때문에 제조간접비를 보다 정확히 배분할 수 있는 ABC가 등장하게 되었다.

(3) 경쟁의 심화

제조환경의 변화와 소비자 욕구의 다양성으로 인하여 기업간의 경쟁이 심화되어 경영자는 보다 다양한 의사결정을 위해 보다 정확한 원가정보를 필요로 하게 되었다. 정확한 원가정보에 대한 수요로 인하여 ABC가 등장하게 되었다.

(4) 정보기술의 발달

ABC를 적용하기 위해서는 많은 정보를 필요로 하는데 컴퓨터 통합생산시스템(CIM)의 도입에 따라 활동과 관련된 정보의 수집이 용이해 지고, 적은 비용으로 많은 정보를 수집·분석할 수 있게 되었다. 정보기술의 발달이 없었다면 ABC는 등장할 수 없었을 것이다.

3 생산활동의 유형

직접재료비나 직접노무비는 생산된 제품에 직접 추적가능하기 때문에 쉽게 이해할 수 있다. 그러나 보조활동원가를 포함한 제조간접비가 왜 발생되는지를 이해하는 것은 그렇게 단순하지가 않다. 이를 이해하기 위해 우리는 먼저 왜 조직에서 제품 및 서비스의 생산을 보조하기 위해서 수많은 활동이 수행되어야 하는지를 분석할 필요가 있다. 생산을 보조하는 데 요구되는 활동의 양이 증가하면 제조보조원가도 증가한다. 생산활동은 크게 네 가지(단위관련활동, 배치관련활동, 제품유지활동 및 설비유지활동)으로 분류할 수 있다.

(1) 단위관련활동

단위관련활동(unit-related activities)은 그 활동량이 생산량 또는 생산량에 비례하는 직접작업시간과 기계사용시간에 비례하는 활동을 말한다. 직접재료비나 직접노무비와 같은 직접원가를 발생시키는 활동은 모두 단위관련활동에 속한다. 그 외에도 간접원가의 예로는 생산된 모든 제품이나 그중 10%만 조사하는 품질검사에 소요되는 간접노무비는 생산량과 관련이 있게 되어 단위관련활동으로 분류된다. 직접작업자들에 의해 수행된 모든 활동의 균일한 감독은 직접작업시간의 숫자와 비례되는 감독노력을 필요로 한다. 또한 기계의 윤활유 소비량, 기계를 작동하는 데 소요되는 에너지, 기계사용 매 10,000시간마다 하는 정기점검 등도 기계사용시간에 비례하는 제조보조원가의 예이다.

(2) 배치관련활동

배치관련활동(batch-related activities)은 생산된 제품의 숫자가 아닌 생산된 배치의 숫자에 의해 발생되는 활동이다. 가령 제품의 새로운 배치를 생산하기 전에 기계준비(set-up)가 필요하다. 한 번 생산준비가 된 기계는 한 배치에서 100단위를 생산하든 1,000단위를 생산하든 추가준비노력이 요구되지 않는다. 또한 한 배치에 투여되는 가공중인 원재료는 한 작업공정에서 다른 작업공정으로 한데 모여서 이동되기 때문에 원재료 취급원가도 배치 속의 생산량보다 배치의 숫자와 관련이 있다.

구매주문서를 발급하는 데 소요되는 사무적 노력이나 공급자로부터 원재료를 수납하는 데 소요되는 사무적 노력도 주문량보다는 주문횟수나 수납횟수와 관련 있는 보조활동이기 때문에 배치관련활동으로 분류된다. 생산스케줄링도 또한 배치관련활동으로 간주된다. 왜냐하면 생산스케줄링은 한 생산배치에서 생산된 생산량보다는 각 생산배치별로 수행되기 때문이다.

(3) 제품유지활동

제품유지활동(product-sustaining activities)은 개별제품의 생산과 판매를 보조한다. 따라서 제품이나 제품라인의 숫자가 늘어나면 제품유지활동원가는 그만큼 늘어나게 된다. 이의 예로는 각 부품별 설계도를 유지하는 데 소요되는 관리노력, 개별제품 및 그 구성부품에 대한 자재소요서와 같은 명세서를 유지하는 데 소요되는 제품엔지니어링 노력, 그리고 설계변경을 수행하는 데 요구되는 프로세스 엔지니어링 등이 있다. 제품을 위한 프로세스 루틴을 설계하고 점검하는 엔지니어링 노력과 제품향상을 꾀하는 엔지니어링 노력도 제품유지활동의 또 다른 예이다. 또한 제품 및 고객의 숫자가 증가하게 되면 생산지시를 신속히 처리

표 8-1 활동유형과 유형별 활동원가동인

활동유형	대표적 활동	활동원가동인
설비유지활동	· 공장 경영 · 회계 및 인사 · 보험 및 세금 · 임차, 감가상각	· 점유면적 · 작업자 수
제품유지활동	· 제품 설계 · 부품관리 · 엔지니어링 · 제품수정	· 제품수 · 부품수 · 설계변경횟수 · 공정변화 지시 수
배치관련활동	· 기계준비 · 첫 단위 품질검사 · 원재료 취급 · 생산스케쥴링	· 준비시간 · 검사시간 · 원재료이동수 · 생산착수횟수
단위관련활동	· 모든 제품 품질검사 · 직접작업자의 감독 · 동력 및 윤활유 소모	· 생산량 · 직접작업시간 · 기계사용시간

해야 하는 필요성이 늘어나게 된다. 의료제품이나 식품의 경우에는 규제기관의 승인을 획득하는 비용도 제품의 숫자가 늘어남에 따라 늘어난다고 볼 수 있다.

(4) 설비유지활동

설비유지활동(facility-sustaining activities)은 생산을 가능케 만드는 공장 및 관련관리 인프라스트럭처의 유지를 보조하는 데 소요되는 활동이다. 이러한 활동은 개별제품의 숫자나 생산착수의 숫자 또는 생산량 그 어느 것과도 관련이 없다. 이의 예로는 공장임대 및 감가상각, 공장유지, 보험 및 세금, 청소, 조경 그리고 보안 등이 있다. 이에 추가로 공장장, 공장 회계담당자 그리고 인력담당관리자 등에 의해 수행된 그러한 기능도 설비유지활동에 속한다. 이상에서 설명한 내용을 관련활동원가동인과 함께 요약하면 **표 8-1**과 같다.

설비유지활동은 활동 중 제일 높은 위치에 있다. 그 다음은 제품유지활동과 배치관련활동이 뒤따르고 맨 아래 위치에 단위관련활동이 있다. 이렇게 서열을 매기는 이유는 높은 서열 활동의 원가는 낮은 서열의 활동과 독립적임을 나타내기 위해서이다. 즉 배치관련활동의 원가는 단위관련활동과는 상관없이 발생된다. 마찬가지로 제품유지활동의 원가는 배치관련활동이나 단위관련활동의 측정치에 대해서는 고정원가이다. 끝으로 설비유지활동의 원가는 제품의 수, 배치의 수 또는 생산량과 하등의 관계가 없이 발생된다. 활동의 이러한 서열적 분류는 개별제품에 다양한 유형의 활동원가를 할당하기 위해 활동원가동인으로 알려진 측정치들을 어떻게 선정해야 하는지에 대한 단서를 제공해 준다.

예제 2 활동계층

(주)태진은 활동기준원가시스템을 개발하고 있다. 제조지원활동(제조간접비)을 면밀히 분석하여 다음과 같은 자료를 수집하였다.

제조지원활동	활동원가	원가동인	예상활동수준
전수검사	₩200,000	검사횟수	4,000
작업준비	140,000	작업준비횟수	100
부품관리	180,000	부품수	800
건물임차	420,000	건물면적(㎡)	6,000

요구사항

1. 제조지원활동을 단위수준, 묶음수준, 제품수준 또는 설비수준활동으로 구분하시오.
2. 각 활동별로 원가동인당 배부율을 구하시오.
3. (주)태진이 묶음(batch)생산을 하는 경우 한 묶음당 생산량(batch size)은 몇 개인지 위 자료를 기초로 추정하시오.

해답

1. 활동의 구분

전수검사: 단위수준활동
작업준비: 묶음수준활동
부품관리: 제품수준활동
건물임차: 설비수준활동

2. 활동별 원가동인당 배부율

활 동	원가집계	원가동인수	배 부 율
전수검사	200,000	4,000	₩50/검사횟수
작업준비	140,000	100	₩1,400/작업준비횟수
부품관리	180,000	800	₩225/부품수
건물임차	420,000	6,000	₩70/㎡

3. 묶음당 생산량의 추정

묶음당 생산량(batch size): 4,000 ÷ 100 = 40개

전수검사를 하는 상황에서 검사횟수가 4,000회라는 것은 생산량이 총 4,000개라는 의미이고 4,000개를 생산하는데 100회 작업준비를 한다는 것은 1회 작업준비를 하면 40개씩 생산한다는 뜻이다. 따라서 뱃치사이즈는 100개라고 분석할 수 있다. 물론 구체적인 자료가 제시되는 경우에는 100개 아닐 수도 있다. 왜냐하면 묶음수와 생산량이 반드시 비례하는 것은 아니기 때문이다.

제3절 활동기준원가계산의 절차와 한계점

1 활동기준원가계산의 절차

활동기준원가계산을 실무적으로 적용할 때는 피드백이 계속적으로 이루어지고 어떤 절차들은 반복적으로 수행되기 때문에 저자에 따라서 순서에 차이가 있을 수 있으나 일반적인 절차는 다음과 같다.

(1) 활동분석

ABC를 적용하려면 먼저 활동분석을 실시해야 한다. 활동분석(activity analysis)이란 제품을 생산하거나 서비스를 제공하는 데 필요한 활동들을 구분하고 분석하는 것을 말하며, 공정가치분석(process value analysis)이라고도 한다. 활동분석을 위해서는 원재료 수령에서부터 최종검사에 이르기까지 공정에서 이루어지는 모든 활동을 나타내는 흐름도를 작성하고 이를 통하여 활동을 파악해야 한다. 보통 이 단계에서는 100여개의 활동이 파악된다. 흐름도에 표시된 각각의 활동은 부가가치활동(value-added activities)과 비부가가치활동(non-value-added activities)으로 구분한다. 부가가치활동은 제품의 가치를 증가시키는 활동(조립, 포장 등)을 말하며, 비부가가치활동은 제품의 가치를 증가시키지 못하면서 자원만 낭비하는 활동(재료이동, 대기, 저장, 검사 등)을 말한다. 따라서 부가가치활동은 계속 수행하고 비부가가치활동은 제거하거나 감소시켜야 한다.

(2) 활동중심점의 설정 및 활동별 원가집계

활동분석의 결과 확인된 각 활동을 바탕으로 유사한 활동은 서로 통합하여 하나의 활동중심점(activity center 또는 cost pool)을 설정한다. 여기서 활동중심점이란 원가를 분리하여 집계할 수 있는 조직단위를 말한다. 활동중심점을 몇 개로 결정할 지는 필요로 하는 원가계산의 정확도와 원가정보의 산출비용에 따라 달라진다. 활동중심점이 많을수록 원가계산의 정확도는 높아지고, 원가정보를 산출하기 위한 비용도 증가한다. 일반적으로 활동중심점을 8~10개 정도 설정하면 원가계산은 상당히 정확한 것으로 알려져 있다.

활동중심점을 설정하고 나면 활동을 수행하는 과정에서 소비한 자원의 원가를 파악하여 이를 각 활동중심점에 집계한다. 하나의 활동에 여러 원천의 자원이 배분되므로 인과관계를 잘 살펴서 배분 및 집계해야 한다.

(3) 원가동인의 선택

활동별로 집계된 원가를 제품에 배부하기 위하여 각 활동별로 원가동인을 규명하고 선택하여야 한다. 원가동인이란 원가를 발생시킨 동인(원가유발동인)으로 활동의 작업량을 결정하고 그 작업을 수행하기 위해 필요한 노력의 정도를 결정하는 요소를 말한다. 원가동인은 활동별 원가의 발생과 밀접한 인과관계를 가져야 하며, 쉽게 적용할 수 있어야 한다. 원가동인은 매우 다양한데 이를 유형별로 분류하면 다음과 같다.

건수동인 (transaction drivers)	건수동인은 수행된 활동의 빈도를 집계하여 원가동인으로 사용하는 것으로 그 예로는 검사횟수, 주문횟수, 작업준비횟수 등이 있다.
시간동인 (duration drivers)	시간동인은 활동을 수행하기 위하여 소요된 시간을 원가동인으로 사용하는 것으로 그 예로는 검사시간, 작업준비시간 등이 있다.
직접동인 (intensity drivers)	직접동인은 활동을 수행하기 위하여 소요된 자원을 직접 측정하여 원가동인으로 사용하는 것이다.

건수동인은 사용하기가 간편하고 비용이 적게 드는 장점이 있지만 건수당 소비되는 자원의 크기가 다르면 원가계산이 정확하지 못하다는 단점이 있다. 한편, 직접동인은 원가계산이 정확하다는 장점이 있으나 원가측정에 비용이 많이 든다는 단점이 있다. 원가동인의 유형별 적용을 예를 들어 설명하면 다음과 같다.

검사활동과 관련하여 발생한 원가를 각 제품별로 배분하고자 할 때 검사횟수를 기준으로 배분한다면 이는 건수동인에 해당한다. 그런데 각 제품별로 검사횟수가 동일하다고 하여도 검사하는데 소요된 시간이 다르다면 검사횟수를 기준으로 배분하는 것은 합리적이지 못하다. 이런 경우에는 소요되는 검사시간(시간동인)을 기준으로 배분하여야 한다. 만약 특정 제품의 검사를 위해서는 고급인력이 필요한 경우라면 검사횟수나 검사시간은 합리적인 배분기준이 될 수 없다. 왜냐하면 검사원의 수준에 따라 발생하는 검사원가가 다를 것이기 때문이다. 이런 경우에는 직접동인을 사용하여야 한다.

일반적으로 사용되는 활동과 원가동인의 예는 다음과 같다.

활 동	원가동인
재료처리활동	재료사용량, 재료처리횟수
절삭활동	기계시간
조립활동	조립시간
품질관리활동	품질검사시간, 검사횟수
기계수선활동	기계시간

(4) 활동별 원가동인당 배부율의 계산

앞 단계에서 집계한 활동별 원가를 각 활동별 원가동인의 수량으로 나누어서 활동별로 원가동인당 배부율을 계산한다. 원가동인당 배부되는 원가를 활동별 제조간접비배부율이라고 한다.

$$\text{활동별 원가동인당 배부율} = \frac{\text{활동별 원가}}{\text{활동별 원가동인수}}$$

(5) 제조간접비의 배부

활동별로 집계된 제조간접비를 각각의 배부율에 따라 최종 제품에 배부하는 단계를 제조간접비의 배부라고 한다. 이때 각 제품이 소비하는 활동량을 정확히 계산해야 제품원가에 왜곡이 없다. 제품별 배부액은 다음과 같이 나타낼 수 있다.

$$\text{제품별 배부액} = \sum(\text{활동별 원가동인수} \times \text{활동별 원가동인당 배부율})$$

2 전통적 원가계산과 활동기준원가계산의 비교

직접작업시간을 기준으로 제조간접비를 제품에 할당하는 전통적 원가계산과 비교하여 활동기준원가계산을 살펴보기로 하자. 직접작업시간은 단위관련 원가동인으로서 직접노무비의 비중이 큰 과거에서부터 기업들이 많이 사용해 온 제조간접비 배부기준이다.

(1) 전통적 원가계산

전통적 원가계산제도에서 예산상의 제조간접비는 다음 연도 동안 예산상의 직접작업시간으로 나누어져 제조간접비 예정배부율이 결정된다. 이를 다음 자료를 통하여 설명하고자 한다.

자료1

태진사는 세 종류의 제품을 생산하고 있는데, 관련 자료는 다음과 같다.

제 품	생산량	총직접 작업시간	총직접 노무비	총직접 재료비	작업준비 횟 수	취 급 횟 수	부품수
A 제 품	20단위	30시간	₩300	₩600	2	2	5
B 제 품	100	150	1,500	3,000	1	1	5
C 제 품	100	70	700	3,000	3	3	10
총 계		250시간			6	6	20
활동별원가			₩2,500	₩6,600	₩6,300	₩3,300	₩2,900

자료1을 보면 제품A 20단위를 생산하는 데 직접작업시간은 30시간이 소요되고 직접노무비와 직접재료비는 각각 ₩300과 ₩600이 소요되며 작업준비는 2회, 취급횟수 2회 그리고 구성부품수는 다섯 종류임을 알 수 있다. 또한 위의 자료에서 총제조간접비는 ₩12,500(₩6,300+₩3,300+₩2,900)인데 그중 ₩6,300은 작업준비활동에 소요되는 제조간접비이고, ₩3,300은 취급활동에 그리고 ₩2,900은 부품종류가 늘어남에 따라 발생되는 제조간접비이다.

전통적 원가계산에서 제조간접비 예정배부율은 직접작업시간 한 시간당 ₩50이다.

$$\text{제조간접비 예정배부율} = \frac{₩12,500}{250\text{직접작업시간}} = ₩50 / \text{직접작업시간}$$

이에 따라 각 제품별 단위당 제조간접비 배부액은 다음과 같이 결정된다.

제 품	제조간접비 배부액	단 위	단위당 배부액
A	30시간×₩50=₩1,500	20	₩75
B	150시간×₩50=₩7,500	100	75
C	70시간×₩50=₩3,500	100	35

그러므로 전통적 원가계산에서 단위당 제품원가는 다음과 같다.

전통적 원가계산에서 단위당 제품원가

제 품	직접재료비	직접노무비	제조간접비배부액	단위당제품원가
A	₩30	₩15	₩75	₩120
B	30	15	75	120
C	30	7	35	72

경영자들은 이러한 원가정보를 바탕으로 어떤 제품을 강조할 것인지, 어떤 제품을 폐쇄시킬 것인지, 그리고 어떤 제품을 얼마나 판매할 것인지 등의 의사결정을 내릴 것이다.

그런데 **자료1**을 보면 우선 총제조간접비는 ₩12,500으로 직접노무비 ₩2,500에 비해 상당히 큼을 알 수 있다. 또한 제품 C를 100단위 생산하는 데는 제품 A와 제품 B에 비해 작업준비횟수, 취급횟수, 그리고 부품수가 많이 소요됨을 알 수 있다. 그럼에도 불구하고 전통적 원가계산에서 제품 C 한 단위에 부과된 제조간접비는 직접작업시간을 기준으로 한 결과 ₩35(₩50×70시간÷100단위)으로 가장 낮게 나타났다. 이는 직접작업시간을 기준으로 한 배부액이 제조간접자원의 소모를 제대로 반영시켜주고 있지 못함을 나타내 주고 있다.

(2) 활동기준원가계산

활동기준원가계산에서는 우선 하나의 풀(pool)로 묶여진 제조간접비를 이 경우 작업준비관련 제조간접비, 취급관련 제조간접비 그리고 부품수관련 제조간접비의 세 개의 풀로 나눈다. 풀의 숫자가 늘어나면 그만큼 같은 풀 내에서의 원가동질성이 올라가게 된다. 그 다음 각 원가 풀마다 적절한 원가동인을 설정한다. 가령 작업준비관련 제조간접비의 원가동인은 작업준비횟수이며, 취급관련 제조간접비는 취급횟수, 그리고 부품수 관련 제조간접비는 부품수가 원가동인이다. 원가동인은 전통적 원가계산에서의 배부기준과 똑같은 역할을 담당한다. 즉 다음 단계에서 전통적 원가계산에서는 배부기준별 배부율을 산정하듯이 활동기준원가계산에서는 원가동인별 배부율이 산정될 것이다. 한 가지 크게 다른 점이 있다면 전통적 원가계산에서 사용되는 배부기준은 직접작업시간, 기계사용시간 등과 같은 단위관련원가동인으로 생산량의 증가에 따라 증가되는 간접비의 행태만을 잘 설명해 줄 수 있다는 점이다. 그러나 활동기준원가계산에서 사용되는 배부기준은 원래 풀의 특성에 맞추어 다양하고 적절한 원가동인이 사용되므로 제품과 제품의 자원소모간의 인과관계를 잘 반영시켜 줄 수 있다.

제조간접비 풀별 원가동인당 배부율은 다음과 같다.

원가동인당 배부율

제조간접비풀	제조간접비	원가동인	원가동인 소요수	원가동인당 배부율
작업준비활동	₩6,300	작업준비횟수	6	₩1,050/작업준비횟수
취급관련활동	3,300	취급횟수	6	₩550/취급횟수
부품관련활동	2,900	부품수	20	₩145/부품 수

위의 표에 나타난 바와 같이 작업준비활동 1회 수행하는 데 소요되는 원가는 ₩1,050이다. 마찬가지로 취급활동 1회 수행하는 데에는 ₩550이, 그리고 부품수가 한 가지 늘어나는 데에는 ₩145의 원가가 소요됨을 알 수 있다. 이는 경영자에게 제품을 생산하는데 위의 활동을 줄일 수 있으면 그만큼은 원가를 절감시킬 수 있다는 정보를 제공해 준다. 가령 어떤 제품을 생산하는데 설계변경에 의해 부품수를 한 가지 줄였다면 그 제품을 생산하는 데 소요되는 제조간접비는 ₩145만큼 감소된다는 것을 알려준다.

위에서 구한 원가동인당 배부율을 사용하여 제품별 제조간접비 배부액을 산정하면 다음과 같다.

활동기준원가계산에서 제조간접비 배부액

활 동	제품 A		제품 B		제품 C	
작업준비활동	2 × 1,050 =	2,100	1 × 1,050 =	1,050	3 × 1,050 =	3,150
취급관련활동	2 × 550 =	1,100	1 × 550 =	550	3 × 550 =	1,650
부품관련활동	5 × 145 =	725	5 × 145 =	725	10 × 145 =	1,450
		₩3,925		₩2,325		₩6,250
생산량		20단위		100단위		100단위
단위당 제조간접비		₩196.25		₩23.25		₩62.50

그러므로 활동기준원가계산에서 단위당 제품원가는 다음과 같다.

활동기준원가계산에서 단위당 제품원가

제 품	직접재료비	직접노무비	제조간접비배부액	단위당 제품원가
A	₩30	₩15	₩196.25	₩241.25
B	30	15	23.25	68.25
C	30	7	62.50	99.50

따라서 전통적인 원가계산과 활동기준원가계산에서의 단위당 제품원가를 비교하면 다음과 같다.

단위당 제품원가

제 품	생 산 량	전통적 원가계산	활동기준원가계산
A	20단위	₩120	₩241.25
B	100	120	68.25
C	100	72	99.50

활동기준원가계산에서의 단위당 제품원가는 전통적 원가계산에서의 단위당 제품원가와 사뭇 다르게 나타남을 알 수 있다. 활동기준원가계산에 의하면 제품A의 단위당 원가는 ₩241.25로 가장 높게 나타나고 있다. 또한 전통적 원가계산에서 나타난 단위당 원가 ₩120에 비해서도 훨씬 크게 나타나고 있다. 제품A는 생산량이 20단위로 제품B나 C에 비해 훨씬 적다. 전통적 원가계산에서는 **소량생산제품**(low-volume product)의 원가를 과소계상하는 경향이 있다. 활동기준원가계산에서 그 다음으로 단위당 원가가 크게 나타난 제품은 제품C로 ₩99.50이다. 전통적인 원가계산에서는 ₩72.00이었으므로 역시 과소계상되었음을 알 수

있다. 제품C는 가장 많은 활동을 필요로 하는 제품이기 때문에 활동기준원가계산에서는 이에 따른 자원소모량이 늘어나서 제품C에 대한 제조간접비 배부액이 늘어난다. 활동기준원가계산에서 제품B의 단위당 원가는 ₩68.25로 전통적 원가계산에서의 단위당 원가 ₩120에 비해 오히려 낮게 나타났다. 즉 전통적 원가계산에서는 제품원가가 과대계상되었다. 제품B는 그 생산량이 100단위로 **대량생산제품**(high-volume product)이고 또한 제조간접자원소모와 관련된 활동을 가장 적게 요구하는 제품이기 때문에 활동기준원가계산에서 제품단위당 원가는 적게 계상된다.

활동기준원가계산을 사용하지 않으면 원가계산에 각 제품간의 불균등한 제조간접자원의 소모를 제대로 반영하지 못하기 때문에 왜곡된 정보를 제공하게 된다. 왜곡된 정보로 경영자들은 여러 가지 의사결정을 그르치게 될 것이다.

예제 3 전통적 원가계산과 ABC

(주)우승은 두 종류의 제품(일반형, 고급형)을 생산·판매하고 있다. 20×9년 제조간접비는 ₩2,000,000이 발생할 것으로 추정되며, 고급형은 5,000개, 일반형은 40,000개가 생산·판매될 것으로 예상된다. 제품단위당 직접재료비와 직접노무비는 다음과 같다.

	고급형	일반형
직접재료비	150	110
직접노무비	20	10

기존에는 직접노무비를 기준으로 제조간접비를 배부했다. 경영자는 더 정확한 원가계산을 위하여 활동기준원가계산을 도입하려고 한다. ABC를 적용하기 위하여 활동분석 등을 통하여 다음과 같은 자료를 수집하였다.

활 동	활동원가	원가동인	활동사용량	
			고급형	일반형
구매주문	84,000	주문횟수	100	200
설계변경	216,000	설계변경횟수	300	600
제품검사	450,000	검사시간	400	1,100
공장관리	1,250,000	기계시간	20,000	30,000
	2,000,000			

요구사항

1. 기존 방법으로 제조간접비를 배부하는 경우 제품 단위당 제조원가는 얼마인가?

2. 활동기준원가계산에 의할 때 제품 단위당 제조원가는 얼마인가?

해답

1. ① 제조간접비 배부율

직접노무비 총액: 5,000×20+40,000×10 = 500,000

제조간접비 배부율: 2,00,000÷500,000 = 4

② 제품 단위당 제조원가

		고급형		일반형
직접재료비		150		110
직접노무비		20		10
제조간접비	20 × 4 =	80	10 × 4 =	40
단위당 제조원가		250		160

2. ① 원가동인당 배부율

활 동	원가집계	÷	원가동인수		=	배부율
구매주문	84,000		100 + 200 =	300		280
설계변경	216,000		300 + 600 =	900		240
제품검사	450,000		400 + 1,100 =	1,500		300
공장관리	1,250,000		20,000 + 30,000 =	50,000		25

② 제조간접비의 배부

활 동	고급형		일반형	
구매주문	100 × 280 =	28,000	200 × 280 =	56,000
설계변경	300 × 240 =	72,000	600 × 240 =	144,000
제품검사	400 × 300 =	120,000	1,100 × 300 =	330,000
공장관리	20,000 × 25 =	500,000	30,000 × 25 =	750,000
		720,000		1,280,000
생산량		5,000		40,000
단위당 제조간접비		144		32

③ 단위당 제조원가

	고급형	일반형
직접재료비	150	110
직접노무비	20	10
제조간접비	144	32
단위당 제조원가	314	152

3 활동기준원가계산의 한계

활동기준원가계산은 제조간접비배부와 관련해서 경영자에게 보다 정확한 정보를 제공해 주지만 한계를 지닌다. 우선 활동기준원가계산은 전통적 원가계산에 비해서 복잡하고 정교한 시스템이기 때문에 운영비용이 많이 소요된다. 정보기술이 발전함에 따라 정교한 정보시스템의 운영비용은 점점 감소되는 추세에 있지만 경영자는 활동기준원가계산의 도입에 앞서 활동기준원가계산의 운영효익과 운영비용을 면밀히 검토할 필요가 있다.

그리고 활동기준원가계산은 제조간접비의 배부와 관련해서 정보의 정확성을 제고시켜 주고 있기 때문에 제조간접비의 비중이 크지 않은 기업에서는 큰 효익이 없을 수 있다. 또한 제조간접비 가운데서 시설점유비용, 보험료, 재산세 그리고 경영자 급여 등과 같은 소위 설비유지비용의 배부는 활동기준원가계산으로 개선되지 않는다. 즉 이들 비용은 전통적으로 원가계산과 마찬가지로 자의적인 배부방법에 의존할 수밖에 없다.

제4절 종합예제

(주)태진은 현재 제품 A, B 두 가지 제품을 생산·판매하고 있다. 20×7년 5월에 제품 A 400단위와 제품 B 500단위를 생산하였으며, 이와 관련된 자료는 다음과 같다.

	제품 A	제품 B
단위당 직접재료비	₩250	₩400
부품수	10종류	15종류
기계사용시간	3시간	5시간
선적된 주문수	5회	3회
직접노동시간	3시간	2시간

활 동	원가동인		가 공 비
재료처리활동	부품수	25종류	₩50,000
절삭작업활동	기계사용시간	8시간	80,000

선반작업활동	기계사용시간	8시간	40,000
연마작업활동	부품수	25종류	25,000
부품조립활동	직접노동시간	5시간	25,000
선적작업활동	선적주문횟수	8회	20,000
합 계			₩240,000

(주)태진은 가공비 배부기준으로 직접재료비를 사용하고 있다.

요구사항

1. 전통적인 원가계산 방법에 따라 단위당 원가를 산출하시오.
2. 활동기준원가계산 방법에 따라 단위당 원가를 산출하시오.

해 답

1. 전통적 원가계산방법에 따른 단위당 원가

$$\text{가공비 배부율} = \frac{₩240,000}{₩250 \times 400 + ₩400 \times 500} = \frac{₩240,000}{₩300,000} = ₩0.8/₩1$$

	제품 A		제품 B	
직접재료비		₩250		₩400
가공비	250 × 0.8 =	200	400 × 0.8 =	320
단위당 원가		₩450		₩720

2. 활동기준원가계산에 의한 단위당 원가

활 동	활동별 가공비배부율	제품 A	제품 B
재료처리활동	₩50,000 / 25 = ₩2,000	₩20,000	₩30,000
절삭작업활동	80,000 / 8 = 10,000	30,000	50,000
선반작업활동	40,000 / 8 = 5,000	15,000	25,000
연마작업활동	25,000 / 25 = 1,000	10,000	15,000
부품조립활동	25,000 / 5 = 5,000	15,000	10,000
선적작업활동	20,000 / 8 = 2,500	12,500	7,500
합 계		₩102,500	₩137,500
생 산 량		400	520
단위당 가공비		₩256.25	₩275

	제품 A	제품 B
직접재료비	₩250	₩400
가공비	256.25	275
단위당 원가	₩506.25	₩675

연습문제

문 1 활동기준원가계산 기초

서강필름(주) 콘트롤러가 수립한 활동별 원가집계와 원가동인들은 다음과 같다.

활 동	제조간접비예산	원가동인	예정원가동인수
기계준비작업활동	₩200,000	준비횟수	100회
재료처리활동	40,000	원재료무게	20,000파운드
위험폐기물통제활동	50,000	위험폐기물무게	10,000파운드
품질관리활동	75,000	검사횟수	1,000회
기타제조활동	200,000	기계시간	20,000시간
	₩565,000		

필름 1,000상자 주문에 대하여 다음과 같은 활동으로 생산하였다.

기계준비횟수	4회
원재료	10,000파운드
위험폐기물	2,000파운드
검사횟수	10회
기계시간	500시간
직접재료비	₩120,000
직접노무비	₩40,000

요구사항

1. 활동별 제조간접비의 배부율을 적용하여 필름 1상자당 제조간접비 배부액을 구하시오.
2. 기계시간에 근거한 단일의 예정제조간접비율을 사용하여 주문된 필름 1,000상자 생산에 배부되어야 할 제조간접비를 구하시오.

문 2 ABC와 제품단위당 원가

서강회사는 전문가용과 일반용 컴퓨터를 제조하는 업체이다. 현재 회사는 직접노무비를 기준으로 제조간접비를 각 제품에 배부하고 있다. 회사는 20×7년에 ₩20,000,000의 제조간접비가 발생할 것으로 예상하고 있으며 전문가용 컴퓨터 8,000대와 일반용 컴퓨터 50,000대를 생산할 것으로 예상된다. 제품별 단위당 직접재료비와 직접노무비는 다음과 같다.

	전문가용	일 반 형
직접재료비	₩8,000	₩6,000
직접노무비	800	500

◉ 요구사항

1. 직접노무비를 기준으로 제조간접비를 배부할 때, 20×7년 제조간접비예정배부율과 제품 단위당 제조원가를 계산하시오.
2. 회사는 제조간접비의 배부기준에 문제가 있다고 판단하고 활동기준원가계산을 도입할 것을 고려하고 있다. 활동기준에 의할 경우 20×7년의 각 활동중심점에 대한 예정원가와 활동자료는 다음과 같다.

활 동	원가동인	원 가	전문가용	일 반 형
매 입	주문횟수	₩4,000,000	300회	500회
부품관리	부 품 수	10,000,000	50,000개	150,000개
제품검사	검사횟수	6,000,000	500회	1,000회
		₩20,000,000		

위 자료에 따라 활동별 제조간접비 예정배부율을 계산하시오.

3. 활동기준에 의할 경우 각 제품의 단위당 제조간접비와 단위당 제조원가를 구하시오.

문 3 활동기준원가회계: 서비스업종

서강컨설팅은 고객기업에 대한 리서치대행과 경영자문 서비스를 제공하고 있다. 각 서비스에 대하여는 건당 ₩2,000을 받고 있으며, 수익 및 원가관련자료는 다음과 같다.

	리서치대행	경영자문	합 계
● 수익	₩130,000	₩270,000	₩400,000
● 원가			
전산입력요원급여	–	–	80,000
차량유지비	–	–	48,000
인터넷사용비	–	–	72,000
전산시스템감가상각비	–	–	40,000
● 이익	–	–	₩160,000

서강컨설팅사는 경쟁력 제고를 위해 활동기준원가시스템을 적용할 것을 검토하고 있다. 자체 조사한 바에 의한 활동자료들은 다음과 같다.

간 접 비	원가동인	활동수준	
		리서치대행	경영자문
전산입력요원급여	근무시간	84시간	36시간
차량유지비	운행거리(km)	400km	200km
인터넷사용비	사용시간	180시간	120시간
전산시스템감가상각비	사용시간	600시간	200시간

요구사항

1. 당기에는 리서치대행업무와 경영자문업무가 각각 60건과 140건씩 처리되었다. 기존의 방식인 건당 기준으로 하여 손익계산서를 작성하시오.
2. 활동기준원가회계시스템에 의하여 손익계산서를 완성하시오.
3. 활동기준원가회계시스템으로 할 때 경쟁력 강화를 위한 서강컨설팅사의 의사결정은 어떻게 변할 것으로 예상되는가?

문 4 배치수준활동과 수익성비교

(주)한국은 최근에 지금까지 대량 생산·판매하여 왔던 표준형 티셔츠에 보다 가볍고 고품질의 고급형 티셔츠를 추가하기로 결정하였다. 이 고급형 티셔츠의 생산에는 보다 비싼 재료가 사용되며, 완성하는데 더 많은 시간이 소요된다. 표준형 티셔츠는 한 장당 30분만에 재단·재봉질을 마칠 수 있지만, 고급형은 45분이 걸린다. 표준형 티셔츠는 1,000장씩, 고급형 티셔츠는 100장씩 뱃치(batch)로 생산된다. 각 뱃치에 대한 품질검사에는 10시간이 소요된다. (주)한국의 현행원가계산제도는 제조간접원가의 배부기준으로 직접노무비를 사용하고 있다.

구 분	표준형 티셔츠	고급형 티셔츠
단위당 판매가격	₩20,000	₩60,000
단위당 직접재료비	4,000	20,000
단위당 직접노무비	4,000	6,000
단위당 제조간접원가	6,000	9,000
단위당 매출총이익	6,000	25,000
단위당 판매관리비	1,000	2,000
단위당 영업이익	₩5,000	₩23,000
연간 생산·판매량	90,000장	6,000장

(주)한국의 재무담당이사인 희동구씨는 활동기준원가계산을 적용하게 되면 표준형 티셔츠 및 고급형 티셔츠 원가 및 수익성을 보다 정확하게 파악할 수 있는 것이라고 믿고 있다.

이를 위해 희동구씨는 2006회계연도에 제조간접원가 ₩594,000,000에 대한 활동별 원가집합과 원가동인에 관한 자료를 다음과 같이 수집하였다.

● 2006년 중 실제 사용된 원가 동인량

활 동	활동원가	원가동인	표준형티셔츠	고급형티셔츠
노무감독	₩ 39,600,000	직접노무시간	45,000시간	4,500시간
구매주문	195,000,000	주문횟수	450회	200회
품질검사	359,400,000	품질검사시간	?	?
	₩594,000,000			

◎ 요구사항

1. 활동기준원가계산에 입각해서 표준형 티셔츠 및 고급형 티셔츠 각각 단위당 제조간접원가를 계산하시오.
2. 활동기준원가계산에 입각하여 표준형 티셔츠 및 고급형 티셔츠 각각의 단위당 이익을 계산하고 기존의 원가계산방식에서의 수익성과 비교하시오.
3. 전통적인 원가계산제도의 활동기준원가계산의 차이점을 설명하시오.
4. 활동기준원가계산이 전통적인 원가계산에 비해 어떤 경영상의 개선된 점을 가져다 줄 수 있는지 간단히 설명하시오.

문 5 활동기준원가계산: 고객수익성 분석

서강회사는 단일제품을 생산하여 A, B, C 세 고객에게 판매하고 있는데, 제조간접비를 직접노무비에 기초하여 배부하여 왔다. 1997년중에 이 회사의 경영자는 새로운 원가회계시스템을 구축하기 위하여 서강대학교의 자문을 받아 활동기준원가계산을 도입하기로 하였다. 이에 따라 당기의 제조간접비 중 기계가동, 조립 활동비는 기계작업시간을 기준으로 제품에 배부하며 마무리, 선적 활동비는 직접노무비에 비례하여 제품에 배부하게 된다.

당기 영업활동에 관한 자료는 다음과 같다.

	A 고객	B 고객	C 고객	합 계
매출액	₩3,500	₩2,750	₩2,500	₩8,750
원 가				
직접재료비	₩800	₩700	₩500	₩2,000
직접노무비	400	300	300	1,000

제조간접비				
기계가동	500	200	300	1,000
조 립	400	300	100	800
마무리	500	600	100	1,200
선 적	300	200	500	1,000
기계작업시간	600시간	200시간	200시간	1,000시간

요구사항

1. 전통적 원가계산과 활동기준원가계산을 적용하여 순이익과 매출수익률을 계산하시오.
2. 주어진 자료를 이용하여 물음에 답하시오. A 고객에게 배부된 제조간접비의 기계가동원가 중 ₩300, 조립원가 중 ₩200이 고정원가라고 한다면, 회사가 A 고객에게 제품을 판매하여야 하는가? 그 이유는?
3. 활동기준 원가계산을 적용하는 경우 고객담당부서에서 이를 꺼려한다면 그 이유는 무엇이겠는가?

문 6 활동기준원가계산: 제품 변경

서강(주)는 두 종류의 제품을 생산·판매하고 있으며, 2000년 7월 한달 동안 제품생산과 관련된 자료는 다음과 같다.

	갑제품	을제품
생산량(=판매량)	5,000단위	2,500단위
판매가격	₩1,000	₩1,400
직접재료비	1,550,000	1,200,000
직접노무비	1,000,000	675,000
직접기계작동원가	160,000	215,000

당사는 지금까지 전통적인 원가계산방법에 따라 제조간접비를 각 제품에 배부하여 왔으며, 각 제품별 배부기준은 다음과 같다.

갑제품: 직접노무비의 180%

을제품: 직접노무비의 120%

그러나 당사는 활동기준원가계산(ABC)의 도입을 고려하고 있으며, 2000년 7월 한달 동안 제조간접비와 관련된 활동내역과 활동별 배부율은 다음과 같다.

작업준비활동	작업준비시간당	₩500
시험활동	시험시간당	₩ 40
엔지니어링활동	별도의 계산절차를 통해 계산	
포장활동	제품단위당	₩120

- 각 제품의 배치당 생산량은 갑제품이 500개, 을제품이 250개이며, 갑제품은 배치당 16시간, 을제품은 배치당 10시간의 작업준비시간이 소요된다.
- 시험시간은 갑제품은 단위당 3시간, 을제품은 단위당 4시간이 소요된다.
- 엔지니어링 원가는 갑제품에 ₩180,000, 을제품에서 ₩134,000이 소요되었다. 또한 당사는 갑제품을 대체할 병제품을 고려하고 있으며 시장경쟁이 심화됨에 따라 제품의 판매가를 ₩80만큼 내리려고 한다. 제품가격을 인하한다고 해서 더 많이 팔리는 것은 아니지만 내리지 않으면 판매량이 감소할 것이다. 병제품은 직접재료비가 단위당 ₩35이 감소하고 직접노무비는 단위당 ₩10이 감소한다. 또한 작업준비시간이 배치당 4시간, 시험시간이 단위당 1시간이 감소되며 배치단위에는 변화가 없다. 직접기계작동원가는 고정비이며 직접기계시간이 감소된다. 포장활농은 번화가 없다.

요구사항

1. 활동기준원가계산으로 제조간접비를 제품별로 계산하시오.
2. ABC를 이용하여 제품별 단위당 전부원가를 구하시오.
3. 전통적인 원가계산방법에서는 을제품의 매출총이익이 갑제품보다 크게 나오는데 ABC로 계산하면 어떻게 되는가?
4. 회사는 병제품을 통한 단위당 ₩80의 원가절감을 달성할 수 있겠는가? 계산근거를 반드시 명시하시오.

문 7 전통적 원가계산과 ABC의 비교(1)

(주)ABK는 표준형과 고급형 두 가지 모델의 제품을 생산·판매하고 있다. 고급형 제품은 2년 전에 도입되어 성공적으로 시판되고 있다. 20×7년 손익계산서는 다음과 같다.

	표 준 형	고 급 형	계
판 매 량	300,000개	200,000개	500,000개
매 출 액	₩1,200,000	₩1,200,000	₩2,400,000
매출원가	771,000	769,000	1,540,000
매출총이익	429,000	431,000	860,000
판매관리비	250,000	250,000	500,000
순 이 익	₩179,000	₩181,000	₩360,000

제품을 제조하는 공장은 여러 보조부문들과 2개의 제조부문인 기계부문과 조립부문으로 구성되어 있다. 20×7년의 매출원가에는 ₩720,000의 제조간접원가가 포함되어 있다. 이 공장의 총제조간접원가 ₩720,000 중에서 ₩192,000은 기계부문에 ₩168,000은 조립부문에 나머지 ₩360,000은 다양한 보조부문들에 추적되었다.

기존의 원가계산시스템은 제조간접원가를 두 단계로 배분하는데 제1단계에서는 보조부문에 집계된 원가를 각 제조부문의 기계시간에 비례하여 제조부문에 배부한다. 제2단계에서는 각 제조부문에 집계된 간접원가를 직접노무시간을 배부기준으로 한 부문별 배부율을 이용하여 각 제품별로 배부한다. 각 모델의 20×7년 생산과 관련하여 부문별로 소요된 직접노무시간(DLH)과 기계시간(MH)의 자료는 다음과 같다.

	기계부문	조립부문	계
표준형	15,000DLH	3,000DLH	18,000DLH
고급형	13,000DLH	5,000DLH	18,000DLH
총직접노무시간	28,000DLH	8,000DLH	36,000DLH
총기계시간	52,000MH	8,000MH	60,000MH

직접노무임률은 두 제조부문에서 동일하게 시간당 ₩10이다. 직접재료원가는 단위당 표준형은 ₩0.8이며 고급형은 ₩1.1이다. 표준형에 대한 고객의 평균주문수량은 5,000개이며, 고급형은 2,000개이다. 각 고객주문에 대해 기계작업준비가 필요하며, 표준형은 3시간, 고급형은 5시간의 작업준비시간이 소요된다.

고급형은 성공적인 도입으로 인해 65%의 시장점유율을 확보하였으나 지난 2년간 당사의 수익성이 하락하였으며, 표준형은 시장점유율이 12% 감소하였다. 이에 대한 원인을 파악하기 위하여 특별팀이 구성되었으며 활동분석을 통하여 다음과 같은 자료를 수집하였다.

원가동인	원 가	원가동인수
기계부문DLH	₩112,000	?
조립부문DLH	96,000	?
작업준비시간	272,000	?
주문횟수	240,000	?
총제조지원원가	₩720,000	

또한 판매관리비를 분석한 결과에 의하면 표준형에 대한 판매수수료는 매출액의 5%이고, 고급형에 대한 판매수수료는 매출액의 10%이다. 광고 및 판촉비는 표준형이 ₩50,000 고급형이 ₩90,000이다. 나머지 ₩180,000의 판매관리비는 두 모델에 동등하게 배부할 수 있을 것이라고 추정하였다.

요구사항

1. 기존의 원가회계시스템을 이용하여 각 모델의 단위당 제품원가를 계산하시오.
2. 새로 제안된 활동기준원가계산시스템을 이용하여 각 모델의 단위당 제품원가를 계산하시오.
3. 새로 제안된 활동기준원가계산시스템에 의할 때 각 제품별 순이익을 계산하시오.
4. (주)ABK의 경우 기존의 원가회계시스템이 제품원가 및 수익성을 왜곡시킬 수 있는 주요한 이유를 설명하시오. 필요한 경우 숫자를 이용하여 설명하시오.
5. 이 회사는 수익성을 개선하기 위하여 어떠한 조치를 취하여야 하는가?

문 8 활동기준원가계산과 목표원가

서강(주)는 최근 경쟁이 심화되면서 현재의 판매가격으로는 현재의 판매량을 유지할 수 없게 되었다. 다음의 영업담당이사와 생산부장의 대화내용을 보고 물음에 답하시오.

영업담당이사: 현재 시장상태로 보아 현재의 판매가격으로는 판매수준을 유지할 수 없다고 보는데, 자네 생각은 어떠한가?

생산부장: 그렇습니다. 경쟁사의 출현으로 경쟁이 심해지고 있기 때문에 현재의 판매량을 유지하려면 판매가격을 인하해야 합니다.

대표이사: 가격인하를 위해서는 현재의 원가를 절감해야 하지 않나? 원가절감 방안에는 어떠한 것들이 있지?

생산부장: 현재의 생산방식으로는 기존 원가의 5%밖에 감소시킬 수 없습니다. 하지만 설계변경을 한다면 기존의 원가보다 13%나 감소시킬 수 있습니다.

영업담당이사: 판매량은 600개가 적당하다고 보는데, 설계변경을 통한 원가절감 가능성에 대한 보고서를 준비해 보게나.

회사는 현재 600개의 제품을 생산, 판매하고 있으며 그와 관련된 원가내역은 다음과 같다.

	원 가	기 타
직접재료원가	₩30,000	
직접노무원가	36,000	
기계작업원가	12,000	고정원가임
주문원가	7,000	주문횟수 10회
작업준비원가	9,000	작업준비시간 10시간
부품처리원가	12,000	부품사용개수 150개
검사원가	24,000	
재작업원가	30,000	총제조수량의 10%(재작업수량 포함)
총원가	₩160,000	

회사는 원가절감을 위하여 설계변경을 고려하고 있으며, 설계변경 후 원가가 다음과 같이 절감될 것으로 예상된다.

기계작업원가	단위당 기계작업시간 25% 절감
주문횟수	6회로 감소
작업준비원가	작업준비시간 5시간 절감
부품사용개수	100개로 감소
검사원가	25% 절감 가능
기 타	설계변경 전과 동일
재작업원가	총제조수량의 5%(재작업수량 포함)

◉ 요구사항

1. 활동기준원가계산을 이용하여 제품의 설계변경 후 단위당 제조원가를 구하시오.
2. 설계변경후 원가절감액이 회사의 목표인 13% 이하로 달성되었는가? 계산과정을 통하여 보이시오.
3. 공정단계에서의 원가절감 노력보다 설계변경으로 인한 원가절감 노력이 더 효과적인 이유는 무엇인가?
4. 활동기준원가계산의 적용으로 원가왜곡을 개선할 수 있는 제조환경을 세 가지 이상 쓰시오.

문 9 전통적 원가계산과 ABC의 비교(2)

서강(주)는 P-1과 P-2의 두 가지 제품을 생산하고 있는 회사이다. 서강(주)는 P-2시장에서 독점력을 행사하고 있으며 경쟁회사인 (주)신촌이 P-2를 포기하고 P-1제품생산을 시도하려고 하고 있다. 동사는 이사회를 열어 회사의 향후 방향에 대하여 토의하였다. 다음은 토의의 주요내용이다.

김 이사:	다른 회사는 P-2의 생산에 별로 관심을 보이지 않고, P-1의 경쟁이 점차 치열해지고 있는 상태이다.
박부사장:	P-2의 수익성이 높으므로 P-2의 생산에 주력하고 P-1의 생산은 점차적으로 줄여나가야 회사의 수익극대화에 기여할 것이다.
김 이사:	P-2의 수익성은 좋으나 회사의 매출액의 20% 밖에 차지하고 있지 못하므로 P-1의 생산을 늘려야 수익극대화가 될 것이다.
강 이사:	어제 생산부장과 회식자리에서 들은 바에 의하면 P-2의 생산에는 셋업소요시간이 무척 많이 들어 애로사항이 많다.
관리이사:	올해 들어 많은 작업이 새 기계의 도입으로 획기적으로 줄어들었다.

다음은 당기 제품 및 매출과 관련된 자료이다.(이 자료는 전통적인 원가배부방식으로 노동시간비율로 간접비를 배부한 것이다.)

구 분	P-1	P-2
매출액	₩240,000	₩60,000
총매출원가	(180,000)	(35,000)
판매비와 관리비	(20,000)	(8,000)
순이익	40,000	17,000
판매수량	3,000개	500개
기초재고	–	100개
단위당 노동시간	2시간	3시간

총제조간접비 발생액은 ₩120,000이다. 재공품은 존재하지 않고, 기말제품재고는 0이다. 한편, P-1과 P-2와 관련된 각 활동 및 관련자료는 다음과 같다.

활 동	활동원가	원가동인	총동인수	P-1 건수	P-2 건수
A활동	₩30,000	a-건수	1,500	500	1,000
B활동	20,000	b-건수	1,000	500	500
C활동	20,000	c-건수	2,000	500	1,500
D활동	35,000	d-건수	2,000	1,500	500
E활동	15,000	e-건수	1,000	750	250

요구사항

1. 전통적 원가배부방식에 의한 제조간접비 배부비율을 구하시오.
2. 직접노무비의 400%를 제조간접비로 배부되었다고 가정할 경우(원가차이는 발생하지 아니하였음) 각 제품의 단위당 직접재료비는 얼마인가? 단, 매출원가는 직접재료비, 직접노무비, 제조간접비로만 구성된다.
3. ABC원가 계산하의 각 제품의 제조간접비와 단위당 원가는 얼마인가?
4. ABC원가계산하의 각 제품제조원가와 전통적 원가배부방식에 의한 각 제품의 제조원가가 다른 이유는 무엇인가? 소요활동과 관련지어 설명하시오.
5. P-2의 수익성의 의문을 제기할 수 있는 근거를 토의내용 중 각 토의참여자의 대화내용에서 찾아내서 3가지를 기술하시오.
6. 위에서 활동별 원가의 동인(cost drive)을 처리건수만 계산하고 있는데 이의 타당성에 대해 논하시오.

문 10 단답형 기출문제

1. ㈜호남은 두 종류의 제품(X와 Z)을 생산하고 있다. 이 회사의 원가담당자는 간접비 중 엔지니어링변경원가에 관심을 가지고 있다. 1회 엔지니어링 변경에 소요되는 원가는 ₩600이다. 제품별 생산량, 엔지니어링 변경횟수, 기계시간은 다음과 같다.

항 목	X제품	Z제품
생산량	1,000단위	1,000단위
엔지니어링 변경횟수	14회	6회
생산량 단위당 기계시간	1시간	2시간

엔지니어링변경원가를 엔지니어링 변경횟수가 아닌 기계시간을 기준으로 배부한다면, X제품에 과대배부 혹은 과소배부 되는 금액은 얼마인가?

2. ㈜한국은 각 작업에 대한 원가계산을 위하여 다음의 자료를 수집하였다.

활동	원가	원가범주	원가동인	최대활동량
생산준비	₩20,000	생산묶음	생산준비시간	1,000시간
재료처리	30,000	생산묶음	재료처리횟수	2,000회
기계사용	500,000	제품단위	기계작업시간	20,000시간
품질관리	100,000	생산묶음	품질관리횟수	12,500회
수선유지	40,000	제품단위	기계작업시간	20,000시간

활동기준원가계산을 이용할 때 다음의 작업 A의 총원가는 얼마인가?

작업	기초원가	생산수량	생산준비	재료처리	기계작업	품질관리
A	₩300,000	12,000단위	30시간	56회	4,000시간	70회

3. ㈜한국기계는 활동기준원가계산(activity-based costing)을 적용하고 있다. 회사는 제품 생산을 위해 세 가지 활동을 수행하고 있다. 당기에 발생된 활동별 실제원가는 기계가동활동 ₩84,000, 엔지니어링활동 ₩60,000, 품질검사활동 ₩41,000이었다. 당기에 두 종류의 제품 A와 B를 생산하였으며, 생산관련 실제자료는 다음과 같았다.

항 목	제품A	제품B
생산량	500단위	1,200단위

기계가동(기계시간)	2,000시간	3,000시간
엔지니어링(작업시간)	500시간	700시간
품질검사(품질검사 횟수)	10회	15회

* 괄호 안은 각 활동의 원가동인을 의미함.

활동기준원가계산 및 위 자료에 근거할 때 제품A와 제품B에 배분될 원가는 각각 얼마인가?

4. ㈜한야의 영업팀은 활동원가에 근거하여 고객의 수익성을 평가한다. 당기에 주문처리와 고객관리를 위해 수행한 활동 및 원가 자료는 다음과 같다. 긴급주문 처리를 위해서는 통상적인 주문처리 원가에 추가하여 1회당 ₩100의 원가가 발생한다.

활동 및 원가항목	원가
주문처리	₩70/1회 주문
긴급주문 처리를 위한 추가원가	₩100/1회 긴급수문
고객상담	₩450/1회 상담
고객관계관리	₩80,000/고객 1인

상기 원가 이외에 매출원가는 매출액의 80%에 해당한다. 당기 중에 ㈜한야의 주요 고객인 A와 관련하여 매출액 ₩500,000, 주문처리 횟수 300회(이 중 70%는 긴급주문임), 고객상담 횟수 140회가 발생하였다. 고객관계관리는 모든 고객에게 공통으로 적용된다. 회사가 고객 A로부터 얻은 이익(혹은 손실)은 얼마인가?

5. (주)서울은 가전제품을 생산하여 판매하는 기업이다 (주)서울의 경영자는 현재 생산하고 있는 양문냉장고의 설계를 변경하는 경우 원가를 얼마나 절감할 수 있는지 알아보려 한다. 20×2년의 양문냉장고 예상판매량 100대를 현재 설계된 대로 생산하는 경우 직접재료원가 ₩100,000, 직접노무원가 ₩50,000, 그리고 제조간접원가 ₩350,000이 발생할 것으로 추정된다. (주)서울은 활동기준원가계산을 적용하고 있는데 제조간접원가를 발생원인에 따라 항목별로 구분한 결과는 다음과 같다.

제조간접원가 항목	금액	원가동인 및 발생현황	
기계가동원가	₩100,000	기계가동시간	100시간
작업준비원가	50,000	작업준비시간	10시간
검사원가	100,000	검사시간	10시간
재작업원가	100,000	재작업시간	20시간

설계를 변경하는 경우 기계가동시간과 재작업시간은 20% 감소되며, 작업준비시간은 25% 감소될 것으로 예상된다. 그러나 검사시간은 현재보다 20% 늘어날 것으로 예상된다. (주)서울이 설계를 변경하는 경우 단위당 제조간접원가를 얼마나 절감할 수 있는가? 단, 상기 자료외의 원가는 고려하지 않는다.

문 11 전통적 방법과 ABC의 비교 및 법인세 절감액

㈜한국은 원가계산시스템A를 현재 채택하고 있으며, 새로운 원가계산시스템으로의 변경을 고려중이다. ㈜한국은 갑과 을 두 가지 제품을 생산·판매하고 있다. 갑제품은 월 1회씩 정해진 생산계획에 따라 대량생산하고, 을제품은 주문을 받아 소량 생산한다. ㈜한국의 20×1년 한 해 동안의 판매가격, 원가, 그리고 생산·운영 자료는 다음과 같이 예상된다.

	갑제품	을제품
단위당 판매가격	₩100	₩250
단위당 직접재료비	₩40	₩20
단위당 직접노무시간	0.8시간	0.2시간
직접노무시간당 임률	₩10	₩10
기초재고수량	0개	0개
기말재고수량	1,000개	0개
생산수량	12,000개	2,000개
부품 가짓수	10가지	10가지
작업준비횟수	12회	18회
두 제품의 연간 제조간접비		₩450,000
변 동 비	₩30,000	
부품관리비	240,000	
작업준비비	180,000	

분석에 따르면, 제조간접비는 변동비와 고정비로 나뉘는데 변동비는 직접노무시간에 비례하여 발생하고, 고정비는 부품관리와 작업준비에 소요되는 원가로 밝혀졌다. 특히 부품관리비는 제품별 생산을 위해 관리해야하는 부품 가짓수에 비례하여 발생하며, 작업준비비는 제품별 작업준비횟수에 비례하여 발생하는 것으로 분석되었다.
원가계산시스템A는 모든 제조간접비를 직접노무시간을 기준으로 제품에 배부하여 제품원가를 계산한다. 한편, 원가계산시스템B는 제조간접비 중에서 변동비는 직접노무시간으로, 부품관리비는 부품 가짓수로 그리고 작업준비비는 작업준비횟수로 제품에 배부하여 제품원가를 계산한다.

요구사항

1. 원가계산시스템A를 적용하여 갑제품과 을제품의 단위당 원가를 계산하시오.
2. 원가계산시스템B를 사용하여 갑제품과 을제품의 단위당 원가를 계산하시오.
3. 다음의 물음에 답하시오. 단, ㈜한국의 법인세율은 30%이며, 위 표에서 제시한 자료 이외의 수익과 비용은 없다고 가정한다.
   (1) 원가관리시스템A를 사용하여 갑제품과 을제품의 단위당 영업이익을 계산하고, ㈜한국의 20×1년 세후영업이익을 계산하시오.
   (2) 원가관리시스템B를 사용하여 갑제품과 을제품의 단위당 영업이익을 계산하고, ㈜한국의 20×1년 세후영업이익을 계산하시오.
4. 물음 3과 관련하여 ㈜한국이 20×1년에 원가관리시스템A와 원가관리시스템B 중 어떤 원가계산시스템을 채택하는 것이 법인세를 얼마나 감소시킬 수 있는 5줄 이내로 설명하시오. 단, 설명에 대한 계산근거를 반드시 제시해야 하며, 계산근거는 5줄 제한에 포함되지 않는다.
5. 20×1년에는 ㈜한국이 원가계산시스템B를 채택했다고 가정하자. 20×2년의 생산량 및 제조원가와 관련한 내역은 20×1년과 동일할 것으로 예상된다. 그러나 20×2년의 판매량은 20×1년과 달리 갑제품은 13,000개 그리고 을제품은 1,500개가 될 것으로 예상된다. ㈜한국이 20×2년에는 원가계산시스템A와 원가계산시스템B 중 어떤 원가계산시스템을 채택하는 것이 법인세를 얼마나 감소시킬 수 있는지 5줄 이내로 설명하시오. 단, 설명에 대한 계산근거를 반드시 제시해야 하며, 계산근거는 5줄 제한에 포함되지 않는다.

Ⅲ

계획수립과 의사결정

제9장 원가행태 분석

제10장 원가·조업도·이익분석

제11장 전부원가계산과 변동원가계산

제12장 종합예산

제13장 특수의사결정

제14장 학습곡선과 선형계획법

제 9 장

원가행태분석

제1절 서 론

제2절 원가행태분석방법

제3절 회귀분석

제4절 종합예제

학습목표

경영자들은 조업도가 변화함에 따라 원가가 어떻게 변화할 것인지를 예측하기를 원한다. 이렇게 미래원가를 예측함으로써 경영자들은 계획을 수립할 수 있고 또한 미래활동을 통제할 수 있다. 여기서는 원가계산에 의해 획득된 역사적 원가를 이용하여 미래원가를 예측하는 방법에 대하여 설명하려 한다. 이 장을 공부하고 나면 아래 내용을 파악할 수 있어야 한다.

1. 관련범위
2. 다양한 원가행태분석 방법
3. 회귀분석
4. 회귀분석에서의 가정
5. 회귀분석에서의 통계적 추론
6. 예측모형의 선정방법

제9장 원가행태분석

제1절 서 론

1 의 의

회계담당자들은 원가를 기업의 기능에 따라 분류한다. 가령 제조기업이 제조기능과 판매기능을 가지고 있다면 이에 따라 원가를 분리해서 제조원가와 판매비로 보고한다. 이와 같은 원가의 기능적 분류는 경영자들이 기업의 기능활동을 분석, 평가, 보고하는 데 도움을 준다. 경영자들은 과거에 발생된 원가를 알고 싶어하지만 또한 이와 동시에 미래에 원가가 얼마나 발생할 것인가를 예측하고 싶어한다. 이러한 경영자의 욕구를 충족시켜 주려면 원가는 우선 행태별로 분류되어야 한다. 여기서 원가행태(cost behavior)는 조업도가 변화함에 따라 원가가 변화하는 방식을 말한다. 우리는 이미 **제2장**에서 원가는 그 행태에 따라 고정원가, 변동원가, 혼합원가, 그리고 계단식원가 등으로 분류될 수 있음을 알았다. 이렇게 분류된 원가의 공통점은 그 행태가 선형이라는 점이다. 그러한 선형 원가행태는 모든 구간에 다 유효한 것이 아니다. 단지 일정 범위의 조업도 구간에 한정된다. 이와 같이 선형인 원가행태가 유지되는 조업도의 일정범위를 관련범위(relevant range)라 칭한다. 그러므로 관련범위를 넘어서면 선형적인 원가행태는 더 이상 유효하지 않게 된다.

관련범위 내에서 선형적으로 표시되는 원가는 어떤 종류라도 $Y=a+bX$라는 등식에 의해서 표현될 수 있다. 여기서 Y는 총원가, a는 고정원가, b는 단위당 변동원가, 그리고 X는 활동수준을 가리킨다. 가령 위의 등식에서 변동원가는 $a=0$인 경우이고, 고정원가는 $b=0$인 경우이다. 또한 혼합원가는 a값과 b값이 모두 0이 아닌 경우이다. 이 장의 주된 내용은 원가행태분석 또는 원가예측이다. 원가행태분석이란 (x, y)로 표시되는 과거의 자료를 활용하여 $Y=a+bX$의 등식에서 a값과 b값을 추정해 내는 것이다. 이렇게 a값과 b값을 추정해 내는 방법은 여러 가지가 있다. 또한 같은 자료를 이용하는 경우라도 어느 방법을 그 추정방법으로 이용하느냐에 따라서 추정된 a값과 b값은 달라진다. 따라서 각 추정방법에 대해 설명한 후 어떤 a값과 b값을 지닌 추정등식을 사용할 것인가에 대해 알아보기로 하자.

추정등식이 결정되고 나면 미래 계획활동에 대한 발생원가를 예측할 수 있는데 이러한 정보는 앞으로 설명될 원가·조업도·이익분석(**제10장**), 변동원가계산과 전부원가계산(**제11장**), 종합예산(**제12장**), 특수의사결정(**제13장**), 그리고 표준설정 등에 유용하다.

2 역사적 원가자료의 분석

이전 기간의 실제 조업도와 원가간의 관계를 바탕으로 해서 미래원가가 예측되는 것이기 때문에 회계담당자는 역사적 원가자료를 주의깊게 분석해야 한다. 즉 사용되는 역사적 원가자료가 신빙성이 없는 자료라면 아무리 정교한 방법을 동원한다 하더라도 그 산출결과는 신뢰성이 결여될 것이다. 어떠한 추정방법을 사용하든지간에 예측결과의 신뢰성을 높이기 위해서 올바른 원가자료의 획득을 위한 예비절차가 요구된다.

(1) 자료의 검증

원가자료와 활동자료는 동일한 기간의 것으로 일치되어야 한다. 원가자료는 원가산정 단위별로 적절하게 분류되어져야 한다. 원가산정 단위에 할당된 원가는 상위단위에서 배부받은 원가도 포함되므로 원가배부절차에 대한 적절한 검토도 아울러 행해져야 한다. 자료산정기간은 의미있는 자료수집이 이루어질 수 있는 정도로 긴 기간이면서 동시에 활동수준의 차이를 반영시킬 수 있는 정도의 짧은 기간이어야 한다. 그 밖에도 정상적인 활동에 대한 발생원가를 예측하려는 것이기 때문에 비정상적인 활동을 담은 과거 자료는 이용하지 말아야 한다.

(2) 관측자료의 동질성

실제 조업도와 원가간의 관계에 그 초점이 맞춰져 있기 때문에 사용될 자료는 단지 조업도수준의 변화에 따른 원가의 변화만을 반영하고 있어야 한다. 따라서 자료의 수집기간 중에 기술수준, 가격수준, 그리고 임금수준 등 조업수준 이외에 원가에 영향을 미치는 요인의 중대한 변화가 있는 경우에는 관측자료의 동질성은 상실되어 신뢰할 만한 예측결과를 얻기가 어렵다. 가격변화가 심하여 한 원가산정단위를 놓고 기간을 달리하여 여러 관측치를 수집하기가 어려운 경우에는 여러 원가산정단위에서 동시에 관측치를 수집하여 분석할 수도 있는데 이러한 방법을 **횡단면적 분석**(cross-sectional analysis)이라고 한다. 반면에 하나의 원가산정단위에서 기간을 달리하여 여러 관측치를 수집하여 분석하는 방법은 **종단면적 분석**(longitudinal analysis) 또는 **시계열분석**(time-series analysis)이라 한다. 어떠한 경우든 관측자료는 회계담당자가 예측하고자 하는 미래상황을 준거할 수 있는 상황에서 수집된 것이어야 한다.

(3) 활동변수의 선정

원가예측은 선정된 활동변수의 변화에 따른 원가변화를 파악하는 데 있기 때문에 활동을 나타내 주는 측정치를 무엇으로 할 것인가는 매우 중요한 결정이다. 원가예측에서 사용될 활동변수는 예측하고자 하는 원가에 중대한 영향을 미치는 것이라야 한다. 경우에 따라서는 선정된 활동변수가 적절치 못하기 때문에 이를 바탕으로 한 원가행태가 조업수준의 변화에 아무런 변화를 보이지 못하는 것으로 잘못 인식될 수도 있다. 가장 널리 쓰이는 활동변수로는 직접작업시간, 기계사용시간, 그리고 생산량 등이 있으며 최근에는 활동기준원가계산의 개념이 확산됨에 따라 활동변수가 매우 다양해지고 있다.

(4) 산포도 작성

*X*축과 *Y*축이 나타나는 도면에 과거 관측치 자료를 산포도로 나타내 보면 두 변수가 어떻게 상호작용하는지를 한 눈에 파악할 수 있다. 또한 그러한 산포도에서 정상적인 상황을 나타내 주지 않을 가능성이 많은 극단적인 관측치(outlier)는 쉽게 눈에 띄어 적절한 조치를 사전에 취할 수 있게 된다. 뿐만 아니라 도면에 기입해 봄으로써 전체 관측자료를 하나의 직선으로 접근시킬 수 있는지의 여부도 알 수 있게 된다.

제2절 원가행태분석방법

회계담당자들은 원가의 행태를 결정하기 위해서 과거의 자료를 사용한다. 보통 최근의 원가 및 조업도자료는 현재와 가까운 미래의 원가행태패턴을 나타내주는 지표로 사용된다. 결국 여기서 설명되는 원가행태분석방법은 과거 자료에 의존하여 $Y = a + bX$의 등식에서 a값과 b값을 추정하려는 것이다. 단지 공학적 방법만 과거 자료에 의존하지 않는다. 회계담당자들은 실제 원가자료를 분석하고 이러한 자료를 특정원가 행태에 적합시키는 데 여러 가지 원가추정기법을 사용한다. 조직의 규모에 따라서 아주 단순한 방법에서부터 컴퓨터를 사용하는 복잡한 예측모형까지 그 방법은 다양하다. 여기서는 공학적 방법, 계정분류분석법, 고저점법 및 산포도법을 설명하고 회귀분석법은 절을 달리하여 설명할 것이다.

1 공학적 방법

원가추정의 공학적 방법(engineering method)은 다른 분석방법과는 달리 과거의 원가자료분석에 의존하지 않고 효율적인 상태에서의 투입물과 산출물의 물리적 관계에 의존한다. 이 방법은 제조에 있어서 투입물과 산출물간의 물리적 관계가 제품의 공학적 시방서(specification)로부터 도출되기 때문에 공학적 방법이라 불리어진다. 생산의 주요요소와 산출물간의 관계가 설정되고 나면 소요되는 물리적 투입요소에 가격과 임률을 할당시켜 총 노무비와 재료비를 산정할 수 있다. 잘 알려진 공학적 연구로는 잘 구조화된 활동에 소요되는 시간을 결정하는 데 유용한 시간 및 동작연구가 있다.

공학적 방법을 사용해서 모든 발생된 원가를 추정할 수는 없다. 공학적 방법은 일반적으로 원재료 주요항목 및 직접작업시간과 산출물간의 관계를 추정하는 데에만 사용된다. 다른 원가항목들의 추정식은 과거원가자료의 분석이나 순수한 주관적 추정에 의해 얻어진다. 그 밖에 공학적 방법의 단점은 실행하는 데 비용이 많이 소요되며 복잡하다는 것이다. 그러나 앞서 설명한 바와 같이 이 방법은 과거의 원가자료분석에 의존하지 않기 때문에 과거 자료가 없어도 원가

표준을 설정하거나 원가를 추정할 수 있는 방법이다.

2 계정분류분석법

계정분류분석법(account classification analysis method)은 회계담당자의 전문지식을 활용하여 원가를 추정하는 방법이다. 회계담당자가 각 계정에 기록된 원가를 분석하여 변동원가인지, 고정원가인지 또는 준변동원가인지를 가려낸다. 준변동원가항목에 대해서는 얼마만큼이 고정원가 부분이고 또 얼마만큼이 변동원가 부분인지를 구분한다. 이렇게 모든 원가가 고정원가와 변동원가의 범주로 분류되고 나면 각 범주의 원가는 집계된다. 이렇게 집계된 총고정원가는 $Y=a+bX$ 추정식에서 a의 추정치로 사용되며 총변동원가를 조업수준으로 나눈 금액은 단위당 변동원가인 b의 추정치로 사용된다.

예제 1 계정분류분석법

태진가구사는 지난 한달간 책상 4,000개를 생산했는데 이때 발생된 각 계정별 원가와 회계담당자에 의한 계정분류는 다음과 같다.

계 정	금 액	추정고정원가	추정변동원가
직접재료비	₩50,000		₩50,000
직접노무비	60,000		60,000
제조간접비:			
간접노무비	20,000	₩15,000	5,000
소모품비	3,000		3,000
영선비	4,000		4,000
감가상각비*	18,000	18,000	
기타제조간접비	5,000	5,000	
총 계	₩160,000	₩38,000	₩122,000

* 정액법

단, 회계담당자는 주관적인 판단에 의해 간접노무비의 75%는 고정원가로 그리고 나머지 25%는 변동원가로 분류하였다.

요구사항

위 자료에 나타난 계정분류결과를 토대로 원가추정식을 산출하시오.

해답

단위당 변동원가: ₩122,000 ÷ 4,000개 = ₩30.5/개

Y = ₩38,000 + ₩30.5X

미래에 가격수준, 기술수준 등의 변화가 예상되지 않는다면 태진가구사는 위의 추정식을 사용하여 예상생산량이 결정되었을 때의 총발생원가를 예측할 수 있다. 가령 다음 달에 5,000단위를 생산할 예정이라면 이때 예상되는 총원가는 ₩190,500(₩38,000 + ₩30.5× 5,000)이다. 계정분류분석법의 가장 큰 특징은 회계담당자의 주관적인 판단에 크게 의존한다는 점이다. 따라서 누가 분류하느냐에 따라서 그 결과가 달라질 수도 있다. 또한 이 방법은 원가추정식을 얻기 위해서 단지 하나의 관측치만을 요구한다. 따라서 새로운 제품이 개발된 직후라든지 새로운 상황이 전개된 직후 관측치가 많지 않은 경우 이 방법은 적합하다. 그러나 관측치가 많은 경우라면 하나의 관측치만 사용하는 계정분류분석법은 적합한 방법이라고 볼 수 없다. 계정분류분석법은 하나의 관측치에 의존하므로 관측치가 달라짐에 따라 원가관계가 변동할 수 있는 가능성을 전혀 고려할 수 없다. 또한 예제에 제시된 자료의 간접노무비와 같이 혼합원가인 경우에는 주관적인 판단에 의해 고정원가와 변동원가를 구분해야 한다.

3 고저점법

계정분류분석법은 하나의 관측치에 의존한다는 단점을 지니고 있으므로 두 개의 관측치를 사용하는 방법을 자연스럽게 그 대안으로 생각할 수 있다. 고저점법은 가장 높은 활동수준과 가장 낮은 활동수준의 두 개의 극한적 활동수준에 의존하여 활동의 변화에 기인되는 원가의 변화를 분석하며 고정원가와 단위당 변동원가를 추정한다. 즉 가장 낮은 활동수준과 가장 높은 활동수준에서의 고정원가는 같다고 가정할 수 있기 때문에 두 극단적 관측치에서의 원가상의 차이는 순전히 변동원가의 차이에서 기인하는 것으로 볼 수 있다. 또한 변동원가의 차이는 두 관측치의 활동수준의 차이에서 기인된다. 따라서 단위당 변동원가는 다음과 같이 산정된다.

$$\text{단위당 변동원가} = \frac{\text{두 관측치의 총원가의 차이}}{\text{두 관측치의 활동수준의 차이}} \quad (9\text{-}1)$$

$$\text{또는} \quad b = \frac{y_2 - y_1}{x_2 - x_1}$$

등식 (**9-1**)에서 가장 높은 활동수준의 생산량과 원가는 각각 x_2, y_2이고 가장 낮은 활동수준의 생산량과 원가는 각각 x_1, y_1이다.

단위당 변동원가가 산정된 다음 고정원가는 총원가에서 총변동원가를 차감하여 다음과 같이 산정된다.

$$\text{고정원가} = \text{총원가} - \text{총변동원가} \quad (9\text{-}2)$$

$$\text{또는} \ a = y - bx = y_1 - bx_1 = y_2 - bx_2$$

예제 2 고저점법

태진가구사의 지난 10개월간 월별 생산량과 총제조원가는 다음과 같다.

기 간	생 산 량	총제조원가
20×7년 1월	2,000	₩90,000
2월	1,600	70,000
3월	2,700	115,000
4월	2,300	95,000
5월	1,600	80,000
6월	3,300	150,000
7월	2,900	135,000
8월	1,200	55,000
9월	2,400	120,000
10월	4,000	160,000

요구사항

고저점법을 사용하여 원가추정식을 산출하시오.

해답

위의 자료에서 활동수준이 가장 큰 관측치와 가장 작은 관측치는 각각 10월의 (x_2, y_2) = (4,000개, ₩160,000)과 8월의 (x_1, y_1) = (1,200개, ₩55,000)이다. 따라서 단위당 변동원가와 고정원가는 다음과 같이 추정된다.

$$b = \frac{y_2 - y_1}{x_2 - x_1} = \frac{\text{₩}160{,}000 - \text{₩}55{,}000}{4{,}000 - 1{,}200} = \frac{\text{₩}105{,}000}{2{,}800} = \text{₩}37.5$$

$$a = y - bx = \text{₩}160{,}000 - (\text{₩}37.5 \times 4{,}000) = \text{₩}10{,}000$$

$$\text{또는} \quad = \text{₩}55{,}000 - (\text{₩}37.5 \times 12{,}000) = \text{₩}10{,}000$$

따라서 고저점법에 의한 원가추정식은 다음과 같다.

$$y = \text{₩}10{,}000 + \text{₩}37.5x$$

이상에서 설명한 내용을 그림으로 요약하면 **그림 9-1**과 같다.

다음달에 5,000단위를 생산하는 경우 고저점법에 의한 추정원가는 ₩197,500 [₩10,000 + (₩37.5 × 5,000)]이 된다. 참고로 이 경우 계정분류분석법에 의하면 원가는 ₩190,500으로 추정되었다. 이와 같이 어떤 원가행태 분석방법을 사용하느냐에 따라서 추정등식이 달라지고 원가예측이 달라진다.

계정분류분석법은 하나의 관측치를 사용하는 데 반해 고저점법은 두 개의

그림 **9-1** 고저점법의 추정선

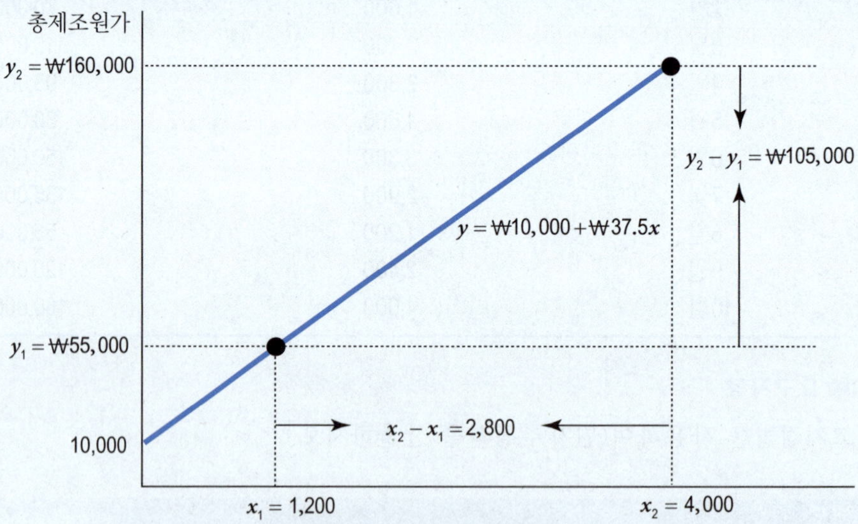

$$b = \frac{y_2 - y_1}{x_2 - x_1} = \frac{\text{₩}105{,}000}{2{,}800} = \text{₩}37.5$$

$$a = y_1 - bx_1 \quad \text{또는} \quad y_2 - bx_2 = \text{₩}10{,}000$$

$$y = \text{₩}10{,}000 + \text{₩}37.5x$$

관측치를 사용하므로 더 객관적인 방법이다. 그리고 고저점법은 비교적 계산절차가 간단하다는 이점을 지니고 있다. 그러나 두 개의 극단적인 관측치에만 의존하기 때문에 나머지 다른 관측치들로부터 얻을 수 있는 정보는 무시하게 된다는 단점도 지닌다. 특히 극적인 관측치는 정상적인 상태를 반영하지 않을 가능성도 많이 있기 때문에 정상적인 미래상태를 예측하는 데는 적절하다고 말할 수 없다. 극단적인 관측치가 정상적인 상태가 아닌 것으로 판단될 경우에는 그 다음으로 극적인 관측치를 대신 사용하는 것이 합리적이다.

4 산포도법

조업활동 및 원가에 관한 자료가 세 개 이상되는 경우 이러한 관측치를 모두 이용해서 원가를 추정하는 방법 가운데 하나는 모든 관측자료를 모눈종이에 기입해서 눈대중으로 등식을 세우는 것이다. 이를 **산포도법**(scatter-diagram method)이라 하는데 추정선의 양편에 놓이게 되는 관측치의 숫자가 같게끔 추정선을 그린다. **예제 2**에 나타난 태진가구사의 자료를 가지고 산포도법에 의해 추정선을 그려보면 **그림 9-2**와 같다.

그림 9-2 태진가구사 원가자료의 산포도

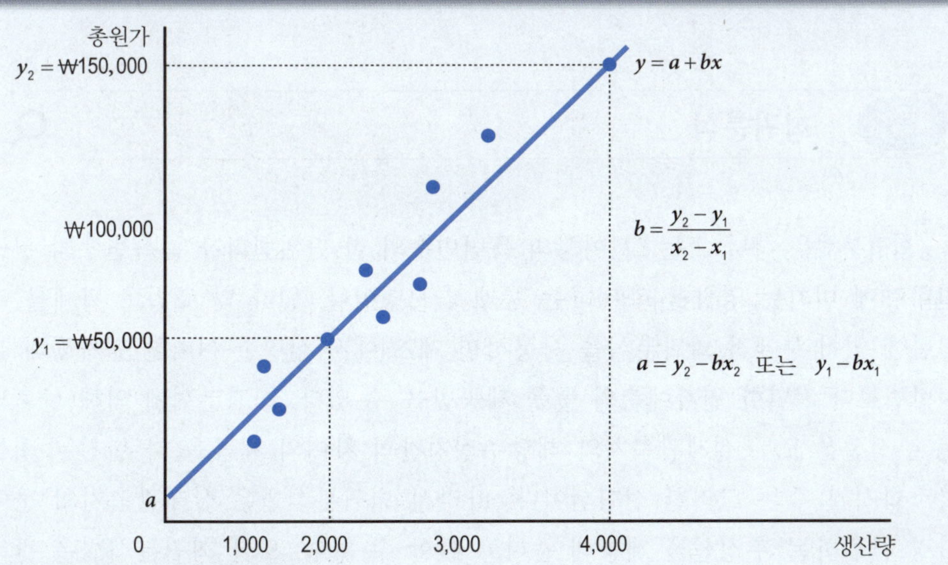

추정선상에 읽기 좋은 두 점을 골라 고저점법에서 사용했던 방법을 적용해 b값과 a값을 추정할 수 있다. 두 변수간의 관계의 가능성을 결정하는데 산포도법은 쉽게 적용될 수 있다. 그리고 산포도법은 전체 자료가 선형관계에 있는지의 여부를 파악하는데 도움을 줄 수 있으며 또한 특정관측치가 비정상적인 극단적 관측치인지의 여부를 가려내는 데에도 편리한 방법이다. 산포도법의 주요 단점은 객관성이 결여된다는 데 있다. 회계담당자에 따라서 추정선을 달리 그릴 수 있다. 따라서 산포도법도 보통 좀더 정교한 방법을 사용하기에 앞서 원가자료의 예비분석단계에서 사용된다.

지금까지 설명한 원가행태분석 방법을 정리하면 다음과 같다.

	의 미	장·단점
공학적방법	·투입·산출관계를 계량적으로 분석하여 원가함수를 추정	·과거자료에 의존하지 않음 ·비용과다, 최적상황 가정
계정분석법	·전문가의 판단에 의하여 원가함수를 추정	·신속하고, 하나의 자료로도 가능 ·주관적 판단, 객관성 결여
고저점법	·최고·최저조업도의 자료를 이용하여 원가함수 추정	·제한된 표본으로 적용가능 ·대표성 결여
산포도법	·과거자료를 모눈종이에 표시한 후 눈대중으로 추정	·간단하고, 예비적 분석에 사용 가능 ·주관적 판단, 객관성 결여

제3절 회귀분석

회귀분석은 하나 또는 그 이상의 독립변수의 한 단위변화가 종속변수의 평균변화량에 미치는 영향을 측정하는 통계적 모형이다. 원가 및 조업도 관계를 측정함에 있어 통계적 회귀분석을 사용하면 제2절에서 설명한 어떠한 원가행태 분석방법보다 정밀한 원가예측의 틀을 제공받을 수 있다. 회귀분석에 의해 산출되는 추정선은 모두 실제관측치와 해당추정치간의 차이의 제곱을 다 합친 수치를 극소화시켜 주는 그러한 선형선이다. 따라서 회귀분석법은 실제관측치의 군에 가장 근접하는 추정선을 제공해 준다고 말할 수 있다. 또한 회귀분석법은 관측된 원가행태를 설명하는 데 두 개 이상의 활동변수를 사용할 수 있으며 더미변수 등을 사용하면 비선형관계도 회귀분석법에 의해 설명할 수 있다. 또한 회귀분석법은 각종 유용한 통계적인 추론을 가능케 한다. 회귀분석에서는 독립변수가 하나 또는 그 이상일 수도 있는데 원가 추정에 독립변수 하나를 사용하면 이런 절차를 단순선형회귀(simple linear regression)라 하고 두 개 이상의 독립변수를 사용하면 그러한 절차를 다중선형회귀(multiple linear regression)라 한다.

1 단순선형회귀

원가행태분석방법은 $\hat{y}=a+bx$의 추정선에서 a값과 b값을 추정하는 방법이라고 말할 수 있다. 단순선형회귀분석에서는 추정선에서 얻게 되는 추정값 $\hat{y}$가 실제값 y에 가장 근접하게끔 a값과 b값을 추정하려 하는 것이다. 가장 근접하게끔 한다는 것은 오차제곱의 총합계를 기준으로 판정된다. 실제값과 회귀식에서 추정된 값과의 차, 즉 예측오차(잔차)의 제곱의 합이 최소가 되도록 하는 방법이 최소자승법이다. 이를 최소자승기준(least-squares criteria)이라 하는데 수학적 기호를 사용하여 표현하면 다음과 같다.

$$q=\mathrm{Min}\sum_{i=1}^{n}(y_i-\hat{y}_i)^2=\underset{a,b}{\mathrm{Min}}\sum_{i=1}^{n}(y_i-a-bx_i)^2 \qquad (9\text{-}3)$$

여기서 Σ = 합계기호
y_i = i번째 관측치의 실제원가
$\hat{y}_i$ = i번째 관측치에 대한 추정원가
i = 특정 관측치
n = 관측치 숫자

최소자승기준을 그림으로 나타내면 **그림 9-3**과 같다.

그림 9-3에서 추정선과 각 관측치를 수직으로 연결한 선분은 추정오차를 나타낸다. 그 선분의 길이가 길면 길수록 추정오차는 커진다. 최소자승기준은 각 추정오차를 자승하여 다 더한 합계치를 극소화시키는 추정선을 구하는 것이다. 물론 추정선 $\hat{y}=a+bx$는 a값과 b값에 의해 결정된다. 이제 등식 (**9-3**)을 풀어서 a값, b값을 산출하는 것은 단순 프로그래밍 문제이다. 등식 (**9-3**)을 각각 a와 b에 대해 미분한 다음 이들 미분함수를 각각 0과 같게 놓으면 두 개의 등식이 나오는데 이를 정상등식(normal equations)이라 한다. 정상등식을 풀면 a값, b

그림 **9-3** 최소자승기준

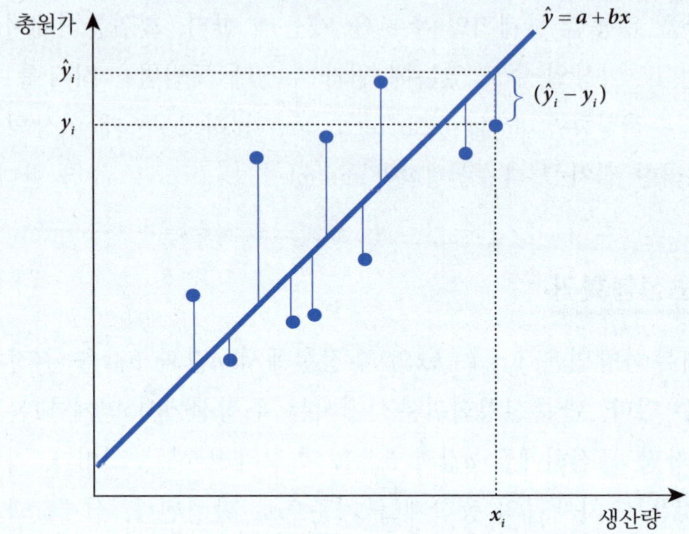

값을 산출할 수 있다.

$$\frac{\partial q}{\partial a} = -2\sum_{i=1}^{n}(y_i - a - bx_i) = 0$$

$$\frac{\partial q}{\partial b} = -2x_i\sum_{i=1}^{n}(y_i - a - bx_i) = 0$$

따라서 정상등식은 다음과 같이 정리된다.

$$\sum_{i=1}^{n} y_i = na + b\sum_{i=1}^{n} x_i \tag{9-4}$$

$$\sum_{i=1}^{n} x_i y_i = a\sum_{i=1}^{n} x_i + b\sum_{i=1}^{n} x_i^2 \tag{9-5}$$

예제 3 단순선형회귀

앞의 **예제 2**에 나타난 자료를 가지고 단순선형회귀를 사용하여 추정등식의 a값, b값을 산출해 보시오.

해답

단순회귀분석 계산

기 간	생산량(x)	총제조원가(y)	xy	x^2
20×7년 1월	2,000	90,000	180,000,000	4,000,000
2월	1,600	70,000	112,000,000	2,560,000
3월	2,700	115,000	310,500,000	7,290,000
4월	2,300	95,000	218,500,000	5,290,000
5월	1,600	80,000	128,000,000	2,560,000
6월	3,300	150,000	495,000,000	10,890,000
7월	2,900	135,000	391,500,000	8,410,000
8월	1,200	55,000	66,000,000	1,440,000
9월	2,400	120,000	288,000,000	5,760,000
10월	4,000	160,000	640,000,000	16,000,000
총 계	24,000	1,070,000	2,829,500,000	64,200,000

$$
\begin{aligned}
1{,}070{,}000 &= 10a + 24{,}000b \\
2{,}829{,}500{,}000 &= 24{,}000a + 64{,}200{,}000b \\
a &= 11{,}909 \\
b &= 39.62
\end{aligned}
$$

위 자료에 나타난 결과에 의해서 단순회귀분석에 의한 추정식은 다음과 같이 산출된다.

$$\hat{y} = ₩11{,}909 + ₩39.62x$$

다음달에 5,000단위를 생산하려 한다면 단순회귀분석에 의한 예상총원가는 ₩210,009[₩11,909 + (₩39.62 × 5,000)]으로 추정된다. 수많은 가능한 추정선 가운데 $a = 11{,}909$, $b = 39.62$로 표현되는 위의 추정선이 $\sum_{i=1}^{n}(y_i - \hat{y}_i)^2$값을 최소화시킨다. 따라서 회귀분석에 의해 산출한 a값, b값은 **최소자승추정치**(least squares estimator)라 부른다.

2 통계적 추론

회귀분석법은 앞서 설명한 다른 원가행태분석법과 달리 통계적인 추론을 가능하게 한다. 가령 회귀분석법을 사용하면, 추정선이 과거 관측자료에 얼마나 적합한지를 알 수 있고, 추정선이 통계적으로 유의한지 판단할 수 있으며, 실제원가와 추정원가간에 나타날 것으로 기대되는 차이가 얼마나 큰지 예견할 수 있다.

(1) 결정계수

결정계수(coefficient of determination)는 추정선이 주어진 과거 관측자료에 얼마나 적합한지를 측정하는 계수로써 다음과 같이 산정된다.

$$R^2 = 1 - \frac{\sum_{i=1}^{n}(y_i - \hat{y}_i)^2}{\sum_{i=1}^{n}(y_i - \bar{y})^2} \qquad (9-6)$$

여기서 R^2 = 결정계수
$\sum$ = 합계기호
y_i = i번째 관측치의 실제원가
$\hat{y}_i$ = i번째 관측치에 대한 추정원가
$\bar{y}$ = 평균 실제원가

원가행태를 추정하는데 회귀분석을 사용하지 않는다면 우리는 평균치를 사용한다. 결정계수는 평균치를 사용할 때에 비해서 회귀선을 사용하는 것이 추정오차를 얼마나 줄일 수 있는지를 측정한다. 등식 (**9-6**)에서 $\sum_{i=1}^{n}(y_i - \bar{y})^2$은 평균치를 사용할 경우의 총변동량이다. 또한 $\sum_{i=1}^{n}(y_i - \hat{y}_i)^2$은 회귀분석을 사용하더라도 설명되지 않는 변동량이다. 따라서 등식 (**9-6**)으로 표현된 결정계수 R^2은 총변동량 가운데 회귀분석에 의해 설명되는 변동량이 얼마만큼인지를 나타내 준다. 달리 표현하면 평균원가로부터의 원가변화를 독립변수의 변화가 얼마만큼 설명할 수 있는지를 나타내 준다.

예제 4 결정계수의 산정

예제 2에 나타난 자료를 이용하여 단순회귀분석에 의한 추정식은 이미 구하였다. 이제 이 자료를 가지고 결정계수를 산정해 보시오.

해답

결정계수를 산정해 보면 다음과 같다.

결정계수의 계산

기 간	생산량(x)	총제조원가(y)	$\hat{y}=11,909+39.62x$	$(y_i-\overline{y}_i)^2$	$(y_i-\hat{y}_i)^2$
20×7년					
1월	2,000	90,000	91,14	289,000,000	1,320,201
2월	1,600	70,000	75,301	1,369,000,000	28,100,601
3월	2,700	115,000	118,883	64,000,000	15,077,689
4월	2,300	95,000	103,035	144,000,000	64,561,225
5월	1,600	80,000	75,301	729,000,000	22,080,601
6월	3,300	150,000	142,655	1,849,000,000	53,949,025
7월	2,900	135,000	126,807	784,000,000	67,125,249
8월	1,200	55,000	59,453	2,704,000,000	19,829,209
9월	2,400	120,000	106,997	169,000,000	169,078,009
10월	4,000	160,000	170,389	2,809,000,000	107,931,321
총 계	24,000	1,070,000		10,910,000,000	549,053,130

$$R^2=1-\frac{549,053,130}{10,910,000,000}=0.9497$$

추정값 $\hat{y}_i$가 실제값 y_i에 좀더 근접하면 할수록 R^2값은 올라간다. R^2값의 범위는 0부터 1까지이다. 추정값과 실제값이 모두 일치할 때 R^2은 1이 된다. 이는 독립변수 x가 종속변수 y의 변화를 완벽하게 설명함을 의미한다. 보통 R^2값이 0.3 이상이면 적합도검증을 통과한 것으로 보는데 적합도(goodness of fit)는 단지 원가와 동인간의 관계가 경제적으로 의미를 지닐 때만 그 의미를 갖게 된다. **예제 4**에 나타난 R^2값은 원가변동의 94.97%가 회귀선에 의해서 설명됨을 나타낸다.

(2) 상관계수

적합도 측정치를 표현하는 또 다른 방법으로 상관계수(correlation coefficient)가 있다. 상관계수는 두 변수간 관계를 나타내 주는 표준화된 측정치이다. 상관계수 r은 결정계수에 루트를 씌워 계산되는데 그 범위는 −1에서부터 +1까지이다.

$$r=\pm\sqrt{R^2}$$

그 부호가 정의 값이나 부의 값을 갖는 것은 추정식 b계수의 부호와 일치한다. 즉 b계수 값이 0보다 작으면 상관계수의 부호도 −값을 갖고 반대로 b계수 값이 0보다 크면 상관계수의 부호도 +값을 갖는다.

앞의 **예제 4**에서 상관계수는 0.9745($=\sqrt{0.9497}$)이다. 추정식의 b계수값이 +39.62 이기 때문에 상관계수 값도 +0.9745이다. 상관계수가 +1 이나 −1이면 완벽한 상관관계를 나타내 주므로 **예제 4**에서 두 변수 x와 y간의 관계는 매우 높다고 볼 수 있다. 또한 그 부호가 +값을 갖기 때문에 두 변수는 같은 방향으로 긴밀하게 움직임을 알 수 있다.

(3) 추정치의 표준오차

우리는 실제 관측치를 이용하여 단순회귀분석에 의한 추정선 $\hat{y}_i = a + bx_1$을 도출할 수 있다. 앞의 **예제 3**에서는 10개의 표본관측치를 가지고 추정선 $\hat{y}_i =$ ₩11,909+₩39.62x_i를 도출하였다. 이때 진실된 모형은 다음 등식이라고 가정한다.

$$y_i = \alpha + \beta x_i + e_i$$

여기서 α와 β는 미지상수이며 e_i는 설명되지 않는 랜덤오차항(random error term)이다. 각 e_i는 그 평균값이 0이고 표준오차가 σ인 정규분포에서 독립적으로 추출된 것으로 가정한다. 추정치의 표준오차(standard error of the estimate), σ_e는 등식으로부터 종속변수 관측치들이 퍼져 있는 정도를 알려주는 측정치이다. 우리는 α, β 그리고 σ_e를 표본관측치를 가지고 추정할 수밖에 없는데 α, β의 추정치가 a, b이며 마찬가지로 표준오차는 표본관측치를 이용해서 다음과 같이 추정된다.

$$S_e = \sqrt{\frac{\sum(y_i - \hat{y}_i)^2}{n-2}}$$

여기서 n은 관측치의 숫자이다. **예제 4**의 자료에서 $\sum(y_i - \hat{y}_i)^2$은 549,053,130이다. 따라서 S_e는 다음과 같이 계산된다.

$$S_e = \sqrt{\frac{549{,}053{,}130}{10-2}} = 8.284$$

S_e값이 크면 클수록 그 회귀등식의 사용을 통한 추정오차는 그만큼 커지게 된다. 나중에 설명될 회귀분석의 모든 가정(선형성, 독립성, 등분산, 정규성)이 유효하고 표본추출오류가 없으면 관측치의 68%가 $\hat{y}_i \pm S_e$에 속하며 마찬가지로 관측

치의 95%가 $\hat{y}_i \pm 1.96 S_e$에 속하게 된다.

예제 5 관측치의 범위

앞의 **예제 3**에서 모든 가정이 유효하고 표본추출오류가 없다면 생산량이 2,500단위일 경우 관측치의 95%가 속하게 될 총제조원가의 범위는 얼마인가?

해답

우선 **예제 3**에서 산출한 회귀식을 이용하여 이때의 추정제조원가를 구하면 다음과 같다.

$$\hat{y}_{x=2,500} = ₩11,909 + ₩39.62 \times 2,500 = ₩110,959$$

그러므로 이때 관측치의 95%가 속하게 될 총제조원가의 범위는 다음과 같다.

$$\hat{y}_{x=2,500} \pm 1.96(S_e)$$

$$₩110,909 \pm 1.96(₩8,284)$$

$$[₩94,722,\ ₩127,196]$$

참고로 기댓값에 대한 신뢰구간(confidence interval for E[y|x])은 다음과 같이 계산된다.

$$\hat{y} \pm t_{\frac{\alpha}{2}} S_e \sqrt{\frac{1}{n} + \frac{(x_p - \bar{x})^2}{\sum (x_i - \bar{x})^2}}$$

그리고 특정값에 대한 예측구간(prediction interval for y)은 다음과 같이 계산된다.

$$\hat{y} \pm t_{\frac{\alpha}{2}} S_e \sqrt{1 + \frac{1}{n} + \frac{(x_p - \bar{x})^2}{\sum (x_i - \bar{x})^2}}$$

여기서 $S_e \sqrt{\frac{1}{n} + \frac{(x_p - \bar{x})^2}{\sum (x_i - \bar{x})^2}}$와 $S_e \sqrt{1 + \frac{1}{n} + \frac{(x_p - \bar{x})^2}{\sum (x_i - \bar{x})^2}}$은 각각 기댓값의 표준오차와 예측치의 표준오차를 나타낸다. 신뢰구간과 예측구간에 대해서는 더 이상의 설명을 생략한다.

(4) 계수의 표준오차

앞서 설명한 바와 같이 우리는 표본관측치를 이용하여 진실된 계수값 α, β를 추정하여 a, b값을 산출하였다. 여기서 절편 α는 보통 관련범위를 벗어나기 때문에 α의 추정은 큰 의미를 지니지 못한다. 그러나 산출된 b값이 β를 얼마나 정확하게 추정하였는가는 회귀식의 유효성에 영향을 주므로 중요한 의미를 지닌다.

회귀계수의 표준오차(standard error of the coefficient), S_b는 회귀계수의 추정값 b가 회귀계수의 진실값 β의 추정치로서 얼마나 정확한가를 나타내 주는 측정치이다.

단순회귀분석에서 회귀계수의 표준오차, S_b는 다음과 같이 산출된다.

$$S_b = \frac{S_e}{\sqrt{\sum(x_i - \bar{x})^2}}$$

예제 3의 자료를 이용해서 S_b값을 산출하면 아래와 같다.

$$S_b = \frac{8,284}{\sqrt{6,600,000}} = \frac{8,284}{2,569} = 3.22$$

예제 6 회귀계수에 대한 확률구간

예제 3의 자료를 이용해서 β에 대한 95% 확률구간을 산출하시오.

해답

β에 대한 95% 확률구간은 다음과 같이 나타낼 수 있다.

$$b \pm t_{\frac{\alpha}{2}, n-2} \cdot S_b$$

여기서 95% 확률구간에서 $\alpha = 1 - 0.95 = 0.05$이며, $t_{\frac{\alpha}{2}} = t_{0.025}$이고 $n-2$ 자유도인데 관측치 10개에서 α와 β를 추정했기 때문에 2개를 잃어버려 자유도는 $10-2=8$이 된다. **부록 표 2** t테이블에서 $t_{0.025,8} = 2.306$이다.

따라서 β에 대한 95% 확률구간은 다음과 같이 산출된다.

₩39.62 ± 2.306(₩3.22)
[₩32.195, ₩47.045]

즉 회귀계수 β의 진실된 값이 ₩32.195와 ₩47.045 사이에 있을 확률이 95%임을 알려준다.

선형회귀분석에 의해 산출된 결과의 유의성은 다음과 같이 회귀계수 b에 대한 유의성 검증을 함으로써 판정된다. 아래의 귀무가설은 b가 유효한 회귀계수가 아니라는 것을 표현하고 있다.

$$H_0 : b = 0$$

위의 귀무가설을 기각하지 못하면 회귀식의 유효성도 상실된다. 위의 가설검증을 위해서는 t테이블의 t값과 아래와 같이 산출된 t값을 비교하게 된다.

$$t_{\text{cal}} = \frac{b-0}{S_b} = \frac{39.62}{3.22} = 12.30$$

t테이블에서의 t값을 구하기 위해서는 신뢰수준을 결정해야 하는데 신뢰수준이 95%라면 α는 0.05가 된다. 따라서 이때 t값은 다음과 같다.

$$t_{\text{table}} = t_{\frac{\alpha}{2}, n-2} = 2.306$$

계산된 t값이 t테이블에서의 t값보다 크다면 위의 귀무가설은 기각되고 회귀식은 유효한 것으로 판정된다. 위의 경우 계산된 t값 12.30은 t테이블에서의 t값 2.306보다 크므로 귀무가설이 기각되어 회귀식은 유효한 것으로 받아들여진다.

3 가 정

다른 원가행태분석과 마찬가지로 우리는 단순회귀분석을 사용하여 총원가를 변동원가와 고정원가로 구분할 수 있다. 또한 이 장의 서론에서 설명했듯이 관련범위 내에서만 선형적인 원가행태는 유효한데 이러한 관련범위 가정은 단순회귀분석에서도 적용되어야 한다. 즉 회귀분석은 분석되는 원가 및 활동자료와 분석으로부터 이루어지는 예측이 관련범위 내에 있다는 가정에 기초를 두고 있다. 관련범위 가정 이외에도 회귀분석에서는 세 가지 추가가정을 만족시켜야 하는데 이는 정규성, 독립성, 그리고 등분산이다. 정규성, 독립성, 그리고 등분산은 관측치와 추정치간의 차이인 오차에 관한 것이다.

(1) 정 규 성

많은 모집단은 정규분포를 가지고 있거나 정규분포를 허용할 수 있을 정도로 정규분포에 가깝다. 정규성(normality) 가정은 회귀분석에도 적용된다. 회귀분석이 유효하려면, 회귀선을 따라 주위에 산재해 있는 관측치들이 회귀선을 중심으로 정규분포되어져야 한다. 즉 오차는 0을 중심으로 정규분포되어져야 한다. 물론 오차의 평균값은 0이다. 많은 경우 이 가정은 만족된다. 만약에 정규성 가정이 지켜지지 않는다면 회귀분석에 의한 추정치와 예측치는 정확하지 않게 된다. 앞서 신뢰구간 및 예측구간을 산정할 때 표본수가 작으면 t값, 표본수가 많으면 Z값 등을 사용하는 것도 정규성 가정에 기초를 둔 것이다.

(2) 독 립 성

회귀분석에 바탕이 되는 또 다른 가정은 회귀선에서 어느 한 관측치의 떨어진 간격은 다른 관측치의 떨어진 간격과는 독립적이란 것이다. 즉 독립성(independence) 가정은 각 추정오차가 서로 독립적임을 가정한다. 한 추정오차가 다른 추정오차에 의해 영향을 받는다면 독립성 가정은 지켜지지 않게 되는데 이런 상황을 계열상관(serial correlation) 또는 자기상관(autocorrelation)이라 부른다.

계열상관이 발생하는 경우는 **그림 9-4**에 나타난 바와 같이 두 가지로 생각할 수 있다. 첫째 **그림 9-4 (a)**에서 보여주는 것과 같이 비선형원가자료에 대해 직선으로 추정선을 나타내는 경우를 생각해 보자. 조업수준이 작을 때에는 관측치들은 추정치보다 작게 나타나지만 반대로 조업수준이 클 때에는 관측치들이 추정치보다 크게 나타날 것이다. 그러므로 보다 낮은 범위에서 0보다 작은 오

그림 **9-4** 계열상관의 예

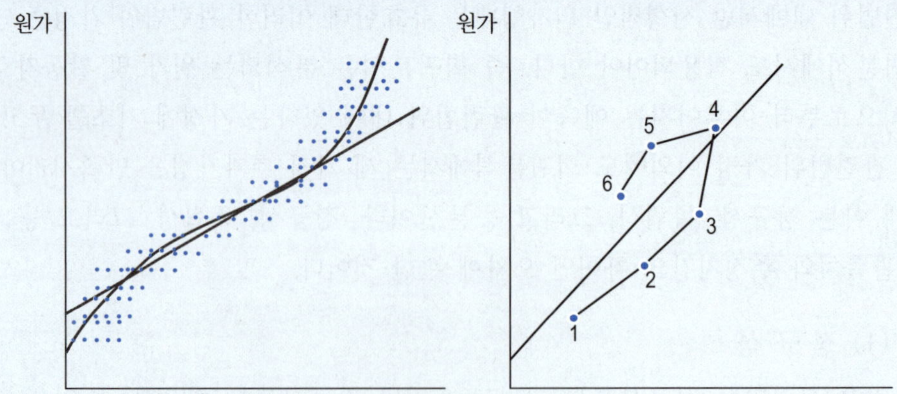

(a) 비선형성 (b) 원가접착성

차값과 보다 큰 범위에서 0보다 큰 오차값은 계열상관을 산출하게 된다. 둘째 **그림 9-4** (b)는 원가접착성(cost stickiness)을 보여 준다. 그림에서 조업수준이 1, 2, 3, 4로 팽창하는 동안 원가도 증가되는데 그 이후 조업수준이 감소하게 되면 원가는 그 이전수준으로 감소하기보다는 **그림 9-4** (b)의 5, 6과 같이 이전에 비해 높은 수준을 유지하게 된다. 왜냐하면 단시간내 조직의 운영규모를 조업수준의 감축에 맞추어 축소시킬 수 없기 때문이다. 이를 원가접착성이라 한다. 이때 **그림 9-4** (b)와 같이 하나의 직선으로 추정선을 나타나게 되면, 조업수준이 팽창할 때는 관측치들이 추정치보다 작게 나타나지만 반대로 조업수준이 수축될 때는 관측치들이 추정치보다 크게 나타날 것이다. 따라서 계열상관이 나타나게 된다. 원가접착성에 의해 나타나는 계열상관 문제는 뒤에서 설명할 가변수(dummy variable)를 사용하면 해결될 수 있다. 계열상관의 측정치로는 더빈-왓슨 검증(Durbin-Watson test)이 있는데 10개 내지 20개의 관측치에 대해 더빈-왓슨값이 1.3에서 2.7의 범위 내에 있으면 독립성의 가정은 만족되는 것으로 간주된다.

(3) 등 분 산

등분산(constant variance) 가정에서는 관측치들이 회귀선을 따라 균등하게 분포하고 있음을 가정한다. 그리고 이러한 상황을 등분산성(homoscedasticity)이라 부른다. 만약에 관측치들이 관련범위의 한쪽 끝에선 좁은 범위로 산재해 있고

그림 9-5 등분산성과 이분산성

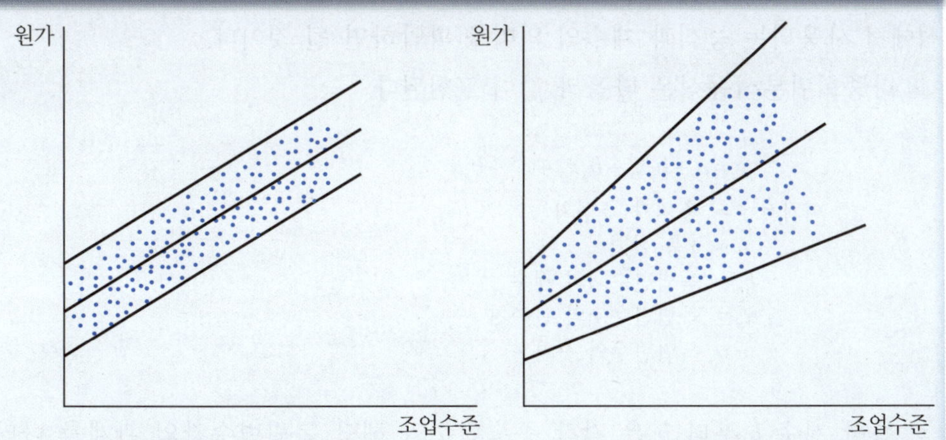

(a) 등분산성(homoscedasticity)　(b) 이분산성(heteroscedasticity)

다른 끝에선 넓은 범위로 산재해 있게 되면 기울기 계수 b의 측정값이 정확하지 않게 된다. 그러면 등분산 가정은 지켜지지 않게 되는데 이 상황을 이분산성(heteroscedasticity)이 발생되었다고 한다. 등분산 가정이 지켜지는지를 결정하는 좋은 방법은 **그림 9-5**에 나타난 바와 같이 많은 관측치를 기입하여 산포도를 점검하는 것이다.

그림 9-5 (a)는 등분산성 가정이 지켜짐을 알 수 있지만 **그림 9-5** (b)와 같이 나타나면 등분산성 가정이 충족되지 않고 있음을 알 수 있다.

4 다중회귀분석

지금까지 우리는 단일 독립변수를 사용하여 종속변수인 원가의 변화를 추정하는 방법을 공부하였다. 다중회귀분석(multiple regression analysis)은 단일 독립변수를 사용하는 단순회귀분석의 확장이다. 다중회귀분석에서는 두 개 이상의 독립변수를 사용하여 종속변수의 변화를 추정한다. 따라서 두 개 이상의 요인이 원가에 영향을 미치는 상황에서는 다중회귀분석은 매우 유용한 원가추정기법이다. 가령 두 개 이상의 이질적인 제품을 생산하는 기업에서 제조원가를 추정하는 데에는 각 제품의 생산량마다 별도의 독립변수를 사용하는 것이 합리적일 것이다. 이 경우 자연히 단순회귀분석은 적절하지 못하며 다중회귀분석이 보다 적합할 것이다. 계산과정이 복잡하기 때문에 다중회귀분석은 보통 컴퓨터에 의해 수행된다. 따라서 회계담당자나 정보이용자들은 계산과정보다는 다중회귀분석에서 사용되는 등식과 계수의 의미를 파악하면 될 것이다.

다중회귀분석등식은 다음과 같이 표현된다.

$$\hat{y} = a + b_1x_1 + b_2x_2 + \cdots + b_nx_n$$

여기서 $\hat{y}$ = 총원가 추정치
a = Y축 절편
b_n = 독립변수 n의 계수
x_n = 독립변수 n의 관측치
n = 독립변수의 숫자

특히 계수 b_1부터 b_n은 각각 종속변수와 해당 독립변수간의 관계를 나타내 준다. 각 독립변수는 별개의 b계수를 지니게 된다.

예제 7 다중회귀분석

태진의류사는 여성용의류를 생산판매하고 있다. 취급제품은 상의와 하의인데 지난 20개월 동안 각 제품의 생산량과 총제조원가는 다음과 같다.

기 간	상의생산량	하의생산량	총제조원가
20×6년 1월	120	180	₩56,605
2월	100	155	53,780
3월	140	145	55,630
4월	85	160	51,325
5월	95	115	49,005
6월	105	115	48,785
7월	125	190	55,650
8월	125	205	57,005
9월	150	185	59,100
10월	120	260	60,255
11월	135	285	62,725
12월	100	210	57,610
20×7년 1월	80	160	52,090
2월	70	120	49,280
3월	115	170	52,950
4월	150	225	60,290
5월	100	150	50,925
6월	125	135	52,200
7월	175	270	63,800
8월	175	250	63,265
9월	140	160	61,645
10월	145	195	58,720

이 자료를 가지고 다중회귀분석을 실시한 결과 다음과 같은 원가추정등식을 산출하였다.

$$y = ₩36,175 + ₩79.01x_1 + ₩55.80x_2$$

여기서 x_1 = 상의생산량

x_2 = 하의생산량

이 추정등식에 의하면 상의와 하의를 각각 한 단위씩 생산할 때 총원가는 ₩79.01과 ₩55.80씩 증가하는 것으로 예상된다.

(1) 가 변 수

지금까지 우리는 추정등식에 사용되는 독립변수로 생산량이나 작업시간 등과 같이 매기간 수량으로 측정될 수 있는 것을 생각하였다. 그런데 여기서는 가변수를 독립변수로 도입 사용하려 한다. 즉 원가와 같은 종속변수는 생산량과 같은 변수 이외 어떤 특성을 지니느냐 그렇지 않느냐에 따라서도 영향을 받게 된다. 가변수(dummy variable)는 어떤 구체적 특성이 존재하느냐에 따라 0 또는 1의 값을 취하는 독립변수이다. 가변수는 무엇을 종속변수로 생각하고 있느냐에 따라서 다양하게 나타낼 수 있다. 가령 원가가 종속변수인 경우에는 겨울이냐 아니냐로 구분될 수 있는 계절적 요인, 생산이 증가하였느냐 아니면 수축되었느냐로 구분될 수 있는 생산량변화의 방향 등이 원가에 영향을 줄 수 있기 때문에 가변수로 사용될 수 있다. 또한 흡연가이냐 아니냐는 성인병발병과 관련해서 흔히 사용되는 가변수이다.

가변수로 설명될 수 있는 상황이 존재하는 경우에는 즉 가변수가 종속변수에 영향을 미치고 있는 상황에서는 가변수를 독립변수로 추가한 다중회귀분석의 사용이 원가추정의 정확성을 제고시키게 된다.

예제 8 가변수를 이용한 다중회귀분석

예제 7의 자료를 가지고 다음과 같이 계절적 요인을 가변수로 추가하여 다중회귀분석을 실시해 보자.

$$x_3 = \begin{cases} 0: \text{겨울이 아닌 경우} \\ 1: \text{겨울인 경우} \end{cases}$$

이때 우리는 다음과 같은 원가추정등식을 얻는다.

$$y = ₩34,385 + ₩102.67x_1 + ₩47.05x_2 + ₩1,906x_3$$

여기서 x_1 = 상의 판매량
x_2 = 하의 판매량
x_3 = 0: 겨울이 아닌 경우, 1: 겨울인 경우

따라서 위의 등식은 겨울이냐 아니냐에 따라 다음과 같이 두 개의 등식으로 세분될 수 있다.

① 겨울이 아니면($x_3 = 0$):

$$y = ₩34,385 + ₩102.67x_1 + ₩47.05x_2$$

② 겨울이면($x_3 = 1$):

$$y = (₩34,385 + ₩1,906) + ₩102.67x_1 + ₩47.05x_2$$

즉 x_3에 소속된 계수값 ₩1,906은 제품의 생산량이 동일할 경우 겨울에 생산하는 것이 겨울이 아닌 시기에 생산하는 것보다 총원가가 ₩1,906만큼 많이 소요됨을 나타내 준다.

(2) 다중공선성

다중회귀분석에서는 단순회귀분석에 추가로 다중공선성이 발생하지 않는다는 가정이 추가된다. 가령 다중회귀분석에서 상관관계가 높은 두 개의 변수를 독립변수로 사용하는 것보다는 상관관계가 낮은 두 개의 변수를 독립변수로 사용하는 것이 낫다. 독립변수가 여러 개 있는 다중회귀분석에서 독립변수들간의 상관관계가 높으면 **다중공선성**(multicollinearity)문제가 발생된다. 보통 두 변수간의 상관계수 값이 0.7 이하이면 다중공선성 문제가 심각하지 않은 것으로 간주된다. 다중공선성이 발생하면 서로 상관관계가 높은 독립변수들을 하나로 결합하거나 또는 높은 상관관계를 지니는 독립변수 가운데 하나를 제거함으로써 이 문제를 해결할 수 있다. **예제 8**에서 상의생산량과 하의생산량간의 상관계수는 63%이므로 심각한 다중공선성문제는 발생되지 않는다.

제4절 종합예제

지난 1년간 태진사의 월간 제조간접비 및 관련활동자료는 다음과 같다.

월	제조간접비	생산량(x_1)	직접작업시간(x_2)	기계시간(x_3)	생산량의 무게(x_4)
1	₩12,500	1,000	4,090	750	15,000
2	18,000	1,075	3,700	1,725	23,000
3	16,000	1,130	3,750	875	21,800
4	19,200	1,060	5,350	2,050	20,050
5	11,800	1,050	1,600	1,660	12,000

6	14,900	1,080	3,100	1,720	17,000
7	17,600	1,010	3,320	1,950	16,000
8	13,800	1,080	2,490	1,550	19,300
9	15,400	1,020	2,980	1,100	13,900
10	14,200	1,050	2,500	1,240	21,400
11	13,000	1,010	4,100	960	13,250
12	16,500	1,060	4,150	1,470	14,100

위의 자료를 가지고 예측모형을 선정하기 위해서 각 활동별로 단순회귀분석을 실시하였는데 그 결과는 다음과 같았다.

제조간접비를 y, 생산량을 x_1, 직접작업시간을 x_2, 기계시간을 x_3, 생산량의 무게를 x_4라 하자. 위의 자료를 이용하여 다음과 같은 네 가지 단순회귀분석등식을 산출하였다.

- 모형1: 생산량(x_1)을 독립변수로 하는 경우

$$y = -₩2,051 + ₩16.43x_1$$
$$(19,690) \quad (18.79)$$
$R_2 = 0.07$, t값 $= 0.879$, 그리고 Durbin-Watson값 $= 2.957$

- 모형2: 직접작업시간(x_2)을 독립변수로 하는 경우

$$y = ₩10,563 + ₩1.365x_2$$
$$(2,142) \quad (0.6024)$$
$R_2 = 0.34$, t값 $= 2.266$, 그리고 Durbin-Watson값 $= 2.199$

- 모형3: 기계시간(x_3)을 독립변수로 하는 경우

$$y = ₩10,956 + ₩3.016x_3$$
$$(2,081) \quad (1.407)$$
$R_2 = 0.31$, t값 $= 2.143$, 그리고 Durbin-Watson값 $= 1.998$

- 모형4: 생산량의 무게(x_4)를 독립변수로 하는 경우

$$y = ₩9,777 + ₩0.317x_4$$
$$(2,943) \quad (0.167)$$
$R_2 = 0.26$, t값 $= 0.087$, 그리고 Durbin-Watson값 $= 2.78$

요구사항

1. 단순회귀분석모형을 사용하는 경우 어떠한 등식이 예측모형으로 적합한지 결정하시오.

2. 각 활동변수간의 상관관계 매트릭스는 다음과 같다.

	생산량(x_1)	직접작업시간(x_2)	기계시간(x_3)	생산량의 무게(x_4)
생산량(x_1)	1.000	−0.052	0.135	0.633
직접작업시간(x_2)		1.00	−0.00	10.185
기계시간(x_3)			1.000	0.159
생산량의 무게(x_4)				1.000

만약 이 회사의 회계담당자가 기계시간을 포함해서 두 개의 변수를 독립변수로 사용하여 제조간접비의 행태를 추정하려 한다. 이때 선정될 다중회귀분석등식은 무엇인가?

해 답

1. 위의 네 가지 모형을 비교해 보면, 직접작업시간을 독립변수로 사용한 모형2가 예측모형으로 가장 적합함을 알 수 있다. 우선 R_2값이 가장 높으며, Durbin-Watson 통계치도 2.199로 2.0과 가까운 값을 지녀 독립성을 만족시키고 있다. 회귀계수에 대한 t값도 2.266으로 t 임계값인 $t_{a=0.025, df=10}=2.228$보다 크기 때문에 직접작업시간(x_2)을 독립변수로 사용한 회귀등식이 유효한 것으로 판정된다. 모형2를 제외하면 기계시간을 독립변수로 사용한 모형3이 적합하다. 단지 모형3의 t값은 2.143으로 매우 만족스러운 정도는 아닌 것으로 나타났다.

2. 우선 기계시간과 다른 독립변수간의 상관계수를 보면 다중공선성은 발생되지 않음을 알 수 있다. 기계시간을 포함하여 독립변수 2개를 사용하는 다중회귀분석모형은 다음 세 가지이다.

모형1: 생산량(x_1)과 기계시간(x_3)을 독립변수로 사용하는 경우

$$y = -₩1,473 + ₩12x_1 + ₩2.87x_3$$
(17,339) (16.62) (1.456)

$R_2=0.35$, t값 = 0.722와 1.975, 그리고 Durbin-Watson 값 = 2.307

모형2: 직접작업시간(x_2)과 기계시간(x_3)을 독립변수로 사용하는 경우

$$y = ₩6,269 + ₩1.37x_2 + ₩3.02x_3$$
(2,215) (0.46) (1.05)

$R_2=0.65$, t값 = 2.976과 2.866, 그리고 Durbin-Watson 값 = 1.944

모형3: 기계시간(x_3)과 생산량의 무게(x_4)를 독립변수로 사용하는 경우

$$y = ₩6,855 + ₩2.64x_3 + ₩0.27x_4$$

(1.28)　　(0.15)

$R_2 = 0.50$, t값 = 2.06과 1.83, 그리고 Durbin-Watson 값 = 2.65

위의 세 가지 모형 가운데 직접작업시간(x_2)과 기계시간(x_3)을 독립변수로 사용한 다중회귀분석모형(모형2)이 예측모형으로 가장 적합하다. R_2값이 0.65로 단순회귀분석의 경우보다 월등히 좋은 적합도를 나타내고 있다. 또한 세 개의 다중회귀 모형중 가장 높다. 독립변수 계수에 대한 t값도 2.976과 2.866으로 t 임계값인 $t_{\alpha=0.025, df=9} = 2.262$보다 크기 때문에 사용된 두 개의 독립변수는 모두 유의적인 것으로 나타나고 있다. 마지막으로 Durbin-Watson값도 1.944로 2.0에 근접하고 있어 독립성에 하자가 없음을 알 수 있다. 이에 비해 모형1과 모형3은 R_2값도 모형2보다 낮을 뿐만 아니라 독립변수계수에 대한 t값이 임계값인 2.262보다 모두 낮게 나타나고 있어 독립변수 계수의 유의성에 의문이 제기된다.

연습문제

문1 계정분석법 1

미래(주)는 플라스틱을 생산하는 기업이며, 20×6년 12월 31일에 끝난 회계연도에 대한 제조원가 및 계정분류 보고서는 다음과 같다.

계 정	분 류	금 액
직접재료비	모두 변동비	₩600,000
직접노무비	모두 변동비	450,000
동력비	모두 변동비	75,000
감독자 노무비	20% 변동비	112,500
재료조달 노무비	50% 변동비	120,000
수선유지 노무비	40% 변동비	150,000
감가상각비	0% 변동비	95,000
임차료, 재산세 및 관리비	0% 변동비	100,000

미래(주)는 20×6년에 150,000단위를 생산하였으며, 미래(주)의 관리자는 20×6년의 수치에 기초하여 20×7년에 대한 원가를 추정하고자 한다. 다음과 같은 추가자료를 참고하여 물음에 답하시오.

- 20×7년 직접재료비 가격은 20×6년에 비해 5% 인상될 것으로 예상된다.
- 노동계약에 따라 20×7년 직접노무비에 대한 임률은 20×6년에 비해 10% 인상될 것이다.
- 동력비 요율과 감독자, 재료조달 및 수선유지 관련 노무비 임률은 변동하지 않을 것이다.
- 감가상각비는 5% 증가가 예상되고, 임차료, 재산세 및 관리비는 7% 증가할 것으로 예상된다.
- 미래(주)는 20×7년에 160,000단위를 생산할 것으로 기대된다.

요구사항

1. 20×7년 각 계정에 대한 변동비, 고정비 및 총제조원가를 계산하시오.

2. 20×6년의 단위당 제조원가와 20×7년 추정된 단위당 제조원가를 계산하시오.

문 2 계정분석법 2

서강주유소에서는 터널식 자동세차장을 운영하고 있다. 자동차를 자동연속 컨베이어 벨트에 올려놓으면, 자동으로 세차의 전과정이 이루어진다. 작업자들은 자동차의 내부청소를 하며 작업시간에 따라 임금을 지급한다. 한편, 세차장 감독자 한 명이 작업자들을 모두 관리한다. 20×1년 동안 8,000대의 자동차를 세차하였으며 관련 원가는 다음과 같다.

계정	원가
작업자 노무원가	2,400,000
세제 및 용수	600,000
전기요금	800,000*1
감가상각비	560,000
감독자 급여	300,000
출납직원 급여	?*2

*1 전기요금중 ₩80,000은 사용량과 관계없이 발생하는 기본료이다.

*2 출납직원은 주유와 관련된 출납과 세차와 관련된 출납을 동시에 수행하고 있으며 20×1년 동안 급여는 ₩400,000이다. 전체 출납업무에서 세차와 관련된 출납업무가 차지하는 비율은 40%라고 판단된다.

요구사항

1. 각 계정의 원가를 변동비와 고정비로 분류하시오.
2. 계정분석법을 이용하여 원가함수를 추정하시오.
3. 20×2년에 10,000대의 차를 세차할 것으로 예상된다. 계정분석법을 이용하여 20×2년에 세차장에서 발생할 총원가를 추정하시오.
4. 20×1년과 20×2년의 한 대당 평균세차원가를 계산하시오. 단, 20×2년에 대해서는 10,000대의 예상세차수량을 사용한다.
5. 물음 4에서 20×1년과 20×2년의 대당 평균세차원가가 다른 이유는 무엇인가?

문 3 고저점법과 단순회귀분석

다음은 (주)신촌의 20×7년 1년간의 기계사용시간, 직접재료비, 제조간접비에 대한 월별 자료이다.

월	기계사용시간	직접재료비	제조간접비
1	350	₩9,500	₩9,000
2	340	9,200	8,450
3	320	8,400	7,560
4	380	11,800	10,500
5	350	9,200	9,600
6	400	10,500	10,200
7	320	8,700	8,900
8	300	8,700	8,400
9	420	12,000	10,950
10	360	9,900	9,520
11	340	8,900	8,650
12	270	7,600	7,950

◉ 요구사항

1. 기계사용시간을 기준으로 제조간접비를 추정하려 한다. 고저점법에 의한 제조간접비 원가함수를 추정하시오.
2. 20×7년 430시간의 기계를 사용할 것으로 예상된다면, 20×7년 예상제조간접비는 얼마인가?
3. 단순회귀분석을 사용할 경우 요구사항 1에 다시 답하시오.
4. 단순회귀분석을 사용할 경우 요구사항 2에 다시 답하시오.

문 4 고저점법에 의한 원가추정과 예정제조간접비배부율

광고제작을 하고 있는 (주)서강애드는 3가지의 TV광고를 제작중이다. TV광고 제작시 발생하는 제조간접비는 직접노동시간을 기준으로 배부되고 있으며, 과거 2년간의 제조간접비는 다음과 같다.

	20×6년	20×7년
직접노동시간	2,760,000	2,160,000
제조간접비 발생액		
간접노무비	₩110,400,000	₩86,400,000
복리후생비	41,400,000	32,400,000
소모품비	27,600,000	21,600,000
수도광열비	22,080,000	18,480,000
감독비	30,050,000	30,050,000

감가상각비	79,300,000	79,300,000
재산세	26,250,000	26,250,000
보험료	5,520,000	5,520,000
계	₩345,000,000	300,000,000

요구사항

(주)서강애드는 20×8년 2,300,000 직접노동시간의 조업도로 광고를 제작할 것으로 기대하고 있다. 과거 2년간의 역사적 원가자료로부터 광고제품에 배부될 예정제조간접비를 구하시오. (주)서강애드는 고저점법을 이용하여 원가를 추정하고 있다.

문 5 고저점법과 제조간접비예정배부율의 산출

서강(주)의 다음 자료를 참조하여 물음에 답하라.

월	직접노동시간(x)	총제조간접비(y)
1월	3,500시간	₩270,000
2월	4,200	354,000
3월	3,750	310,000
4월	4,800	398,000
5월	5,300	405,000
6월	5,400	403,000
계	26,950시간	₩2,140,000

요구사항

1. 고저점법에 의할 경우, 총제조간접비 원가함수를 추정하시오.
2. 7월의 실제직접노동시간이 5,900시간이라고 할 때, 제조간접비는 얼마라고 추정할 수 있는가?
3. 고저점법에 의한 원가함수가 y = ₩25,000 + ₩70x가 나왔다고 가정하자. 이때 고정제조간접비는 ₩25,000이라고 말할 수 있는가?
4. 서강(주)는 직접노동시간을 기준으로 제조간접비를 배부하고 있으며 고저점법에 의해 제조간접비 예산을 편성하고 있다. 20×7년의 예산조업도가 20,000 직접노동시간으로 예측될 경우 20×7년의 직접노동시간당 제조간접비 예정배부율은 얼마가 되겠는가?

문 6 선형원가함수

청운법률사무소는 간접비가 고객에게 청구된 전문노동시간과 어떤 관계를 가지고 변동하는지를 조사하고 있다. 이와 관련하여 다음과 같은 자료를 수집하였다.

총간접비	고객에게 청구된 전문노동시간
₩580,000	4,500
750,000	6,000
910,000	7,500
1,030,000	9,000
1,180,000	10,500
1,350,000	12,000
1,520,000	13,500

요구사항

1. 가장 대표적인 관찰치인 6,000시간과 12,000시간에 기초하여 선형원가 함수를 추정하시오. 선형원가 함수의 상수값은 청운법률사무소의 고정간접비를 의미하는가?
2. 1에서 추정한 선형원가 함수에 기초하여 각 시간대별 추정간접비를 계산하고 실제간접비와의 차이를 계산하시오.
3. 청운법률사무소는 전문노동시간을 7,500시간에서 9,000시간으로 증가시키는 특별주문을 받았으나, 선형원가 함수에 의한 추정간접비 증가액인 ₩150,000을 차감하기전 공헌이익이 ₩130,000에 불과하여 특별주문을 거절하였다. 이 경우 실제 청운법률사무소가 손해를 본 금액은 얼마인가? 단, 특별주문 수락시의 사후 실제결과는 위의 제시자료와 동일하다고 가정한다.

문 7 원가함수추정과 인플레이션

서강(주)는 인플레이션하에서 자사제품의 적정원가를 산출하기 위하여 다음의 자료를 수집하였다.

연 도	제조원가	생산수량	일반물가지수(20×5년 = 1.000)
20×1	₩24,020	504	.75
20×2	23,460	466	.77
20×3	23,480	414	.80
20×4	23,040	356	.93
20×5	21,660	320	1.000

요구사항

1. 고저점법을 사용하여 제조원가와 생산수량을 대응시켜 주는 원가함수를 도출하시오.

2. 일반물가지수에 의해 수정된 제조원가를 구하시오.
3. 수정된 제조원가와 생산수량을 대응시켜 주는 원가함수를 고저점법을 이용하여 도출하시오. 단, 소수점 4자리에서 반올림하시오.
4. 요구사항 1에서 도출된 원가함수의 모순점과 그러한 모순점을 방지하기 위한 방안을 기술하시오.

문 8 단순회귀분석-예측모형의 우수성

대학입시 학원의 학원장인 박찬호는 최근 학원의 간접비에 대해 깊은 관심을 보이고 있다. 박찬호는 일반적으로 학원의 간접비는 강좌수와 학생수에 의해서 발생할 것으로 믿고 있다. 강좌수와 학생수는 매년 크게 증가하고 있으며, 최근 15년간의 자료는 다음과 같다.

연 도	간 접 비	강 좌 수	학 생 수
19×5	₩150,000	15	2,700
19×6	170,000	20	2,300
19×7	160,000	22	1,800
19×8	210,000	25	2,500
19×9	230,000	22	2,000
20×0	260,000	33	3,700
20×1	280,000	35	2,300
20×2	260,000	43	3,800
20×3	290,000	50	3,000
20×4	240,000	43	4,700
20×5	310,000	46	3,500
20×6	350,000	55	4,200
20×7	380,000	62	5,300
20×8	430,000	55	5,800
20×9	450,000	65	6,500

박찬호는 두 개의 단순회귀분석을 통하여 다음과 같은 결과를 얻었다.

- 모형1: 간접비 $= a + b \times$ 강좌수

변수명	계수값	표준오차	t-값
상수항	₩68,857	₩25,097	2.744
강좌수	5,308	592	8.968

$R_2 = 0.86$, 더빈-왓슨 값 $= 1.2$

- 모형2: 간접비 $= a + b \times$ 학생수

변수명	계수값	표준오차	t-값
상수항	₩80,115	₩35,520	2.255
학생수	55	9	5.975

$R_2 = 0.73$, 더빈-왓슨 값 = 2.3

요구사항

1. 간접비와 다음 각 변수들 사이의 관계를 산포도로 나타내시오.
2. 어떤 모형이 간접비의 추정모형으로 적합한지 결정하시오.
3. 위 자료를 이용하여 다중회귀분석을 실시한 결과는 다음과 같다.

모형3: 간접비 $= a + b_1 \times$ 강좌수 $+ b_2 \times$ 학생수

변수명	계수값	표준오차	t-값
상수항	₩60,026	₩25,861	2.321
강좌수	4,174	1,129	3.696
학생수	15	13	1.173

$R_2 = 0.88$, 더빈-왓슨 값 = 1.7

① 다중회귀분석인 모형3을 평가하시오. 단, 선형성, 정규성 등은 모두 충족되는 것으로 가정한다.

② 당신은 요구사항 2에서 선택한 모형을 대신하여 다중회귀분석 모형을 선택하겠는가?

문 9 단답형 기출문제

1. 대한회사의 지난 6개월간 전력비는 다음과 같다. 기계시간이 전력비에 대한 원가동인이라면 32,375기계시간이 예상되는 7월의 전력비는 고저점법에 의할 때 얼마로 추정되는가?

월 별	기계시간	전 력 비
1월	34,000	₩610,000
2월	31,000	586,000
3월	33,150	507,000
4월	32,000	598,000
5월	33,750	650,000
6월	31,250	575,000

2. 다음은 ㈜한국의 조업도수준에 따른 자료이다.

	조업도수준	
	낮음	높음
생산수량	25,000단위	30,000단위
총제조원가	₩575,000	₩680,000
단위당 직접재료비	₩5	₩5
단위당 직접노무비	₩6	₩6

고저점법을 사용하여 제조간접비 원가함수($y = a + bx$)를 추정하시오.

3. ㈜한국은 고급시계를 생산 판매한다. 20×3년 회사의 원가추정자료는 다음과 같다.

- 예정생산량 10,000
- 개당 소요 직접노동시간 2시간
- 시간당 임률 ₩100
- 뱃치당 소요 기계가동시간 3시간

생산은 200개를 한 뱃치(batch)로 이루어지며, 제조원가의 항목별 자료이다.

직접재료비	생산량 개당 ₩1,000
직접노무비	?
제조간접비	
작업준비비	뱃치당 ₩30,000
동 력 비	기계시간당 ₩1,500
조립작업비	직접노동시간당 ₩200
기 타	월 ₩200,000 정액

위의 자료에 기초할 때 20×3년의 제조원가는 얼마로 추정되는가?

4. 다음은 ㈜유현이 생산하는 A제품의 20×1년과 20×2년의 생산 관련 자료이며, 총고정원가와 단위당 변동원가는 일정하다.

구 분	생산량(개)	총제조원가
20×1년	1,000개	₩50,000,000
20×2년	2,000개	₩70,000,000

20×3년도에는 전년도에 비해 총고정원가는 20% 증가하고, 단위당 변동원가는 30% 감소한다면, 생산량이 3,000개일 때 총제조원가는 얼마인가?

제 10 장

원가·조업도·이익분석

제1절 기본 CVP 모형
제2절 기본 CVP 모형의 확장
제3절 불확실성하의 CVP 분석

학습목표

제9장에서는 조업도의 변화에 따른 원가행태를 분석하는 방법을 설명하였다. 이 장에서는 제9장에서 설명된 원가행태 분석방법을 바탕으로 원가와 수익간의 상호관계를 이용한 단기적 이익계획방법을 기술하고자 한다. 이 장을 공부한 후 학생들은 아래 내용을 파악할 수 있어야 한다.

1. CVP 분석의 가정
2. 손익분기점의 계산
3. 원가, 가격 그리고 조업도의 변화가 이익에 미치는 영향
4. 여러 제품의 경우 판매배합이 이익에 미치는 영향
5. 법인세를 고려한 CVP 분석
6. 불확실성하에서의 CVP 분석

제 10 장 원가·조업도·이익분석

경제환경은 지속적으로 변화하기 때문에 기업을 운영하는 데 필요한 활동수준이나 자원의 양을 정확하게 추정하는 일이 불가능할 때가 흔히 발생한다. **제 9장**에서 설명한 원가행태패턴을 추정하는 주된 이유는 변화하는 경제상황 속에서 경영층이 활동을 계획하고, 대안적 행동경로를 분석하며, 합리적인 의사결정을 내리는 데 유용한 정보를 제공해 주기 위한 것이다.

원가·조업도·이익 분석[cost-volume-profit(CVP) analysis]은 원가, 조업수준, 가격, 이익간의 관계를 체계적으로 검토하는 데 사용되는 기법이다. CVP 분석을 이용해서 경영자들은 다음과 같은 질문에 대답을 할 수 있는 정보를 얻게 된다.

- 몇 단위를 판매하면 수익과 비용이 같게 되나?
- 목표이익을 달성하려면 몇 단위를 판매해야 하나?
- 조업수준을 10% 올리면 이익은 얼마나 증가하나?
- 판매가격은 올려야 하나 또는 내려야 하나?
- 광고비 예산을 30% 늘리면 수익은 얼마나 증가하나?

이러한 질문들은 계획수립과 관련이 있으며 동시에 이익결정과 관련이 있다. 때문에 **CVP** 분석은 단기적인 이익계획 모형이라고도 불린다. 경영자들은 CVP 분석을 통해 조업수준의 증감에 따라 원가는 어떻게 결정되는지 동시에 수익은 어떻게 결정되는지를 파악하고 궁극적으로는 이익의 결정을 사전에 예측할 수 있다. CVP 분석은 이익과 관련된 계획수립에 유용한 기법이다. CVP 관계에 기초가 되는 차액분석은 또한 특별주문 수락 여부, 부품의 자가생산 여부, 그리고 제품라인의 폐쇄 여부 등을 포함한 많은 경영의사결정에 유용한 정보가 되는데 이들 특수의사결정에 대해서는 **제13장**에서 설명할 것이다.

이 장에서는 우선 CVP 모형의 기본개념 및 용어를 CVP 모형의 기반이 되는 제반 가정과 함께 설명하려 한다. 그리고 CVP 기본모형을 보다 확장시켜, 법인세를 고려한 CVP 모형, 다제품 상황에서의 CVP 모형 등을 설명한 후 마지막으로 불확실성하에서의 CVP 모형에 대해 설명할 것이다.

제1절 기본 CVP 모형

1 경제학적 CVP 모형

경제학적 CVP 모형의 일례를 그림으로 표현하면 **그림 10-1**과 같다.

그림 10-1에 나타난 바와 같이 경제학적 CVP 모형에서는 총수익함수와 총비용함수가 모두 곡선으로 표현된다. 즉 생산량이 증가함에 따라 가격이 떨어지므로 총수익함수는 곡선으로 표현된다. 총비용함수도 어느 수준까지는 규모경제를 반영하다가 그 수준 이상이 되면 오히려 비경제적으로 변하는 내용을 반영하는 곡선으로 표현된다. 경제학적 CVP 모형에서 수익과 비용이 같아지는 손익분기점이 P_1과 P_2 두 곳에서 나타난다. 뿐만 아니라 이익은 P_1과 P_2 사이의 조업구간에서 나타나는데 경제학적 CVP 모형을 사용하면 이 사이에서 이익이 극대화되는 조업수준을 결정할 수 있다. 이익은 한계수익과 한계비용이 일치되는 곳에서 극대화되는데 한계수익과 한계비용은 각각 총수익과 총비용을 조업도(x)에 대해 미분하여 산출한다.

$$\text{한계수익: } \frac{dTR(x)}{dx} = MR(x) = 200 - 3x$$

$$\text{한계비용: } \frac{dTR(x)}{dx} = MC(x) = 6x^2 - 40x + 100$$

이익을 극대화시키는 조업수준을 구하기 위해 한계수익과 한계비용을 같게

그림 **10-1** 경제학적 CVP 모형

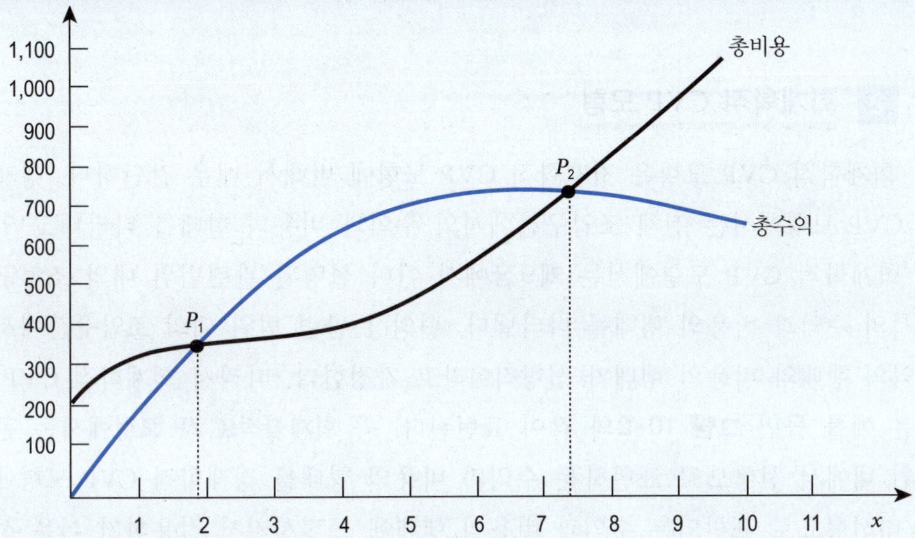

수익함수: $TR(x) = 200x - 15x^2$
비용함수: $TC(x) = 2x^3 - 20x^2 + 100x + 200$

조업수준(x)	총 수 익	총 비 용	이 익
0	₩ 0	₩200	−₩200
1	185	282	−97
2	340	336	4
3	465	374	91
4	560	408	152
5	625	450	175
6	660	512	148
7	665	606	59
8	640	744	−104
9	585	938	−353
10	500	1,200	−700

놓는다.

$$200 - 30x = 6x^2 - 40x + 100$$
$$6x^2 - 10x - 100 = 0$$
$$(x-5)(6x+20) = 0$$
$$\therefore\ x = 5 \text{ 또는 } -3.33$$

조업수준은 0보다 커야 하므로 조업수준이 5단위일 때 총수익은 ₩625, 총비용은 ₩450, 그리고 이익은 ₩175으로 극대화된다.

2 회계학적 CVP 모형

회계학적 CVP 모형은 경제학적 CVP 모형에 비해서 매우 간단하다. 경제학적 CVP 모형에서는 전체 조업구간에서의 수익과 비용의 형태를 나타내고 있지만 회계학적 CVP 모형에서는 **제9장**에서 이미 설명된 관련범위 내의 조업구간에서의 수익과 비용의 행태를 나타낸다. 편의상 관련 범위 내의 조업구간에서는 수익의 행태와 비용의 행태가 선형적이라고 가정한다. 따라서 회계학적 CVP 모형은 예를 들면 **그림 10-2**와 같이 표현된다. 즉 회계학적 CVP 모형에서는 관련범위 내에서 선형으로 표현하는 수익과 비용의 형태를 경제학적 CVP 모형에서의 비선형으로 표현되는 수익과 비용의 행태에 근접시켜서 적용하기 쉬운 선형모형을 이용하려는 것이다. 따라서 이하에서는 달리 언급하지 않는 한 회계학적 CVP 모형을 기초로 설명할 것이다. 총수익함수와 총비용함수를 직선으로 표현

그림 **10-2** 회계학적 CVP 모형

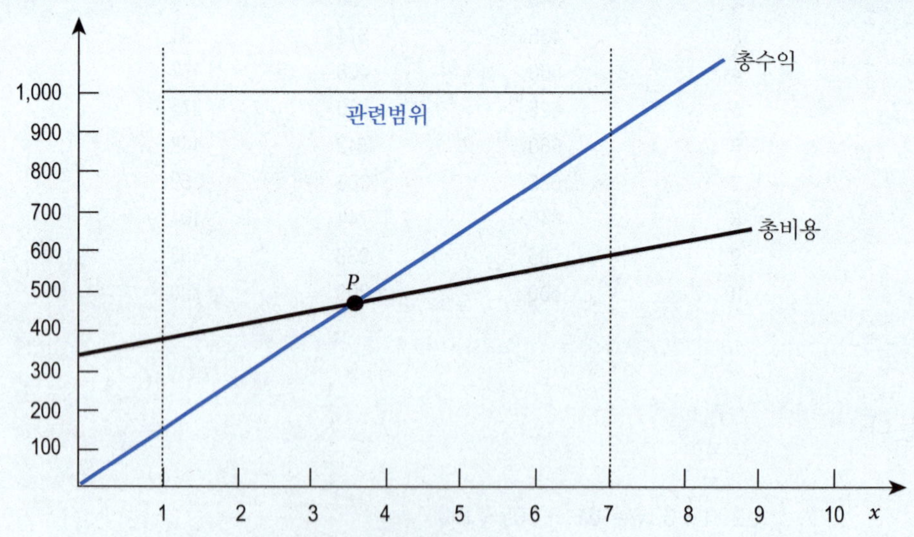

수익함수: $TR(x) = px = 125x$

비용함수: $TC(x) = a + bx = 350 + 20x$

하는 것 이외에 회계학적 CVP 모형은 다음과 같은 점에서 경제학적 CVP 모형과 다르다. 첫째, 경제학적 CVP 모형에서는 두 개의 손익분기점이 나타났지만 회계학적 CVP 모형에서는 손익분기점은 하나만 있다. 둘째, 경제학적 CVP 모형에서는 이익을 극대화시키는 조업수준이 존재했지만 회계학적 CVP 모형에서는 존재하지 않는다. 조업수준이 늘어날수록 이익은 늘어나게 된다.

3 원가 · 조업도 · 이익의 기본관계

(1) 손익분기점

총수익과 총원가가 같게 되는 활동수준을 손익분기점(breakeven point)이라 한다. 따라서 손익분기점에서는 이익도, 손실도 발생하지 않는다. 기업이 궁극적으로 손익분기점에 관심을 두는 것은 아니지만 손익분기점 분석을 통해 경영자들은 기업운영을 보다 현명하게 하여 궁극적으로 이익을 벌어들일 수 있다. 물론 비영리조직에서는 손익분기점에 근접해가는 경영을 하려 할 것이다. 또한 손익분기점은 조직 전체에만 적용되어야 하는 것은 아니다. 오히려 제품 또는 제품군별, 사업부문별, 또는 그 밖의 원가대상별 손익분기점이 많이 활용된다.

기본적으로 총수익은 다음과 같이 표현된다.

$$TR = px \tag{10-1}$$

여기서 TR = 총수익
p = 단위당 판매가격
x = 생산판매량

또한 총원가는 고정원가와 변동원가를 합친 형태로 다음과 같이 표현된다.

$$TC = a + bx \tag{10-2}$$

여기서 TC = 총원가
a = 고정원가
b = 단위당 변동원가
x = 생산판매량

따라서 손익분기점(x_0)은 다음과 같이 산출된다

$$TR = TC \tag{10-3}$$
$$px = a + bx$$

등식 (**10-3**)을 손익분기등식(breakeven equation)이라 하는데 이를 생산판매량을 대하여 정리하면 다음과 같다. 아래 산식에서 $(p-b)$를 단위당 공헌이익이라 하는데 단위당 공헌이익은 한 단위 추가 생산판매가 이익증가에 기여하는 부분을 의미한다.

$$\begin{aligned} px - bx &= a \\ (p-b)x &= a \\ \therefore\ x^0 &= \frac{a}{p-b} \end{aligned} \qquad (10\text{-}4)$$

예제 1 손익분기점의 산출

태진사는 단일제품을 생산하고 있다. 이 제품의 단위당 판매가격은 ₩10이고 단위당 변동원가는 ₩6이며 총고정원가는 ₩10,000으로 예측된다.

요구사항

이때 손익분기점은 몇 단위이겠는가?

해답

등식 (**10-4**)를 사용해서 손익분기점을 구하면 다음과 같다.

$$x^0 = \frac{a}{p-b} = \frac{₩10{,}000}{₩10 - ₩6} = 2{,}500\text{단위}$$

이하에서 상황별로 손익분기점 분석과 관련된 설명을 하면서 많은 산식이 도출될 것이다. 그런데 상황별로 적용할 산식을 모두 암기할 수 없으므로 CVP분석과 관련하여 가장 기본이 되는 개념만 이해한 후에 이를 상황별로 적용하는 방법을 익히는 것이 원칙적이고 또한 효율적인 학습이 될 것으로 생각한다. 이하 모든 문제는 다음과 같은 기본개념으로 풀 수 있으며, 나머지는 계산상의 절차일 뿐이다.

$$\begin{aligned} \text{총수익} - \text{총원가} &= \text{이익} \\ \text{공헌이익} - \text{고정원가} &= \text{이익} \\ (10-6)x - 10{,}000 &= 0 \\ \therefore\ x &= 2{,}500 \end{aligned}$$

예제 1의 상황을 그림으로 표현하면 **그림 10-3**과 같다.

그림 10-3을 보면 조업수준이 2,500단위일 때 총수익과 총원가는 ₩25,000으로 같아진다. 만약에 생산판매량이 손익분기점인 2,500단위를 초과하면 이익

그림 **10-3** CVP 모형에서 손익분기점

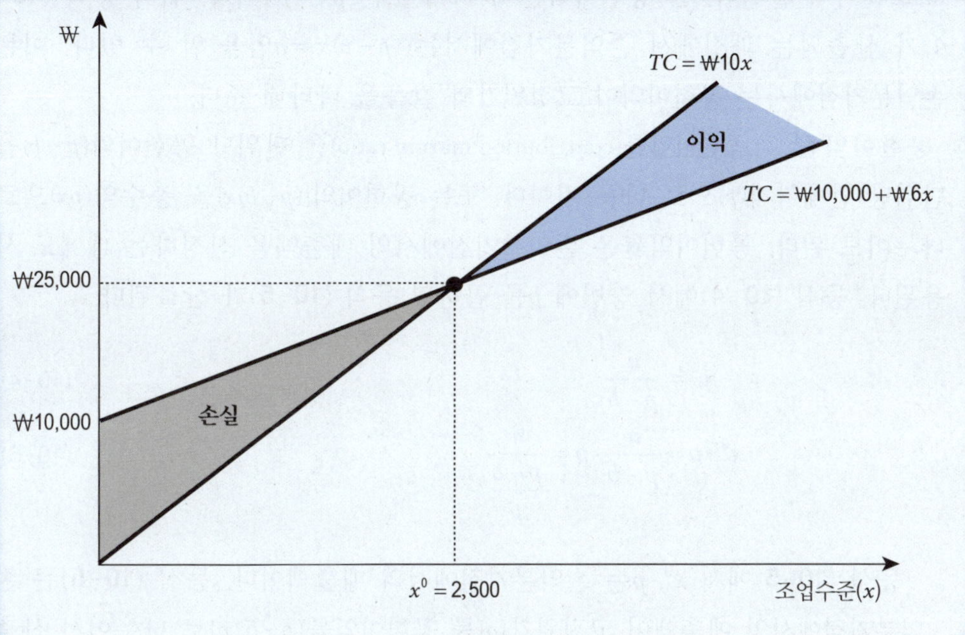

이 발생하지만 그 이하가 되면 손실이 발생된다.

(2) 공헌이익

① **단위당 공헌이익** 위의 등식 (**10-4**)에서 손익분기점을 구하려면 고정원가 (a)를 단위당 판매가격(p)에서 단위당 변동원가(b)를 뺀 것으로 나누어야 되는데 $(p-b)$가 바로 **단위당 공헌이익**(unit contribution margin)이다. 한 단위를 추가로 생산·판매하면 총수익은 단위당 판매가격(p)만큼 증가하게 된다. 이때 총원가는 단위당 변동원가(b)만큼 증가하게 된다. 그러므로 이익은 단위당 공헌이익 $(p-b)$만큼 늘어나게 된다. 즉 단위당 공헌이익은 한 단위를 추가 생산·판매할 때 순이익이 얼마만큼 증가하는지를 나타내 준다.

예제 1에서 단위당 공헌이익은 ₩4(₩10−₩6)이므로 태진사가 한 단위를 추가로 생산·판매할 때마다 순이익은 ₩4씩 늘어나게 된다. 가령 손익분기점이 2,500단위인데 2,501단위를 판매하면 순이익은 ₩4(₩0+₩4)이 되고 2,600단위를 판매할 때 순이익은 ₩400[₩0+(₩4×100)]이 됨을 알 수 있다.

② **공헌이익**　단위당 공헌이익과 생산판매량을 곱하면 공헌이익(contribution margin)이 산출된다. 즉 공헌이익은 $(p-b)x$ 또는 $px-bx$이다. 위의 등식 (**10-4**)가 산출되는 과정에서 손익분기점에서는 $(p-b)x=a$임을 알 수 있다. 이는 손익분기점에서는 공헌이익이 고정원가와 같음을 나타내 준다.

③ **공헌이익률**　공헌이익률(contribution margin ratio)은 단위당 공헌이익$(p-b)$을 단위당 판매가격(p)으로 나눈 것이다. 또는 공헌이익$[(p-b)x]$을 총수익(px)으로 나누어도 된다. 공헌이익률은 손익분기점에서의 매출액을 산정하는 데에도 사용된다. 등식 (**10-4**)에서 양변에 p를 곱하면 등식 (**10-5**)가 산출된다.

$$x^0=\frac{a}{p-b} \qquad (10\text{-}4)$$

$$x^0\cdot p=\frac{a}{p-b}\cdot p=\frac{a}{\frac{p-b}{p}} \qquad (10\text{-}5)$$

등식 (**10-5**)에서 $x^0\cdot p$는 손익분기점에서의 매출액이다. 등식 (**10-5**)는 손익분기점에서의 매출액이 고정원가(a)를 공헌이익률$(p-b/p)$로 나누어서 산출될 수 있음을 나타내 준다. 공헌이익률 개념과 같이 많이 사용되는 개념이 변동비율이다. 변동비율은 매출액에서 변동원가가 차지하는 비율을 의미한다. 또한 변동비율은 단위당 변동원가(b)를 단위당 판매가격(p)으로 나누어서 산정할 수도 있다.

$$\text{변동비율}=\frac{\text{총변동원가}}{\text{총매출액}}=\frac{\text{단위당 변동원가}}{\text{단위당 판매가격}}=\frac{b}{p}$$

$$=1-\text{공헌이익률}$$

앞의 **예제 1**에서 공헌이익률은 0.4[(₩10－₩6)/₩10] 또는 40%이다. 마찬가지로 변동비율은 0.6(₩6/₩10) 또는 60%이다. 공헌이익률은 매출액에 대하여 공헌이익이 차지하는 비율을 의미하며, 달리표현 하면 매출액이 ₩1 증가될 때마다 순이익이 공헌이익률(이 경우 ₩0.4)만큼 증가됨을 말해준다. 따라서 40%의 공헌이익률을 가지는 제품을 생산·판매하는 태진사가 매출액을 ₩10,000 증가시킨다면 순이익은 ₩4,000(0.4×₩10,000)만큼 증가될 것이다.

예제 2 커미션지급과 공헌이익률

태진사는 제품 A와 B를 판매하고 있다. 제품별 공헌이익률은 제품 A가 25%, 제품 B가 40%이다. 이 회사는 매출액을 기준으로 5%의 커미션을 지급한다. 판매원 甲은 제품 A를 ₩10,000 판매한 반면 판매원 乙은 제품 B를 ₩7,000 판매하였다. 위에 제시된 공헌이익률을 산정할 때는 커미션도 이미 고려되어 있다.

요구사항

각 판매원에게 지급할 커미션과 각 판매원이 이익증가에 기여한 금액을 계산하시오.

해답

판매원별 커미션 수령액과 이익증가에 대한 기여액을 계산해 보면 다음과 같다.

판 매 원	커미션 지급액	이익증가에 기여한 금액
甲	₩10,000 × 0.05 = ₩500	₩10,000 × 0.25 = ₩2,500
乙	7,000 × 0.05 = 350	7,000 × 0.40 = 2,800

고정원가는 생산판매량과 무관하게 일정액으로 발생하므로 매출액에 따른 이익증감은 공헌이익에 따라 결정된다. **예제 2**의 결과를 보면 판매원 甲은 자신의 매출액 중 25%에 해당하는 금액인 ₩2,500만큼 이익증가에 기여했고, 반면 판매원 乙은 자신의 매출액 중 40%에 해당하는 ₩2,800만큼 이익증가에 기여하였다. 그럼에도 불구하고 커미션은 판매액을 기준으로 일률적으로 지급되기 때문에 판매원 甲에게 지급하는 금액이 판매원 乙에게 지급하는 금액보다 많다. 매출액의 증가보다 실제이익의 증가가 더 중요하다면 커미션의 결정은 단순히 매출액을 기준으로 하는 것보다 이익증가에 대해 기여한 금액을 고려하여 결정하는 것이 바람직할 것이다.

(3) 안전한계

① **안전한계** 안전한계(margin of safety)는 실제매출액(또는 예상매출액)에서 손익분기점매출액을 차감시켜 산출된다. 안전한계는 매출액뿐만 아니라 생산판매량으로도 표현된다.

안전한계 = 실제매출액 − 손익분기점매출액
또는 안전한계 = 실제판매량 − 손익분기점판매량

안전한계는 경영자에게 현재수준에서 매출이 얼마나 감소하면 손익분기점이 되는지를 알려 준다. 가령 **예제 1**에서 태진사가 예상매출액을 ₩30,000(3,000단위)으로 잡고 있다면 이때 안전한계는 다음과 같다.

	단 위	매 출 액
예상매출액(A)	3,000단위	₩30,000
손익분기점(B)	2,500	25,000
안전한계(A−B)	500단위	₩5,000

즉 태진사의 현재 예상매출액이 최악의 경우에 안전한계인 최대 ₩5,000만큼 감소하더라도 손익분기점에는 도달할 수 있으며 감소액이 안전한계를 넘어서면 손실을 보게 된다.

② **안전한계율** 안전한계율(margin of safety ratio)은 안전한계를 실제매출액으로 나누어 계산된다. 물론 생산판매량을 사용해서도 안전한계율을 구할 수 있다.

$$\text{안전한계율} = \frac{\text{실제매출액} - \text{손익분기점매출액}}{\text{실제매출액}}$$

안전한계율은 손익분기점에 도달하지 못할 위험을 측정한다. 안전한계율이 높다면 매출이 감소되는 경우 조업수준이 손익분기점 이하로 떨어질 가능성은 그만큼 적어지게 된다. 위의 예에서 안전한계율은 16.67%이다.

$$\text{안전한계율} = \frac{₩30,000 - ₩25,000}{₩30,000} = 0.1667$$

(4) 이익-조업도 그래프

지금까지 원가-조업도-이익 그래프로 표현된 CVP 분석은 또 다른 대안적 방법으로 이익-조업도 그래프(profit-volume graph)로도 나타낼 수 있다. 이익-조업도 그래프에서는 원가와 수익은 생략한 채 조업도와 이익간의 관계를 보여 준다. **예제 1**의 내용을 이익-조업도 그래프로 나타내면 **그림 10-4**와 같다.

그림 10-4에 나타난 선은 이익등식이다.

$$TR = ₩10x$$
$$TC = ₩10,000 + ₩6x$$

그림 **10-4** 이익-조업도 그래프

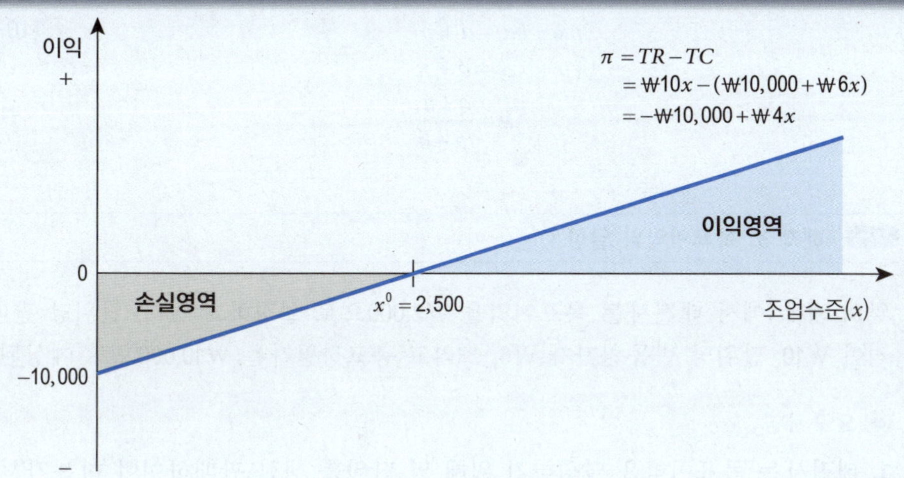

그러므로 이익 π는 다음과 같다.

$$\pi = TR - TC = ₩10x - (₩10,000 + ₩6x) = -₩10,000 + ₩4x$$

조업수준이 0인 경우 수익은 0이고 원가는 고정원가가 발생되므로 y축 절편은 고정원가(₩10,000)만큼 손실로 나타난다. 이익등식의 기울기는 단위당 공헌이익$(p-b)$과 같다. 즉 한 단위를 추가로 생산·판매할 때마다 이익은 이익등식의 기울기를 따라 단위당 공헌이익만큼 증가된다. 물론 단위당 공헌이익이 증가되면 이익등식의 기울기도 더 커진다.

(5) 이익계획

① **목표이익** 경영자들은 단순히 손익분기점 달성에만 흥미를 갖는 건 아니다. 그들은 통상 원하는 목표이익을 달성할 수 있는 활동수준에 대한 계획을 수립한다. 목표이익을 산출할 수 있는 매출수준을 계산할 때는 단순히 손익분기점 등식인 등식 (**10-3**)에 목표이익을 포함시키면 된다.

$$px = a + bx + \pi$$

여기서 π = 목표이익

즉 총수익은 총원가에 목표이익을 더한 금액과 같으면 된다. 위에 등식을

x에 대해 풀면 다음과 같다.

$$\begin{aligned} px - bx &= a + \pi \\ (p-b)x &= a + \pi \\ x &= \frac{a+\pi}{p-b} \end{aligned} \tag{10-6}$$

예제 3 목표이익의 달성

앞의 **예제 1**에서 태진사는 목표이익을 ₩2,000으로 설정하고 있다. 단위당 판매가격이 ₩10, 단위당 변동원가가 ₩6, 그리고 총고정원가는 ₩10,000으로 예상된다.

요구사항

1. 태진사는 목표이익을 달성하기 위해 몇 단위를 생산 판매하여야 하는가?
2. 태진사는 목표이익을 달성하기 위해 매출을 일마나 하여야 하는기?

해답

1. 등식 **(10-6)**에 위의 정보를 대입하면 다음과 같다.

$$x = \frac{₩10,000 + ₩2,000}{₩10 - ₩6} = \frac{₩12,000}{₩4} = 3,000\text{단위}$$

한편, **예제 1**에서 보았듯이 기본개념만 이용하여 다음과 같이 산정할 수도 있다.

$$\begin{aligned} &\text{공헌이익} - \text{고정원가} = \text{이익} \\ &(10-6)x - 10,000 = 2,000 \\ &\therefore\ x = 3,000 \end{aligned}$$

2. 목표이익을 달성하기 위한 매출액은 다음과 같은 방법으로 산정할 수 있다.

- 1법: 목표이익을 달성하기 위한 수량을 구한 후에 이를 매출액으로 환산한다.

$$3,000\text{단위} \times ₩10 = ₩30,000$$

- 2법: 매출액에 대하여 공헌이익이 차지하는 비율이 공헌이익률이므로 이를 이용하여 다음과 같이 산정한다. 예제의 공헌이익률은 '(10 − 6) ÷ 10 = 40%'이다.

$$\begin{aligned} \text{공헌이익} - \text{고정원가} &= \text{이익} \\ \text{매출액} \times \text{공헌이익률} - \text{고정원가} &= \text{이익} \\ s \times 0.4 - 10,000 &= 2,000 \\ \therefore\ s &= 30,000 \end{aligned}$$

☞ 2법을 매출액에 대하여 정리하여 목표이익을 달성하기 위한 매출액을 직접 구하

는 공식을 만들 수 있으나 공식보다는 기본개념을 중심으로 이해하는 것이 중요하다.

예제 1에서는 2,500단위를 판매하였을 때 손익분기점에 도달하였는데, 여기서는 3,000단위를 판매해야 ₩2,000의 목표이익을 달성할 수 있음을 알 수 있다. 즉, 손익분기점수량을 초과하여 500단위를 더 판매하면 '500단위×₩4＝₩2,000'의 이익을 달성할 수 있다. 손익분기점에서 얻은 공헌이익으로 고정원가를 모두 커버하였으므로 손익분기점을 초과하여 판매하여 얻은 공헌이익은 곧 바로 이익이 된다.

② 법인세비용을 고려한 이익계획 법인세비용은 영리기업의 이익에 부과되는 회피할 수 없는 비용이다. 따라서 과세후 이익계획을 수립하려면 법인세의 효과를 고려해야 한다. 과세후 순이익은 과세전 순이익에 법인세를 차감시킨 금액인데 법인세는 과세전 순이익에 법인세율을 곱하여 결정된다. 따라서 다음 등식이 성립된다.

$$\pi' = \pi - t\pi = \pi(1-t) \tag{10-7}$$

여기서 π'＝과세후 순이익
t＝법인세율
π＝과세전 순이익

위의 등식 (**10-7**)에서 π에 대해 묶으면 아래 등식 (**10-8**)이 나온다. 즉 과세후 순이익이 결정되었을 때 과세전 순이익은 등식 (**10-8**)과 같다

$$\pi = \frac{\pi'}{1-t} \tag{10-8}$$

등식 (**10-8**)에서 과세전 순이익은 과세후 순이익을 1에서 법인세율을 차감한 것으로 나누어서 결정됨을 알 수 있다. 등식 (**10-8**)을 등식 (**10-6**)에 대입하면 다음과 같다.

$$x = \frac{a + \left(\frac{\pi'}{1-t}\right)}{p-b} \tag{10-9}$$

등식 (**10-9**)는 목표이익이 과세후 순이익으로 설정된 경우 이러한 목표이익을

달성하기 위해 몇 단위를 생산판매해야 하는지를 계산해 준다.

예제 4 목표 과세후 순이익의 달성

태진사는 세후순이익 ₩1,800을 목표이익으로 설정하고 있다. 단위당 판매가격이 ₩10, 단위당 변동원가가 ₩6, 총고정원가가 ₩10,000, 그리고 법인세율이 40%이다.

요구사항

1. 목표이익을 달성하기 위해 몇 단위를 생산판매하여야 하는가?

2. 목표이익을 달성하기 위한 매출액은 얼마인가?

해답

1. 위의 정보를 등식 (**10-9**)에 대입하면 다음과 같다.

$$x = \frac{₩10,000 + \left(\frac{₩1,800}{1-0.4}\right)}{₩10 - ₩6}$$

$$= \frac{₩10,000 + ₩3,000}{₩4} = \frac{₩13,000}{₩4}$$

$$= 3,250\text{단위}$$

위에서 세후순이익 ₩1,800은 법인세율이 40%일 경우 세전순이익으로 환산하면 ₩3,000이다.

한편, **예제 1**에서 설명했듯이 기본개념만 이용하여 다음과 같이 산정할 수도 있다.

$$(\text{공헌이익} - \text{고정원가}) \times (1 - t) = \text{세후이익}$$

$$(4x - 10,000) \times (1 - 0.4) = 1,800$$

$$\therefore \ x = 3,250$$

2. 목표이익을 달성하기 위한 매출액은 다음과 같은 방법으로 산정할 수 있다.

- 1법: 목표이익을 달성하기 위한 수량을 구한 후에 이를 매출액으로 환산한다.

$$3,250\text{단위} \times ₩10 = ₩32,500$$

- 2법: 매출액에 대하여 공헌이익이 차지하는 비율이 공헌이익률이므로 이를 이용하여 다음과 같이 산정한다. 예제의 공헌이익률은 '(10-6)÷10=40%'이다.

$$(\text{공헌이익} - \text{고정원가}) \times (1 - t) = \text{세후이익}$$

$$(\text{매출액} \times \text{공헌이익률} - \text{고정원가}) \times (1 - t) = \text{세후이익}$$

$$(s \times 0.4 - 10{,}000) \times (1 - 0.4) = 1{,}800$$
$$\therefore\ s = 32{,}500$$

☞ 2법을 매출액에 대하여 정리하여 목표이익을 달성하기 위한 매출액을 직접 구하는 공식을 만들 수 있으나 공식보다는 기본개념을 중심으로 이해하는 것이 중요하다.

(6) 원가구조와 영업레버리지

① **원가구조** 원가구조(cost structure)란 한 조직에서 고정원가와 변동원가의 관계를 나타내 주는 용어이다. 원가구조는 이익계획수립에 영향을 미친다. 아래 두 기업은 매출액과 이익이 서로 같지만 원가구조가 다르다.

	W기업	E기업
판 매 량	1,000단위	1,000단위
매 출	₩100,000	₩100,000
변동원가	(30,000)	(70,000)
공헌이익	70,000	30,000
고정원가	(60,000)	(20,000)
순 이 익	₩10,000	₩10,000

W기업은 상대적으로 고정원가는 많고 변동원가는 적다. 만약 매출액이 증가한다면 W기업의 이익이 E기업보다 커지고, 반대로 매출액이 감소한다면 E기업의 이익이 더 느리게 줄어들어 W기업의 이익보다 크게 나타날 것이다.

② **영업레버리지** 지렛대(레버리지)를 이용하면 작은 힘으로 큰 물체를 이동시킬 수 있다. 기업에서 레버리지는 매출이나 자산의 조그만 증가로 어떻게 많은 이익을 증가시킬 수 있는지를 설명한다. 경영자가 이용할 수 있는 레버리지의 한 유형으로 영업레버리지가 있다. 영업레버리지(operating leverage)는 조직에서 사용하고 있는 고정원가 크기에 대한 측정치이다. 고정원가가 크고 변동원가가 작다면(W기업), 영업레버리지는 크다. 영업레버리지가 크면 이익은 매출의 변화에 보다 민감한 반응을 보인다. 앞의 예에서 매출액이 20% 증가하였다면 두 기업의 손익계산서는 다음과 같이 나타날 것이다.

	W기업	E기업
매 출	₩120,000	₩120,000
변동원가	(36,000)	(84,000)
공헌이익	84,000	36,000
고정원가	(60,000)	(20,000)
순 이 익	₩24,000	₩16,000

영업레버리지의 측정치를 **영업레버리지도**(degree of operating leverage)라 한다. 영업레버리지도는 공헌이익을 순이익으로 나눈 값이다.

$$영업레버리지도 = \frac{공헌이익}{순이익}$$

앞에서 매출이 ₩100,000이고 순이익이 ₩10,000일 때의 W기업과 E기업의 영업레버리지도는 각각 7(₩70,000/₩10,000)과 3(₩30,000/₩10,000)이었다. 영업레버리지도를 사용하여 순이익의 증가율을 산정하는 공식은 다음과 같다.

$$순이익의\ 증가율 = 영업레버리지도 \times 매출액의\ 증가율$$

이 공식에 W기업과 E기업의 자료를 대입하여 각 기업의 순이익의 증가율을 구해보자.

$$W기업의\ 순이익\ 증가율 = 7 \times 20\% = 140\%$$
$$E기업의\ 순이익\ 증가율 = 3 \times 20\% = 60\%$$

따라서 매출신장률이 20%일 때 W기업의 순이익은 ₩10,000에서 140%가 신장하여 ₩24,000이 되었고, E기업의 순이익은 ₩10,000에서 60%가 신장하여 ₩16,000이 된 것이다. 이와 같이 영업레버리지가 크면 클수록 이익증가율이 매출증가율에 보다 큰 반응을 보이는 것을 알 수 있다.

4 가 정

모형은 현실을 의미있게 단순화시킨 것이기 때문에 가정이 따른다. 회계학적 CVP 모형도 몇 가지 중요한 가정에 기초하고 있다. 주요 CVP 가정을 나열해 보면 다음과 같다.

- 모형에서의 원가·조업도·이익관계는 관련범위 내에서 유효하다. 따라서 조업수준이 관련범위를 벗어난다면 회계학적 CVP 모형은 의미를 잃고 말 것이다.
- 관련범위 내에서 원가의 행태는 선형적이다. **제14장**에서 설명될 학습곡선현상이 나타나면 원가행태는 선형적이지 않다. 따라서 원가의 비선형성이 뚜렷한 환경에선 회계학적 CVP 모형은 이를 감안하여 적절하게 수정되어져야 한다.
- 모든 원가는 고정원가와 변동원가로 구분된다. 혼합원가도 **제9장**의 원가행태 분석기법을 사용하면 고정원가와 변동원가로 구분될 수 있다.
- 총원가에 영향을 미치는 요인은 단지 조업도뿐이다. 따라서 총고정원가와 단위당 변동원가가 변하지 않는다면 조업도 외에 총원가에 영향을 미치는 요인은 없다고 간주한다. CVP 분석이 적용되는 기간이 단기적이기 때문에 기술수준의 변화, 조업능력의 변화 등은 없는 것으로 가정한다.
- 판매수량이 늘어나도 단위당 판매가격은 변하지 않는다. 경제학적 CVP 모형과는 달리 회계학적 CVP 모형에서는 판매가격은 일정한 것으로 가정한다.
- 수익에 영향을 미치는 요인은 조업도뿐이다. 실제로는 여러 가지 요인이 수익에 영향을 미치나 이 모형에서는 단지 조업도만 영향을 미친다고 가정한다.
- 단일제품만을 생산판매한다. 여러 제품을 생산하는 경우에는 판매믹스가 일정한 것으로 가정한다. 여러 제품의 CVP 분석은 다음 절에서 설명될 것이다.
- 기간이 단기이므로 화폐의 시간가치는 무시된다.
- 재고수준이 일정하다. 다시 말해 판매량과 생산량이 같은 것으로 가정한다. 따라서 기본 CVP 모형에서 조업도는 생산량임과 동시에 판매량임을 의미한다. 생산량과 판매량이 차이가 날 경우의 CVP 분석에 대해서는 편의상 **제11장** 변동원가계산과 전부원가계산에서 설명될 것이다.

제2절 기본 CVP 모형의 확장

기본모형은 현실세계와는 달리 많은 가정을 하고 있다. 이번 절에서는 기본모형의 가정을 완화한 확장모형에 대하여 설명하고자 한다. 확장모형에서 다음과 같은 것이 있는데 이 중 전부원가계산계산하의 CVP분석은 **제11장**에서 설명하도록 하고 이하에서는 나머지 세 가지에 대하여 설명하고자 한다.

- 발생주의를 완화한 현금흐름분기점 분석
- 단일제품의 가정을 완화한 다수제품의 CVP분석
- 선형함수의 가정을 완화한 비선형함수의 CVP분석
- 생산량과 판매량이 같다는 가정을 완화한 전부원가계산하의 CVP분석

1 현금흐름분기점 분석

(1) 현금흐름분기점

가용 현금에 제약을 받고 있는 기업의 경영자들은 현금흐름분기점에 대해 관심을 가질 것이다. **현금흐름분기점**(cash breakeven point)은 운영 현금수입과 운영 현금지출을 같게 만드는 판매량 또는 수익이다. 감가상각비 같은 비현금 지출원가가 있기 때문에 현금지출 고정원가는 총고정원가보다 작아진다. 따라서 손익분기점보다 현금흐름분기점은 낮아진다. 매출액만큼 현금유입이 있고, 변동원가와 현금지출 고정원가만큼 현금유출이 있으므로 법인세를 무시하는 경우 현금흐름분기점은 다음과 같이 계산된다.

$$px = bx + (a - d) \qquad (10\text{-}10)$$
$$(p - b)x = (a - d)$$
$$X_{현금} = \frac{a - d}{p - b}$$

여기서 $X_{현금}$=현금흐름분기점
d=고정원가에 포함된 비현금지출원가

예제 5 현금흐름분기점

앞의 **예제 1**에서 총고정원가 ₩10,000 가운데 ₩2,000이 비현금 지출원가라 하자. 단위당 판매가격은 ₩10, 단위당 변동원가는 ₩6이다.

요구사항

현금흐름분기점 판매수량을 계산하시오.

해답

$$X_{현금} = \frac{₩10,000 - ₩2,000}{₩10 - ₩6} = \frac{₩8,000}{₩4} = 2,000단위$$

이는 다음과 같은 과정을 통하여 산출된 것이다.

현금유입: $10x$

현금유출: $6x + 8{,}000$

$\therefore\ 10x - 6x - 8{,}000 = 0$

$\therefore\ x = 2{,}000$

예제 1에서 손익분기점은 2,500단위이었으나 현금흐름분기점은 그보다 작은 2,000단위이다.

(2) 법인세비용을 고려한 현금흐름분기점

손익분기점에서는 법인세비용이 발생하지 않기 때문에 법인세비용은 손익분기점에 영향을 주지 않는다. 그러나 법인세비용은 원가행태에 영향을 주기 때문에 이익계획 수립에 영향을 준다. 기본모형에서 원가함수는 다음과 같다.

$$TC = a + bx$$

여기에 법인세비용을 고려하면 원가함수는 다음과 같이 된다.

$$TC = a + bx + \text{법인세비용}$$

그런데 법인세는 법인세비용차감전 순이익에서 법인세율을 곱하여 다음과 같이 산정된다.

$$\text{법인세비용} = t[(p-b)x - a]$$

따라서 법인세비용을 고려한 원가함수는 다음과 같다.

$$\begin{aligned} TC &= a + bx + t[(p-b)x - a] \\ &= a + bx + t(p-b)x - ta \\ &= a(1-t) + [b + t(p-b)]x \end{aligned}$$

그러므로 법인세를 고려한 손익분기점은 다음과 같이 계산된다.

$$\begin{aligned} \text{총수익} &= \text{총원가} \\ px &= a(1-t) + [b + t(p-b)]x \\ [(p-b) - t(p-b)]x &= a(1-t) \end{aligned}$$

$$x=\frac{a(1-t)}{(p-b)-t(p-b)}=\frac{a(1-t)}{(1-t)(p-b)}=\frac{a}{p-b}$$

이는 법인세비용을 고려하지 않았을 경우의 손익분기점과 같은 것이다. 이와는 달리 법인세비용을 고려한 현금흐름분기점은 법인세비용을 고려치 않은 현금흐름분기점과는 다르게 나타나는데 다음과 같이 산정된다.

$$\text{현금유입}=\text{현금유출} \tag{10-11}$$

$$px=a+bx+t[(p-b)x-a]-d$$

여기서 $a+bx$ = 법인세비용을 고려하지 않은 총원가
$t[(p-b)x-a]$ = 법인세비용
d = 고정원가에 포함된 비현금지출원가

$$px-bx-t(p-b)x=a-ta-d$$
$$(1-t)(p-b)x=(1-t)a-d$$
$$x_{\text{현금}}=\frac{(1-t)a-d}{(1-t)(p-b)}$$

예제 6 법인세비용을 고려한 현금흐름분기점

앞의 **예제 5**와 마찬가지로 단위당 판매가격은 ₩10, 단위당 변동원가는 ₩6, 그리고 총고정원가 ₩10,000 가운데 ₩2,000은 비현금지출원가라 하자.

요구사항

법인세율이 40%라면 이때 법인세비용을 고려한 현금흐름분기점 판매수량은 몇 단위인가?

해답

법인세비용을 고려한 현금흐름분기점은 등식 (**10-11**)을 이용하여 아래처럼 계산한다.

$$x_{\text{현금}}=\frac{(1-0.4)\text{₩}10{,}000-\text{₩}2{,}000}{(1-0.4)(\text{₩}10-\text{₩}6)}$$
$$=\frac{\text{₩}6{,}000-\text{₩}2{,}000}{\text{₩}2.4}=\frac{\text{₩}4{,}000}{\text{₩}2.4}$$
$$=1{,}667\text{단위}$$

이는 다음과 같은 과정을 통하여 산출된 것이다.

현금유입: $10x$

현금유출: $6x + 8{,}000 + (10x - 6x - 10{,}000) \times 0.4$

$$\therefore\ (10x - 6x - 10{,}000) \times (1 - 0.4) + 2{,}000 = 0$$

$$\therefore\ x = 1{,}667$$

예제 5에서 법인세비용을 고려하지 않았을 경우 현금흐름분기점은 2,000단위이었으나 법인세비용을 고려하는 경우에 현금흐름분기점은 1,667단위이다. 여기서 구한 현금흐름분기점은 다음과 같이 검증된다.

매출(1,667단위×₩10)		₩16,667
원가:		
변동원가(1,667단위 × ₩6)	₩10,000	
고정원가	10,000	20,000
법인세비용 환급전 손실		(₩3,333)
법인세비용 환급(₩3,333 × 0.4)		1,333
법인세비용 환급후 손실		(₩2,000)
가산: 비현금지출원가		2,000
현금 증감액		₩0

참고로 법인세효과에 대해서는 실무와 학문의 세계가 반드시 일치하는 것은 아니다. 실무에서는 국가의 정책에 따라 손실이 발생한 경우에 이를 이월하여 이후에 납부할 법인세에서 차감할 수도 있고, 또는 손실이 발생한 회계연도에 환급할 수도 있다. 그러나 이는 국가 정책에 따라 변하는 것이므로 학문이 세계에서는 일관성 있는 적용을 위하여 이익이 발생하면 그에 대한 법인세를 납부하고, 손실이 발생하면 그에 대한 법인세효과만큼을 환급받는 것으로 가정한다.

2 다수제품 CVP 분석

지금까지 우리는 오직 한 가지 제품을 대상으로 한 CVP 분석에 대하여 살펴보았다. 그러나 기업은 여러 제품을 생산 판매하므로 다수제품에 대한 CVP 분석을 이해할 필요가 있다. 다수제품에 대한 CVP 분석은 판매믹스에 대한 가정과 추가계산과정이 요구된다. 이하에서는 태진사의 자료를 통하여 다수제품의 손익분기점에 대하여 설명하고자 한다.

자료1

태진사는 A, B, C 세 제품을 생산 판매하는데 예상자료는 다음과 같다.

	제품 A	제품 B	제품 C	총 계
예상 판매량	2,000	3,000	5,000	10,000
단위당 판매가격	₩50	₩25	₩40	
단위당 변동원가	30	20	28	
총고정원가				₩805,000

위의 자료에 의하면 판매믹스는 다음과 같다. 모두 10단위의 제품이 판매되면 그중 2단위는 A제품이고, 3단위는 B제품이며, 나머지 5단위는 C제품이다. 판매믹스를 매출액으로 표시하면, A제품이 ₩100(₩50×2) 판매될 때, B제품은 ₩75(₩25×3) 판매되며, C제품은 ₩200(₩40×5) 판매된다. 즉 ₩375의 매출이 이루어지면 A제품이 ₩100어치, B제품이 ₩75 그리고 C제품은 ₩200 판매된다. 각 제품별 공헌이익률과 매출액비율을 나타내면 다음과 같다.

	제품 A	제품 B	제품 C
단위당 공헌이익	₩20	₩5	₩12
공헌이익률	40%	20%	30%
매출수량비율	2	3	5
매출액비율	100/375	75/375	200/375

다수제품 상황에서 손익분기점을 산출하는 방법은 패키지법과 가중평균공헌이익률법 두 가지가 있다.

(1) 패키지법

패키지법(package method)에서는 판매믹스를 반영하여 여러 개별제품을 패키지(set)로 묶어서 몇 패키지가 판매되어야 손익분기점에 도달하는지를 구한다. 위의 자료에서 수량기준 판매믹스는 A : B : C = 2 : 3 : 5이며, 이는 특별한 가정이 없는 한 변하지 않으므로 A제품 2단위, B제품 3단위, 그리고 C제품 5단위를 하나의 패키지로 묶어 판매한다고 가정하고 손익분기점을 구하면 된다. 패키지당 공헌이익은 다음과 같이 산정할 수 있다.

$$\text{패키지당 공헌이익} = 2 \times ₩20 + 3 \times ₩5 + 5 \times ₩12$$
$$= ₩40 + ₩15 + ₩60 = ₩115$$

즉 A제품 2단위, B제품 3단위, 그리고 C제품 5단위로 구성된 하나의 패키지를 판매하면 공헌이익은 ₩115이 된다. 손익분기점에 도달하기 위한 패키지수량은 다음과 같이 구할 수 있다.

$$\text{손익분기점 패키지수량} = \frac{₩805,000}{₩115} = 7,000\text{패키지}$$

7,000패키지 속에는 각각 A제품 14,000단위, B제품 21,000단위, 그리고 C제품 35,000단위가 들어 있다. 따라서 각각 A제품 14,000단위, B제품 21,000단위, 그리고 C제품 35,000단위를 판매하면 손익분기점에 도달된다.

이상의 풀이과정은 기본모형에서의 풀이과정과 동일하다. 다만 단일 제품이 아니므로 패키지(set)당 공헌이익을 구하여 손익분기점 패키지수량을 구한 후에 패키지수량을 이를 구성하고 있는 각 제품 수량으로 환산한다는 것이 다르다.

(2) 가중평균 공헌이익률법

가중평균 공헌이익률법(weighted average contribution margin ratio method)에서는 매출액기준 판매믹스비율을 반영한 가중평균 공헌이익률을 산정한 후 고정원가를 가중평균 공헌이익률로 나누면 손익분기점 매출액이 산정된다. 가중평균 공헌이익률은 각 제품별 공헌이익률에 매출액비율을 곱하여 합계를 내어 계산한다. 앞의 태진사 자료에서 가중평균 공헌이익률을 구하면 다음과 같다.

$$\text{가중평균 공헌이익률} = \text{A제품 매출액비율} \times \text{A제품 공헌이익률}$$
$$+ \text{B제품 매출액비율} \times \text{B제품 공헌이익률}$$
$$+ \text{C제품 매출액비율} \times \text{C제품 공헌이익률}$$
$$= 100/375(40\%) + 75/375(20\%) + 200/375(30\%) = 30.67\%$$

즉 개별공헌이익률이 각각 40%, 20%, 30%인 제품을 태진사의 판매믹스에 따라 판매하면 가중평균 공헌이익률 30.67%가 된다. 따라서 손익분기점 매출액은 고정원가 ₩805,000을 가중평균 공헌이익률 30.67%로 나누면 산정된다.

$$손익분기점\ 매출액 = \frac{₩805,000}{30.67\%} = ₩2,625,000$$

제품별 매출액비율은 A : B : C = 100/375 : 75/375 : 200/375이므로 ₩2,625,000의 손익분기점 매출액은 각각 A제품이 ₩700,000(₩2,625,000 × 100/375), B제품이 ₩525,000(₩2,625,000×75/375), 그리고 C제품 매출액이 ₩1,400,000(₩2,625,000 × 200/375)으로 구성된다. 한편, 각 제품의 매출액을 수량으로 환산하면 A제품이 14,000단위 (₩700,000 ÷ 50), B제품이 21,000단위(₩525,000 ÷ 25), 그리고 C제품이 35,000단위(₩1,400,000 ÷ 50)가 되어 패키지법으로 풀이한 것과 같은 결과가 된다.

이상의 풀이과정은 기본모형에서의 풀이과정과 동일하다. 한 가지 차이점이 있다면 단일 제품이 아니므로 가중평균 공헌이익률을 구하여 손익분기점 매출액을 구한 후에 이를 각 제품매출액으로 배분한다는 것이다.

다수의 제품을 판매하는 경우 손익분기점 매출액은 판매믹스에 영향을 받는다. 즉 상대적으로 공헌이익률이 큰 제품의 판매비율이 커지면 손익분기점 매출액은 낮아지며 반대로 공헌이익률이 작은 제품의 판매비율이 커지면 손익분기점 매출액은 높아진다.

(3) 제품믹스 의사결정

기업이 여러 제품을 생산하는 경우 어느 제품 생산을 늘릴지 결정해야 할 때가 있다. 여유조업능력을 지니고 있다면 판매할 수 있는 만큼 생산하면 되지만, 기업은 통상 조업능력의 한계를 갖고 있다. 제약요소가 하나라면 기업은 제약요소 한 단위당 공헌이익을 극대화시킬 수 있는 제품의 생산을 늘려야 한다.

예제 7 제품믹스 의사결정

태진사는 A, B, C 세 종류의 제품을 생산·판매하는데 제품별 단위당 공헌이익과 기계사용시간은 다음과 같다.

	제 품		
	A	B	C
단위당 공헌이익	₩20	₩5	₩12
단위당 기계시간	5시간	1시간	4시간

요구사항

가용 기계시간이 한정적일 경우 태진사는 어느 제품의 생산·판매에 주력해야 하겠는가?

해답

만약에 가용 기계시간이 제약요소가 되지 않는다면, 태진사는 단위당 공헌이익이 가장 큰 A제품부터 생산·판매하는 것이 합리적이다. 그러나 가용 기계시간이 한정적인 경우라면 기계시간 한 시간당 공헌이익이 큰 제품을 먼저 생산·판매하여야 한다. 이 경우 각 제품별 기계시간당 공헌이익은 다음과 같다.

A 제품: ₩20/5시간 = ₩4/시간
B 제품: ₩ 5/1시간 = ₩5/시간
C 제품: ₩12/4시간 = ₩3/시간

따라서 기계시간이 제약요소인 경우 태진사는 제약요소 한 단위당 공헌이익이 가장 큰 B제품의 생산 판매에 역점을 두는 것이 합리적인 의사결정이다.

제약요소가 여러 개인 경우에 어느 제품을 얼마만큼 생산하는 것이 합리적인가를 결정하려면 선형계획법을 이용해야 하는데 선형계획법에 관해서는 **제14장**에서 설명될 것이다.

3 비선형함수의 CVP 분석

기본모형에서는 수익(px)과 원가($a+bx$)를 선형이라 가정하였다. 그러나 현실적으로 판매가격, 단위당 변동원가 및 고정원가는 조업도에 따라 변동할 수도 있다. 예를 들어 수요증가로 인하여 일정 판매량을 벗어나면 단위당 판매가격이 증가할 수 있고, 일정 조업도 수준을 벗어나면 감독자를 추가 고용하거나 설비의 구입으로 인하여 고정원가가 증가할 수도 있다. 이와 같은 현실을 고려하여 이하에서는 단위당 판매가격, 단위당 변동원가 및 고정원가가 조업도 구간별로 변동하는 경우(비선형함수)의 CVP 분석에 대하여 설명하고자 한다.

비선형함수에 대한 일반적인 CVP 분석 절차는 다음과 같다.

- 선형이 될 수 있도록 구간을 세분한다.
- 구간 내에서 CVP 분석을 하여 원하는 해를 구한다.
- 각 구간 내에서 구한 해가 참값인지 확인한다.

먼저 단위당 판매가격, 단위당 변동원가 및 고정원가 중 하나라도 달라지면 구간을 세분한다. 왜냐하면 이렇게 구간을 세분하면 세분된 구간 내에서는 수익과 원가가 선형을 유지하므로 기본모형과 같은 방법으로 접근하여 CVP 분석을 할 수 있기 때문이다. 그리고 두 번째로 세분된 구간 내에서 CVP 분석을 하여 구하고자 하는 해를 구한다. 마지막으로 각 구간에서 구한 해가 그 구간에 실제로 존재하는 참값인지를 확인한다.

비선형함수에 대해 CVP 분석을 하면 상황에 따라 손익분기점이 하나일 수도 있고, 여러 개일 수도 있으며 경우에 따라서는 없을 수도 있다. 따라서 반드시 전체 구간에 대하여 확인할 필요가 있다. 비선형함수는 크게 고정원가가 구간별로 변동하는 경우와 단위당 공헌이익이 구간별로 변동되는 경우로 나눌 수 있다. 여기서 단위당 공헌이익이 변동하는 경우란 단위당 판매가격이나 단위당 변동원가가 변동되는 경우를 말한다. 이하에서는 예세를 통하여 설명하고자 한다.

예제 8 고정원가가 변동하는 경우 CVP 분석

(주)태진은 단위당 판매가격이 ₩50이고, 단위당 변동원가가 ₩30인 제품을 생산, 판매하고 있다. 최대조업도는 12,000개이고, 연간 고정원가는 조업도에 따라 다음과 같이 달라진다.

조업도	고정원가
1~4,000단위	₩90,000
4,001~8,000단위	100,000
8,001~12,000단위	170,000

요구사항

손익분기점 판매수량을 구하시오.

해답

조업도	BEP(Q)	적합 여부
1 ~ 4,000단위	$20x - 90,000 = 0 \quad \therefore\ x = 4,500$개	×
4,001 ~ 8,000단위	$20x - 100,000 = 0 \quad \therefore\ x = 5,000$개	○
8,001 ~ 12,000단위	$20x - 170,000 = 0 \quad \therefore\ x = 8,500$개	○

∴ 손익분기점 판매수량은 5,000개 또는 8,500개이다.

그림 **10-5** 구간별로 총고정원가가 변하는 경우의 CVP 그래프

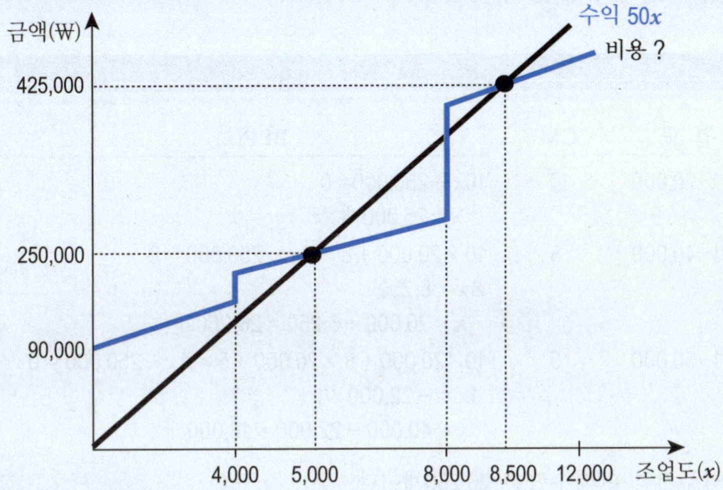

단위당 판매가격과 단위당 변동원가가 변동하지 않고 고정원가만 구간별로 변동하는 경우이므로, 고정원가 변동을 기준으로 구간을 세분한 다음 각 구간별로 CVP분석을 하여 각 구간에서 구한 해가 참값인지를 확인한다. 구간별로 공헌이익이 변동하지 않는 경우 기본 모형과 동일한 방법으로 풀이하면 된다.

최초 구간의 4,500개는 해당 구간에 존재하지 않는다. 4,500개를 판매해야 손익분기점에 도달할 수 있는데 최초 구간에서는 4,000개까지만 판매할 수 없다. 따라서 첫 번째 구간에서는 손실만 발생하며 손익분기점은 존재하지 않는다.

위에서 분석한 내용을 CVP 그래프로 나타내면 **그림 10-5**와 같다.

예제 9 단위당 공헌이익이 변동하는 경우 CVP 분석

(주)태진은 단일제품을 단위당 ₩20에 판매하고 있으며, 연간 고정원가는 ₩250,000이다. 단위당 변동원가는 조업구간별로 다음과 같이 추정되며, 최대조업도는 50,000단위이다.

조업도	단위당 변동비
1~20,000단위	₩10
20,001~40,000단위	12
40,001~50,000단위	15

요구사항

손익분기점 판매수량을 구하시오.

해답

조 업 도	CM	BEP(x)	적합 여부
1~20,000	10	$10x-250,000=0$ $x=25,000$개	×
20,001~40,000	8	$10\times20,000+8\times\Delta x-250,000=0$ $\Delta x=6,250$ $x=20,000+6,250=26,250$개	○
40,001~50,000	5	$10\times20,000+8\times20,000+5\times\Delta x-250,000=0$ $\Delta x=-22,000$ $x=40,000-22,000=18,000$개	×

∴ 손익분기점 판매수량은 26,250개이다.

예제 9는 고정원가와 단위당 판매가격은 일정하나 단위당 변동원가가 조업 구간별로 변동하여 구간별로 단위당 공헌이익이 변하는 경우이다. 따라서 변동 원가의 변동을 기준으로 구간을 세분한다. 그리고 각 구간별로 CVP분석을 하고 나서 각 구간에서 구한 해가 참값인지를 확인한다.

첫 번째 구간에서 구한 25,000개는 해당 구간에 존재하지 않는다. 첫 번째 구간에서는 최대 20,000개까지 판매할 수 있으므로 첫 번째 구간에서는 손실만 발생한다. 한편, 세 번째 구간에서 구한 18,000개도 해당 구간에 존재하지 않으므로 세 번째 구간에도 손익분기점 수량이 존재하지 않는다. 하지만 세 번째 구간에서 손익분기점 수량이 존재하지 않는 이유는 손실이 발생하기 때문이 아니라 세 번째 구간 내에서는 이익만 발생하기 때문이다. 즉, 세 번째 구간에서는 최소 40,001개를 판매할 수 있는데 40,001개만 판매해도 다음과 같이 이익이 발생하므로 이 구간에서는 손익분기점 수량이 없다.

40,001개 판매: $10\times20,000+8\times20,000+5\times1-250,000=$ ₩110,005

예제 9에서는 구간별로 공헌이익이 변동하는 것에 주의하여야 한다. 두 번째 구간의 경우 이미 20,000개가 판매된 상황을 전제로 하므로 이미 공헌이익 ₩200,000이 확보되어 있다. 따라서 이번 구간에서는 단위당 공헌이익이 ₩8인

그림 **10-6** 구간별로 단위당 공헌이익이 변하는 경우의 CVP 그래프

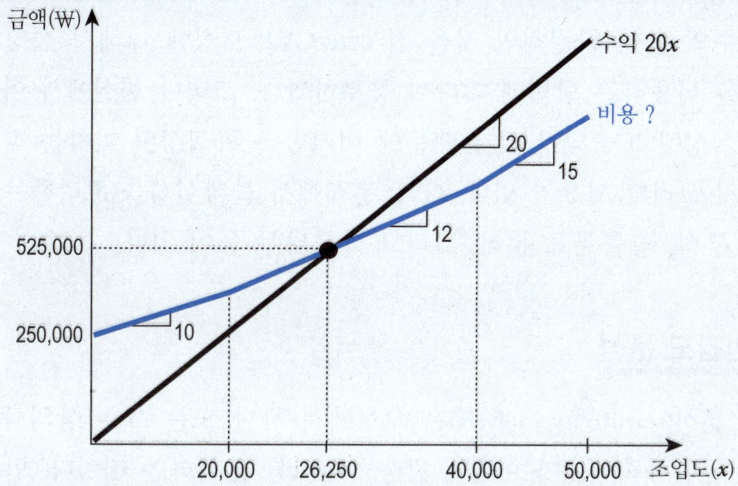

제품을 추가로 6,250개 판매하면 손익분기점에 도달하게 된다. 두 번째 구간에서 구한 해는 다음과 같이 구할 수 있다.

$$8x - 250{,}000 + (10 - 8) \times 20{,}000 = 0$$
$$\therefore\ x = 26{,}250\text{개}$$

위에서 분석한 내용을 CVP 그래프로 나타내면 **그림 10-6**과 같다.

제3절 불확실성하에서의 CVP 분석

기본 CVP 모형에서 이익은 다음과 같이 결정된다.

$$\pi = (p - b)x - a$$

여기서 π= 이익
p= 단위당 판매가격
b= 단위당 변동원가
a= 고정원가
x= 생산판매량

즉 기본 CVP 모형에서 이익에 영향을 미치는 변수는 단위당 판매가격, 단위당 변동원가, 고정원가, 그리고 생산판매량이다. 지금까지 우리는 이익에 영향을 미치는 변수의 값이 확정적인 것을 전제로 CVP 모형에 대해서 설명하고 또한 CVP 모형을 이용하는 방법에 대하여 공부하였다. 그러나 현실에서 이러한 변수들은 불확실성에 노출되어 있기 때문에 이러한 불확실성이 미치는 잠재적인 영향에 대해서 고려할 필요가 있다. CVP 분석에서 불확실성을 고려하는 방법으로는 민감도 분석, 확률분표 분석, 그리고 확률나무 등이 있다.

1 민감도 분석

민감도 분석(sensitivity analysis)은 모형에서 하나 또는 그 이상의 독립변수가 변화함에 따라 종속변수가 어떻게 반응하는지를 분석하는 것이다. 만약에 독립변수의 변화에 대해 종속변수가 민감하게 반응한다면 그 독립변수는 민감도가 높기 때문에 그 값을 예측하는 데 세심한 주의가 요구된다. CVP 분석에서 민감도 분석의 개념을 적용하여 다음과 같은 질문을 던질 수 있다.

- 단위당 판매가격이 ₩10 인상된다면 이익은 어떻게 변할까?
- 원재료 가격이 10% 인하된다면 이익은 어떻게 변할까?
- 광고비 예산이 40% 증액되고 이에 따라 생산판매량이 10% 늘어난다면 이익은 또한 어떻게 변할까?

이러한 질문에 대답하기 위해서 경영자들은 불확실성이 미치는 잠재적 영향을 파악해야 한다. 그리고 종속변수에 가장 큰 영향을 줄 수 있는 민감한 변수의 예측에 대해 세심한 주의를 기울여야 한다. 민감도 분석은 유용한 도구이지만 나타날 수 있는 변화에 대한 확률을 명시적으로 고려하지 않는 한계를 지니고 있다. 즉 독립변수의 변화에 대해 확률로 표시하지 못한다는 한계가 있다.

2 확률분포를 이용한 분석

이하에서는 판매량이나 매출액에 대하여 특정한 확률분포가 주어졌다는 가정하에 확률적인 계산을 통하여 CVP 분석하는 것에 대하여 설명하고자 한다. 확률분포는 여러 가지가 있으나 개념적인 이해를 돕기 위하여 이산분포, 균등분포 및 정규분포를 가정하여 설명하고자 한다.

(1) 이산분포

이산분포(discrete distribution)란 독립변수와 독립변수의 확률 값이 연속성을 지니지 못하고 특정 값으로 존재하는 경우의 확률분포이다. 독립변수가 특정 값을 갖게 될 확률을 이용하여 독립변수(판매량)의 기댓값과 종속변수(이익)의 기댓값을 산정할 수 있다.

예제 10 이산분포

한국회사는 제품 A를 현재의 생산라인에 추가하려고 한다. 제품 A의 판매가격은 ₩10으로 예측되며, 연간 고정원가는 ₩100,000, 단위당 변동원가는 ₩6이 발생할 것으로 추정된다. 그리고 2011년의 제품 A에 대한 판매량과 그 확률분포는 다음과 같을 것으로 추정된다.

판매량	확 률
10,000단위	0.1
20,000	0.2
30,000	0.4
40,000	0.2
50,000	0.1

요구사항

1. 2011년의 기대판매량은 얼마인가?
2. 2011년의 기대이익은 얼마인가?
3. 손익분기점 판매수량 이상 판매할 확률은 얼마인가?

해답

1. 판매수량에 대한 이산확률분포가 제시되어 있으므로 각 판매수량에 확률을 적용하여 다음과 같이 기대판매량[$E(x)$]을 산정할 수 있다.

$$E(x) = 10{,}000 \times 0.1 + 20{,}000 \times 0.2 + 30{,}000 \times 0.4 + 40{,}000 \times 0.2 + 50{,}000 \times 0.1$$
$$= 30{,}000\text{단위}$$

2. 기대이익을 구하는 방법은 두 가지가 있다. 첫째, 각 판매량에 대한 이익을 구한 후에 각 이익에 대하여 확률을 적용하여 이익의 기댓값을 구하는 것이다. 둘째, 판매량만 확률분포로 주어져 있으므로 판매량의 기댓값을 구하여 이를 적용하여 기대이익

$[E(\pi)]$을 산정하는 것이다. 두 번째 방법에 의해 기대이익을 산정하면 다음과 같다.

$$E(\pi) = (p-b) \times E(x) - a$$
$$= (10-6) \times 30{,}000 - 100{,}000$$
$$= ₩20{,}000$$

3. 확률분포가 수량으로 제시되어 있으므로 손익분기점 판매수량을 산정한 후에 이를 요구사항에 맞추어 확률로 바꾸면 된다.

$$x = \frac{100{,}000}{10-6} = 25{,}000\text{단위}$$

손익분기점 판매량이 25,000단위이므로 손익분기점 이상 판매될 수량은 30,000단위, 40,000단위 및 50,000단위이고 이 같이 판매될 확률이 각각 40%, 20% 및 10%이므로 결국 손익분기점 이상 판매될 확률은 70% 이다.

(2) 균등분포

균등분포(uniform distribution)는 일정한 구간 내에서 확률변수 x가 갖는 확률값이 모두 균등한 연속확률분포를 말한다. 이를 그림으로 나타내면 **그림 10-7**과 같다. 전체 확률의 합(직사각형의 넓이)이 1이므로 직사각형의 높이는 $\frac{1}{b-a}$이다. 여기서 우리가 구하고자 하는 것은 전체 면적 $(b-a)\times\frac{1}{b-a}$에서 원하는 구간의 면적 $(x_2-x_1)\times\frac{1}{b-a}$이 차지하는 비율, 즉 확률이다.

그림 **10-7** 균등분포

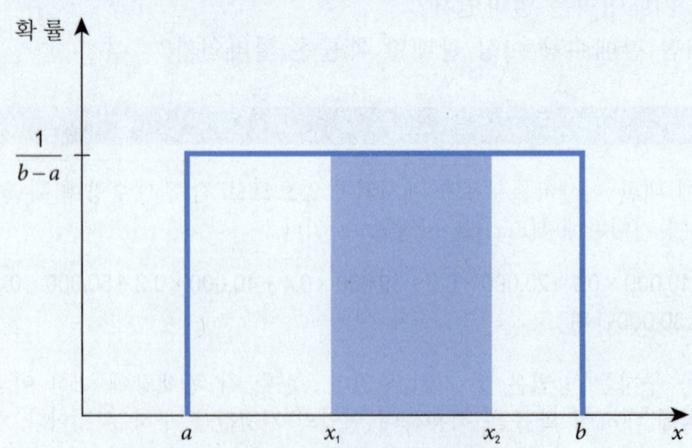

예제 11 균등분포

한국회사는 제품 A를 현재의 생산라인에 추가하려고 한다. 제품A의 판매가격은 ₩10으로 예측되며, 연간 고정원가는 ₩100,000, 단위당 변동원가는 ₩6이 발생할 것으로 추정된다. 연간 판매량의 확률분포는 5,000단위부터 55,000단위 사이에서 균등할 것으로 추정된다.

요구사항

1. 2011년의 기대판매량은 얼마인가?

2. 2011년의 기대이익은 얼마인가?

3. 손익분기점 판매수량 이상 판매할 확률은 얼마인가?

해답

1. 연간 판매수량이 5,000단위부터 55,000단위 사이에서 균등하게 판매될 것으로 예상되므로 기대판매수량은 그 중간 값이다.

$$\begin{aligned} E(x) &= (5{,}000 + 55{,}000) \div 2 \\ &= 30{,}000\text{단위} \end{aligned}$$

2. 기대이익은 기대수량을 적용하여 다음과 같이 산정할 수 있다.

$$\begin{aligned} E(\pi) &= (p - b) \times E(x) - a \\ &= (10 - 6) \times 30{,}000 - 100{,}000 \\ &= ₩20{,}000 \end{aligned}$$

3. 확률분포가 수량으로 제시되어 있으므로 손익분기점 판매수량을 산정한 후에 이를 요구사항에 맞추어 확률로 바꾸면 된다.

$$\text{손익분기점 판매수량}(x) = \frac{100{,}000}{10 - 6} = 25{,}000\text{단위}$$

손익분기점 판매수량이 25,000단위이므로 25,000단위 이상 판매될 확률은 다음과 같이 60%이다.

$$(55{,}000 - 25{,}000) \times \frac{1}{50{,}000} = 60\% \quad \text{또는} \quad \frac{55{,}000 - 25{,}000}{55{,}000 - 5{,}000} = 60\%$$

균등확률분포에서는 각 상황이 발생할 확률(직사각형의 높이)이 동일하므로, 면적으로 비율을 구할 수도 있지만 길이, 즉 직사각형 전체 길이에 대한 원하는 구간의 길이 비율로 구할 수도 있다.

(3) 정규분포

정규분포(normal distribution)는 평균과 분산에 의해 그 형태가 결정되는 연속확률분포이다. 정규분포는 평균을 중심으로 완전대칭의 종모양의 형태를 가지는데 정규분포 중에서 평균이 0이고 표준편차가 1인 정규분포를 표준정규분포(standard normal distribution)라 한다. 표준정규분포의 변수값(Z)에 대한 확률은 표준정규분포표를 이용하면 쉽게 구할 수 있다. 한편, 확률변수 x는 다음과 같은 방법으로 표준정규분포의 Z값으로 변환한다.

$$Z = \frac{x - E(x)}{\sigma(x)} = \frac{\pi - E(\pi)}{\sigma(\pi)}$$

여기서 x = 목표수량	π = 목표이익
$E(x)$ = 기대수량	$E(\pi)$ = 기대이익
$\sigma(x)$ = 수량의 표준편차	$\sigma(\pi)$ = 이익의 표준편차

예제 12 정규분포

태진사의 연간 고정원가는 ₩4,800이고 단위당 변동원가는 ₩42로 확정적이다. 단위당 판매가격도 ₩50으로 안정적이지만 연간 판매수량은 불확실하며 정규분포를 이루고 있다. 과거자료에 의하면 연간 판매수량의 평균과 표준편차는 각각 700단위와 100단위이다.

요구사항

1. 기대이익은 얼마인가?

2. 손익분기점 이상 판매할 확률은 얼마인가?

3. 이익을 최소한 ₩1,200 이상 벌 수 있는 확률은 얼마인가?

해답

1. 기대이익은 기대수량을 적용하여 다음과 같이 산정할 수 있다.

$$\begin{aligned} E(\pi) &= (p - b) \times E(x) - a \\ &= (50 - 42) \times 700 - 4,800 \\ &= ₩800 \end{aligned}$$

2. 손익분기점 수량은 다음과 같이 600단위이다.

$$x = \frac{4,800}{50 - 42} = 600\text{단위}$$

손익분기점과 판매량의 확률분포를 아래의 이익-조업도 그래프로 나타낼 수 있다.

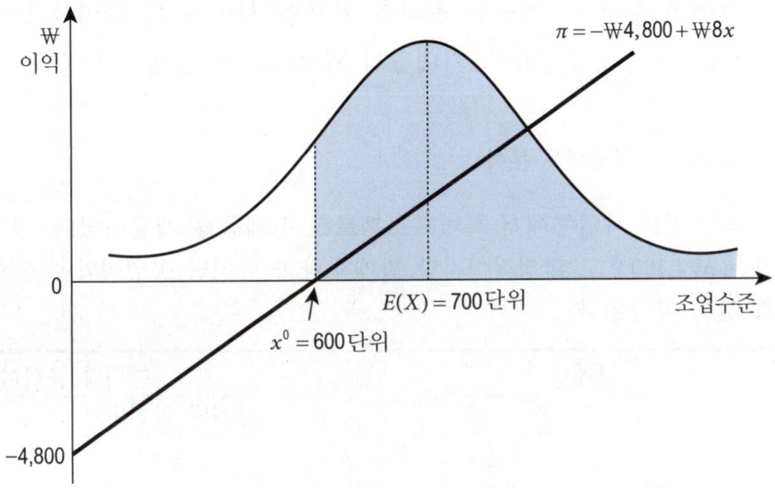

손익분기점 수량과 기대수량의 편차를 z값으로 변환하면 다음과 같이 나타난다.

$$Z = \frac{x - E(x)}{\sigma(x)} = \frac{600\text{단위} - 700\text{단위}}{100\text{단위}} = -1.0$$

부록 표 1를 보면, 1.0의 *Z*값은 0.3413이다. 따라서 −1.0 이상일 확률(위의 그림에서 음영이 있는 부분)은 84.13% (0.3413 + 0.5)이다.

3. 이익을 ₩1,200 이상 벌 수 있는 확률을 계산하기 위해 먼저 이익 ₩1,200을 벌어들이기 위한 판매수량을 구한다.

$$x = \frac{a + \pi}{p - b} = \frac{₩4,800 - ₩1,200}{₩50 - ₩42} = \frac{₩6,000}{₩8} = 750\text{단위}$$

750단위와 기대수량의 편차를 z값으로 변환하면 다음과 같이 0.5이다.

$$Z = \frac{x - E(x)}{\sigma(x)} = \frac{750\text{단위} - 700\text{단위}}{100\text{단위}} = 0.5$$

부록 표 1을 보면, 0.5의 *Z*값은 0.1915이다. 따라서 0.5 이상일 확률은 30.85%(0.5 − 0.1915)이다.

3 확률나무 분석

소수 독립변수만 불확실성에 노출되어 있고 각 변수가 한정된 몇 개의 상태만을 지닌다면 확률나무분석을 이용하여 모든 가능한 결과를 나열하여 종속변수의 기대값을 산출할 수 있다. **확률나무**(probability tree)는 독립변수와 종속변수의 모든 가능한 값과 각 가능한 결과의 확률을 보여 주는 다이아그램이다. 다이아그램이 작성되면 종속변수의 기대값과 확률정보는 쉽게 산출된다.

예제 13 확률나무 분석

태진사는 별도 사업부에서 특별프로젝트로 신제품을 개발하였다. 신제품의 고정원가는 ₩4,800으로 확정적이지만 판매수량과 단위당 공헌이익은 불확실하며 다음과 같이 예측된다.

판매량		단위당 공헌이익	
단 위	확 률	단위당 공헌이익	확 률
1,000	0.2	₩10	0.3
800	0.5	8	0.4
500	0.3	6	0.3

요구사항

이익산정을 위한 확률나무 분석을 행하시오.

해답

확률나무 분석은 다음과 같이 나타난다.

판매수량	공헌이익	총공헌이익		고정원가		이 익	결합확률	이익×결합확률
1,000단위 (0.2)	₩10 (0.3)	₩10,000	−	₩4,800	=	₩5,200	0.06	₩312
	₩8 (0.4)	8,000	−	4,800	=	3,200	0.08	256
	₩6 (0.3)	6,000	−	4,800	=	1,200	0.06	72
800단위 (0.5)	₩10 (0.3)	8,000	−	4,800	=	3,200	0.15	480
	₩8 (0.4)	6,400	−	4,800	=	1,600	0.20	320
	₩6 (0.3)	4,800	−	4,800	=	0	0.15	0
500단위 (0.3)	₩10 (0.3)	5,000	−	4,800	=	200	0.09	18
	₩8 (0.4)	4,000	−	4,800	=	−800	0.12	−96
	₩6 (0.3)	3,000	−	4,800	=	−1,800	0.09	−162
							1.00	₩1,200

위의 예제에 나타난 바와 같이 불확실성하에서 신제품의 기대이익은 ₩1,200이다. 또한 이익이 나타날 수 있는 가능한 범위는 가장 적게는 −₩1,800부터 가장 많게는 ₩5,200이며 ₩1,800의 손실이 나타날 확률은 9%이고 ₩5,200의 이익이 나타날 확률은 6%임을 알 수 있다. 결합확률의 합계는 1.0 또는 100%이다. 따라서 적어도 손익분기점에 도달할 확률은 79%(1−0.12−0.09)임을 알 수 있다. 물론 손실을 볼 확률은 21%(0.12+0.09)이다. 위 예제에서는 9개의 가능한 결과가 나타났는데, 불확실한 변수의 숫자가 증가하고 각 변수의 가능한 상태가 증가하면 가능한 결과의 숫자가 크게 증가하기 때문에 확률나무를 사용하여 분석하는 것이 점점 복잡하게 된다.

연습문제

문 1 CVP 분석

서강(주)는 단일제품을 생산·판매하고 있으며, 20×7년에는 연간 150,000단위의 제품을 판매할 예정이다. 이때 예상되는 원가는 다음과 같다.

직접재료비	₩2,250,000
직접노무비	1,500,000
제조간접비	3,200,000(이중 ₩2,000,000은 고정비)
판매비와 관리비	1,975,000(이중 ₩1,225,000은 고정비)

법인세를 무시한다.

요구사항

1. 연간 150,000단위를 판매할 경우 15%의 매출이익률을 달성하기 위한 단위당 판매가격은 얼마인가?
2. 단위당 판매가격이 ₩80이라면 15%의 매출이익률을 달성하기 위한 판매량은 얼마인가?

문 2 법인세를 고려할 경우 손익분기점

서강(주)는 핸드폰을 생산·판매하고 있으며, 지난 3년간 매출액은 꾸준히 증가하고 있다. 동사는 최근 핸드폰 시장의 경쟁심화로 인하여 어려움을 겪고 있다. 그러나 동사의 최고경영자는 현재의 시장점유율을 유지하기를 원하고 있다. 이를 위해 20×7년에는 대대적인 광고를 계획하고 있다. 20×6년 서강(주)의 판매 및 원가자료는 다음과 같다.

단위당 변동제조원가	₩15
고정제조간접비	₩250,000
고정판매비와 관리비	150,000
단위당 판매가격	₩25
매출액	₩1,500,000

서강(주)의 법인세율은 30%이다.

요구사항

1. 20×6년 서강(주)의 손익분기점 매출액은 얼마인가?
2. 20×6년 서강(주)의 법인세차감후 순이익은 얼마인가?
3. 서강(주)의 최고경영자는 20×7년에는 경쟁심화로 판매가격이 10% 인하될 것으로 예상된다. 하지만 동사는 대대적인 판매촉진활동을 통해 90,000단위의 판매를 계획하고 있으며, 이를 통해 20×6년과 동일한 법인세차감후 순이익을 달성하고자 한다. 이때 서강(주)가 판매촉진을 위한 추가적인 광고비로 지출할 수 있는 최대금액은 얼마인가? 추가적인 광고비를 제외한 다른 원가에는 변동이 없는 것으로 가정한다.

문 3 손익분기점과 안전한계율

서초(주)는 단일제품을 생산·판매하고 있다. 제품당 판매가격은 ₩5,000이다. 지난 6월의 요약 공헌이익계산서는 다음과 같다.

공헌이익계산서	
매 출 액	₩7,500,000
변동원가	4,500,000
공헌이익	₩3,000,000
고 정 비	2,500,000
순 이 익	₩500,000

요구사항

1. 6월의 손익분기점 매출액을 구하시오.
2. 6월에 세전이익 ₩1,200,000을 달성하기 위해서는 몇 단위를 판매하여야 하는가?
3. 6월의 안전한계 및 안전한계율을 구하시오.
4. 7월중 매출액이 6월에 비해 10% 증가한다면 7월의 순이익은 얼마나 되겠는가?

문 4 안전한계와 영업레버리지도

서강(주)의 20×7년도 공헌이익 손익계산서는 다음과 같다.

매출액	₩5,000,000
변동원가	3,000,000
공헌이익	₩2,000,000
고정비	1,200,000
영업이익	₩800,000

요구사항

1. 서강(주)의 손익분기점 매출액은 얼마인가?
2. 서강(주)의 20×7년도의 안전한계비율은 얼마인가?
3. 서강(주)의 영업레버리지도는 얼마인가?
4. 20×8년 서강(주)의 매출액이 30% 증가한다면, 영업이익은 몇 % 증가하겠는가?

문 5 PV-Chart와 DOL

A회사와 B회사는 김포공항에서 리무진서비스를 제공하는 경쟁업체이다. A회사는 운전기사의 급료를 운행횟수에 근거하여 지급하고, B회사는 운전기사의 급료를 고정급으로 지급한다. 두 회사의 관련 자료는 다음과 같다.

	A회사	B회사
운행당 매출액	₩30	W30
운행당 변동원가	24	15
연간 고정원가	₩300,000	₩1,200,000

요구사항

1. 두 회사의 손익분기점 운행횟수를 구하시오.
2. 두 회사의 운행횟수에 따른 이익을 나타내는 그래프를 그리시오. 또한 B회사가 더 많은 영업이익을 얻는 운행횟수 구간을 구하시오. 단, 그래프의 X축은 운행횟수이고, Y축은 이익으로 나타내시오(pv-chart).
3. 현재 두 회사는 각각 90,000회 운행하고 있다고 가정하자. 이때 각 회사의 영업레버리지도(DOL)를 구하시오.
4. 물음 3과 같은 상황에서 각 회사의 매출액이 20% 증가하면 영업이익은 각각 얼마나 증가하겠는가? 두 회사에 대하여 영업이익의 증가율과 증가액을 구하시오.

문 6 기본적인 CVP분석

신촌(주)는 핸드폰 대리점을 경영하고 있으며, 판매원들에게 매출액의 10%의 판매수수료를 지급하고 있다. 20×7년부터 판매원들은 판매수수료를 20%로 인상해 줄 것을 요구하고 있다. 20×6년도의 신촌(주)의 손익계산서는 다음과 같다.

매출액	₩25,000,000
매출원가(핸드폰 구입원가)	12,500,000
매출총이익	₩12,500,000

판매비와 관리비		
판매수수료	₩2,500,000	
관리비	1,000,000	3,500,000
법인세차감전순이익		₩9,000,000
법인세비용		3,600,000
순이익		₩5,400,000

신촌(주)의 최고경영자는 20%의 판매수수료를 지급하는 방법과 판매원에 대한 급여를 고정급과 판매수수료로 이원화하는 방법을 고려하고 있다. 급여를 이원화할 경우 1명의 책임자에 대해서는 연간 ₩300,000의 급여를 지급하여야 하며, 5명의 판매원에게는 1인당 고정급으로 연간 ₩100,000, 판매수수료로 매출액의 5%를 지급하여야 한다. 기타자료는 20×6년과 동일하다. 한편 관리비는 전액 고정비이다.

요구사항

1. 20×6년도의 손익분기점 매출액은 얼마인가?
2. 판매수수료를 20%로 인상할 경우 20×6년도와 동일한 세후순이익을 달성하기 위한 매출액은 얼마인가?
3. 판매원에 대한 급여지급방법을 이원화할 경우 손익분기점 매출액은 얼마인가?
4. 판매수수료 인상안과 급여의 이원화방법이 무차별해지는 매출액은 얼마인가?

문 7 현금흐름분기점

인형을 생산하고 있는 곰돌이(주)의 원가담당자는 회계자료를 분석한 결과 다음과 같은 정보를 얻었다.

- 20×7년 예상판매량은 단위당 판매가격이 ₩3,000일 경우 연간 200,000개로 예상된다.
- 예상제조원가 및 예정판매비와 관리비는 다음과 같다.

예상제조원가:		
직접재료비	₩120,000,000	
직접노무비	150,000,000	
변동제조간접비	30,000,000	
고정제조간접비	100,000,000(현금지출이 수반되지 않은 비용이 ₩40,000,000 포함되어 있음)	
예상판매비:		
변동비		₩60,000,000
고정비	80,000,000(현금지출이 수반되지 않은 비용이 ₩20,000,000 포함되어 있음)	

요구사항

1. 단위당 공헌이익은 얼마인가?
2. 20×7년 예상이익은 얼마인가?
3. 곰돌이(주)의 손익분기점 판매수량은 얼마인가?
4. 안전한계 판매수량은 얼마인가?
5. 현금흐름분기점의 판매수량과 매출액은 얼마인가?

문 8 다수제품의 CVP분석(1)

신촌(주)는 제품 A, B, C를 생산하고 있는데 20×7년에 예상되는 정보는 다음과 같고 매출배합은 일정하다고 가정한다.

	제품 A	제품 B	제품 C
변동원가	₩15	W20	₩25
판매비율(수량기준)	20%	50%	30%
연간총고정비	₩30,000		
법인세율	40%		

요구사항

1. 제품 A, B, C의 판매가격이 각각 ₩20, ₩25, 그리고 ₩45일 때, 총매출액의 15%의 세후당기순이익을 달성하기 위한 제품별 판매수량은 얼마인가?
2. 제품 A, 제품 C의 판매가격은 각각 ₩20과 ₩45이다. 제품 A, B, 그리고 C를 합쳐서 3,000단위를 판매할 경우 손익분기점에 도달한다면 제품 B의 판매가격은 얼마인가?

문 9 다수제품의 CVP분석(2)

태종(주)는 제품 A와 B를 제조한다. 20X7년의 계획은 다음과 같다.

	A 제품		B 제품		
	수 량	금 액	수 량	금 액	총 계
매 출 액	10,000	₩100,000	8,000	₩100,000	₩200,000
비 용:					
변동비		60,000		30,000	90,000
고정비		20,000		56,000	76,000
		₩80,000		₩86,000	₩166,000
세전이익		₩20,000		₩14,000	₩34,000

요구사항

1. 각 제품을 별도의 설비를 이용하여 생산한다고 가정하고 다음을 계산하시오.
   ① A제품의 손익분기점 판매량
   ② B제품의 손익분기점 매출액
2. 소비자들에게 A제품 4개와 B제품 3개씩 배합하여 판매할 경우 다음을 계산하시오.
   ① 결합공헌이익(패키지당 공헌이익)
   ② 손익분기점에서 두 제품의 판매량
3. 태종(주)가 A제품과 B제품을 각각 한 개씩 배합하여 판매할 경우 다음을 계산하시오.
   ① 가중평균 공헌이익률
   ② 손익분기점에서의 총매출액과 각 제품별 매출액

문 10 비선형함수의 CVP분석

(주)태진은 단일 제품을 생산·판매한다. 제품의 판매가격은 조업도 수준에 관계없이 단위당 ₩50이다. 전기의 판매량은 12,000단위였으며, 영업손실은 ₩30,000이었다. 고정원가는 조업도수준에 따라 다음과 같은 원가행태를 나타낸다. 야간작업에 따른 추가적인 임금으로 인하여 조업수준 1을 초과하는 수량에 대하여는 단위당 변동원가가 20% 증액된다.

	연간 조업도	연간 총고정비
정상조업시(조업수준 1)	0~15,000단위	₩210,000
야간조업시(조업수준 2)	15,001단위~25,000단위	265,000

전기의 원가구조와 판매가격은 당기에도 변하지 않을 것으로 기대된다. 최대생산능력은 25,000단위이며, 생산한 것은 모두 판매되는 것으로 가정한다.

요구사항

1. 조업수준별로 단위당 공헌이익을 계산하시오.
2. 손익분기점 판매량을 계산하시오.
3. 손익분기점분석 내용을 기초로 다음과 같은 CVP도표를 작성하였다. ①~⑥에 들어갈 수치를 결정하시오.
4. 당기의 달성가능한 최대이익을 계산하시오.
5. 한편, (주)태진과 유사한 제품을 생산하는 (주)한강의 조업수준별 고정비의 행태는 다음과 같다. 단위당 판매가격은 ₩50이며 조업수준과 무관하다. 그러나 단위당 변동비는 조업수준 1에서는 ₩35이고, 그 초과분(조업수준 2)은 ₩30이며, 그 초과분(조업수준 3)은 ₩25이다.

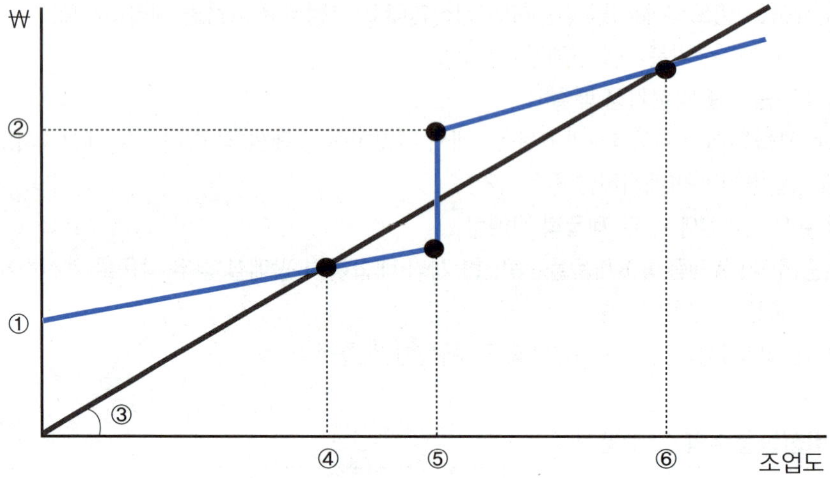

	연간 조업도	연간 총고정비
조업수준 1	0~18,000단위	₩240,000
조업수준 2	18,001단위~24,000단위	280,000
조업수준 3	24,001단위~27,000단위	380,000

① 생산량과 판매량이 동일할 때 손익분기점 판매량을 계산하시오.

② 생산량과 판매량이 동일할 때 달성가능한 최대이익을 계산하시오.

문11 CVP 분석: 민감도분석

남성용 화장품을 세트단위로 판매하고 있는 화남회사는 시내에 여러 개의 대리점을 운영하고 있다. 이 화장품세트의 단위당 구입원가와 판매가격은 각 대리점마다 동일하다. 이 회사는 최근 상권이 형성된 지역에 대리점을 하나 더 설치하는 것이 어떤지 여부를 검토하고 있다. 이에 관한 기본 자료는 다음과 같다.

화장품세트 단위당	
판매가격	₩7.00
변동비	
구입원가	₩5.60
판매수수료	0.35
	₩5.95
연간고정비	
급료임금	₩24,600
점포임차료	7,500

광고선전비	3,150
기타고정비	6,750
	₩42,000

회사는 이의 자료를 토대로 예상되는 여러 가지 상황을 가정하여 손익분기점 및 순이익에 미치는 효과를 분석하고 있으며, 아래의 각 상황은 서로 독립적이다.

요구사항

1. 45,000단위가 판매되는 경우에, 이 영업점의 안전한계율은 얼마인가?(소수점 이하 셋째 자리까지 나타낼 것)
2. 만일 판매책임자에게 단위당 ₩0.05의 판매수수료를 추가적으로 지급한다면 연간손익분기점 판매량은 어떻게 변화하겠는가?
3. 판매수수료를 지급하지 않고 그 대신 연간 ₩12,600의 고정급을 지급하기로 하였다면 연간 손익분기점 판매량과 매출액은 얼마가 되겠는가? 또한 판매수수료안과 고정급안이 무차별하게 되는 판매량은 얼마인가?
4. 정규의 판매수수료 이외에 손익분기점을 초과하는 판매량 1단위마다 ₩0.1의 특별판매수수료가 추가지급된다면, 50,000단위 판매시의 예상순이익은 얼마인가?
5. 이 점포의 연간 목표판매량은 48,000단위이며, 이때의 목표이익은 ₩8,400이다. 초반 4개월간 13,000단위를 판매하였으나, 그 이후 강력한 경쟁업체가 등장하여 나머지 35,000단위를 추가판매하기 위해서는 특별판촉비 ₩6,650의 지출이 절대적으로 필요한 상황이라고 한다. 나머지 35,000단위에 대한 단위당 공헌이익이 얼마가 되어야 당초 목표이익을 달성할 수 있는가?

문12 CVP 분석: 이산확률분포

(주)신촌은 두 가지 새로운 색상(녹색과 핑크색)의 세탁기 생산을 고려하고 있다. 각 제품은 현재의 설비를 이용하여 생산할 수 있으며, 두 제품을 생산할 경우 각각 ₩5,100,000의 추가적인 연간 고정비가 발생할 것으로 예상된다. 각 제품의 판매가격 및 변동원가는 다음과 같다.

	녹색 세탁기	핑크색 세탁기
판매가격	₩100	₩120
단위당 변동비	70	80

과거의 유사한 제품에 대한 판매량을 분석한 결과 두 제품에 대한 판매량은 다음과 같은 확률분포를 따를 것으로 예상하였다.

수 요 량	녹색 세탁기의 판매량	핑크색 세탁기의 판매량
50,000	0.0	0.1
100,000	0.1	0.3
200,000	0.2	0.5
300,000	0.4	0.1
400,000	0.2	0.0
500,000	0.1	0.0

요구사항

1. 각 제품의 손익분기점을 구하시오.
2. 두 가지 색상 중 하나만을 생산해야 할 경우 기대영업이익을 극대화하기 위해서는 어떤 제품을 생산해야 하는가? 계산근거를 밝히시오.
3. 경영자는 핑크색 세탁기는 225,000단위가 판매될 것을 100% 확신하고, 녹색의 경우 위에서 제시한 확률분포를 따른다고 가정하시오. 이때 어떤 제품을 생산해야 하는가? 확률분포가 아닌 완전한 정보를 가짐으로써 얻는 효익은 무엇인가?

문13 CVP 분석: 균등확률분포

가온(주)는 다음의 원가구조를 가지고 있는 신제품에 대한 가격정책을 수립하고자 한다.

단위당 변동비	₩400
연간고정비	₩2,400,000

신제품은 주문생산을 실시하고 있으며, 따라서 재고수준은 무의미하다. 마케팅담당자에 따르면 신제품에 대한 수요는 다음과 같은 확률분포를 나타낼 것으로 예측하고 있다.

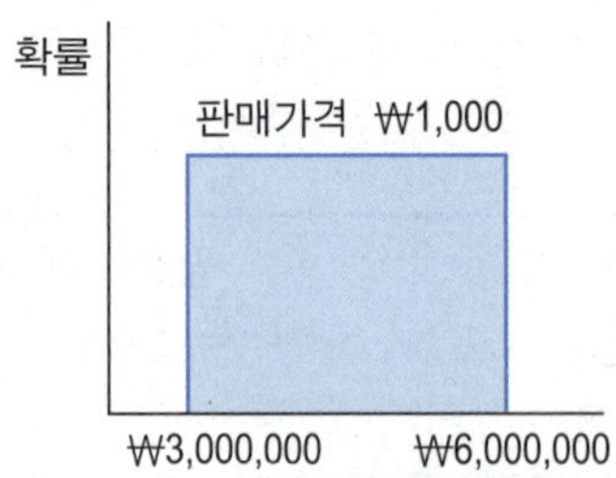

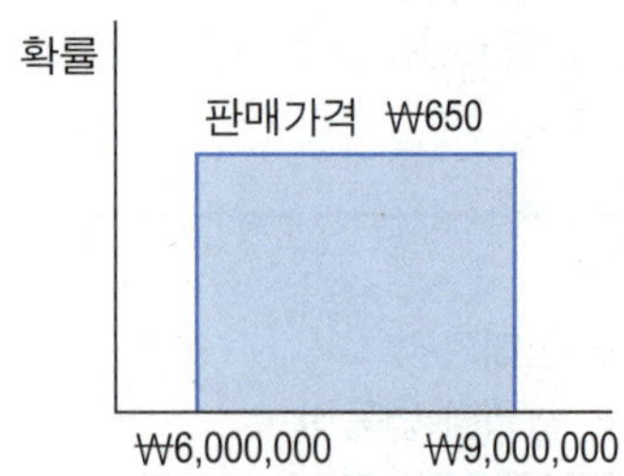

- 판매가격이 단위당 ₩1,000이면 수익에 대한 확률분포는 ₩3,000,000에서 ₩6,000,000 사이에서 동일할 것으로 예상된다. 이 확률분포에서 수익이 ₩4,500,000을 초과할 혹은 미만일 확률은 50%이다.
- 판매가격이 단위당 ₩650이면, 확률분포는 동일하지만 수익의 분포는 ₩6,000,000에서 ₩9,000,000으로 이동한다. 이 확률분포에서 수익이 ₩7,500,000을 초과할 혹은 미만일 확률은 50%이다.

요구사항

1. 가온(주)는 영업이익을 얻기를 희망하며, 동시에 손익분기점 혹은 영업이익을 달성할 수 있는 확률을 극대화시키는 전략을 선택하고자 한다.
   ① 판매가격이 ₩1,000일 때, 적어도 손익분기점에 도달할 수 있는 확률은 얼마인가?
   ② 판매가격이 ₩650일 때, 적어도 손익분기점에 도달할 수 있는 확률은 얼마인가?
2. 기대영업이익을 극대화하기 위한 판매가격 전략은 어떤 것인가? 각 영업이익을 계산할 때 각 가격하에서의 기대수익을 사용하시오.

문14 단답형 기출문제

1. ㈜한지는 제품 A와 제품 B를 생산·판매한다. ㈜한지는 변동원가계산방법을 사용하며 당기 예상판매 및 예상원가 자료는 다음과 같다.

	제품A	제품B	합 계
판매수량	300개	700개	1,000개
총매출액	₩30,000	₩42,000	₩72,000
총변동원가	15,000	21,000	36,000
총고정원가			21,600

매출배합이 일정하다고 가정하고 손익분기점을 달성하기 위한 두 제품의 판매수량은 각각 얼마인가?

2. 대한회사는 단위당 ₩50에 제품을 생산·판매한다. 대한회사의 단위당변동비는 직접재료비 ₩14, 직접노무비 ₩5, 변동제조간접비 ₩3, 변동판매관리비 ₩2이다. 연간 총고정비는 고정제조간접비 ₩55,000, 고정판매관리비 ₩80,200이다. 대한회사가 단위당 판매가를 ₩50에서 ₩48으로 인하할 경우, 기존의 연간 손익분기점 판매량을 유지하려면 연간 총고정비를 얼마나 줄여야 하는가?

3. 대한회사는 제품의 단위당 판매가격을 ₩400으로 설정하였다. 제품을 생산하여 판매하기까지 발생하는 제품 단위당 변동비는 단위당 판매가격의 70%이며, 총고정비는 판매수량이 50,000개까지는 ₩3,000,000, 50,000개를 초과하여 90,000개까지는 ₩4,500,000, 그리고 90,000개를 초과하여 최대생산가능량인 130,000개까지는 ₩6,000,000이다. 대한회사가 ₩9,000,000의 이익을 얻으려면 제품을 몇 개나 생산·판매하여야 하는가?

4. ㈜경진은 한 가지 제품만을 생산하며 매월 생산한 제품은 당해 월에 모두 판매한다. ㈜경진의 법인세율은 40%의 단일세율이며, 20×8년도 1월과 2월의 원가자료는 다음과 같다.

	1월	2월
제품 단위당 판매가격	₩ 500	₩ 450
제품 단위당 변동비	300	270
총 고정비	500,000	600,000

㈜경진의 20×8년 1월과 2월의 당기순이익이 각각 ₩60,000과 ₩72,000이라면, 1월과 2월의 제품 매출액은 각각 얼마인가?

5. (주)창원은 냉장고를 구입하여 판매하는 회사이다. 20×1년 냉장고의 단위당 판매가격은 ₩10,000이며, 변동비율은 80%이다. 판매량이 5,000대 이하인 경우 고정판매비는 ₩8,500,000이며, 판매량이 5,000대를 초과한 경우 고정판매비는 ₩11,000,000이다. (주)창원은 세후순이익 ₩1,450,000을 달성하기 위해서는 몇 대의 냉장고를 판매해야 하는가? 단, (주)창원의 법인세율은 세전이익 ₩1,000,000이하까지는 25%이며, ₩1,000,000 초과분에 대해서는 30%이다.

6. (주)김해의 차기 연간 경영활동에 관한 자료가 다음과 같다.

단위당 판매가격	₩1,000
총고정원가(감가상각비 ₩2,000,000포함)	₩5,000,000
단위당 변동원가	₩500
예상판매량	10,000개

법인세율이 20%일 경우 현금분기점 판매량은 몇 개인가? 단, 감가상각비를 제외한 나머지 수익과 비용은 모두 현금거래로 이루어진 것이며, 손실이 발생할 경우 법인세가 환급된다고 가정한다.

제 11 장

전부원가계산과 변동원가계산

제1절 전부원가계산과 변동원가계산 기초

제2절 표준전부원가계산과 표준변동원가계산

제3절 전부원가계산에서의 손익분기점

제4절 스루풋 원가계산

제5절 기준조업도

보 론 제약이론

학습목표

고정제조간접비를 어떻게 처리하느냐에 따라서 제품원가계산은 변동원가계산과 전부원가계산으로 구분된다. 이 장에서는 변동원가계산과 전부원가계산을 소개한 후 각 원가계산에서 이익이 어떻게 산정되는지에 초점을 맞추어 설명하려 한다. 또한 재고의 과다보유를 억제할 수 있는 원가계산 방법인 스루풋(throughput) 원가계산을 소개한다. 이 장을 공부한 후 학생들은 아래 내용을 파악할 수 있어야 한다.

1. 변동원가계산과 전부원가계산의 차이점
2. 표준변동원가계산과 표준전부원가계산에서 소멸된 고정제조간접비의 계산
3. 생산량과 판매량이 다를 때의 손익분기점 산정
4. 스루풋 원가계산
5. 기준조업도의 유형 및 상이한 기준조업도에서의 순이익 결정
6. 제약이론

제11장 전부원가계산과 변동원가계산

제1절 전부원가계산과 변동원가계산 기초

전부원가계산은 일반적으로 받아들여지고 있는 제품원가계산 방법이다. 전부원가계산(absorption costing, full costing)에서는 직접재료비, 직접노무비, 변동제조간접비, 그리고 고정제조간접비 등 모든 제조원가가 제품원가이다. 기업회계기준에 의하면 외부보고 목적의 재무제표를 작성하는 데에는 전부원가계산을 사용하도록 하고 있다. 이 책에서도 **제3장**부터 **제7장**까지 걸쳐 설명된 제품원가계산 절차는 외부보고에 초점을 두고 있었기 때문에 전부원가계산 방법을 따르고 있다. 그러나 내부보고 목적으로 제품원가계산을 한다면 특정 원가계산방법을 따를 필요가 없다. 경영정보 욕구를 충족시켜 줄 수 있는 어떠한 제품원가계산방법도 사용할 수 있다.

전부원가계산의 대안적인 방법으로 변동원가계산이 있다. 변동원가계산은 변동제조원가만을 재고가능원가(inventoriable costs)로 간주하는 제품원가계산 방법이다. 따라서 변동원가계산(variable costing, direct costing, contribution approach to costing)에서는 직접재료비, 직접노무비, 그리고 변동제조간접비 등 변동제조원가만이 제품원가이고 고정제조원가는 판매비나 관리비와 마찬가지로 재고가능원가에서 제외되어 발생된 기간의 기간비용으로 처리된다. 전부원가계산과 변동원가계산 모두 경영자나 다른 정보이용자들에게 유용한 재무정보를 제공한다. 전부원가계산에서는 원가를 제조, 판매 및 관리와 같이 기능에 따라서 분류한다. 따라서 전부원가계산하에서의 손익계산서는 먼저 수익에서 소멸된 제조원가인 매출원가를 차감하여 매출총이익을 산출한 후 여기서 판매비와 관리비를 차감하여 순이익을 산출한다. 이 방법은 외부보고 목적의 전통적인 손익계산서 작성방법인데 전부원가계산에 의한 손익계산서를 기능손익계산서(functional income statement)라 한다.

변동원가계산에서는 원가를 그 행태에 따라서 변동원가와 고정원가로 분류한다. 따라서 변동원가계산하에서의 손익계산서는 먼저 수익에서 변동원가를 차감하여 공헌이익을 산출한 후 고정원가를 차감하여 순이익을 산출한다. 이러한 손익계산서를 공헌손익계산서(contribution income statement)라 한다.

예제 1 전부원가계산과 변동원가계산

태진사는 20×7년 한 제품을 생산하기 시작하였다. 1년간 모두 1,200단위를 생산하여 1,000단위를 판매하였는데 판매가격 및 관련원가 자료는 다음과 같다.

단위당 판매가격		₩50
단위당 변동원가:		
직접재료비	₩10	
직접노무비	12	
변동제조간접비	4	
변동판매관리비	4	30
단위당 공헌이익		₩20

총고정제조간접비와 고정판매관리비는 각각 ₩6,000과 ₩4,000이었다. 단 재공품재고는 없다.

요구사항

이 자료를 이용하여 전부원가계산과 변동원가계산에 의한 손익계산서를 작성하시오.

해답

손익계산서를 작성해 보면 다음과 같다.

전부원가계산 손익계산서

태진사		20×7년
매출(₩50×1,000)		₩50,000
매출원가:		
직접재료비(₩10×1,000)	₩10,000	
직접노무비(₩12×1,000)	12,000	
변동제조간접비(₩4×1,000)	4,000	
고정제조간접비(₩6,000/1,200×1,000)	5,000	31,000
매출총이익		19,000
판매관리비:		
변동판매관리비(₩4×1,000)	4,000	
고정판매관리비	4,000	8,000
순이익		₩11,000

변동원가계산 손익계산서

태진사			20×7년
매출(₩50×1,000)			₩50,000
변동원가:			
변동매출원가:			
직접재료비(₩10×1,000)	₩10,000		
직접노무비(₩12×1,000)	12,000		
변동제조간접비(₩4×1,000)	4,000	₩26,000	
변동판매관리비(₩4×1,000)		4,000	30,000
공헌이익			₩20,000
고정원가:			
고정제조간접비		₩6,000	
고정판매관리비		4,000	10,000
순이익			₩10,000

예제 1의 두 손익계산서를 비교해 보면 우선 순이익이 다름을 알 수 있다. 전부원가계산 손익계산서의 순이익은 ₩11,000이지만 변동원가계산 손익계산서의 순이익은 ₩10,000으로 ₩1,000이 작다. 전부원가계산과 변동원가계산간의 차이는 고정제조간접비(고정제조원가)의 회계처리 때문에 나타난다. 전부원가계산에서는 고정제조간접비가 제품원가의 일부로 간주되지만 변동원가계산에서는 전액 발생된 기간의 기간비용으로 처리된다. 따라서 생산량과 판매량이 달라지면 전부원가계산의 순이익과 변동원가계산의 순이익은 달라지게 된다. **예제 1**과

같이 생산량이 판매량보다 많으면 전부원가계산에서는 고정제조간접비의 일부는 기말재고자산으로 남기 때문에 전부원가계산의 순이익이 변동원가계산의 순이익보다 크다. **예제 1**에서 전부원가계산 손익계산서를 보면 매출원가에 포함된 소멸된 고정제조간접비는 ₩5,000(₩6,000/1,200×1,000)인 데 반해 변동원가계산에서는 고정제조간접비 ₩6,000 전액이 당기비용으로 처리되므로 두 원가계산 사이에서 ₩1,000의 비용차이가 나타나게 된다. 이러한 ₩1,000의 비용차이가 두 원가계산 사이에서 ₩1,000의 이익차이를 나타나게 한다. 일반적으로 전부원가계산과 변동원가계산간의 이익차이는 다음 식으로 나타낸다.

$$(\text{생산량} - \text{판매량}) \times \text{단위당 고정제조간접비} \qquad (11\text{-}1)$$

생산량이 판매량보다 많으면 전부원가계산 순이익이 크지만 판매량이 많으면 변동원가 계산순이익이 크다. **예제 1**의 정보를 등식 (**11-1**)에 대입하면 다음과 같다.

$$\begin{aligned}&(1{,}200\text{단위} - 1{,}000\text{단위}) \times (₩6{,}000/1{,}200\text{단위})\\ &= 200\text{단위} \times ₩5/\text{단위} = ₩1{,}000\end{aligned}$$

생산량(1,200단위)이 판매량(1,000단위)보다 많으므로 전부원가계산순이익은 변동원가계산순이익 보다 ₩1,000 크다.

제2절 표준전부원가계산과 표준변동원가계산

표준전부원가계산과 표준변동원가계산에 대해 이해하려면 먼저 표준원가에 대한 이해가 필요하다. 표준원가계산에 대한 자세한 내용은 **제15장**에서 설명할 것이다. 따라서 이번 절에서는 표준원가에 대하여 간략히 소개한 후에 이를 기초로 하여 표준전부원가계산과 표준변동원가계산을 설명하고자 한다.

1 표준원가계산 기초

표준원가계산이란 제품을 생산하는 데 소요될 단위당 원가(표준원가)를 미리 설정한 다음, 먼저 이를 기초로 하여 제품원가를 산정하고 나중에 실제발생한 원가가 집계되면, 실제원가와 표준에 기초하여 산정된 원가를 비교하여 그 차이와 원인을 분석하는 원가계산제도를 말한다.

예를 들어 제품 1단위의 표준원가를 다음과 같이 설정했다고 하자.

직접재료비	3kg	×	₩150	=	₩450
직접노무비	2시간	×	₩100	=	200
변동제조간접비	2시간	×	₩40	=	80
고정제조간접비	2시간	×	₩60	=	120
합　계					₩850

만약 1년 동안 1,000개의 제품을 생산하는 데 직접재료비 ₩450,000, 직접노무비 ₩200,000, 변동제조간접비 ₩80,000, 그리고 고정제조간접비 ₩110,000이 발생하였다면 실제발생원가와 표준원가로 산정된 제조원가는 다음과 같다.

	실제발생원가	실제생산량에 대한 표준원가						
직접재료비	₩450,000	1,000개	×	3kg	×	₩150	=	₩450,000
직접노무비	200,000	1,000개	×	2시간	×	₩100	=	200,000
변동제조간접비	80,000	1,000개	×	2시간	×	₩40	=	80,000
고정제조간접비	110,000	1,000개	×	2시간	×	₩60	=	120,000
합　계	₩840,000							₩850,000

이 경우 제품이 생산될 때마다 표준원가를 적용하여 제조원가는 총 ₩850,000으로 기록하고, 실제발생원가와 비교하여 그 차이 ₩10,000(840,000 − 850,000)은 원인을 규명한 후에 회사의 방침에 따라 매출원가 등에서 조정한다. 고정제조간접비는 표준원가보다 실제원가가 적게 발생하였는데 이 경우 원가차이 ₩10,000은 유리한 차이라고 한다. 원가차이에서 유리와 불리는 이익에 미치는 영향을 말하는 것으로 표준원가보다 실제원가가 적으면 표준원가로 기록된 원가를 실제원가에 맞추어 감소시키면서 이익이 증가하므로 유리한 차이라 하고, 표준원가보다 실제원가가 많으면 표준원가로 기록된 원가를 실제원가에 맞추어 증가시키면서 이익이 감소하므로 불리한 차이라 한다.

실제원가 > 실제생산량에 대한 표준원가 ┈┈┈➤ 불리한 차이
실제원가 < 실제생산량에 대한 표준원가 ┈┈┈➤ 유리한 차이

만약 당기 생산량이 모두 판매되었다면, 매출원가는 표준원가에 기초하여 ₩850,000

으로 기록되어 있을 것이며, 원가차이를 매출원가에서 전액 조정하는 방침을 두고 있다면 조정후의 매출원가는 ₩840,000(850,000－10,0000)이 된다.

한편, 연초에 수립한 고정제조간접비 예산액이 총 ₩108,000이고 제품원가를 계산할 목적으로 설정한 기준조업도가 1,800시간이라면 1시간당 배부율은 ₩60이다. 위의 표준원가는 이에 기초하여 산정된 것이다. 고정제조간접비 원가차이는 다음과 같이 세분할 수 있다.

예 산 차 이: 110,000(실제) － 108,000(예산) ＝ ₩2,000(불리)
조업도차이: 1,800 × 60(예산) － 1,000 × 2 × 60(배부) ＝ ₩12,000(유리)

실제원가가 예산상 원가보다 많이 발생하여 예산차이는 불리하고, 목표조업도(1,800시간)보다 더 높은 조업도(2,000시간)를 달성하여 조업도차이는 유리하다.

2 표준원가계산에서 전부원가계산과 변동원가계산

제1절에서 사용한 수량 단위는 생산량과 판매량이다. 표준원가계산에서 사용되는 수량단위에는 생산량과 판매량 이외에 기준조업도라는 수량단위가 추가된다. 기준조업도는 전부원가계산에서 단위당 고정제조간접비 표준원가를 산출하는 데 사용된다. 즉 예산상의 고정제조간접비를 기준조업도로 나누면 단위당 고정제조간접비 표준원가가 산출된다.

예제 2 표준전부원가계산과 표준변동원가계산

태진사는 표준원가계산제도를 사용하고 있다. 20×7년 9월에 영업을 시작했는데 두달간 월별 자료는 다음과 같다.

● 수량자료:

	20×7년 9월	20×7년 10월
기초재고	0	200
생산량(q_p)	1,000	800
판매량(q_s)	800	950
기말재고	200	50

● 가격 및 원가자료:

단위당 판매가격(p)	₩1,000
단위당 표준변동제조원가(V_m)	300

단위당 표준변동판매비(V_s)	200
월간 표준고정제조원가(F_m)	225,000
월간 표준고정판매비(F_s)	165,000

월간 기준조업도(q_n)는 900단위이다. 따라서 단위당 표준고정제조원가(F_m/q_n)는 ₩250 (₩225,000 ÷ 900)이다. 원재료 및 재공품 재고는 없었다. 또한 조업도차이 이외의 차이는 편의상 없는 것으로 한다.

◉ 요구사항

이 자료를 이용하여 20×7년 9월과 10월의 표준전부원가계산과 표준변동원가계산에 의한 손익계산서를 작성하시오.

해답

표준전부원가계산과 표준변동원가계산에 의한 손익계산서를 작성하면 다음과 같다.

표준전부원가계산 손익계산서

태진사	20×7년 9월		20×7년 10월	
매출($q_s \cdot p$)	800(₩1,000)	₩800,000	950(₩1,000)	₩950,000
매출원가[$q_s(V_m + F_m/q_n)$]	800(₩550)	440,000	950(₩ 550)	522,500
매출총이익		₩360,000		₩427,500
판매비:				
변동판매비($q_s \cdot V_s$)	800(₩200)	₩160,000	950(₩200)₩190,000	
고정판매비(F_s)	165,000	325,000	165,000	355,000
차이조정전 순이익		₩35,000		₩72,500
조업도차이[$(q_n - q_p)F_m/q_n$]	(900 − 1000)₩250	+25,000(유)	(900 − 800)₩250	−25,000(불)
차이조정후 순이익		₩60,000		₩47,500

표준변동원가계산 손익계산서

태진사	20×7년 9월			20×7년 10월		
매출($q_s \cdot p$)	800(₩1,000)		₩800,000	950(₩1,000)		₩950,000
변동원가:						
변동매출원가($q_s \cdot V_m$)	800(₩300)	₩240,000		950(₩300)	₩285,000	
변동판매비($q_s \cdot V_s$)	800(₩200)	160,000	400,000	950(₩200)	190,000	475,000
공헌이익			₩400,000			₩475,000
고정원가:						
고정제조원가(F_m)		₩225,000			225,000	
고정판매비(F_s)		165,000	390,000		165,000	390,000
순이익			₩10,000			₩85,000

우선 **예제 2**에 나타난 월별 표준전부원가계산의 순이익과 표준변동원가계산의 순이익을 비교해 보자. 표준원가계산에서 순이익의 차이를 설명하는 등식은 다음과 같다.

$$\text{표준전부원가계산순이익} - \text{변동원가계산순이익} = (q_p - q_s)F_m/q_n \quad (11\text{-}2)$$

여기서 q = 생산량
q_s = 판매량
F_m = 예산상의 고정제조간접비
q_n = 기준조업도

예제 2에서 F_m = ₩225,000, q_n = 900단위, 9월의 q_p와 q_s는 각각 1,000단위, 800단위이고, 10월의 q_p와 q_s는 각각 800단위, 950단위이다. 위의 등식 (**11-2**)를 사용해서 9월의 이익차이를 산출하면 다음과 같다.

(1,000단위 − 800단위)₩225,000/900단위 = 200단위(₩250/단위) = ₩50,000

생산량이 판매량보다 크므로 표준전부원가계산의 순이익이 ₩50,000만큼 크다. 같은 방법으로 10월의 이익차이를 차이를 산출하면 다음과 같다.

(800단위 − 950단위)₩225,000/900단위 = (−150단위)(₩250/단위) = −₩37,500

반대로 10월에는 판매량이 생산량보다 크므로 표준변동원가계산의 순이익이 ₩37,500만큼 크다. 여기서 조업도차이는 모두 매출원가에서 조정한 것으로 가정하고 있다. 만약 차이를 매출원가 이외 재고자산(완제품과 기말재공품)에서도 조정한다면 결과는 달라진다. **예제 2**의 표준전부원가계산 손익계산서를 보면 조업도차이의 100%를 차이 조정전 순이익에서 조정함을 알 수 있다. 조업도차이는 $[(q_n - q_p)Fm/qn]$으로 계산되는데 **예제 2**에서 20×7년 9월과 같이 기준조업도(q_n)보다 실제생산량(q_p)이 크면 유리한 차이가 나타나 표준전부원가계산의 조정전 순이익에 유리한 차이만큼 가산시켜서 표준전부원가계산의 조정후 순이익이 산출된다. 반대로 **예제 2**에서 20×7년 10월과 같이 실제생산량(q_p)이 기준조업도(q_n)보다 작으면 불리한 차이가 나타나 표준전부원가계산의 조정전 순이익에서 불리한 차이만큼 차감시켜 표준전부원가계산의 조정후 순이익이 산출된다.

표준전부원가계산과 표준변동원가계산에서 소멸된 고정제조간접비가 각각 얼마인지 파악해 보면 왜 순이익의 차이가 그만큼 발생하였는지를 알 수 있다.

예제 2의 표준전부원가계산 손익계산서를 보면 표준전부원가계산에서 소멸된 고정제조간접비는 다음과 같다.

$$q_s(F_m/qn)+(q_n-q_p)(F_m/qn)$$

여기서 $q_s(F_m/q_n)$ = 표준매출원가에 포함된 고정제조간접비

$(q_n-q_p)(F_m/q_n)$ = 조업도차이

이를 정리하면 다음과 같다.

$$q_s(F_m/qn)+F_m-q_p(F_m/qn)$$
$$=F_m+(q_s-q_p)F_m/qn$$

한편 **예제 2**의 표준변동원가계산 손익계산서를 보면 표준변동원가계산에서 소멸된 고정제조간접비는 F_m임을 알 수 있다. 따라서 표준전부원가계산과 표준변동원가계산간의 소멸된 제조간접비의 차액은 $(q_s-q_p)Fm/qn$이며 이 금액만큼 표준원가계산에서 두 원가계산간의 순이익의 차이가 발생된다. 이는 앞에서 설명한 등식 (**11-2**)와 같다.

제3절 전부원가계산에서의 손익분기점

우리는 이미 **제10장** CVP 분석에서 손익분기점을 산출하는 방법을 공부하였다. 그런데 **제10장**에서는 생산량과 판매량이 같은 것으로 가정하였기 때문에 사실상 변동원가계산에서의 손익분기점에 대해서 알아 본 것이다.

변동원가계산에서의 손익분기점은 아래 등식 (**11-4**)와 같다.

$$q_s\cdot p=q_s\cdot V_m+q_s\cdot V_s+F_m+F_s \qquad (11\text{-}3)$$

여기서 q_s = 판매량

p = 단위당 판매가격

V_m = 단위당 변동제조원가

V_s = 단위당 변동판매비와 관리비

F_m = 총고정제조원가

F_s = 총고정판매비와 관리비

$$q_s\cdot p=q_s\cdot V+F$$

여기서 $V=V_m+V_s$: 단위당 변동원가(**제10장**에서는 b)

$F = F_m + F_s$: 총고정원가(**제10장**에서는 a)

$$q_s(p-V)=F \tag{11-4}$$

$$\therefore\ q_s^0 = \frac{F}{P-V}\left(\textbf{제10장}\text{에서는 } X^0 = \frac{a}{p-b}\right)$$

생산량과 판매량이 다르고 기준조업도가 있는 **표준전부원가계산에서의 손익분기점**은 아래 등식 (**11-6**)과 같이 표현된다. 단 앞의 **예제 2**에서와 마찬가지로 다른 차이는 없고 조업도 차이만 나타나는 것을 가정하고 차이는 모두 매출원가에서 조정되는 것으로 한다.

$$q_s \cdot P = q_s\left(V_m + \frac{F_m}{q_m}\right) + q_s \cdot V_s + F_s + (q_n - q_p)\frac{F_m}{q_n} \tag{11-5}$$

여기서 q_n = 기준조업도

나머지는 전과 같음

$$q_s \cdot P = q_s(V_m + V_s) + q_s \cdot \frac{F_m}{q_n} + F_s + (q_n - q_p)\frac{F_m}{q_n} \tag{11-6}$$

$$q_s \cdot P = q_s(V) + F_m + F_s + (q_n - q_p)\frac{F_m}{q_n}$$

$$q_s(P-V) = F + (q_s - q_p)\frac{F_m}{q_n}$$

$$\therefore\ q_s = \frac{F + (q_s - q_p)\frac{F_m}{q_n}}{P-V}$$

예제 3 전부원가계산에서의 손익분기점

앞의 **예제 2**와 마찬가지로, p = ₩1,000, V_m = ₩300, V_s = ₩200, F_m = ₩225,000, F_s = ₩165,000, q_n = 900단위, 9월의 q_p = 1,000단위, 10월의 q_p = 800단위라 하자.

요구사항

1. 9월의 전부원가계산에서의 손익분기점 판매수량을 구하시오.
2. 10월의 전부원가계산에서의 손익분기점 판매수량을 구하시오.
3. 아직 생산량과 판매량이 결정되지 않았다고 가정하자. 생산량과 판매량이 같을 때 전부원가계산에서의 손익분기점 판매수량을 구하시오.

해답

1. 9월의 전부원가계산에서의 손익분기점 판매량을 산출하면 다음과 같다.

9월($q_p = 1{,}000$):

$$q_s(P-V) = F + (q_s - q_p)\frac{F_m}{q_n}$$

$$q_s(₩1{,}000 - ₩500) = ₩225{,}000 + ₩165{,}000 + (q_s - 1{,}000)\frac{₩225{,}000}{900}$$

$$₩500q_s = ₩390{,}000 + ₩250q_s - ₩250{,}000$$

$$₩250q_s = ₩140{,}000$$

$$\therefore\ q_s = ₩140{,}000 \div ₩250 = 560\text{단위}$$

즉 생산량이 1,000단위인 9월에는 560단위만 판매하면 전부원가계산에서는 손익분기점에 도달된다.

2. 같은 방법으로 10월의 전부원가계산에서의 손익분기점 판매량을 구할 수 있다.

10월($q_p = 800$):

$$q_s(P-V) = F + (q_s - q_p)\frac{F_m}{q_n}$$

$$₩500q_s = ₩390{,}0000 + ₩250q_s - 800(₩250)$$

$$₩250q_s = ₩190{,}000$$

$$\therefore\ q_s = 760\text{단위}$$

즉 생산량이 800단위인 10월에는 760단위를 판매해야 전부원가계산에서의 손익분기점에 도달된다.

3. 생산량과 판매량이 같을 때의 전부원가계산에서의 손익분기점을 구하면 다음과 같다.

$$q_s = q_p = \frac{F}{P-V} = \frac{₩225{,}000 + ₩165{,}000}{₩1{,}000 - (₩300 + ₩200)} = \frac{₩390{,}000}{₩500} = 780\text{단위}$$

여기서 손익분기점 780단위는 변동원가계산에서의 손익분기점을 의미하기도 한다.

전부원가계산에서의 손익분기점은 어느 한 조업수준으로 표현되기보다는 생산량과 판매량의 수많은 조합으로 이루어짐을 알 수 있다. 가령 **예제 3**에서 $q_p = 0$이면 손익분기점은 $q_s = 1{,}560$단위이다.

$$₩500q_s = ₩390{,}000 + ₩250q_s$$

$$₩250q_s = ₩390{,}000$$

$$\therefore\ q_s = 1{,}560\text{단위}$$

반면에 $q_s = 0$이면 손익분기점은 $q_p = 1{,}560$단위이다.

$$q_s(P-V) = F + (q_s - q_p)\frac{F_m}{q_n}$$

$$0 = ₩390{,}000 + (0 - q_p)₩250$$

그림 11-1 전부원가계산에서의 손익분기선

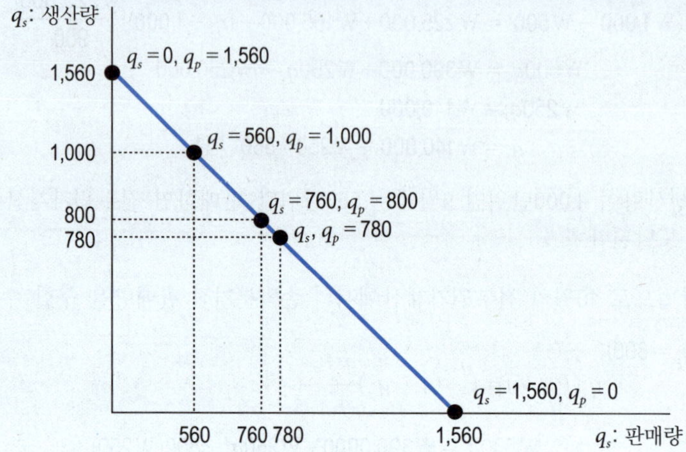

$$₩250q_p = ₩390,000$$
$$\therefore\ q_p = 1,560\text{단위}$$

따라서 생산량과 판매량의 조합으로 표현되는 손익분기선(breakeven line)을 그림으로 나타내면 **그림 11-1**과 같다.

그림 11-1의 손익분기선은 $q_p = 1,560 - q_s$이다.

$$₩500q_s = ₩390,000 + (q_s - q_p)₩250$$
$$₩250q_p = ₩390,000 - ₩250qs$$
$$\therefore\ q_p = 1,560 - q_s$$

전부원가계산과 변동원가계산의 손익분기점을 비교하면 **표 11-1**과 같다.

표 11-1 전부원가계산과 변동원가계산의 손익분기점 비교

생 산 량	전부원가계산 손익분기점 (판매량)	변동원가계산에서의 이익 ($\pi = -₩390,000 + ₩500q_s$)
q_p = 1,560단위	q_s = 0단위	π = − ₩390,000
q_p = 1,000단위(9월)	q_s = 560단위	π = − ₩110,000
q_p = 800단위(10월)	q_s = 760단위	π = − ₩10,000
q_p = 780단위	q_s = 780단위	π = − ₩0(손익분기점)
q_p = 0단위	q_s = 1,560단위	π = ₩390,000

즉 **표 11-1**을 보면 전부원가계산에서의 손익분기점은 판매량과 생산량의 조합에 의해 결정되어짐을 알 수 있으나 변동원가계산에서의 손익분기점은 단지 판매량에 의해서 결정되어짐을 알 수 있다. 또한 산술적으로만 보면 전부원가계산에서의 손익분기점은 판매를 전혀 안하고도($q_s = 0$) 생산을 많이 하면($q_p = 1{,}560$) 도달될 수 있다. 그러나 현실적으로 이 경우에는 관련범위를 크게 벗어날 것이기 때문에 달성하기는 쉽지 않을 것이다.

제4절 스루풋 원가계산

전부원가계산의 가장 큰 문제점은 생산량이 증가하면 순이익이 증가한다는 데 있다. 가령 **예제 2**에서도 9월의 판매량은 800단위이었는 데 반해 10월의 판매량은 950단위이었다. 그럼에도 불구하고 전부원가계산에서 10월의 이익(₩47,500)은 판매를 더 적게 한 9월의 이익(₩60,000)보다 적게 나타났다. 그 이유는 9월의 생산량(1,000단위)이 10월의 생산량(800단위)보다 더 많았기 때문이다. 즉 판매의 여부에 상관없이 생산을 많이 하면 전부원가계산에서의 순이익은 증가된다. 그렇다면 생산을 감소시키려는 경영자가 어디에 있겠는가? 따라서 기업이 전부원가계산을 사용하여 순이익을 계산하고 이렇게 계산된 순이익이 경영자의 성과평가에 영향을 미친다면 이는 불필요한 재고를 만들어 내는 유인을 제공한다. **예제 4**를 통해서 원가계산 방식과 재고에 대해 생각해 보자.

예제 4 전부원가계산과 이익의 결정

태진사는 두 개의 거의 동일한 사업부문을 가지고 있다고 가정하자. 또한 각 사업부문은 장기계약을 맺어 한 기간동안 정부기관에 100단위씩 납품한다고 가정하자. 따라서 판매량에 대한 예측은 거의 정확하다. 이때 A사업부는 100단위를 생산하였는 데 반해 B사업부는 150단위를 생산하였다. 따라서 사업부별 판매량, 생산량, 그리고 기말재고는 다음과 같다.

물 량	A사업부	B사업부
판 매	100단위	100단위
생 산	100단위	150단위
기말재고	0단위	50단위

한 기간동안 각 사업부의 총고정제조원가가 ₩15,000,000이라 하자. 이 회사는 전부원가계산을 사용하고 있다.

요구사항

순이익을 계산하지 않고 평가할 때 어느 사업부의 생산량 의사결정이 보다 바람직스러운 것인가?

해답

현대의 경영이 불필요한 재고의 비축에 대해서 비판적임을 감안한다면 판매량에 맞추어 생산하는 A사업부의 의사결정이 바람직스러운 것은 두말할 필요가 없다. 불필요한 재고를 장기간 비축함으로써 경영에 큰 타격을 입는 기업이 많다. 그럼에도 불구하고 전부원가계산에 따라 손익계산서를 작성하면 B사업부의 과세전이익이 A사업부의 과세전이익에 비해서 ₩5,000,000 더 높게 보고된다. 즉 A사업부의 경우는 100단위를 생산해서 모두 판매하였기 때문에 총고정제조원가 ₩15,000,000 전액이 매출원가에 포함된다. 반면에 B사업부의 경우는 150단위를 생산해서 100단위만 판매하고 50단위는 기말재고로 남기 때문에 총고정제조원가 ₩15,000,000 가운데 ₩10,000,000은 매출원가로 계상되고 나머지 ₩5,000,000은 기말재고자산에 흡수된다. 따라서 이 경우 매출원가가 A사업부에 비해 ₩5,000,000만큼 적게 보고되어 과세전이익이 그만큼 커지게 된다.

이상에서 설명한 예제는 왜 내부보고목적으로 변동원가계산을 사용해야 하는가를 보여 준다. 변동원가계산을 사용하면 **예제 4**에서 A사업부나 B사업부의 순이익이 같게 된다. 왜냐하면 생산량에 관계 없이 변동원가계산에서는 총고정제조원가는 전액 당기의 기간비용으로 처리되기 때문이다.

스루풋 원가계산은 변동원가계산에서 한 단계 더 나아간다. 즉 변동원가계산조차도 과잉재고를 쌓게 될 여지를 남긴다는 것이다. 스루풋 원가계산(throughput costing)에서는 단지 직접재료비만을 진정한 변동원가로 보고 재고가능원가(inventoriable cost)로 간주한다. 따라서 직접노무비와 변동제조간접비도 기간비용으로 처리한다. 그래서 스루풋 원가계산은 초변동원가계산(super-variable costing)으로도 불린다. **예제 5**를 통하여 스루풋 원가계산에 대해 생각해 보자.

예제 5 스루풋 원가계산

앞의 **예제 2**에서 단위당 표준변동제조원가(V_m) ₩300 가운데 단위당 표준직접재료비(D_m)가 ₩210이라 하자. 나머지 자료는 **예제 2**와 같다.

요구사항

이 자료를 이용해서 스루풋 원가계산에서의 손익계산서를 작성하시오.

해답

스루풋 원가계산을 이용하여 손익계산서를 작성하면 다음과 같다.

스루풋 원가계산 손익계산서

태진사	20×7년 9월			20×7년 10월		
매출($q_s \cdot P$)		800(₩1,000)	₩800,000		950(₩1,000)	₩950,000
변동직접재료비($q_s \cdot D_m$)		800(₩210)	168,000		950 (₩210)	199,500
스루풋 공헌			₩632,000			₩750,500
기타원가:						
변동가공비[$q_p(D_l + Voh)$]*	1,000(₩90)	₩90,000		800(₩90)	₩72,000	
고정제조간접비(F_m)		225,000			225,000	
변동판매비($q_s \cdot V_s$)	800(₩200)	160,000		950(₩200)	190,000	
고정판매비(F_s)		165,000	640,000		165,000	652,000
순이익			−₩8,000			₩98,500

* 변동가공비 = 변동직접노무비 + 변동제조간접비

예제 5에 나타난 스루풋 원가계산 손익계산서를 보면 우선 매출에서 변동직접재료비를 차감해서 스루풋 공헌(throughput contribution)을 산출한다. 변동직접재료비는 단위당 직접재료비에 판매량(q_s)을 곱하여 산출된다. 따라서 생산량이 판매량보다 많으면 이 부분은 재고자산으로 인정된다. 그 다음 스루풋 공헌에서 기타원가를 차감시켜서 순이익이 산출되는데 여기서 특기할 만한 점은 변동직접노무비와 변동제조간접비는 단위당 원가를 생산량(q_p)에 곱한다는 것이다. 따라서 생산량이 판매량보다 큰 경우 변동직접노무비와 변동제조간접비는 재고자산에 포함되지 않는다. 즉 스루풋 원가계산에선 고정제조간접비와 마찬가지로 변동직접노무비와 변동제조간접비도 전액 당기비용으로 처리된다.

변동원가계산과 스루풋 원가계산간의 순이익 차이는 다음 등식과 같다.

$$\text{변동원가계산 순이익} - \text{스루풋 원가계산 순이익} = (q_p - q_s)(D_l + Voh) \qquad (11\text{-}7)$$

여기서 D_l= 단위당 직접노무비
Voh= 단위당 변동제조간접비
나머지는 전과 동일함

예제 5에서 V_m = ₩300, D_m = ₩210, $D_l + Voh$ = ₩90(₩300 − ₩210)이고, 9월의 q_p와 q_s는 각각 1,000단위, 800단위이고, 10월의 q_p와 q_s는 각각 800단위, 950단위이다. 따라서 9월의 변동원가계산 순이익과 스루풋 원가계산 순이익의 차이는 다음과 같다.

(1,000단위 − 800단위)(₩90) = ₩18,000

그런데 생산량이 판매량보다 크므로 변동원가계산의 순이익이 스루풋 원가계산의 순이익보다 ₩18,000만큼 크다. 또한 10월의 순이익 차이는 다음과 같다.

(800단위 − 950단위)(₩90) = − ₩13,500

반대로 10월에는 판매량이 생산량보다 크므로 스루풋 원가계산 순이익이 변동원가계산 순이익보다 ₩13,500만큼 크다. **예제 2**와 **예제 5**를 토대로 전부원가계산, 변동원가계산, 스루풋 원가계산에서의 월별 순이익을 비교해 보면 **표 11-2**와 같다.

표 11-2에 나타난 바와 같이 생산량이 판매량보다 크면(20×7년 9월), 전부원가계산에서의 순이익이 가장 크게 나타나는 반면에 반대로 판매량이 생산량보다 크면(20×7년 10월), 스루풋 원가계산에서의 순이익은 가장 크게 나타난다. 따

표 11-2 전부원가계산, 변동원가계산 그리고 스루풋 원가계산간의 순이익 비교

전부원가계산, 변동원가계산, 그리고 스루풋 원가계산 간의 순이익 비교
9월: q_p = 1,000단위, q_s = 800단위, 10월: q_p = 800단위, q_s = 950단위
F_m = ₩225,000, q_n = 900단위, 그리고 $D_l + Voh$ = ₩90

원가계산순이익	비 고		20×7년 9월		20×7년 10월
전부원가계산순이익	표 11-2		₩60,000		₩47,500
조정[$(q_p - q_s)F_m/q_n$]	등식 (11-2)	(1,000−800)₩250	−50,000	(800−950)₩250	+37,500
변동원가계산순이익	표 11-2		₩10,000		₩85,000
조정[$(q_p - q_s)(D_l + Voh)$]	등식 (11-7)	(1,000−800)₩90	−18,000	(800−950)₩90	+13,500
스루풋원가계산순이익	표 11-4		− ₩8,000		₩98,500

라서 스루풋 원가계산을 사용하면 불필요한 재고의 증가를 방지하는 효과가 가장 크게 나타난다고 할 수 있다.

제5절 기준조업도

1 기준조업도의 유형

전부원가계산과 변동원가계산의 차이는 고정제조간접비의 처리에 있다.고정제조간접비의 경우 변동원가계산에서는 전액 당기비용으로 처리되지만 전부원가계산에서는 재고가능원가로 간주되어 자산으로 처리된다. 그리고 전부원가계산에서는 기준조업도가 고정제조간접비배부율에 영향을 미치고 결국 원가에 영향을 준다. 따라서 경영자들은 기준조업도를 결정할 때 주의하여야 한다. 고정제조간접비배부율을 결정하는 기준조업도는 네 가지 유형이 가장 많이 알려져 있다.

- 이론조업능력(theoretical capacity)
- 실제조업능력(practical capacity)
- 평균 연간활동(average annual activity)
- 차년도 기대활동(expected activity for the coming year)

(1) 이론조업능력

이론조업능력(theoretical capacity)은 산출물 생산이 처음부터 끝까지 100% 효율을 갖고 최대속도로 이루어 졌을 때 가능한 최고의 활동수준을 말한다. 예를 들면, 태진사가 보유하고 있는 한 기계는 최대속도로 시간당 1,000단위의 제품을 생산한다고 하자. 이때 월간 이론조업능력은 720,000단위이다.

$$1{,}000\text{단위/시간} \times 24\text{시간} \times 30\text{일} = 720{,}000\text{단위}$$

(2) 실제조업능력

생산시작부터 끝까지 아무런 방해 없이 최대속도로 조업이 이루어지는 것을 기대하기란 거의 불가능하다. 가끔가다 기계를 정비해야 한다든지 또는 휴가 등으로 인해 회피할 수 없는 조업중단이 발생하는 것이 예견된다. 실제조업능력(practical capacity)은 이론조업능력에서 이와 같은 회피불가능한 조업중단을 차감한 조업능력을 말한다. 위의 예에서 가령 공장은 한달에 25일이 가동되며 또한 회피불가능한 가동중단을 감안한 실제생산속도로는 시간당 800단위의 제품을 생산할 수 있다고 하자. 그러면 이때 월간 실제조업능력은 480,000단위이다.

800단위/시간 × 24시간 × 25일 = 480,000단위

지금까지 설명한 이론조업능력과 실제조업능력은 수요측면은 전혀 고려하지 않고 공급측면만 고려한 기준조업도의 측정치이다. 실제로는 공급할 능력은 있어도 수요가 없기 때문에 생산할 필요가 없는 상황이 적지 않게 발생된다. 평균연간활동과 차년도 기대활동은 수요측면까지 고려한 기준조업도의 측정치이다. 그렇기 때문에 이론조업능력이나 실제조업능력을 상회할 수 없다.

(3) 평균연간활동

평균연간활동(average annual activity)은 정상연간활동(normal annual capacity) 혹은 정상활용(normal utilization) 등으로 불리기도 하는데, 이는 수년에 걸쳐 고객수요를 충족시킬 수 있는 평균적인 활동수준을 의미한다. 여기서 수년간은 계절적인 것, 경기순환적인 것, 혹은 그 밖의 다른 추세요인을 포함하기에 충분히 긴 기간으로 보통 3년내지 5년이다. 이 회사는 가령 다음 3년간 월간 정상활동수준을 360,000단위로 잡고 있다.

(4) 차년도 기대활동

차년도 기대활동(expected activity for the coming year)은 종합예산활용(master-budget utilization)으로도 불리는데, 이는 차기예산기간의 기대되는 조업활용수준을 의미한다. 생산제품에 대한 수요에 호경기, 불경기 등이 수년에 걸쳐 순환주기를 지니는 경우에는 차년도 기대활동 수준과 앞서 설명한 평균연간활동수준은 큰 차이를 보일 수 있다. 가령 이 회사의 제품은 차년도에 하강국면에 접어들어 월간 종합예산활용수준이 300,000단위이다. 많은 기업에서는 수년간에 걸친 평균연간활동수준을 예측하는데 어려움을 느끼기 때문에 차년도 기대활동을 기준조업도로 선정하려는 경향을 보이고 있다.

2 기준조업도와 고정제조간접비 배부율

위에서 설명한 태진사의 고정제조간접비예산이 월간 ₩576,000,000이라고 하자. 이때 각 기준조업도 유형별 고정제조간접비배부율은 다음과 같이 결정된다.

기준조업도개념	고정제조간접비 월간예산	기준조업도	고정제조간접비배부율
이론 조업능력	₩576,000,000	720,000단위	₩800/단위
실제 조업능력	576,000,000	480,000	1,200/단위
평균 연간활동	576,000,000	360,000	1,600/단위
차년도기대활동	576,000,000	300,000	1,920/단위

위의 표를 보면 기준조업도가 가장 커지는 이론조업능력은 고정제조간접비배부율이 단위당 ₩800으로 가장 낮고 반대로 기준조업도가 가장 작은 차년도기대활동은 고정제조간접비배부율이 단위당 ₩1,920으로 가장 크다. 이는 어느 것을 기준조업도로 정하느냐에 따라서 단위당 표준원가가 크게 달라질 수 있음을 시사한다.

3 기준조업도와 재무제표

지금까지 우리는 네 가지 상이한 기준조업도의 유형과 이에 따른 고정제조간접비 배부율을 살펴보았다. 여기서는 예제를 사용하여 기준조업도 유형별로 전체고정제조간접비의 얼마만큼을 매출원가와 조업도차이로 소멸시키고 또한 얼마만큼을 재고자산 속에 포함시켜 소멸시키지 않는지를 살펴봄으로써 기준조업도가 재무제표에 미치는 영향을 설명하려 한다.

예제 6 기준조업도별 고정제조간접비 소멸액과 미소멸액 산정비교

태진사 생산제품의 단위당 변동제조원가는 ₩4,800, 그리고 월간 총고정제조간접비는 ₩576,000,000이라 하자. 기준조업도로는 앞서 설명한 네 가지 유형을 고려하고 있으며 각각 720,000단위, 480,000단위, 360,000단위, 그리고 300,000단위이다. 이 회사의 20×7년 10월의 실제생산량은 340,000단위이며 실제판매량은 320,000단위이다. 기초재고는 없었고 조업도차이 이외에는 아무런 차이도 발생하지 않았다. 차이는 매출원가에서 조정된다. 단위당 판매가격은 ₩20,000이다.

요구사항

기준조업도 유형별로 고정제조간접비 ₩576,000,000을 소멸된 원가와 소멸되지 않은 원가로 구분하시오.

해답

기준조업도 유형별 고정제조간접비 소멸액과 미소멸액을 산정하면 다음과 같다.

기준조업도 유형별 고정제조간접비 소멸액과 비소멸액 비교-태진사

$q_p = 340,000$, $q_s = 320,000$, $F_m = ₩576,000,000$

	기준조업도			
	이론조업능력	실제조업능력	평균연간활동	차년도기대활동
	$q_n = 720,000$	$q_n = 480,000$	$q_n = 360,000$	$q_n = 300,000$
	$F_m / q_n = ₩800$	$F_m / q_n = ₩1,200$	$F_m / q_n = ₩1,600$	$F_m / q_n = ₩1,920$
소멸된 고정제조간접비:				
① 매출원가에 포함된 고정제조간접비	₩256,000,000	₩384,000,000	₩512,000,000	₩614,400,000
$q_s \cdot F_m / q_n$	=320,000(₩800)	=320,000(₩1,200)	=320,000(₩1,600)	=320,000(₩1,920)
② 조업도차이	₩304,000,000U	₩168,000,000U	₩32,000,000U	₩76,800,000F
$(q_n - q_p)F_m / q_n$	=(720,000 − 340,000) ×(₩800)	=(480,000 − 340,000) ×(₩1,200)	=(360,000 − 340,000) ×(₩1,600)	=(300,000 − 40,000) ×(₩1,920)
계(①+②)	₩560,000,000	₩552,000,000	₩544,000,000	₩537,600,000
미소멸 고정제조간접비:				
기말재고에 포함된 고정제조간접비	₩16,000,000	₩24,000,000	₩32,000,000	₩38,400,000
$(q_p - q_s)F_m / q_n$	=20,000(₩800)	=20,000(₩1,200)	=20,000(₩1,600)	=20,000(₩1,920)
총고정제조간접비	₩576,000,000	₩576,000,000	₩576,000,000	₩576,000,000

예제 6에 나타난 바와 같이 소멸된 고정제조간접비는 매출원가에 포함된 고정제조간접비와 조업도차이로 구분된다. 기준조업도별 매출원가에 포함된 고정제조간접비와 조업도차이는 각각 다르게 나타나기 대문에 소멸된 고정제조간접비가 차이를 보인다. 네 가지 유형 중 기준조업도수준이 가장 낮은 차년도 기대활동에서의 소멸된 고정제조간접비는 ₩537,600,000으로 가장 작고, 반대로 가장 높은 기준조업도수준을 보인 이론조업능력에서의 소멸된 고정제조간접비는 ₩560,000,000으로 가장 크게 나타났다. 이와는 반대로 소멸되지 않은 고정제조간접비는 차년도 기대활동에서 ₩38,400,000으로 가장 컸으며 이론조업능력에서

₩16,000,000으로 가장 작았다. 각 기준조업도는 총고정제조간접비 ₩576,000,000을 각각 서로 다르게 소멸된 부분과 소멸되지 않은 부분으로 나누게 된다. 즉 소멸된 부분이 커지면 소멸되지 않은 부분은 그만큼 작아진다. 기준조업도유형별 손익계산서를 작성하면 **표 11-3**과 같다.

표 11-3에서 보는 바와 같이 각 기준조업도별 매출총이익은 다르게 나타났다. 여기서 기준조업도간 매출총이익의 차이는 **예제 6**에 나타난 소멸된 고정제조간접비(또는 소멸되지 않은 고정제조간접비)의 차이를 그대로 반영하고 있음을 알 수 있다. 가령 **예제 6**을 보면 이론조업능력과 실제조업능력간 소멸된 고정제조간접비의 차이는 ₩8,000,000(₩560,000,000 − ₩552,000,000)인데, **표 11-3**에 나타난 이론조업능력과 실제조업능력간 매출총이익의 차이도 ₩8,000,000(₩4,304,000,000 − ₩4,312,000,000)인 것을 알 수 있다. 이상에서 설명한 바와 같이 전부원가계산에서는 기준조업도를 어떤 수준으로 결정하느냐에 따라서 고정제조간접비의 소멸액이 달라지며 이는 손익계산서에 그대로 영향을 미친다.

표 11-3 기준조업도유형별 비교손익계산서

기준조업도유형별 비교손익계산서

태진사 20×7년 10월

	기준조업도			
	이론조업능력	실제조업능력	평균연간활동	차년도기대활동
매출(₩20,000×320,000)	₩6,400,000,000	₩6,400,000,000	₩6,400,000,000	₩6,400,000,000
매출원가:				
변동매출원가 (₩4,800×320,000)	1,536,000,000	1,536,000,000	1,536,000,000	1,536,000,000
고정매출원가	(₩800× 320,000) 256,000,000	(₩1,600× 320,000) 384,000,000	(₩1,200× 320,000) 512,000,000	(₩1,920× 320,000) 614,400,000
	₩1,792,000,000	₩1,920,000,000	₩2,048,000,000	₩2,150,400,000
조정전매출총이익	₩4,608,000,000	₩4,480,000,000	₩4,352,000,000	₩4,249,600,000
조업도차이(**예제 6**)	304,000,000U	168,000,000U	32,000,000U	76,800,000F
매출총이익	₩4,304,000,000	₩4,312,000,000	₩4,320,000,000	₩4,326,400,000

SUPPLEMENT

보론: 제약이론

제약이론(The Theory of Constraints)의 기본 가정은 모든 조직은 최소한 하나의 제약을 가지고 있다는 것이다. 만약 아무런 제약이 없다면 그런 기업은 무한대의 이익을 창출하게 된다. 제약은 크게 내부제약과 외부제약으로 분류될 수 있다. 내부제약은 기업내의 제약으로 특정 프로세스의 조업수준의 한계, 잘못된 정책 등이 이에 속하며 외부제약은 기업외부의 제약으로 판매수요의 부족 등이 이에 속한다. 제약은 조직이 추구하는 것을 한정시켜 주는 요소이므로 목표달성을 위해서 경영자들은 제약요소들을 잘 관리해야 한다는 것이 제약이론의 기본적인 생각이다.

제약이론은 Eli Goldratt에 의해 제안되었다. 그는 Alex Rogo라는 공장관리자를 주인공으로 하는 소설 「목표」(The Goal)에서 제약이론이라는 경영이론을 설명하고 있다. Alex가 맡고 있는 공장은 경영부진으로 폐쇄될 위기에 처했으나, 그는 전통적인 원가회계 및 차이보고제도의 사용을 포기하는 대신 제약이론에 입각하여 새로운 회계 및 업적보고제도를 도입함으로써 공장을 회생시킨다는 내용이 소설의 줄거리이다.

제약이론의 기본전제는 기업의 목표는 좀더 많은 돈을 벌어들이는 데 있다는 것이다. 그런데 돈을 버는 것은 재고를 쌓아둠으로써가 아니라 고객에게 판매를 함으로써 가능하다. 재고는 운영상의 비능률 및 여러 문제점들을 파생시키며 은폐시킨다. 즉, 과잉재고는 사이클 시간을 증가시키고, 불량률을 증가시키며, 운영비용을 증가시키고, 결국 매출과 이익을 감소시킨다. 그런데 전통적인 회계는 재고를 쌓아 두게 만드는 잘못된 인센티브를 제공하였으며 이것이 문제이다.

1 스루풋 원가계산(throughput costing)

Goldratt은 재고를 쌓아두는 경영자에게 상을 주는 전부원가계산제도에 반대하여 스루풋 회계(또는 스루풋 원가계산)라 불리는 변동원가계산의 한 유형을 제안하였다. 제약이론에서는 재고, 운영비용이라는 기본측정치를 이용하여 ① 스루풋 공헌의 증대, ② 재고의 감소, 그리고 ③ 운영비용의 절감이라는 세 가지 기본목표를 달성하고자 한다.

스루풋 공헌은 한 조직이 판매를 통해 돈을 창출하는 정도라고 정의되는데 매출에서 직접재료비를 차감하여 산정된다. 스루풋 회계에서는 스루풋 공헌을 산출하는 데에 직접노무비를 매출에서 차감시키지 않는다. 스루풋 회계에서 직접노무비는 뒤에서 설명할 운영비용의 일부이며 고정원가로 간주된다.

재고는 한 조직이 판매할 의도로 구입한 재화에 투자한 돈으로 정의된다. 스루풋 회계에서는 재고 속에 건물이나 기계장치까지 포함시킨다. 반면에 재고 속에는 기업 자체에서 부가시킨 가치는 포함되지 않는다. 따라서 재공품 재고나 완제품 재고 속의 직접노무비와 제조간접비 부분은 스루풋 회계의 재고개념 속에는 포함되지 않는다.

운영비용은 한 조직이 재고를 스루풋 공헌으로 전환시키는 데 사용된 모든 돈으로 정의된다. 따라서 운영비용 속에는 스루풋 공헌을 계산하는데 매출로부터 차감되지 않은 모든 비용이 포함된다. 예를 들면 직접노무비, 제조간접비 그리고 판매관리비 등이 그것이다.

스루풋 원가계산과 변동원가계산간의 중요한 차이점 중의 하나는 4절의 스루풋 원가계산에서 설명한 바와 같이, 직접노무비와 변동제조간접비의 처리에 있다. 스루풋 원가계산에서 직접노무비와 변동제조간접비는 스루풋 공헌을 산출할 때, 매출로부터 차감되지 않으며 재고 속에 자본화되지도 않는다. 대신 직접노무비와 변동제조간접비는 운영비용의 일부로 간주된다. 그러나 변동원가계산에서 직접노무비와 변동제조간접비는 변동원가로 간주되어 공헌이익을 산정할 때 매출로부터 차감된다.

스루풋 회계의 가장 중대한 목표 가운에 하나는 재고수준을 감소시키는 데 있다. 스루풋 공헌(매출-직접재료비)을 성과측정치로 사용한다면 경영자들은 모든 노력을 판매할 수 있는 것을 생산하는 데 집중시킬 것이다. 이렇게 스루풋 공헌이익을 증대시킨다면 재고감소효과가 나타날 뿐만 아니라 조직에 묶여 있는 자금을 감소시키는 효과가 나타날 것이다.

2 제약요소관리 5단계

Goldratt은 제약이론에서 구체적으로 제약요소 관리를 위한 5단계를 제시하고 있는데 이를 간략히 설명하면 다음과 같다.

(1) **제1단계:** 제약요소의 식별

보통 공장내의 제약요소 앞에는 재공품 재고가 많이 쌓이게 된다. 공장내의 제약요소는 쉽게 제거될 수 있으며 그러면 제약요소는 또 다른 것으로 이전된다. 외부시장이 제약요소인 경우도 자주 나타나는데 이는 통제하기 어려운 제약요소이다. 또한 기업내의 잘못된 정책이 제약요소인 경우도 있는데 불행하게도 이를 식별하기란 매우 어렵다. 어떤 정책이 제약요소일 경우에는 그 정책은 보다 나은 정책으로 대체되어야 한다.

(2) **제2단계:** 제약요소의 활용

제약요소가 식별되면 그 제약요소는 낭비되는 일이 없어야 한다. 가령 불량품은 제약요소로 투입되지 않게 적절히 관리되어야 하며, 제약요소의 유지보수 활동은 가급적 정상조업시간 이후에 이루어져야 한다. 이러한 조치는 제약요소의 낭비를 방지하여 스루풋을 증가시키려는 데 있다. 또한 수행되어져야 할 직무들은 제약요소를 얼마나 효과적으로 사용할 수 있느냐에 따라 우선순위가 정해져야 한다. 가령 제약요소 한 단위당 스루풋 공헌이 큰 직무들을 우선적으로 작업해야 한다.

(3) **제3단계:** 비제약요소의 제약요소에의 종속

제한받지 않는 비제약요소에 관한 의사결정은 그것이 제약요소에 어떤 영향을 미치느냐에 따라 내려져야 한다. 가령 제약요소의 고려 없이 비제약요소의 능력이나 작업속도를 증가시킨다면 스루풋이 증가되기는커녕 제약요소 앞에 재고만 쌓이게 하는 결과를 초래할 것이다. 따라서 비제약요소는 제약요소의 능력이나 작업속도에 맞춰야 한다. 제약이론의 초점은 한 부분의 원가 극소화가 아니라 전체 스루풋의 극대화이다.

(4) **제4단계:** 제약요소의 개선

제약요소의 개선은 제약자원의 추가 획득을 의미한다. 가령 제약이 특정 기계라면 또 하나의 기계를 추가로 획득할 수 있으며 또한 제약요소를 통해 이루어지는 작업의 일부는 외부로 맡길 수도 있다. 또한 정규시간외 근무나 추가 교대조의 투입 등도 제약요소의 개선에 사용되기도 한다.

(5) **제5단계:** 제약요소의 제거와 다시 제1단계로 가기

한 제약요소가 제거되고 나면 또 다른 제약요소가 나타나게 된다. 경영자는 새로운 제약요소를 식별하고 이에 효과적으로 대처해야 한다. 이미 제거된 옛 제약요소에 맞추어서 마련된 정책은 적절하게 수정되거나 제거되어져야 한다. 경영자들은 관성에 사로잡히지 말고 상황변화에 따라 이에 맞춰 변화해야 한다.

제약이론에 대한 비판은 제약이론이 단기적 의사결정에만 도움을 줄 수 있다는 데 있다. 즉 제약이론은 자원공급량, 제품설계, 가격, 주문량, 비용과 지출이 정해져 있는 상태에서 어떻게 하면 스루풋 공헌을 극대화하느냐에 대한 해답을 제공해 준다. 그러나 제약이론은 경영자들로 하여금 그 관심을 제품원가의 계산 및 절감보다는 회사전체의 스루풋이나 제약요소의 관리에 기울이도록 만든다. 또한 제약이론은 불필요하게 재고를 증가시키려는 인센티브를 제거한다.

예제 7 제약이론과 의사결정

태진사는 두 제품, 제품 X와 제품 Y를 생산, 판매하고 있는데, 제품 X는 100단위가, 그리고 제품 Y는 50단위가 판매될 것으로 예상하고 있다. 제품 X와 Y의 단위당 판매가격은 각각 ₩450과 ₩500이다. 작업자는 김씨, 이씨, 박씨, 그리고 최씨 모두 4명인데 각 작업자의 가용시간은 2,400분이다.

그리고 이 기간 동안 운영비용은 ₩30,000이 발생될 것으로 예상된다. 각 제품 한 단위를 생산하는 데 필요한 재료 및 부품과 작업자별 소요시간은 아래와 같다.

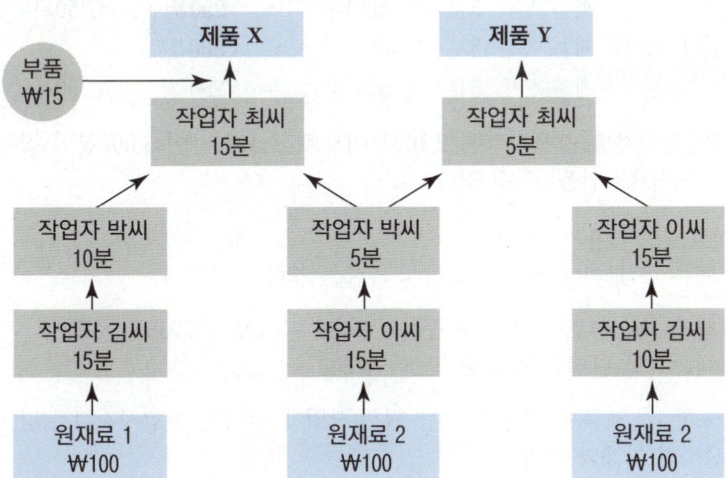

즉 제품 X 한 단위를 생산하기 위해서는 ₩100의 원재료를 가지고 김씨가 15분 작업한 후 작업자 박씨가 10분 작업하고, 또한 ₩100의 원재료를 가지고 작업자 이씨가 15분 작업한 후, 작업자 박씨가 5분 작업하고, 이 둘을 모아 작업자 최씨가 15분 작업하고 부품 ₩15어치를 첨가해야 한다. 마찬가지로 제품 Y 한 단위를 생산하기 위해서는 ₩100의 원재료를 가지고 작업자 이씨가 15분, 그리고 작업자 박씨가 5분 작업하고, 또한 ₩100어치 원재료를 가지고 작업자 김씨가 10분, 그리고 작업자 이씨가 15분 작업하고, 이를 모아 작업자 최씨가 5분 동안 작업을 해야 한다.

요구사항

제약이론을 적용하면 태진사 제품 X와 Y를 각각 몇 단위씩 생산해야 하겠는가?

해답

① 제약요소의 식별

제품 X 100단위와 제품 Y 50단위를 생산하는 데 소요되는 각 작업자별 총소요시간을 산출하면 다음과 같다.

작업자	제품	시간		단위		소요시간	합계
작업자 김씨:	제품 X	15분	×	100단위	=	1,500분	
	제품 Y	10분	×	50단위	=	500분	2,000분
작업자 이씨:	제품 X	15분	×	100단위	=	1,500분	
	제품 Y	15분	×	50단위	=	750분	
	제품 Y	15분	×	50단위	=	750분	3,000분
작업자 박씨:	제품 X	10분	×	100단위	=	1,000분	
	제품 X	5분	×	100단위	=	500분	
	제품 Y	5분	×	50단위	=	250분	1,750분
작업자 최씨:	제품 X	15분	×	100단위	=	1,500분	
	제품 Y	5분	×	50단위	=	250분	1,750분

각 작업자별 가용시간은 2,400분이므로 소요시간이 3,000분인 작업자 이씨가 이 경우 제약요소임을 알 수 있다.

② 제약요소의 활용

각 제품 한 단위당 스루풋 공헌은 다음과 같다.

제품 X의 단위당 스루풋 공헌 = ₩450 − ₩215 = ₩235
제품 Y의 단위당 스루풋 공헌 = ₩500 − ₩200 = ₩300

또한 각 제품별 제약요소 한 단위(작업자 이씨의 작업시간 1분)당 스루풋 공헌을 계산하면 아래와 같다.

제품 X: ₩235/15분 = ₩15.67/분

제품 Y: ₩300/30분 = ₩10.00/분

그러므로 제약요소 한 단위당 스루풋 공헌이 큰 제품 X를 먼저 생산해야 한다. 제품 X 100단위를 생산하면 작업자 이씨는 1,500분을 작업해야 한다. 따라서 나머지 900분(2,400분 − 1,500분)으로 제품 Y를 30(900분 ÷ 30분)단위 생산할 수 있다. 즉 태진사는 제품 X 100단위와 제품 Y 30단위를 생산해야 한다. 이때 총스루풋 공헌과 이익은 각각 ₩32,500과 ₩2,500이 된다.

총스루풋 공헌 = 100(₩235) + 30(₩300) = ₩32,500
이익 = ₩32,500 − ₩30,000 = ₩2,500

만약에 판매가격이 큰 제품 또는 제료비가 낮은 제품 또는 공헌이익이 큰 제품부터 생산한다면, 태진사는 먼저 제품 Y 50단위를 생산하게 되고, 나머지 900분(2,400분 − 1,500분)으로 제품 X 60단위를 생산하게 된다. 이때 총스루풋 공헌과 이익은 각각 ₩29,100과 −₩900으로 최적의사결정이 아님을 알 수 있다.

연습문제

문 1 전부원가계산과 변동원가계산의 기초

다음 사례에 각각 답하시오.

사례 1 ‖ 서강사는 2011년 초에 영업을 개시하여 무선전화기를 생산·판매하고 있다. 2011년에 3,000개를 생산하였으며, 제품단위당 판매가격은 ₩150,000이다. 생산에 관한 자료는 다음과 같다.

	고정원가	제품단위당 변동원가
직접재료원가		₩30,000
직접노무원가		25,000
제조간접원가	₩45,000,000	15,000
판매관리비	60,000,000	20,000

요구사항

만약 전부원가계산에 의한 영업이익이 변동원가계산에 의한 영업이익에 비하여 ₩15,000,000이 많을 경우, 2011년 판매량은 몇 개인가?

사례 2 ‖ 동강사는 2011년 초에 영업을 개시하였으며, 단일의 제품을 생산하여 개당 ₩1,000씩에 판매하고 있다. 서강회사는 실제원가시스템으로 원가를 계산하고 있다. 2011년 동안 100,000단위의 제품을 생산하여 80,000단위의 제품을 판매하였다. 2011년 말에 재공품계정의 잔액은 없다. 2011년의 제조원가와 기간비용에 관한 자료는 다음과 같다.

	고 정 비	단위당 변동비
직접재료비	–	₩200
직접노무비	–	125
제조간접비	₩12,000,000	75
판 매 비	7,000,000	100

요구사항

동강사의 변동원가계산 방법에 의한 영업이익은 얼마인가?

문 2 전부원가계산과 변동원가계산: 원가흐름 가정

신촌(주)의 20×7년 4월, 5월, 그리고 6월의 매출 및 원가자료는 다음과 같으며, 4월 1일의 기초재고자산은 없다.

	4월	5월	6월
생산량	25,000	20,000	15,000
판매량	20,000	20,000	20,000
판매가격	₩20		
단위당 변동원가			
직접재료비	₩6		
직접노무비	3		
변동제조간접비	2		
변동판매비와 관리비	1		
월별 고정비			
고정제조간접비	₩90,000		
판매비와 관리비	30,000		

요구사항

1. 재고자산 평가방법은 가중평균법에 의하며 실제원가계산제도를 사용하고 있다.
   ① 월별 전부원가계산 손익계산서를 작성하시오.
   ② 월별 변동원가계산 손익계산서를 작성하시오.
   ③ 두 원가계산방법에 따른 순이익을 조정하시오.
2. 재고자산 평가방법은 선입선출법에 의하며 실제원가계산제도를 사용하고 있다.
   ① 월별 전부원가계산 손익계산서를 작성하시오.
   ② 월별 변동원가계산 손익계산서를 작성하시오.
   ③ 두 원가계산방법에 따른 순이익을 조정하시오.

문 3 전부원가계산과 변동원가계산: 정상원가계산

서강(주)의 20×7년 분기별 원가예산은 다음과 같다.

	고 정 비	변 동 비
제조원가	₩500,000	₩20/단위
판 매 비	200,000	6/단위
관 리 비	300,000	4/단위

동사는 분기별 정상조업도인 50,000단위를 기준으로 제조간접비를 배부하고 있으며, 조업도차이가 발생하면 매출원가에서 전액 조정한다. 제품의 단위당 판매가격은 ₩60이다. 20×7년 1월 1일에 제품재고는 5,000단위가 있었으며, 제품의 단위당 원가는 20×7년 예산과 동일하다. 20×7년 분기별 생산 및 판매수량은 다음과 같다.

	생 산 량	판 매 량
1분기	50,000	40,000
2분기	60,000	45,000
3분기	40,000	60,000
4분기	50,000	50,000

요구사항

1. 분기별 손익계산서를 작성하시오.
   ① 전부원가계산
   ② 변동원가계산
2. 분기별로 두 가지 원가계산방법에 따른 영업이익을 조정하시오.

문 4 전부원가계산과 변동원가계산: 표준원가계산(1)

상계(주)는 전부원가계산에 의한 표준원가계산제도를 사용하고 있다. 제품 한 단위당 표준제조원가는 ₩600이고, 표준고정제조간접비는 단위당 ₩50(₩5,000,000 ÷ 100,000단위: 기준조업도)이고, 제품단위당 판매가격은 ₩800이다. 변동판매비와 관리비는 제품단위당 ₩80이며, 고정판매비와 관리비는 ₩4,000,000이다.

20×7년 기초제품재고는 15,000단위이며, 기말제품재고는 18,000단위였다. 20×7년도의 표준변동제조원가로부터의 불리한 차이는 ₩1,500,000이었다. 그리고 20×7년도의 총판매수량은 105,000단위였다. 고정제조간접비 예산차이는 발생하지 않았다.

요구사항

1. 모든 원가차이는 연도말에 매출원가계정에서 조정된다는 가정하에 20×7년도의 손익계산서를 전부원가계산에 의해 작성하시오.
2. 상기자료를 이용하여 변동원가계산에 의한 손익계산서를 작성하시오.

3. 두 원가계산방법에 따른 순이익 차이는 얼마이며, 차이의 발생원인을 규명하시오.

문 5 전부원가계산과 변동원가계산의 손익분기점

(주)델마는 단일제품을 생산·판매하며, 판매단가는 ₩20이다. 당기 영업활동에 대한 예산은 다음과 같다.

	단위당 변동비		연간고정비
직접재료비	₩3		
직접노무비	5		
제조간접비	2		₩120,000
판매비와 관리비	4		54,000
당기생산량		40,000개	
판매수량		25,000개	
기초재고		없다.	

◉ 요구사항

1. 변동원가계산하의 손익분기점 판매수량을 구하시오.
2. 전부원가계산하의 손익분기점 판매수량을 구하시오.

문 6 전부원가계산하의 CVP 분석: 표준원가계산

(주)서강은 표준원가계산제도에 의한 전부원가계산제도를 채택하고 있다. 다음 자료는 20×7년도의 생산과 영업에 관련된 자료이다.

기초제품수량	3,000개
당기판매수량	30,000개
기말제품수량	5,000개
단위당 판매가격	₩300
단위당 변동제조원가	120
단위당 변동판매비와 관리비	60
단위당 고정제조간접비 배부액	50
실제 및 예산 고정제조간접비	₩2,000,000
실제 고정판매비와 관리비	2,800,000
단위당 표준원가는 전년도와 동일하다.	

조업도차이를 제외한 원가차이는 없으며, 제조간접비차이는 매출원가에서 전액 조정된다.

요구사항

1. 변동원가계산에 의한 손익분기점 판매수량은 얼마인가?
2. 전부원가계산에 의한 손익분기점 판매수량은 얼마인가?

문 7 전부원가계산과 변동원가계산: 표준원가계산(2)

(주)서강은 표준전부원기계산제도를 사용하고 있다. 동사의 20×7년 1년 동안 제품생산과 관련된 자료는 다음과 같다.

표준생산비율	10단위/기계시간당
단위당 변동제조원가	₩30
단위당 변동판매비와 관리비	10
예산 및 실제 고정제조간접비	₩4,200,000
고정판매비와 관리비	₩1,200,000
기준조업도	60,000기계시간
단위당 판매가격	₩50
기초제품	30,000단위
기말제품	40,000단위
판매수량	540,000단위

표준생산비율은 지속적으로 유지되고, 변동제조원가와 관련된 어떤 차이도 발생하지 않는 것으로 가정한다.

요구사항

1. 모든 원가차이를 매출원가에서 조정할 경우 표준전부원가계산에 의한 손익계산서를 작성하시오.
2. 변동원가계산에 의한 영업이익은 얼마인가? 두 방법간의 순이익 차이를 조정하는 표를 작성하시오.
3. 전부원가계산에 의한 손익분기점 판매량은 얼마인가?
4. 생산량은 정확하게 기준조업도와 일치하지만, 제품이 하나도 판매되지 않았다고 가정한다. 이때 고정제조간접비는 예상대로 발생하고, 모든 판매비와 관리비는 발생하지 않았다. 변동원가계산과 전부원가계산에 의한 영업이익을 산출하고 영업이익에 차이가 있으면 원인을 설명하시오.

문 8 스루풋 원가계산(1)

(주)서강은 대형냉장고를 생산·판매하고 있으며, 20×7년 1/4분기의 매월 생산 및 원가관련 자료는 다음과 같다.

	1월	2월	3월
기초재고(단위)	0	300	300
생산량	1,000	800	1,250
판매량	700	800	1,500
변동원가 자료:			
생산단위당 제조원가	₩9,000	₩9,000	₩9,000
단위당 판매비	6,000	6,000	6,000
고정원가 자료:			
제조원가	₩4,000,000	₩4,000,000	₩4,000,000
판매비	1,400,000	1,400,000	1,400,000

단위당 판매가격은 ₩25,000이며, 원가흐름은 선입선출법을 적용한다.

요구사항

1. 변동원가계산과 전부원가계산에 의한 월별 손익계산서를 작성하시오.
2. 두 가지 방법에 따른 영업이익의 차이를 설명하시오.
3. (주)서강의 20×7년 1/4분기의 단위당 변동제조원가는 다음과 같을 때 스루풋 원가계산에 의한 손익계산서를 작성하시오.

	1월	2월	3월
직접재료비	₩5,000	₩5,000	₩5,000
직접노무비	1,000	1,000	1,000
제조간접비	3,000	3,000	3,000
	₩9,000	₩9,000	₩9,000

문 9 스루풋 원가계산(2)

(주)노고산은 선풍기를 생산·판매하고 있으며, 20×7년과 20×8년의 영업활동과 관련된 자료는 다음과 같다. (주)노고산은 재고자산 평가를 위해 표준원가제도를 도입하고 있으며, 고정제조간접비 배부를 위한 기준조업도로 정상활동수준을 사용하고 있다.

단위관련 자료	20×7년	20×8년
기초재고	900	1,400
당기생산	2,000	400
판매량	1,500	1,700
정상활동수준	2,000	2,000
표준원가관련 자료		
단위당 판매가격	₩1,000	₩1,000
단위당 직접제조원가	400	400
(단위당 직접재료비)	(230)	(230)
단위당 변동제조간접비	150	150
단위당 변동판매비	10	10
고정제조간접비 예산(실제)	₩100,000	₩100,000
고정판매비	30,000	30,000
변동제조원가 순 불리한 차이 (직접재료비에서 발생)	10,000	10,000

요구사항

1. 전부원가계산에 의한 손익계산서를 작성하시오.(원가차이를 매출원가에 반영)
2. 변동원가계산에 의한 손익계산서를 작성하시오.(원가차이를 매출원가에 반영)
3. 스루풋 원가계산에 의한 손익계산서를 작성하시오.(원가차이는 기타원가에 반영)

문 10 전부원가계산과 변동원가계산: 표준원가계산(3)

다음은 (주)한국의 20×7년의 생산실적에 관한 자료이다.

기준조업도	10,000개	기초 제품수량	400개
제품 판매수량	9,500개	기말 제품수량	600개
변동제조간접비 소비차이	₩9,800 불리		
변동제조간접비 능률차이	₩1,400 유리		
고정제조간접비 조업도차이	₩2,700 불리		
고정제조간접비 소비차이	₩1,100 유리		

기초 및 기말 재공품은 없으며, 전기와 당기의 단위당 원가는 모두 동일하다. 위에 제시된 원가차이 외에 발생한 원가차이는 없으며, 원가차이는 매출원가에서 조정한다. 단위당 판매가격은 ₩100이며 전부원가계산하의 영업이익은 ₩190,000이며, 판매관리비는 전혀 발생하지 않는 것으로 가정한다.

요구사항

1. 전부원가계산에서 원가차이 조정전의 매출원가는 얼마인가?
2. 고정제조간접비 실제 발생액은 얼마인가?
3. 변동원가계산하의 영업이익을 구하시오.
4. 변동원가계산에서 원가차이 조정전의 변동비(변동매출원가)는 얼마인가?
5. 변동원가계산에서 원가차이 조정후의 공헌이익은 얼마인가? 단, 원가차이는 변동비(변동매출원가)에서 조정한다.

문11 개념차이의 이해

㈜신혜의 20×2년의 손익계산서 및 기초·기말 재고자산 내역은 다음과 같다.

	변동원가계산	전부원가계산
매출액	₩7,000,000	₩1,650,000
표준매출원가	3,660,000	4,575,000
고정제조간접비	1,100,000	−
제조원가차이(모두 불리)		
직접재료원가 가격 및 능률차이	50,000	50,000
직접노무원가 가격 및 능률차이	60,000	60,000
변동제조간접비 소비 및 능률 차이	30,000	30,000
고정제조간접비		
소비차이	−	100,000
생산조업도차이	−	400,000
광고비 합계(모두 고정원가)	1,000,000	1,000,000
일반관리비 합계(모두 고정원가)	500,000	500,000
총원가	6,400,000	6,715,000
영업이익	₩600,000	₩285,000

표준원가로 표시된 재고자산은 다음과 같다.

	변동원가계산	전부원가계산
20×1년 12월 31일	₩1,320,000	₩1,650,000
20×2년 12월 31일	60,000	75,000

요구사항

1. 20×2년에 공장은 기준조업도의 몇 %수준에서 가동되었는가?
2. 전부원가계산과 변동원가계산에서의 영업이익의 차이를 조정하시오.
3. 회사에서 사용하고 있는 회계시스템이 무엇이냐에 따라 재고자산의 양이 달라질 수 있

다고 한다. 부당한 재고자산의 누적에 대처할 수 있는 방안을 3가지만 제시하시오.

문12 제약이론

골드렛 공장은 제품 P와 제품 Q를 생산·판매하고 있다. 다음 그림은 이 공장의 생산흐름을 요약한 것이다.

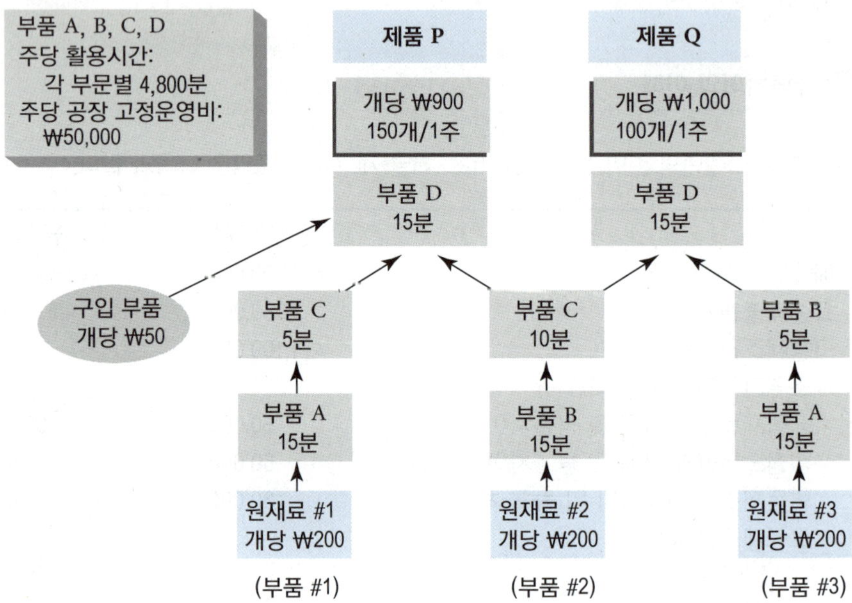

제품 P의 판매가격은 개당 ₩900이고, 1주일 수요량은 150개이다. 제품 P는 최종적으로 부문 D에서 조립된다. 1개의 제품 P를 조립하는데는 외부에서 개당 ₩50에 구입한 부품 1개와 공장에서 생산한 부품 #1과 부품 #2가 각 1개씩 사용된다.

부품 #1은 부문 A에서 생산을 시작한다. 부품 #1을 한 개 생산하는데 원가 ₩200의 원재료 #1 한 개가 사용된다. 부품 #1에 대한 부문 A의 가공시간은 개당 15분이다. 부문 C는 부문 A의 중간부품을 받아서 계속 가공하는데, 개당 소요시간은 5분이다. 부품 #2는 원가가 ₩200인 원재료 #2 한 개를 부문 B에 투입하여 생산을 시작한다. 부문 B에서의 개당 소요시간은 15분이다. 이 중간부품을 부문 C가 이어 받아서 개당 10분을 들여서 완성한다. 부문 D는 부품 #1, 부품 #2, 그리고 외부구입 부품을 각 1개씩 조립하여 최종적으로 1개의 완제품 P를 생산한다. 부문 D에서 제품 P 한개를 조립하는데 소요되는 시간은 15분이다.

제품 Q의 개당 판매가격은 ₩1,000이다. 판매가격이 높아서 주당 수요량은 100개에 불과하다. 이 제품도 역시 부문 D가 조립하여 완성한다. 제품 Q는 부품 #2와 부품 #3 각 한 개씩을 조립하여 완성된다. 부품 #3은 부문 A가 원가 ₩200의 원재료 #3 한 개를 가공하여 중간부품을 만든 다음, 부문 B가 받아서 최종적으로 생산한다. 부품 #3에 대한 부문 A와 B의 개당 소요시간은 각각 30분, 5분이다. 제품 Q에 대한 부문 D의 조립소요시간은 개당 10분이다. 부품 #2는 제품 P를 만들 때도 공통적으로 사용된다. 부품 #1, #2, #3은 각각 원재료 #1, #2, #3을 한 개씩 투입하여 가공한 것이다. 각 부문의 총작업가능시간(순수한 조립시간)은 1주일에 4,800분, 즉 80시간이다. 1주일 동안 공장을 운영하는데 직접재료원가를 제외한 ₩50,000의 고정운영비가 소요된다. 고정운영비는 기간비용이다.

요구사항

※ 아래 물음의 상황은 각기 독립적이다.

1. 골드렛 공장의 영업이익을 극대화시키기 위한 1주일간 제품 P와 제품 Q의 최적 제품 생산량을 결정하고, 이때의 영업이익을 계산하시오.

※ 이하에서는 제품 P의 주당 수요량이 150개가 아니라 120개라고 가정한다. 이 때 최적 제품 생산량은 P=120, Q=100이 된다. 이를 토대로 2~4에 답하시오.

2. 부문 D의 평균 공손률은 투입량을 기준으로 제품 P와 제품 Q가 각각 20%였고, 이 비율에 따라 매주 공손품이 발생하고 있다고 가정하자. 공손품은 공정의 마지막 종료시점에서 발견된다. 골드렛 공장의 엔지니어는 제품 P와 제품 Q에 대한 부문 D의 평균 공손률을 각각 10%로 낮추는데 매주 ₩15,000의 비용이 소요되는 새로운 품질관리 프로그램을 제시하였다. 이 공장은 소수점 이하의 제품에 대해서는 판매하지 않는다. 이 새로운 품질관리 프로그램을 실행해야 하는가?
3. 골드렛 공장은 제품 Q의 수요량을 확대하기 위한 새로운 마케팅 프로그램을 검토하고 있다. 이 프로그램의 실행으로 제품 Q의 1주일 수요량이 150개로 늘어날 경우, 골드렛 공장이 이 프로그램 실행을 위해 매주 지출할 의사가 있는 최대금액은 얼마인가?
4. 골드렛 공장의 외부 협력업체가 추가로 부품 #2의 부문 B에서 생산하는 중간부품 15개를 개당 ₩5의 외주가공비로 가공하겠다는 제안을 했다. 골드렛 공장은 외부 협력업체에게 부품 #2의 생산에 필요한 원재료 #2를 공급해야 한다. 골드렛 공장은 영업이익을 극대화하기 위하여 협력업체의 외주가공 제안을 수락해야 하는가?

문13 단답형 기출문제

1. 다음은 ㈜한국의 원가자료이다. 전부원가계산방법에 의한 당기순이익이 직접원가계산방법에 의한 당기순이익보다 ₩200이 많은 경우 당기의 재고 증감량은 몇 개인가?

당기생산량	: 1,000개	기초재고수량	: ?
기말재고수량	: 100개	판매가	: 단위당 ₩15

변동제조간접비	: 단위당 ₩5	고정제조간접비	: ₩2,000
변동판매비	: 단위당 ₩2	고정판매비	: ₩300

2. ㈜태종은 2009년초에 영업을 개시하여 무선전화기를 생산·판매하고 있다. 2009년에 3,000개를 생산하였으며, 제품 단위당 판매가격은 ₩150,000이다. 관련 자료는 다음과 같다.

	고정원가	제품 단위당 변동원가
직접재료원가		₩30,000
직접노무원가		25,000
제조간접원가	₩45,000,000	15,000
판매관리비	60,000,000	20,000

전부원가계산에 의한 2009년의 영업이익이 변동원가계산에 의한 영업이익에 비하여 ₩15,000,000이 많을 경우, 2009년의 판매량은 몇 개인가?

3. 20×3년 3월에 영업을 시작한 한성회사는 선입선출법에 의한 실제원가계산제도를 채택하고 있으며, 20×3년 3월과 4월의 생산과 판매에 관한 자료는 다음과 같다.

	3 월	4 월
생산량	8,000단위	9,000단위
판매량	7,000단위	10,000단위
고정제조간접원가	₩1,600,000	₩1,620,000
고정판매비용	₩800,000	₩900,000

20×3년 4월 중 변동원가계산에 의한 영업이익이 ₩1,200,000이라고 할 때, 전부원가계산에 의한 영업이익을 구하면?

4. 대한회사의 당기 제품제조 및 영업활동과 관련한 다음의 자료를 토대로 하여 변동제조원가 발생액과 고정판매관리비 발생액을 구하면 각각 얼마인가?

- 매 출 액 : ₩2,000,000
- 고정제조원가 당기발생액 : ₩600,000
- 변동판매관리비 당기발생액 : ₩200,000
- 당기 제품생산량 : 70,000개
- 당기 제품판매량 : 65,000개
- 변동매출원가 : ₩780,000
- 변동원가계산에 의한 영업이익 : ₩300,000
- 기초제품 재고와 기초 및 기말재공품 재고는 없다.

5. (주)광주는 실제원가로 제품원가를 계산하고 있다. (주)광주는 20×1년 1월초에 개업하였으며, 20×1년과 20×2년의 제품 생산량과 판매량, 원가자료는 다음과 같다.

	20×1년	20×2년
생산량	10,000개	14,000개
판매량	8,000개	1,500개
고정제조간접원가	₩240,000	?
고정판매관리비	₩180,000	₩23,000

20×2년의 전부원가계산에 의한 이익은 ₩500,000이고, 변동원가계산에 의한 이익은 ₩528,000이었다. 20×2년에 발생된 고정제조간접원가는 얼마인가? 단, 20×1년과 20×2년의 기초재공품 및 기말재공품은 없으며, 물량 및 원가흐름은 선입선출법을 가정한다.

제12장

종합예산

제1절 서 론

제2절 종합예산 편성절차

제3절 종합예산 편성방법

제4절 원가유형과 통제방법

학습목표

복잡한 경영환경에서의 기업경영은 어느 때보다 세심한 계획수립을 요구한다. 많은 조직에서 계획수립은 예산제도를 통해서 이루어진다. 이 장에서는 종합예산의 편성과정을 기술한 후 예산이 조직구성원의 행동에 미치는 영향에 관해 설명하고자 한다. 이 장을 읽고 나면 아래 내용을 파악할 수 있어야 한다.

1. 조직에서 예산편성 및 예산편성의 역할
2. 종합예산 편성방법
3. 운영예산 및 재무예산의 종류
4. 예산의 효과적 사용방법
5. 예산편성의 행동적 측면

제12장 종합예산

제1절 서 론

예산은 유용한 계획수립 및 통제의 수단이다. 기업의 생존은 잘 계획된 활동에 달려 있다. 기업의 계획수립에는 제조, 마케팅, 관리 및 서비스 기능 등을 망라한 모든 활동의 미래원가 추정이 포함된다. 이러한 추정원가 또는 예산원가를 이용해 경영자들은 업적을 측정하고, 실제원가를 통제하며 나아가 조직목표를 달성한다. 잘 관리되는 조직에서는 계획수립이 예산편성절차를 통해 공식화된다. 예산편성절차에서 수립된 예산은 기업의 미래활동의 모든 측면을 나타낸다.

1 예산의 특징

예산은 미래기간동안의 기업의 기대되는 활동을 계량적으로 기술하여 표현한 종합적인 공식계획이다. 그러므로 예산은 특정 주체(entity)를 다루며, 미래기간과 관련되고 또한 계량화되어 있다.

(1) 예산주체

계획수립 및 통제 목적을 위해 예산주체는 한 부서나 부문과 같은 조직의 일부분, 마케팅 또는 회계와 같은 특정 기능 또는 건설프로젝트나 종업원교육훈련 프로그램과 같은 식별가능한 활동 등으로 구성된다. 예산을 편성하기 전에 예산주체가 잘 정의되어야만 한다. 가령 어떤 프로젝트에 대한 예산을 편성하려면 먼저 어떤 세부활동들이 이 프로젝트에 포함되는지를 정확하게 규정해야 한다.

(2) 예산기간

예산은 미래의 일정기간을 다루는 예측치이다. 예산기간은 경영층의 정보욕구 및 계획수립 필요에 따라서 그리고 예산활동의 특성 및 기능에 따라서 길 수도 있고 짧아 질 수도 있다. 예산기간이 한달, 일년 혹은 10년인지 그 기간이 명확하게 명시되어야 한다. 예산기간이 짧아질수록 예산은 보다 상세하게 작성된다. 가령 경영자들은 생산스케줄을 짜고, 노동력 수요를 계획하고, 재고를 관리하며 운전자본을 마련하는 데 보다 상세하고 시기적절한 예산을 필요로 한다. 많은 기업들은 분기별로 예산을 편성하여 경영자의 정보욕구를 충족시킨다. 그리니 현금자원의 관리와 같이 중요한 분야는 경영자들로 하여금 효과적인 의사결정을 내리도록 하기 위해서 주 단위나 일 단위의 예산이 요구되기도 한다. 단기예산은 경영자가 문제를 감지하는 데 도움을 주며 또한 희소자원을 적절히 관리하기 위한 조정을 하는 데 도움이 된다. 가령 현금을 불필요하게 많이 보유하는 것은 자원을 적정하게 사용하는 것이 아니다. 그러나 현금이 부족하면 비싸게 이자를 지급하고 차입해야 하거나 기업이 도산될 위험이 발생한다. 그렇기 때문에 현금예산은 보통 단기간을 대상으로 작성된다. 단기예산이 편성된다 하더라도 연간예산은 여전히 대부분 기업에서 예산편성과정의 중심이다. 대부분의 단기예산은 연간예산으로부터 도출된다. 뿐만 아니라 장기예산도 연간예산이 출발점이다. 장기예산은 미래의 2년, 5년 또는 그 이상의 기간을 대상으로 작성된다. 가령 공장 내에 자가발전소를 건설하는 것과 관련된 계획은 건설에 장기간이 소요되기 때문에 장기예산으로 편성될 수밖에 없다. 장기예산은 먼 장래의 활동에 대해 의미있고 정확한 계획을 수립하는 것이 매우 어렵기 때문에 단기예산과 비교하면 덜 상세하게 작성된다.

(3) 계 량 성

계량적 자료에 부가해서 예산은 프로그램 및 활동의 중요한 질적 내용을 담고 있다. 그러나 회계적인 관점에서 일차적인 관심은 예산이 담고 있는 활동의 계량적 내용이다. 모든 계획이 화폐단위를 이용한 공통적인 측정치나 산출물과 투입물단위로 단순화될 때 예산은 가장 유용성을 지닌다.

2 예산편성의 목적

조직은 예산편성을 이용하여 다음과 같은 목적을 달성하려 한다.

- 기간계획수립
- 조정, 협력 및 의사소통의 고취
- 계획의 계량화
- 업적평가 및 통제를 위한 틀 설치
- 원가의식의 고취
- 법적 계약적 요구사항의 충족
- 조직목표달성을 위한 조직구성원에 대한 동기부여

(1) 기간계획의 수립

계획을 수립하지 않고서는 소기의 목적을 달성할 수 없다. 가정생활에서도 간단한 하루등산에서부터 한 주간의 휴가에 이르기까지 매사에 다양한 계획수립이 요구된다. 기업에서 계획수립은 희소한 자원의 효율적인 분배에 그 초점이 맞추어져 있다. 계획수립은 회사의 목표를 달성하기 위해 많은 사람들의 노력을 조정하는 데 사용된다. 예산편성은 계획수립의 각 국면에서 측정가능한 기간목표를 구체화시키는 틀을 제공한다. 기간예산이 성공을 보장하지는 못한다. 계획은 또한 실천되어져야만 한다. 그러나 예산은 활동에 지침을 마련해 주며 계획된 성과와 실제 결과를 견주어 보는 벤치마크를 제공한다.

(2) 조정, 협력, 그리고 의사소통

만약 조직구성원들이 각자 독립적으로 활동하고 자유롭게 개인계획을 수립하여 실행에 옮긴다면 조직목표를 달성할 수 있는 기회는 거의 없게 된다. 공식예산은 조직의 다양한 측면에서의 계획을 통합시킨다. 예산편성과정은 조직의 모든 관련 당사자들간에 생각을 교환하고 계획을 조정하는 도구이다. 다양한 조직부문들의 계획을 조정할 필요성이 있기 때문에 부문책임자들간의 의사소통은 활발해야 한다. 예산편성과정에서 잠재적인 문제가 노출될 때 하부조직단위들은 합심하여 문제해결방안을 찾아내어야 한다. 예산은 경영활동중에 나타날지도 모르는 문제를 탐색하는 데 도움을 주며 이러한 문제가 발생하기 전에 문제를 해결하거나 미연에 방지할 수 있는 기회를 제공해 준다.

(3) 계 량 화

예산의 계량화는 경영자들이 프로젝트의 비용과 효익을 비교하여 자원이 가장 적절하게 배분되었는지를 평가할 수 있도록 해준다. 비용과 효익의 계량적 측정은 특정한 활동의 경우엔 어렵다. 가령 광고캠페인 원가는 쉽게 측정되지만 매출 신장이나 회사이미지 개선 등과 같은 효익은 계량화시키기가 어렵다. 정부기관 같은 비영리조직에서는 효익의 계량화가 한층 더 어렵다. 더 나은 학교, 장년층에 대한 의료혜택, 또는 좀더 나은 공원 및 오락프로그램 등의 효익을 어떻게 측정할 수 있는가? 이런 어려움에도 불구하고 자원분배 의사결정은 고려되고 있는 프로젝트의 원가와 효익 모두에 대한 어느 정도의 계량화를 요구한다.

(4) 업적평가

예산은 미래 조직경영활동에 대한 경영층의 추정치이므로 예산주체에 의해 인정할 만한 업적의 측정치 역할을 담당하기도 한다. 보편적으로 사용되는 경영업적측정치는 실제업적을 예산에서 표현된 기대업적과 비교하는 것이다. 예산은 기댓값을 나타내 주고 경영자들에게 자신의 업적을 감시하는 기초를 제공한다.

(5) 원가의식

일부 경영자들은 의사결정이나 활동이 원가에 미치는 영향을 의식하지 않는 경향을 보인다. 그리고 마케팅 경영자는 매출신장에만 집중하고 생산감독자는 제품의 생산량 또는 품질에만 신경을 쓰며 엔지니어들은 제품설계의 개선에만 사로잡혀 있을 수도 있다. 이렇게 되면 쉽게 원가를 간과하게 되고 원가효익 관계를 무시하게 된다. 그러나 예산편성시 경영자들의 프로젝트나 활동에 대한 평가는 원가와 효익분석의 바탕위에 이루어져야 한다. 이러한 원가의식은 조직의 다양한 기능분야간에 공통언어를 제공한다.

(6) 법적·계약적 요구사항

많은 비영리조직에서는 예산을 편성한다. 정부단위조직은 법에 의해 예산을 편성토록 하고 있고, 승인된 예산은 의사결정을 지휘하는 엄격한 지침이 된다. 법적으로 예산편성을 할 의무는 없지만 많은 기업들은 예산편성을 요구하는 계약에 서명하기도 한다. 가령 기채계약이나 라이선싱계약에서 대여금이나 운영라이선스를 제공하는 주체에 기업은 예산을 제출할 것이 요구되기도 한다.

(7) 목표지향과 조직구성원 동기부여

예산편성을 효과적으로 하기 위해서는 공식목표가 설정되어야만 한다. 자원분배 의사결정은 조직의 목표에 그 기초를 두어야 한다. 일반 조직목표는 최고경영층에 의해 명기되어야 한다. 이러한 목표는 구체적이지 못하고 실행가능하지 못한 경향이 있다. 조직목표는 조직을 성공으로 이끌어 줄 수 있을 뿐만 아니라 조직구성원들로 하여금 그들 자신의 전문가적 목표를 달성하도록 동기부여해 줄 수 있다. 예산편성의 동기부여적 차원은 달성가능한 운영목표를 설정함으로써 성취될 수 있다. 업적측정에 예산의 사용은 조직목표와 일치되는 전문가적 행동을 장려한다. 이러한 목표일치(goal-congruence)는 성공이나 조직과 조직구성원간의 상호만족을 가져다준다. 예산편성의 종업원에 대한 행동적 차원을 이해하는 조직은 보다 능률적이고 효과적인 조직이 된다.

제2절 종합예산 편성절차

종합예산(master budget)은 예산편성과정의 전체계획수립기능의 최종산물이다. 이것은 다음회계기간동안 기업의 운영활동을 기술하는, 단일 계획으로 결집된 모든 예산의 최종 결과이다. 기업조직의 의도가 이익을 창출하는데 있기 때문에 종합예산은 이익계획(profit plan)이라고도 불린다. 태진사의 종합예산을 축약해서 표현하면 **그림 12-1**과 같다.

그림 12-1에 나타난 바와 같이 종합예산은 수많은 다양한 예산으로 구성되어 있고 다양한 예산들은 또한 서로 관련을 맺고 있음을 알 수 있다. 또한 종합예산은 통상 **그림 12-1**에 나타난 바와 같이 판매예산(sales budget)으로부터 시작하여 제반 서로 관련된 추정재무제표(budgeted financial statements)로 마무리된다. 즉 종합예산은 미래 정해진 기간동안 통상 1년 동안의 한 조직의 모든 개별예산의 재무추정치를 요약한 것이다.

제조기업의 종합예산은 크게 운영예산과 재무예산으로 구분될 수 있다. 운영예산(operating budget)에는 수익예산, 제조원가예산, 그리고 운영비용예산 등이 포함되며, 여기서 예산상의 순이익이 산출된다. 재무예산(financial budget)에는 추

그림 **12-1** 종합예산의 요약

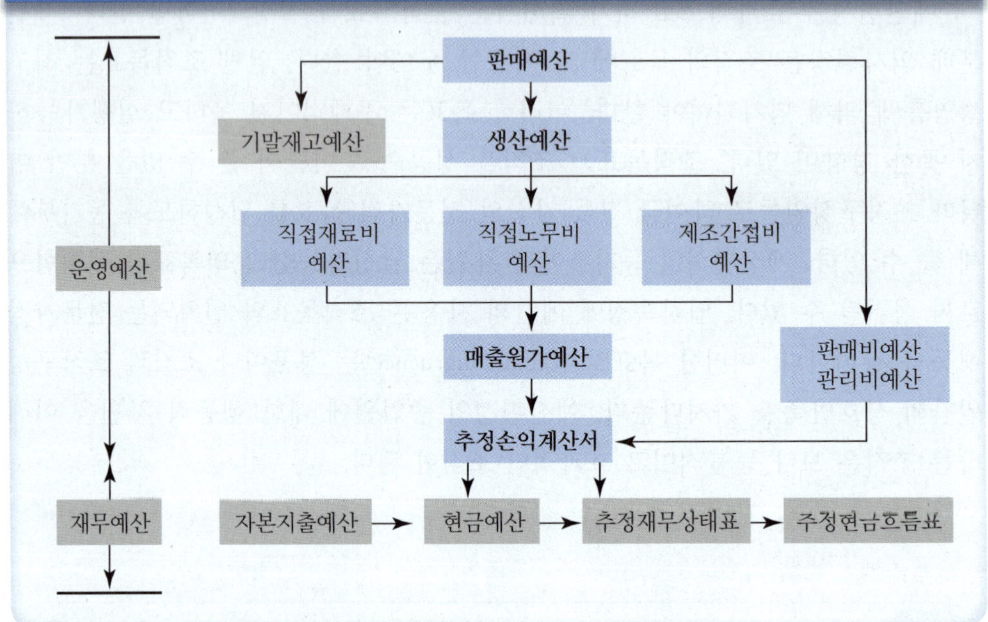

정재무상태표, 자본프로젝트에 대한 계획, 그리고 차입 및 투자계획을 내포한 현금유입 및 유출에 대한 상세계획이 포함된다. 작은 기업에서도 종합예산은 그 서류가 방대한 양을 차지한다. 여기서는 다음 **자료1**과 같은 간단한 예로 종합예산의 개념 및 편성과정을 소개하려 한다. 여기서 소개되는 예산은 특정활동수준에 대한 예산으로 고정예산(static budget)이다. 이와 대조되는 활동수준에 따라 변동되는 변동예산(flexible budget)은 **제15장**에서 설명될 것이다.

자료1

태진사는 A와 B 두 가지 유형의 구조물을 생산하고 있는데 각 제품별 단위당 원자재소요량 및 소요작업시간은 다음과 같다.

자 원	원 가	제 품	
		A	B
철근	₩0.3/파운드	200파운드	500파운드
콘크리트	₩50/m³	0.5m³	2m³
직접작업시간	₩12/시간	2시간	5시간

1 운영예산

운영예산(operating budget)은 정상적인 기업활동으로 기대되는 수익 및 비용에 관한 계획이다. 영리기업에서 수익과 비용은 손익계산서를 구성한다. 운영예산에는 판매, 생산, 마케팅, 그리고 일반관리 등 모든 손익계산서 구성요소에 관한 상세한 예산이 포함된다.

(1) 판매예산

판매예산(sales budget)은 판매량과 판매수익에 관한 경영층의 추정치이다. 다른 예산들의 추정치가 판매추정치에 기초하므로 판매예산이 첫번째로 편성된다. 생산, 마케팅, 일반관리, 재고, 인력 및 여타예산은 모두 기대매출수익에 영향을 받는다. 판매예산에는 경제상황, 판매가격결정, 경쟁기업의 행동, 그리고 산업여건 등 많은 요인들이 고려된다. 가장 신뢰할 수 있는 판매예산을 편성하기 위해서 기업들은 판매예측에 전문가를 고용하고 많은 자원을 투입하기도 한다.

판매예산은 제품별 기대판매량과 단위당판매가격에 기초한다. 태진사의 20×7년 판매예산을 단위와 금액으로 나타내면 **표 12-1**과 같다. 여기서는 편의상 분기별로 판매추정치를 보여주지만 많은 기업들은 시간간격을 단축시켜 주별 또는 월별예산을 편성한다. 예산의 시간간격은 경영층의 계획 및 통제욕구에 따라 결정된다.

표 12-1 판매예산

판매예산

태진사 20×7년

	제품 A		제품 B		합 계	
	단 위	금 액	단 위	금 액	단 위	금 액
판매가격		₩260		₩600		
1 분기	10,000	₩2,600,000	4,000	₩2,400,000	14,000	₩5,000,000
2 분기	15,000	3,900,000	6,000	3,600,000	21,000	7,500,000
3 분기	18,000	4,680,000	7,000	4,200,000	25,000	8,880,000
4 분기	12,000	3,120,000	5,000	3,000,000	17,000	6,120,000
합 계	55,000	₩14,300,000	22,000	₩13,200,000	77,000	₩27,500,000

(2) 기말재고예산

재고는 제조기업 유동자산에서 큰 부분을 차지하기도 한다. 경영층은 원재료,

표 **12-2** 완제품기말재고예산

태진사	완제품기말재고예산			20×7년
제 품	분 기			
	1	2	3	4
A	1,500	1,800	1,200	1,100
B	600	700	500	450

재공품, 완제품 기말재고의 적정수준을 결정하는데, 원재료의 이용가능성, 배달시간, 재고주문비용, 재고유지비용, 재고가 없는 경우 손실 등을 고려한다. **제19장**에서는 재고 없이 운영하려는 적시생산시스템이 기술될 것이다.

표 12-2에 예시된 완제품기말재고예산은 경영층의 재고정책에 기초하여 각 분기별 회사에서 얼마만큼의 기말재고 보유를 기대하는지를 보여 준다. 태진사 제품판매는 **표 12-1** 판매예산에 반영된 것과 같이 다소 계절성을 띤다. 즉 2분기, 3분기의 판매가 비교적 활발하며 1분기, 4분기의 판매는 약간 저조하다. 제품수요를 충족시켜 주기 위해서 태진사는 다음분기 예상판매량의 10%를 각 분기의 기말재고로 보유하기로 결정하였다. 따라서 1분기 완제품기말재고예산의 제품A, 1,500단위와 제품B, 600단위는 각기 2분기 판매예산 제품A, 15,000단위와 제품B, 6,000단위의 10%씩이다. **표 12-2**에서 4분기 기말재고예산을 보면 20×7년 1분기 판매예산은 제품A, 11,000단위와 제품B, 4,500단위임을 유추할 수 있다.

(3) 생산예산

생산예산은 앞서 기술한 판매예산과 기말재고예산에 의해 결정되며 또한 직접재료비예산, 직접노무비예산, 그리고 제조간접비예산을 편성하는 출발점이다. 생산예산(production budget)은 각 제품별 생산해야 할 수량을 나타내 준다. 생산해야 할 수량은 예상판매량과 재고수준의 예상변화량에 의해 결정된다.

생산량예산 = 판매량예산 + 완제품기말재고예산 − 완제품기초재고

태진사의 분기별 생산예산은 **표 12-3**과 같다. 1분기 완제품기초재고는 예산연도(20×7년) 바로 직전연도인 현행회계기간(20×6년)의 실제완제품기말재고 수량을 의미한다. 그런데 종합예산은 현행회계기간말보다 훨씬 이전에 편성되기 때문에 1분기 완제품기초재고도 통상 추산해야 한다. 이는 현행연도의 예산에서

표 12-3 생산예산

생산예산					
태진사					20×7년
	분기				
	1	2	3	4	합 계
A					
예산판매량	10,000	15,000	18,000	12,000	55,000
가산: 완제품기말재고량	1,500	1,800	1,200	1,100	1,100
총필요량	11,500	16,800	19,200	13,100	56,100
차감: 완제품기초재고량	1,000	1,500	1,800	1,200	1,000
예산생산량	10,500	15,300	17,400	11,900	55,100
B					
예산판매량	4,000	6,000	7,000	5,000	22,000
가산: 완제품기말재고량	600	700	500	450	450
총필요량	4,600	6,700	7,500	5,450	22,450
차감: 완제품기초재고량	400	600	700	500	400
예산생산량	4,200	6,100	6,800	4,950	22,050

완제품기말재고 수량이다. 또한 **표 12-3**에서 각 분기별 기초재고는 **표 12-2** 완제품기말재고예산에 나타난 이전분기의 기말재고와 일치한다. 가령 2분기 제품B의 예산생산량은 다음과 같이 계산된다.

2분기 예산판매량(**표 12-1** 판매예산)	6,000단위
가산: 2분기 완제품기말재고량(**표 12-2** 완제품기말재고예산)	700
총필요량	6,700
차감: 완제품기초재고량(1분기 기말재고량)	(600)
2분기 예산생산량	6,100단위

(4) 원재료기말재고예산

여기서는 원재료기말재고예산 수준을 생산예산에 연계시키고 있기 때문에 원재료기말재고예산은 생산예산이 편성된 다음에 편성된다. 태진사의 경영층은 철근에 대해서는 다음 분기 생산량의 20%를 충족시킬 수 있는 원재료량을 분기말 재고수준으로 책정하고 있다. 그러나 콘크리트는 수요가 있을 때마다 레미콘을 공급받기 때문에 기말재고를 두지 않는다. 철근원재료에 대한 분기별 기말재고예산을 파운드로 나타내면 **표 12-4**와 같다.

표 **12-4** **원재료 기말재고예산**

원재료기말재고예산

태진사 20×7년

	분 기			
	1	2	3	4
제품 A:				
다음분기 예상생산량	15,300	17,400	11,900	11,500*
×단위당철근소요량	×200	×200	×200	×200
철근소요량(파운드)	3,060,000	3,480,000	2,380,000	2,300,000
제품 B:				
다음분기 예상생산량	6,100	6,800	4,950	4,650*
×단위당철근소요량	×500	×500	×500	×500
철근소요량(파운드)	3,050,000	3,400,000	2,475,000	2,325,000
총철근소요량(파운드)	6,110,000	6,880,000	4,855,000	4,625,000
×20%	×0.2	×0.2	×0.2	×0.2
철근기말재고량(파운드)	1,222,000	1,376,000	971,000	925,000

* 2008년 1분기 추정치임.

(5) 직접재료비예산

직접재료비예산(direct materials budget)은 생산예산에 명기된 목표생산량을 달성하기 위해 예산기간동안 구입해야 할 원재료량에 단위가격을 곱하여 편성된다. 이 예에서는 모든 원재료가 직접재료로 사용되므로 직접재료비예산은 **표 12-5**에 나타난 바와 같이 생산예산과 원재료기말재고예산을 기초로 편성된다.

표 12-5에서 각 제품별 원재료소요량은 **표 12-3**에 나타난 제품별 예산생산량에다 제품단위당 원재료소요량을 곱하여 결정된다. 예를 들면 제품A의 원재료소요량은 다음과 같이 산출되었다.

	분 기			
	1	2	3	4
제품A예산생산량(**표 12-3** 참조)	10,500	15,300	17,400	11,900
×제품A 한단위당 철근소요량	×200파운드	×200파운드	×200파운드	×200파운드
제품A철근소요량(파운드)	2,100,000	3,060,000	3,480,000	2,380,000
제품A예산생산량(**표 12-3** 참조)	10,500	15,300	17,400	11,900
×제품A한단위당 콘크리트소요량	×0.5㎥	×0.5㎥	×0.5㎥	×0.5㎥
콘크리트제품 A소요량(㎥)	5,250	7,650	8,700	5,950

표 12-5 직접재료비예산

직접재료비예산

태진사 20×7년

	분기 1	2	3	4	합 계
철근(파운드):					
제품 A 소요량	2,100,000	3,060,000	3,480,000	2,380,000	11,020,000
제품 B 소요량	2,100,000	3,050,000	3,400,000	2,475,000	11,025,000
철근기말재고량	1,222,000	1,376,000	971,000	925,000	925,000
총소요량	5,422,000	7,486,000	7,851,000	5,780,000	22,970,000
차감:철근기초재고량	(840,000)	(1,222,000)	(1,376,000)	(971,000)	(840,000)
원재료구입량	4,582,000	6,264,000	6,475,000	4,809,000	22,130,000
×구입단가	×₩0.30	×₩0.30	×₩0.30	×₩0.30	×₩0.30
철근구입원가	₩1,374,600	₩1,879,200	₩1,942,500	₩1,442,700	₩6,639,000
콘크리트(㎥):					
제품 A 소요량	5,250	7,650	8,700	5,950	27,550
제품 B 소요량	8,400	12,200	13,600	9,900	44,100
총소요량	13,650	19,850	22,300	15,850	71,650
×구입단가	×₩50	×₩50	×₩50	×₩50	×₩50
콘크리트구입원가	₩682,500	₩992,500	₩1,115,000	₩792,500	₩3,582,500
총직접재료비	₩2,057,100	₩2,871,700	₩3,057,500	₩2,235,200	₩10,221,500

앞에서 기술한 바와 같이 콘크리트원재료는 재고를 보유하지 않기 때문에 소요량과 구입량이 같아진다.

(6) 직접노무비예산

직접노무비예산(direct labor budget)은 예산기간 동안 필요한 직접작업시간과 직접노무비 계획에 사용된다. 직접재료비예산처럼 직접노무비예산도 생산예산을 기초로 편성된다. 생산량 변동에 따라 노동소요량도 적절히 변화시켜야 하지만 노동조합과의 계약의무 등으로 인해 기업이 노동소요량의 변화를 관리하는 일은 원재료소요량의 변화를 관리하는 일보다 어렵다. 따라서 기업은 노동소요에 대한 계획을 매우 신중하게 수립해야 한다. **표 12-6**의 직접노무비예산은 **표 12-3**의 생산예산으로부터 편성된 것이다. 각 제품별 생산량에 소요작업시간을 곱하여 결정된 소요시간에 시간당임률을 곱하여 직접노무비예산이 편성된다.

직접노무비예산은 인력채용계획이나 재무예산 편성에 사용된다. 여기서는 예

표 12-6 직접노무비예산

직접노무비예산					
태진사					20×7년
	분 기				
	1	2	3	4	합 계
제품 A:					
예산생산량(**표 12-3**참조)	10,500	15,300	17,400	11,900	55,100
×단위당 소요작업시간	×2	×2	×2	×2	×2
소요시간	21,000	30,600	34,800	23,800	110,200
제품 B:					
예산생산량(**표 12-3**참조)	4,200	6,100	6,800	4,950	22,050
×단위당 소요작업시간	×5	×5	×5	×5	×5
소요시간	21,000	30,500	34,000	24,750	110,250
총소요시간	42,000	61,100	68,800	48,550	220,450
×시간당임률	×₩12	×₩12	×₩12	×₩12	×₩12
총직접노무비	₩504,000	₩733,200	₩825,600	₩582,600	₩2,645,400

시를 위해 편의상 작업숙련수준과 임률이 각각 한 종류만 있다고 가정하였다.

(7) 제조간접비예산

제조간접비예산은 예산기간중에 발생되리라 예상되는 변동제조간접비와 고정제조간접비를 나타내 주는 예산이다. 태진사는 변동제조간접비예산 편성목적으로 직접작업시간을 활동측정치로 사용한다. 변동제조간접비 항목별 시간당 배부율은 다음과 같다.

변동제조간접비	직접작업시간당 금액
간접재료비	₩0.60
간접노무비	2.70
복리후생비	4.10
전 력 료	2.80
영 선 비	0.80
합 계	₩11.00

따라서 변동제조간접비 예정배부율은 작업시간 1시간당 ₩11이다. 이를 반영한 태진사의 제조간접비예산은 **표 12-7**과 같다.

표 12-7에서 변동제조간접비예산은 **표 12-6**의 직접노무비예산을 기초로 편성된다. 예를 들면 총변동제조간접비는 다음과 같이 산출되었다.

	분기 1	2	3	4
총소요시간(**표 12-6** 참조)	42,000	61,100	68,800	48,550
×변동제조간접비배부율	×₩11	×₩11	×₩11	×₩11
총변동제조간접비	₩462,000	₩672,100	₩756,800	₩534,050

고정제조간접비예산은 과거 경험에 예상되는 변화를 고려해 편성한다. 분기당 고정제조간접비예산은 ₩551,125이며 연간고정제조간접비예산은 ₩2,204,500이다. **표 12-6**에 의하면 태진사는 총소요시간이 220,450시간이므로 시간당 고정제조간접비배부율은 ₩10이고 시간당 제조간접비예정배부율은 ₩21이 된다.

$$\text{제조간접비예정배부율} = \frac{\text{총연간제조간접비}}{\text{총연간직접작업시간}} = \frac{₩4,629,450}{220,450\text{ 시간}} = ₩21/\text{ 작업시간}$$

직접재료비예산, 직접노무비예산, 그리고 제조간접비예산이 편성되고 나면 제품 한 단위당예산원가를 산출할 수 있다. 제품단위당 원가는 매출원가예산을 편성할 때 사용된다. 제품단위당 원가는 다음과 같다.

표 **12-7 제조간접비 예산**

제조간접비예산

태진사 20×7년

	분기 1	2	3	4	합계
변동제조간접비(**표 12-6** 참조):					
간접재료비	₩25,200	₩36,660	₩41,280	₩29,130	₩132,270
간접노무비	113,400	164,970	185,760	131,085	595,215
복리후생비	172,200	250,510	282,080	199,055	903,845
전기통신료	117,600	171,080	192,640	135,940	617,260
영 선 비	33,600	48,880	55,040	38,840	176,360
총변동제조간접비	₩462,000	₩672,100	₩756,800	₩534,050	₩2,424,950
고정제조간접비:					
감 독 비	₩27,000	₩27,000	₩27,000	₩27,000	₩108,000
감가상각비	300,000	300,000	300,000	300,000	1,200,000
영 선 비	78,000	78,000	78,000	78,000	312,000
보 험 료	21,625	21,625	21,625	21,625	86,500
재 산 세	124,500	124,500	124,500	124,500	498,000
총고정제조간접비	₩551,125	₩551,125	₩551,125	₩551,125	₩2,204,500
총제조간접비	₩1,013,125	₩1,223,225	₩1,307,925	₩1,085,175	₩4,629,450

자　원	제품 A		제품 B	
철근 @₩0.30/파운드	200파운드	₩60	500파운드	₩150
콘크리트 @₩50/㎥	0.5㎥	25	2㎥	100
직접노무비 @₩12/시간	2시간	24	5시간	60
제조간접비 @₩21/시간	2시간	42	5시간	105
단위당 총원가		₩151		₩415

표 12-2 완제품기말재고예산에 제품단위당 원가를 적용하면 완제품기말재고예산은 금액으로 표기될 수 있다.

(8) 매출원가예산

매출원가예산은 예산기간동안에 판매될 제품의 제품원가를 나타낸 준다. 보

표 **12-8** 매출원가예산

매출원가예산

태진사 20×7년

	제품 A	제품 B	합　계	연 합 계
제1분기:				
기초재고	1,000 × ₩145 = ₩145,000	400 × ₩400 = ₩160,000	₩305,000	₩305,000
생산	10,500 × ₩151 = 1,585,500	4,200 × ₩415 = 1,743,000	3,328,500	3,328,500
판매가능액	₩1,730,500	₩1,903,000	₩3,633,500	
차감: 기말재고	1,500 × ₩151 = (226,500)	600 × ₩415 = (249,000)	(475,500)	
매출원가	₩1,504,000	₩1,654,000	₩3,158,000	
제2분기:				
기초재고	1,500 × ₩151 = ₩226,500	600 × ₩415 = ₩249,000	₩475,000	
생산	15,300 × ₩151 = 2,310,300	6,100 × ₩415 = 2,531,500	4,841,800	4,841,800
판매가능액	₩2,536,800	₩2,780,500	₩5,317,300	
차감: 기말재고	800 × ₩151 = (271,800)	700 × ₩415 = (290,500)	(562,300)	
매출원가	₩2,265,000	₩2,490,000	₩4,755,000	
제3분기:				
기초재고	1,800 × ₩151 = ₩271,800	700 × ₩415 = ₩290,500	₩562,300	
생산	17,400× ₩151 = 2,627,400	6,800 × ₩415 = 2,822,000	5,449,400	5,449,400
판매가능액	₩2,899,200	₩3,112,500	₩6,011,700	
차감: 기말재고	1,200× ₩151 = (181,200)	500 × ₩415 = (207,500)	(388,700)	
매출원가	₩2,718,000	₩2,905,000	₩5,623,000	
제4분기:				
기초재고	1,200 × ₩151 = ₩181,200	500 × ₩415 = ₩207,500	₩388,700	
생산	11,900 × ₩151 = 1,796,900	4,950 × ₩415 = 2,054,250	3,851,150	3,851,150
판매가능액	₩1,978,100	₩2,261,750	₩4,239,850	
차감: 기말재고	1,100 × ₩151 = (166,100)	450 × ₩415 = (186,750)	(352,850)	(352,850)
매출원가	₩1,812,000	₩2,075,000	₩3,887,000	₩17,423,000

통 한 기간동안 판매되는 제품은 기초완제품재고와 당기생산제품으로 구성된다. 일부 당기생산제품은 기말에 기말재고로 남게 된다. 태진사의 매출원가예산은 **표 12-8**과 같다. 태진사는 **표 12-3** 생산예산에 나타난 바와 같이, 기초재고로 제품A, 1,000단위 그리고 제품B, 400단위를 갖고 있다. 기초재고의 각 제품별 단위당원가는 제품A, ₩145 그리고 제품B, ₩400이다. 분기별 기말재고수량은 **표 12-2** 완제품기말재고예산에서 얻어진 것이다. 태진사는 재고흐름에 대해 선입선출법을 가정한다.

(9) 판매비예산

판매비예산은 예산기간중 생산제품을 마케팅하는 과정에서 발생될 것으로 예상되는 세부적인 변동 및 고정판매비를 보여 준다. 마케팅노력이 판매량을 결

표 **12-9** 판매비예산

판매비예산

태진사 20×7년

	분기 1	분기 2	분기 3	분기 4	합 계
변동판매비:					
커 미 션	₩125,000	₩187,500	₩222,000	₩153,000	₩687,500
사 무 비	4,550	6,820	8,080	5,57	25,020
소 모 품비	1,270	1,910	2,255	1,555	6,990
여 비	43,800	65,700	77,790	53,610	240,900
총변동판매비	₩174,620	₩261,930	₩310,125	₩213,735	₩960,410
고정판매비:					
판매직급여	53,125	53,125	53,125	53,125	212,500
사 무 비	12,500	12,500	12,500	12,500	50,000
광 고 비	40,000	40,000	40,000	40,000	160,000
접 대 비	17,500	17,500	17,500	17,500	70,000
보 험 료	11,250	11,250	11,250	11,250	45,000
유 지 비	23,750	23,750	23,750	23,750	95,000
소모품비	2,500	2,500	2,500	2,500	10,000
재 산 세	10,500	10,500	10,500	10,500	42,000
감가상각비	45,000	45,000	45,000	45,000	180,000
총고정판매비	₩216,125	₩216,125	₩216,125	₩216,125	₩864,500
총판매비	₩390,745	₩478,055	₩526,250	₩429,860	₩1,824,910

정하는 중요변수의 하나이기 때문에 판매비예산은 종합예산편성에서 초기단계인 판매예산이 편성될 때 적어도 부분적으로 편성되어져야 한다.

변동판매비는 예상되는 매출액에 직접적으로 영향을 받는 것이며 고정판매비는 매출액에 상관없이 일정하게 발생하는 것이다. 판매비예산은 **표 12-9**와 같다. **표 12-9**에서 변동판매비인 커미션은 매출액의 2.5%이며 전체변동판매비는 매출액의 3.4924%이다.

(10) 관리비예산

관리비예산에는 비제조관리활동비용이 포함된다. 여기에는 많은 고정비가 나타나는데 그중에는 관리불가능고정비(committed fixed costs)도 있다. 관리비예산은 미래에 어떤 고정비가 발생할 것인지를 결정하는 데 사용된다. 여기서는 편의상 관리비가 네 분기에 걸쳐 균등하게 발생하고 변동관리비는 없는 것으로 가정하였다. 관리비예산은 **표 12-10**과 같다.

표 12-10 관리비예산

관리비예산

태진사 20×7년

	분기 1	분기 2	분기 3	분기 4	합 계
관리직급여	₩176,650	₩176,650	₩176,650	₩176,650	₩706,000
사무직급여	15,250	15,250	15,250	15,250	61,000
보 험 료	20,000	20,000	20,000	20,000	80,000
유 지 비	27,500	27,500	27,500	27,500	110,000
사무소모품비	10,000	10,000	10,000	10,000	40,000
재 산 세	17,500	17,500	17,500	17,500	70,000
감가상각비	52,500	52,500	52,500	52,500	210,000
전기통신료	55,000	55,000	55,000	55,000	220,000
총관리비	₩374,400	₩374,400	₩374,400	₩374,400	₩1,497,600

(11) 추정손익계산서

운영예산의 편성은 추정손익계산서를 작성함으로써 마감된다. **추정손익계산서(budgeted income statement)**는 예산기간중의 활동으로부터 기대되는 수익과 비

표 12-11 추정손익계산서

추정손익계산서		
태진사		20×7년
매출(**표 12-1** 판매예산)		₩27,500,000
매출원가(**표 12-8** 매출원가예산):		
기초완제품재고	₩305,000	
당기제품제조원가	17,470,850	
판매가능액	₩17,775,850	
기말완제품재고	(352,850)	(17,423,000)
매출총이익		₩10,077,000
판매비(**표 12-9** 판매비예산)	₩1,824,910	
관리비(**표 12-10** 관리비예산)	1,497,600	
이자비용(**표 12-14** 장기부채관련예산)	1,928,800	
법인세비용차감전이익		₩4,825,690
법인세비용		(1,930,276)
당기순이익		₩2,895,414

용을 반영하여 나타낸다. 이는 정상활동으로부터 기대되는 순이익을 보여 주기 때문에 경영자가 가장 관심을 갖고 보는 예산중의 하나이다. 가끔 기업은 순이익에 영향을 미치는 이자비용이나 유형자산처분손익과 같은 항목이 발생되는 것을 기대할 수 있다. 이런 항목은 그 금액이 크지 않을 수도 있지만 추정손익계산서에 나타내야 한다.

표 12-11의 추정손익계산서는 대부분 이미 지금까지 설명된 예산으로부터 발췌한 관련 자료를 담고 있다. 단 이자비용은 뒤에 재무예산부분에서 설명될 **표 12-14** 장기부채관련예산에서 나온 것이다. 또한 이 예에서 법인세비용은 법인세율 40%를 가정하여 추정하였다. 이렇게 산출된 추정순이익이 받아들여질 수 없는 것이라면 경영층은 보다 만족할 만한 이익계획이 수립되는 방향으로 예산 전체나 일부를 수정해야 할 것이다. 이러한 예산수정은 예산편성과정에서 매우 중요한 부분이다. 여기서는 종합예산편성에만 그 초점을 맞춰 설명한다.

이상에서 우리는 제조기업의 운영예산에 대해서 간략하게 살펴보았다. 비제조기업의 운영예산도 이와 매우 유사하다. 단지 생산예산이 필요없기 때문에 매출원가예산은 보다 간단하게 상품재고 및 상품구매예산으로부터 직접 도출된다. 서비스기업인 경우에는 제품원가가 없기 때문에 서비스수익과 운영비용이 주요 예산내역이다.

2 재무예산

운영예산은 제조기업과 비제조기업간에 차이를 보이고 있지만 재무예산은 이들 기업간에 거의 차이가 없다. 재무예산은 기업의 자원조달활동과 투자활동에 관한 것이다.

(1) 자본지출예산

자본예산편성(capital budgeting)은 공장자산이나 설비 그리고 그 밖에 주요자산 또는 프로젝트의 취득에 대한 계획을 수립하는 것이다. **자본지출예산(capital expenditure budget)**은 고정자산에 대한 미래투자계획으로 조직 및 조직목표달성에 장기적 효과를 가져다 주는 거액의 지출을 포함한다. 이러한 자본지출계획은 보통 한 회계기간보다 훨씬 긴 기간을 포함하므로 보다 세심한 계획수립과 분석 그리고 평가가 요구된다. 물론 다른 예산과 마찬가지로 자본지출예산도 조직목표의 관점에서 평가된다. 태진사의 자본지출예산은 **표 12-12**와 같다. **표 12-12**는 사무실가구 및 공장설비에 대한 지출계획을 보여 준다. 이 예산은 또한 회사가 설비구입을 위해 조달할 자금금액을 나타내 준다.

표 **12-12** 자본지출예산

자본지출예산					
태진사					20×7년
	분 기				
	1	2	3	4	합 계
사무실가구	–	₩25,000	–	₩9,000	₩34,000
공장설비	–	400,000	₩900,000	2,000,000	3,300,000
총자본지출	–	₩425,000	₩900,000	₩2,009,000	₩3,334,000
조달할 금액	–	₩300,000	₩650,000	–	₩950,000

(2) 현금예산

모든 기업조직은 부채를 상환할 수 있는 유동성을 보유하고 있어야 한다. 현금상환능력을 보유하는 것이 쉬운 일만은 아니다. 수익성과 유동성은 관련이 있지만 함께 가는 것이 아니다. 많은 기업들이 손익분기점영업에서부터 수익성이 개선될 때 가장 결정적인 유동성문제를 경험한다. 재고, 매출채권, 매입채권, 그리고 설비비용 등이 늘어나면서 심각한 현금부족현상이 나타난다.

현금예산(cash budget)은 기대현금수요를 관리하기 위한 계획이다. 여기에는 예산기간동안 모든 추정현금유입과 유출이 포함된다. 특히 현금흐름의 시기가 중요한 관심이다. 현금예산편성의 출발점은 순이익에서 감가상각비와 같은 비현금지출비용을 조정한 영업활동으로 인한 현금이다. 현금예산에는 영업이외의 활동으로부터의 현금흐름도 포함되는데 경우에 따라선 이 금액이 매우 클 때가 있다. 토지의 구입, 부채의 상환, 투자자산의 처분 등과 같은 영업이외의 활동이 현금예산에 영향을 준다. 순이익금액과 순현금흐름금액은 영업이외의 항목 또는 운전자본의 변동 때문에 회계기간별로 매우 다르다. 현금관리는 상환요구를 충족시킬 수 있는 충분한 현금을 유지하여야 하나 수익성을 희생시킬 정도로 많은 현금을 보유해서는 안 된다. 과도한 현금은 수익성 있는 자산에 투자되어야 한다. 현금예산편성은 유동성과 수익성문제를 함께 다루는 데 유용한 수단이다.

보통 연간현금예산은 시간이 너무 길기 때문에 경영층의 계획수립요구에는 별로 도움이 되지를 않는다. 재무담당경영자가 계절성이 있는 현금흐름에 대한 계획을 수립하는 데 도움을 주기 위해서 기업은 보통 분기별, 월별, 또는 주별 현금예산을 편성한다. **표 12-13**의 현금예산은 2006년 말 추정현금잔액을 1분기 기초잔액으로 보여주고 있다. 현금예산에 대한 대부분의 자료는 이미 설명한 많은 운영예산과 자본지출예산에서 획득한 것이다. 앞서 설명한 바와 같이 현금예산편성에는 현금흐름의 시기가 세심하게 배려되어야 한다. 이 회사는 분기별 매출액의 80%는 당기에 회수되고 나머지 20%는 다음 분기에 회수되는 것으로 가정하고 있다. 또한 원재료구입액의 90%는 당기에 지급하고 나머지 10%는 다음 분기에 지급하는 것으로 계획한다. 노무비는 전액 해당분기에 지급한다. 제조간접비도 비현금지출항목인 감가상각비만 제외하고 당기에 지출되는 것으로 가정한다. 따라서 **표 12-7** 제조간접비예산에서 1분기 현금유출예산은 ₩713,125이다.

1분기 제조간접비예산	₩1,013,125
차감: 1분기감가상각비예산	(300,000)
1분기 현금유출예산	₩713,125

표 12-13 현금예산

현금예산 태진사					20×7년
	분 기				
	1	2	3	4	합 계
현금유입:					
기초잔액	₩60,000	₩188,340	₩244,651	₩1,786,487	₩60,000
현금회수*(**표 12-1**)	1,090,000	1,000,000	1,500,000	1,776,000	5,366,000
당기매출**(**표 12-1**)	4,000,000	6,000,000	7,104,000	4,896,000	22,000,000
신규차입금(**표 12-12**)	–	300,000	650,000	–	950,000
총유입	₩5,150,000	₩7,488,340	₩9,498,651	₩8,458,487	₩28,376,000
현금유출:					
현금지급***(**표 12-5**)	₩190,000	₩205,710	₩287,170	₩305,750	₩988,630
원재료지급****(**표 12-5**)	1,851,390	2,584,530	2,751,750	2,011,680	9,199,350
노무비(**표 12-6**)	504,000	733,200	825,600	582,600	2,645,400
제조간접비(**표 12-7**)	713,125	923,225	1,007,925	785,175	3,429,450
판매비(**표 12-9**)	345,745	433,055	481,250	384,860	1,644,910
관리비(**표 12-10**)	321,900	321,900	321,900	321,900	1,287,600
이자(**표 12-14**)	471,000	476,500	492,500	488,800	1,928,800
원금상환(**표 12-14**)	154,500	158,000	161,500	165,200	639,200
자본투자(**표 12-12**)	–	425,000	900,000	2,009,000	3,334,000
법인세비용	410,000	482,569	482,569	482,569	1,857,707
배당금	–	500,000	–	500,000	1,000,000
총유출	₩4,961,660	₩7,243,689	₩7,712,164	₩8,037,534	₩27,955,047
기말잔액	₩188,340	₩244,651	₩1,786,487	₩420,953	₩420,953

* 이전분기매출의 20%, ** 현분기매출의 80%, *** 이전분기매입의 10%, **** 현분기매입의 90%

이와 마찬가지로 판매비와 관리비에 대한 현금유출예산도 감가상각비예산을 조정하여 결정된다.

장기할부차입금원금상환과 차입금이자비용은 현금예산에서 별도의 항목으로 포함된다. 이에 대한 내역은 **표 12-14**에 나타나 있다. 자본지출에 대한 현금흐름과 자본프로젝트를 위한 현금차입은 **표 12-12** 현금지출예산으로부터 획득하였다. 법인세는 다음 분기에 균등액을 지급하는 것으로 가정하였다. 따라서 20×7년 1분기 현금예산에 나타난 법인세는 전년도 4분기 추정법인세에 대한 지급액을 의미한다.

(3) 장기부채관련예산

경영자들은 세심하고 자세한 계획수립이 요구되면 어떤 목적을 위해서도 예산을 편성할 수 있다. 태진사는 장기부채를 관리하기 위해서 **표 12-14**와 같이 장기부채관련예산을 별도로 편성하고 있다. 경영자는 장기부채관련예산을 이용하여 이자의 지급 및 원금상환에 대해 계획한다.

표 12-14 장기부채관련예산

장기부채관련예산

태진사 20×7년

	분기 1	분기 2	분기 3	분기 4	합 계
장기할부차입금(기초잔액)	₩8,800,000	₩8,645,500	₩8,487,500	₩8,326,000	₩8,160,800
할부차입금지급	375,000	375,000	375,000	375,000	1,500,000
할부차입금이자	(220,500)	(217,000)	(213,500)	(209,800)	(860,800)
원금상환	154,500	158,000	161,500	165,200	639,200
장기할부차입금(기말잔액)	₩8,645,500	₩8,487,500	₩8,326,000	₩8,160,800	₩8,160,800
장기차입금(기초잔액)	₩8,350,000	₩8,350,000	₩8,650,000	₩9,300,000	₩8,350,000
신규장기차입금	–	300,000	650,000	–	950,000
장기차입금(기말잔액)	8,350,000	8,650,000	9,300,000	9,300,000	9,300,000
장기차입금이자	250,500	259,500	279,000	279,000	1,068,000
총이자비용	₩471,000	₩476,500	₩492,500	₩488,800	₩1,928,800

(4) 추정재무상태표

앞서 설명된 수많은 예산에서 현행회계기간말 관련계정의 기말잔액이 요구되었다. 다음 연도에 대한 예산편성은 현행회계기간이 끝나기 훨씬 전부터 시작되므로 예산편성시점에서 현행회계기간말 현재의 재무상태표는 존재하지 않기 때문에 추정해야 한다. 추정재무상태표는 이전연도의 추정재무상태표를 출발점으로 하여 운영 및 재무예산에 반영된 계정잔액상 예상되는 변화를 조정하여 편성된다. 경영층은 이렇게 편성된 추정재무상태표를 보고 바람직하지 못한 예상잔액이나 재무비율을 발견하면 전체예산을 재편성하기도 한다. 태진사의 20×6년과 20×7년 말의 추정재무상태표는 **표 12-15**와 같다. 두 연도간의 계정잔액의 차이는 다른 예산에서 추적할 수 있다.

표 **12-15** 추정재무상태표

추정재무상태표				
태진사		20×6년 말 현재		20×7년 말 현재
자산				
유동자산:				
현금(〈**표 12-13**)		₩60,000		₩420,953
매출채권(**표 12-1**)		1,090,000		1,224,000*
원재료(**표 12-4**)		252,000		277,500**
완제품(**표 12-8**)		305,000		352,850
소모품		12,000		14,000
유동자산계		₩1,719,000		₩2,289,303
비유동자산:				
토지		1,260,000		1,260,000
건물	₩17,000,000		₩17,000,000	
감가상각누계액	(6,800,000)	10,200,000	(7,325,000)	9,675,000
설비(**표 12-12**)	17,700,000		21,000,000	
감가상각누계액	(6,200,000)	11,500,000	(7,160,000)	13,840,000
가구(**표 12-12**)	980,000		1,014,000	
감가상각누계액	(343,000)	637,000	(448,000)	566,000
비유동자산계		₩23,597,000		₩25,341,000
자산총계		₩25,316,000		₩27,630,303
부채				
유동부채:				
매입채권(**표 12-5**)		₩190,000		₩223,520***
미지급법인세		410,000		484,569****
기타유동부채		150,000		150,000
유동부채계		₩750,000		₩858,089
비유동부채:				
장기할부차입금, 9%(**표 12-14**)		8,800,000		8,160,800
장기차입금(**표 12-14**)		8,350,000		9,300,000
비유동부채계		17,150,000		17,460,800
부채총계		₩17,900,000		₩18,318,889
자본				
보통주		4,000,000		4,000,000
이익잉여금(**표 12-11**과 **표 12-13**)		3,416,000		5,311,414
자본총계		₩7,416,000		₩9,311,414
부채와 자본총계		₩25,316,000		₩27,630,303

* 4분기매출의 20%, ** 철근 925,000파운드×₩0.3, *** 4분기 매입의 10%, **** 4분기 미지급법인세

가령 현금예산은 20×6년 재무상태표 현금잔액으로부터 시작하여 모든 수입과 지출을 보여준 후 20×7년 추정재무상태표에 나타난 현금잔액을 보여 주고 있다.

(5) 추정현금흐름표

종합예산과 재무예산의 마지막 요소는 추정현금흐름표이다. 추정현금흐름표는 예산기간동안 계획된 운영활동, 투자활동, 그리고 재무활동으로 인한 현금흐름을 보여 준다. **표 12-16**에 예시된 추정현금흐름표는 두 연도의 추정재무상태표, 추정손익계산서 그리고 그 밖의 예산으로부터 도출된 것이다.

표 12-16 추정현금흐름표

추정현금흐름표			
태진사			20×7년
1. 영업활동으로 인한 현금흐름			₩4,384,153
당기순이익		₩2,895,414	
현금의 유출이 없는 비용 등 가산			
감가상각비	₩1,590,000		
매입채권의 증가	33,520		
미지급법인세의 증가	74,569	1,698,089	
현금의 유입이 없는 수익 등 차감			
매출채권의 증가	₩134,000		
원재료의 증가	25,500		
완제품의 증가	47,850		
소모품의 증가	2,000	(209,350)	
2. 투자활동으로 인한 현금흐름			(3,334,000)
투자활동으로 인한 현금유출액			
비유동자산의 취득		(3,334,000)	
3. 재무활동으로 인한 현금흐름			(689,200)
재무활동으로 인한 현금유입액			
장기차입금의 증가		950,000	
재무활동으로 인한 현금유출액			
장기할부차입금의 상환	₩639,200		
배당금의 지급	1,000,000	(1,639,200)	
4. 현금의 증가			₩360,953
5. 기초현금			60,000
6. 기말현금			₩420,953

제3절 종합예산편성 방법

예산편성을 크게 둘로 구분한다면 기술적 측면(technical aspects)과 행동적 측면(behavioral aspects)으로 나눌 수 있다. 예산을 편성하는 가장 큰 목적이 조직목표를 효과적으로 달성하기 위한 것이고, 조직목표는 조직구성원들의 기여로 달성될 수 있기 때문에 예산편성의 행동적 측면은 아무리 강조해도 지나칠 것이 없다. 예산편성은 조직구성원에게 조직구성원의 사고, 행동, 의사결정에 지대한 영향을 미친다. 예산편성은 훌륭한 목적을 지니고 있지만 조직과 조직구성원들에게 어떻게 투영되느냐에 따라서 역기능적인 측면이 확대되기도 하고 이는 조직목표를 효과적으로 달성시키는 데 걸림돌이 되기도 한다. 따라서 경영자는 예산이 보다 긍정적으로 사용될 수 있도록 예산편성이 조직구성원들에게 미치는 효과를 정확하게 파악하고 세심한 배려를 해야 한다. 오직 효과적인 예산편성제도만이 조직구성원들로 하여금 조직목표를 달성하는 데 기여하는 행동을 하도록 동기부여시킨다.

1 예산참여정도에 따른 분류

예산설정방법은 구체적으로 하부관리자가 예산수립에 어느 정도 관여하는지에 따라 크게 전제적 예산편성, 참여적 예산편성, 그리고 자문적 예산편성 등으로 구분될 수 있다.

(1) 전제적 예산편성

전제적 예산편성(authoritative budgeting)은 단순히 상사가 하부 관리자에게 예산이 얼마인지를 설정해서 통보해 주는 방식이다. 이 방식은 상사가 예산을 할당하고 하부조직간의 조정을 관장하므로 직선적이고 효율적이다. 예산을 하향식으로 부과하기 원하는 상사는 보통 통제하기를 좋아하고 성격은 전제적이다. 이러한 예산의 하향식 부과방식의 단점은 상사가 예산편성에서 적절한 목표수준은 얼마여야 되는지를 명확하게 알 수 없다는 것이다. 전제적 예산편성에서는 새로운 목표에 대해 높은 열망수준을 지닌 부하는 좌절하게 되며 무기력하게 된다. 전제적 예산편성이 지닌 두 번째 문제는 예산을 설정하는 데 조직구성원의 참여가 결여되어 있기 때문에 예산목표에 대한 동기부여와 몰입이 결여된다는 점이다. 만약에 상사가 목표는 높게 설정해 놓고 자원은 적게 배당하는 경우라면 동기부여는 크게 감소하여 개인 및 조직이 목표를 성취하는 데 실패하고 말 것이다.

(2) 참여적 예산편성

참여적 예산편성(participative budgeting)은 모든 당사자들이 예산목표 설정에 대해 동의하는 합동의사결정과정에서 예산을 편성하는 방식이다. 조직구성원을 의사결정에 참여케 하는 것은 그들로 하여금 그들의 목표를 상사와 합동으로 설정하고 예산수준을 협정하는 데 그들이 지닌 구체적 개인적 정보를 이용할 수 있는 기회를 제공한다. 참여는 조직구성원들에게 많은 효익을 부여한다. 예산에 대한 몰입감이 증대되며 예산범위에서 목표를 달성하려는 동기부여가 증대된다. 참여적 예산편성에 관한 연구결과를 보면, 조직구성원들은 참여적 예산편성으로 자신의 직무에 대해 보다 크게 통제할 수 있기 때문에 일반적으로 보다 높은 직무만족을 느끼고 사기가 올라가는 것으로 나타났다. 그러나 성과수준은 어떤 경우에만 높게 나타났다. 참여는 조직구성원들이 그들의 직무를 얼마나 잘 수행할 수 있는지에 대한 그들의 소위 사적정보를 의사소통하거나 기존 프로세스의 개선을 도울 수 있는 새로운 생각을 제시하도록 동기부여하기 때문에 조직구성원의 참여를 허용하는 일은 경영층에도 추가 효익을 가져다 준다. 예산을 합동으로 논의하는 결과로 부하들은 간접적으로 이런 정보와 그들의 열망수준을 경영층에게 보여 주게 된다.

(3) 자문적 예산편성

자문적 예산편성(consultative budgeting)에서는 경영자가 부하들에게 예산에 대한 그들의 생각을 개진해 달라고 요청하지만 예산설정에 대한 의사결정은 상하간에 합동으로 내리지는 않는다. 즉 상사는 부하의 생각은 청해 듣지만 최종예산은 상사 혼자서 결정하는 방식이다. 많은 거대한 조직에서는 완전한 참여가 사실상 불가능하기 때문에 자문적 예산편성 방식을 취하게 된다. 자문적 예산편성방식은 자칫 잘못하면 의사참여(pseudo-participation)의 상태로 가기 쉽다. 의사참여란 상사가 예산설정에 있어서 하부 조직구성원들이 준 자료를 고려할 의사가 실제는 전혀 없으면서 사용하는 척 한다고 그들이 믿을 때 발생된다. 조직 구성원들이 상사가 성실하지 못하다고 파악하면 이러한 자문적 예산편성은 조직 구성원들에게 매우 심한 무기력증 효과를 나타나게 할 수 있다.

예산은 계획수립, 조정 및 자원배분의 수단으로 사용되지만 또한 업적을 평가하고 궁극적으로 행동을 통제하고 행동에 영향을 주는 데도 사용된다. 많은 경영자들의 유인 보상제도는 예산 및 목표달성과 직접 연계되어 있다. 유인 및 보상이 예산과 연계되어 있을 때 일부 경영자들은 그들 조직에 역기능적인 행동을 보인다. 이들은 가능한 한 보너스를 많이 받기 위해서 정보와 목표를 조작하려고 시도하는 소위 예산게임(budget game)을 하는 것으로 알려졌다. 경영자가 예산게임에 가담하는 가장 잘 알려진 방식은 참여과정을 통해서이다. 참여는 조직 구성원들에게 조직을 위해서는 항상 최선이 되지 않을 수도 있는 방식으로 그들 예산에 영향을 줄 수 있는 기회를 제공한다. 가령 구성원들은 그들의 예산목표를 성취하기 위해 필요한 이상의 과잉 자원을 요구한다. 이것은 조직전체에서 보면 최적 자원할당에 문제를 야기시킨다. 또한 구성원들은 그들 성과에 대한 경영층의 기대수준을 낮추기 위해서 정보를 왜곡시킬 수 있다. 이는 작업환경에 예상치 못한 불리한 변화가 있는 경우 그래도 성과목표를 달성하기 위한 대비책으로 사용된다. 이 역시 조직이 조직 운영활동을 개선시킬 수도 있는 보다 정확한 정보를 획득하지 못하기 때문에 손해를 보게 된다. 이와 같은 과잉 자원을 요구하는 것과 성과정보를 왜곡시키는 행위를 예산여유 또는 예산슬랙(budget slack)의 창출이라 한다.

2 예산설정 방법에 따른 분류

(1) 카이젠 예산 편성

치열한 경쟁에서 기업이 생존, 성장할 수 있는 방법 가운데 하나는 지속적인 개선을 도모하는 일이다. 카이젠(kaisen)은 지속적인 개선을 의미하는 일본어이다. 카이젠 예산편성(kaizen budgeting)은 예산기간 동안 지속적인 개선의 개념을 설정된 예산수치로 명백하게 보여 주는 예산 설정방식이다.

가령 앞의 종합예산의 예에서 태진사의 제품별 단위당 원자재 소요량과 소요작업시간에 카이젠 예산편성을 적용시키면 다음과 같이 나타낼 수 있다.

	제품 A			제품 B		
	철 근	콘크리트	직접작업시간	철 근	콘크리트	직접작업시간
1분기	200파운드	0.50㎥	2.00시간	500파운드	2.00㎥	5.00시간
2분기	195	0.48	1.95	490	1.97	4.90
3분기	190	0.46	1.90	480	1.94	4.80
4분기	185	0.44	1.85	470	1.91	4.70

여기서 한 가지 유념해야 할 사항은 기업에 따라서 조직구성원들이 받아들이는 예산의 개념이 조금씩 다를 수 있다는 것이다. 가령 카이젠 예산을 사용하는 일본기업에서는 설정된 예산은 반드시 달성해야 하는 목표치의 개념으로 받아들이는 경향이 크다. 이와는 반대로 설정된 예산의 단순한 계획치 내지는 예상치 정도의 참고자료로만 인식된다면 지속적인 개선을 도모하기 위한 노력의 일환으로 제시된 카이젠 예산 편성의 실효익은 달성되기 어려울 것이다.

(2) 스트레치 예산 편성

연구결과에 의하면 동기부여효과 측면에서 예산수준은 느슨한 것보다 타이트한 것이 좋은 것으로 나타났다. 그러나 타이트하게 설정하더라도 달성가능하지 않으면 조직구성원의 열망수준을 떨어뜨려 성과가 오히려 감소될 수 있기 때문에 조심하여야 한다는 것이 일반적인 견해이었다. 그러나 최근에 들어와선 경쟁이 치열해지다 보니까 예산은 보다 타이트한 수준에서 설정되어야 한다는 쪽으로 서서히 움직여 가는 것 같다. 과거에는 전년도 수준에서 조금 향상시킨 수준을 다음 연도의 예산목표로 설정했었다. 그러나 최근 일부 기업에서는 다음 예산 기간의 목표를 이전의 예산 목표에 비해 상당이 향상시킨 수준에서 설정하고 있다. 이렇게 전년도 목표에 비해 크게 향상시킨 목표를 **스트레치 목표**(stretch targets)라 하며 현행예산에 비해 훨씬 상회하는 목적을 달성하려고 시도하는 예산편성을 **스트레치 예산편성**(stretch budgeting)이라 한다. 스트레치 목표로 조직을 실제로 도달할 수 있는 한계에까지 끌어올릴 수 있다는 것이 스트레치 예산편성을 하는 이유이다. 스트레치 예산편성의 주창자들은 이러한 예산편성방법을 사용하여 기업들은 그들이 제품과 서비스를 개발하고 생산하는 방법을 완전히 재평가 내릴 수 있다고 주장한다. 그러나 일부 조직구성원들은 이런 형태의 환경에서 살아 남겠지만, 많은 사람들은 스트레치 목표를 달성하기 위한 작업속도 및 어려움으로 좌절하고 조직을 떠날 수도 있다. 또한 조직구성원들은 단기적으로 스트레치 목표를 달성하기 위해 최대의 노력을 경주할 수 있겠지만, 매 예산기간마다 지속적으로 그런 노력을 보여 주기는 어려울 것이다. 기업은 조직구성원들이 스트레치 목표가 달성가능한 것이라고 믿을 수 있도록 자원과 계획을 제공하여야 할 것이다.

(3) 활동기준 예산편성

앞서 설명한 바와 같이 활동기준 원가계산은 기업에서 제공하는 제품 및 서비스에 필요한 모든 활동원가를 집계하여 정확한 원가정보를 산출하려고 시도되는 원가계산 방법이다. **활동기준 예산편성**(activity-based budgeting)은 이러한 활동기준 원가계산의 개념을 예산편성에 적용하는 것이다. 즉 활동기준 예산편성은 제품과 서비스를 생산하고 판매하는 데 필요한 모든 활동원가를 예상하여 이를 바탕으로 보다 정확한 예산을 설정하는 방법이다. 따라서 계산절차는 활동기준 원가계산과 똑같다. 단지 활동기준예산편성에서 사용되는 숫자는 미래에 관한 것이므로 전부 예상치이다.

제4절 원가유형과 통제방법

앞서 설명한 바와 같이 예산은 효과적인 계획수립 및 통제수단이다. 계획수립 및 통제목적으로 경영자들은 원가를 공학적 원가(engineered costs), 자유재량원가(discretionary costs), 그리고 조직기반원가(infrastructure costs) 등으로 구분한다.

1 공학적 원가

공학적 원가(engineered costs)는 직접재료비나 직접노무비와 같이 생산량과 발생원가 간의 명확한 인과관계가 나타나는 원가이다. 공학적원가는 생산량이 증가하면 원가도 일정한 형태로 증가한다. 따라서 공학적원가는 주어진 생산량을 놓고 최적수준의 원가를 산정하기가 비교적 용이하다. 제조간접비 가운데는 에너지원가, 간접재료비, 간접노무비가 공학적 원가 부류에 속한다. 공학적원가를 통제하는 효과적인 방법으로는 표준원가제도나 지금까지 설명한 예산제도를 들 수 있다.

2 조직기반원가

조직기반원가(infrastructure costs)는 관리불가능원가(committed costs)라고도 하는데 공장자산, 설비 및 기능조직을 보유함으로써 발생되는 원가이다. 새롭게 생산능력을 보유하면 발생되는 원가인데 이의 예로는 감가상각비, 장기리스료, 장기기술이전계약에 따른 기술이전료 등을 들 수 있는데 한번 의사결정을 내리면 장기간에 걸쳐 발생되므로 의사결정에 세심한 주의를 기울여야 한다. 조직기반원가를 관리하는 방법은 사후에 매일 매일 감시하는 것보다는 사전에 세심한 장기계획이 요구된다.

3 자유재량원가

자유재량원가(discretionary costs)는 공학적 원가와는 달리 생산량과 명확한 인과관계를 지니지 않는다. 자유재량원가 예산은 경영자의 전략적·전술적 의사결정에 의해서 결정되는데 이의 예로는 광고비, 교육훈련비, 연구개발비, 그리고 경영 컨설팅비 등이 있다. 생산 및 판매량과는 상관이 없으므로 자유재량원가는 고정비로 분류된다. 경영자가 자유재량원가의 예산을 편성하는 일반적인 방법으로는 다음 세 가지가 있다.

- 증분예산편성(incremental budgeting)
- 영기준예산편성(zero-base budgeting)
- 프로젝트 펀딩(project funding)

(1) 증분예산편성

증분예산편성(incremental budgeting)은 자유재량 항목의 예산을 편성할 때 전년도 해당항목의 지출금액을 기준으로 증분변화를 결정해서 하는 방법이다. 가령 증분예산 편성에서는 자유재량항목에 대한 전체예산이 전년도에 비해 10% 증액되었으면 각 자유재량항목에 대해서도 전년도에 비해 10%까지의 증액이 허용된다. 그리고 필요에 따라 기본 증분예산편성에 변화를 주어 일부 자유재량항목에 대한 증액이 10%에 못 미친다면 보다 중요시되는 자유재량항목에 대한 증액은, 자유재량항목에 대한 전체예산이 10% 증액되는 한도 내에서, 10% 이상 올라갈 수도 있다.

증분예산 편성방법은 자유재량지출에 대한 조직의 목표를 정당화시키는 것이 미약하다는 비판을 받고 있다. 증분예산편성은 조직변화에 따른 지출의 증감을 적절히 반영해 주지 못하고 있다. 뿐만 아니라 조직에 보다 근본적인 효익을 가져다 주는 자유재량항목에 대한 차별적인 지원을 해 줄 수 있는 메커니즘이 없다.

(2) 영기준예산편성

영기준예산편성(zero-base budgeting)은 마치 예산을 처음 편성하는 것과 마찬가지로 아무것도 없는 것에서부터 예산을 편성하는 방법이다. 따라서 자유재량항목을 요구하는 관리자는 지속적으로 이에 대한 지출을 정당화시켜야 한다. 매 계획기간동안 매 예산항목에 대한 출발점은 영이다. 부분적으로는 영기준예산편성은 위에서 설명한 증분예산편성이 무차별적으로 자원을 배분하여 잘못된 결과를 초래하는 것에 대한 보완책으로 제안된 것이다. 영기준 예산편성에서는 예산편성 관리자는 조직의 목표를 가장 잘 달성할 수 있을 것으로 생각되는 자유재량항목 지출제안에 조직의 희소한 자원을 할당한다.

증분예산편성에 비해 논리적으로 비춰지지만 영기준 예산편성도 논란의 여지를 지닌다. 이 접근방법은 주로 대부분의 정부지출을 사정하는 데 사용되어 왔지만 영리조직에서도 연구개발, 광고, 교육훈련 등과 같은 자유재량지출에 한하여 적용되고 있다. 전통적으로 영기준예산편성 사고방식은 공학적 원가에는 적용되지 않는다. 그러나 공학적 원가에 대해서도 리엔지니어링 접근 방법과 병행해서 사용되면 영기준 예산편성은 유효할 수 있다. 가령 제품이나 프로세스에 대한 리엔지니어링은 현재 상황과는 별도로 제품이 수행하는 방법이나 프로세스가 수행되는 방법에 대한 비전을 개발하는 것과 관련이 있다. 이때 새로운 제품이나 프로세스에 대한 기본원가를 제공하는 수단으로 영기준예산편성은 사용될 수 있다. 영기준예산편성에선 예산을 요구하는 관리자는 의사결정 패키지(decision package)라 불리는 예산신청 제안서를 마련하게 된다. 그러면 제안서는 원가 효익 분석을 통해서 평가 사정되고 높게 평가 받은 자유재량항목 지출제안에 대해서는 전체 예산 범위 내에서 자원이 배분되게 된다. 이때 의사결정 패키지를 마련하는 데에는 많은 시간과 노력이 소요된다. 그래서 영기준 편성의 비판자들은 이 방법을 제록스기준 예산편성(Xerox-base budgeting)이라고 칭한다. 또한 자원배분에 앞서 우선순위를 결정할 때 원가 효익분석을 하게 되는데 특히 효익분석은 쉽지 않은 과제이다. 따라서 번거로운 예산편성작업을 매년 영기준편성 방법에 의존하는 것보다는 3년이나 5년에 한 번 조직에 변화가 어느 정도 진척된 후에 영기준예산편성의 좋은 취지를 살려 **영기준 검토**(zero-base review)를 하는 것이 제안되기도 한다.

(3) 프로젝트 펀딩

영기준예산편성은 준비하는 데 시간이 너무 많이 소요되기 때문에 비용이 많이 소요된다는 비판을 받는다. 영기준 예산편성의 비판자들은 영기준 예산편성과 전통적인 증분 예산편성의 단점을 보완하는 양극단적 방법의 중간적인 방법을 제안하고 있다. 이 방법은 **프로젝트 펀딩**(project funding)이라 부르는데, 이는 일정한 기간을 명기하는 자유재량지출에 대한 제안서이다. 즉 자유재량항목을 요구하는 관리자들은 제안서에 프로젝트가 얼마나 오래 지속될 것인지 그리고 프로젝트 전체 기간 내에서 각 세부기간별 자금은 얼마나 소요되는지를 명기해야 한다. 프로젝트 펀딩에서 예산제안시 프로젝트의 일정시간 기간을 설정하게 함으로써 영기준 예산편성에서 요구되는 밀접한 감독 및 지속적인 정당화가 더 이상 불필요하게 되어 원가가 절감될 수 있다. 또한 증분예산편성의 원가보다는 다소 높게 발생하나 이 방법은 증분예산편성에서는 기대할 수 없는 자유재량항목에 대한 지원을 조직 전략목표에 따라 차별적으로 할 수 있다는 장점이 있다.

연습문제

문 1 생산예산과 구입예산

다음 각각 독립적인 사례에 답하시오.

사례1 ‖ 동강사는 제품A를 생산·판매하고 있는데, 제품A 1단위를 생산하는 데에는 1kg의 원재료가 소요된다. 2월 1일 현재의 재고자산은 제품A가 3,000개, 원재료가 1,000kg이다. 동강사는 2월 한 달 동안의 판매량이 10,000개에 이를 것으로 예상하고 있다. 동강사는 3월을 대비하여 2월말까지 제품A 4,000개와 2,000kg의 원재료를 확보해 두기로 결정하였다.

◉ 요구사항

동강사의 2월의 생산량예산과 원재료구입예산을 작성하시오.

사례2 ‖ 신규 설립된 동강사는 20×7년 첫 한해 동안 A제품 100,000단위를 판매할 계획이다. A제품 1단위당 예산원가는 다음과 같다.

직접재료비	₩100
직접노무비	50
제조간접비	40

신규 설립되었으므로 기초재공품 및 기초제품재고는 없으며 기말재공품도 없도록 할 예정이다. 적정기말제품재고량은 5,000단위로 예산을 세웠다.

◉ 요구사항

동강사의 20×7년의 제조원가예산을 작성하시오.

문 2 판매, 제조, 원재료, 그리고 직접노무비 예산

(주)가우디는 보급형과 고급형 두 가지의 가방을 생산·판매하고 있다. 20×6년 7월에 이 회사의 예산담당자는 20×7년의 판매예측과 예산에 필요한 자료를 추정하기 위해 다음과 같은 자료를 수집하였다.

- 20×7년도 판매예측

제 품	수 량	단 가
보급형	300,000개	₩100
고급형	50,000개	₩500

- 20×7년도 재고량

제 품	20×7.1.1 예상재고	20×7.12.31 예상재고
보급형	50,000개	60,000개
고급형	10,000개	12,000개

- 각 제품 1단위를 생산하기 위해 필요한 원재료의 양

		단위당 사용량	
원재료	단 위	보급형	고급형
A	kg	5	7
B	kg	3	5
C	개	0	2

- 원재료에 관한 20×7년 추정자료

원재료	예산구입가격	20×7.1.1 예상재고	20×7.12.31 예상재고
A	₩40	100,000kg	120,000kg
B	20	80,000kg	90,000kg
C	10	10,000개	12,000개

- 20×7년 필요한 직접노동시간과 임률에 관한 자료

제 품	단위당 시간	시간당 임률
보급형	4시간	₩40
고급형	5시간	100

- 제조간접비는 직접노동시간당 ₩100의 비율로 배부된다.

요구사항

1. 판매예산(예산매출액)을 수립하시오.
2. 제조예산(생산량)을 수립하시오.
3. 원재료 구매예산을 수립하시오.
4. 제품별 단위당 원가를 산출하시오.
5. 20×7년 12월 31일 보유할 예산 제품재고액은 얼마인가?

문 3 종합예산(1)

서강회사는 다음달인 5월의 예산편성을 실시하고자 한다. 다음의 자료를 가지고 주어진 물음에 답하시오.

● 매 출(실제 및 예산)

	4월(실제)	5월(추정)	6월(추정)	7월(추정)
매출수량	20,000단위	30,000단위	36,000단위	24,000단위
매출액	₩400,000	₩600,000	₩720,000	₩480,000

● 모든 매출은 신용으로 하고 있으며, 신용으로 판매된 금액의 40%는 판매된 월에 회수되며, 58%는 차월에 회수된다. 그리고 2%는 회수불능채권에 대한 대손상각으로 판매시점에서 충당금으로 인식한다. 그리고 매출과정에서 매출할인은 없다.

● 30,000단위의 월간 정상조업도하에서 단위당 표준원가는 ₩12이며 그 내역은 다음과 같다.

직접재료비(원재료X 1단위 @₩4)	₩4
직접노무비(직접노동 0.2시간 @₩10/hr)	2
변동제조간접비	1
고정제조간접비(₩150,000/월 30,000단위)	5
계	₩12

● 변동판매비와 일반관리비는 매출된 제품 단위당 @₩2이며 고정판매비와 일반관리비는 월 ₩40,000이다.

● 매입대금은 매입시점에서 일괄지급되며, 매입과정에서 매입할인은 없다. 그리고 모든 제조원가비용과 판매비와 일반관리비 중 ₩5,000은 비현금지출비용이다.

● 5월 1일 현재의 현금시재액은 ₩15,000이다.

● 서강회사는 차월의 판매예측량의 20%에 상당하는 수량을 적정 월말재고량으로 생각하고 있으며, X원재료의 적정재고량은 차월 생산량에 소비되는 원재료 사용량의 50%로 생각하고 있다.

● 기준 조업도차이는 발생된 월의 매출원가에 부담시킨다.

● 법인세효과는 무시한다.

요구사항

1. 5월과 6월의 생산예산(수량)을 작성하시오.
2. 5월의 제조원가 예산을 작성하고, 기준조업도차이를 계산하시오.
3. 5월의 구매예산(수량, 금액)을 작성하시오.
4. 5월의 예산손익계산서를 작성하시오.

문 4 현금예산(1)

(주)서강의 회계담당자는 20×7년 8월의 현금예산을 편성하기 위하여 관련된 자료를 수집하고 있다. 회사는 현금이 부족한 경우에는 차입하고 여유가 있는 경우에는 대출을 하고 있다. 당월매입은 현금매입과 외상매입이 각각 5:5의 비율로 이루어진다. 그리고 외상매입

은 매입한 그 달에 50%를 지급하고, 나머지는 다음달에 지급한다.

현금매출은 없으며, 외상매출과 어음매출은 5 : 5의 비율로 이루어진다. 외상매출은 매출한 달에 60%가 회수되고, 다음달에 모두 회수된다. 그리고 어음매출은 2개월만기 약속어음을 받는다. 8월초의 총계정원장의 각 계정잔액은 다음과 같다.

현 금	₩900,000	외상매출금	₩7,500,000
외상매입금	5,520,000	받을어음	25,200,000

8월의 매입액은 ₩26,400,000이고, 매출액은 ₩36,000,000이다. 8월초의 받을어음 중 50%는 당월에 회수되는 것으로 보며, 매월말 예상현금보유액은 ₩10,000,000이다.

요구사항

1. 외상매출금의 8월말 잔액은 얼마인가?
2. 외상매입금의 8월말 잔액은 얼마인가?
3. 이 회사가 월말에 취하여야 할 현금관리정책은? 단 대출 또는 차입하여야 할 금액을 제시할 것.

문 5 현금예산(2)

서강회사는 현금흐름을 예측·추정하고, 이에 대한 현금운용을 결정하여 부족한 경우에는 차입하고 여유가 있는 경우에는 대출을 한다. 이에 관한 자료는 다음과 같다.

- 매 월말 현금 필요보유액 ₩1,000,000
- 당월 매입은 현금과 외상이 각각 1 : 1의 비율로 이루어지며, 외상매입금은 매입한 그 달에 50%가 지급되고, 나머지는 다음 달에 지급된다.
- 매출은 전액 신용매출이고, 외상매출과 어음매출은 2 : 1의 비율로 이루어진다. 외상매출금은 매출한 그 달에 70%가 회수되고, 다음 달에 모두 회수된다. 받을 어음은 2개월 만기 약속어음이다.
- 월초 총계정원장의 관련 계정 잔액은 다음과 같다.

현금	₩300,000	외상매출금	₩2,500,000
외상매입금	₩5,500,000	받을어음	₩8,400,000

- 당월 매입액 ₩8,800,000 당월 매출액 ₩12,000,000
- 월초 받을어음 중 50%는 당월에 회수되는 것으로 본다.

요구사항

1. 외상매출금 월말잔액은 얼마인가?

2. 이 회사가 월말에 취하여야 할 현금관리정책은? 단, 대출 또는 차입하여야 할 금액을 제시할 것.

문 6 종합예산(2)

만세상사는 20×7년 2/4분기 종합예산을 편성하고자 하며 다음과 같은 자료가 제시되어 있다.

● 20×7년 3월 31일 재무상태표

현금	₩222,400	매입채무	₩200,000
매출채권	430,000	미지급임차료	300,000
재고자산	833,000	미지급배당금	50,000
선급보험료	30,000	부채총계	₩550,000
비품	120,000	자본금	750,000
		이익잉여금	335,400
		자본총계	₩1,085,400
자산총계	₩1,635,400	부채와자본총계	₩1,635,400

● 20×7년 판매자료

1월	₩800,000(실제)	5월	₩800,000(예산)
2월	500,000(실제)	6월	1,000,000(예산)
3월	700,000(실제)	7월	500,000(예산)
4월	900,000(예산)	8월	600,000(예산)

● 20×7년 추가자료

- 월 영업비 자료

고정비:

급 여	₩100,000
임 차 료	₩100,000
보 험 료	₩10,000
감가상각비	₩10,000

변동비(대손상각비 제외): 매출액의 5%

- 당 상사는 중간배당제도를 채택하고 있으며, 배당금 ₩50,000을 5월 1일에 지급하도록 3월 31일 이사회에서 결의하였다.
- 매출채권은 모두 매출채권 형태로 발생한다. 당 상사는 매출채권 회수방식은 판매한 달에 50%를, 판매한 달의 다음달에 40%를, 판매한 달의 2달 후에 8%를 회수하며, 나머지 2%는 회수불능채권이며, 판매시점에 곧바로 대손상각비로 인식한다.
- 당 상사는 매월말에 차후 2개월간 판매량의 70%를 적정재고로 보유하고 있으며, 매

출총이익률은 30%이다.

- 매입은 모두 매입채무 형태로 발생한다. 매입채무 지급방식은 매입한 달에 60%, 매입한 달의 다음달에 40%를 지급하고 있다.
- 보험료는 6월 30일과 12월 31일에 각각 차후 6개월 분의 보험료를 선급하고 있으며, 임차료는 다음 분기 초에 3개월 분을 지급하고 있다. 그리고 급여와 변동영업비는 발생한 달에 전액 지급하고 있다.
- 당 상사의 매월 말 최소 현금잔고는 ₩40,000을 유지하려고 한다. 그리고 차입을 가능한 한 줄이려고 하며, 차입시 이자율은 연 12%이며 차입은 월말에 이루어지고 원금상환과 이자지급은 3개월 후에 이루어진다.
- 비품은 2/4분기(4월초)에 구매하려는 유형자산이다.

요구사항

1. 20×7년 2/4분기 월별 상품구매예산을 편성하시오.
2. 20×7년 2/4분기 월별 현금예산을 편성하시오.
3. 20×7년 2/4분기 예산 손익계산서와 6월 30일 현재 예산 재무상태표를 작성하시오.

문 7 종합예산(3)

(주)서강회사는 X, Y의 두 제품을 생산, 판매하고 있다. 4월, 5월, 6월의 예산 판매가격과 판매수량은 다음과 같다.

제 품	예산 판매가격	예산 판매 수량		
		4월	5월	6월
X	₩50	50,000	70,000	80,000
Y	100	20,000	30,000	25,000

제품 재고는 각 제품별로 다음달 예상판매량의 40%를 보유할 예정이며, 매출액의 40%는 현금매출이고, 60%는 외상매출이다. 회사는 과거의 경험으로 볼 때, 외상매출의 30%는 판매당월에 회수되고 나머지 70%는 다음 달에 회수된다.

제품 X, Y를 각각 1단위씩 생산하기 위해서는 다음의 원재료가 필요하다.

원 재 료	X	Y
A	2단위	3단위
B	1	2

5월의 원재료에 대한 예산구입가격과 재고의 예상변화량은 다음과 같다.

원 재 료	단위당 구입가격	기초재고량	기말목표재고량
A	₩6	25,000단위	23,000단위
B	5	20,000	18,000

5월에 제품 X, Y를 1단위 생산하기 위하여 필요한 예상 직접노동시간과 임률은 다음과 같다.

제 품	단위당 노동시간	시간당 임률
X	2	₩3
Y	3	4

제조간접비는 직접노동시간당 ₩2의 비율로 배부된다. 위의 자료를 이용하여 다음 물음에 답시오.

요구사항

1. 5월의 예상생산량은 얼마인가?
2. 현금의 총예상 유입액은 얼마인가?(매출분만 고려)
3. 원재료의 구입예산수량과 예산금액은 얼마인가?
4. 제품의 기말재고예산금액은 얼마인가?

문 8 종합예산: 서비스업

한국학원은 20×7년 동안의 종합예산을 편성하고자 한다. 20×6년도의 관련자료는 다음과 같다.

	중학생	고등학생
등록생수	800	900
학생 1인당 평균 수강시간	15	12
강의실당 학생수	20	15
강사 1인당 평균 강의시간	20	18
강사 1인당 평균 임금	₩1,500,000	₩1,800,000
1강좌당 수강료	₩80,000	₩100,000

20×7년 동안 예상되는 변화와 추가정보는 다음과 같다.

- 수강생 수는 중학생은 10%, 고등학생은 5% 정도 증가할 것으로 기대되며, 강사의 평균 임금도 8% 정도 증가할 것으로 예상된다

- 한국학원은 지금까지 학생들을 가르치기 위해 정식 강사만을 활용하였으나, 20×7년에는 파트타임 강사도 일부 활용할 방침이다. 따라서 추가로 늘어나는 학생들에 대한 강의는 파트타임 강사를 활용할 방침이다.
- 이들 파트타임 강사는 정식 강사가 강의하는 시간의 50%만을 강의하며, 평균임금은 중학생은 ₩600,000, 고등학생은 ₩800,000 정도를 지급할 예정이다.
- 파트타임 강사에게 지급되는 비용은 다음과 같은 두 수준의 원가추정치에 근거하여 고정비와 변동비로 구분하여 예산이 편성된다.

총수강시간	20,000시간	30,000시간
파트타임 강사에 지급되는 비용	₩15,000,000	₩18,000,000

요구사항

1. 20×7년의 다음 항목을 포함하는 학년별 예산표를 작성하시오.
   ① 예상되는 등록학생수
   ② 예상되는 학생들의 수강시간
   ③ 예상되는 정식 강사와 파트타임 강사의 수
   ④ 정식 강사와 파트타임 강사의 예상되는 임금
   ⑤ 예상되는 수강료 수입액
2. 파트타임 강사에게 지급되는 비용을 고정비와 변동비로 구분하고, 20×7년 동안 파트타임 강사에게 지급될 것으로 예상되는 비용을 계산하시오.

문 9 단답형 기출문제

1. 한국회사는 제품 단위당 4g의 재료를 사용한다. 재료 1g당 가격은 ₩0.8이며, 다음 분기 재료 목표사용량의 25%를 분기말 재고로 유지한다. 분기별 생산량은 다음과 같다. 1분기의 재료 구입액은 얼마인가?

	1분기	2분기
실제생산량(=목표생산량)	24,000	35,000

2. 2008년 1월부터 3월까지의 대한회사의 예상 상품매출액은 다음과 같다.

월 별	예상매출액
1월	₩3,500,000
2월	4,100,000
3월	3,800,000

매월 기말재고액은 다음 달 예상매출원가의 25%이며, 상품의 매출총이익률은 30%이다. 2월의 예상 상품매입액은 얼마인가?

3. ㈜한국의 20×5년 1월 매출액은 ₩500,000이고, 2월과 3월 매출은 직전월에 비하여 각각 10%와 20%씩 증가할 것으로 예상된다. 매출은 현금매출 70%와 외상매출 30%로 구성되며, 외상매출은 판매된 달에 60%, 그 다음 달에 40%가 회수된다. 이에 따라 회사의 현금예산표상 20×5년 3월의 현금유입액을 계산하면 얼마인가?

4. ㈜한국은 한 종류의 상품을 구입하여 판매한다. 20×3년 1월의 매출액은 ₩100,000이고 2월과 3월의 매출액이 각각 ₩150,000, ₩120,000이 될 것으로 예상하고 있다. 이 회사의 매출원가는 매출액의 60%이며 상품은 현금으로 구매한다. 1월 31일의 재고자산은 ₩18,000이고 매월 말의 적정재고량은 다음 달 판매량의 20%이다. 이 회사의 매출액 중 30%는 판매한 달에 회수되고 70%는 판매한 다음달에 회수된다. 20×3년 2월에 판매관리비로 ₩8,500이 현금으로 지불된다면 2월중 현금증가 예상액은 얼마인가?

제 13 장

특수의사결정

제1절 특수의사결정의 기초

제2절 특수의사결정의 일반유형

제3절 정보취득 의사결정

제4절 가격결정

제5절 목표원가계산

학습목표

이미 앞에서 학습한 바와 같이 원가의 개념은 매우 다양하다. 경영자들은 어떤 종류의 원가가 당면한 의사결정에 유용한지 결정해야 한다. 이 장에서는 다양한 종류의 의사결정에 상이한 원가의 역할에 대해 설명한다. 이 장을 공부하고 나면 다음 사항을 파악할 수 있어야 한다.

1. 관련원가의 특성
2. 특수의사결정의 유형
3. 완전정보의 기대가치
4. 불완전정보의 기대가치
5. 사전확률과 사후확률
6. 가격결정에서 원가의 역할
7. 원가가산 가격결정
8. 목표원가계산

제13장 특수의사결정

제1절 특수의사결정의 기초

의사결정(decision making)은 일정한 목적을 달성하기 위해 여러 가지 선택 가능한 대안들 중에서 최적의 대안을 선택하는 과정이다. 경영자들은 계획, 실행, 통제하는 경영관리활동을 수행하는 과정에서 여러 의사결정에 직면하게 되며 그 의사결정에 따라 기업의 손익뿐만 아니라 성장과 쇠퇴가 결정된다.

회계담당자의 주요기능은 경영자들의 의사결정에 유용한 정보를 제공하는 것이다. 의사결정에서 회계정보의 유용성을 관련성 또는 목적적합성(relevance)이라 한다. 많은 유형의 회계정보가 다양한 기업의사결정 분석에 유용하다.

1 의사결정의 접근방법

의사결정의 접근방법에는 총액접근법과 증분접근법이 있다. 총액접근법과 증분접근법에 의한 의사결정 결과는 동일하다. 다만 두 방법은 결론을 이끌어내는 방법에 차이가 있을 뿐이다.

총액접근법이란 각 대안별로 모든 미래의 수익과 비용을 구하여 이익이 가장 큰 대안을 선택하는 방법, 즉 각 대안별로 손익을 각각 계산하여 이익이 가장 큰 대안을 선택하는 방법이다. 총액접근법은 세 가지 이상의 대안을 동시에 비교·분석할 때 유용하다. 그러나 이 방법은 의사결정과 직접 관련이 없는 수익과 비용도 모두 포함시켜서 각 대안별로 이익을 계산해야 하므로 계산절차가 번거롭고, 시간이 많이 소요되는 단점이 있다. 또한 총액접근법은 경영자에게 대안간의 차이를 발생시키는 항목에 관심을 집중시키도록 하지 못한다는 단점이 있다.

증분접근법은 선택 가능한 각 대안 간에 차이나 나는 관련수익과 관련비용을 비교하여 의사결정을 하는 방법으로 차액접근법 또는 관련원가접근법이라고도 한다. 증분접근법은 두 대안 간에 차이가 나는 수익과 비용만을 고려하여 대안의 선택여부를 결정하는 방법이다. 증분접근법은 대안이 셋 이상인 경우에는 사용하기 어렵다는 단점이 있으나 의사결정을 할 때 시간과 비용이 절약되고, 경영자로 하여금 대안간에 차이가 있는 항목에 관심을 집중시키도록 유도할 수 있다는 장점이 있다. 이 같은 장점으로 인하여 의사결정을 할 때는 일반적으로 증분접근법을 많이 사용한다.

2 관련원가

많은 기업조직이 당면하고 있는 문제 가운데 하나는 회계정보시스템이 특정 사안에 대해서는 별로 유용하지도 않은 수많은 유형의 자료를 산출한다는 것이다. 이러한 많은 관련이 없는 원가자료 때문에 회계담당자와 경영자간에 원활한 의사소통이 이루어지지 않는다. 경영자들은 그들의 직무수행에서 요구되는 의사결정을 내리는데 어떠한 유형의 원가가 유용한지를 알아야 한다. 그러한 원가는 경영자가 내리는 의사결정과 관련이 있기 때문에 관련원가라 불린다. 관련원가(relevant costs)란 고려 중인 대안간에 차이가 있는 미래의 원가(expected future costs that differ between alternatives under consideration)를 말한다. 이 같은 정의에 의하면 관련원가는 다음과 같은 두 가지 중요한 속성을 지닌다.

- 관련원가는 미래에 발생할 원가이다.
- 관련원가는 의사결정 대안에 따라 다르게 나타나는 원가이다.

관련원가가 되려면 미래 기대되는 원가이어야 하기 때문에 역사적 원가는 비관련원가(irrelevant costs)이다. 다만 미래에도 계속해서 발생될 것으로 기대되면 역사적 원가도 의사결정에 사용된다. 또한 관련원가이기 위해서는 의사결정 대안간에 서로 차이가 있어야 한다. 만약 그렇지 않다면 그런 원가는 의사결정대안을 놓고 선택을 하는데 아무런 영향을 미치지 못하게 될 것이다.

대안간의 원가 차이를 차액원가(differential costs)라 부른다. 많은 기업들은 단기의사결정을 내릴 때 증분원가계산을 한다. 증분원가(incremental costs)는 생산량이 변화함에 따라 변화하는 원가를 의미한다. 일반적으로 관련원가, 차액원가, 그리고 증분원가는 유사한 개념으로 사용된다.

제2절 특수의사결정의 일반유형

의사결정은 그 반복성에 따라 반복적인 정규의사결정과 비반복적인 특수의사결정으로 구분된다. 가령 CVP분석은 매년 반복되는 정규의사결정이다. 여기서는 반복되지 않는 특수의사결정에 관해 설명한다. 또한 여기서 설명될 특수의사결정은 단기의사결정이다. 단기특수의사결정 유형에는 다음과 같은 것이 있다.

- 특별주문의 수락
- 자가생산 또는 외부구매
- 부문의 폐쇄
- 추가가공여부
- 제품믹스
- 정보의 취득
- 제품가격결정

추가가공여부 의사결정에 대해서는 이미 **제6장** 결합원가계산에서 설명하였다. 이 절에서는 특별주문의 수락여부, 자가생산 또는 외부구매, 부문의 폐쇄, 그리고 제품믹스에 대해 설명하고 **제3절**과 **제4절**에서는 정보취득 의사결정과 제품가격결정에 대해 각각 설명하려고 한다.

1 특별주문의 수락

특별주문(special order)은 반복되는 장기성주문이 아닌 비반복적인 일회성 주문을 의미한다. 경영자는 여유조업능력을 사용하거나 또는 무엇인가를 희생하고 이러한 특별주문을 수락할 것인지를 결정해야 할 때가 있다. 특별주문은 구체적 상황에 적합한 관련원가를 기초로 하여 평가한다.

예제 1 특별주문의 수락

태진스키사는 여러 유형의 스키를 제작 판매하고 있다. 최근 불황으로 판매가 기대수준에 못 미치고 있는데 정규조업수준은 생산능력의 70% 정도이다. 최근 한 청소년 단체에서 스키캠프를 위해 스키 한짝에 ₩450씩에 일회성으로 100짝을 구매하려고 제안하고 있다. 특별주문하는 스키 한짝의 정상가격은 ₩600이다. 이 회사의 마케팅관리자는 회계담당자에게 이 특별주문에 대한 원가자료를 요청하였는데 그 추정원가는 다음과 같다.

	총 원 가	단위당 원가
직접재료비	₩25,000	₩250
직접노무비	9,000	90
제조간접비*	10,000	100
판매관리비*	7,000	70
총 계	₩51,000	₩510

* 단 제조간접비의 70%는 배부된 고정제조간접비이고 판매관리비의 40%는 고정원가임.

요구사항

태진스키사는 이러한 특별주문을 받아들여야 하겠는가?

해답

원가자료를 보면 특별주문은 수락하지 말아야 하는 것처럼 보인다. 제안가격 ₩450이 추정원가 ₩510에 못 미치기 때문이다. 그러나 이 예에서 제조간접비의 70%와 판매관리비의 40%가 고정원가이다. 이러한 고정원가는 특별주문 수락 여부에 관계없이 발생될 것이다. 감가상각비, 보험료, 그리고 재산세 등이 이에 속한다. 특별주문 수락 여부에 상관 없이 단기적으로는 총고정원가가 일정할 것이기 때문에 고정원가는 의사결정에 목적적합하지 않다. 이 의사결정은 관련원가만으로 내려져야 한다. 특별주문을 수락할 때의 관련수익과 관련원가를 비교하면 다음과 같다.

관련 수익(100짝 @₩450)		₩45,000
관련 원가:		
직접재료비	₩25,000	

직접노무비	9,000	
변동제조간접비(₩10,000×30%)	3,000	
변동판매관리비(₩7,000×60%)	4,200	41,200
회사이익의 증가		₩3,800

관련수익과 관련원가에 의한 분석에 의하면, ₩3,800의 이익이 증가됨을 알 수 있다. 따라서 주문은 수락되어야 한다.

위의 예에서 태진스키사는 특별주문량을 소화해낼 충분한 여유조업능력이 있었다. 만약 그렇지 않았다면 특별주문수요를 충족시키는 데 추가고정비가 발생할 것이다. 이러한 상황에서 추가고정비는 차액원가이며 분석에 목적적합하다. 또한 이익 이외의 요소가 의사결정에 영향을 줄 수 있다. 가령 정상가격 이하의 가격으로 제품을 산 고객이 있다는 사실이 정규고객에게 알려진다면 정규고객도 똑같이 저렴한 가격을 요구할 것이다. 미국의 경우 로빈슨-패트만법(Robinson-Patman Act)은 가격차별화를 금지하고 있다.

2 자가생산 또는 외부구매

많은 경우 기업은 부품을 스스로 제조할 것인지 아니면 외부공급자로부터 구매할 것인지를 결정해야 한다. 또한 이러한 결정에는 제품뿐만 아니라 많은 용역서비스가 포함된다.

예제 2 자가생산 또는 외부구매

태진사는 워드프로세싱시스템을 제조한다. 워드프로세싱시스템의 주요요소는 최신형 레이저프린터이다. 태진사의 경영층은 프린터를 외부에서 구입할지 아니면 제조할지를 결정해야 한다. 이 회사는 1년간 4,000대의 프린터가 필요할 것으로 예측하고 있다. 태진사는 신뢰할 수 있는 공급업체로부터 프린터를 대당 ₩4,000에 구입할 수 있다. 또한 태진사는 현재 프린터의 생산수요를 충족시킬 수 있는 여유조업능력을 지니고 있다. 프린터를 생산하는 데 추정원가자료는 다음과 같다.

	단위당 원가	총원가(4,000대)
직접재료비	₩1,400	₩5,600,000
직접노무비	1,200	4,800,000
변동제조간접비	600	2,400,000
직접고정제조간접비*	400	1,600,000
배부고정제조간접비	800	3,200,000
총 계	₩4,400	₩17,600,000

* 프린터를 제조하는 경우 필요한 설비의 리스료임.

요구사항

태진사는 프린터를 사내에서 생산하여야 하는가?

해답

주어진 자료를 보면 대당 구입가격은 ₩4,000이고 대당 제조원가는 ₩4,400이기 때문에 프린터는 외부에서 조달해야 할 것처럼 보인다. 그러나 위의 열거된 모든 추정제조원가가 자가생산 또는 외부구매 의사결정에서 관련원가는 아니다. 모든 변동원가는 프린터를 외부에서 구입한다면 발생되지 않을 것이기 때문에 관련원가이다. 직접고정비도 태진사가 프린터를 제조한다면 구입할 필요가 있을 설비에 대한 리스료이기 때문에 이 의사결정과 관련이 있다. 그러나 배부고정제조간접비는 태진사가 프린터를 생산하든지의 여부에 관계없이 발생할 것이기 때문에 관련원가가 아니다. 그러한 원가는 이미 발생되었고 단기적으론 변경시킬 수 없기 때문에 매몰원가(sunk costs)라 불리어진다. 이 경우에 배부고정제조간접비는 주로 기존 생산설비를 제공하는 원가이다. 앞서 기술한 바와 같이 태진사는 현재 여유조업능력을 지니고 있다. 만약 태진사가 프린터를 외부에서 구입한다면 프린터에 배부되었을 고정제조간접비는 이 회사가 생산한 다른 제품에 흡수될 것이다.

관련원가항목	단위당 원가
직접재료비	₩1,400
직접노무비	1,200
변동제조간접비	600
직접고정제조간접비	400
총관련원가	₩3,600

단위당 총관련원가 ₩3,600은 단위당 외부구매가격 ₩4,000보다 작으므로 이 회사는 프린터를 내부에서 제조해야 한다. 그렇게 하면 이 회사는 모두 ₩1,600,000 (₩400 × 4,000대)을 절약할 수 있을 것으로 추정된다.

한편, 단위당 총관련원가는 제조하는 경우의 단위당 총원가 ₩4,400에서 단위당 배부고정제조간접비 ₩800(배부고정제조간접지)을 차감하여 구할 수도 있다.

(1) 설비의 대안적 이용

지금까지의 자가생산 또는 외부구매 분석에서는 자가생산하는 경우에나 외부구매하는 경우에 모두 배부고정제조간접비가 발생하므로 이를 비관련원가로 간주해서 무시하였다. 그러나 만약에 외부구매하는 경우 유휴설비를 대안적으로 이용할 수 있다면 자가생산 또는 외부구매 의사결정에서 배부고정제조간접비는 고려되어야만 한다. 가령 태진사는 프린터를 외부에서 구매함으로써 생겨난 유휴설비를 다른 회사에 리스해 주고 ₩2,200,000의 수익을 올릴 수 있다고 가정하자. 이때 이 회사는 프린터를 자가생산함으로써 ₩2,200,000의 수익을 상실하게 된다. 이것은 기회원가이다. **기회원가**(opportunity cost)란 한 대안을 거절하고 다른 대안을 수용함으로써 포기해야 하는 효익이다. 기회원가는 의사결정에서 고려되어야 할 관련원가이다. 이 경우 기회원가를 고려하면 제조하는 경우 단위당 총관련원가는 ₩4,150이다.

관련원가항목	단위당 원가
직접재료비	₩1,400
직접노무비	1,200
변동제조간접비	600
직접고정제조간접비	400
생산설비에 대한 기회원가(₩2,200,000/4,000)	550
총관련원가	₩4,150

단위당 총관련원가 ₩4,150은 단위당 외부구매가격 ₩4,000보다 크므로 설비의 대안적 이용방안이 있는 경우 이 회사는 프린터를 외부에서 구입해야 한다. 이렇게 함으로써 이 회사는 모두 ₩600,000(₩150 × 4,000대)을 추가로 벌어들일 수 있을 것으로 추정된다.

(2) 기타요인

지금까지 우리는 계량적 자료를 기준으로 의사결정대안을 분석하였다. 그 외 경영자들은 의사결정시 전략적 계획과 같은 비계량적 요인도 고려해야 한다. 가령 자가제조는 고객들에게 더 높은 가치를 창출해 줄 수도 있다. 또한 자가제조는 기업이 사업을 벌이는 지역에 일자리를 마련해 준다. 만약 제조기업이 전적으로 단기적 이익에만 초점을 맞춰 운영한다면, 장기적으로 그 기업은 기업의 정체

성과 존재 이유를 상실할 수도 있다.

많은 경우 기업들은 다음과 같은 전략적인 이유에서 외부구매보다는 자가생산을 고집하게 된다.

- **정보유출방지**　기업은 자기 제품명세서를 외부기업과 공유하기를 원치 않는다.
- **품　질**　기업은 자신의 통제영역에서 만들어진 제품만이 요구되는 품질수준을 지니는 것으로 믿는다.
- **정확한 배송**　기업은 고객이 원하는 인도시기를 맞출 수 있다고 믿는다.
- **서비스**　기업은 자체제조부서가 외부보다 나은 서비스를 제공할 것이라는 확신을 지니고 있다.
- **원　가**　기업자체원가가 장기적으론 외부구매가격보다 낮다. 학습곡선모형을 적용하면 더욱 그렇다.
- **자존심**　경영자에게 제품은 부모에게 자식에 해당된다. 경영자는 제품이 외부에서 생산되어 실패되는 것을 원치 않는다.

경영자들은 당장의 이익을 극대화시키는 의사결정을 내리기보다는 장기적인 기업목표를 달성한다는 관점에서 의사결정에 관련 있는 원가를 선정해야만 한다.

3 부문의 폐쇄

경영자는 관련원가개념을 사용하여 특정부문을 계속 유지할 것인지 폐쇄시킬 것인지의 의사결정을 내릴 수 있다. 이때 중요한 재무자료는 특정부문을 폐쇄시킬 경우에 잃게 되는 수익과 절감되는 원가이다. 절감되는 원가가 상실되는 수익보다 큰 경우에는 해당부문을 폐쇄시키는 것이 옳은 의사결정이다.

예제 3 부문의 폐쇄

태진사는 가전제품, 가구, 그리고 의류 등 세 부문을 가지고 있다. 경영층은 지속적으로 손실을 가져오고 있는 가구부문을 폐쇄할 것을 고려하고 있다. 현재 부문별 손익계산서는 다음과 같다.

	가전제품	가 구	의 류	전 체
매출	₩20,000	₩15,000	₩10,000	₩45,000
변동원가	14,000	12,000	6,000	32,000
공헌이익	₩6,000	₩3,000	₩4,000	₩13,000
고정원가:				
회피가능원가	3,000	2,500	1,500	7,000
회피불가능원가	1,500	1,000	1,500	4,000
총고정원가	₩4,500	₩3,500	₩3,000	₩11,000
영업이익	₩1,500	₩(500)	₩1,000	₩2,000

요구사항

태진사는 가구부문을 폐쇄시켜야 하겠는가?

해 답

주어진 자료를 보면 가구부문은 ₩500의 손실을 보고 있기 때문에 이 부문을 폐쇄시키면 ₩500의 손실을 회피할 수 있을 것처럼 보인다. 그러나 열거된 모든 원가가 해당부문을 폐쇄시키면 절감될 수 있는 관련원가가 아니다. 우선 변동원가는 해당부문을 폐쇄시키면 더 이상 발생되지 않을 것이기 때문에 부문의 폐쇄 의사결정에 있어선 관련원가이다. 그러나 고정원가를 보면 회피가능원가와 회피불가능원가의 두 범주로 나누어져 있음을 알 수 있다. 회피가능원가(avoidable costs)란 해당 부문을 폐쇄시키면 더 이상 발생되지 않고 절약될 수 있는 원가이다. 따라서 회피가능원가는 이 의사결정에서 관련원가이다. 회피가능원가의 예로는 위에서 언급한 변동원가 외에 해당부문의 단위관련간접비, 배치관련간접비, 그리고 제품유지간접비 등이 포함된다. 가령 해당부문관리자의 급여는 제품유지간접비이다. 회피불가능원가(unavoidable costs)는 해당부문을 폐쇄시키는 경우에도 계속해서 원가가 발생해서 절약될 수 없는 원가이다. 따라서 회피불가능원가는 이 의사결정에서 관련원가가 아니다. 회피불가능원가의 예로는 다른 부문과 분담하는 설비유지간접비를 들 수 있다. 가령 공통설비의 감가상각비, 냉방비, 그리고 일반관리비 등이 설비유지간접비이다.

따라서 가구부문을 폐쇄시킨다면 전체 수익은 ₩15,000만큼 감소하는 데 반해 전체 비용은 관련원가인 ₩14,500(₩12,000 + ₩2,500)만큼 감소해서, 오히려 전체기업이익은 ₩500만큼 감소하게 된다. 이는 가구부문 폐쇄전 손익계산서와 가구부문 폐쇄후 손익계산서를 비교해 보아도 알 수 있다. 가구부문 폐쇄전 영업이익은 ₩2,000인 데 반하여 가구부문 폐쇄후 영업이익은 ₩1,500으로 오히려 영업이익이 ₩500 감소하게 됨을 알 수 있다.

	폐쇄전 손익계산서	폐쇄후 손익계산서
매 출	₩45,000	₩30,000
변동원가	32,000	20,000
공헌이익	₩13,000	₩10,000

고정원가:		
회피가능원가	7,000	4,500
회피불가능원가	4,000	4,000
총고정원가	₩11,000	₩8,500
영업이익	₩2,000	₩1,500

따라서 회사는 가구부문을 폐쇄하지 말아야 한다. 물론 가구부문을 폐쇄할 때 생겨나는 유휴공간을 다른 목적으로 사용하여 ₩500 이상의 수익을 벌어들일 수 있다면 이 회사는 가구부문을 폐쇄해야 한다.

4 제품믹스

기업들은 많은 생산요소를 투입하여 다양한 제품을 생산하여 판매하고 있다. 그런데 생산활동에 이용할 수 있는 물적자원이나 인적자원은 한정되어 있기 마련이다. 이용가능한 자원이 충분하다면 제품 단위당 공헌이익이 큰 제품을 우선적으로 생산하여 판매하는 것이 기업의 이익은 극대화하는 방법이 될 것이다. 그러나 자원이 제한되어 있다면 자원을 가장 효율적으로 사용하기 위하여 한정된 자원을 어떻게 각 제품 생산에 할당할 것인지를 결정해야 한다.

만약 여러 제품을 생산할 수 있는 설비가 있는데, 그 설비의 가동시간이 제한되어 있다면 어느 제품 생산을 위하여 어느 정도 가동시간을 배분하느냐에 따라 기업이 얻는 이익이 달라질 것이다. 이러한 의사결정을 하기 위해서는 먼저 제약자원이 몇 개인지를 검토하여야 하는데 제약자원이 하나인 상황에 대해서는 여기서 설명하고, 둘 이상인 상황에 대해서는 **제14장** 선형계획법에서 설명하겠다.

제약자원이 하나인 경우에는 제약자원당 공헌이익이 높은 제품을 우선적으로 생산·판매하는 것이 기업의 이익을 극대화하는 방법이 된다. 예를 들어 직접노동시간이 제약되어 있는 경우에는 직접노동시간당 공헌이익을 산정하여 제품의 생산 우선순위를 결정하고, 재료사용량에 제약이 있는 경우라면 재료사용량당 공헌이익을 산정하여 제품의 우선순위를 결정한다.

$$\text{제약자원당 공헌이익} = \frac{\text{제품 단위당 공헌이익}}{\text{제품 한 단위 생산에 소요되는 제약자원의 양}}$$

예제 4 제품믹스

(주)백제는 다음과 같은 3가지 제품을 생산·판매할 것을 고려하고 있다. 3가지 제품을 모두 시장수요만큼 생산할 경우 예상자료는 다음과 같다.

	A	B	C
단위당 판매가격	₩500	₩350	₩700
단위당 변동원가	₩200	₩100	₩100
단위당 기계소요시간	2시간	1시간	3시간
시장수요	250개	300개	100개

요구사항

제품 생산에 투입할 수 있는 기계시간은 최대 450시간으로 제한되어 있다. 최대 이익을 달성하기 위하여 어느 제품을 얼마만큼 생산하여야 하는가?

해답

기계시간이 제약되어 있으므로 기계시간당 공헌이익을 산정하여 기계시간당 공헌이익이 높은 제품부터 사용가능한 기계시간과 시장수요 범위내에서 최대한 생산한다.

	A	B	C
단위당 판매가격	₩500	₩350	₩700
단위당 변동원가	200	100	100
단위당 공헌이익	₩300	₩250	₩600
단위당 기계시간	÷2시간	÷1시간	÷3시간
기계시간당 공헌이익	₩150	₩250	₩200
생산우선순위	3	1	2
시장수요	250개	300개	100개
필요 기계시간	500시간	300시간	300시간
기계시간 배분	-	300시간	150시간
최적제품배합	-	300개	50개

C제품의 단위당 공헌이익은 ₩600이고 B제품의 단위당 공헌이익은 ₩250이다. 그런데 C제품을 1단위 생산하는 데는 3시간이 소요되고, B제품을 1단위 생산하는 데는 1시간이 소요된다. 따라서 동일한 3시간을 투입한다면 C제품의 공헌이익은 ₩600, B제품의 공헌이익은 ₩750(₩250×3시간)이 된다. 따라서 C제품보다 B제품을 생산하는데 제약된 시간을 투입하는 것이 더 유리하다. 이를 시간당 공헌이익 개념으로 접근하면 B제품의 시간당 공헌이익은 ₩250, C제품의 시간당 공헌이익은 ₩200이 되어 B제품이 더 유리하다는 것을 쉽게 알 수 있다.

5 전략적 분석과 관련원가계산

이상에서 우리는 단기적 관점에서 몇 가지 특수의사결정상황에서 관련원가를 식별하여 사용하는 방법을 알아보았다. 그러나 실제 경영의사결정이 여기에 나타난 것처럼 단순하고 명료한 것만은 아니다. 의사결정을 내리기에 앞서 경영자들은 관련원가 이외 수많은 중요한 변수들을 고려해야 한다.

단기적 관련원가계산에 의한 의사결정의 문제점은 제품의 전체수명주기나 가치사슬을 고려하는 데 실패할 수도 있다는 것이다. 장기적으로 수익성 있는 영업을 하려면 가격은 제품의 전부원가를 상회해야 한다. 물론 기업은 전략적 이유에서 계속해서 낮은 가격으로 제품을 공급할 수 있다. 많은 기업들은 보다 많은 고객을 유치하기 위해서 일부 제품라인에서 손해를 보더라도 완전한 제품라인을 공급할 필요가 있다고 믿고 있다. 이러한 전략은 완전한 제품라인을 가지지 못하는 것에 비해서 기업에 좀더 많은 총이익을 가져다 줄 수 있다. 또한 특별주문수락결정에서 유의할 점은 한번 싼 가격에 익숙해진 고객들은 계속해서 낮은 가격으로 장기적인 관계를 맺고 싶어한다는 것이다. 단기적 의사결정 개념을 적절히 사용하기 위해서는 다음과 같은 조건을 충족시켜야 한다.

- 단기적 의사결정은 반드시 전략적 계획의 맥락 속에서 이루어져야 한다. 그렇지 않으면 장기적 목표달성에 해를 가져올 의사결정이 내려질 수도 있다.
- 기업은 단기적 의사결정의 추가수요를 충족시킬 수 있는 유휴설비나 가용자원을 지녀야 한다.
- 단기적 의사결정은 한정적이고 한시적이어야 한다.

제3절 정보취득 의사결정

경영자들이 어떠한 의사결정을 내리려면 정보가 필요하다. 그런데 정보는 상품과 마찬가지로 비용을 수반한다. 따라서 경영자들은 정보취득 의사결정과 관련해서 정보의 효익과 비용을 잘 분석해야 한다. 여기서는 간단한 의사결정모형을 가지고 정보취득 의사결정에 관해 설명한다.

1 의사결정모형

경영자들은 의사결정을 내리기에 앞서 여러 대안에 대한 정보를 수집한다. 대부분의 경영의사결정은 미래지향적이고 불확실성하에서 이루어진다. 여기서 불확실성은 나타날 상태(state) 또는 사상(event)이 여러 개인 것을 말한다. 만약에 미래에 나타날 상태가 한 가지라면 발생될 확률은 100%이며 따라서 불확실성은 없게 된다. 불확실성하의 의사결정모형의 주요 구성요인은 ① 목적함수, ② 대안적 행동, ③ 모든 관련상태, ④ 상태에 관한 확률, 그리고 ⑤ 결과 등이다.

(1) 목적함수 또는 선택기준

목적함수는 선택기준이라고도 하는데 보통 이익 극대화나 비용 극소화 등으로 표현된다. 경영자들은 의사결정 이전에 명확한 목적함수를 설정한다.

(2) 대안적 행동

경영자가 취할 수 있는 행동이 하나밖에 없다면 의사결정은 자동적으로 결정될 것이다. 그러나 의사결정을 내려야 하는 경영자는 여러 가지 대안적 행동들을 놓고 목적함수에 따라서 가장 우수한 대안을 선택한다. 일련의 대안들은 총체적으로 모든 가능성을 망라하며(collectively exhaustive) 또한 각 대안들은 서로 배타적이다(mutually exclusive). 어떤 행동을 선택할 것인가는 경영자의 입장에서 통제가능한 사안이다.

(3) 모든 관련상태

앞서 밝혔듯이 미래에 나타날 상태가 하나밖에 없다면 불확실성은 배제된다. 그러나 대부분의 경영의사결정에서는 미래에 나타날 상태 또는 사상은 다수이다. 예를 들면 동전을 던졌을 때 앞면이 나타날 수도 있고 또한 뒷면이 나타날 수도 있기 때문에 상태는 두 가지이고 불확실하다. 이러한 상태는 경영자의 입장에서는 전혀 통제하지 못하는 요인이다. 따라서 미래에 나타날 모든 관련상태를 보다 정확하게 예측할 수 있다면 경영의사결정은 한결 수월해질 것이다.

(4) 상태에 관한 확률

의사결정모형의 주요 구성요소 가운데 하나는 상태에 관한 확률이다. 흔히 불확실성의 정도는 상태에 관한 확률로 표현된다. 가령 어떤 추첨에서 당첨될 확률과 당첨되지 않을 확률이 각각 50%씩이라면 불확실성의 정도는 가장 크다. 그러나 만약에 당첨될 확률이 90%이고 당첨되지 않을 확률이 10%라면 이전에 비해 불확실성의 정도는 크게 낮아진다.

(5) 결 과

의사결정모형의 마지막 구성요소인 결과(outcomes 또는 payoffs)는 경영자가 통제할 수 있는 행동과 경영자가 통제할 수 없는 상태에 동시에 영향을 받는다. 합리적인 경영자라면 누구나 최선의 행동(또는 의사결정)을 취하게 마련이지만 그렇다고 항상 최선의 결과를 얻는 것은 아니다. 왜냐하면 결과는 행동뿐만 아니라 경영자가 통제할 수 없는 상태에도 영향을 받기 때문이다.

2 불확실성하의 의사결정

나타날 상태가 복수인 불확실성하에서 의사결정을 내리려면 먼저 각 대안적 행동의 기대값을 산출해야 한다. 이를 다음 예제를 통해 살펴보자.

예제 5 불확실성하의 의사결정

태진사는 대형 기계 또는 소형 기계의 취득에 대한 의사결정을 내리려 한다. 대형 기계를 취득하면 고정원가는 크지만 변동원가가 작아지고 소형 기계를 취득하면 고정원가는 작은 대신 변동원가가 커져서 연간 영업이익은 각각 다음과 같을 것으로 추정된다.

대형 기계 취득시: 20X* – 4,000
소형 기계 취득시: 15X – 2,700

* 여기서 X는 수요를 의미함

미래에 나타날 상태는 불경기와 호경기인데 불경기에는 연간수요가 220단위이고 호경기에는 연간수요가 320단위가 될 것으로 예측하고 있다. 또한 이 회사는 불경기가 나타날 확률을 40%, 그리고 호경기가 나타날 확률을 60%로 추정하고 있다.

요구사항

위의 자료에 의할 때 태진사는 어떤 기계를 취득해야 하는가?

해답

각 상태별 경영자의 행동에 따라 예상되는 영업이익을 요약한 표를 결과표 또는 성과표(payoff table)라 하는데 이 예에 대한 결과표를 작성하면 다음과 같다.

행동 \ 상태	불경기(X=220)	호경기(X=320)
대형 기계 취득	20X－4,000＝400	20X－4,000＝2,400
소형 기계 취득	15X－2,700＝600	15X－2,700＝2,100
확률	0.4	0.6

각 행동별 기대영업이익을 산출하려면 각 행동별 상태에 따른 결과에 각 상태가 나타날 확률을 곱하여 더하면 된다. 대형 기계 취득시 기대가치(영업이익)는 ₩1,600이고 소형 기계 취득시 기대가치는 ₩1,500이다.

- 대형 기계 취득시 기대가치 : 0.4(₩400)＋0.6(₩2,400)＝₩1,600
- 소형 기계 취득시 기대가치 : 0.4(₩600)＋0.6(₩2,100)＝₩1,500

선택기준 또는 목적함수는 영업이익을 극대화하는 것이기 때문에 태진사는 기대영업이익이 크게 나타나는 대형 기계를 취득하는 의사결정을 내릴 것이다. 이러한 의사결정의 기대가치는 ₩1,600이다.

3 완전정보의 기대가치

만약에 경영자가 의사결정을 내리기 전에 미래에 나타날 상태에 대해서 확실하게 알 수 있다면 그렇지 못한 경우에 비해서 의사결정의 기대가치는 증가될 것이다. 이와 같이 미리 미래의 상태에 대해 100% 확실하게 아는 것을 상태에 대한 완전정보 또는 **완전정보(perfect information)**라 한다. **완전정보의 기대가치(expected value of perfect information)**는 완전정보를 가지고 있을 때의 기대가치(expected value with perfect information)에서 완전정보가 없을 때의 기대가치(expected value without perfect information)를 차감해서 산출한다. 완전정보의 기대가치는 경영자가 완전정보를 취득하기 위해서 지불하려 하는 최대금액을 나타내 준다.

예제 6 완전정보의 기대가치

앞의 **예제 5**에서 완전정보의 기대가치를 산출해 보시오.

해답

먼저 완전정보를 지닐 때의 기대가치는 각 상태별 가장 큰 결과를 가져다주는 행동의 결합으로 산출된다. 앞의 **예제 5**에서 불경기 상태일 경우 대형 기계를 취득하면 결과가 ₩400이고 소형 기계를 취득하면 결과가 ₩600이므로 소형 기계를 취득할 것이며 이러한 행동이 나타날 확률은 불경기가 나타날 확률인 40%이다. 마찬가지로 호경기가 나타날 것을 미리 알 수 있다면 보다 큰 결과(₩2,400)를 가져다주는 대형 기계를 취득할 것이고 이때의 확률은 60%이다. 따라서 완전정보를 지닐 때의 기대가치는 ₩1,680이다. 한편, 완전정보가 없을 때는 기존정보을 이용하여 의사결정하므로 그때의 기대가치는 **예제 5**에서와 같이 ₩1,600이다.

완전정보가 있을 때의 기대가치	0.4(₩600) + 0.6(₩2,400)	=	₩1,680
완전정보가 없을 때의 기대가치	0.4(₩400) + 0.6(₩2,400)	=	1,600
완전정보의 기대가치(EVPI)			₩80

태진사는 어떠한 기계를 살 것인가에 대한 의사결정을 내리기 전에 만약에 미래 나타날 상태를 확실하게 알려주는 정보가 있다면 이러한 정보취득을 위해서 최대 ₩80까지 지출하려 할 것이다.

4 불완전정보의 기대가치

미래 나타날 상태가 어떠한 상태인지를 완전하게 미리 알 수 있다는 것은 거의 불가능한 일이다. 보다 현실적으로 어떠한 상태가 나타날 것인가에 대해서 불완전하게나마 알려주는 정보가 있으면 이를 상태에 대한 불완전정보 또는 **불완전정보**(imperfect information)라 한다. 다음에는 이를 사용하여 **불완전정보의 기대가치**(expected value of imperfect information)를 산출해 보기로 하자.

예제 7 불완전정보의 기대가치

앞의 **예제 4**에서 경영자는 미리 상태에 대해 두 종류의 보고서를 받을 수 있다고 하자. 하나는 연간수요가 220단위인 불경기가 나타날 것이라는 비관적인 보고서이고 다른 하나는 연간수요가 320단위인 호경기가 나타날 것이라는 낙관적인 보고서이다. 그런데 이러한 보고서는 완벽하지가 않아서 각각 80%만 정확하다. 즉 수요가 220단위로 나타났을 때 경영자에게 비관적인 보고서가 주어진 경우가 80%이고 마찬가지로 수요가 320단위로 나타났을 때 경영자에게 낙관적인 보고서가 주어진 경우가 80%라고 가정하자. 이를 수학적 기호로 표현하면 다음과 같다.

$P(y_1|s_1)=0.8$ $P(y_2|s_2)=0.8$
$P(y_2|s_1)=0.2$ $P(y_1|s_2)=0.2$

여기서 y_1 = 수요가 220단위일 것이라는 비관적인 보고서
y_2 = 수요가 320단위일 것이라는 낙관적인 보고서
s_1 = 수요가 220단위인 불경기 상태
s_2 = 수요가 320단위인 호경기 상태

그러므로 $P(y_1|s_1)=0.8$은 수요가 220단위로 나타났을 때 경영자에게 비관적인 보고서가 주어질 확률을 , 그리고 $P(y_2|s_2)=0.8$은 수요가 320단위로 나타났을 때 경영자에게 낙관적인 보고서가 주어질 확률을 의미한다. 물론 **예제 4**에서 보듯이 불경기와 호경기상태가 나타날 확률은 각각 40%와 60%이고 이를 수학적 기호로 표현하면 다음과 같다.

$P(s_1)=0.4$ $P(s_2)=0.6$

요구사항

1. 베이스 정리(Bayes' Theorem)를 이용하여 경영자가 각 보고서를 접할 때 각 상태가 나타날 확률을 산정하시오.

2. 불완전정보의 기대가치를 산정하시오.

해답

1. 여기서 경영자가 비관적인 보고서와 낙관적인 보고서를 접할 확률을 산출해 보면 각각 44%와 56%이다.

$$P(y_1)=P(y_1|s_1)P(s_1)+P(y_1|s_2)P(s_2)=(0.8)(0.4)+(0.2)(0.6)=0.44$$
$$P(y_2)=P(y_2|s_1)P(s_1)+P(y_2|s_2)P(s_2)=(0.2)(0.4)+(0.8)(0.6)=0.56$$

즉 비관적인 보고서를 접할 확률[$P(y_1)$]은 불경기일 때 비관적인 보고서가 나올 확률[$P(y_1|s_1)P(s_1)$]에 호경기일 때 비관적인 보고서가 나올 확률[$P(y_1|s_2)P(s_2)$]을 가산해 산출할 수 있다. 그런데 불경기일 때 비관적인 보고서가 나올 확률 [$P(y_1|s_1)P(s_1)$]은 불경기가 나타날 확률[$P(s_1)$]에 불경기로 나타났을 때 경영자에게 비관적인 보고서가 주어진 확률[$P(y_1|s_1)$]을 곱하여 산정된다. 호경기일 때 비관적인 보고서가 나올 확률[$P(y_1|s_2)P(s_2)$]은 호경기가 나타날 확률[$P(s_2)$]에 호경기로 나타났을 때 경영자에게 비관적인 보고서가 주어진 확률[$P(y_1|s_2)$]을 곱하여 산정된다.

이제 각각의 보고서가 경영자에게 주어졌을 때 나타날 각 상태에 대한 확률을 베이스 정리(Bayes' Theorem)를 이용하여 구하면 다음과 같다.

$$P(s_1 \mid y_1) = \frac{P(y_1 \mid s_1)P(s_1)}{P(y_1)} = \frac{0.32}{0.44} = 0.727$$

$$P(s_2 \mid y_1) = 1 - P(y_1 \mid s_1) = 0.273$$

$$P(s_1 \mid y_2) = \frac{P(y_2 \mid s_1)P(s_1)}{P(y_2)} = \frac{0.08}{0.56} = 0.143$$

$$P(s_2 \mid y_2) = 1 - P(s_1 \mid y_2) = 0.857$$

즉 비관적인 보고서가 주어졌을 때 불경기가 나타날 확률[$P(s_1 | y_1)$]은 불경기일 때 비관적인 보고서가 나올 확률[$P(y_1 | s_1)P(s_1)$]을 비관적인 보고서를 접할 확률[$P(y_1)$]로 나누어 산정된다. 마찬가지로 낙관적인 보고서가 주어졌을 때 호경기가 나타날 확률[$P(s_2 | y_2)$]은 호경기일 때 낙관적인 보고서가 나올 확률[$P(y_2 | s_2)P(s_2)$]을 낙관적인 보고서를 접할 확률[$P(y_2)$]로 나누어 산정된다.

보고서를 접하기 전 불경기와 호경기 상태가 나타날 확률은 각각 40%, 60%이었다.

$P(s_1) = 0.4$ $\qquad\qquad$ $P(s_2) - 0.6$

이를 사전확률(prior probability)이라 한다. 그런데 불완전(80%만 정확)한 보고서가 접수된 후 불경기와 호경기 상태가 나타날 확률은 각각 다음과 같이 변화되었다.

비관적인 보고서(y_1)를 접할 때:

$P(s_1 | y_1) = 0.727$ $\qquad\qquad$ $P(s_2 | y_1) = 0.273$

낙관적인 보고서(y_2)를 접할 때:

$P(s_1 | y_2) = 0.143$ $\qquad\qquad$ $P(s_2 | y_2) = 0.857$

이는 사후확률(posterior probability) 또는 수정확률(revised probability)이라 한다. 사전확률과 사후확률을 비교해 보면 사전확률에 비해서 사후확률이 불확실성의 정도가 낮아짐을 알 수 있다. 즉 나타날 상태가 두 가지인 경우 각 상태에 관한 확률이 각각 50%씩에 가깝다면 불확실성의 정도가 큰 데 반해 그 확률이 0%와 100%로 근접할수록 불확실성의 정도는 작아진다. 사전확률은 50%에 보다 가까운 반면 사후확률은 100%나 0% 쪽에 보다 가깝다. 이러한 확률의 변화는 비록 미래에 나타날 상태에 대해 불완전한 정보를 담고 있는 보고서이지만 이로 인해 경영자들이 의사결정을 내리기가 보다 편해졌음을 시사하는 것이다. 이상에서 설명한 사후확률의 계산과정을 표로 요약하면 아래 표와 같다.

아래의 표에서 주어진 상태확률에 따라서 총 100회 가운데 40회는 불경기(s_1)가 나타나고 60회는 호경기(s_2)가 나타난다고 하자. 총 40회의 불경기(s_1) 가운데 비관적인 보고서(y_1)는 80%인 32회에 걸쳐 나타날 것이고 나머지 20%인 8회는 낙관적인 보고서(y_2)가 나타날 것이다. 마찬가지로 총 60회의 호경기(s_2) 가운데 비관적인 보고서(y_1)는 20%인 12회에 걸쳐 나타날 것이고 나머지 80%인 48회는 낙관적인 보고서(y_2)가 나타날 것이다. 따라서 비관적인 보고서가 접수될 횟수는 불경기때 32회와 호경기때 12회를 합쳐서 총 44회이고 낙관적인 보고서가 접수될 횟수는 불경기때 8회와 그리고 호경기때

48회를 합쳐서 모두 56회이다.

사후확률의 계산

보고서(y) \ 상태	불경기(s_1)	호경기(s_2)	각 보고서를 접할 확률[$P(y_i)$]
비관적인 보고서(y_1)	40×0.8=32	60×0.2=12	44
낙관적인 보고서(y_2)	40×0.2=8	60×0.8=48	56
각 상태가 나타날 확률[$P(s_i)$]	40	60	100

따라서 비관적인 보고서(44회)가 접수될 때 불경기(32회)일 확률은 0.727(32/44)이며, 낙관적인 보고서(56회)가 접수될 때 호경기(48회)일 확률은 0.857(48/56)이다.

2. 상태에 대한 불완전한 정보를 담고 있는 보고서가 있을 때의 결과표를 작성하면 아래의 표와 같다.

불완전정보가 있을 때의 결과표

	상 태	
	불경기(X=220)	호경기(X=320)
대형 기계 취득	20X−4,000=400	20X−4,000=2,400
소형 기계 취득	15X−2,700=600	15X−2,700=2,100
사후확률:		
비관적인 보고서를 접할 때 0.44	0.727	0.273
낙관적인 보고서를 접할 때 0.56	0.143	0.857

불완전한 정보를 가지고 있을 때의 기대가치는 다음과 같다.

- 비관적인 보고서를 접할 때:
  대형 기계 취득시 기대가치=0.727(₩400)+0.273(₩2,400)=₩946
  소형 기계 취득시 기대가치=0.727(₩600)+0.273(₩2,100)=₩1,009.5

따라서 비관적인 보고서를 접할 때 태진사는 소형 기계를 취득할 것이고 이때의 기대영업이익은 ₩1,009.5이다.

- 낙관적인 보고서를 접할 때:
  대형 기계 취득시 기대가치=0.143(₩400)+0.857(₩2,400)=₩2,114
  소형 기계 취득시 기대가치=0.143(₩600)+0.857(₩2,100)=₩1,885.5

따라서 낙관적인 보고서를 접할 때 태진사는 대형 기계를 취득할 것이고 이때 기대영업이익은 ₩2,114이다. 그러므로 불완전정보를 가지고 있을 때의 기대가치(expected value with imperfect information)는 다음과 같이 계산된다.

0.44(₩1,009.5)+0.56(₩2,114.0)=₩1,628.02

비관적인 보고서와 낙관적인 보고서를 접할 확률은 각각 44%와 56%이고 비관적인 보고서를 접할 때의 기대가치는 소형 기계를 취득해서 ₩1,009.5이고 낙관적인 보고서를 접할 때의 기대가치는 대형 기계를 취득해서 ₩2,114이므로 불완전정보를 가지고 있을 때의 기대가치는 ₩1,628.02이다. 그러므로 불완전정보의 기대가치(expected value of imperfect information)는 ₩28.02이다.

불완전정보가 있을 때의 기대가치	₩1,628.02
불완전정보가 없을 때의 기대가치	1,600.00
불완전정보의 기대가치	₩28.02

태진사는 미래 나타날 상태를 앞에서 설명한 것과 같이 80%만 맞출 수 있는 불완전한 정보가 있다면 이러한 정보를 취득하는 데 최대 ₩28.02까지 지출하려 할 것이다. 완전정보의 기대가치인 ₩80과 비교하면 불완전정보의 기대가치는 ₩28.02로 낮게 나타남을 알 수 있다.

제4절 가격결정

가격결정은 회사가 벌어들이는 수익에 커다란 영향을 주므로 중요한 경영의사결정 중의 하나이다. 또한 가격결정은 기업이 처해 있는 다양한 내부, 외부상황과 장기 또는 단기냐 등에 따라 달라질 수 있는 복잡한 경영의사결정이다. 여기서는 가격결정에서의 제품원가의 역할에 그 초점을 맞추어 설명한다.

1 가격결정에서 원가의 역할

기업이 원가보다 낮은 가격에 제품을 판매한다면 그 기업은 이익을 벌어들이지 못하고 결국은 생존할 수 없게 된다. 각종 조사에 의하면 많은 기업들은 가격결정을 함에 있어 원가에 의존한다. 이미 **제2절**에서 설명된 특별주문의 수락 여부를 결정하는 데에도 원가는 결정적인 역할을 하고 있음을 알 수 있다.

경영자들은 가격결정에 앞서 제품원가의 분석방법을 이해할 필요가 있다. 가격이 시장전체의 수요와 공급에 의해 결정되어 기업이 제품가격에 영향을 거의 미치지 못할지라도 경영자는 주어진 시장가격과 마진, 설비자원의 사용을 놓고 생산판매될 제품의 최적믹스는 결정해야 한다. 그런데 가장 수익성 있는 제품믹스의 결정에도 제품원가의 적절한 분석은 중요하다. 또한 기업이 마케팅 및 촉진자원의 최적활용방안을 결정할 때에도 제품원가분석은 중요하다.

원가회계의 중요한 기능은 이러한 경영의사결정에 도움을 주는 원가정보를 제공하는 데 있다. 많은 기업에서 관리회계담당자들은 마케팅부서에서 가격결정 및 제품믹스 결정을 내리는 데 도움을 주기 위해 정기적으로 제품원가보고서를 제공한다. 뿐만 아니라 관리회계담당자들은 특별주문의 평가를 도와주기 위해서 특별분석보고서를 작성한다.

단기특별주문가격결정에 사용되는 관련원가개념은 장기가격결정에는 적절하지 못하다. 장기가격결정에는 직접재료비, 직접노무비, 그리고 제조간접비가 모두 포함된 전부원가가 사용된다. 가격결정에서 전부원가의 사용이 합리적인 이유는 다음과 같다.

- 정부기관과의 납품계약에서는 대부분 가격은 전부원가에 일정 마크업을 한 것과 같아야 한다고 규정하고 있다. 전력회사와 같은 규제산업에서의 가격결정도 전부원가를 기준으로 한다.
- 한 기업이 특정고객에게 제품을 공급하는 장기계약관계를 맺을 때에는 기업은 모든 활동자원의 사용수준을 조정할 수 있는 융통성을 지니게 된다. 그러므로 모든 활동원가는 장기계약하의 생산결정에 영향을 받는다. 그래서 전부원가는 장기가격결정에 합목적적이다.
- 대부분의 기업들은 전부원가를 기준으로 한 확정가격의 고수보다는 고시가격에서 할인시키는 방법으로 가격에 단기적 조정을 가한다. 제품수요가 적을 때에는 기업은 단기적으로 유휴생산능력이 확대됨을 인식해 제품가격을 하향조정하고 반대로 제품수요가 클 때에는 제품가격을 상향조정해 가장 수익성이 큰 제품부터 가용생산능력을 할당한다. 가령 비행기 요금은 성수기인 여름에 올라가고 장거리전화요금은 수요가 적은 주말이나 저녁에 낮게 책정한다.

단기가격은 수요와 적절한 증분원가를 반영하여 내려가고 올라가는 기복이 있더라도 장기적으로 놓고 보면 평균가격은 전부원가를 기준으로 해서 정한 가격과 같아지는 경향이 있다. 즉 기업은 전부원가에 마크업을 해서 정한 가격을 수요조건에 따라 가격을 조정하는 데 벤치마크로 활용하고 있다.

2 원가가산 가격결정

기업들은 다양한 제품을 생산·판매하는데 개별제품별로 목표이익을 결정하기보다는 회사전체로 목표이익을 결정하는 것이 보통이다. 가령 회사전체 목표이익은 자본에 목표투자수익률을 곱하여 설정될 수 있다. 그런 다음 모든 제품에 대한 균등한 표준마크업을 산정하게 된다. 목표이익이 일정하더라도 원가가산 가격결정(cost-plus pricing method)에서 마크업 비율의 크기는 어떠한 원가를 기준으로 하느냐에 따라 조금씩 다르다. 실무에서 원가기준으로 가장 많이 사용되는 원가유형은 전부원가이고 그 다음이 변동원가이다.

(1) 전부원가에 의한 방법

전부원가는 두 가지 유형이 있다. 첫번째 유형의 전부원가(absorption-cost)는 흔히 우리가 사용하고 있는 개념으로 모든 변동제조원가와 모든 고정제조원가만이 포함된 단위당 제조원가이다. 두 번째 유형의 전부원가(full-cost)는 첫번째 유형보다 포괄적인 개념으로 모든 변동제조원가와 모든 고정제조원가 이외에 모든 판매관리비가 포함된다. 여기서는 다른 설명이 없는 한 제조원가에 국한시킨 전부원가의 개념으로 사용할 것이다. 전부원가에 마크업(이익가산)해서 가격을 산정하는 것은 다음 등식 (**13-1**)과 같이 표현할 수 있다.

$$\text{수익} = \text{전부원가}(1+\text{마크업\%}) = \text{전부원가} + \text{판매관리비} + \text{목표이익} \qquad (13\text{-}1)$$

$$\text{전부원가} + \text{전부원가} \times \text{마크업\%} = \text{전부원가} + \text{판매관리비} + \text{목표이익}$$

$$\text{전부원가} \times \text{마크업\%} = \text{판매관리비} + \text{목표이익}$$

$$\therefore\ \text{마크업\%} = \frac{\text{판매관리비} + \text{목표이익}}{\text{전부원가}} \qquad (13\text{-}2)$$

등식 (**13-2**)에서 마크업%는 판매관리비와 목표이익을 합친 금액을 전부원가로 나누어 산정한다. 즉 전부원가를 기준으로 가격결정을 할 때 가산되는 마크업은 판매관리비와 목표이익을 달성할 수 있는 수준에서 결정된다.

(2) 변동원가에 의한 방법

위와 마찬가지로 변동원가에 마크업해서 가격을 산정하는 것은 다음과 같이 표현할 수 있다.

$$\text{수익} = \text{변동원가}(1+\text{마크업\%}) = \text{변동원가} + \text{고정원가} + \text{목표이익}$$

$$변동원가 + 변동원가 \times 마크업\% = 변동원가 + 고정원가 + 목표이익$$

$$변동원가 \times 마크업\% = 고정원가 + 목표이익$$

$$\therefore \ 마크업\% = \frac{고정원가 + 목표이익}{변동원가} \qquad (13\text{-}3)$$

등식 (**13-3**)에서 마크업%는 고정원가와 목표이익을 합친 금액을 변동원가로 나누어 산정된다. 즉 변동원가를 기준으로 가격결정을 할 때 가산되는 마크업은 고정원가와 목표이익을 벌어들일 수 있는 수준에서 결정된다.

예제 8 원가가산 가격결정

태진사는 1년간 총 발생원가를 다음과 같이 추정하고 있다.

변동제조원가	₩14,000,000
고정제조원가	6,000,000
변동판매관리비	4,000,000
고정판매관리비	2,000,000
총원가	₩26,000,000

태진사는 연간 목표이익으로 ₩1,000,000을 계획하고 있다.

요구사항

1. 이때 각각 전부원가와 변동원가를 기준으로 마크업을 하여 가격결정을 내린다면 마크업%는 각각 얼마가 되겠는가?

2. 또한 태진사가 생산하고 있는 한 제품의 단위당 관련원가가 다음과 같을 때 목표이익을 충족시킬 수 있는 가격은 얼마나 될 것인지를 산정해 보시오.

직접재료비	₩4
직접노무비	2
변동제조간접비	1
고정제조간접비	3
변동판매관리비	2
고정판매관리비	1

해답

1\. $전부원가\ 마크업\% = \frac{판매관리비 + 목표이익}{전부원가}$

$$= \frac{₩4,000,000 + ₩2,000,000 + ₩1,000,000}{₩14,000,000 + ₩6,000,000}$$

$$= \frac{₩7,000,000}{₩20,000,000} = 35\%$$

$$\text{변동원가 마크업\%} = \frac{\text{고정원가} + \text{목표이익}}{\text{변동원가}}$$

$$= \frac{₩6,000,000 + ₩2,000,000 + ₩1,000,000}{₩14,000,000 + ₩4,000,000}$$

$$= \frac{₩9,000,000}{₩18,000,000} = 50\%$$

2. 따라서 위에 제시된 제품의 가격은 다음과 같다.

전부원가 마크업가격 = (1 + 마크업%) × 단위당 전부원가
= (1 + 0.35) × (₩4 + ₩2 + ₩1 + ₩3)
= ₩13.5

변동원가 마크업가격 = (1 + 마크업%) × 단위당 변동원가
= (1 + 0.50) × (₩4 + ₩2 + ₩1 + ₩2)
= ₩13.5

전부원가를 기준으로 할 경우에는 기준속에 배부고정제조간접비가 포함된다. 위에서 예시한 제품의 경우 배부고정제조간접비는 단위당 ₩3이다. 그런데 배부고정제조간접비는 인위적인 배부절차에 따라 결정되므로 부정확하다고 볼 수 있다. 따라서 이론적으로는 변동원가를 기준으로 가격을 결정하는 것이 좋다. 변동원가를 기준으로 마크업%를 결정하면 기준 속에 인위적으로 배부된 고정비용이 포함되지 않기 때문에 보다 정확성을 기할 수 있다. 또한 위에서 산정된 변동원가 마크업 50%는 다음과 같이 33.3%, 11.1%, 그리고 5.6%로 세분되어질 수 있다.

$$\text{변동원가 마크업\%} = \frac{₩9,000,000}{₩18,000,000}$$

$$= \frac{₩6,000,000}{₩18,000,000} + \frac{₩2,000,000}{₩18,000,000} + \frac{₩1,000,000}{₩18,000,000}$$

$$= 33.3\% + 11.1\% + 5.6\% = 50\%$$

즉 처음 33.3%는 고정제조원가를 회수하기 위한 마크업이고 그 다음 11.1%는

고정판매관리비를 회수하기 위한 마크업이며 나머지 5.6%는 목표이익을 벌어들이기 위한 마크업이다. 따라서 위에서 제시된 제품의 경우 가격이 ₩9(₩9×1.0)이면 변동원가만 회수되며, ₩12(₩9×1.333)이면 고정제조원가까지 회수되며 ₩13(₩9×1.444)이면 고정판매관리비까지 회수되고 ₩13.5(₩9×1.5)이면 목표이익까지 벌어들일 수 있는 수준이다. 이와 같이 변동원가를 기준으로 가격을 결정하면 마크업%를 세분하여 보다 융통성 있게 정보를 활용할 수도 있다.

제5절 목표원가계산

원가가산가격결정은 적용하기 편리해 실무에서 널리 적용되고 있는 방법이지만 수요나 경쟁자들을 고려하지 않는 등 지나치게 단순하다는 비판도 받고 있다. 목표원가계산(target costs)에서는 원가가산가격결정과는 정반대로 〈원가+마크업=가격〉이 아니라 〈가격-마크업=원가〉라는 등식이 적용된다. 여기서 우리는 사고의 180도 전환을 볼 수 있다. 즉 원가를 산정한 다음 이를 기준으로 일정한 비율의 마크업을 가산해서 가격을 결정하는 것은 경쟁이 치열한 현 상황에서 너무 안이한 생각이라는 것이다. 반대로 경쟁이 심한 상황에서 기업은 고객들이 기꺼이 사려는 가격수준에 맞추어 원가를 절감시키지 않으면 안 된다. 따라서 가격이 먼저 결정된 다음 여기에서 목표이익을 차감한 금액이 달성되어야 할 허용원가(allowable costs)인 것이다.

목표원가계산은 일본의 관리회계기법이다. 원가가산가격결정이 내부지향적이고 회사지향적이라면 목표원가계산은 외부지향적이고 고객지향적이다. 특히 신제품개발에 있어서 매우 적절한 방법인데 목표원가계산에는 고객이 원하는 수준의 제품을 고객이 원하는 가격에 공급할 수 있는 기업이라야 어려운 경쟁 속을 뚫고 나아갈 수 있다는 개념이 들어 있다. 또한 목표원가계산은 이상적인 것을 향해 지속적인 개선을 추구하려는 생각을 담고 있다. 고객이 원하는 가격수준으로 원가수준을 달성하려면 지속적인 개선이 없이는 불가능하다. 따라서 기획 및 설계단계에서 낮은 목표원가수준을 달성하기 위해서 가치공학(value engineering) 등 다양한 엔지니어링 기법을 동원한다. 가치공학은 고객욕구를 충족시키면서 원가절감을 달성하기 위해 모든 가치사슬기업기능을 체계적으로 분석하는 것이다. 목표원가계산에 있어서 모든 가치사슬 기능분야가 합심해야 그 목표를 달성시킬 수 있기 때문에 원가관리가 생산현장에서만 이루어지는 것이 아니라 전사적으로 이루어진다. 이상에서 설명한 목표원가계산과 원가가산가격결정을 간략히 요약·비교하면 다음과 같다.

목표원가계산과 원가가산가격결정의 비교

목표원가계산:		원가가산가격결정:	
① 가　격	₩1,200	① 원　가	₩1,100
② －목표이익	(200)	② ＋목표이익	＋200
③ 허용원가	₩1,000	③ 가　격	₩1,300

위 표에 나타난 바와 같이 우선 가격을 비교해 보면 목표원가계산에서 결정되는 가격(예를 들면 ₩1,200)은 치열한 경쟁시장에서 고객에게 판매할 수 있는 수준이므로 원가가산가격결정에 의해 결정된 가격(예를 들면 ₩1,300)보다 적을 것이다. 목표원가계산 하에서는 고객에게 판매해야 한다는 것을 염두에 두기 때문에 고객지향적인 사고방식을 갖게 된다. 즉 우리 회사의 현재상황이 이렇기 때문에 원가가 높다는 변명은 필요가 없다.

둘째, 기업은 생존하고 성장하기 위해서 이익을 벌어들여야 한다. 여기서는 편의상 목표원가계산과 원가가산가격결정 두 방법하의 목표이익(예를 들면 ₩200)은 같은 것으로 가정하였다.

마지막으로 허용원가는 가격에서 목표이익을 차감해서 결정된다. 아무리 효율적인 기업이라도 이렇게 내부사정과 외부환경에 대한 변명을 허용하지 않는 식으로 결정된 허용원가(예를 들면 ₩1,000)를 달성하기가 쉽지 않다. 따라서 기업은 구체적으로 생산에 착수하기 전에 제품의 기획 및 설계단계에서 가치공학 등의 방법을 동원하고 가치사슬상의 모든 기능분야들이 합심하여 더욱 원가를 절감시킬 수 있는 방안을 지속적으로 모색한다. 가령 현재 방식을 고수하면 원가가 ₩1,100에 이른다고 하자. 그러면 허용원가 ₩1,000을 달성하기 위해 기획 및 설계 단계에서 효율화를 꾀해 ₩1,100의 원가를 절감시킬 수 있는 방법을 모색한다. 이를테면 설계상 원가가 ₩1,070을 거쳐 ₩1,050까지 가능하게 되었고 그 이상의 개선은 현상태로는 어렵다고 하자. 이때는 ₩1,050이 목표원가(target costs)가 된다. 이렇게 설계상에 나타난 목표원가는 반드시 달성해야 하는 목표치로 받아들여진다. 목표원가계산을 가장 적극적으로 추진하는 경우에는 기업은 목표원가를 허용원가(₩1,000)와 같은 수준으로 책정하게 된다. 그리고 실제 운영결과 목표원가를 달성하고 나면 그 다음해에는 그 이하의 수준에서 똑같은 절차를 밟아 목표원가가 설정될 것이다. 따라서 여기서도 지속적인 개선이 이루어진다.

연습문제

문 1 관련원가 기초

다음의 독립된 사례에 답하시오.

사례 1 ‖ 서강사는 자체제조공정에 사용되는 부품을 20,000단위 제조하고 있다. 부품의 단위당 원가는 다음과 같다.

직접재료비	₩6
직접노무비	30
변동제조간접비	12
고정제조간접비	16
	₩64

마포회사는 서강사에 이 부품을 단위당 ₩60에 20,000단위를 판매하겠다는 제의를 했다. 서강사는 ₩25,000의 절약을 가져올 수 있다면 이 부품을 구입하기로 했다.

서강사가 마포회사의 제의를 수락하면 단위당 ₩9의 고정제조간접비가 절약될 것이다. 더욱이 서강사가 이 제의를 받아들임으로써 생기는 여유설비는 다른 부품의 제조에 사용되어 관련원가의 절약이 기대된다.

요구사항

전체적으로 ₩25,000을 절약하기 위해서는 다른 부품의 제조에 여유설비를 사용함에 따라 절약되어야 할 관련원가는 얼마인가?

사례 2 ‖ 동강사는 컴퓨터를 제조하는 회사이다. 다음은 특별주문을 받기 전의 추정손익계산서(조업도 200,000단위)이다.

		단위당 가격
매 출	₩2,000,000	₩10.00
매출원가	1,600,000	8.00
매출총이익	₩400,000	₩2.00
판매비와 관리비	300,000	1.50
영업이익	₩100,000	₩0.50

위의 추정손익계산서의 매출원가 중에서 ₩600,000, 판매비와 관리비 중 ₩100,000은 고정원가이다. 동강사는 한 고객으로부터 50,000대의 컴퓨터를 개당 ₩7에 매입하겠다고 특별주문을 받았다. 이러한 특별주문에 대해 회사는 변동판매비와 관리비를 발생시키지 않고도 50,000대의 컴퓨터를 추가로 제조할 수 있는 유휴설비를 보유하고 있다.

요구사항

만약 위의 특별주문을 수락할 경우의 증가하는 영업이익을 구하시오.

문 2 자가제조 또는 외부구입 의사결정(1)

서강자동차는 스포츠카 V2를 새로 생산, 판매하고 있는데 올해 10,000대를 생산, 판매할 계획이며 이는 충분히 달성가능한 것으로 여겨지고 있다. 회사는 조립에 필요한 볼트와 너트를 자가제조하고 있다. 볼트와 너트의 생산과 관련하여 ₩2,000,000의 고정원가가 V2에 배분된다. 10,000대 생산시의 V2의 단위당 원가정보는 다음과 같다.

직접재료원가	₩400
직접노무원가	300
변동제조간접원가	100
고정제조간접원가	200
총제조원가	₩1,000

변동제조간접원가는 직접노무원가에 비례하여 발생한다.

한편, 서강자동차는 V2 조립에 필요한 볼트와 너트를 외부구입할 수도 있는데 공급업체로부터 V2 1대에 필요한 볼트와 너트를 1세트로 해서 세트당 ₩90에 구입할 수 있다. 만일 외부구입하는 경우에는 직접재료원가는 10% 감소하고 직접노무원가도 10% 감소한다.

요구사항

1. 서강자동차가 볼트와 너트를 자가제조하여야 하는지 아니면 외부구입하여야 하는지를 결정하시오.
2. 서강자동차가 수락할 수 있는 볼트와 너트 세트당 최대구입가격은 얼마인가?

문 3 제품라인의 폐지 의사결정(1)

태종(주)의 경영자는 회사의 세 가지 제품에 대한 수익성을 검토하고 있는데, 제품배합을 여러 가지로 변경시키는 제안에 대하여 대체안들을 분석하고 있다. 요약손익계산서와 관련자료는 다음과 같다.

	P 제품	Q 제품	R 제품	합 계
매 출 액	₩67,500	₩30,000	₩12,000	109,500
변동원가	38,250	15,450	13,000	66,700
공헌이익	₩29,250	₩14,550	(₩1,000)	₩42,800
고정원가	5,000	4,000	3,600	12,600
영업이익	₩24,250	₩10,550	(₩4,600)	₩30,200
판매량	4,500개	1,500개	2,000개	
단위당판매가격	₩15	₩20	₩6	
단위당변동매출원가	8	9	5	
단위당변동영업비	0.5	1.3	1.5	

요구사항

1. R 제품 생산중단시 당기총손익에 미치는 영향은?
2. R 제품 생산중단시 250개의 Q 제품 판매량이 감소한다면 당기총손익에 미치는 영향은?
3. R 제품의 가격을 ₩7으로 인상할 경우 판매량이 1,000개 감소한다면 당기순이익에 미치는 영향은?
4. R 제품의 생산에 사용하던 설비를 S제품 생산에 그대로 이용할 수 있다고 가정하라. 이 때 S제품의 생산 및 판매량은 2,000개, 단위당 판매가격은 ₩5, 단위당 총변동원가는 ₩4.5으로 예상된다. R제품의 생산을 중단하고 S제품을 생산할 경우 순이익에 미치는 영향은?
5. R 제품 생산을 중단하는 경우 이익변화 이외에 추가로 고려해야 하는 사항은 무엇인가?

문 4 특별주문 의사결정

서강(주)의 생산담당 이사는 지난 수개월간의 제조간접비에 대한 원가행태를 회귀분석을 통해 추정한 결과 다음과 같은 제조간접비 원가함수를 도출하였다.

제조간접비 = ₩150,000 + ₩36 × X + ₩120 × Y

X: 생산량　　　　　　Y: 직접노동시간

동사의 2001년 원가관련 정보는 다음과 같다.

단위당 직접재료비	₩30
단위당 직접노무비	30(단위당 0.5시간, 시간당 임률 ₩60)
제조간접비: 제조간접비 회귀추정식에 의한 값을 이용	

동사는 현재 충분한 유휴생산능력을 가지고 있다고 가정한다.

요구사항

1. 서강(주)는 신촌(주)로부터 제품 1,000단위를 단위당 ₩150에 납품해 달라는 특별주문을 받았다. 생산담당 이사의 회귀추정식에 의할 경우 회사는 특별주문을 수락할 것인가? 만일 수락한다면 회사의 영업이익은 얼마나 증가 또는 감소하는가?
2. 한편, 동사의 회계담당 이사는 생산담당 이사와는 달리 회사의 제조간접비가 직접노동시간에만 비례한다고 보아 다음과 같은 단순한 회귀추정식을 도출해 내었다.

   제조간접비 = ₩240,000 + ₩150 × 직접노동시간

   회계담당 이사의 회귀추정식을 이용하여 의사결정을 하였다면, 요구사항 1의 특별주문을 수락할 것인가? 회사의 실제 영업이익은 얼마나 증가 또는 감소하는가?
3. 요구사항 2에 따라 의사결정을 하였는데, 실제 제조간접비는 생산담당 이사가 추정한 원가함수에 따라 발생하였을 경우의 예측오차의 원가는 얼마인가?

문 5 제약조건하의 의사결정(1)

서강(주)는 주요부품 A, B, C, D를 이용하여 제품을 생산하고 있다. 이들 부품은 자체에서 생산될 수도 있고, 외부에서 구입할 수도 있다. 변동제조원가만이 회피가능원가이다.

부품단위당 관련정보는 다음과 같이 예상된다.

	A	B	C	D
직접재료비	₩2,000	₩4,000	₩6,000	₩8,000
직접노무비	1,000	2,000	2,000	2,000
변동제조간접비	500	1,000	1,000	1,500
변동제조원가	₩3,500	₩7,000	₩9,000	₩11,500
기계사용시간	2시간	3시간	1시간	2시간
외부구입가격	₩4,000	₩8,200	₩10,000	₩9,000
연간 소요량	1,500개	2,000개	2,000개	1,000개

고정제조간접비 연간총액은 ₩5,000,000이다.

요구사항

1. 외부구입하여야 하는 부품은 무엇인가?
2. 부품 A에 배부된 단위당 고정제조간접비가 ₩600이라고 가정한다면 부품A는 외부에서 구입하여야 하는가? 그 이유는 무엇인가?
3. 자가제조에 활용할 수 있는 총기계시간이 연간 10,000시간이라면 어떤 부품을 얼마만큼

외부구입하여야 하는가?

4. 총기계시간이 연간 10,000시간이라는 제약조건이 존재하는 경우, 부품D의 단위당 구입 가격이 최소한 얼마 이상으로 예상되어야 부품 D를 자가제조하는 것이 유리한가?

문 6 제약조건하의 의사결정(2)

시강전자는 제1공정에서 볼록형 TV인 C 제품을 만들어 외부에 판매할 수도 있고, 제2 공정에서 추가로 가공하여 평면 TV인 F 제품을 만들어 판매할 수도 있다. 제품 C의 시장가격은 ₩300,000이며, 이 가격으로 외부에서 구입할 수도 있다. 제품 F의 시장가격은 ₩700,000이다. 다음은 각 공정별 단위당 원가자료이다.

	제1공정	제2공정
전공정비	–	₩190,000
직접재료비	₩100,000	130,000
직접노무비	50,000	100,000
변동제조간접비	20,000	70,000
고정제조간접비	20,000	60,000
계	₩190,000	₩550,000

고정제조간접비는 총설비가동시간을 기준으로 배부하며, 월간 총가동가능시간은 30,000 시간이다. 제1공정에서는 C제품을 시간당 3단위, 제2공정에서는 C를 가공하여 F를 시간당 2단위 생산할 수 있다. 제1공정과 제2공정은 모든 설비를 상호 대체하여 사용할 수 있다.

요구사항

다음의 물음에 답하시오. 단 각 물음은 상호독립적이다.

1. 회사 전체 입장에서 선택가능한 대안을 제시하고 각 대안별 공헌이익을 분석하여 최적 대안을 제시하시오.
2. 최종제품 F의 가격이 정해지지 않았다면 추가가공하는 것이 유리한 F제품의 최저판매 가격은 얼마인가?
3. 요구사항 1과 독립적으로 회사는 C를 생산하여 전량 F로 추가가공하기로 하였다면 이 때 F의 단위당 기회원가는 얼마인가?
4. 만약 제1, 2공정의 제조설비는 상호대체사용이 불가능하며, 제1공정과 제2공정의 이용 가능한 작업시간이 각각 15,000시간일 경우의 회사 전체의 관점에서 최적의사결정을 내리시오. 또한 이때의 총공헌이익은 얼마이겠는가?
5. 회사는 정책적으로 월간 C 제품을 30,000개만 생산하기로 하였다고 가정하자. 그리고 시장에서 F 제품에 대한 총수요는 40,000개라고 한다. 외부판매시에 변동판매비가 C 제

품은 단위당 ₩80,000, F 제품은 단위당 ₩20,000이 발생한다고 가정하고, 그 밖의 사항은 동일하다고 가정한다. 이때 회사의 최적의사결정을 수행하시오. 그리고 이러한 의사결정시에 회사가 얻게 되는 총공헌이익은 얼마인가?

6. 회사는 요구사항 5에서의 최적대안을 수행하는 상태에서 노고(주)로부터 C 제품에 대한 300개의 특별주문을 제의 받았다. 특별주문의 수락으로 인한 기회비용을 계산하고, 특별주문을 수락할 수 있는 최저판매가격을 제시하시오.

문 7 의사결정 종합문제

서현회사는 단일의 A제품을 연간 24,000개 생산하여 개당 ₩7,000에 판매하고 있다. 원가자료는 다음과 같다.

단위당 직접재료비	₩1,000
단위당 직접노무비	1,200
단위당 변동제조간접비	800
단위당 변동판매비와 관리비	1,500
연간 고정제조간접비	12,000,000
연간 고정판매비와 관리비	21,600,000

요구사항

상호독립적인 다음 물음에 답하시오.

1. 판매가격을 ₩6,000으로 인하할 경우 판매량이 10% 증가한다면 회사는 가격을 인하할 것인가?
2. 서현회사는 정부로부터 A 제품 2,000단위에 대한 특별주문을 받았다. 정부는 전부제조원가의 10%의 이익을 가산한 가격을 지불한다고 한다. 서현회사는 이 주문을 수락하겠는가? 단, 이 주문으로 인해 변동판매비는 증가하지 않으며 정규매출에 전혀 영향을 미치지 아니한다.
3. 서현회사의 현재의 판매량은 23,000단위이다. 그리고 유휴설비 1,000단위의 대체적용도 사용시 얻는 이익은 ₩1,000,000이었다. 이때 서현회사는 정부로부터 A 제품 2,000단위에 대한 특별주문을 받았다. 이 경우 서현회사가 정부 납품액에 대하여 요구할 최소한의 판매가격은 얼마인가? 단, 이 주문으로 인해 변동판매비는 증가하지 않는다.
4. 서현회사는 협력업체인 숙명회사에 대하여 OEM방식으로 A 제품의 외부구입 여부를 검토하고 있다. 만약 구입이 이루어진다면 숙명회사는 A 제품을 전량 제조하여 서현회사의 고객에게 직접 배달하게 되며 현재 외부구입가격은 계속 협상중이다. 분석결과에 따르면 외부 구입시에는 운반비에 해당하는 변동판매비의 20%가 절감될 것이며, 유휴생산설비로 인하여 고정제조간접비중 30%는 계속 발생할 것이다. 서현회사가 외부구입

을 수락할 수 있는 최대 외부구입가격은 얼마인가?

5. 서현회사는 협력업체인 숙명회사로부터 제품전량을 OEM방식으로 A 제품의 외부구입여부를 검토하고 있다. 이 경우 유휴생산설비를 이용하여 B 제품을 생산할 수 있다. 분석결과 A 제품 외부 구입시에는 운반비에 해당하는 A 제품 변동판매비와 관리비의 20%를 절감할 수 있을 것이며, 고정제조간접비의 합계는 변동없다.

   다음은 B제품의 단위당 판매가격 및 원가자료이다.

단위당 판매가격	₩6,000
단위당 변동제조원가	1,700
단위당 변동판매비(새로 발생)	800
단위당 고정제조간접비	1,000
단위당 고정판관비(새로 발생)	300

   또한 서현회사는 두 제품의 생산·판매로부터 연간 ₩33,000,000 이상의 영업이익을 얻고자 한다.

   ① B제품의 생산량은 얼마인가?

   ② B제품으로부터 얻을 수 있는 총공헌이익과 영업이익은 얼마인가?

   ③ A제품의 외부구입을 수락할 수 있는 단위당 최대구입가격은 얼마인가?

문 8 제품라인의 폐지 의사결정(2)

(주)종로는 A, B, C의 세 가지 제품을 생산·판매하고 있다. 제품별 수익과 원가자료는 다음과 같다.

	A	B	C	합 계
매출액	₩200,000	₩300,000	₩500,000	₩1,000,000
매출원가				
직접재료비	60,000	100,000	140,000	300,000
직접노무비	40,000	60,000	100,000	200,000
제조간접비	45,000	36,000	39,000	120,000
합 계	₩145,000	₩196,000	₩279,000	₩620,000
매출총이익	55,000	104,000	221,000	380,000
판매관리비	72,000	96,000	152,000	320,000
영업이익(손실)	₩(17,000)	₩8,000	₩69,000	₩60,000

- 제조간접비 중에서 ₩70,000은 작업준비비이며, 나머지 ₩50,000은 공장감가상각비이다. 작업준비비는 묶음(batch)의 수에 따라 발생하며, 공장감가상각비는 회피불가능원가로서 매출액을 기준으로 각 제품에 배부된다.

- 판매관리비 중에 40%는 변동비이고 나머지는 회피불가능원가이다.

요구사항

1. 각 제품의 제조간접비에 포함되어 있는 작업준비비는 얼마인가?
2. 손실이 발생하고 있는 A 제품의 생산라인을 폐지할 경우 증분손익을 계산하시오.
3. 만약 A 제품의 생산라인을 폐지하면 C제품의 판매수량이 30% 증가되며 C제품의 묶음 수는 25% 증가된다고 한다.
   ① A 제품의 생산라인을 폐지하여야 하는가?
   ② A 제품의 생산라인을 유지하는 경우의 기회비용은 얼마인가?
4. 제조간접비와 판매관리비 전액을 고정비라고 가정하자. 회사 전체 입장에서 손익분기점에 도달하려면 각 제품의 매출액은 얼마가 되어야 하는가? 단, 매출배합은 일정한 것으로 가정한다.

문 9 다양한 성격의 고정비

(주)노송의 가구사업부는 테이블과 침대를 생산하여 판매한다. 가구사업부는 활동기준원가계산을 사용하여 20×6년의 수익과 원가를 다음과 같이 추정하였다.

	테 이 블	침 대	계
생산·판매량	4,000개	5,000개	
매출액	₩500,000	₩1,100,000	₩1,600,000
변동제조원가	300,000	525,000	825,000
설비감가상각비	42,000	58,000	100,000
마케팅과 유통원가	70,000	135,000	205,000
수익기준으로 배분된 고정일반관리비	110,000	220,000	330,000
수익기준으로 배분된 본부고정원가	50,000	100,000	150,000
총원가	₩572,000	₩1,038,000	₩1,610,000
영업이익(손실)	₩(72,000)	₩(38,000)	₩(110,000)

- 설비는 각 제품라인에만 투입된 기계의 감가상각비이다.
- 20×6년초 설비의 장부가액은 ₩100,000이며 잔존가치는 없고 사용하지 않는 모든 설비는 유휴설비가 된다.
- 마케팅과 유통원가는 다음과 같은 방식으로 추정된 것이며, 제품라인이 유지되지 않는 경우에는 전액 회피가능한 원가이다.

테이블: ₩40,000(고정비) + ₩750(선적횟수당) × 40회
침　대: ₩60,000(고정비) + ₩750(선적횟수당) × 100회

- 고정일반관리비는 개별 제품라인의 매출변동이나 생산중단여부에 따라 변화하지 않으나 해당 사업부를 폐지하는 경우에는 80%는 회피가능하다.
- 본부고정원가는 개별 제품라인의 매출변동이나 생산중단여부에 따라 변화하지 않으며, 해당 사업부를 폐지하는 경우에도 회피불가능하다.

요구사항

1. 가구사업부는 영업손실이 발생하는 테이블제품의 생산을 중단해야 하는가?
2. (주)노송의 최고경영자는 가구사업부에서 영업손실이 발생하고 있으므로 가구사업부를 폐지할 것을 고려 중이다. 가구사업부를 폐지하는 경우에 (주)노송의 손익에 미치는 영향은 얼마인가?
3. 테이블제품을 현재 추정치보다 3,000개 더 팔 수 있다면 가구사업부의 영업이익에 어떤 영향을 미치겠는가? 다만 이를 위해 가구사업부는 내용연수 1년인 설비를 ₩42,000에 추가로 취득하여야 한다. 테이블제품의 판매량이 3,000개 증가하더라도 마케팅과 유통원가 중 고정비는 변하지 않을 것이다.

문10 자가제조 또는 외부구입 의사결정(2)

서현회사는 사무용책상을 생산하고 있다. 현재 사무용 가방의 수요량은 연간 12,000개이다. 회사는 제한된 자원인 직접노동시간을 모두 활용하여 사무용책상을 연간 8,000개를 생산하고 있다. 사무용책상의 판매가격 및 원가자료는 다음과 같다.

판매가격	₩180
직접재료비	25
직접노무비(시간당 임률 ₩30)	37.5
제조간접비	22.5

한편 회사는 외부에서 사무용책상을 ₩136에 구입할 수 있는 기회가 생겼으며, 마케팅담당이사가 분석해 본 결과 사무용 책상 대신 아동용책상을 생산하면 연간 17,500개를 외부판매할 수 있을 것으로 예측했다. 생산담당부서에서 분석한 아동용책상의 판매가격과 원가자료는 다음과 같다.

판매가격	₩100
직접재료비	20
직접노무비(시간당 임률 ₩30)	15
제조간접비	9

회사는 제조간접비를 배부하는 기준조업도로 최대 직접노동시간을 사용하며 고정제조간접비 연간 예산은 ₩40,000이다. 고정판매비와 관리비는 제품종류 및 자가제조/외부구입여부와 관계없이 개당 ₩8씩 배부된다. 변동판매비와 관리비는 제품종류 및 자가제조/외부구입여부와는 관계없이 개당 ₩10씩 발생한다.

● 요구사항

상호독립적인 다음 물음에 답하시오.

1. 사무용 책상만을 생산한다면 총공헌이익은 얼마인가?
2. 아동용 책상과 사무용 책상을 함께 고려할 때 이익극대화를 위한 각 제품의 최적생산계획과 구매계획을 수립하라. 또 이렇게 함으로써 사무용 책상만을 생산하는 경우보다 증가하는 공헌이익은 얼마인가?
3. 정부에서 위의 수요예측과는 별도로 아동용 책상 400개를 주문해 왔다. 이 주문을 수락하기로 한 경우 다음에 답하시오.
   ① 제품별 자가제조 및 외부구입량 배합은 요구사항 2의 최적배합과 어떻게 달라지는가?
   ② 이 주문에 대한 기회비용은 얼마인가?
   ③ 회사가 이 주문에 대해 수락할 수 있는 최저가격은 얼마인가?
4. 위에서 단위당 공헌이익이 사무용책상 자가제조, 사무용책상 외부구입, 아동용 책상 자가제조시 각각 ₩50, ₩30, ₩40이라고 하고, 아동용 책상을 최대 수요량까지 외부에서 구입할 수 있는 기회가 생겼다고 가정한다. 아동용 책상의 외부구입으로 인한 단위당 공헌이익이 ₩36일 때 이로 인해 최적생산 및 제품 구입계획이 어떻게 달라지며, 이 경우 증가되는 공헌이익은 얼마인가?

문11 제약이론

(주)신촌은 수요가 무한한 제품을 다음의 두 단계를 거쳐 생산한다. A공정에서는 수요가 무한하므로 최대생산량을 생산하고 있으며, B공정에서는 A공정의 생산량을 모두 수용할 수 있으므로 A공정에서 가공된 것을 모두 추가 가공한다. B공정 완성품의 판매가격은 단위당 ₩320이다.

	A공정	B공정
최대생산량	5,000개	7,000개
단위당 변동비	₩120	₩30
고정제조간접비	₩700,000	₩120,000
공손율	4%	5%

공손품은 완료시점에서 분리되며 모든 공손원가는 비정상공손으로 처리한다.

요구사항

1. 각 공정의 공손품원가를 산출하시오.
2. A공정의 반제품을 외부에서 100개를 개당 ₩200에 구입할 수 있다면 이 대안을 수락하겠는가?
3. A공정의 공손율을 4%에서 2%로 낮추는 프로그램을 실행하는 데 ₩15,000이 소요된다면 프로그램을 도입하겠는가?
4. B공정의 공손율을 5%에서 2%로 낮추는 프로그램을 실행하는 데 ₩20,000이 소요된다면 프로그램을 도입하겠는가?

문12 시간기준 의사결정

노고산(주)는 데스크탑컴퓨터 제품 X를 제조하여 판매하고 있다. 모든 생산은 롯트단위로 이루어지며, 제품 X 1,000단위가 1롯트가 된다. 제품 X의 예상판매량은 연간 50,000개이다. 제품 X를 1롯트 생산하는 데 150시간의 제조시간과 100시간의 대기시간이 소요된다. 당사는 최근 소비자 욕구의 변화와 컴퓨터 판매시장의 변화로 기능이 향상된 차세대 노트북컴퓨터 제품 Y의 개발을 고려하고 있다. 제품 Y도 1,000개가 1롯트가 되며, 1롯트를 생산하는 데 250시간의 제조시간이 소요된다. 반면 노고산(주)가 제품 X와 제품 Y를 동시에 생산할 경우 두 제품 모두 롯트당 250시간의 대기시간이 소요된다. 제품 Y의 예상판매량은 30,000단위이다. 제품 Y의 판매는 제품 X의 판매에는 전혀 영향을 미치지 않는다.

동사의 고정제조간접비 예산액은 총 ₩500,000이며, 변동제조간접비는 두 제품 모두 롯트당 ₩5,000 및 제품 X는 작업시간(제조시간 + 대기시간)당 ₩50, 제품 Y는 작업시간당 ₩40이 발생될 것으로 보인다.

또한 롯트당 작업시간이 증가하게 되면 소비자 수요에 영향을 주게 되어 단위당 판매가격이 다음과 같이 하락한다.

제 품 명	제품 단위당 판매가격		제품 단위당 기초원가
	롯트당 제조주기가 300시간 이하일 때	롯트당 제조주기가 300시간 초과할 때	
제품 X	₩150	₩130	₩40
제품 Y	130	120	50

요구사항

1. 제품 X만 생산할 때에 비해서 두 제품을 동시에 생산하는 경우 회사의 매출액은 얼마나 증가 또는 감소하는가?
2. 제품 X만 생산할 때에 비해서 두 제품을 동시에 생산하는 경우 원가는 얼마나 증가 또

는 감소하는가?(판매량만큼 생산한다고 가정한다.)

3. 위의 결과에 의할 경우 회사는 제품 Y를 생산해야 하는가?

문13 불확실성하의 특별주문의사결정

(주)강북은 A와 B 제품을 생산·판매하고 있다. 원가부서와 판매부서에서 제시한 A와 B 제품생산 및 판매와 관련된 원가자료는 다음과 같다. 단위당 변동판매비에는 단위당 매출액의 10%에 해당되는 판매수수료가 포함되어 있으며, 판매수수료는 외부 판매전문 업체에 지급된다.

구 분	A	B
단위당 직접재료비	1,500원	2,000원
단위당 직접노무비	1,000원	3,000원
단위당 변동제조간접비	600원	1,000원
연간 고정제조간접비	12,000,000원	20,000,000원
단위당 변동판매비	1,500원	2,000원
연간 고정판매비	16,000,000원	23,000,000원
단위당 판매가격	8,500원	14,000원

(주)강북의 생산설비의 연간 생산능력은 70,000 기계시간이다. A 제품 1단위 생산에 소요되는 기계시간은 1시간이며, B 제품 1단위 생산시 소요되는 기계시간은 1.5시간 이다. A 제품의 연간 수요량은 21,500단위이며 B제품에 대한 연간 수요량은 36,500단위이다. A와 B 제품 각각의 최대 생산량은 연간 수요량을 초과하지 않는다.

◉ 요구사항

최근에 (주)강북이 생산설비를 확장하여 기계시간을 20,000시간 늘렸다. 생산설비 확장으로 인해 고정제조간접비가 10,000,000원 증가하였으나 제품별 단위당 변동제조간접비는 변화가 없었다. 생산설비 확장이후, (주)경성에서 (주)강북이 생산하는 B 제품을 단위당 10,000원에 구입하겠다는 의사를 표시하여 왔다. 그러나 구입수량은 정해지지 않았으며 상당히 유동적이다. (주)경성의 특별주문에 따른 구입수량은 다음과 같은 확률분포를 갖는 것으로 추정된다.

	10,000개	20,000개	30,000개
구입수량별 확률	0.3	0.5	0.2

(주)경성의 특별주문에 의해 B 제품을 판매하는 경우, 단위당 변동판매비에 포함되는 판매수수료는 단위당 매출액의 5%이다. 그리고 특별주문에 따른 판매로 인해 고정판매비가 1,000,000원 추가로 발생될 것이다. 특별주문을 수락하지 않을 경우에는 여유 기계시간인

20,000시간을 다른 제품 생산에 활용할 수 있다. 특별주문에 대한 수락여부를 분석하고 가부를 설명하시오.(기회원가 개념을 이용)

문14 특수의사결정과 완전정보의 가치

(주)강촌의 20×7년 9월의 추정손익계산서는 다음과 같다.

매출액(단위당 ₩2,500)		₩40,000,000
변동비		
제조원가	₩16,000,000	
판매비	1,600,000	17,600,000
공헌이익		₩22,400,000
고정비		16,000,000
영업이익		₩6,400,000

당사의 생산능력은 월간 20,000단위이며, 7월중 생산중인 제품과 거의 같은 제품 3,000단위를 단위당 ₩1,400에 공급해 달라는 특별주문을 받았다. 기존설비를 이용하여 현재의 변동제조원가를 이용하여 생산·판매할 수 있을 것으로 예상된다. 특별주문에 대한 판매비는 발생하지 않는다. 그러나 경우에 따라 기존 설비를 이용하지 못할 수도 있다. 이 경우 단위당 변동제조원가는 동일하지만, 새로운 기계 임차료 ₩1,500,000이 소요될 것으로 예상된다. 기존 설비의 이용가능성에 대한 확률은 다음과 같다.

활용할 수 있는 확률	0.6
활용할 수 없는 확률	0.4

또한 경영자는 특별주문의 수락 여부를 결정하기 위하여 기존 설비의 이용가능성을 완전하게 판별해 줄 수 있는 연구소에 연구의뢰를 검토하고 있다.

요구사항

1. 두 가지 상황 각각에 대하여 (주)강촌이 특별주문을 수락할 것인지 여부를 결정하시오.
2. 경영자가 연구소에 지출할 수 있는 최대비용을 산출하시오.

문15 불확실성하의 의사결정: EVPI, EVSI

(주)신촌은 제품을 생산하는데 반자동기계(A기계)와 완전자동기계(B기계)를 사용할 수 있다. 각 기계별 원가구조는 다음과 같다.

	A기계	B기계
단위당 변동제조원가	₩150	₩50
단위당 변동판매비와 관리비	50	50
고정제조간접비	100,000	350,000
고정판매비와 관리비	50,000	50,000

판매부서의 조사에 의하면 반자동기계의 제품품질이 완전자동기계의 제품품질보다 열악하여 시장에서의 제품단위당 판매가격은 반자동기계로 만든 제품은 단위당 ₩400, 완전자동기계로 만든 제품은 단위당 ₩500이다. (주)신촌의 판매량은 정규분포를 따르며, 반자동기계로 만든 제품의 표준편차는 125개, 평균판매량은 1,000개이며, 완전자동기계로 만든 제품은 표준편차가 200개, 평균판매량은 1,200개로 예상된다.

요구사항

1. 두 대안 중에서 손익분기점을 넘을 확률이 큰 대안은 어느 것인가?
2. 영업이익을 ₩100,000 이상 달성할 확률이 큰 대안은 어느 것인가?
3. 요구사항 1, 2와는 관계없이 (주)신촌은 경기상황에 따른 제품 판매량을 추정하고 있다. 추정에 따르면, 호경기일 확률은 70%이고 이때의 판매량은 3,000단위가 될 것으로 예상되며, 불경기일 확률은 30%이고 이때의 판매량은 1,000단위가 될 것으로 예상된다. 단위당 판매가격은 두 제품 모두 ₩500으로 가정할 경우 다음 물음에 답하시오.
   ① 미래의 상황이 위의 자료와 같다면 어느 대안을 선택하겠는가?
   ② 미래의 상황에 대한 확실한 정보를 제공받을 경우 지불할 수 있는 최대한의 수수료는 얼마인가?
   ③ 미래의 상황에 대한 다음과 같은 정보를 제공할 경우 지불할 수 있는 최대한의 수수료는 얼마인가? 단, 호경기일 때는 정확도가 90%($P(y_1/x_1=0.9)$)이고, 불경기일 때는 정확도가 80%($P(y_2/x_2=0.8)$)이다. 단, 확률계산시 소수점아래 둘째 자리까지 계산하시오.

문16 정보취득 의사결정

현재 단위당 ₩200에 제품을 판매하는 서강(주)는 20×6년에 20,000단위를 생산, 판매하였으며, 연간 생산능력은 25,000단위이다. 20×6년 동사의 생산원가 자료는 다음과 같다.

직접재료비	₩800,000
직접노무비	1,200,000
변동제조간접비	400,000
고정제조간접비	600,000
총 원 가	₩3,000,000

서강(주)는 20×7년에도 20×6년과 동일한 가격과 동일한 원가로 동일한 수량을 판매할 수 있을 것으로 예상하고 있다. 그런데 미국의 A사에서 동 제품을 단위당 ₩140에 구입할 것을 제안하였다. A사의 구입량은 미국내의 수요량에 따라 결정된다. 서강(주)는 A사가 3,500단위를 구입할 확률이 40%, 5,000단위를 구입할 확률이 60%라고 믿고 있다. 서강(주)가 A사에 판매한다고 하여도 국내 판매에는 영향을 미치지 않는 것으로 가정한다. 그러나 동사가 A사에 판매하지 않는다면 여유 생산설비는 20×7년에 ₩90,000의 이익을 가져다주는 제품B 생산에 이용할 수 있다. 제품B를 생산하기 위해서는 생산설비 때문에 A사의 주문을 거절하여야 한다.

요구사항

1. A사의 주문을 받아들일 것인가, 거절할 것인가를 결정하는 데 필요한 서강(주)의 성과표를 작성하고, 기대가치를 산출하시오.
2. 완전정보의 기대가치를 산출하시오.
3. 서강(주)가 A사의 구매량을 예상하기 위하여 ₩2,000을 지급하고 전문가를 고용할 수 있다고 가정하라. 전문가는 비관적인 보고서(구매량 3,500단위)와 낙관적인 보고서(구매량 5,000단위)를 보고할 수 있다. 전문가의 예상이 정확할 확률이 70%인 경우 전문가를 고용할 것인가? 단, 확률 계산시 소수점 아래 넷째자리에서 반올림하시오.

문17 불완전정보의 기대가치

서강(주)는 1996년에 다음과 같이 생산·판매 가능한 두 제품 중 어느 한 제품을 생산·판매하고자 한다.

	제품 A	제품 B
단위당 판매가격	₩5,000	₩2,000
단위당 변동비	₩500	₩1,250
총고정비	₩1,600,000	₩150,000

서강(주)는 1996년의 경제상황에 따라 다음과 같이 판매될 것으로 예측하고 있다.

경기상황	호황(S_1)	보통(S_2)	불황(S_3)
확률(P)	0.3	0.5	0.2
제　품:			
제품 A	1,000개	700개	300개
제품 B	1,500개	2,000개	2,500개

요구사항

1. 기대화폐가치극대화기준에 의하여 제품 A, B 중 어느 제품을 생산할 것인지 의사결정하시오.
2. 완전정보의 기대가치(EVPI)를 구하고 이것이 의미하는 바를 쓰시오.
3. 서강(주)가 유망컨설팅회사에게 1996년의 경기 예측보고서를 의뢰할 경우 업계경기상황에 따라 각 보고서를 받을 확률이 다음과 같다. 각 보고서에 대한 서강(주)의 최적의사결정을 하시오. 1996년 경기를 예측하는 보고서(R_1, R_2, R_3)를 받을 확률은 각각 다음과 같다.

$P(R_1/S_1)=0.7$ $P(R_1/S_2)=0.2$ $P(R_1/S_3)=0.1$

$P(R_2/S_1)=0.2$ $P(R_2/S_2)=0.5$ $P(R_2/S_3)=0.3$

$P(R_3/S_1)=0.1$ $P(R_3/S_2)=0.3$ $P(R_3/S_3)=0.6$

문18 단답형 기출문제

1. ㈜제아는 청소기와 공기청정기를 생산하고 있다. 제품생산과 관련된 정보는 다음과 같다.

	청소기	공기청정기
최대 판매가능수량	6,000개	9,000개
단위당 공헌이익	₩50	₩60
단위당 소요기계시간	2시간	3시간

생산에 투입가능한 최대 기계시간이 33,000시간이라고 할 때, 추가적인 설비투자 없이 최적생산량을 생산한다면 ㈜제아가 달성할 수 있는 최대 공헌이익은 얼마인가?

2. 대한직업소개소는 현재 연간 6,000건의 직업을 소개해주고 있다. 1건의 직업소개에 소요되는 변동비는 ₩2,000이고 연간 총고정비는 ₩3,000,000으로 추정된다. 그런데 국세직업소개소에서 연간 6,000건 전부에 대한 직업소개를 대행해 주겠다고 제의를 해왔다. 이와 같이 국세직업소개소의 제의를 수락할 경우에 기존의 연간 총고정비 중 ₩1,400,000이 감소할 것으로 예상된다. 국세직업소개소는 대행수수료로서 연간 ₩13,000,000을 요구해왔다. 이와 같은 국세직업소개소의 제의를 수락하는 경우 대한직업소개소의 영업이익은 얼마나 증가 또는 감소하겠는가?

3. 대한회사는 단위당 ₩250에 판매되는 램프를 생산·판매하고 있다. 이 제품과 관련된 변동비는 단위당 ₩150이고, 고정비는 매월 ₩35,000이 발생한다. 회사는 현재 단일제품으로 매월 평균 400단위를 생산·판매하고 있다. 대한회사의 판매담당 관리자는 매월 광고비를 ₩10,000만큼 증가시키면 매출액이 매월 ₩30,000만큼 증가할 것으로 기대하

고 있다. 매월 광고비를 ₩10,000만큼 증가시킬 때 회사의 영업이익이 매월 얼마만큼 증감하게 될 것으로 예상되는가?

4. ㈜성도는 연간 최대생산량이 10,000단위인 생산설비를 보유하고 있으며, 당기에 제품 단위당 ₩500의 판매가격에 8,000단위의 제품을 판매할 수 있을 것으로 예상하고 있다. 현재의 생산설비에 의한 ㈜성도의 제품 단위당 변동제조원가는 ₩300이다. ㈜성도가 당기에 예상판매량을 1,000단위 줄이고 제품 3,000단위를 판매할 수 있는 특별주문을 고려한다면, 이러한 특별주문 제품의 단위당 최저판매가격은 얼마인가? 단, ㈜성도가 판매하는 모든 제품의 변동판매관리비는 단위당 ₩80이다.

5. ㈜대한은 매출을 촉진하기 위해서 판매사원이 제품 4,000단위를 초과하여 판매하는 경우에, 초과판매된 1단위당 ₩200씩 특별판매수당을 지급한다. 이러한 조건하에서 5,000단위를 판매하여 세차감후순이익 ₩1,920,000을 달성하였다. 제품의 판매단가는 ₩2,000이며, 월간 고정비는 ₩1,400,000이고 월간 최대판매수량은 8,000단위이다. 위의 조건대로 특별판매수당을 지급하고 세차감후순이익 ₩2,400,000을 달성하려면, 현재의 최대판매수량기준으로 몇 %의 조업도를 달성하여야 하는가? 단, 회사의 월초, 월말 재고자산은 없으며, 세율은 세차감전이익의 20%라고 가정한다.

6. 다음은 ㈜대한의 매출관련 예상 자료이다.

매출액	₩240,000
총변동비	₩135,000
총고정비	₩40,000
판매량	3,000단위

추가판촉행사에 ₩10,000을 투입한다면, 예상 판매량이 400단위 증가할 확률이 60%, 200단위 증가할 확률이 40%이다. 이 판촉행사를 실시하면 영업이익의 기대치가 어떻게 변하는가?

7. ㈜목포는 갑회사로부터 유휴설비를 1년간 임대해 달라는 요청을 받았다. (주)목포는 설비 임대료와 관련하여 다음과 같이 두 가지 대안을 제시받았다.

- 대안 1 : 갑회사의 연간 제품판매량 × ₩40 + ₩50,000
- 대안 2 : 갑회사의 연간 제품판매량 × ₩70

갑회사의 1년간 판매량이 1,000단위일 확률은 40%이며, 2,000단위일 확률은 60%라고 한다. ㈜목포의 입장에서 기대이익을 극대화하려면 어느 대안을 선택해야 하며, 그 기대임대료는 얼마인가?

제 14 장

학습곡선과 선형계획법

제1절 학습곡선의 기초

제2절 학습곡선모형

제3절 학습곡선의 적용

제4절 선형계획법

학습목표

제9장 원가행태분석에서 관련범위내에서 원가행태를 선형으로 가정하였다. 그러나 이러한 가정이 유효하지 않은 경우가 있는데 이의 대표적인 예가 학습곡선 현상이 나타날 경우이다. 여기서는 우선 학습곡선모형을 소개한다. 그리고 희소자원의 사용을 최적화시키려는 의사결정에 유용한 수학적 모형인 선형계획을 소개한다. 제13장에서는 제약조건이 하나인 경우 의사결정 문제를 다루었는데 여기서는 선형계획법을 이용하여 제약조건이 여러 개인 경우의 의사결정 문제를 설명한다. 이 장을 공부하고 나면 다음 사항을 파악할 수 있어야 한다.

1. 학습곡선모형이 사용될 수 있는 기업상황
2. 학습곡선모형의 계수산정
3. 학습곡선을 이용한 원가예측
4. 학습곡선의 한계
5. 선형계획법이 사용될 수 있는 분야
6. 선형계획에서 목적함수 및 제약함수의 구성
7. 단순 선형계획문제의 그래픽 풀이
8. 불확실성과 선형계획법

제14장 학습곡선과 선형계획법

제1절 학습곡선의 기초

1 학습곡선의 의의

사람들이 어떤 활동을 수행할 때 처음에는 다소 비능률적이다가 그 활동을 반복적으로 하다 보면 성과가 개선된다. 효율성의 향상은 천천히 나타날 수도 있고 빠르게 나타날 수도 있다. 이러한 작업효율성의 향상을 학습효과라 한다. 학습효과(learning effect)란 동일한 작업을 반복 수행함에 따라 숙련도가 증가되어 단위당 노동시간 및 단위당 원가가 감소하는 현상을 말한다. 학습효과는 학습곡선으로 측정 기술될 수 있다. 즉 학습곡선(learning curve)은 과업을 반복적으로 수행함으로써 발생하는 효율개선을 기술한다. 학습곡선은 과업을 수행하는 데 요구되는 노력이 더 이상 학습이 나타나지 않을 시점까지 계속 감소됨을 보여 준다.

최근 기업들은 전세계적으로 대단한 경쟁압력을 받고 있다. 우량기업들은 품질 좋은 제품이나 서비스를 최고의 고객서비스로써 경쟁적인 가격으로 제공해야 한다. 또한 품질, 가격, 그리고 서비스 등의 기준도 지속적으로 변화하고 있다. 경쟁하기 위해서는 기업들은 이러한 요인들을 지속적으로 개선해야 한다. 품질, 가격, 그리고 서비스 등에 있어서 지속적인 개선을 유지하려면 제품생산과 서비스를 제공하는 데 소요되는 원가의 지속적인 개선이 필수적이다. 최근에 들어와서 제조환경이 급격히 변화하고, 제품수명주기가 단축되고, 또한 지속적인 개선이란 경영개념이 널리 확산됨에 따라 학습곡선은 경영에 보다 중요한 개념으로 자리잡고 있다. 경영자들은 학습곡선모형을 사용하여 조직구성원의 효율향상을 측정할 수 있다. 지속적인 개선은 비단 생산분야뿐만 아니라 모든 분야에서 나타나야 한다. 처음에 학습곡선은 주로 생산활동에 적용되었지만 지금은 모든 가치사슬에 걸쳐서 노동관련서비스의 효과적인 관리를 위해 필수적인 정보기능을 담당하고 있다.

2 학습효과가 있는 원가

제품제조에 종사하는 종업원들이 같은 작업을 반복 수행하면 경험이 쌓이게 되고, 점차 생산성이 향상됨에 따라 제품 단위당 작업시간이 감소하는 현상을 종종 볼 수 있다. 제품 단위당 작업시간이 감소하면 직접노무비가 감소되고 직접노동시간이나 직접노무비를 배부기준으로 하는 변동제조간접비도 감소하게 되어 단위당 원가가 감소하게 된다. 일반적으로 학습효과는 직접노동시간과 관련된 원가에서 주로 발생한다. 따라서 직접재료비, 포장비, 고정제조간접비, 판매관리비 등은 학습효과를 기대하기 어려운 원가이다. 다만 경험 축적으로 공손이 체계적으로 감소하는 경우에는 직접재료비에도 학습효과가 발생할 수도 있다.

제2절 학습곡선모형

원가의 분석 및 예측을 위해 학습효과는 수학적 모형으로 표현될 수 있다. 이를 학습곡선모형이라 하는데 학습곡선모형은 종속변수를 단위당 누적평균시간을 사용하느냐 또는 증분단위시간을 사용하느냐에 따라 누적평균시간모형과 증분단위시간모형으로 구분할 수 있다.

1 누적평균시간모형

학습곡선효과는 활동이 반복됨에 따라 특정활동수행에 소요되는 작업시간이 감소되는 것을 의미한다. 가령 첫번째로 제품 한 단위를 생산하는 데 20시간이 소요된다고 가정하자. 두 번째 단위를 생산하는 데는 단지 19시간이 소요되고 세 번째 단위를 생산하는 데에는 이보다 덜 소요된다. 학습이 멈춰지면 감소상태(declining state)에서 정지상태(steady state)에 도달된다. 학습곡선의 구체적 모양은 학습의 정도 또는 효율향상의 정도를 기술하는 학습률(learning rate)에 의존한다. 학습은 80%, 95% 등과 같이 퍼센티지로 나타낸다. 이는 산출물이 두 배가 될 때마다 산출물의 평균누적(작업)시간(average cumulative labor hour)이 이전의 평균누적작업시간에 학습곡선퍼센티지를 곱한 것과 같음을 의미한다.

예제 1 학습률의 산정

첫 단위생산에 20시간이 소요되고 두 번째 단위생산에 18시간이 소요된다고 하자.

◉ 요구사항

이때 학습곡선퍼센티지는 얼마인가?

해답

두 단위생산에 소요되는 누적시간은 38시간이고 평균누적시간은 단위당 19시간이다. 따라서 학습곡선퍼센티지는 95%(19시간/20시간)이다.

두 단위의 평균누적작업시간 = 학습곡선퍼센티지 × 첫 단위의 평균누적작업시간

19시간 = 95% × 20시간

예제 2 생산소요 시간의 결정

첫 단위생산에 20시간이 소요되고 80% 학습곡선을 지닌다고 하자.

◉ 요구사항

이때 두 번째 단위생산에 소요되는 시간은 얼마인가?

해답

두 단위 생산의 평균누적시간 = 학습곡선퍼센티지 × 첫 단위의 평균누적시간
(또는 첫 단위 생산 소요시간)

= 80% × 20시간 = 16시간

두 단위 생산소요 누적시간 = 16시간 × 2 = 32시간

두 번째 단위 생산 작업시간 = 두 단위 생산소요 누적시간 − 첫 단위 평균누적시간
= 32시간 − 20시간 = 12시간

학습곡선퍼센티지가 작아질수록 학습은 증대된다.

즉 80% 학습곡선을 지닌다면 두 단위 생산의 평균누적시간은 16시간이고 총누적시간은 32시간이다. 그런데 첫 단위 생산에 20시간이 소요되므로 두 번째 단위생산 소요시간은 12시간이 된다. **예제 1**에서는 학습률이 95%인 경우 두 번째 단위생산소요시간은 18시간이었다. 이와 같이 학습곡선퍼센티지가 작아질수록 학습효과는 더 많이 나타난다.

누적평균시간모형(cumulative average-time model)에서는 누적생산량이 두 배로 증가될 때마다 단위당 누적평균시간이 일정률로 감소된다. **그림 14-1**은 첫 단위 생산소요시산이 125시간이고 학습곡선피센티지가 80%인 누적평균시간 학습곡선모형을 나타내 준다.

누적평균시간모형에서 80% 학습곡선이란 누적생산량이 두 배로 증가될 때마다 단위당 누적평균시간이 이전의 단위당 누적평균시간의 80%가 됨을 의미한다. 즉 단위당 평균시간이 20% 절감됨을 의미한다. **그림 14-1**에서 첫 단위생산 소요시간이 125시간이고 학습곡선퍼센티지가 80%이므로 두 번째 단위를 생산해서 누적생산량이 두 배가 될 때 단위당 누적평균작업시간은 100시간(125시간 × 0.8)이 된다. 이때 누적 총작업시간은 200시간(100시간 × 2)이므로 두 번째 단위생산에 소요되는 시간은 75시간(200시간 − 125시간)이 된다. 또한 누적생산량이 4단위인 경우 단위당 누적평균 작업시간은 80시간(100시간 × 0.8)이 되고 이때의 누적 총작업시간은 320시간(80시간 × 4)이 된다. 누적생산량이 두 단위인 경우 누적총작업시간이 200시간이므로 셋째와 넷째 단위의 두 단위생산에 소요되는 시간은 120시간(320시간 − 200시간)이 된다.

누적평균시간모형을 수학적으로 표현하면 다음과 같다.

$$Y = aX^{-b} \tag{14-1}$$

여기서 Y = 누적생산량이 X단위일 때 소요되는 단위당 누적평균작업시간
a = 첫번째 단위를 생산하는 데 소요되는 작업시간
X = 누적생산량
b = 학습지표$\left(\frac{\ln \text{학습곡선퍼센티지}}{\ln 2}\right)$

그림 **14-1** 80% 누적평균시간 학습곡선모형

누적생산량(X)	단위당 누적평균 작업시간(Y)	누적총작업 시간($X \cdot Y$)	증분작업시간 ($\Delta X \cdot Y$)	
1단위	125시간	125시간	125시간	첫째단위(1단위)
2	100(125 × 0.8)	200(100 × 2)	75	둘째단위(1단위)
·	·	·	·	
4	80(100 × 0.8)	320(80 × 4)	120	셋째와 넷째단위(2단위)
·	·	·	·	
·	·	·	·	
8	64.0(80 × 0.8)	512(64 × 8)	192	다섯째부터 여덟째단위(4단위)
·	·	·	·	
·	·	·	·	
16	51.2(64 × 0.8)	819.2(51.2 × 16)	307.2	아홉째단위부터 열여섯번째단위(8단위)

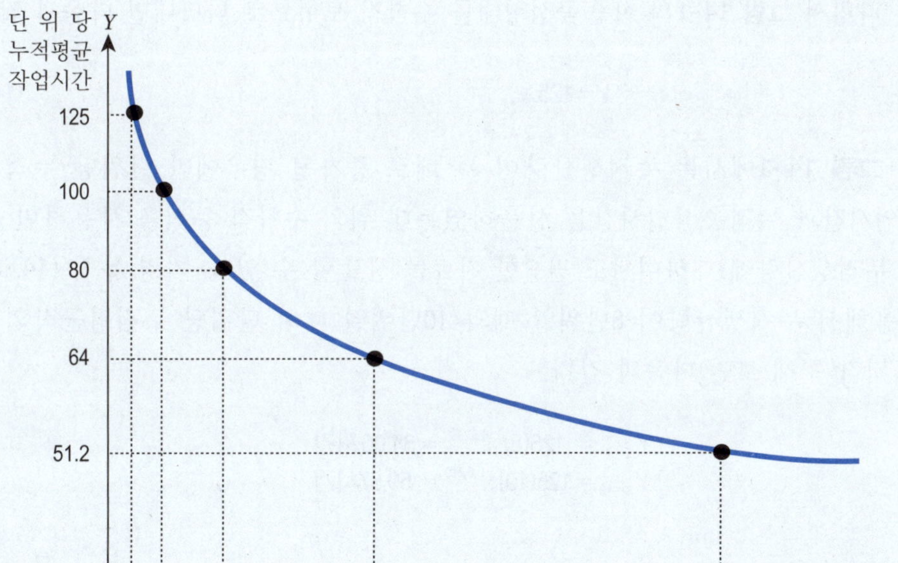

학습지표 b는 학습곡선퍼센티지의 수학적 표현인데 학습곡선퍼센티지의 로그값을 로그2로 나누어서 계산한다.

예제 3 학습지표 b값의 산출

80% 학습곡선 모형에서 학습지표 b값은 얼마인가?

해답

첫 단위 생산에 소요시간이 a라면 80% 학습곡선 모형에서 두 단위 생산하는 데 소요되는 단위당 누적평균작업시간은 $0.8a$이다. 또한 등식 (**14-1**)에 의하면 두 단위 생산하는 데 소요되는 단위당 누적평균작업시간, $Y_{X=2}$는 $a \cdot 2^b$이다. 따라서 80% 학습곡선 모형에서는, $0.8a = a \cdot 2^b$이다.

$$
\begin{aligned}
0.8a &= a \cdot 2^b \\
0.8 &= 2^b \\
\ln 0.8 &= b \ln 2 \\
\therefore\ b &= \frac{\ln 0.8}{\ln 2} = -0.3219
\end{aligned}
$$

따라서 **그림 14-1**의 학습곡선형태를 수학적 모형으로 나타내면 다음과 같다.

$$Y = 125X^{-0.3219} \qquad (14\text{-}2)$$

그림 14-1에서는 누적생산량이 두 배로 증가될 경우에만 단위당 누적평균작업시간과 누적총작업시간을 산출하였는데 위의 수학적 등식을 사용하면 어떠한 누적생산량에 대하여서도 필요한 자료를 산출할 수 있다. 가령 등식 (**14-2**)를 사용해서 누적생산량이 8단위일 때와 10단위일 때의 단위당 누적평균작업시간을 각각 구해 보면 다음과 같다.

$$
\begin{aligned}
Y_{X=8} &= 125(8)^{-0.3219} = 64.00\text{시간} \\
Y_{X=10} &= 125(10)^{-0.3219} = 59.57\text{시간}
\end{aligned}
$$

2 증분단위시간모형

증분단위시간모형(increamental unit-time model)에서는 누적생산량이 두 배로 증가될 때마다 증분단위시간이 일정률로 감소된다. 위에서 설명한 누적평균시간모형에서는 종속변수로 누적평균시간을 사용한 데 반해 여기서는 증분단위시간을 사용한다. 증분단위시간이란 맨 마지막단위를 생산하는 데 소요되는 시간을 의

그림 **14-2** 80% 증분단위시간 학습곡선모형

누적생산량 (X)	X번째 단위 소요시간 (Y)	누적총작업시간 (ΣY)	단위당 누적평균작업시간 $(\Sigma Y \div X)$
1	125.00시간	125.00시간	125.00시간
2	100.00(125 × 0.8)	225.00(125 + 100)	112.50(225/2)
3	87.77	312.77(225 + 87.77)	104.26(312.77/3)
4	80.00(100 × 0.8)	392.77(312.77 + 80)	98.19(392.77/4)
5	74.46	467.23(392.77 + 74.46	93.45(467.23/5)
6	70.21	537.44(467.23 + 70.21)	89.57(537.44/6)
7	66.81	604.25(537.44 + 66.81)	86.32(604.25/7)
8	64.00(80 × 0.8)	668.25(604.25 + 64)	83.53(668.25/8)
.	.	.	.
.	.	.	.
16	51.20(64 × 0.8)	1,115.05(668.25 + 446.80)	69.69(1,115.05/16)

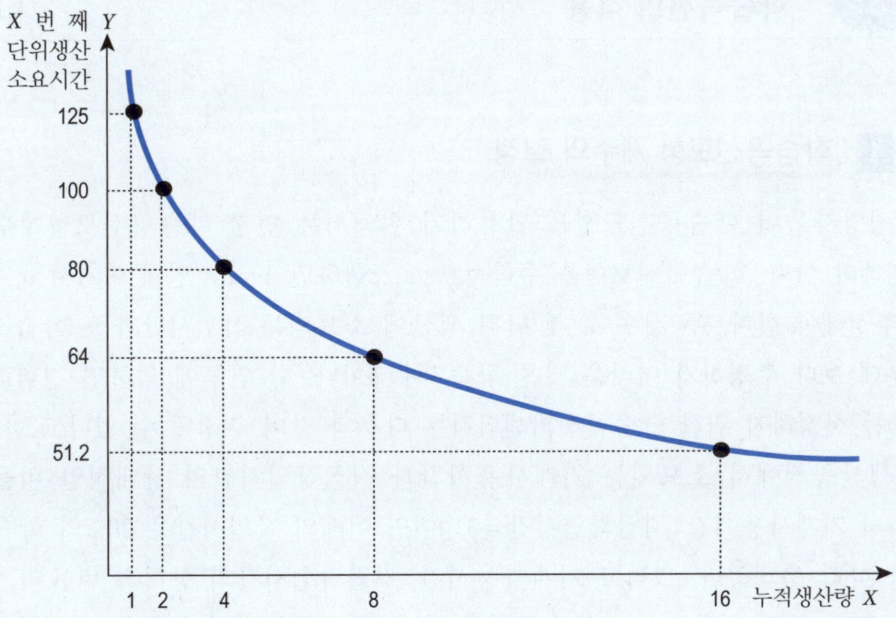

미한다. **그림 14-2**는 첫 단위 생산소요시간이 125시간이고 학습률이 80%인 증분단위시간 학습곡선모형을 나타내 준다.

증분단위시간모형에서 80%학습곡선이란 누적생산량이 두 배로 증가될 때마다 맨마지막 단위를 생산하는 데 소요되는 시간이 이전의 맨 마지막 단위 생산

소요시간의 80%가 됨을 의미한다. **그림 14-2**에서 첫 단위 생산소요시간이 125시간이고 학습곡선퍼센티지가 80%이므로 두 번째 단위를 생산하는 데 소요되는 시간은 100(125×0.8)시간이 된다. 따라서 두 단위 생산하는 데 소요되는 누적총작업시간은 225(125+100)시간이며 단위당 누적평균작업시간은 112.5(225/2)시간이다. 참고로 80% 학습곡선퍼센티지에서 누적평균시간모형에서는 두 단위 생산하는 데 단위당 누적평균작업시간은 100시간이었다. 이상에서 볼 수 있는 바와 같이 학습곡선퍼센티지가 같을 때 누적평균시간모형의 학습효과는 증분단위시간모형의 학습효과보다 크게 나타남을 알 수 있다. 이하에서는 별도의 언급이 없는 한 누적평균시간모형을 활용하여 학습곡선을 설명할 것이다.

제3절 학습곡선의 적용

1 학습곡선모형 계수의 결정

경영자들이 학습곡선모형을 활용하기 위해서는 먼저 학습곡선모형계수를 추정해야 한다. 학습곡선모형을 수학적으로 표현하면 $Y=aX^b$인데 여기서 a, b값을 추정해야 한다. 두 계수 a, 첫 단위 생산에 소요되는 작업시간과 b, 학습지수 가운데 보다 추정하기 어려운 것은 학습지수 b이다. 한 연구에 의하면 경험적으로 b를 산정하기 위한 학습곡선퍼센티지는 다음과 같이 추정될 수 있다고 한다.

생산공정에서 소요되는 기계사용시간과 직접작업시간의 상대적인 비율에 따라서 기계사용시간 : 직접작업시간 = 3 : 1이면 이때의 작업시간은 90%의 학습곡선을 따라 움직인다. 그리고 기계사용시간 : 직접작업시간의 상대적 비율이 1 : 1이면 85%, 1 : 3 이면 80%의 학습곡선을 따라 움직인다는 것이다. 이는 어디까지나 경험적으로 제시되는 대략치이다. 기계사용에 비해 인간노동력의 비중이 커지면 학습현상이 증대됨을 보여 준다. 구체적인 상황에서 학습곡선모형 계수 a값과 b값은 두 가지 서로 다른 누적생산량에서의 총작업시간을 구해서 다음 예제와 같이 산출될 수 있다.

예제 4 학습곡선모형 계수의 결정

처음 10단위를 생산한 후 누적총작업시간은 500시간이었다. 그 후 추가로 40단위를 생산한 후 이때의 누적총작업시간을 계산해 보니 1,800시간이었다.

요구사항

이때 누적평균시간모형에서의 a, b값을 산정해 보시오.

해답

우선 작업시간과 관련된 원가행태가 선형적이라면 10단위 생산에 총작업시간이 500시간이었다면 단위당평균작업시간은 50(500/10)시간이므로 누적생산량이 50(10+40)단위인 경우 누적총작업시간은 2,500시간이어야 된다. 그런데 여기서는 2,500시간보다 적은 1,800시간이므로 원가행태가 선형적이지 않음을 알 수 있고 이는 학습효과가 나타난 때문으로 생각할 수 있다. 처음 10단위에 대한 누적평균작업시간은 50시간인 데 반해 누적생산량 50단위에 대한 누적평균작업시간은 36(1,800/50)시간이다.

한편 학습곡선모형 $Y=aX^b$에서 양변에 로그를 취하면 다음과 같다.

$$\ln Y = \ln a + b\ln X$$

이 식에 누적생산량이 10단위인 경우와 50단위인 경우의 자료를 대입하면 다음과 같은 두 개의 등식을 얻을 수 있다.

$$\ln 50 = \ln a + b\ln 10 (X=10,\ Y=50;\ XY=500)$$
$$\ln 36 = \ln a + b\ln 50 (X=50,\ Y=36;\ XY=1{,}800)$$

첫번째 등식에서 두 번째 등식을 빼면 다음과 같다.

$$\ln 50 - \ln 36 = b(\ln 10 - \ln 50)$$
$$\therefore b = \frac{\ln 50 - \ln 36}{\ln 10 - \ln 50} = -0.2041$$

이를 위의 첫번째 등식에 대입하면 다음과 같다.

$$\ln 50 = \ln a + (-0.2041)\ln 10$$
$$\ln a = (+0.2041)(2.302585) + 3.912023 = +4.38198$$
$$\therefore\ a = e^{+4.38198} = 80$$

그러므로 이때의 학습곡선모형은 다음과 같이 표현된다.

$$Y = 80X^{-0.2041} \qquad (14\text{-}3)$$

여기서 학습곡선퍼센티지를 구해 보면 다음과 같다.

$$-0.2041 = \frac{\ln X}{\ln 2}$$

$$\ln X = \ln 2(-0.2041) = (0.6931471)(-0.2041)$$

$$= -0.1414713$$

$$\therefore X = e^{-0.1414713} = 0.8681$$

그러므로 이 경우의 학습곡선퍼센티지는 86.81%이다.

2 학습곡선모형을 이용한 원가예측

직접작업시간이 학습곡선을 따라 움직이는 경우에는 학습곡선모형을 이용하여 원가를 추정하는 것이 보다 정확한 자료를 제공할 수 있다.

예제 5 학습곡선모형을 이용한 원가예측

태진사는 새로운 제품을 개발하여 처음 25단위를 생산하였는데 그 원가는 다음과 같이 발생하였다.

직접재료비	₩100,000
직접노무비(500시간@₩500)	250,000
변동제조간접비(직접노무비의 20%)	50,000
고정제조간접비	62,500
총발생원가	₩462,500

이 회사는 직접작업시간이 90% 학습곡선을 따라 움직이는 것으로 가정하고 있다.

요구사항

추가로 75단위를 생산하는 경우 제조원가는 얼마나 발생하겠는가? 단 추가로 고정제조간접비는 발생하지 않는 것으로 가정한다.

해답

직접작업시간이 90% 학습곡선을 따라 움직인다고 가정하고 있기 때문에 추가로 75단위를 생산하는 데 소요되는 작업시간은 1,500시간(500시간의 3배)보다 적을 것이다. 이를 계산하면 다음과 같다.

누적생산량	단위당 평균작업시간	총작업시간	증분작업시간
25단위	20(500시간/25)	500	–
50	18(20시간×0.9)	900(18시간×50)	400시간
100	16.2(18시간×0.9)	1,620(16.2시간×100)	720

즉 25단위를 생산한 후 추가로 25단위를 생산하는 데 소요되는 증분작업시간은 400시간(900시간 – 500시간)이며 그 후 다시 추가로 50단위를 생산하는 데 소요되는 증분작업시간은 720시간(1,620시간 – 900시간)이다. 따라서 추가로 75단위를 생산하는 데 소요되는 총작업시간은 1,120시간(400시간 + 720시간 또는 1,620시간 – 500시간)이 된다. 이 자료를 이용하여 추가로 75단위를 생산하는 데 소요되는 제조원가를 추정하면 다음과 같다.

직접재료비(₩100,000×3)	₩300,000
직접노무비(1,120시간@₩500)	560,000
변동제조간접비(직접노무비의 20%)	112,000
고정제조간접비	–
총추정원가	₩972,000

3 자가생산 또는 외부구매 의사결정

학습곡선모형을 확대적용한 **경험곡선**(experience curve)은 자가생산 또는 외부구매 의사결정(make-or-buy decisions)에도 적용될 수 있다. 자가생산 또는 외부구매의사결정은 특정부품에 대해서 회사 내에서 생산할 것인지 아니면 외부에서 조달할 것인지에 관한 비반복적 특수의사결정이다. 만약에 회사 내에서 생산하는 경우 학습현상으로 단위당 평균원가가 지속적으로 절감되는 데 반하여 외부구매의 경우에는 구매단가가 변동되지 않는다면 단기적으로는 자가생산원가가 외부구매단가에 비해 높더라도 보다 장기적으로 학습현상에 의해 자가생산원가가 외부구매단가보다 낮아질 수도 있다.

예제 6 자가생산 또는 외부구매 의사결정

태진사는 한 부품에 대해서 자가생산할 것인가 아니면 외부에서 구매할 것인가를 의사결정하려 한다. 외부에서 구매하는 경우 단위당 구입가격은 ₩120이며 가격변동은 없다. 자가생산하는 경우 단위당 제조원가는 95%의 경험곡선을 따라 움직이며 첫 단위 생산에 소요되는 원가는 ₩250이다.

요구사항

누적소요량이 몇 단위 이상이면 자가생산하는 것이 유리하겠는가?

해답

자가생산의 단위당 제조원가는 경험곡선을 사용하여 다음과 같이 표현할 수 있다.

$$Y=250X^{-0.074}$$

여기서 Y=누적생산량이 X단위일 경우 단위당 누적평균제조원가
X=누적생산량
-0.074=95% 학습곡선퍼센티지의 학습지수($\ln 0.95/\ln 2$)

이 등식으로 누적생산량에 따른 단위당 누적평균제조원가를 구하면 다음과 같다.

누적생산량	단위당 누적평균제조원가
1단위	₩250.00
1,000	149.95
5,000	133.11
10,000	126.46
20,000	120.13
20,300	120.00
20,500	119.91
21,000	119.70
25,000	118.17
30,000	16.58

위의 표를 보면 누적생산량이 20,300단위일 때 단위당 제조원가는 ₩120으로 단위당 구입가격과 같다. 따라서 누적소요량이 20,300단위 이상이면 단위당 누적평균제조원가가 단위당 구입가격인 ₩120보다 작아지므로 자가생산하는 것이 유리하다.

이를 그림으로 표시하면 **그림 14-3**과 같다.

그림 14-3에 나타난 바와 같이 누적생산량이 20,300단위일 경우에 자가생산시 단위당원가는 외부구매시 단위당원가와 ₩120으로 동일하다. 누적소요량이 20,300단위에 못 미칠 경우에는 외부구매원가가 자가생산원가보다 작으나, 20,300단위를 상회하는 경우에는 자가생산원가가 오히려 작다. 경영자들은 특히 누적소요량이 계속 늘어나는 경우에는 경험곡선을 이용하여 보다 장기적인 동태적 관점에서 자가생산 또는 외부구매 의사결정을 내려야 한다.

그림 14-3 경험곡선을 이용한 자가생산 또는 외부구매 의사결정

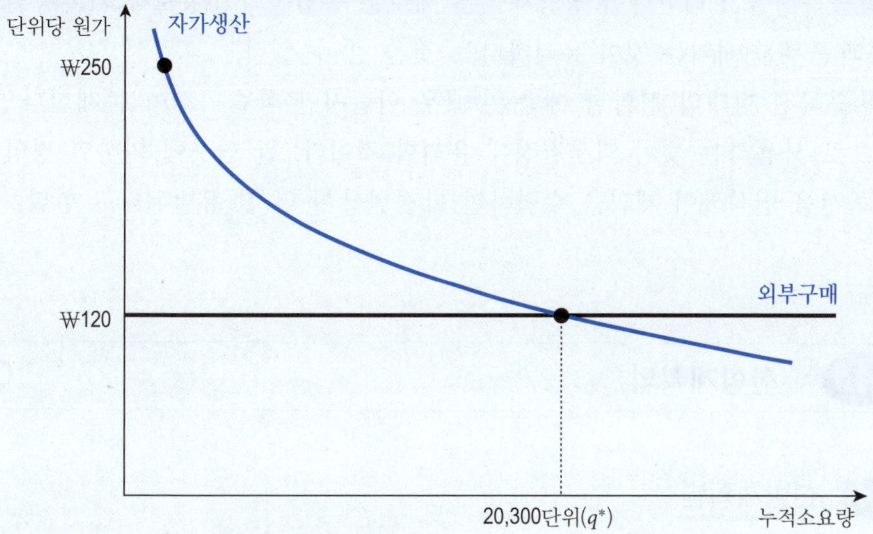

4 기타 적용분야

그 밖에도 학습곡선모형은 표준의 설정, 자본예산편성, 작업스케줄 편성, 그리고 초과근무 의사결정 등에 이용될 수 있다.

(1) 표준의 설정

학습곡선을 무시하고 표준수준을 일정하게 고정시킨다면 초기에는 실제가 표준보다 커서 불리한 차이가 나타나고 나중에는 오히려 실제가 표준보다 작아져서 유리한 차이가 발생하게 될 수도 있다. 이런 상황에선 학습곡선에 맞추어 표준을 일정시간 간격을 두고 수정함이 동기부여차원에서 바람직스럽다.

(2) 자본예산편성

학습곡선에 의하면 처음에는 지출이 많지만 서서히 지출이 줄어드는 경향을 보인다. 이러한 점을 감안한다면 자본예산편성에서 효율화를 꾀할 수 있다.

(3) 작업스케줄편성

학습곡선을 고려하면 경영자들은 노동소요량을 더 정확하게 예측할 수 있다.

(4) 초과근무의 결정

학습곡선을 고려한다면 경영자들은 새로운 종업원의 고용보다 기존종업원에게 초과근무를 시키는 것이 유리하다는 것을 알 수 있다.

학습곡선 형태의 정확한 예측은 매우 어렵지만 학습곡선이 존재한다면 적극적으로 사용하는 것이 의사결정에 유리할 것이다. 한 연구에 의하면 경영자가 학습곡선을 인식하여 계획을 수립하면 학습현상이 더 잘 유발된다고 한다.

제4절 선형계획법

1 선형계획법

선형계획법(linear programming)은 제약조건이 여러 개인 상황에서 희소한 자원의 활용을 최적화시키는 데 사용되는 수학적 기법이다. 실제 선형계획문제에 대한 해답은 컴퓨터를 사용하므로 경영자들은 푸는 방법에 대하여 자세히 알 필요는 없다. 그러나 경영자들은 어떤 문제에 선형계획법을 적용할 수 있는지와 선형계획 문제를 어떻게 등식으로 표현할 수 있는지는 알 필요가 있다.

예제 7 선형계획법

태진사는 갑과 을 두 부서에서 두 종류의 제품 A와 B를 생산한다. 갑부서의 가용자원은 24,000단위이며 을부서의 가용자원은 12,000단위이다. A제품과 B제품의 단위당 공헌이익은 각각 ₩6과 ₩8이다. A제품 한 단위를 생산하는 데에는 갑부서와 을부서의 자원이 각각 3단위와 2단위씩 소요되고 B제품 한 단위를 생산하는 데에는 갑부서와 을부서의 자원이 각각 6단위와 2단위씩 소요된다. 현재 각 제품에 대한 수요는 제한이 없다.

요구사항

태진사는 제품A와 B를 각각 몇 단위씩 생산하여야 하겠는가?

해답

예제 6에서 제시된 의사결정문제는 여러 제약조건에서 자원활용을 최적화시키는 전형적인 선형계획법 문제이다. 우선 선형계획을 구성하면 다음과 같다.

목적함수: 극대화 $6A+8B$

제 약: $3A+6B \le 24{,}000$

$2A+2B \le 12{,}000$

$A,\ B \ge 0$

선형계획식은 목적함수와 제약조건으로 구성된다. 목적함수는 극대화되거나 극소화될 목표를 표현한다. 위의 선형계획식에서 A와 B는 각각 제품A와 제품B의 생산량을 의미한다. 따라서 A제품을 A단위만큼 그리고 B제품을 B단위만큼 생산판매하면 벌어들이는 총공헌이익은 ₩[6A+8B]이다. 따라서 목적함수(objective function)는 총공헌이익인 6A+8B를 극대화시키는 것이다. 그런데 태진사는 두 가지 제약조건을 충족시키면서 생산해야 하기 때문에 무작정 많이 생산할 수는 없다. 우선 첫번째 선형부등식 $3A+6B \le 4{,}000$에서 3A+6B는 A제품을 A단위만큼 그리고 B제품을 B단위만큼 생산했을 때 갑부서 자원의 소비량을 의미하는데 이 소비량(3A+6B)은 현재 보유하고 있는 가용자원(24,000단위)보다는 클 수 없다. 마찬가지로 을부서 가용자원에 대해서도 을부서자원의 소비량(2A+2B)은 보유하고 있는 가용자원(12,000단위)보다는 클 수 없다. 그래서 두 개의 선형부등식이 제약조건에 포함된다. 이를 생산능력제약(capacity constraints)이라 한다. 생산능력제약 이외 생산되는 제품은 0보다 작을 수는 없다. 그래서 이를 $A \ge 0$, $B \ge 0$으로 표현하는데 비부정성제약(non-negativity constraints)이라 한다. 이 예에서는 목적함수에 변수가 두 개이고 제약조건이 많지 않기 때문에 아래 그림과 같은 그래프를 사용하여 최적해를 산출할 수 있다.

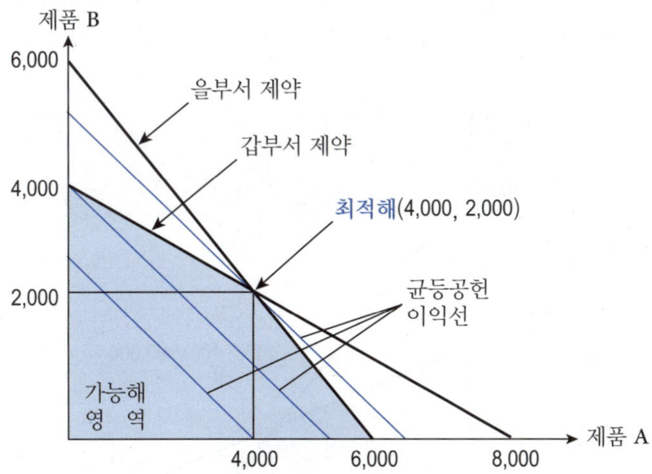

그림에서 A부서 제약과 B부서 제약을 동시에 충족시키고 비부정성제약을 충족시키는 공통영역을 가능해영역(feasible solutions area)으로 칠해 놓았다. 최적해는 가능해영역에 속한다. 각 균등공헌이익선(equal contribution margin line)은 공헌이익을 같게 만드는 제품A와 제품B의 조합생산량을 나타내 주고 있는데 원점에서 멀리 떨어질수록 공헌이익이 커진다. 따라서 최적해는 가능해영역을 벗어나지 않으면서 원점에서 가장 멀리 떨어진 균등공헌이익선이 지나는 데서 결정된다. 이때 제품A와 제품B의 생산량은 각각 4,000단위와 2,000단위이고 공헌이익은 ₩40,000이다.

2 불확실성하에서의 선형계획법

앞에서는 선형계획법의 계수값이 확실한 것을 전제로 최적해를 산출하였다. 여기서는 선형계획법을 불확실성의 상황에 적용시켜 보고자 한다.

예제 8 불확실성하에서의 선형계획법

태진사의 회계담당자는 여러 제약조건하에서의 희소자원활용의 최적화와 관련해서 다음과 같은 선형계획법을 입안하였다.

목적함수: 극대화	$10L + 18P$
제약:	$2L + 1P \le 400$
	$1L + 1.5P \le 300$
	$L,\ P \ge 0$

그리고 그래프를 활용하여 최적해를 구한 결과 최적해는 아래와 같이 제품P만 200단위 생산하는 것이었다.

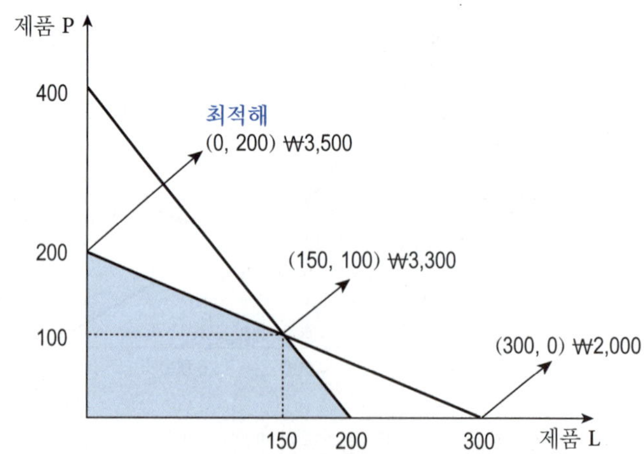

제품P의 단위당 공헌이익은 ₩10으로 확실시되는데, 예기치 못한 사건의 발생

으로 제품P의 단위당 공헌이익은 다음과 같이 불확실하게 되었다고 가정하자.

제품 P의 단위당 공헌이익	확 률
₩12	20%
18	60%
24	20%

그런데 이 회사는 제품P의 단위당 공헌이익이 ₩18인 것으로 가정하여 의사결정을 내린다.

요구사항

그러면 이때 제품P의 단위당 공헌이익에 대한 완전정보가치는 얼마나 되겠는가?

해답

태진사는 제품 P의 단위당공헌이익이 ₩18인 것으로 가정하여 의사결정을 내리기 때문에 언제나 제품 P만 200단위를 생산할 것이다. 그러면 제품 P의 단위당공헌이익에 대한 완전정보를 지니고 있을 경우 어떤 의사결정을 내릴 것인지를 구해보자. 그렇기 위해서 가능해와 발생할 수 있는 상태의 각 조합에서 공헌이익을 산출하면 아래와 같다.

상 태	가 능 해			확 률
	L = 0, P = 200	L = 150, P = 100	L = 200, P = 0	
제품 L의 단위당 공헌이익 = ₩10 제품 P의 단위당 공헌이익 = ₩24	₩4,800*	₩3,900	₩2,000	0.2
제품 L의 단위당 공헌이익 = ₩10 제품P의 단위당 공헌이익 = ₩18	₩3,600*	₩3,300	₩2,000	0.6
제품L의 단위당 공헌이익 = ₩10 제품P의 단위당 공헌이익 = ₩12	₩2,400	₩2,700*	₩2,000	0.2

우선 가능해는 가능해영역의 모서리에 위치하므로 위의 표에서와 같이 세 개의 모서리이고 이 중에 하나가 최적해이다. 상태는 제품 P의 단위당공헌이익에 따라 세 가지이다. 제품 P의 단위당공헌이익에 대한 정보가 있다면 제품 P의 단위당 공헌이익이 ₩12으로 나타날 경우에는 제품 P만 200단위 생산하는 것보다 제품 L 150단위, 제품 P 100단위를 생

산하는 것이 공헌이익이 극대화된다. 나머지 상태는 제품 P만 200단위 생산하는 것이 최적해이다. 따라서 제품 P의 단위당 공헌이익에 대한 완전정보가치는 ₩60이다.

(₩2,700 − ₩2,400) × 0.2 = ₩60

또는 다음과 같이 산출될 수 있다.

완전정보가 있는 경우 기대공헌이익:

₩4,800 × 0.2 + ₩3,600 × 0.6 + ₩2,700 × 0.2 = ₩3,660

완전정보가 없는 경우 기대공헌이익:

₩4,800 × 0.2 + ₩3,600 × 0.6 + ₩2,400 × 0.2 = ₩3,600

완전정보가치:

완전정보가 있는 경우 기대공헌이익 − 완전정보가 없는 경우 기대공헌이익

= ₩3,660 − ₩3,600 = ₩60

연습문제

문 1 누적평균시간 학습모형 기초

다음 각각 독립적인 사례에 답하시오.

사례 1 ‖ 학용품 전문생산업체인 서강사는 20×1년 초에 개발한 신제품을 최초로 10,000개 생산하는 데 다음과 같은 비용이 발생할 것으로 추정하였다.

직접재료비	₩900,000
직접노무비(시간당 ₩10)	400,000
변동제조간접비(직접노무시간에 비례하여 발생)	80,000
고정제조간접비(배부액)	150,000

서강사의 제품 생산이 80% 누적평균시간 학습곡선을 따른다고 가정하면 누적생산량이 80,000개인 주문에 대해 제안하여야 할 최소판매가격은 얼마인가?

사례 2 ‖ 동강사는 신제품 개발에 성공하여 기존 거래처로부터 신제품에 대한 주문이 쇄도하고 있어, 신제품에 대한 본격적인 생산을 고려하고 있다. 시험생산기간 중에 생산된 100단위의 원가자료는 다음과 같다.

원재료 A	₩3,000,000
원재료 B	5,000,000
노무비: 고급노동(₩5,000/시간)	25,000,000
저급노동(₩3,000/시간)	7,500,000
변동제조간접비	15,000,000
고정제조간접비	75,000,000

당사의 경영진은 직접노무비와 변동제조간접비에 학습효과가 있을 것으로 생각하고 있다. 원가관리부의 보고에 의하면 변동제조간접비는 저급노동시간을 기준으로 배부되고, 고급노동은 80%, 저급노동은 90%의 학습효과가 있다. 시험생산량을 제외하고 추가로 1,500단위의 주문을 받을 경우 가격결정을 위한 원가추정액을 산출하시오.

문 2 누적평균시간 학습모형

(주)서울은 피아노를 생산하는 회사로서 어느 지방자치단체의 특수 피아노 300단위에 대한 입찰계약에 참여할 것을 고려하고 있다. 이 회사는 얼마전 이와 유사한 특수 피아노 100단위를 생산한 적이 있으며, 이때 사용한 특수기계에 관한 모든 비용을 처음 생산한 100단위에 전부 배분하였으나 다시 유사한 생산에 사용할 수 있다. (주)서울의 변동제조간접비는 직접노무비에 비례하여 발생하는 것으로 간주하고 있으며, 기타 제조간접비는 직접노무비의 40%를 일정하게 배부하고 있다.

(주)서울은 미래원가를 추정하는 기초로서 80%의 누적평균학습모형을 사용하고 있다. 얼마 전 특수피아노 100단위를 생산하는 데 발생한 원가는 다음과 같다.

직접재료비	₩600,000
직접노무비(10,000시간 × ₩500)	5,000,000
특수기계 관련비용	200,000
변동제조간접비	00,000
기타제조간접비	2,000,000
합 계	₩8,600,000

◉ 요구사항

1. 300단위를 추가로 생산하기 위한 직접노무비를 추정하시오.
2. 300단위의 계약에 입찰하기 위한 예상원가총액을 구하시오.
3. 예상원가총액에 15%의 이익을 가산하여 입찰가격이 결정된다면 입찰가격은 얼마인가?
4. 학습효과가 존재하지 않는다면 계약에 입찰하기 위한 예상원가총액은 얼마인가?

문 3 학습곡선과 원가추정

(주)태경에서는 신제품을 본격적으로 생산하기로 하였다. 이 제품은 수작업이 많이 요구되기 때문에 과거의 경험에 의하여 학습효과가 적용될 것으로 생각하고 있다. 또한 타사의 유사제품과 경쟁이 격심한 관계로 변동비만 회수하여도 신제품의 입찰을 고려하여야 할 상황이다.

지금까지의 시험생산 결과 처음 8단위에 대한 제품생산과 관련된 직접노동시간은 다음과 같다.

처음 4단위 생산시 소요된 직접노동시간	800시간
두 번째 4단위 생산시 소요된 직접노동시간	480시간

◉ 요구사항

1. 학습곡선의 기본가정과 학습효과가 나타나는 이유 및 현대산업경영에서 학습효과를 감소시키는 요인은 무엇인가?
2. 8단위의 시험생산 자료에 의하여 신제품 생산에 소요되는 학습곡선퍼센티지는 얼마인가?
3. 시간당 임률이 ₩5,000이고, 학습곡선퍼센티지가 80%인 경우 시험생산량 8단위를 포함하여 32단위를 생산할 경우 예상되는 직접노무비를 추정하시오.

문 4 누적평균시간 학습곡선과 학습률

서강반도체는 메모리 반도체를 생산하는 회사이다. 서강반도체는 메모리 반도체 생산과정에 학습효과가 존재함을 발견하였다. 서강반도체의 메모리 반도체 생산과 관련된 원가자료는 다음과 같다. 반도체 생산과 관련된 직접노동시간에 대한 자료는 다음과 같다.

처음 20개 생산시 총직접노동시간	5,000시간
처음 100개 생산시 총직접노동시간	17,500시간

◉ 요구사항

1. 누적평균시간 학습곡선을 이용하여 학습곡선 추정식을 산출하시오.
2. 학습곡선상의 학습곡선퍼센티지는 얼마인가?
3. 추가로 100단위 생산하는 데 필요한 직접노동시간을 계산하시오.

문 5 증분단위시간 학습곡선과 누적평균시간 학습곡선

(주)한중은 중장비 제작업체로 최근 신제품을 개발하여 시험생산에 성공하였다. 1단위의 시험생산에 투입된 직접노동시간은 1,000시간이며, 이 제품은 외부에 판매되었다. (주)한중은 신제품의 성능이 좋아 여러 업체에서 주문이 증가하여 본격적인 생산을 시작하였으며, 추가로 7단위에 대한 수주를 받았다. (주)한중의 원가관리자는 작업의 특성상 학습곡선을 따를 것으로 생각하고 있으나, 정확하게 어떤 형태를 나타낼 것인지 판단하지 못하고 있다. 따라서 다음의 여러 가지 경우에 대한 직접노동시간을 추정하고자 한다.

◉ 요구사항

다음 각 경우에 있어서 직접노동시간은 얼마가 될 것인가?

1. 직접노동시간과 생산량 사이에 선형의 관계가 있을 때
2. 직접노동시간과 생산량 사이에 85% 증분단위시간 학습곡선의 관계가 성립할 때(단, 85% 학습곡선은 $b=0.2345$이며, 소수점 이하는 절사하여 계산하시오.)
3. 직접노동시간과 생산량 사이에 85% 누적평균시간 학습곡선의 관계가 성립할 때(단,

85% 학습곡선은 $b=0.2345$이다.)

4. 2번째 생산단위를 생산하는 데 들어간 직접노동시간은 2와 3의 경우 각각 얼마인가?
5. 3번째와 4번째 생산단위를 생산하는 데 들어간 총직접노동시간은 2와 3의 경우에 각각 얼마인가?

문 6 학습곡선과 의사결정(1)

서강(주)는 제품A를 생산하여 노고산(주)에 납품하고 있다. 현재 서강(주)는 하나의 롯트에 제품A 100단위를 생산하고 있다. 20×7년말까지 800단위의 제품을 생산하여 납품하였으며, 처음 납품한 200단위의 납품가격은 @₩13,200이었으나, 두 번째 납품한 600단위에 대한 납품자료를 소실하여 납품가격을 알 수가 없다. 단 서강(주)는 단위당 원가의 10%를 가산하여 납품가격을 책정하고 있으며, 현재 서강(주)는 꾸준한 학습효과를 보이고 있다. 서강(주)의 제품A 생산과 관련된 자료는 다음과 같다.

생 산 량	증분원가
200 → 400	₩1,440,000
400 → 800	2,304,000

요구사항

1. 두 번째 납품한 600단위의 납품가격은 얼마인가?
2. 서강(주)가 추가적으로 800단위를 생산할 경우 증분원가는 얼마인가?
3. 최근 경쟁사인 신촌(주)에서 동 제품 생산에 참여하였다. 신촌(주)는 과감한 설비투자로 하나의 롯트에서 200단위를 생산할 수 있다고 한다. 또한 신촌(주)는 75%의 학습곡선을 따르는 것으로 알려졌다. 지금까지 신촌(주)는 400단위를 생산·판매하였다. 신촌(주)가 추가로 800단위를 생산하는 데 필요한 원가는 얼마인가? 또한 서강(주)와의 경쟁에서 뒤지지 않을 수 있는 신촌(주)의 최대한의 원가가산이익률은 얼마인가? 단, 신촌(주)의 처음 200단위의 평균원가는 서강(주)와 동일하다. 그리고 75% 학습곡선하에서 X^{-b}의 값은 다음과 같다.

X	X^{-b}	X	X^{-b}
1	1.000	5	0.513
2	0.750	6	0.475
3	0.634	7	0.446
4	0.563	8	0.422

문 7 학습곡선과 의사결정(2)

A회사는 X제품을 최근까지 생산하여 S회사에 납품하였다. X제품은 100개씩 한 세트로 생산되어진다. A회사는 지금까지 총 800개의 제품을 납품하였다. 처음 200개는 @₩26,400에 납품하였으나 나머지 600개의 납품가격에 대한 자료는 얼마 전 소실되었다. A회사는 원가에 10%의 이익을 가산하여 납품가격을 정하고 있으며 현재 당 회사는 꾸준한 누적평균시간 학습효과를 보이고 있다. A회사의 X제품에 대한 자료는 다음과 같다.

생 산 량	증분원가
200 → 400	₩2,880,000
400 → 800	₩4,608,000

요구사항

1. 두 번째로 납품한 600개의 제품에 대한 단위당 납품가격을 구하시오.
2. 회사가 추가적인 800개의 제품을 생산하는 데 있어서의 증분원가는 얼마인가?
3. B회사가 최근 들어 X제품의 생산에 참여하였다. B회사는 과감한 시설투자로 200개씩 한 세트로 제품을 생산할 수 있으며 지금까지 400개의 제품을 생산·판매하였다. B회사의 학습곡선퍼센티지는 75%로 알려져 있다. B회사가 추가로 800단위를 생산하는 데 필요한 원가는 얼마인가?(힌트: $y=a\cdot x^{-b}$의 형태로 풀이 접근) 또한 B회사가 A회사와의 경쟁에서 뒤지지 않을 수 있는 원가가산이익률은 얼마인가? 단, B회사의 최초 200단위에 평균원가는 A회사와 동일하다.
4. A사는 최근 신제품을 개발하여 생산에 돌입하였다. 사업부 (가)는 완제품 생산에 필요한 부품 a를 생산하고 있다. 롯트당 a부품의 생산량은 10단위이다. 사업부 (나)는 a를 가공하여 완제품을 생산하고 있다. 사업부 (가)에서 생산하는 부품 a의 원가자료는 다음과 같다.

#단위당 직접재료비	₩1,000
#직접노동시간당 임률	₩2.5
#변동제조간접비	직접노무비의 60%
#a의 판매가격	단위당 ₩7,000(외부구입가능가격)

사업부 (가)는 10월에 2롯트를 처음으로 생산, 판매하였고, 11월에 2롯트를 생산, 판매할 계획이다. 처음 2롯트 생산시 단위당 평균노동시간은 1,925시간이었다. 11월과 12월에 각각 2롯트와 4롯트를 생산, 판매할 예정인데 이 경우 증분노동시간은 5,280.66시간이 될 것으로 추정된다. A사의 학습곡선퍼센티지를 구하시오. 그리고 최초 1단위 생산에 투입된 시간은 얼마인가?

문 8 최소판매가격

서강회사와 마포회사는 항공기엔진을 제조하는 회사이다. 두 회사는 새로운 항공기 엔진을 개발하여 생산을 하기 시작하였으며 이 신형엔진을 생산하는 회사는 두 회사뿐이다. 두 회사 모두 항공기 제작업체의 입찰계약에 참여하기로 하였으며 서강회사와 마포회사는 2대의 엔진을 공급한 경험이 있다. 이에 대한 서강회사의 원가자료는 다음과 같다. 항공기 제작업체에서 요구한 엔진수는 2대이며 회사의 변동제조간접비는 직접노동시간을 기준으로 하여 배부한다.

직접재료비	2 × ₩50,000	=	₩100,000
직접노무비	36,000시간 × ₩20	=	720,000
시 설 비			150,000
변동제조간접비	36,000시간 × ₩15	=	540,000
기타제조간접비*			36,000
			₩1,546,000

* 계약입찰에 따른 비용으로 직접노무비의 5%가 배부된다.

서강회사와 마포회사의 학습곡선퍼센티지는 80%로 동일하며(80% 학습곡선의 학습지수=0.3219) 두 회사의 차이점은 다음과 같다.

- 첫번째 엔진을 생산하는 데 소요된 직접노동시간은 마포회사가 서강회사보다 5,000시간 더 소요된다.
- 서강회사는 증분단위시간 학습곡선이 적용되는 데 비해 마포회사는 누적평균시간 학습곡선이 적용된다.
- 서강회사의 직접노무비는 시간당 ₩20이지만 마포회사는 시간당 ₩15이다. 위 사항을 제외한 다른 사항은 두 회사가 동일하다.

요구사항

학습곡선 현상이 계속될 경우 두 회사가 항공기 제작업체에 제시할 수 있는 대당 최소 판매가격을 구하시오.

문 9 선형계획법: 비용최소화

서강회사는 직접원재료 A와 B를 사용하여 제품 X와 Y를 생산·판매하고 있다. 서강회사의 경영자는 총제조비용을 최소화하기로 했다. 직접원재료 A, B의 최소필요량과 제품 X, Y의 원재료 함유량은 다음과 같다.

직접원재료	제품 X	제품 Y	최소소모량
A	4kg	7kg	280kg
B	4kg	2kg	140kg

원재료 A, B의 kg당 가격은 각각 ₩10과 ₩15이다.

요구사항

제조총비용을 최소화하는 제품배합과 그 때의 총직접재료비를 구하시오.

문10 선형계획법: 매출배합(1)

서강회사는 A제품과 B제품을 제조·판매하고 있다. 두 제품과 관련된 자료는 다음과 같다.

		A제품	B제품
제품단위당:			
판매가격		₩60	₩40
직접재료비		20	12
직접노무비		20	8
소요재료		16단위	8단위
소요기계시간		8시간	16시간
월간사용가능한:			
재료	416단위		
기계시간	400시간		

A, B 제품에 대한 시장수요는 무한하다고 가정하자.

요구사항

서강회사가 월간 최대이익을 얻기 위한 두 제품간의 배합과 이때의 이익을 구하시오.

문11 선형계획법: 매출배합(2)

서강(주)는 제품 X, 제품 Y 등 두 가지 제품을 생산·판매하고 있다. 최근 두 제품에 대한 시장수요는 증가하고 있으나, 회사의 생산설비는 확충되지 않고 있다. 각 제품의 판매가격 및 단위당 변동원가는 다음과 같다.

	제품 X	제품 Y
판매가격	₩250	₩300
직접재료비	80	100
직접노무비	50	75
변동제조간접비	30	45
변동판매비와 관리비	10	10

동사의 고정제조간접비는 연간 ₩150,000이며, 고정판매비와 관리비는 연간 ₩100,000이다. 그리고 사용가능한 직접노동시간은 12,000시간, 기계사용시간은 18,000시간이다. 제품별 단위당 직접노동시간 및 기계사용시간은 다음과 같다.

	제품 X	제품 Y
직접노동시간	2시간	3시간
기계사용시간	6시간	4시간

요구사항

1. 회사의 공헌이익을 극대화하기 위한 최적제품배합과 그 때의 공헌이익은 얼마인가?
2. 최적제품배합하에서의 세전이익은 얼마인가?

문12 단답형 기출문제

1. ㈜태종은 100단위를 하나의 롯트(묶음)로 생산하고 있다. 처음 100단위를 생산하는데 8,000직접노동시간이 소요되었다. ㈜태종의 생산량 및 증분직접노동시간이 다음과 같을 때 누적평균시간 학습곡선모형에 의한 학습률은 얼마이겠는가?

누적생산량	증분직접노동시간
100 → 200	4,800
200 → 400	7,680

2. 다음 자료를 이용하여 최초 16단위를 생산할 때 추정되는 누적 총노무시간은 몇 분인가? 단, 노무시간은 누적평균시간모형을 따른다.

누적생산량	누적 총노무시간(분)
1	10,000분
2	18,000

3. 한국제과에서는 각종 이벤트행사용 선물주머니의 판매로부터 매출총이익을 최대로 하는 배합으로 사탕과 쵸코렛을 선물주머니에 담았다고 할 경우 총 1,000개의 선물주머니를 판매하여 얻을 수 있는 최대 매출총이익은? 단, 선물주머니 1개당 판매단가는 ₩1,000이며, 선물주머니의 내용물 구성과 관련된 조건은 다음과 같다.

	사 탕	쵸코렛	선물주머니의 구성
단위당무게	24g	12g	360g 이상
수　　량	?	?	26개 이상
단위당원가	₩30/개	₩20/개	

4. ㈜한국은 단위당 판매가격과 단위당 변동원가가 각각 ₩500과 ₩300인 A제품과 ₩1,000과 ₩600인 B제품을 생산, 판매하고 있다. 월간 고정비는 ₩5,000이 발생하며 제조에 관한 자료는 다음과 같다.

월간사용가능 기계시간	제품 단위당 사용기계시간		월간사용가능 원재료	제품 단위당 사용원재료	
	A제품	B제품		A제품	B제품
120시간	2시간	6시간	220단위	6단위	4단위

최적의 제품생산배합에 의해 얻을 수 있는 최대의 월간 영업이익은 얼마인가?

IV

통제와 성과평가

제15장 원가중심점의 업적평가

제16장 이익중심점의 업적평가

제17장 투자중심점의 업적평가

제18장 대체가격

제 15 장

원가중심점의 업적평가

제 1 절 책임회계제도
제 2 절 표준원가제도
제 3 절 차이분석
제 4 절 차이안분
제 5 절 배합차이와 수율차이
제 6 절 ABC에서의 차이분석
제 7 절 표준종합원가계산
제 8 절 차이조사결정

학습목표

경영자가 원가만 통제할 수 있는 경우의 하부조직을 원가중심점이라고 한다. 이 장에서는 책임회계제도에 대해 설명한 후 표준원가제도의 차이분석을 이용한 원가중심점의 통제 및 업적평가에 대해 기술한다. 이 장을 공부하고 나면 다음 사항을 파악할 수 있어야 한다.

1. 책임회계제도와 업적평가
2. 직접재료비, 직접노무비 차이분석
3. 변동예산
4. 제조간접비 차이분석
5. 차이안분
6. 배합차이와 수율차이의 계산
7. ABC에서 차이분석
8. 표준종합원가계산
9. 차이조사결정

제 15 장 원가중심점의 업적평가

제1절 책임회계제도

1 책임회계제도의 의의

분권화된 조직의 경영자들은 자신이 관장하는 사업에 대해 의사결정을 내릴 수 있는 권한을 위임받고 또한 자신의 업적에 책임을 진다. 책임회계(responsibility accounting)는 경영자들이 그들의 책임을 얼마나 잘 수행하는지를 보고하는 회계 프로세스를 의미한다. 보통 책임은 하부조직의 목표이익수준 또는 예산 및 표준원가의 달성 등 측정가능한 변수로 표현된다. 기업마다 의사결정책임을 위양하는 방법이 조금씩 달라 책임회계제도는 기업조직마다 다르다. 그러나 업적평가시스템의 기본 골격은 동일하며 책임회계절차는 다음과 같은 요소로 구성된다.

- 조직 내의 의사결정중심점 식별
- 의사결정 권한과 책임의 부여
- 식별된 의사결정중심점별 업무수행을 위한 자원할당
- 업적 및 업적표준 측정치의 선정
- 의사결정자의 실제 업적측정 및 업적표준과의 비교

가령 의사결정중심점을 보다 세분시켜 가장 하부조직까지 식별한다면 이러한 책임회계제도는 운영비용이 많이 소요될 것이다. 어느 정도까지 정교한 제도를 갖추느냐는 제도의 효익 및 비용분석에 의해 결정될 것이다.

책임회계제도는 경영자가 그들 업적과 그들이 관리하는 사람의 업적 그리고 그들이 통제하는 자원에 대해 책임을 진다는 전제에 기초하고 있다. 책임회계제도 개념은 회계담당자로 하여금 책임영역별로 회계정보를 누적하여 보고하도록 한다. 효과적인 책임회계보고서는 다음과 같은 조건 및 가정에 기초한다.

- 경영자들은 자신이 통제할 수 있는 활동에 대해서만 책임을 진다.
- 경영자들은 자신과 자신의 조직에게 부여된 목적을 달성하기 위해 노력한다.
- 경영자들은 그들의 업적이 평가되어질 목표를 설정하는 데 참여한다.
- 목표는 효율적이고 효과적 업적을 보이면 달성가능하다.
- 업적보고 및 피드백은 시기적절하다.
- 회사의 보상구조에서 책임회계의 역할이 분명히 명시된다.
- 보상 및 견책은 회사정책에 따르고 또한 일관성 있고 공정하게 적용된다.

2 책임중심점의 유형

책임회계에서 업적보고서는 책임지는 경영자의 책임과 권한 아래 운영되는 하부조직별로 작성되는데 이러한 하부조직을 책임중심점(responsibility center)이라 한다. 활동의 성격 또는 부여된 목적 등에 따라 책임중심점은 원가중심점, 이익중심점 또는 투자중심점으로 분류된다. 가령 공장에서 생산활동을 지원하는 서비스부서는 부서의 원가는 통제할 수 있어도 기업수익은 통제할 수 없다. 반면 고객에게 상품을 판매하는 판매부서는 원가와 수익 모두를 통제할 수 있다. 따라서 각 책임중심점에 대한 업적보고서는 각 하부조직이 기업전체 목표에 공헌하도록 기대된 방법에 따라 각 하부조직의 성공을 측정할 수 있도록 설계되어야 한다.

(1) 원가중심점

원가중심점(cost center)은 이익은 창출하지 못하고 원가를 발생시키는 단위 조직이다. 원가중심점의 경영자는 자신의 조직에서 발생된 원가에 대해 책임을 진다. 모든 하부조직이 실제로 원가를 발생시키기 때문에 원가중심점은 가장 흔한 형태의 책임중심점이다. 제조공장, 생산부서, 한 생산라인, 서비스부서 등이 원가중심점에 속한다. 사실 기업의 모든 조직은 직접 간접으로 수익을 창출하는

데 기여한다. 가령 영선부 활동은 직접 수익을 창출하지는 못하지만 영선부가 없으면 현재의 기업성과에 지장을 초래하게 될 것이 틀림없다. 그러나 영선부 활동이 기업의 이익에 미치는 영향을 정확히 측정하기가 곤란하기 때문에 보통 원가중심점으로 분류된다. 또한 원가중심점은 표준원가중심점과 자유재량원가중심점으로 구분되어질 수 있다. 표준원가중심점(standard cost center)은 노력과 성과간의 관계가 명확하게 정의될 수 있는 원가중심점이다. 반면에 자유재량원가중심점(discretionary cost center)은 노력과 성과간의 관계가 명확하게 정의되기가 어려운 원가중심점이다. 제조부분의 원가중심점은 표준원가중심점이며 여기서는 표준원가중심점의 통제와 업적평가를 중심으로 설명된다. 표준원가중심점의 효율적인 통제방법으로는 표준원가제도가 있다. 자유재량원가중심점의 예로는 연구개발부서, 광고부서, 그리고 일반관리부서 등을 들 수 있다. 이들 부서에 대해서는 사용된 자원과 성과간의 관계를 미리 설정한다는 것이 매우 곤란하기 때문에 업적평가 역시 흔히 주관적인 판단에 의존하는 등 어려움이 많다.

(2) 이익중심점

이익중심점(profit center)은 원가는 물론 수익도 창출하는 기업의 단위조직이다. 이익중심점의 경영자는 원가와 수익 모두 책임을 진다. 이익중심점은 사업 속의 사업으로 불리기도 하는데, 기업의 주목적인 이익을 벌어들이는 것이 이익중심점 경영자의 주목적이기 때문이다. 이상적으로 각 이익중심점별 각자의 이익을 최적화시키면 전체 기업의 이익이 최적화되지만 실제로는 한 사업단위의 활동이 다른 사업단위의 활동과 완전한 조화를 이루지 못한다. 가령 판매사업부 경영자의 공격적 판매정책은 생산스케줄링을 비효과적인 것으로 만들어 오히려 기업 전체 이익이 저하될 수도 있다. 기업의 보상계획과 기업의 전략적 목표가 조화를 이루는 건 아무리 강조해도 지나치지 않다. 보통 한 이익중심점에서 벌어들인 이익의 크기는 해당 단위조직에서 사용가능한 자원의 크기와 밀접한 관련이 있다. 가용자원이 많을수록 이익이 커진다. 만약 가용자원이 서로 다른 여러 이익중심점의 업적을 평가할 때 이익의 크기로만 한다면 합리적이지 않다.

(3) 투자중심점

투자중심점(investment center)은 중심점에서 벌어들인 이익과 중심점에 투자된 총 자산간의 관계에 대해 책임을 진다. 보통 투자중심점의 경영자는 투자된 자원 ₩1당 벌어들인 이익으로 평가된다. 따라서 가용자원의 크기에 상관없이 성과를 비교할 수 있다. 투자중심점은 다른 유형의 책임중심점보다 권한이 가장 많이 위양되고 규모가 큰 책임중심점이다. 물론 전체조직도 투자중심점이다.

제15장에서는 원가중심점의 통제와 업적평가에 대해, **제16장**과 **제17장**에서는 이익중심점과 투자중심점의 통제와 업적평가에 대해 각각 설명할 것이다.

제2절 표준원가제도

예산편성은 일련의 공식계획에서 조직 각 부분의 기대결과를 표현하여 조직운영을 계획, 통제하는 제도이다. 정기적으로 실제결과를 누적하여 예산자료와 대비시킴으로써 조직의 각 부분이 조직목표를 얼마나 잘 달성하였는지 결정한다. 표준원가제도는 보다 시기적절하고 상세한 업적측정 및 원가통제를 위한 틀을 제공하는 또 하나의 경영통제제도이다. 표준원가는 심사숙고하여 미리 결정된 원가이다. 표준원가는 제품 생산이나 서비스 제공에서 발생되리라고 경영층이 기대하는 원가이다. 표준(standard)이란 용어는 일상생활에서도 사용된다. 가령 대학원에 입학허가를 내주는 표준은 학부성적누계 3.5 이상이며, 골프에서 파(par: 홀마다 정해져 있는 기본타수)는 표준의 또 다른 예이다. 이 절에서는 표준원가의 개념을 간략히 소개하고 표준원가제도가 어떻게 운영되는지를 설명한다.

1 표준원가

표준원가(standard costs)는 제품을 생산하거나 서비스를 제공하는 데 소요되는 자원의 미리 설정된 원가이다. 표준원가는 비제조활동에도 적용될 수 있지만 보통 제조활동과 관련해서 사용된다. 개별원가계산제도와 종합원가계산제도 모두 표준원가제도와 병행해서 사용될 수 있다.

기업에서 표준원가제도를 사용하는 주요 이유로는 원가통제, 가격결정, 업적평가, 원가의식고취 그리고 목표관리 등을 들 수 있다.

(1) 원가통제

원가통제는 원가를 관련효익에 견주어 식별하여 발생된 원가를 정당화시키는 것을 의미한다. 표준원가는 원가통제를 위한 유용한 틀을 제공한다. 산출물 한 단위의 원가는 표준을 설정하는 데 사용된다. 이때 표준은 몇 단위를 실제로 생산하든 생산된 단위를 제조하는 원가를 평가하는 데 사용될 수 있다. 실제원가는 필요에 따라서 월별, 주별, 일별 또는 단일작업조별로 표준원가와 비교될 수 있다. 시기적절한 업적보고를 접해서 경영자들은 문제가 발생되면 즉시 그 문제를 수정할 수 있는 행동을 취할 수 있다. 경영층을 경계시키는 표준원가가 없다면 기업은 상당한 손실을 감수한 후에야 높은 원가를 감지할 수 있게 된다.

(2) 가격결정

기업들은 제품원가에 이익마진까지 회수할 수 있는 가격을 설정한다. 비영리조직인 경우에도 규제지침 내에서 제품이나 서비스의 가격을 공정하게 내릴 수 있는 정확한 원가정보를 가지는 것이 필요하다. 실제원가는 제품이나 서비스를 생산하는 데 소요된 원가를 정확하게 반영하지만 가격결정에 있어서 항상 일관성 있고 시기적절한 정보를 제공해 주는 것은 아니다. 실제원가는 회계기간을 통해서 일관성이 결여될 수도 있다. 실제시장에서 기대치 않은 원자재가격파동 등은 실제원가가 장기적 원가기대를 반영시키는 능력을 손상시킨다.

표준원가는 실제원가에서의 이러한 변동을 제거하므로 일관성 있는 측정치를 제공한다. 기업조직은 일관되게 제품가격을 설정하고 가격변동을 수반하는 부정적인 시장결과를 제거함으로써 경쟁적 우위를 모색할 수 있다. 기업은 제품가격결정을 위해 회계기간 말까지 기다릴 수 없으므로 경쟁적 시장에서 운영되는 기업에겐 제품이나 서비스가격결정을 함에 있어 일관성 있고 시기적절한 원가정보를 창출하는 것은 매우 중요하다. 표준원가는 이러한 시기적절한 정보를 제공한다. 또한 표준원가는 기업이 변화하는 시장여건에 대응할 때 가격결정의 재무적 함의를 평가할 능력을 제공한다.

(3) 업적평가

표준이 업적평가를 위해 설정될 때 표준은 평가받는 모든 조직구성원에 균등하게 제공되어질 수 있는 측정치를 제공한다. 가령 제품 한 단위를 생산하는 데 소요되는 표준 직접작업시간은 제품을 생산하는 작업자들이 표준을 얼마나 가깝게 성취하는지에 대해 평가받을 수 있으며 구매담당자는 원자재 실제구입가격이 표준에 얼마나 가까운가로 평가받을 수 있다. 조직구성원의 업적평가는 많은 변수가 관계되어진다. 어떤 변수는 주관적이며 그렇기 때문에 적용시키기가 곤란하거나 부적절하다. 자주 표준은 업적평가의 몇몇 안 되는 객관적인 수단 가운데 하나를 제공한다. 만약 달성가능한 표준이 작동을 잘 한다면, 평가받는 조직구성원들은 표준과 표준이 그들의 평가 및 보상제도에서 어떻게 사용되어지는지를 명확하게 이해해야 한다.

(4) 원가의식

많은 경영자들은 생산량증가, 제품품질제고, 또는 결석률감소 등과 같은 사안에 주로 관심이 있다. 이들은 중요한 목표이며 각각 분명하게 보이지는 않지만 원가에 구체적 영향을 가져다 준다. 원가를 의식할 줄 모르는 경영자들은 자주 원가를 기업의사결정 및 활동에 연계시키는 데 실패한다. 표준원가업적보고서는 경영자들에게 이런 활동이 원가에 미치는 바를 알려준다. 조직구성원들이 원가의식을 가질 때 그들은 원가를 효과적으로 통제하려는 노력을 보일 것이다.

(5) 목표관리

단순하지만 강력한 기업개념인 목표관리(management by objectives)는 구체적 목표가 각 사업활동별로 설정되고 그러한 활동에 대해 책임지는 경영자들이 목표를 달성하기 위해 업무를 수행함을 의미한다. 활동이 허용할 수 있는 업적수준 안에 있다면 정규적 감독 이외 특별한 관리활동이 필요없다. 그러나 업적이 허용할 수 있는 수준으로부터 크게 벗어난 경우에는 경영자들은 적절한 조치를 취해서 문제를 교정하려 한다. 표준원가제도는 표준과 실제성과 간의 차이를 식별하여 보고하는, 신속한 참고사항을 제공하기 때문에 목표관리를 용이하게 한다.

2 표준의 유형

표준은 이상적 또는 이론적 표준, 기본표준, 그리고 현재 달성가능한 또는 실제표준 등 세 유형으로 분류될 수 있다.

(1) 이상적 표준

완벽한 운영상황에서만 달성되어질 수 있는 표준을 이상적 표준(ideal standards)이라 한다. 이상적 표준은 여유시간, 재고부족, 고장, 그리고 오류 등이 발생되지 않는 완벽한 상황이 나타나야 달성할 수 있다. 그러한 표준은 이론적 표준

(theoretical standards) 또는 공학적 표준(engineering standards)이라 불린다. 이론적 표준을 충족시키는 상황은 극히 드물지만 이러한 표준은 최적 성과측정치로서는 유용하다. 이상적 표준은 현실적 성과측정치를 설정하는 데 기초로서 활용된다.

(2) 기본표준

기본표준은 수년간에 걸친 성과를 비교하는 틀을 제공한다. 기본표준은 한 번 설정되면 수년간 변경되지 않기 때문에 장기표준으로 불리기도 한다. 기본표준은 성과의 추세를 결정하는 데 유용하다. 가격이 신속하게 변동하고 기술혁신으로 인해 생산방법이 자주 변화하는 상황에서는 기본표준은 유용하지 않다.

(3) 현재 달성가능한 표준

가장 널리 사용되는 표준은 현재 달성가능한 표준(currently attainable standards)이다. 현재 달성가능한 표준은 현재 운영환경에서 효율적 생산의 벤치마크를 의미한다. 현재 달성가능한 표준은 정기유지보수를 위한 가동정지, 조직구성원의 오류, 또는 가끔씩 나타나는 재고부족 등 의례적으로 생기는 생산활동에서의 문제를 고려해서 설정된다. 그러한 표준은 실현가능하고 조직구성원들에 의해 수용되어지기 때문에 바람직한 성과를 나타낸다. 조직구성원들이 표준을 달성가능하고 현실적인 것으로 받아들일 때 그 표준은 가장 잘 적용된다.

제3절 차이분석

차이분석(variance analysis)은 실제원가와 표준원가를 비교하여 차이를 식별하고 각 차이의 원인을 해석하는 체계적 프로세스이다. 원가차이는 유리한 차이와 불리한 차이로 나누어지는데 실제원가가 표준원가보다 크면 불리한 차이(unfavorable variance)라 하고, 반대로 실제원가가 표준원가보다 작으면 유리한 차이(favorable variance)라 한다. '유리' 또는 '불리'의 의미는 실제원가와 표준원가와의 차이가 이익에 미치는 영향을 말한다. 예를 들어 실제원가(₩1,200)가 표준원가(₩1,000)보다 더 크면 불리한 차이(₩200)라 하는데 이는 표준원가로 산정된 원가를 실제원가로 수정하면 원가가 증가하여 이익이 감소한다는 의미이다. 차이분석은 제품원가 3요소 각각에 대해 계산할 수 있다. 이하에서는 제품원가 요소별로 차이분석하는 것에 대해 설명하고자 한다.

1 재료비와 노무비 차이분석

차이분석의 첫번째 절차는 실제원가와 표준원가간의 차이가 얼마인지를 계산하는 것이다. 차이는 가능하면 빨리 계산 보고되어져야 한다.

자료1

태진사는 한 제품을 생산판매하고 있는데 단위당 표준원가는 다음과 같다.

A제품 표준원가표-태진사

직집재료비	원제료 20파운드	@₩5		₩100
직접노무비	2시간	@₩12		24
제조간접비:				
변동제조간접비	2시간	@₩11	₩22	
고정제조간접비	2시간	@₩10	20	42
단위당 표준원가				₩166

이 자료에서 단위당 표준원가는 ₩166이다. 고정제조간접비 표준배부율 ₩10은 연고정제조간접비예산 ₩3,000,000을 연기준조업도 300,000시간으로 나눈 것이다. 연기준조업도 300,000시간은 연생산량 150,000단위에 해당되므로 월기준조업도는 12,500단위이다. 또한 월고정제조간접비예산은 ₩250,000(₩3,000,000÷12)이다.

태진사의 9월 한 달간 실제생산량은 10,000단위이었다. 원재료는 240,000파운드를 파운드당 ₩5.1에 구입해서 210,000파운드를 생산에 투입하였다. 기초재고자산은 없었으며 기말재공품재고도 없다. 직접노무비는 22,000시간에 시간당임률은 ₩12.5으로 ₩275,000이 발생되었다. 변동제조간접비와 고정제조간접비발생액은 각각 ₩255,000과₩265,000이었다.

(1) 재료비 차이분석

재료비 차이는 **재료비 가격차이**(materials price variance)와 **재료비 수량차이**(materials quantity variance)로 세분된다. 차이는 가능한 한 빨리 보고되는 것이 유용성을 크게 하므로 보통 재료비 가격차이는 원재료의 구매시점에서 인식된다. 재료비 수량차이는 재료비 사용차이(materials usage variance)라고도 하는데 원재료 투입시점에서 인식된다.

재료비 가격차이 = 실제구입량 × 실제가격 − 실제구입량 × 표준가격
= 실제구입량 × (실제가격 − 표준가격)
재료비 수량차이 = 실제투입량 × 표준가격 − 표준소요량 × 표준가격
= (실제투입량 − 표준소요량) × 표준가격

여기서 표준소요량이란 실제생산량에 허용된 표준수량을 말한다. 위 예제에서 실제생산량은 10,000단위이고 1단위당 표준재료는 20파운드이므로 10,000단위에 허용된 표준수량은 200,000파운드이다.

태진사의 자료를 이용하여 재료비 가격차이와 재료비 수량차이를 계산하면 각각 ₩24,000(불)과 ₩50,000(불)이다.

재료비 가격차이 = 240,000파운드 × (₩5.1 − ₩5.0) = ₩24,000(불)
재료비 수량차이 = (210,000파운드 − 200,000파운드) × ₩5.0 = ₩50,000(불)

차이는 앞에서 설명한 바와 같이 유리한 차이와 불리한 차이가 있다. 이 경우에는 재료비 가격차이와 재료비 수량차이가 모두 불리한 차이로 나타났다. 유리한 차이인 경우에는 차이금액 끝에 (유) 또는 (F)로 표시하고, 불리한 차이는 (불) 또는 (U)로 표시한다. 여기서 F는 favorable을, U는 unfavorable을 의미한다.

위의 차이분석은 다음과 같은 모형을 이용하여 풀이하기도 한다.

$AQ \times AP$	$AQ \times SP$	$SQ \times SP$
240,000 × 5.1 = 1,224,000	240,000 × 5 = 1,200,000	
가격차이 24,000(불)		
	210,000 × 5 = 1,050,000	10,000 × 20 × 5 = 1,000,000
	수량차이 50,000(불)	

AQ(actual quantity) : 실제투입량, *AP*(actual price) : 실제가격
SQ(standard quantity) : 표준소요량, *SP*(standard price) : 표준가격

보통 구매담당자가 재료비 가격차이에 대해 책임을 지며 생산담당자는 재료비

수량차이에 대해 책임을 진다. 그러나 실제책임을 결정하는 일은 세심한 주의를 요한다. 가령 구매담당자가 유리한 차이를 얻기 위해서 질이 떨어지는 원재료를 구입하면 수량차이는 불리하게 나타날 가능성이 커진다. 불리한 차이가 반드시 나쁜 것이고 유리한 차이가 반드시 좋은 것은 아니다. 차이에 대한 평가는 조직 구성원의 행동이 조직전체의 경쟁상황에 미친 역할을 고려해서 내려져야 한다.

(2) 노무비 차이분석

노무비 차이도 재료비 차이와 거의 비슷하게 계산된다. 노무비 차이는 **노무비 임률차이**(labor rate variance)와 **노무비 효율차이**(labor efficiency variance)로 세분되는데 이 두 차이는 노동투입시점에서 동시에 인식된다.

노무비 임률차이 = 실제투입시간 × 실제임률 − 실제투입시간 × 표준임률
= 실제투입시간 × (실제임률 − 표준임률)
노무비 효율차이 = 실제투입시간 × 표준임률 − 표준소요시간 × 표준임률
= (실제투입시간 − 표준소요시간) × 표준임률

앞의 태진사 자료를 이용하여 노무비 임률차이와 노무비 효율차이를 계산하면 각각 ₩11,000(불)과 ₩24,000(불)이다.

노무비 임률차이 = 22,000시간 × (₩12.5 − ₩12.0) = ₩11,000(불)
노무비 효율차이 = (22,000시간 − 20,000시간) × ₩12 = ₩24,000(불)

위의 차이분석은 다음과 같은 모형을 이용하여 풀이하기도 한다.

$AQ \times AP$	$AQ \times SP$	$SQ \times SP$
22,000 × 12.5 = 275,000	22,000 × 12 = 264,000	10,000 × 2 × 12 = 240,000
임률차이 11,000(불)		효율차이 24,000(불)

태진사가 제품 10,000단위를 생산하는 데 표준소요시간은 20,000시간(10,000단위×2시간)이다. 각기 실제원가가 표준원가보다 크므로 노무비 임률차이와 노무비 효율차이는 불리한 차이이다. 인적자원부서나 생산감독자가 모두 조직내 제조인력을 효과적으로 할당하는 책임을 지니고 있다. 생산감독자는 제조인력감독의 소홀로 인해 나타나는 노무비 효율차이에 대해 책임을 지나 노무비 임률차이

는 보통 생산감독자의 통제범위를 벗어난다.

2 변동예산

제12장 종합예산에서 예산은 운영활동의 단일 기대수준에 대한 계획을 수립하는데 경영자에게 도움을 준다. 그러나 경영자들이 계획을 수립할 때 정확하게 활동수준을 예측하기란 거의 불가능하다. 그러므로 경영자로 하여금 활동의 일정한 범위에 대한 계획수립을 가능케 하는 변동예산을 수립하는 것은 유용하다. 변동예산은 또한 제조간접비차이분석에 유용하다.

고정예산(static budget 또는 fixed budget)은 활동의 단일 수준에 대해 편성된다. **제12장**에 나타난 종합예산과 그 구성부분은 모두 고정예산이다. 그런데 구체적인 경제상황에 따라 실제활동은 예산상의 활동수준과 크게 차이나는 경우도 발생한다. 그러한 경우 실제업적을 고정예산과 비교하여 평가한다면 불합리하다. 변동예산(flexible budgets 또는 dynamic budgets)은 다수의 활동수준에 대해 편성된다. 따라서 차이분석에 있어서 변동예산은 실제활동수준에서 발생되어야 하는 원가가 얼마인지를 결정하는 데 사용될 수 있다.

자료2

태진사는 동일한 예산으로 평가받을 수 있는 두 개의 부서A와 B를 지니고 있다. 각 부서의 단위당 직접재료비, 직접노무비, 변동제조간접비의 표준원가는 각각 ₩1이고 고정제조간접비예산은 ₩100이다. 각 부서는 각기 100단위를 생산하는 것으로 예상하고 있다. 그런데 부서A는 90단위를 생산하였고 부서B는 120단위를 생산하였다. 이때 각 부서별 제조원가에 대한 고정예산과 발생된 제조원가는 다음과 같다.

항 목	고정예산 (100단위)	부서A 실제원가 (90단위)	부서B 실제원가 (120단위)
직접재료비(단위당 ₩1)	₩100	₩97	₩115
직접노무비(단위당 ₩1)	100	95	118
변동제조간접비(단위당 ₩1)	100	98	117
고정제조간접비	100	100	100
총 계	₩400	₩390	₩450

위에서 고정예산 ₩400은 100단위수준에서 설정된 예산이다. 고정예산에 견줘 두 부서의 업적을 평가하면 부서A는 ₩10의 유리한 차이를 보이고 있지만 부서B는 ₩50의 불리한 차이를 보인다. 부서A는 실제로 90단위를 생산하였고 부서B는 실제로 120단위를 생산하여서 단위수준이 서로 다르기 때문에 고정예산에 견주어 업적평가를 하는 것은 비합리적이다. 따라서 아래 표에서와 같이 실제생산량에 맞추어 변동예산을 편성하고 이에 따라 업적평가를 함이 바람직하다.

항 목	부서A(90단위)			부서B(120단위)		
	변동예산	실제원가	차 이	변동예산	실제원가	차 이
직접재료비(@₩1)	₩90	₩97	₩7(불)	₩120	₩115	₩5(유)
직접노무비(@₩1)	90	95	5(불)	120	118	2(유)
변동제조간접비(@₩1)	90	98	8(불)	120	117	3(유)
고정제조간접비	100	10	–	100	100	–
총 계	₩370	₩390	₩20(불)	₩460	₩450	₩10(유)

각 부서의 실제생산량에 맞추어 변동예산을 편성하면 90단위를 생산한 부서A의 변동예산은 ₩370이으로 ₩20의 불리한 차이가 나타났다. 반대로 120단위를 생산한 부서B의 변동예산은 ₩460으로 ₩10의 유리한 차이가 나타난다. 이렇게 변동예산은 선정된 활동수준에서 원가행태자료를 활용하여 예산이 편성된다. 즉 변동원가에 대한 예산은 물량단위가 늘어남에 따라 비례적으로 증가하는 데 반해 고정원가에 대한 예산은 증가하지 않는다. 또한 선정된 활동수준은 관련범위 내에 있는 것으로 간주된다. 사실 위의 재료비와 노무비 차이계산에서 표준소요량×표준가격이나 표준소요시간×표준임률은 실제생산량에 맞춰 짜여진 변동예산이다.

3 제조간접비 차이분석

제조간접비 차이분석의 목적도 다른 항목의 차이분석의 목적과 같다. 즉 실제원가가 표준원가로부터 얼마나 차이가 나고 왜 차이가 발생했는지를 결정하는 것이다. 단지 제조간접비 차이분석은 재료비나 노무비 차이분석에 비해 복잡하다. 왜냐하면 재료비나 노무비는 직접원가이고 변동원가인데 반해 제조간접비는 간접원가이고 변동원가와 고정원가를 모두 지닌 준변동원가이기 때문이다.

제조간접비차이는 실제제조간접비와 제조간접비표준배부액간의 차이이다.

실제제조간접비는 실제발생액으로 제조간접비계정에 차기되며 제조간접비표준배부액은 재공품계정에 차기됨과 동시에 제조간접비계정에 대기되는 금액이다.

제조간접비	
제조간접비 실제발생액	제조간접비 표준배부액

재 공 품	
×××	
제조간접비 표준배부액	

제조간접비차이 = 제조간접비 실제발생액 − 제조간접비 표준배부액

따라서 제조간접비계정의 차변잔액과 대변잔액을 비교하면 제조간접비차이를 산정할 수 있다. 앞의 태진사 자료에서 태진사의 9월 한 달간 제조간접비실제발생액은 ₩520,000이며 제조간접비표준배부액은 ₩420,000이다.

제조간접비표준배부액 = 실제생산량 × 단위당표준소요시간 × 제조간접비표준배부율
= 10,000단위 × 2시간/단위 × ₩21/시간 = ₩420,000

앞의 태진사 자료에서 제조간접비차이는 ₩100,000(불)이다. 그런데 경영자들은 제조간접비차이에 대해 보다 상세한 정보와 차이의 발생원인을 알고 싶어한다.

(1) 이 분 법

제조간접비차이분석 이분법에서는 제조간접비차이를 **제조간접비 변동예산차이**(manufacturing overhead flexible budget variance)와 **제조간접비 조업도차이**(manufacturing overhead volume variance)로 세분한다.

제조간접비 변동예산차이 = 제조간접비실제발생액 − 제조간접비변동예산
제조간접비 조업도차이 = 제조간접비변동예산 − 제조간접비표준배부액

앞의 태진사 자료에서 태진사의 9월 한 달간 제조간접비 실제발생액과 제조간접비표준배부액은 각각 ₩520,000과 ₩420,000이었다. 따라서 제조간접비변동예산을 산출하면 제조간접비변동예산차이와 제조간접비조업도차이를 산출할 수 있다.

제조간접비변동예산
= 고정제조간접비예산 + 실제생산량 × 단위당표준소요시간 × 변동제조간접비표준배부율
= ₩250,000 + 10,000단위 × 2시간/단위 × ₩11/시간
= ₩250,000 + ₩220,000 = ₩470,000

그러므로 제조간접비변동예산차이와 제조간접비조업도차이는 각각 ₩50,000(불)과 ₩50,000(불)이다.

제조간접비변동예산차이 = 제조간접비실제발생액 − 제조간접비변동예산
= ₩520,000 − ₩470,000 = ₩50,000(불)
제조간접비조업도차이 = 제조간접비변동예산 − 제조간접비표준배부액
= ₩470,000 − ₩420,000 = ₩50,000(불)

제조간접비변동예산차이는 실제발생액이 변동예산보다 크므로 불리한 차이이다. 제조간접비조업도차이는 다음과 같이 표현될 수 있다.

제조간접비조업도차이
= 제조간접비변동예산 − 제조간접비표준배부액
= (고정제조간접비예산 + 실제생산량 × 단위당표준소요시간 × 변동제조간접비표준배부율) − (실제생산량 × 단위당표순소요시간 × 세조간접비표준배부율)
= 고정제조간접비예산 − 실제생산량 × 단위당표준소요시간 × 고정제조간접비표준배부율
= (기준조업도 × 단위당표준소요시간 × 고정제조간접비표준배부율)
− (실제생산량 × 단위당표준소요시간 × 고정제조간접비표준배부율)
= (기준조업도 − 실제생산량) × (단위당표준소요시간 × 고정제조간접비표준배부율)
= (12,500단위 − 10,000단위) × (2시간/단위 × ₩10/시간)
= ₩50,000(불)

제조간접비조업도차이는 변동제조간접비와는 무관하다. 즉 고정제조간접비와 관련이 있다. 여기에서와 같이 실제생산량이 기준조업도에 미치지 못하면 제조간접비조업도차이는 불리한 차이로 나타나고 반대로 실제생산량이 기준조업도 이상이면 유리한 차이로 나타난다. 고정제조간접비예산으로 기준조업도만큼 생산할 수 있는데 실제생산량이 그 이하로 떨어지면 고정제조간접비예산은 그대로 발생하니까 계획보다 단위당고정제조간접비가 올라간다는 이유에서 불리한 차이가 된다. 반대로 실제생산량이 기준조업도를 상회하면 단위당고정제조간접비는 내려가기 때문에 유리한 차이가 된다.

제조간접비변동예산 ₩470,000은 월실제생산량이 10,000단위인 수준에서 효율적 효과적으로 운영되었으면 달성되어질 수 있는 제조간접비예산을 의미한다. 그런데 실제발생액은 ₩520,000으로 이보다 크게 나타나 ₩50,000의 불리한 차이를 보이고 있다. 따라서 전체 불리한 차이 ₩100,000중 변동예산차이

₩50,000(불)은 제조간접비발생과 관련해서 월실제생산량 10,000단위수준에서 비효과적 비효율적이었음을 나타내준다. 그리고 전체 불리한 차이 ₩100,000중 나머지 조업도차이 ₩50,000(불)은 실제생산량이 기준조업도에 미치지 못함으로 나타난 차이이다. 이상에서 설명한 제조간접비차이분석 이분법을 도표로 요약하면 다음과 같다.

실 제	변동예산	표준배부
255,000 + 265,000	250,000 + 10,000 × 2 × 11	10,000 × 2 × 21
= 520,000	= 470,000	= 420,000
	변동예산차이 50,000(불)	조업도차이 50,000(불)

(2) 삼 분 법

제조간접비차이분석 삼분법에서는 제조간접비차이분석 이분법에서 나타난 제조간접비 변동예산차이를 다시 제조간접비 소비차이(manufacturing overhead spending variance)와 제조간접비 능률차이(manufacturing overhead efficiency variance)로 세분하여 제조간접비차이를 소비차이, 능률차이, 그리고 조업도차이 셋으로 분류한다.

제조간접비 소비차이 = 제조간접비실제발생액 − 제조간접비변동예산(실제투입시간)
제조간접비 능률차이 = 제조간접비변동예산(실제투입시간) − 제조간접비변동예산
제조간접비 조업도차이 = 제조간접비변동예산 − 제조간접비표준배부액

앞의 태진사 자료를 이용하여 제조간접비변동예산(실제투입시간)과 제조간접비변동예산을 계산하면 각각 ₩492,000과 ₩470,000이다.

제조간접비변동예산(실제투입시간)
= 고정제조간접비예산 + 실제생산량에 대한 실제투입시간 × 변동제조간접비표준배부율
= ₩250,000 + 22,000시간 × ₩11/시간
= ₩250,000 + ₩242,000 = ₩492,000

제조간접비변동예산(표준소요시간)
= 고정제조간접비예산 + 실제생산량에 대한 표준소요시간(= 실제생산량 × 단위당표준소요시간) × 변동제조간접비표준배부율
= ₩250,000 + 20,000시간(= 10,000단위 × 2시간/단위) × ₩11/시간
= ₩250,000 + ₩220,000 = ₩470,000

즉 둘다 변동예산이기 때문에 고정제조간접비예산은 같다. 단지 변동제조간접비에서 차이를 보이는데 제조간접비변동예산(실제투입시간)에서는 실제생산량에 대한 실제투입시간, 22,000시간을 변동제조간접비 표준배부율에 적용하는 데 반해, 제조간접비변동예산에선 실제생산량에 대한 표준소요시간, 20,000시간을 적용하는 점에 차이가 있다. 제조간접비변동예산은 이분법에서 제조간접비차이를 변동예산차이와 조업도차이로 세분할 때 이미 사용한 개념이다. 따라서 앞의 태진사 자료를 이용하여 삼분법에 의해 차이를 계산하면 다음과 같다.

제조간접비 소비차이 = 제조간접비실제발생액 − 제조간접비변동예산(실제투입시간)
= ₩520,000 − ₩492,000 = ₩28,000(불)
제조간접비 능률차이 = 제조간접비변동예산(실제투입시간) − 제조간접비변동예산
= ₩492,000 − ₩470,000 = ₩22,000(불)
제주간접비 조업도차이 = 제조간접비변동예산 − 제조간접비표준배부액
= ₩470,000 − ₩420,000 = ₩50,000(불)

제조간접비 소비차이[₩28,000(불)]와 제조간접비 능률차이[₩22,000(불)]를 합치면 이분법에서의 제조간접비 변동예산차이[₩50,000(불)]와 같아진다. 제조간접비 소비차이는 실제생산량에 대한 실제투입시간에 비춰 제조간접비를 얼마만큼 발생시켜야 했는지를 반영시킨다. 즉 실제생산량에 대한 실제투입시간(22,000시간)을 사용하여 제조간접비변동예산을 산출해 보면 ₩492,000인데 실제발생액은 이를 ₩28,000상회하는 ₩520,000이다. 이는 변동제조간접비부분은 실제로 투입된 작업시간(제조간접비배부기준)에 영향을 받는다는 생각에 바탕을 두고 있다.

제조간접비 능률차이는 표준허용시간과 실제투입시간이 차이가 남으로써 발생된다. 이는 고정제조간접비와는 무관하며 변동제조간접비와 관련된다. 제조간접비 능률차이는 다음과 같이 표현될 수 있다.

제조간접비 능률차이
= 제조간접비변동예산(실제투입시간) − 제조간접비변동예산
= (고정제조간접비예산 + 실제생산량에 대한 실제투입시간 × 변동제조간접비표준배부율) − (고정제조간접비예산 + 실제생산량에 대한 표준소요시간 × 변동제조간접비표준배부율)
= (실제생산량에 대한 실제투입시간 − 실제생산량에 대한 표준소요시간) × 변동제조간접비 표준배부율
= (22,000시간 − 20,000시간) × ₩11/시간 = ₩22,000(불)

표준소요시간(10,000단위×2시간/단위)보다 실제투입시간 22,000시간이 크므로 제조간접비 능률차이는 불리한 차이이다. 이상에서 설명한 제조간접비차이분석 삼분법을 도표로 요약하면 다음과 같다.

	실 제	변동예산(투입기준)	변동예산(산출기준)	표준배부
변동	255,000	22,000×11=242,000	10,000×2×11=220,000	10,000×2×11=220,000
고정	265,000	250,000	250,000	10,000×2×10=200,000
	520,000	492,000	470,000	420,000
	소비차이 28,000(불)		능률차이 22,000(불)	조업도차이 50,000(불)

(3) 사 분 법

제조간접비차이분석 사분법에서는 변동제조간접비에 대해서 변동제조간접비 소비차이(variable overhead spending variance)와 변동제조간접비 능률차이(variable overhead efficiency variance)를 분석하고, 고정제조간접비에 대해서 고정제조간접비 변동예산차이(fixed overhead flexible budget variance)와 조업도차이(fixed overhead volume variance)를 분석한다. 삼분법에서는 소비차이가 하나로 묶여 있었으나 사분법에서는 변동제조간접비 소비차이와 고정제조간접비 소비차이로 구분하여 분석한다. 실무적으로 만약 실제발생한 제조간접비를 변동제조간접비와 고정제조간접비로 구분할 수 없는 상황이라면 삼분법만 적용할 수 있고, 구분이 가능하다면 사분법을 적용할 수 있다.

삼분법에서의 변동제조간접비는 변동제조간접비 소비차이와 변동제조간접비 능률차이로 나타낼 수 있다.

변동제조간접비 소비차이
= 변동제조간접비실제발생액 − 실제생산량에 대한 실제투입시간 × 변동제조간접비표준배부율
= ₩255,000 − 22,000시간 × ₩11/시간
= ₩255,000 − ₩242,000 = ₩13,000(불)

변동제조간접비 능률차이
= 실제생산량에 대한 실제투입시간 × 변동제조간접비표준배부율 − 실제생산량에 대한 표준소요시간 × 변동제조간접비표준배부율
= 22,000시간 × ₩11/시간 − 10,000단위 × 2시간/단위 × ₩11/시간
= ₩242,000 − ₩220,000 = ₩22,000(불)

또한 고정제조간접비는 고정제조간접비 변동예산차이와 고정제조간접비 조업도차이로 나타낼 수 있다.

고정제조간접비 변동예산차이 = 고정제조간접비실제발생액 − 고정제조간접비예산
= ₩265,000 − ₩250,000 = ₩15,000(불)
고정제조간접비 조업도차이 = 고정제조간접비예산 − 고정제조간접비표준배부액
= ₩250,000 − (10,000단위 × 2시간/단위 × ₩10/시간)
= ₩250,000 − ₩200,000 = ₩50,000(불)
또는 고정제조간접비 조업도차이 = (기준조업도 − 실제생산량) × (단위당표준소요시간 × 고정제조간접비배부율)
= (12,500단위 − 10,000단위) × (2시간/단위 × ₩10/시간)
= ₩50,000(불)

이상에서 설명한 제조간접비차이분석 사분법을 요약하면 다음과 같다.

	실 제	변동예산(투입기준)	변동예산(산출기준)	표준배부
변동	255,000	22,000×11=242,000	10,000×2×11=220,000	10,000×2×11=220,000
	소비차이 13,000(불)		능률차이 22,000(불)	조업도차이 없음
고정	265,000	250,000	250,000	10,000×2×10=200,000
	소비차이 15,000(불)		능률차이 없음	조업도차이 50,000(불)

제조간접비 차이분석 방법을 정리하면 아래 표와 같다. 변동제조간접비에는 조업도차이가 없고, 고정제조간접비에는 능률차이가 없다.

제조간접비 차이분석 방법

4분법	변동제조간접비	소비차이	능률차이	
	고정제조간접비	소비차이		조업도차이
3분법	제조간접비	소비차이	능률차이	조업도차이
2분법	제조간접비	변동예산차이		조업도차이

제4절 차이안분

안분(proration 또는 disposition)은 정상원가계산에서 제조간접비부족배부액 또는 제조간접비초과배부액을 매출원가와 기말재고자산의 조정전잔액에 비례해서 이들 계정에서 할당조정하는 것을 의미한다. 제조간접비부족(또는 초과)배부액이 중요하면 안분을 하지만 중요하지 않으면 매출원가계정에서 조정하게 된다. 이와 마찬가지로 표준원가계산제도에서도 나타난 차이는 통제목적으로 사용된 다음에는 그 차이금액이 중요하면 매출원가와 기말재고자산의 조정전잔액에 비례해서 이들 계정에서 할당 조정된다. 이를 차이안분(proration of variances)이라 한다. 물론 차이금액이 중요하지 않으면 전액 매출원가계정에서 조정된다.

자료3

앞의 **자료1**에 추가로 태진사는 9월중 생산량의 80%를 단위당 ₩250에 판매하였고 나머지 20%는 기말재고로 남기게 되었다. 동기간에 판매비와 관리비는 모두 ₩500,000이 발생되었다. 또한 참고로 이상에서 계산된 총차이는 ₩209,000(불)이다.

재료비가격차이	₩24,000(불)	재료비수량차이	₩50,000(불)
노무비임률차이	₩11,000(불)	노무비효율차이	₩24,000(불)
제조간접비변동예산차이	₩50,000(불)	제조간접비조업도차이	₩50,000(불)

차이의 안분을 더 정확히 하려면 두 단계로 나누어 안분해야 한다. 제1단계에서는 우선 재료비가격차이를 원재료재고, 재료비수량차이, 재공품, 완제품, 매출원가계정에 할당한다. 그리고 제2단계에서는 그 밖의 차이를 재공품, 완제품, 매출원가계정에 할당한다. 제2단계에서 할당될 재료비수량차이 금액은 원래 차이금액에 제1단계에서의 재료비가격차이의 안분액을 합친 금액이다.

1 제1단계: 재료비 가격차이의 안분

재료비 가격차이는 원재료 구입시점에서 인식된다. 그 후 원재료재고, 재료비수량차이, 재공품, 완제품, 그리고 매출원가는 모두 원재료 실제가격이 아닌 원재료 표준가격에 의해 평가되었기 때문에 재료비 가격차이의 안분은 이들 계정에서 할당 조정되어야 한다. 위의 자료에서 각 해당계정별 원재료함유량 및 원재료 표준원가 그리고 재료비 가격차이 안분액은 다음과 같다.

	원재료함유량	표준원가	비 율	재료비가격차이안분액
원재료	30,000파운드	₩150,000	12.50%	₩3,000
재료비수량차이	10,000	50,000	4.16	1,000
재공품	0	0	0.00	0
완제품	40,000	200,000	16.67	4,000
매출원가	160,000	800,000	66.67	16,000
총 계	240,000파운드	₩1,200,000	100.00%	₩24,000

재료비 가격차이는 불리한 차이었으므로 원래 차변잔액을 지니고 있었다. 차이의 안분절차에 따라 재료비 가격차이계정에 대기되며 대신 안분액만큼 각 해당계정에 차기된다. 각 해당계정에 차기됨으로써 각 해당계정의 잔액은 그만큼 증가하게 된다. 재료비수량차이는 원래 ₩50,000(불)에 할당액 ₩1,000이 가산되어 차후에 모두 ₩51,000(불)이 관련계정에 안분된다.

2 제2단계: 그 밖의 차이의 안분

여기서 그 밖의 차이는 재료비가격차이를 제외한 모든 차이를 말한다. 그 밖의 차이는 재공품, 완제품, 그리고 매출원가계정에 할당된다. 앞의 태진사 자료에 의하면 기말재공품잔액은 없으므로 매출원가와 완제품계정에 할당된다. 생산량의 80%가 판매되었고 나머지 20%는 완제품기말재고로 남아 있기 때문에 그 밖의 차이는 다음과 같이 8 : 2의 비율로 매출원가와 완제품계정에 할당된다.

	단 위	비 율	재료비 수량차이	노무비 임률차이	노무비 효율차이	제조간접비 변동예산차이	제조간접비 조업도차이
재 공 품	0	0	0	0	0	0	0
완 제 품	2,000단위	20%	₩10,200	₩2,200	₩4,800	₩10,000	₩10,000
매출원가	8,000	80	40,800	8,800	19,200	40,000	40,000
계	10,000단위	100%	₩51,000*	₩11,000	₩24,000	₩50,000	₩50,000

* ₩50,000 + ₩1,000

이상에서 설명한 차이안분을 종합하면 다음과 같다.

차이유형	차이금액(불)	원 재 료	수량차이	재 공 품	완 제 품	매출원가
제1단계:						
재료비가격차이	(₩24,000)	₩3,000	₩1,000	0	₩4,000	₩16,000
제2단계:						
재료비수량차이	(50,000)		(1,000)	0	10,200	40,800
노무비임률차이	(11,000)			0	2,200	8,800
노무비효율차이	(24,000)			0	4,800	19,200
OH* 변동예산차이	(50,000)			0	10,000	40,000
OH* 조업도차이	(50,000)			0	10,000	40,000
총 계	(₩209,000)	₩3,000	0	0	₩41,200	₩164,800

* OH는 제조간접비를 의미함.

이때의 분개는 다음과 같다.

(차) 원 재 료	₩3,000	(대) 재료비가격차이	₩24,000
완 제 품	41,200	재료비수량차이	50,000
매출원가	164,800	노무비임률차이	11,000
		노무비효율차이	24,000
		제조간접비변동예산차이	50,000
		제조간접비조업도차이	50,000

(차이의 안분)

만약 기말재공품잔액이 있는 경우에는 물론 기말재공품계정에도 차이의 안분이 적용된다. 이때 조심해야 할 일은 보다 정확한 계산을 위해 재료비차이와 가공비차이(노무비차이와 제조간접비차이)를 분리해야 한다는 것이다. 즉 재료비차이는 각 해당계정의 재료비원가에 비례해서 안분되며 가공비차이는 각 해당계정의 가공비원가에 비례해서 안분해야 한다.

마지막으로 앞의 태진사 자료에서 차이를 안분하는 경우와 차이를 전액 매출원가에서 조정하는 경우의 손익계산서를 비교해 보기로 하자.

표 15-1에 나타난 바와 같이 불리한 차이가 나타난 경우 차이 전액을 매출원가에서 조정하는 경우에는 안분하는 경우보다 매출원가가 ₩44,200(₩209,000－₩164,800)만큼 늘어나 순이익이 ₩44,200[₩7,200－(－₩37,000)]만큼 감소하게 된다.

표 15-1 비교손익계산서: 차이안분이 영업이익에 미치는 효과

	차이를 모두 매출원가에서 조정하는 경우		차이를 안분하는 경우	
매　　출		₩2,000,000		₩2,000,000
매출원가:				
조정전매출원가	₩1,328,000		₩1,328,000	
매출원가계정조정액	209,000	1,537,000	164,800	1,492,800
매출총이익		₩463,000		₩507,200
판매비와 관리비		500,000		500,000
영업이익		(₩37,000)		₩7,200

3 한국채택국제회계기준

한국채택국제회계기준(K-IFRS)에서는 표준원가에 의하여 재고자산을 평가한 결과가 실제 원가와 유사한 경우에 표준원가를 사용할 수 있도록 규정하고 있다. 따라서 표준원가와 실제원가가 유사한 경우 앞에서 설명한 것과 같은 표준원가와 실제원가의 원가차이를 조정하기 위한 절차(원가차이의 안분)는 필요하지 않다. 다만 K-IFRS에는 '유사한 경우'의 판단 기준이 제시되어 있지 않으며 유사한 경우의 원가차이를 어떻게 처리할지, 유사하지 않은 경우의 원가차이를 어떻게 조정할 지에 대한 규정도 제시되어 있지 않다. 따라서 실무적으로는 기업이 표준원가와 실제원가가 유사하다고 판단하는 경우 표준원가로 외부공시용 재무제표에 보고할 수 있고, 유사하지 않다고 판단하는 경우에는 앞에서 설명한 것과 같이 표준원가와 실제원가의 원가차이를 조정한 후 외부공시용 재무제표에 보고해야 할 것이다.

▶ 참고 : K-IFRS 제1002호 재고자산 문단 21

21 표준원가법이나 소매재고법 등의 원가측정방법은 그러한 방법으로 평가한 결과가 실제 원가와 유사한 경우에 편의상 사용할 수 있다. 표준원가는 정상적인 재료원가, 소모품원가, 노무원가 및 효율성과 생산능력 활용도를 반영한다. 표준원가는 정기적으로 검토하여야 하며 필요한 경우 현재 상황에 맞게 조정하여야 한다.

제5절 배합차이와 수율차이

지금까지 우리는 원재료나 노동력 등 생산투입이 한 종류인 경우에 대한 차이분석을 알아보았다. 여기서는 서로 상호 대체가 가능한 두 종류 이상의 생산투입으로 단일 제품을 생산하는 상황에서의 차이분석에 대하여 기술하고자 한다. 가령 화학물질, 석유제품, 가공식품 등 수많은 제품의 생산공정에서는 하나가 아닌 여러 종류의 투입물이 배합되어 제품이 완성된다. 또한 노동력투입의 경우에도 숙련정도가 한 종류 이상의 노동력이 투입되어 제품을 생산하는 것이 보통이다. 우선 재료비에 대한 차이분석을 알아본 후 노무비차이분석에 대해 기술하기로 하자.

1 재료비 배합차이와 재료비 수율차이

여러 종류 재료의 배합활동을 얼마나 효율적으로 수행하였는지를 결정하기 위해서 **재료비 배합차이**(materials mix variance)와 **재료비 수율차이**(materials yield variance)가 계산된다.

자료4

태진사는 두 종류의 원재료 A와 B를 투입하여 단일제품을 생산하고 있다. 제품 1.5kg을 생산하는데 원재료 투입표준은 다음과 같다.

원 재 료	물 량	kg당 가격	재 료 비
A	1.2kg	₩3,000	₩3,600
B	0.8	2,000	1,600
계	2.0kg		₩5,200

원재료 표준배합비율은 A원재료 60% 그리고 B원재료 40%이다. 제품 1kg 생산하는데 원재료 표준원가는 ₩3,466.67(₩5,200 ÷ 1.5kg)이다. 태진사가 한달 동안 제품 360kg을 생산하는 데 원재료 500kg을 사용하였는데 그 내역은 다음과 같았다. 단 원재료 기초재고와 기말재고는 없는 것으로 가정한다.

원 재 료	투입물량	kg당 가격	재 료 비
A	325kg(65%)	₩3,100	₩1,007,500
B	175kg(35%)	2,400	420,000
계	500kg		₩1,427,500

이때 총차이 ₩179,500(불)은 가격차이 ₩102,500(불)과 수량차이 ₩77,000(불)으로 분류된다.

원 재 료	실제원가 실제투입량×실제가격		실제투입량×표준가격		표준원가 표준투입량×표준가격	
A	325×₩3,100 =	₩1,007,500	325×₩3,000 =	₩975,000	288×₩3,000 =	₩864,000
B	175×₩2,400 =	420,000	175×₩2,000 =	350,000	192×₩2,000 =	384,000
계	500	₩1,427,500	500	₩1,325,000	480	₩1,248,000

가격차이 ₩102,500(불)　　수량차이 ₩77,000(불)

총재료비차이 ₩179,500(불)

여기서 제품 360kg을 생산하는 데 소요되는 재료비 표준원가 ₩1,248,000은 다음과 같이 산정된다. 주어진 설정표준에 의하면 제품 1.5kg 생산하는 데 표준배합으로 원재료 2.0kg이 소요된다. 따라서 제품 360kg을 생산하려면 원재료 표준소요량은 480kg(360kg×2÷1.5)이 된다. 그런데 표준배합비율에 의하면 A원재료는 60%를 차지하고 B원재료는 40%를 차지하므로 A원재료소요량과 B원재료소요량은 각각 288kg (480kg×0.6)과 192kg(480kg×0.4)이다. 여기에 각 원재료의 표준가격을 곱하면 360kg 생산하는 데 소요되는 표준재료비는 ₩1,248,000이다.

$$288\text{kg} \times ₩3{,}000 + 192\text{kg} \times ₩2{,}000 = ₩1{,}248{,}000$$

실제재료비는 ₩1,427,500, 표준재료비는 ₩1,248,000이므로 총재료비차이는 ₩179,500(불)이다. 그런데 실제투입량에 표준가격을 곱한 총금액은 ₩1,325,000이다.

$$325\text{kg} \times ₩3{,}000 + 175\text{kg} \times ₩2{,}000 = ₩1{,}325{,}000$$

따라서 가격차이는 ₩102,500(불)[(₩1,427,500－₩1,325,000)]이고 수량차이는 ₩77,000(불)[(₩1,325,000－₩1,248,000)]이다.

앞에서 설명한 바와 같이 두 종류 이상의 원재료가 투입되는 경우 재료비수량차이는 **재료비 배합차이**(materials mix variance)와 **재료비 수율차이**(materials yield variance)로 세분될 수 있다. 이렇게 세분하기 위해서 「실제투입량×표준가격」은 「실제투입량×실제배합×표준가격」으로 기술하고 「표준투입량×표준가격」은 「표준투입량×표준배합×표준가격」으로 기술하기로 하자. 그러면 수량차이는 다음과 같이 세분될 수 있다.

원 재 료	실제투입량×실제가격 실제투입량, 실제배합, 표준가격		실제투입량, 표준배합, 표준가격		표준투입량×표준가격 표준투입량, 표준배합, 표준가격	
A	325×3,000 =	975,000	300×3,000 =	900,000	288×3,000 =	864,000
B	175×2,000 =	350,000	200×2,000 =	400,000	192×2,000 =	384,000
계	500	1,325,000	500	1,300,000	480	1,248,000

배합차이 25,000(불)　　수율차이 52,000(불)

수량차이 77,000(불)

표준배합에 의한 실제투입량은 총실제투입량 500kg을 표준배합비율에 따라 A원재료에 그 60%인 300kg(500kg×0.6)을, B원재료에 그 40%인 200kg(500kg×0.4)을 각각 할당시킨 것이다. 여기에 표준가격을 적용하면 총금액은 ₩1,300,000이 된다.

$$300kg \times ₩3,000 + 200kg \times ₩2,000 = ₩1,300,000$$

따라서 재료비 배합차이는 실제배합에 의한 실제투입량에 표준가격을 적용시킨 총금액 ₩1,325,000과 표준배합에 의한 실제투입량에 표준가격을 적용시킨 총금액 ₩1,300,000간의 차액인 ₩25,000(불)이다. 그리고 재료비 수율차이는 표준배합에 의한 실제투입량에 표준가격을 적용시킨 총금액 ₩1,300,000과 표준재료비 ₩1,248,000간의 차액인 ₩52,000(불)이다.

이 예에서 재료비 배합차이가 불리하게 나타난 이유는 표준배합에 비해 실제배합이 상대적으로 비싼 원재료의 투입비율이 높고 상대적으로 싼 원재료의 투입비율은 낮기 때문이다. 이 예에서는 상대적으로 비싼 A원재료의 표준배합비율은 60%인 데 비해 A원재료의 실제배합비율은 65%로 더 높았기 때문에 불리한 차이가 나타났다.

이 예와 같이 재료비배합차이가 불리한 차이를 보이는 경우에는 비싼 원재료를 상대적으로 많은 비율로 투입하기 때문에 총원재료 투입량은 표준투입량에 비해 적게 투입해서 재료비 수율차이는 유리한 차이가 나타나는 것이 보통이다. 그런데 이 경우에는 재료비 수율차이도 불리한 차이를 보이고 있다. 재료비 수율차이는 원재료실제투입량이 원재료표준투입량에 비해 크면 불리하게 나타나고 반대로 적으면 유리하게 나타난다. 이 예에서는 실제투입량은 500kg인 데 비해 표준투입량은 480kg이기 때문에 불리한 차이를 보이고 있다. 따라서 재료비수량차이 ₩77,000(불)은 비싼 원재료를 상대적으로 많이 투입해서 생겨난 재료비 배합차이 ₩25,000(불)과, 그럼에도 불구하고 원재료실제투입량이 표준투입량보다 커서 생겨난 재료비 수율차이 ₩52,000(불)으로 구성된다. 앞서 설명한 바와 같이 재료비 수량차이를 재료비 배합차이와 재료비 수율차이로 세분할 수 있는 것은 복수 원재료를 사용하기 때문이고 또한 사용되는 이질적인 원재료간의 상호대체가 가능하다는 것이 그 전제이다. 상호대체가 가능하지 않은 경우에는 세분하는 것이 의미가 없다.

2 노무비 배합차이와 노무비 수율차이

노무비 배합차이와 수율차이는 재료비 배합차이와 수율차이의 계산방법과 같다. 다양한 질의 노동력을 얼마나 효율적으로 배합하였는지를 결정하기 위해 **노무비 배합차이**(labor mix variance)와 **노무비 수율차이**(labor yield variance)가 계산된다.

자료5

태진사는 두 종류의 노동력을 투입하여 단일제품을 생산하고 있는데 제품 1.5kg을 생산하는 데 노동력투입표준은 다음과 같다.

노 동 력	표준시간	임 률	노 무 비
숙 련	4시간	₩2,000	₩8,000
미숙련	8시간	800	6,400
계	12시간		₩14,400

노무비 표준배합비율은 숙련 33.3% 미숙련 66.7%이다. 또한 제품 1kg을 생산

하는 데 표준노무비는 ₩9,600(₩14,400÷1.5kg)이다.

태진사가 한달 동안 제품 360kg을 생산하는 데 노동력은 총 2,700시간을 사용하였는 데 그 내역은 다음과 같았다.

노 동 력	투입시간	임 률	노 무 비
숙 련	1,080시간(40%)	₩2,100	₩2,268,000
미숙련	1,620시간(60%)	1,000	1,620,000
계	2,700시간		₩3,888,000

이때 총 차이 ₩432,000(불)은 임률차이 ₩432,000(불)과 능률차이 ₩0으로 구분된다.

	실제원가		표준원가
노 동 력	실제투입시간×실제임률	실제투입시간×표준임률	표준투입시간×표준임률
숙 련	1,080×2,100 = 2,268,000	1,080×2,000 = 2,160,000	960×2,000 = 1,920,000
미숙련	1,620×1,000 = 1,296,000	1,620× 800 = 1,296,000	1,920× 800 = 1,536,000
계	2,700 3,888,000	2,700 3,456,000	2,880 3,456,000

임률차이 432,000(불) 능률차이 0

총노무비차이 432,000(불)

여기서 제품 360kg을 생산하는 데 소요되는 노무비표준원가 ₩3,456,000은 다음과 같이 산정된다. 주어진 설정표준에 의하면 제품 1.5kg 생산하는 데 표준배합으로 작업시간은 총 12시간이 소요된다. 따라서 제품 360kg을 생산하려면 소요되는 표준작업시간은 총 2,880시간(360kg÷1.5×12)이 된다. 그런데 표준배합비율에 의하면 숙련노동이 33.33%를 차지하고 미숙련노동이 66.67%를 차지하므로 숙련노동 표준작업시간과 미숙련노동 표준작업시간은 각각 960시간(2,880시간×1/3)과 1,920시간(2,880시간×2/3)이다. 여기에 각 노동유형별표준임률을 곱하면 360kg 생산하는 데 소요되는 표준노무비는 ₩3,456,000이다.

$$960\text{시간} \times ₩2{,}000 + 1{,}920\text{시간} \times ₩800 = ₩3{,}456{,}000$$

실제노무비는 ₩3,888,000, 표준노무비는 ₩3,456,000이므로 총노무비차이는

₩432,000(불)이다. 한편 실제투입시간에 표준임률을 곱한 총금액은 ₩3,456,000이다.

1,080시간 × ₩2,000 + 1,620시간 × ₩800 = ₩3,456,000

따라서 임률차이는 ₩432,000(불)(₩3,888,000 − ₩3,456,000)이고 능률차이는 ₩0 (₩3,456,000 − ₩3,456,000)이다.

앞서 설명한 바와 같이 두 종류 이상의 노동력이 투입되어 한 제품을 생산하는 경우 노무비 능률차이는 **노무비 배합차이**(labor mix variance)와 **노무비 수율차이**(labor yield variance)로 세분되어질 수 있다. 이렇게 세분하기 위해서 「실제투입시간 × 표준임률」은 「실제투입시간 × 실제배합 × 표준임률」로 기술하고 「표준투입시간 × ×표준임률」은 「표준투입시간 × 표준배합 × 표준임률」로 기술하기로 하자. 그러면 노무비 능률차이는 다음과 같이 세분될 수 있다.

	실제투입시간 × 표준임률		표준노무비
노 동 력	실제투입시간, 실제배합, 표준임률	실제투입시간, 표준배합, 표준임률	표준투입시간, 표준배합, 표준임률
숙 련	1,080 × 2,000 = 2,160,000	900 × 2,000 = 1,800,000	960 × 2,000 = 1,920,000
미숙련	1,620 × 800 = 1,296,000	1,800 × 800 = 1,440,000	1,920 × 800 = 1,536,000
계	2,700 3,456,000	2,700 3,240,000	2,880 3,456,000

노무비 배합차이 216,000(불) 노무비 수율차이 216,000(유)

노무비 능률차이 0

표준배합에 의한 실제투입시간은 총실제투입시간 2,700시간을 표준배합비율에 따라 숙련노동에 그 33.33%인 900시간(2,700시간×1/3)을, 그리고 미숙련노동에 그 66.67%인 1,800시간(2,700시간×2/3)을 각각 할당시킨 것이다. 여기에 표준임률을 적용하면 총금액은 ₩3,240,000이 된다.

900시간 × ₩2,000 + 1,800시간 × ₩800 = ₩3,240,000

따라서 노무비 배합차이는 실제배합에 의한 실제투입시간에 표준임률을 적용시킨 총금액 ₩3,456,000과 표준배합에 의한 실제투입시간에 표준임률을 적용시킨 총금액₩3,240,000간의 차액인 ₩432,000(불)이다. 그리고 노무비 수율차이는 표준배합에 의한 실제투입시간에 표준임률을 적용시킨 총금액 ₩3,240,000과

표준노무비 ₩3,456,000간의 차액인 ₩432,000(유)이다.

이 예에서 노무비 배합차이가 불리하게 나타난 이유는 표준배합에 비해 실제배합이 상대적으로 비싼 노동력의 투입 비율이 높고 상대적으로 싼 노동력의 투입비율은 낮기 때문이다. 상대적으로 비싼 숙련노동력의 표준배합비율은 33.33%인 데 비해 숙련노동력의 실제배합비율은 40%로 더 높았기 때문에 불리한 차이를 보이고 있다. 그런데 이 예에서는 비싼 노동력을 많이 투입한 대신 실제노동투입시간은 2,700시간으로 표준노동투입시간 2,880시간에 비해 적게 투입하였다. 따라서 노무비 수율차이는 유리한 차이를 보이고 있다. 이 경우 공교롭게도 불리한 노무비 배합차이금액과 유리한 노무비 수율차이금액이 ₩216,000으로 같게 나타났다. 따라서 두 차이를 합친 노무비 능률차이는 ₩0으로 나타났다. 즉 실제 노동력의 투입배합에서는 비싼 노동력을 보다 많이 사용해서 불리한 차이를 보인 반면에 비싼 노동력의 보다 많은 투입으로 총투입시간을 표준시간보다 감소시킬 수 있어서 유리한 노무비 수율차이가 나타났는데 그 금액은 정확히 상쇄되어 노무비 능률차이는 안 나타나게 된 것이다.

제 6 절 활동기준원가계산에서 차이분석

전통적인 원가계산에서는 조업도에 비례하여 발생하는 원가는 변동원가로, 조업도에 무관하게 총액이 일정하게 발생하는 원가는 고정원가로 분류하였다. 여기서 조업도란 원가를 발생시키는 대표적인 요인을 말하는 것으로 주로 생산량이나 직접노동시간 등 단위관련원가동인이 조업도로 사용되었다. 이에 따라 표준원가계산에서도 원가를 단위관련원가로 보아 변동예산 및 원가차이분석을 하였다.

그러나 활동기준원가계산에서 이미 설명한 것처럼 원가는 계층에 따라 단위관련원가, 뱃치관련원가, 제품유지원가 및 설비유지원가로 구분할 수 있다. 따라서 활동기준원가계산하에서 표준원가계산을 적용하는 경우에는 단위관련원가 이외의 다른 원가계층에 대해서도 변동예산 및 원가차이분석을 할 수 있다. 다음 예제를 통하여 활동기준원가계산의 대표적인 예가 되는 뱃치관련원가의 변동예산 및 원가차이분석에 대하여 설명하고자 한다.

예제 1 활동기준원가계산에서 차이분석

㈜태진은 표준원가계산제도와 함께 활동기준원가계산을 이용하고 있다. 회사는 단일제품을 뱃치(batch)생산하고 있다. 제조간접비는 조립활동, 품질검사활동 및 생산준비활동에 의하여 발생하며, 이 중 생산준비활동과 관련된 자료는 다음과 같다.

- 생산준비활동의 원가동인은 생산준비시간(set-up hours)이며, 생산준비원가에는 변동비요소와 고정비요소가 모두 포함되어 있다.
- 생산준비활동과 관련된 자료는 다음과 같다.

	고정예산	실　제
생 산 량	30,000단위	22,500단위
뱃치당 생산량(batch-size)	250단위	225단위
뱃치당 생산준비시간	5시간	5.25시간
생산준비시간당 변동생산준비원가	₩50	₩44
총고정생산준비원가	₩42,000	₩38,000

요구사항

1. 변동생산준비원가에 대한 소비차이와 능률차이를 구하시오.
2. 고정생산준비원가에 대한 변동예산차이와 조업도차이를 구하시오.

해답

1. 변동생산준비원가

생산준비시간이 생산준비원가의 원가동인이므로 실제생산준비시간과 표준소요생산준비시간을 구하는 것이 핵심이다. 앞에서 설명한 예제들은 원재료 양이나 노동시간이 생산량(단위관련활동)을 기준으로 제시되었으나 생산준비활동은 뱃치관련활동이므로 뱃치수를 결정하여야 생산준비시간을 산정할 수 있다.

- 실제생산준비시간: (22,500 ÷ 225) × 5.25 = 525시간
- 실제생산량에 허용된 생산준비시간: (22,500 ÷ 250) × 5 = 450시간

실제생산량에 허용된 생산준비시간(표준소요량)은 실제생산량 22,500개를 고정예산에 따라 생산할 때 허용될 수 있는 생산준비시간을 의미한다. 즉, 22,500개를 고정예산에 따라 생산한다면 250개가 1뱃치이므로 90뱃치를 생산해야 하고, 1뱃치당 생산준비시간이 5시간이므로 표준소요량은 총450시간이다.

따라서 소비차이와 능률차이는 다음과 같이 산정할 수 있다.

- 소비차이: 525시간 × (₩44 − ₩50) = ₩3,150(유)
- 능률차이: (525시간 − 450시간) × ₩50 = ₩3,750(불)

이는 다음과 같은 모형을 이용하여 산정할 수도 있다.

$AQ \times AP$	$AQ \times SP$	$SQ \times SP$
525시간 × ₩44 =23,100	525시간 × ₩50 = 26,250	450시간 × ₩50 =22,500

소비차이 ₩3,150(유) 능률차이 ₩3,750(불)

2. 고정생산준비원가

고정예산에서 기준조업도는 얼마인가? 고정예산에 제시된 자료에 의할 때 생산수량을 기준으로 한다면 30,000단위이고, 뱃치수를 기준으로 한다면 120뱃치(30,000÷250)이며, 생산준비시간을 기준으로 한다면 600시간(250×5)이다. 따라서 변동예산차이와 조업도차이는 다음과 같이 산정할 수 있다.

- 예산차이: ₩38,000 − ₩42,000 = ₩4,000(유)
- 조업도차이: (600시간 − 450시간) × ₩70 = ₩10,500(불)

이는 다음과 같은 모형을 이용하여 산정할 수도 있다.

실 제	변동예산	표준배부
38,000	42,000 = 600시간 × ₩70*	450시간 × ₩70 =31,500

예산차이 ₩4,000(유) 조업도차이 ₩10,500(불)

* 시간당 배부율: 42,000 ÷ 600 = ₩70

제7절 표준종합원가계산

1 표준종합원가계산의 의의

지금까지는 설명을 쉽게 하기 위하여 개별원가계산을 가정하고 표준원가계산에 대하여 설명하였다. 즉, 기초재공품이나 기말재공품은 전혀 없는 것으로 가정하고 표준원가계산을 적용하였다. 그런데 실제로 개별원가계산제도에서는 표준원가의 개념을 적용하기가 어렵다. 왜냐하면 개별원가계산은 형태, 크기, 작업내용 등이 상이한 제품들을 주문 생산하는 경우에 적용하는 방식이므로 작업별로 수량표준과 가격표준을 별도로 설정하기가 어렵고, 설사 설정할 수 있다 하더라도 이는 원가·효익사고에 위배되기 때문이다. 따라서 표준원가계산은 동일한 제품을 연속·반복생산하면서 경험 등에 의해 정형화된 생산요소의 수량표준이나 가격표준을 쉽게 설정할 수 있는 종합원가계산제도에서 적용하는 것이 합리적이다.

표준종합원가계산(standard process costing)에서는 미리 표준원가가 설정되어 있기 때문에 실제원가나 정상원가에 근거하여 종합원가계산을 하는 것보다 계산절차가 단순하다. 즉 표준종합원가계산에서는 미리 표준원가가 설정되어 있기 때문에 제품원가요소별로 완성품환산량 단위당 원가를 따로 계산할 필요가 없다. 따라서 원가계산이 신속하고 기장절차가 간소화된다. 그리고 표준종합원가계산은 종합원가계산에 표준원가의 개념을 적용하여 관리통제에 강조점을 두기 때문에 선입선출법으로 원가계산을 한다. 왜냐하면 선입선출법을 적용하게 되면 당기와 전기가 엄격히 구분되므로 관리통제 및 성과평가가 용이하기 때문이다.

2 원가계산절차

표준종합원가계산의 경우 실제종합원가계산과 동일한 절차를 거친다. 다만 실제종합원가계산의 경우 완성품환산량 단위당 원가를 계산해야 하지만, 표준종합원가계산의 경우에는 완성품환산량 단위당 표준원가가 이미 사전에 설정되어 있기 때문에, 완성품환산량 단위당 원가를 계산할 필요가 없다. 즉, 표준종합원가계산에서는 ① 물량흐름을 파악한 후에 ② 선입선출법을 적용하여 완성품환산량을 산정하고 ③ 이렇게 구한 완성품환산량에 대하여 미리 설정된 표준원가(완성품환산량 단위당 원가)를 적용하여 기말재공품원가와 완성품원가를 구한다.

이렇게 산정된 원가는 일단 표준원가로 모두 기록되어 있으므로 실제발생한 원가와 비교하여 원가차이분석을 하고 이를 조정하는 과정이 필요하다. 원가차이분석을 할 때 변동예산(실제산출기준)이나 표준배부액을 결정하기 위하여 사용하는 수량은 완성품수량이 아니라 완성품환산량이라는 것에 주의하여야 한다. 표준종합원가계산을 적용하는 경우 종합원가계산의 특성상 재공품이 항상 존재하므로 재공품까지 포함하여 원가차이분석을 하려면 선입선출법에 의하여 당기에 작업한 완성품환산량을 구하여 이를 기준으로 변동예산과 표준배부액을 결정하여야 하기 때문이다. 이하 **예제 2**를 통하여 구체적인 설명을 하고자 한다.

예제 2 표준종합원가계산

태진사는 단일공정에서 제품을 생산하고 있는데 표준종합원가계산을 사용하고 있다. 단위당 표준원가는 ₩1,000(직접재료비 ₩600, 가공비 ₩400)이다. 20×7년 5월중 태진사의 활동내역과 관련원가는 다음과 같다.

- 원재료는 공정초에 투입되며 가공비는 전공정에 걸쳐서 균등하게 발생한다.
- 5월초 기초재공품재고는 1,000단위이고, 가공비는 40% 진척된 상태에 있었다.
- 기초재공품재고의 제품원가요소별 표준원가는 다음과 같다.

  직접재료비 ₩600,000 가공비 ₩160,000
- 5월중에 투입된 물량은 4,000단위이며, 5월중에 발생된 제품원가요소별 원가는 다음과 같다.

  직접재료비 ₩2,500,000 가공비 ₩1,800,000
- 기말재공품재고는 500단위이며, 가공비는 60% 진척된 상태에 있었다.

요구사항

1. 제품원가요소별 당기완성품환산량을 산출하시오.
2. 완성품원가와 기말재공품원가를 산출하시오.
3. 제품원가요소별로 당기 배부차이(총차이)를 산출하시오.

해답

1. 제품원가요소별 당기완성품환산량

물량의 흐름	물량 단위	당기완성품환산량 직접재료비	당기완성품환산량 가공비
기초재공품	1,000 (0.4)		
당기투입	4,000		
계	5,000		
기초재공완성	1,000	0	600
당기투입완성	3,500	3,500	3,500
기말재공품	500 (0.6)	500	300
계	5,000	4,000	4,400

2. 완성품원가와 기말재공품원가

완성품원가:		4,500 × ₩1,000 =	₩4,500,000
기말재공품원가:			
직접재료비	500 × ₩600 =	₩300,000	
가공비	300 × ₩400 =	120,000	420,000
총배부원가(표준)			₩4,920,000

완성품원가는 다음과 같이 산정하는 것이 일반적이다.

600,000 + 160,000 + 3,500단위 × 600 + 4,100단위 × 400 = ₩4,500,000

그런데 표준종합원가계산에서는 완성품원가를 이렇게 산정하지 않고 단순하게 완성품 수량에 표준원가를 적용하여 산정한다. 완성품원가를 정확히 이해하기 위하여 기초재공품원가에 대해서 한번 생각해보자. 기초재공품의 물량은 1,000단위이고 가공비 진척도가 40%이므로 기초재공품의 완성품환산량은 직접재료비 1,000단위, 가공비 400단위이다. 따라서 전기와 당기의 표준원가가 동일하다면 기초재공품의 원가는 다음과 같이 계신된 것이다.

- 기초재공품의 직접재료비: 1,000단위 × 600 = ₩600,000
- 기초재공품의 가공비: 400단위 × 400 = ₩160,000

따라서 완성품원가의 구체적인 구성은 다음과 같다.

	직접재료비	가 공 비	합 계
당기완성품에 대한 전기투입분 (기초재공품)	1,000단위×600	400단위×400	760,000
당기완성품에 대한 당기투입분 (기초재공완성+당기투입완성)	3,500단위×600	4,100단위×400	3,740,000
합 계	4,500단위×600	4,500단위×400	4,500,000

표준종합원가계산을 하는 경우에는 일반적으로 전기와 당기의 완성품환산량 단위당 원가가 동일하므로 완성품수량을 기준으로 단순하게 완성품원가를 계산해도 된다.

3. 제품원가요소별 당기표준원가와 차이

	실제원가	표준배부
직접재료비	2,500,000	4,000단위×600=2,400,000
	총차이 100,000(불)	
가 공 비	1,800,000	4,400단위×400=1,760,000
	총차이 40,000(불)	

표준종합원가계산에서 원가차이분석을 할 때 표준배부는 당기완성품수량을 기준으로 하지 않고, 당기완성품환산량을 기준으로 한다. 왜냐하면 기초재공품에 대하여 전기에 투입한 부분도 있고, 기말재공품에 대하여 당기에 투입한 부분도 있으므로 이를 모두 고려하기 위해서는 선입선출법(당기분 개념)에 의하여 산출된 완성품환산량을 적용하는 것이 합리적이기 때문이다.

제8절 차이조사결정

실제와 표준간의 괴리에 의해 나타나는 차이는 크게 통제가능한 요인에 의해 나타나는 차이와 통제불가능한 요인에 의해 나타나는 차이로 구분할 수 있다. 통제불가능한 요인에 의해 나타나는 차이는 시정조치를 요하지 않는 차이인 데 반하여 통제가능한 요인에 의해 나타나는 차이는 시정조치를 취하면 차이의 발생요인을 교정시킬 수 있는 차이이다. 따라서 차이가 통제가능한 요인에 의해 나타났는지를 판별해 낼 수 있다면 경영자는 그만큼 차이조사 결정을 내리기가 수월하다. 그러나 현실에서는 어떠한 차이가 통제가능한 요인에 의해 나타났는지의 여부를 가린다는 것은 대단히 어려운 과제이다. 따라서 실무에서는 편의상 일정한 한도금액을 정해 차이가 한도금액을 벗어나면 시정조치를 취하는 차이조사결정을 내리게 된다. 가령 차이가 예산의 10%를 넘으면 조사를 한다든가 또는 차이가 일정금액, 예를 들면, ₩100,000을 넘으면 조사를 하는 것이 그것이다. 이는 일정한도금액을 벗어나는 차이는 예외적인 중요한 차이(significant variance)로 간주하여 시정조치를 취하려는 **예외관리**(management by exception)의 일환인 것이다. 즉 경영자는 모든 차이에 대해 별도의 특별한 관심을 가질 수는 없다. 단지 중대한 차이에 대해서만 시정조치를 취하게 된다. 이하에서는 차이조사결정에 의사결정모형을 적용시켜 보려 한다. **제12장** 특수의사결정에서 설명한 바와 같이 의사결정모형의 주요 구성요소는 목적함수(또는 선택기준), 대안적 활동, 상태, 상태에 대한 확률, 그리고 결과(outcome)로 구성된다. 의사결정모형에서는 주어진 구성요소를 놓고 "조사한다"와 "조사 안 한다"의 대안적 활동별 기대원가를 산출하여 보다 작은 기대원가를 가져다 주는 활동을 선정하게 된다.

표 15-2 차이조사결정 의사결정모형

행 동	상 태	
	통제가 되고 있는 상태	통제가 안 되고 있는 상태
조사함	C	$C+M$
조사 안 함	0	L
상태에 대한 확률	p	$1-p$

이상에서 설명한 의사결정모형을 요약하면 **표 15-2**와 같다.

표 15-2에 나타난 바와 같이 상태는 편의상 통제가 되고 있는 상태(in-control state)와 통제가 안 되고 있는 상태(out-of-control state)의 두 종류의 상태가 있다고 가정하자. 경영자가 취할 수 있는 행동도 '조사한다'와 '조사 안 한다'의 두 종류의 대안적인 행동이 있나고 가정하자. 통제가 되고 있는 상태에서 조사한다는 행동을 취하면 조사비용 C가 발생된다. 그리고 통제가 안 되고 있는 상태에서 조사한다는 행동을 취하면 조사비용(C)에 추가로 교정비용 M이 발생하여 $C+M$만큼의 비용이 발생된다. 이와는 반대로 통제가 되고 있는 상태에서 조사 안 한다는 행동을 취하면 조사비용도 발생하지 않고 조사 안 함으로 입게 될 아무런 손해(기회비용)도 발생하지 않기 때문에 비용은 ₩0이다. 그런데 통제가 안 되고 있는 상태에서 조사 안 한다는 행동을 취하면 잘못에 대한 시정조치도 취하지 못하고 그냥 방치하는 결과이기 때문에 손해를 줄일 수도 있는 것을 포기한다는 의미에서 기회비용 L이 발생된다. 통제가 되고 있는 상태가 나타날 확률이 p라면 통제가 안 되고 있는 상태가 나타날 확률은 $1-p$이다.

이상의 자료를 사용해서 '조사한다'는 행동의 기대비용($E[a_1]$)과 '조사 안 한다'는 행동의 기대비용($E[a_2]$)을 산출하면 각각 다음과 같다.

$$E[a_1] = C \cdot p + (C+M)(1-p)$$
$$E[a_2] = 0 \cdot p + L(1-p)$$

따라서 $E[a_1]$가 $E[a_2]$보다 크면 목적함수는 비용극소화이기 때문에 조사 안 한다(a_2)는 결정을 내리고 반대로 $E[a_1]$가 $E[a_2]$보다 작으면 조사한다(a_1)는 결정을 내리는 것이 합리적이다. 두 대안적 행동의 기대비용을 같게 하는 임계확률(critical probability) p_c를 산출하면 다음과 같다.

$$E[a_1] = E[a_2]$$
$$C \cdot p + (C+M)(1-p) = L(1-p)$$
$$C + M(1-p) = L(1-p)$$
$$(L-M)(1-p) = C$$
$$1 - p = \frac{C}{L-M}$$
$$\therefore \ p_c = 1 - \frac{C}{L-M}$$

따라서 통제가 되고 있는 상태의 확률 p가 p_c보다 크다면 조사 안 한다는 의사결정을 내리고, 반대로 p가 p_c보다 작다면 조사한다는 의사결정을 내린다.

예제 3 차이조사결정

태진사는 차이조사결정에 의사결정모형을 적용시키려 한다. 관련자료는 다음과 같다.

- 상태: 통제가 되고 있는 상태와 통제가 안 되고 있는 상태 두 경우가 존재함.
- 행동: '조사한다'와 '조사 안 한다'의 두 가지 선택이 있음.
- 확률: 통제가 되고 있는 상태의 확률 = 0.75
- 비용: 조사비용(C) = ₩20,000, 교정비용(M) = ₩30,000, 기회비용(L)) = ₩100,000

요구사항

1. 의사결정모형 결과표(payoff table)를 작성하시오.
2. 임계확률을 산출하시오.
3. 태진사는 어떠한 행동을 취해야 하겠는가?

해답

1. 주어진 자료를 이용하여 의사결정모형 결과표를 만들면 다음과 같다.

행 동	상 태	
	통제가 되고 있다	통제가 안 되고 있다
조사함	C(₩20,000)	$C+M$(₩50,000)
조사 안 함	0	L(₩100,000)
상태에 대한 확률	0.75	0.25

2. 임계확률의 산출

$$p_c = 1 - \frac{C}{L - M}$$
$$= 1 - \frac{₩20,000}{₩100,000 - ₩30,000}$$
$$= \frac{5}{7}(71.4\%)$$

3. 취할 행동

조사하는 경우 기대값: ₩20,000(0.75) + ₩50,000(0.25) = ₩27,500
조사하지 않는 경우 기대값: ₩0(0.75) + ₩100,000(0.25) = ₩25,000

후자가 전자보다 작으므로 태진사는 조사하지 않는 것이 유리하다. 또한 위의 **2**에서 임계확률을 이용하여 취할 행동을 결정할 수 있다. 즉 통제가 되고 있는 상태의 확률(75%)이 임계확률(71.4%)보다 크므로 조사하지 말아야 한다.

연습문제

문 1 고정예산과 제조간접비 차이분석

다음 각각 독립적인 사례에 대하여 물음에 답하시오.

사례 1 ‖ 서강사는 제조간접비를 직접노동시간을 기준으로 배부한다. 2011년도의 예산과 실제발생액에 관한 자료는 다음과 같다.

	실제원가		고정예산
변동제조간접비	₩4,000,000		5,000,000
고정제조간접비	800,000		
예상생산량		10,000개	
실제생산량		8,000개	
단위당 표준노동시간		5시간/개	
실제직접노동시간		30,000시간	

변동제조간접비의 능률차이는 얼마인가?

사례 2 ‖ 동강사는 내부관리목적으로 표준원가계산시스템을 채택하고 있다. 다음은 당기의 예산자료이다. 조업도는 직접노동시간을 단위로 측정하며, 기준조업도는 50,000 직접노동시간이다.

변동제조간접비	₩250,000,000
고정제조간접비	400,000,000
계	₩650,000,000

당기의 실제 투입된 직접노동시간은 40,000시간이다. 변동제조간접비 능률차이는 ₩10,000,000 (불리)으로 계산되었다. 고정제조간접비 조업도차이는 얼마인가?

문 2 제조간접비 차이분석

서강회사는 제조업체이다. 지난 한 달간 서강회사에서 발생한 제조간접비와 관련된 자료는 다음과 같다.

변동제조간접비 실제발생액	₩65,500
고정제조간접비 실제발생액	56,300
제품생산량	6,000단위
직접노동시간	19,500시간

이 회사에서 설정한 변동예산은 다음과 같다.

직접노동시간	20,000시간
변동제조간접비	₩70,000
고정제조간접비	₩50,000

제품1단위 생산에 소요되는 표준직접노동시간은 3.5시간이다. 당기의 제조간접비배부액은 ₩126,000이다. 회사는 제조간접비를 노동시간에 의해서 배부한다.

요구사항

1. 제조간접원가를 고정제조간접비와 변동제조간접비로 분류하고 각각에 대하여 예정배부율을 계산하시오.
2. 제조간접비배부액 ₩126,000의 계산근거를 밝히시오.
3. 원가차이를 분석하시오.

문 3 제조원가의 차이분석(1)

(주)노고산은 단일제품을 생산하고 있는데 회사가 생산하는 제품의 단위당 표준원가는 다음과 같다.

	표준수량	표준가격	표준원가
직접재료비	2kg	₩27/kg	₩54
직접노무비	3시간	₩2.6/시간	7.8
변동제조간접비	3시간	₩2.2/시간	6.6
고정제조간접비	3시간	₩5.2/시간	15.6
제품단위당 표준원가			₩84

고정제조간접비예산은 연간 ₩93,600이고, 고정제조간접비 예정배부율을 산정하는 데 사용된 기준조업도는 18,000시간이다. 회사는 20×7년중 제품 5,000개를 생산하였으며, 실제 발생된 제조원가는 다음과 같다.

직접재료비	12,000kg × ₩27.5	=	₩330,000
직접노무비	16,000시간 × ₩2.5	=	40,000

변동제조간접비	28,000
고정제조간접비	80,000
합 계	₩478,000

당기의 원재료구입량은 16,000kg이며, kg당 구입가격은 ₩27.5이었다. 제조간접비 배부기준은 직접노동시간이다.

◉ 요구사항

1. 직접재료비의 구입가격차이와 수량차이를 구하시오.
2. 직접노무비의 임률차이와 능률차이를 구하시오.
3. 변동제조간접비의 소비차이와 능률차이를 구하시오.
4. 고정제조간접비의 예산차이와 조업도차이를 구하시오.

문 4 제조원가의 차이분석(2)

(주)태종은 표준원가계산제도를 사용하고 있으며 회사가 설정한 제품단위당 표준은 다음과 같다.

직접재료비 5㎡	㎡당	₩10
직접노무비 3시간	시간당	₩20

회사는 직접재료 13,000㎡를 ₩120,000에 구입하여 11,000㎡를 사용하였다. 또한 직접노무비발생액은 ₩160,000이며, 실제직접노동시간은 7,000시간이다.

당해 제조간접비발생액은 ₩1,200,000으로 이 중 60%는 변동제조간접비이며 변동제조간접비는 기계시간당 표준배부율이 ₩24이고 실제기계시간은 26,000시간이며 제품 단위당 표준기계시간은 10시간이다. 고정제조간접비의 기준조업도는 30,000기계시간이며 당월 생산량은 2,500개이다. 제조간접비 표준배부율은 ₩45이며, 당해 회사는 직접재료비 가격차이를 구입시점에서 분리한다.

◉ 요구사항

1. 직접재료비 가격차이와 수량차이를 구하시오.
2. 직접노무비 임률차이와 능률차이를 구하시오.
3. 변동제조간접비 소비차이와 능률차이를 구하시오.
4. 고정제조간접비 예산차이와 조업도차이를 구하시오.
5. 표준원가계산제도의 유용성에 대하여 설명하시오.

문 5 원가중심점의 성과평가

신촌회사는 종업원 등의 사기를 진작시키기 위하여 고정제조간접비의 조업도차이를 제외한 원가차이에 대하여 5% 만큼의 상여를 지급하기로 결정하였다.

● 예　산

생 산 량	100단위	150단위
직접재료비	₩150,000	₩225,000
직접노무비	200,000	300,000
제조간접비	120,000	50,000
	₩470,000	₩675,000

● 실　제

생 산 량	120단위
직접재료비	₩190,000
직접노무비	220,000
제조간접비	135,000

● 기타자료

제품 한 단위당 표준 직접노동시간 : 2시간
기준조업도 : 250시간
제조간접비 배부기준 : 직접노동시간

요구사항

위의 자료를 이용하여 신촌회사가 지급하게 되는 상여금의 규모를 계산하시오.

문 6 기준조업도 선택의 영향과 추정

서강(주)는 20×7년 1월에 50,000개의 제품을 생산하였다. 서강(주)는 조업도로서 기계시간을 사용하고 있는데, 실제생산량 50,000개에 허용된 표준기계시간은 50,000시간이었다.

서강(주)가 기준조업도로서 실제적 최대조업도를 사용하였다면, 생산조업도차이는 불리한 차이가 ₩100,000이 산출되며, 기준조업도로서 정상조업도를 사용하였다면 생산조업도차이는 발생하지 않으며, 기준조업도로서 종합예산조업도를 사용하였다면 생산조업도차이는 유리한 차이 ₩150,000이 산출된다.

20×7년 1월의 고정제조간접비 예산은 ₩600,000이었다.

요구사항

1. 실제적 최대조업도를 계산하시오.
2. 정상조업도를 계산하시오.

3. 종합예산조업도를 계산하시오.
4. 생산조업도 차이가 이익조정항목으로 취급될 때 영업이익을 가장 크게 나오게 하기 위해서는 기준조업도로서 어느 조업도를 사용해야 하는가?

문 7 차이안분

서강주식회사는 표준전부원가계산 시스템을 사용하고 있다. 다음은 20×6년 12월 31일의 수정전 계정잔액이다.

매출액	₩1,200,000
기말 직접재료재고	300,000
기말 재공품	200,000
기말제품	250,000
매출원가	750,000
직접재료비 가격차이	50,000불리
직접재료비 수량차이	20,000불리
직접노무비 임률차이	15,000불리
직접노무비 능률차이	25,000불리
제조간접비배부액	₩600,000

회사는 직접재료비 가격차이를 재료가 구입되었을 때 분리한다. 재공품, 제품 및 매출원가에는 같은 비율의 직접재료비, 직접노무비, 제조간접비의 표준원가가 포함되어 있다. 직접재료비는 재공품, 제품, 매출원가의 40%를 차지하고 있으며 기초재고자산은 없다. 판매관리비는 ₩100,000이고, 제조간접비 실제발생액은 ₩630,000이다.

요구사항

1. 모든 원가차이를 배부하는 표를 작성하시오.
2. 표준원가계산을 사용한 요약손익계산서를 작성하시오. 단, 발생한 차이는 재공품, 제품, 매출원가에 안분한다.
3. 재공품, 제품, 매출원가의 수정전 계정잔액에 포함된 직접노무비는?
4. 20×7년 초 재고자산계정을 표준원가로 바꾸는 분개를 하시오.

문 8 배합차이와 수율차이

유아용 장난감으로 선풍적인 인기를 끌고 있는 텔레토비 인형을 만들고 있는 (주)서강은 원가관리목적으로 표준원가계산제도를 도입하고 있다. 텔레토비 인형에 대한 표준원가표는 다음과 같다.

직접재료비:	A	2kg @₩5	₩10	
	B	4kg @₩3	12	₩22
직접노무비:	고급인력	3시간 @₩10	30	
	보통인력	6시간 @₩2	12	42
변동제조간접비		7시간 @₩4	28	
고정제조간접비(기준조업도 연간 100,000단위)			15	43
				₩107

다음은 10월의 실제 생산활동과 관련된 자료이다.

직접재료비:	A	매입	15,000kg(@₩3)	사용	10,000kg
	B	매입	30,000kg(@₩4.5)	사용	20,000kg
직접노무비:	고급인력		15,000시간	₩160,000	
	보통인력		45,000시간	135,000	
변동제조간접비 실제 발생액				₩300,000	
고정제조간접비 실제 발생액				130,000	
실제 생산량:	제품 10,000단위, 기말재공품 1,000단위(80% 완성)				
실제 판매량:			8,000단위		

제품과 재공품의 기초재고는 없고, 재료는 공정 초에 전량 투입되며, 가공비는 전공정에서 평균적으로 발생한다.

요구사항

1. 재료비에 대한 가능한 모든 차이분석을 하고 유리한 차이인지 불리한 차이인지를 밝히시오.(단, 가격차이는 구입시점에서 인식한다.)
2. 노무비에 대한 가능한 모든 차이를 분석하시오.
3. 변동제조간접비 차이를 분석하시오.
4. 고정제조간접비 차이를 분석하시오.
5. 제조간접비의 총원가차이가 다음의 각 손익에 미치는 영향을 계산하시오.(단, 소수점 셋째 자리에서 절사할 것)
   ① 전부원가계산의 매출총이익
   ② 변동원가계산의 공헌이익과 영업이익

문 9 ABC 차이분석

서강(주)는 생산준비비에 대한 원가를 분석한 결과, 생산준비비는 배치수준의 제조간접비이며 생산준비시간(set-up hours)에 따라 변동비요소와 고정비요소를 모두 포함하고 있는 것으로 나타났다. (주)서강의 지난 한 달간 생산준비비와 관련된 자료는 다음과 같다.

	고정예산	실 적
생산량	30,000단위	22,500단위
배치사이즈	250단위	225단위
배치당 생산준비시간	5시간	5.25시간
생산준비시간당 변동생산준비비	₩25	₩24
총고정생산준비비	₩18,000	₩17,355

◉ 요구사항

1. 변동생산준비비에 대해서 변동예산차이, 능률차이, 그리고 소비차이를 산출하시오.
2. 고정생산준비비에 대해서 총차이, 예산차이, 그리고 조업도차이를 산출하시오.

문10 표준종합원가계산

신촌(주)는 제품원가계산을 위하여 표준원가계산제도를 채택하고 있다. 제품 A에 대한 원가요소별 표준원가는 직접재료비 ₩12(환산량 단위당), 가공비 ₩6(환산량 단위당)이다. 모든 원재료는 공정초에 투입되며, 가공비는 전공정에 걸쳐 균등하게 발생한다. 20×7년 3월중 제품 A에 관련된 생산 및 원가자료는 다음과 같다.

기초재공품		5,000단위(완성도 60%)
직접재료비	₩60,000	
가공비	18,000	
당월투입량	30,000단위	
당월완성량	28,000단위	
당기투입원가		
직접재료비	₩380,000	
가공비	190,000	
기말재공품		7,000단위(완성도 50%)

원가계산방법은 선입선출법을 사용하며, 모든 원가차이는 매출원가에서 조정한다.

◉ 요구사항

1. 20×7년 3월의 제조원가보고서를 작성하시오.
2. 20×7년 3월의 직접재료비 및 가공비 차이를 산출하시오.

문11 표준종합원가계산의 전체적인 흐름

㈜태종은 20×1년 1월초에 영업을 개시하였으며 표준종합원가계산제도를 채택하고 있다. 1월 한 달 동안의 원가계산 자료는 다음과 같다.

1. 제품 단위당 표준원가

원가요소	수량표준	가격표준	합 계
직접재료비	2kg	₩7	₩14
직접노무비	3시간	7	21
변동제조간접비	3시간	2	6
고정제조간접비	3시간	3	9
합 계			₩50

2. 고정제조간접비 월간 예산 ₩63,000
3. 재료는 공정초에 투입되며 가공비는 선공정을 통해서 평균적으로 발생한다. 20×1년 1월의 생산자료는 다음과 같다.

완 성 품	7,000단위(당월에 5,000단위 판매)
월말재공품	2,000단위(가공비 완성도 50%)

4. 실제발생 원가는 다음과 같다.

직접재료비(14,200kg×₩7.2)	₩102,240
직접노무비(18,500시간×₩6.8)	125,800
변동제조간접비	55,500
고정제조간접비	60,000
합 계	₩343,540

요구사항

1. 원가요소별 완성품환산량을 산정하시오.
2. 표준원가로 산정한 완성품원가와 기말재공품원가를 산정하시오.
3. 원가요소별로 모든 원가차이를 분석하시오.
4. 원가차이를 원가요소비례법에 따라 조정할 경우 1월말의 재공품과 제품, 1월의 매출원가는 각각 얼마인가?
5. 20×1년 1월에 필요한 분개를 제시하시오.
6. ㈜태종이 실제원가계산제도를 적용하고 있다고 가정할 경우의 1월말의 재공품과 제품, 1월의 매출원가 금액을 계산하고 요구사항4와 비교하시오.

문12 차이조사 여부 의사결정

가전제품을 생산하는 서강전자(주)의 제조공정은 자동화되어 있다. 서강전자(주)의 사장은 제조공정이 잘 통제된 상태에 있을 확률을 80%로 보고 있다.

서강전자(주)의 사장은 공장장으로부터 다음과 같은 보고를 받았다.

제조공정을 조사하는 데 ₩4,000이 발생한다. 만일 공정이 고장난 상태에 있을 때 이를 수정하기 위한 수정비용은 ₩6,000이 발생하며 수정하지 않을 때 발생하는 손실(기회비용)은 ₩20,000이다.

요구사항

차이조사여부 의사결정을 하시오.

문13 차이분석과 차이조사 의사결정

(주)산동은 20×7년 표준원가제도를 도입하였으며, 제품단위당 표준원가는 다음과 같다.

직접재료비(5kg, @₩300)	₩1,500
직접노무비(2시간, @1,500)	3,000
제조간접비(직접노무비의 60%)	1,800
단위당 총표준원가	₩6,300

다음 자료는 (주)산동의 회계장부로부터 입수된 것으로 9월의 생산량은 30,000단위이며, 실제판매량은 27,000단위이다.

	차 변	대 변
매 출 액		₩216,000,000
외상매입금		57,600,000
재료가격차이	₩3,600,000	
재료수량차이	4,500,000	
노무비임률차이	2,880,000	
노무비능률차이	3,600,000	

위에서 제시된 재료가격차이는 9월에 구입된 재료에 대한 가격차이이며, 9월 초의 원재료 재고는 없는 것으로 한다. 9월중 원재료 구입액은 외상매입금 총액과 동일하다.

요구사항

1. 다음의 각 항목을 산출하고, 계산근거를 제시하시오.

① 표준허용직접노동시간
② 실제직접노동시간
③ 실제임률
④ 원재료 표준허용수량
⑤ 원재료 실제소비수량
⑥ 원재료 실제구입수량
⑦ 원재료 실제가격

2. 당사는 불리한 재료수량차이의 원인을 분석하는 과정에서 공정에 이상이 있을 확률을 60%로 추정하고 있다. 공정을 조사할 경우 작업활동을 중단함으로써 발생하는 조사비용이 ₩15,000,000이 될 것이다. 조사결과 공정이 이상이 있는 것으로 발견되면 수선비는 ₩25,000,000이 발생하고, 수선기간중 작업활동을 중단함으로써 발생하는 비용은 ₩40,000,000이 될 것이다. 공정에 이상이 있는 경우에도 조사를 하지 않으면 향후 불리한 재료수량차이의 현가는 ₩100,000,000이 될 것이다. 공정의 조사여부에 대한 의사결정을 하고 전문가로부터 완전정보를 얻는 데 지급할 수 있는 최대금액을 구하시오.

3. 최근 기업의 다품종 소량생산방식, 공장자동화 등의 환경변화로 인한 표준원가제도의 한계성을 설명하시오.

4. 향후 다양한 제품의 생산이 예상되는 당사는 20×7년부터 활동기준원가계산(ABC)을 도입하려고 하고 있다. 원가관리팀에서 설정한 활동별 제조간접비의 표준원가 및 실제활동소비량은 다음과 같다. 다음 자료를 이용하여 활동별 차이분석을 행하시오.

활 동	단위당 표준허용 원가동인수	원가동인당 표준원가
간접재료	4kg/단위	₩150/kg
에너지	1시간/단위	₩800/시간
품질검사와 수선	2회/단위	₩200/회

활 동	실제소비량	실제원가
간접재료	130,000kg	₩18,200,000
에 너 지	28,000시간	23,800,000
품질검사 및 수선	65,000회	14,300,000

5. 활동기준원가계산에 따른 차이분석의 유용성을 설명하시오.

문14 단답형 기출문제

1. ㈜대한은 표준원가계산시스템을 사용하고 있다. 다음은 제품 단위당 원가요소별 표준원가 자료이다.

직접재료비	₩100	직접노무비	₩200
변동제조간접비	₩50	고정제조간접비	₩100

제조간접비 배부기준은 직접노무시간이다. 2008년 6월에 기초재고는 없고, 총500개의 제품을 생산하였다. 직접재료비 가격차이는 ₩1,000(불리), 수량차이는 ₩2,000(유리)이고, 직접노무비 임률차이는 ₩500(유리), 능률차이는 ₩1,500(불리)이었다. 6월중 직접재료비 실제발생액과 직접노무비 실제발생액은 각각 얼마인가?

2. ㈜한강의 당기 초 생산활동과 관련된 예산자료는 다음과 같다.

구분	예산
생산량(기준조업도)	1,000단위
고정제조간접원가 총액	₩200,000
단위당 변동제조간접원가	₩125

당기의 실제생산량은 1,100단위이었고 실제제조간접원가 총액은 ₩355,000이었다. 제조간접원가 총차이를 통제가능차이와 조업도차이로 나누어 분석할 때 통제가능차이와 조업도차이는 각각 얼마인가?

3.(주)수원은 제조간접원가 배부기준으로 기계작업시간을 사용하여 정상개별원가계산을 적용하고 있다. (주)수원의 20×1년 연간 고정제조간접원가 예산은 ₩690,000이고, 실제발생한 제조간접원가는 ₩1,618,000이다. 20×1년 연간 예정조업도는 27,600기계작업시간이고, 실제 기계작업시간은 총 28,800시간이다. 20×1년의 제조간접원가 배부차이가 ₩110,000(과대배부)일 때 변동제조간접원가 예정배부율은 얼마인가?

4.(주)진주는 제조간접원가를 직접노무시간에 따라 배부하며, 기준조업도(직접노무시간)는 30,000시간/월이다. 제품 1단위를 생산하는데 표준직접노무시간은 3시간이다. 20×1년 9월의 발생 자료는 다음과 같을 때, (주)진주의 20×1년 9월 실제 제품생산량은 몇 단위인가?

● 실제 직접노무시간	28,000시간
● 변동제조간접원가 실제 발생액	₩37,800
● 소비차이	4,200(유리)
● 능률차이	3,000(유리)

5.대한회사는 표준원가계산제도를 채택하고 있다. 회사는 2008년 2월과 3월 동일한 표준을 적용하고 있다. 2008년 2월 중 실제로 생산된 제품수량은 1,000단위였으며, 고정제

조간접원가의 조업도차이는 ₩750만큼 불리하며, 소비차이(예산차이)도 ₩400만큼 불리한 것으로 나타났다. 2008년 3월 중 실제로 생산된 제품수량은 1,250단위였으며, 고정제조간접원가의 조업도차이는 ₩500만큼 유리하며, 소비차이(예산차이)도 ₩300만큼 유리한 것으로 나타났다. 대한회사는 2008년 3월 중 실제로 발생한 고정제조간접원가는 얼마인가?

6. ㈜한산은 표준원가계산을 적용하고 있다. 전기와 당기의 표준원가는 동일하며 직접재료의 표준원가는 다음과 같다.

	수량표준	가격표준	제품단위당 표준원가
직접재료원가	2kg	₩10/kg	₩20

당기에 직접재료를 10,000kg(kg당 구입가격 ₩12) 구입하였으며 9,000kg을 공정에 투입하였다. 기초재공품은 1,000단위(직접재료원가 완성도 80%)이었고 기말재공품은 1,300단위(직접재료원가 완성도 60%)이었다. 당기 중에 완성된 합격품은 3,500단위이었으며 공손품 200단위가 발생하였다. 품질검사는 공정의 종료단계에서 실시한다. 공손품은 모두 비정상공손으로 간주하며 처분가치는 없다. 회사는 비정상공손원가를 계산하여 별도의 계정으로 파악하고 있다. 직접재료원가 수량차이(능률차이)는 얼마만큼 유리(혹은 불리)한가?

제 16 장

이익중심점의 업적평가

제1절 서 론

제2절 이익중심점보고서의 작성

제3절 매출차이

학습목표

제 15장에서 우리는 원가차이분석을 중심으로 원가중심점의 업적평가에 대해 공부하였다. 제16장에서는 수익차이분석을 중심으로 이익중심점의 업적평가에 대해 공부한다. 이 장을 공부하고 나면 다음 사항을 이해해야 한다.

1. 이익중심점의 본질
2. 이익중심점의 책임회계보고서 작성과 이용
3. 매출가격차이와 매출조업도차이의 계산
4. 매출배합차이와 매출수량차이의 계산
5. 시장점유율차이와 시장규모차이의 계산

제16장 이익중심점의 업적평가

제1절 서 론

책임회계제도에서 업적평가보고서에는 각 하부 해당조직이 통제할 수 있는 요소만 포함시켜 보고한다. 이미 **제15장**에서 기술한 바와 같이 업적평가보고서가 작성되는 하부조직을 책임중심점(responsibility center)이라 한다. 책임중심점은 그 활동 본질에 따라 원가중심점, 이익중심점, 그리고 투자중심점으로 구분된다. 이 장에서는 이익중심점의 업적평가에 대해 설명하고자 한다.

1 이익중심점

이익중심점은 수익중심점과 서로 같은 뜻으로 쓰이는 경우가 많다. 그러나 엄밀히 얘기하면 이익중심점과 수익중심점은 차이가 있다. 수익중심점(revenue center)은 수익의 창출에만 책임을 진다. 따라서 수익중심점의 업적평가보고서에는 실제 수익과 예산상의 수익과의 차액인 매출수익차이(sales revenue variance)가 보고된다. 여기서는 비용차이와는 반대로 실제수익이 예산상의 수익보다 크면 그 차이는 유리한 것이고 실제수익이 예산상의 수익보다 작으면 그 차이는 불리한 것이다. 그런데 실제에 있어선 매출수익을 올리려면 비용을 발생시킬 수밖에 없다. 따라서 수익에 대한 차이만을 따지다 보면 수익중심점의 관리자들은 수익을 올리기 위해 발생되는 비용에 대해서는 관리를 포기하게 만들 수 있게 된다.

즉 비용이 얼마나 발생하는지를 고려하지 않고 수익중심점의 관리자들이 수익을 올리는 데만 관심을 갖게 되면 결국 전체이익에는 좋지 못한 영향을 가져올 수도 있게 된다. 이러한 문제를 보완하기 위해서 통상 수익중심점의 관리자에게는 통제가능한 수익과 비용에 대해서 동시에 책임을 부과시키고 있다. 이는 이익중심점(profit center)이 된다. 따라서 이익중심점의 업적평가보고서에는 매출수익차이와 비용차이가 동시에 보고된다. 비용차이에 대해선 이미 **제15장**에서 자세히 설명하였으므로 여기서는 수익차이에 대해 설명한다.

2 이익중심점의 식별

경영층은 조직부분을 이익중심점으로 설계하는 데에는 신중을 기해야 한다. 이익중심점은 비용과 수익을 모두 통제할 수 있음을 의미하는데, 만약 부문관리자가 이중 하나를 거의 통제할 수 없다면 이때 작성되는 이익중심점의 업적평가보고서는 중요한 정보를 제공할 수 없게 된다. 사실 자신이 거의 통제할 수 없는 업적에 대해 책임을 져야 한다면 이는 오히려 조직에 해를 미치고 말 것이다. 이익중심점이 설치되려면 적어도 다음 조건이 충족되어야 한다.

- 조직은 별도의 수익 및 비용측정치를 계산할 수 있는 두 개 이상의 부문을 지녀야 한다.
- 이들 부문의 경영층은 해당부분의 비용 및 수익에 대해 상당한 통제를 지녀야 한다.
- 각 부문의 이익은 최고경영층에게 정규적으로 보고되어야만 한다. 이러한 보고서는 최고경영층에서 부문업적평가의 일부분으로 받아들여야만 한다.

제2절 이익중심점보고서의 작성

이익중심점의 이익측정은 기업의 이익측정과 유사하다. 이익중심점에서 발생된 원가를 이익중심점 수익으로부터 차감해서 순이익을 산정한다. 이익중심점 업적을 측정하는 데 있어 하나의 어려움은 기업의 모든 수익과 비용이 해당 이익중심점에 구체적으로 식별되어질 수 있는 것이 아니라는 것이다. 가령 연구개발비, 본부운영비, 본부서비스비용 등은 기업의 각 이익중심점에 직접적으로 식별시키기가 곤란하다. 그러한 비용들은 이익중심점에 배분되어져야 한다. 그러나 이러한 배분이 인위적으로 이루어진다면 산정되는 이익수치는 이익중심점의 업적을 측정하는 데에나 이익중심점의 원가를 통제하는 데에 별 이용가치가 없다. 이익중심점의 업적을 보다 의미있게 나타내는 방법으로는 배부된 본부비용을 수익에서 차감시키기 전에 이익중심점의 이익을 보고하는 것이다. 이러한 방법의 위험은 본부비용은 회사의 어느 부문과도 식별되지 않는다는 데 있다. 경영자들은 이러한 본부비용을 아무도 통제할 수 없는 비용으로 간주할 수 있다.

예제 1 사업부 손익계산서의 예

태진사는 A, B, C 세 사업부문(이익중심점)을 지니고 있는데 본부비용을 각 사업부문에 배부하기 전 각 사업부문별 이익은 다음과 같다.

사업부 손익계산서

태진사 20×7년

	사업부			
	A	B	C	회사전체
매출	₩2,320,000	₩1,500,000	₩7,200,000	₩11,020,000
매출원가	1,720,000	1,125,000	5,600,000	8,445,000
매출총이익	₩600,000	₩375,000	₩1,600,000	₩2,575,000
영업비용:				
마케팅	106,000	125,000	320,000	551,000
분배	54,000	46,000	210,000	310,000
관리	156,000	110,000	460,000	726,000
총영업비용	₩316,000	₩218,000	₩990,000	₩1,587,000
사업부이익	₩284,000	₩94,000	₩610,000	₩988,000
본부비용				500,000
회사전체이익				₩488,000

요구사항

모든 본부비용을 매출액 기준으로 세 이익중심점에 배부하는 경우의 사업부 손익계산서를 작성하시오.

해답

위의 손익계산서에 보고된 수익과 비용은 각 사업부에 직접 추적가능한 것이고 사업부경영자의 책임하에 있는 것이다. 따라서 사업부별이익은 세 이익중심점의 업적보고서로 사용된다. 모든 본부비용을 세 이익중심점에 배부하는 사업부 손익계산서는 다음과 같다.

사업부 손익계산서

태진사 20×7년

	사업부			
	A	B	C	회사전체
매출	₩2,320,000	₩1,500,000	₩7,200,000	₩11,020,000
매출원가	1,720,000	1,125,000	5,600,000	8,445,000
매출총이익	₩600,000	₩375,000	₩1,600,000	₩2,575,000
영업비용:				
마케팅	106,000	125,000	320,000	551,000
분배	54,000	46,000	210,000	310,000
관리	156,000	110,000	460,000	726,000
총영업비용	₩316,000	₩281,000	₩990,000	₩1,587,000
사업부이익	₩284,000	₩94,000	₩610,000	₩988,000
배부된 본부비용	105,263	68,058	326,679	500,000
순이익	₩178,737	₩25,942	₩283,321	₩488,000

본부비용의 각 사업부에로의 배분방법은 통상 인위적으로 선정된다. 한 사업부에 유리한 배분방법은 다른 사업부에 불리하게 나타낼 수 있다. 따라서 배분방법이 바뀌면 각 사업부의 성과는 달라질 수도 있다. 그러므로 본부비용의 배분은 단지 재무보고나 세무보고목적으로 이루어져야 하며 업적평가 목적으로는 곤란하다.

그러나 많은 기업들은 동기부여수단으로 본부비용을 배분하는 데 대응개념을 사용한다. 앞의 예에서 본부비용은 매출액에 비례해서 각 사업부에 배분되었다. 이를 소위 **원가부담능력**(the ability to bear costs)법이라 한다. 각 사업부의 배부된 금액은 다음과 같이 산정되었다.

$$\text{배부된 본부비용} = \frac{\text{해당사업부의 매출액}}{\text{전체매출액}} \times \text{본부비용}$$

$$\text{사업부 A에 배부된 본부비용: } \frac{₩2,320,000}{₩11,020,000} \times ₩500,000 = ₩105,263$$

$$\text{사업부 B에 배부된 본부비용: } \frac{₩1,500,000}{₩11,020,000} \times ₩500,000 = ₩68,058$$

$$\text{사업부 C에 배부된 본부비용: } \frac{₩7,200,000}{₩11,020,000} \times ₩500,000 = ₩326,679$$

경영자의 정보욕구에 따라서 각 사업부 손익계산서는 더 세분되어질 수 있다. 가령 A사업부는 특급제품과 보통제품으로 구성되어 있다고 가정하자. 이때 각 제품별로 제품수익성보고서를 작성해 보면 다음과 같다.

A사업부 제품수익성보고서

태진사 20×7년

	제품		
	특 급	보 통	A사업부 전체
매출	₩1,200,000	₩1,120,000	₩2,320,000
매출원가	960,000	760,000	1,720,000
매출총이익	₩240,000	₩360,000	₩600,000
영업비용:			
마케팅	30,000	36,000	66,000
배분	26,000	18,000	44,000
관리	40,000	36,000	76,000
총영업비용	₩96,000	₩90,000	₩186,000
제품수익성	₩144,000	₩270,000	₩414,000
사업부비용			130,000
순이익			₩284,000

A사업부에서 발생된 비용이면서 특정제품에 직접 추적시킬 수 없는 사업부비용 ₩130,000은 A사업부 전체 아래 별도로 보고되었다. 이 비용은 A사업부에는 추적가능한 비용이지만 각 제품에는 추적가능한 비용이 아닌 공통비용이다. 위 표에서 보고된 순이익 ₩284,000은 **예제 1**에 보고된 본부비용 배부전 A사업부 이익과 일치됨을 알 수 있다.

제3절 매출차이

앞의 **제2절**에서 우리는 손익계산서 양식을 중심으로 한 이익중심점보고서의 작성에 대해 알아보았다. 이익중심점보고서에는 각 이익중심점별 이익금액만 보고된다. 여기서는 매출에서 예산과 실적간의 차이계산 및 보고에 대해 설명하려고 한다.

매출이 가장 중요한 수익이므로 매출 이외에 다른 수익이 없다고 가정하면 이익중심점에서 실제이익과 예산상의 이익간의 차이는 매출차이와 원가차이로 구분될 수 있다. 원가차이에 대해선 이미 제14장 원가중심점의 업적평가에서 설명하였다.

1 단일제품의 경우

여기서는 매출차이에 초점을 맞추기 위해서 원가는 모두 표준원가로 통일시켜 원가차이는 나타내지 않기로 한다. 원가차이에 대해서 **제14장**에서 이미 상세하게 설명하였다. **매출총차이**(total sales variance)는 다음과 같이 표현될 수 있다.

$$\text{매출총차이} = AQ(AP - Sc) - BQ(BP - Sc) \qquad (16\text{-}1)$$

여기서 AQ= 실제 판매량
AP = 실제 단위당 판매가격
Sc = 단위당 표준 변동원가
BQ = 예산상 판매량
BP = 예산상 단위당 판매가격

이때 매출총차이는 다시 **판매가격차이**(sales price variance)와 **매출조업도차이**(sales volume variance)로 세분되어질 수 있다.

$$\begin{aligned}\text{판매가격차이} &= AQ(AP - Sc) - AQ(BP - Sc) \qquad (16\text{-}2)\\ &= AQ(AP - BP)\\ \text{매출조업도차이} &= AQ(BP - Sc) - BQ(BP - Sc) \qquad (16\text{-}3)\\ &= (AQ - BQ)(BP - Sc)\end{aligned}$$

앞서 설명한 바와 같이 매출차이 분석에서는 원가를 표준원가로 통일시켜 원가차이는 제외시키고 있다. 따라서 매출총차이는 표준원가로 조정된 총실제공헌이익[$AQ(AP-Sc)$]과 예산상의 공헌이익간의 차이이다. 이때 전자가 후자보다 크면 매출총차이는 유리한 차이이다. 매출총차이에 영향을 주는 요인은 실제판매량과 예산판매량간의 차이와 실제판매가격과 예산판매가격간의 차이이다. 이를 세분하면 전자는 위의 등식 (**16-3**)으로 표현된 매출조업도차이이고 후자는 위의 등식 (**16-2**)로 표현된 판매가격차이이다. 이상의 내용을 도표로 요약하면 다음과 같다.

$AQ(AP-Sc)$　　　$AQ(BP-Sc)$　　　$BQ(BP-Sc)$

판매가격차이
$AQ(AQ-BP)$

매출조업도차이
$(AQ-BQ)(BP-Sc)$

매출총차이
$AQ(AP-Sc)-BQ(BP-Sc)$

여기서 실제판매가격이 예산판매가격보다 크면 판매가격차이는 유리한 차이이다. 마찬가지로 실제판매량이 예산판매량보다 크면 매출조업도차이는 유리한 차이이다.

예제 2 매출총차이, 매출조업도차이, 그리고 판매가격차이의 계산

태진사는 단일 제품을 생산 판매하고 있다. 태진사의 3월 한 달간 예산 손익계산서와 실제 손익계산서는 다음과 같다.

손익계산서—태진사

		예 산		실 제
매출	(10,000단위×₩8)	₩80,000	(11,000단위×₩10)	₩110,000
변동원가	(10,000단위×₩4)	40,000	(11,000단위×₩4.5)	49,500
공헌이익		₩40,000		₩60,500
고정원가		20,000		25,000
순이익		₩20,000		₩35,500

요구사항

매출총차이, 매출조업도차이, 그리고 판매가격차이를 산출하시오.

해 답

매출총차이, 매출조업도차이, 그리고 판매가격차이를 산출하기 위해서 $AQ(AP-Sc)$, $AQ(BP-Sc)$, 그리고 $BQ(BP-Sc)$를 구해 보면 다음과 같다.

$AQ(AP-Sc)$ = 11,000단위(₩10 − ₩4) = ₩66,000

$$AQ(BP - Sc) = 11{,}000\text{단위 } (₩8 - ₩4) = ₩44{,}000$$
$$BQ(BP - Sc) = 10{,}000\text{단위 } (₩8 - ₩4) = ₩40{,}000$$

따라서 매출총차이, 매출조업도차이, 그리고 판매가격차이는 아래와 같이 각각 ₩26,000(유), ₩4,000(유), 그리고 ₩22,000(유)이 된다.

$AQ(AP - Sc)$	$AQ(BP - Sc)$	$BQ(BP - Sc)$
₩66,000	₩44,000	₩40,000

판매가격차이 ₩22,000(유)

매출조업도차이 ₩4,000(유)

매출총차이 ₩26,000(유)

참고로 총 변동원가차이는 ₩5,500(불)[11,000 단위(₩4.5−₩4.0)]이며 총 고정원가차이는 ₩5,000(불)[₩25,000−₩20,000]이므로 총원가차이는 ₩10,500(불)이다. 따라서 총이익차이 ₩15,500(유)은 매출총차이 ₩26,000(유)과 총원가차이 ₩10,500(불)으로 세분되어짐을 알 수 있다.

2 다수제품의 경우

앞에서는 단일제품을 판매하는 경우의 매출차이분석에 대해서 설명하였다. 이제 다수제품을 판매하는 경우의 매출차이분석에 대해서 설명하려 한다. 다수제품을 판매하는 경우의 매출차이분석은 **매출조업도차이**(sales volume variance)가 **매출배합차이**(sales mix variance)와 **매출수량차이**(sales quantity variance)로 더욱 세분화될 수 있다. 즉 다수제품을 판매하는 경우의 매출조업도차이는 판매제품배합의 변화와 총 판매수량의 변화에 의해 기인된다.

위에서 등식 (**16-3**)으로 나타낸 바와 같이 매출조업도차이는 다음과 같다.

$$\text{매출조업도차이} = AQ(BP - Sc) - BQ(BP - Sc)$$

매출조업도차이를 더욱 세분하기 위해 「실제판매량(AQ)」은 「실제판매량×실제배합($AQ \times AM$)」으로, 「예산판매량(BQ)」은 「예산판매량×예산배합($BQ \times BM$)」으로 기술하기로 하자. 그러면 매출조업도차이는 다음과 같이 세분될 수 있다.

$AQ \times AM(BP-Sc)$	$AQ \times BM(BP-Sc)$	$BQ \times BM(BP-Sc)$
실제배합에 의한 실제판매량 ×표준 공헌이익	예산배합에 의한 실제판매량 ×표준 공헌이익	예산배합에 의한 예산판매량 ×표준 공헌이익

매출배합차이 매출수량차이

매출조업도차이

예제 3 매출배합차이, 매출수량차이, 그리고 매출조업도차이의 계산

태진사는 제품 A와 B를 생산 판매하고 있는데 지난 한 달간 관련예산 및 판매량은 다음과 같다.

	제품 A	제품 B
예산상 판매가격	₩6	₩10
예산상 단위변동원가	4	6
예산 판매량	120단위	60단위
실제 판매량	130단위	80단위

요구사항

매출배합차이, 매출수량차이, 그리고 매출조업도차이를 산출하시오.

해답

이때 매출배합차이, 매출수량차이, 그리고 매출조업도차이는 다음과 같이 각각 ₩20(유), ₩80(유), 그리고 ₩100(유)이다.

	$AQ \times AM(BP-Sc)$	$AQ \times BM(BP-Sc)$	$BQ \times BM(BP-Sc)$
A 제품	130(₩6－₩4)＝₩260	140(₩6－₩4) ＝ ₩280	120(₩6－₩4) ＝₩240
B 제품	80(₩10－₩6)＝ 320	70(₩10－₩6) ＝ 280	60(₩10－₩6)＝ 240
	210 ₩580	210 ₩560	₩480

매출배합차이 ₩20(유) 매출수량차이 ₩80(유)

매출조업도차이 ₩100(유)

위에서 총 실제판매량 210단위(130단위+80단위)를 예산상의 배합[제품 A 120단위, 제품 B 60단위, 즉 2:1]에 맞추어 보면 제품 A 140단위 그리고 제품 B 70단위가 된다. 실제배합을 예산배합에 견주어 보면 공헌이익이 큰 B제품을 보다 많이 판매하였기 때문에 매출배합차이 ₩20은 유리한 차이로 나타났다. 한편 매출수량차이는 총 실제판매수량이 총 예산판매수량에 비해 크면 유리한 차이를 보이는데 위의 예에서 총 실제판매수량은 210단위인 데 반해 총 예산판매수량은 180단위이기 때문에 유리한 차이를 보인다.

매출수량차이는 다시 시장점유율차이(통제가능차이)와 통시장규모차이(통제불능차이)로 구분할 수 있다.

실제시장규모 × 실제점유율 × 평균예산 공헌이익	실제시장규모 × 예산점유율 × 평균예산 공헌이익	예상시장규모 × 예산점유율 × 평균예산 공헌이익
시상섬유율차이		시장규모치이
	매출수량차이	

시장규모차이는 경영자의 의사와 관계없이 해당산업 전체의 시장규모가 확대 혹은 축소됨에 따라 나타나는 매출수량차이를 의미한다. 반면 시장점유율차이는 실제 시장규모하에서 당사의 시장점유율이 예상보다 확대 혹은 축소됨에 따라 나타나는 매출수량차이를 말한다. 시장규모차이와 시장점유율차이는 다음과 같이 계산한다.

예산평균 공헌이익은 제품별 공헌이익과 예산매출배합비율을 이용하여 산출한다.

$$\text{예산평균 공헌이익} = \sum \text{제품별 공헌이익} \times \text{제품별 판매비율}$$

예제 4 시장규모차이와 시장점유율차이

예제 3에서 제품A와 제품B의 예산시장규모는 1,000단위이며, 예산시장점유율은 18%이다. 한편 제품A와 제품B의 실제시장규모는 1,050단위였고, 실제시장점유율은 20%였다.

요구사항

예제 3에서 산출한 매출수량차이를 시장규모차이와 시장점유율차이로 세분화하시오.

해답

예산평균 공헌이익 = $₩2 \times \frac{120}{120+60} + ₩4 \times \frac{60}{120+60} = ₩2.6667$

실제시장규모 × 실제점유율 × 평균예산 공헌이익	실제시장규모 × 예산점유율 × 평균예산 공헌이익	예산시장규모 × 예산점유율 × 평균예산 공헌이익
1,050 × 20% × ₩2.6667 = ₩560	1,050 × 18% × ₩2.6667 = ₩504	1,0000 × 18% × ₩2.6667 = ₩480

시장점유율차이 ₩56(유) 시장규모차이 ₩24(유)

매출수량차이 ₩80(유)

참고로 제시된 자료에서 예산시장점유율 18%는 예산판매량(180단위)을 예산시장규모(1,000단위)로 나누어서 계산한 것이고, 실제시장점유율 20%는 실제판매량(210단위)를 실제시장규모(1,050단위)로 나누어서 계산한 것이다.

연습문제

문 1 판매가격차이와 매출조업도차이

서강회사는 단일제품을 전문생산하는 업체이다. 당기의 손익계산서는 다음과 같다.

	예 산	실 제
판 매 량	75,000단위	82,500단위
메 출 액	₩375,000	₩379,500
변동원가		
매출원가	₩221,250	₩231,000
판 매 비	60,000	66,000
합 계	₩281,250	₩297,000
공헌이익	₩93,750	₩82,500
고정원가		
판 매 비	₩18,750	₩22,500
관 리 비	41,250	45,000
합 계	₩60,000	₩67,500
순 이 익	₩33,750	₩15,000

요구사항

1. 판매가격차이를 계산하시오.
2. 매출조업도차이를 계산하시오.

문 2 이익중심점의 성과평가: 단일제품

서강전자는 가정용 무선전화기를 제조하는 기업으로 20×7년의 예산자료와 실제 성과치의 자료는 다음과 같다.

	예 산	실제성과
판매량	10,000개	?
판매가격	@₩100	@₩110
변동비	@₩60	?
고정비	₩100,000	₩100,000

20×7년의 서강전자의 실제 영업이익은 고정예산상의 영업이익보다 ₩100,000만큼 작다. 수익의 매출조업도차이는 ₩200,000만큼 불리하며 공헌이익의 가격차이는 ₩40,000만큼 불리한 것으로 나타나 있다. 이때 다음의 물음에 답하시오.

요구사항

1. 서강전자의 20×7년 한 해 동안의 실제 판매량은 얼마인가?
2. 서강전자의 20×7년의 성과치와 예산자료를 다음을 각각 구하시오.
   ① 판매가격차이
   ② 변동비의 가격차이
   ③ 변동비의 능률차이

문 3 이익중심점의 성과평가: 복수제품

서강회사는 TV와 라디오를 생산·판매하는데 당기의 손익계산서는 다음과 같다.

	TV		라디오	
	예 산	실 제	예 산	실 제
판 매 량	2,800단위	3,920단위	8,400단위	7,840단위
매 출 액	₩8,400	₩10,584	₩16,800	₩16,464
변동원가	3,360	3,920	8,400	8,120
고정원가	2,520	2,660	3,360	3,360
순 이 익	₩2,520	₩4,004	₩5,040	₩4,984

요구사항

1. TV의 매출조업도차이를 구하시오.
2. 라디오의 판매가격차이를 구하시오.
3. 라디오의 변동원가 변동예산차이를 구하시오.
4. 서강회사의 매출배합차이를 구하시오.
5. 서강회사의 매출수량차이를 구하시오.

문 4 매출배합차이와 매출수량차이

서강회사는 두 가지 제품 A와 B를 생산·판매하고 있다. 예산시장점유율 10% 기준으로 작성한 예산손익계산서와 실제손익계산서는 다음과 같다.

	예 산			실 제		
	A	B	합 계	A	B	합 계
판 매 량	210	140	350	182	182	364
매 출 액	₩1,260	₩1,400	₩2,660	₩1,092	₩1,729	₩2,821
변동원가	(630)	(1,050)	(1,680)	(546)	(1,365)	(1,911)
공헌이익	₩630	₩350	₩980	₩546	₩364	₩910
고정원가			627			588
순 이 익			₩353			₩322

요구사항

1. 산업전체의 실제시장규모가 3,610단위였다면 시장점유율증대로 인한 판매량 증가량은 판매량 총증가량의 몇 %인지 구하시오.
2. 단위당 실제공헌이익과 예산공헌이익과의 차이로 인한 총공헌이익의 차이를 구하시오.
3. 매출배합차이를 구하시오.
4. 매출수량차이를 구하시오.

문 5 매출조업도, 매출배합 및 매출수량 차이

서강도자기는 A, B, C 3가지 종류의 도자기를 생산·판매하고 있다. 다음은 20×7년의 예산과 실제결과이다. 다음의 자료를 이용하여 요구사항에 답하라. 단, 변동판매비는 발생하지 않는 것으로 가정한다.

● 20×7년 예산

	판매가격	변 동 비	공헌이익	판매수량
A	@₩3,000	@₩2,000	@₩1,000	700,000개
B	2,200	1,600	600	100,000
C	5,300	3,300	2,000	200,000
				1,000,000개

● 20×7년 실제결과(성과)

	판매가격	변 동 비	공헌이익	판매수량
A	@₩2,800	@₩1,600	@₩1,200	825,000개

B	1,900	1,400	500	165,000
C	3,800	2,800	1,000	110,000
				1,100,000개

요구사항

1. 개별제품과 전체제품에 대한 판매가격차이를 구하시오.
2. 개별제품과 전체제품에 대한 변동제조원가차이를 구하시오.
3. 개별제품과 전체제품의 공헌이익에 대한 변동예산차이를 구하시오.
4. 개별제품과 전체제품에 대한 매출조업도차이를 구하시오.
5. 개별제품과 전체제품에 대한 매출배합차이를 구하시오.
6. 전체제품에 대한 매출수량차이를 구하시오.
7. 매출배합차이와 매출수량차이의 정보효과를 논평하시오.
8. 실제공헌이익이 예산공헌이익과 차이가 발생한 것에 대한 제조부문의 책임과 판매부문의 책임을 계산하시오.

문 6 매출조업도차이의 세분(1)

(주)서강은 A, B의 두 가지 가전제품을 생산하고 있다. 회사의 20×7년의 예산과 실제치의 자료는 다음과 같다.

● 예 산

	A	B
판 매 량	500개	500개
변 동 비	@₩60	@₩90
공헌이익	40	60

● 실 제

	A	B
판 매 량	600개	300개
변 동 비	@₩55	@₩95
공헌이익	40	65

요구사항

1. 판매가격차이와 매출조업도차이를 구하시오.
2. 매출배합차이와 매출수량차이를 구하시오.
3. 시장규모와 시장점유율에 대한 다음의 자료가 주어졌을 때 시장규모차이와 시장점유율차이를 구하시오.

예산시장규모	10,000개
예산시장점유율	10%
실제시장규모	6,000개

문 7 매출조업도차이의 세분(2)

(주)서강은 현재 세 가지 제품을 생산·판매하고 있다. 이들 제품과 관련된 단위당 표준원가 및 예상판매가격은 다음과 같다.

	제품 A	제품 B	제품 C
직접재료비	₩15	₩20	₩40
직접노무비	10	15	30
변동제조간접비	8	10	20
변동판매비와 관리비	2	5	10
판매가격	50	70	130

예산상 각 제품별은 제품 A 3단위, 제품 B 4단위, 그리고 제품 C 3단위의 비율로 판매된다. 20×7년 한 해 동안의 실제판매 결과는 다음과 같다.

	예상판매량	실제판매량	판매가격
제품 A	3,000	2,500	₩55
제품 B	4,000	5,000	60
제품 C	3,000	4,500	120

예산편성시 전체 시장규모는 100,000단위이고, 동사의 시장점유율은 10%이다. 그런데 20×7년도 실제 시장규모는 150,000단위였다.

요구사항

1. 매출가격차이, 매출조업도차이를 산출하시오.
2. 매출배합차이, 매출수량차를 산출하시오.
3. 시장점유율차이, 시장규모차이를 산출하시오.

문 8 이익차이분석: 생산량과 판매량이 다른 경우

(주)서초철강의 예산손익계산서와 실제손익계산서는 다음과 같다.

	실제손익계산서(15,000단위)	예산손익계산서(12,000단위)
매 출 액	₩3,000,000	₩2,760,000
변 동 비		
변동제조원가	1,350,000	1,104,000
변동판매비와 관리비	330,000	276,000
공헌이익	₩1,320,000	₩1,380,000
고 정 비		
고정제조원가	500,000	450,000
고정판매비와 관리비	350,000	300,000
순 이 익	₩470,000	₩630,000

위에서 제시된 성과보고서가 작성된 후 경영자는 순이익 차이에 대한 정확한 원인을 규명할 수 있는 보고서를 작성할 것을 지시하였다.

요구사항

1. 순이익차이를 규명하기 위하여 다음 각 항목을 구하시오.
   ① 판매가격차이
   ② 매출조업도차이
   ③ 변동제조원가가격·능률차이
   ④ 변동판매비와 관리비 가격차이
   ⑤ 고정제조간접비차이
   ⑥ 고정판매비와 관리비 차이
2. 실제영업결과는 생산량이 18,000단위, 판매량이 15,000단위일 때 실제손익계산서를 작성하고, 요구사항 1의 차이와 달라지는 차이를 구하시오. 단 기초재고는 없고 단위당 실제 변동제조원가는 위 자료와 같으며, 원가차이는 매출원가에서 조정된다고 가정하라.

문 9 매출차이분석과 스루풋원가계산

(주)서강은 냉장고를 생산하는 업체로서 보급형과 고급형 두 종류의 제품을 생산하고 있다. 회사의 마케팅부서에서 2001년도의 시장을 예측한 결과 다음과 같은 자료를 보고하였다.

	보 급 형	고 급 형
예상시장규모	200,000	300,000
판매목표	20,000	25,000
단위당 판매가격	₩50	₩40
단위당 직접재료비	5	5
단위당 변동가공원가	30	23

당사의 2001년 실제 판매관련 자료는 다음과 같다.

	보 급 형	고 급 형
시장 규모	180,000개	270,000개
회사 판매량	15,300개	22,950개
단위당 판매가격	₩50	₩40
단위당 직접재료비	6	4
단위당 변동가공원가	32	25

요구사항

1. 매출배합차이와 매출수량차이를 산출하시오.
2. 시장규모차이와 시장점유율차이를 산출하시오.
3. 결국 시장 점유율차이는 누구의 책임인가?
4. 당해 회사가 시장규모에 미치는 영향이 미미할 때, 시장규모차이에 대한 책임은 누가 져야 하는가?
5. 스루풋원가계산이란 직접재료원가만 제품원가로 보고 그 외의 가공원가는 발생즉시 비용으로 처리하는 원가계산방법이다. 고급형 냉장고에 관해서, 기초 제품수량이 1,000개와 3,000개일 때 스루풋원가계산에 의한 영업이익을 구하시오. 그리고 이러한 영업이익의 차이가 나는 이유는 무엇인지 설명하시오. 단, 각각의 경우에 기말제품은 2,500개라고 가정한다.
6. 변동원가계산하의 영업이익과 위의 스루풋원가계산의 영업이익이 차이가 나는 이유는 무엇인지 설명하시오. 단, 변동원가계산하의 영업이익을 구할 필요는 없다.

문 10 단답형 기출문제

1. 대한회사는 A와 B의 두 제품을 생산판매하고 있다. 예산에 의하면 제품 A의 단위당 공헌이익은 ₩20이고, 제품 B의 공헌이익은 ₩4이다. 2007년의 예산매출수량은 제품 A가 800단위, 제품 B는 1,200단위로 총 2,000단위였다. 그러나 실제매출수량은 제품 A가 500단위, 제품 B가 2,000단위로 총 2,500단위였다. 대한회사의 2007년 매출배합차이와 매출수량차이를 계산하면 각각 얼마인가?

2. ㈜한국은 보통과 고급의 두 가지 우산을 판매한다. 회사의 20×4년 2월의 매출에 대한 자료는 다음과 같다. 두 가지 우산의 매출수량차이는 각각 얼마인가? 단, 모든 차이는 공헌이익을 기준으로 산정한다.

고정예산 총공헌이익	₩2,800,00
2월에 판매될 예산 우산수량	2,000단위
보통우산의 단위당 예산공헌이익	₩1,000
고급우산의 단위당 예산공헌이익	₩3,000
총매출수량차이	₩700,000(불리)
보통우산의 실제 매출배합비율	60%

제 17 장

투자중심점의 업적평가

제1절 분 권 화

제2절 투자중심점의 업적평가

제3절 균형성과표

제4절 투자중심점 업적측정의 문제점

보 론 경제적 부가가치

학습목표

제 15장과 16장에서는 각각 원가중심점과 이익중심점의 업적평가에 대해 공부하였다. 여기에서는 책임과 권한이 가장 많이 위양된 투자중심점의 업적평가에 대해 기술한다. 이 장을 공부하고 나면 다음 사항을 파악할 수 있어야 한다.

1. 분권화의 이유와 장단점
2. 투자중심점의 업적평가: 투자수익률, 잔여이익, 경제적 부가가치
3. 재무적 측정치의 문제점
4. 균형성과표(BSC)
5. 업적평가에서 대리이론의 시사점

제17장 투자중심점의 업적평가

제1절 분 권 화

1 분권화의 의의

조직이 성장해서 그 활동이 다양하고 복잡해지면 종합예산 등의 사용을 통한 중앙집권적 계획 및 통제는 점점 어렵게 된다. 따라서 최고경영자는 의사결정권한의 일부를 조직전체에 걸쳐 각 경영자에게 위양하게 된다. 만약에 최고경영자가 관리 프로세스의 일부를 부하들에게 위양하지 않는다면 의사결정은 비능률적이게 될 수 있다. 조직을 관리가능한 단위로 분리시키면 조직의 효율성이 제고될 뿐만 아니라 운영활동에 대해 적절한 통제를 가할 수 있다. 이러한 조직의 세분화와 의사결정권한의 위양을 분권화(decentralization)라 한다.

또한 앞서 설명한 바와 같이 이러한 세분화된 조직을 책임중심점이라 하고 책임중심점의 경영자는 자신이 관장하는 세분화된 조직의 성과에 대해 책임을 진다. 세분화된 조직이 투자결정까지 포함한 거의 모든 면에서 독자적으로 움직일 수 있는 권한을 부여받는다면 이러한 책임중심점은 투자중심점이라 한다. 대표적인 투자중심점으로는 사업부제하에서의 사업부(division)를 들 수 있다. 각 사업부는 독립적 사업이 가능하도록 독자적인 생산, 마케팅 그리고 관리 기능을 보유하고 있다.

2 분권화의 장단점

(1) 분권화의 장점

세분화된 사업단위 경영자의 업적을 보고하는 것은 분권화된 조직의 운영활동을 통제하는 데 필수불가결한 부분이다. 우선 나타날 가능성이 있는 분권화의 장점을 나열해 보면 다음과 같다.

- 전체조직을 관리가능한 규모로 세분화시키므로 통제가 보다 용이해진다.
- 해당 문제에 대해 가장 잘 알고 있는 경영자의 수준에서 의사결정이 이루어지게 된다.
- 조직의 의사결정채널이 단순화되므로 적시의사결정이 가능해진다. 따라서 조직의 신축성 및 대고객 반응이 제고된다.
- 본부에서 발생될 수도 있는 정보과부하(information overload) 문제를 회피할 수 있다.
- 하부경영자들이 의사결정권한을 부여받음으로 인해 경영프로세스에 활발한 참여가 이루어지고 결국 그들의 사기 및 직무만족이 제고된다.
- 하부경영자들에게 가치 있는 경영기술을 체험할 수 있는 기회가 제공된다.
- 조직은 창업주의적 환경을 조성하고 진작시킬 수 있다.
- 제품의 다양성은 사업순환주기의 효과를 완화시키며 사업위험을 경감시킨다.
- 내부경쟁의식은 혁신 및 효율적 경영을 유발시킬 수 있다.
- 최고경영자로 하여금 보다 많은 시간을 전략적 계획수립과 의사결정에 집중되도록 만든다.
- 본부규모가 축소되어 본부경비가 절감된다.
- 하부조직에서의 의사소통이 개선된다.

(2) 분권화의 단점

분권화가 항상 조직에 장점만 가져다 주는 것은 물론 아니다. 특히 한 조직이 분권화를 출범시키려 한다면 다음과 같은 분권화의 잠재적 단점들을 충분히 고려해야 한다.

- 제품, 프로세스 등의 다각화 내지 복잡화로 인해 사업부문간의 조정이 어려워진다.
- 사업부문들이 희소한 자원을 놓고 경쟁을 하기 시작한다.
- 보상제도에 의해 적절히 동기부여되지 않는다면, 부문경영자들이 기업조직 전체목표에는 해를 입히지만 자신에게는 유리한 의사결정을 내리게 된다.
- 각 부문별 지원스탭의 중복설치로 비용이 증가된다.
- 부문의 다각화는 부문간 의사소통을 비효율적으로 만드는 양립할 수 없는 제도를 유발시킬 수도 있다.
- 수직통합화된 경우 너무 많은 다각화는 품질관리문제를 야기시킬 수도 있다.
- 부문간의 내부경쟁이 지나치게 되면 부문경영자가 보다 큰 시각이나 외부경쟁을 지나쳐버릴 수도 있기 때문에 건전치 못하다.

위와 같은 단점에도 불구하고 많은 조직은 분권화된 경영스타일을 적용함으로써 이득을 볼 수 있다. 분권화 조직의 성공의 열쇠는 조직을 경영하는 데 적합한 인물을 갖는 것이다. 분권화 조직을 운영하려는 기업에서 필요로 하는 최고경영자 스타일(성향)은 다음과 같다.

- 부하들이 솔선하도록 내버려 둘 능력이 있어야 한다. 때에 따라서 부하들의 작은 실수도 용납할 수 있어야 한다.
- 권한을 과감히 위양할 수 있는 능력을 지녀야 한다.
- 큰 그림을 보고 전략적 의사결정에 관심을 둘 수 있어야 한다.
- 단지 최종이익 수치에만 관심을 두기보다 인간지향적이어야 한다.
- 우수한 장기성과에 대해 기꺼이 훌륭한 보상을 할 수 있어야 한다.
- 남의 얘기를 잘 경청하고 조절할 수 있어야 한다.

제2절 투자중심점의 업적평가

보통 이익중심점에서 벌어들인 이익의 크기는 사업단위에서 활용할 수 있는 자원의 크기와 밀접한 관계가 있다. 가용자원이 클수록 이익이 커진다. 만약에 경영층이 가용자원의 크기가 서로 다른 여러 이익중심점의 업적을 평가하고자 할 때 단순히 각 이익중심점에서 벌어들인 이익의 크기를 비교하는 것은 합리적이지 못하다. 예를 들어 A사업부에서 1억원의 이익을 벌어들였고, B사업부에서 2억원이 이익을 냈을 때, 어느 사업부의 성과를 좋다고 할 것인가? 각각의 이익을 얻기 위하여 투자한 금액이 동일한 경우라면 B사업부의 성과를 더 좋은 것으로 평가할 수 있을 것이다. 그런데 A사업부는 1억을 벌기 위하여 10억을 투자했고, B사업는 2억을 벌기위해 50억을 투자했다면 누가 더 좋은 성과를 냈다고 할 것인가? 투자중심점은 투자에 대한 권한과 책임을 지는 사업단위이므로 성과평가를 할 때 반드시 투자액을 고려하여야 한다.

투자중심점의 성과를 평가하는 방법에는 여러 가지가 있으나 이하에서는 가장 대표적인 방법인 투자수익률, 매출수익률, 잔여이익 그리고 경제적 부가가치에 대하여 설명하고자 한다.

1 투자수익률

투자중심점의 평가는 단순히 투하된 자원에 대한 수익에 기초한다. 순이익을 투자로 나누는 **투자수익률**(return on investment, ROI)은 다음과 같이 계산된다.

$$\text{투자수익률} = \frac{\text{투자중심점이익}}{\text{투자중심점자산}} \qquad (17\text{-}1)$$

투자중심점 자산은 기초자산, 기말자산 또는 기중평균자산 등 여러 개념으로 평가되는데 여기서는 달리 언급이 없는 한 기중평균자산으로 평가한다. 투자수익률은 매출수익률과 자산회전율의 두 부분의 결합으로 표현할 수 있다. **매출수익률**은 이익을 매출로 나누어서 산출되며, **자산회전율**(asset turnover)은 매출을 자산으로 나누어서 산출된다.

$$\text{투자수익률} = \text{매출수익률} \times \text{자산회전율} \quad (17\text{-}2)$$
$$\frac{\text{투자중심점이익}}{\text{투자중심점자산}} = \frac{\text{투자중심점이익}}{\text{투자중심점매출액}} \times \frac{\text{투자중심점매출액}}{\text{투자중심점자산}}$$

등식 (**17-2**)를 사용하여 경영자는 투자수익률을 제고시킬 수 있는 방법을 여러 가지로 생각해 낼 수 있다. 가령 매출수익률을 올리던가, 자산회전율을 올리면 투자수익률이 올라간다. 물론 매출수익률과 자산회전율을 동시에 올리면 투자수익률은 더 많이 올라갈 것이다. 투자수익률을 올리는 방법은 수익을 올리든지, 비용을 줄이든지, 아니면 자산을 감소시킴으로써 가능하다.

2 매출수익률

투자수익률은 여러 가지 점에서 문제점이 있는 것으로 지적되고 있다. 나중에 설명될 투자중심점의 자산에 대한 정의 및 측정도 투자수익률의 문제점 중의 하나이다. 또한 일본 기업들은 투자수익률의 여러 문제점 가운데 특히 투자수익률이 투자의욕을 감퇴시킨다는 점을 강조한다. 즉 투자수익률로 사업부를 평가하게 되면 사업부의 경영자들은 기존의 투자수익률을 떨어뜨릴 수도 있는 신규투자를 가급적 피하려 한다는 것이다. 이에 대한 대안으로 일본기업에서는 매출수익률(return on sales, ROS)의 사용을 선호하고 있다. 매출수익률은 투자수익률에 비해서 신규투자에 대한 영향이 적다. 그런데 매출수익률이라고 해서 문제를 내포하고 있지 않다고는 말할 수 없다. 등식 (**17-2**)에 나타난 바와 같이 매출수익률은 투자수익률의 한 부분이다.

$$\text{투자수익률} = \text{매출수익률} \times \text{자산회전율}$$
$$= \frac{\text{투자중심점이익}}{\text{투자중심점매출액}} \times \frac{\text{투자중심점매출액}}{\text{투자중심점자산}}$$

따라서 매출수익률로 투자중심점을 평가하는 것은 투자수익률에 비해 부분적인 평가에 불과하다고 볼 수 있다. 따라서 일본 기업들은 투자중심점자산에 대한 관리를 보다 철저히 함으로써 매출수익률의 약점을 보완하려 한다. 자산은 크게 당좌자산, 재고자산, 그리고 고정자산으로 분류되는데 이중 특히 재고자산에 대한 관리를 적시재고시스템(just-in-time system)을 철저히 사용하여 하고 있다. 그렇게 함으로써 기업은 투자수익률에 비해 매출수익률이 부분적인 평가라는 점을 보완함과 동시에 투자의욕의 감퇴를 가져다주는 것을 방지하고자 한다. 그래서 도요다 자동차는 매출수익률(ROS)과 적시재고(JIT)를 동시에 사용한다고 한다.

3 잔여이익

잔여이익(residual income, RI)은 투자중심점이익에서 투자중심점자산에 필수수익률을 곱한 금액을 차감하여 산출된다.

잔여이익 = 투자중심점이익 − (필수투자수익률 × 투자중심점자산) (17-3)

투자중심점자산에 적용되는 필수투자수익률은 또한 투자의 **내재비용**(imputed cost)이라 불리어진다. 보통 투자중심점의 필수투자수익률을 결정하는 데에는 기업의 자본비용을 기초로 하여 각 투자중심점의 위험정도를 반영 조정하게 된다. 이렇게 하여 위험이 큰 투자중심점의 필수투자수익률은 위험이 적은 투자중심점의 필수투자수익률보다 크게 결정된다. 잔여이익으로 평가한다면 투자중심점 경영자들을 필수투자수익률보다 큰 투자수익률을 가져다주는 투자기회는 받아들이는 데 반해 투자수익률로 평가한다면 필수투자수익률보다 크지만 원래의 투자수익률이나 목표투자수익률을 보다 작은 투자수익률을 가져다주는 투자기회는 거부하게 된다. 이와 같은 상황에서는 투자수익률에 의한 업적평가보다 잔여이익에 의한 업적평가가 보다 합리적일 수 있다. 왜냐하면 필수투자수익률보다 큰 투자수익률을 가져다주는 투자기회는 받아들이는 것이 회사 전체의 입장에서 합리적인 의사결정이기 때문이다.

4 경제적 부가가치

최근 괄목할 만한 관심을 일으키고 있는 **경제적 부가가치**(economic value added, EVA)는 잔여이익의 특별한 유형으로 간주될 수 있다. 경제적 부가가치는 가중평균자본비용을 총자산에서 유동부채를 차감한 금액에 곱한 것을 투자중심점의 세후영업이익에서 차감시킨 것이다.

EVA = 세후영업이익 − [가중평균자본비용 × (총자산 − 유동부채)] (17-4)

등식 (**17-3**)에서 기술된 잔여이익식에서 투자중심점이익 대신 투자중심점 세후영업이익을, 필수투자수익률 대신 가중평균자본비용을, 그리고 투자중심점자산 대신 투자중심점의 총자산 − 투자중심점의 유동부채를 사용하면 위의 등식 (**17-4**)에서 기술된 경제적 부가가치가 나온다. 경제적 부가가치를 계산하는 데 있어서 중요한 정보는 가중평균자본비용(WACC)인데 이는 특정 투자중심점에 투하된 모든 장기자금의 세후 비용과 같다.

$$\text{WACC} = \text{타인자본비용} \times (1-t) \times \frac{\text{타인자본}}{\text{총자본}} + \text{자기자본비용} \times \frac{\text{자기자본}}{\text{총자본}} \qquad (17\text{-}5)$$

여기서 타인자본은 장기부채를 의미하고 자기자본은 자본을 의미한다. 타인자본비용은 비용으로 인정되므로 법인세절감효과가 있으나 자기자본비용은 비용으로 인정되지 않으므로 법인세절감효과가 없다.

경제적 부가가치를 나타내는 등식 (**17-4**)는 세후영업이익이 투하된 자금의 자본비용을 상회해야 가치가 창출된다는 것을 표현하고 있다. 그 동안 설명한 내용 중에서 잔여이익과 경제적 부가가치를 비교하면 다음과 같다.

잔여이익(RI)과 경제적 부가가치(EVA) 비교

잔여이익	경제적 부가가치
· 세전영업이익	· 세후영업이익
· 총자산	· 총자산—유동부채
· 최저필수수익률	· 가중평균자본비용
· 자기자본비용 고려(×)	· 자기자본비용 고려(○)

경제적 부가가치에 대한 보다 구체적인 내용은 보론을 참조하기 바란다.

예제 1 투자중심점의 업적평가

태진사는 독립적으로 운영되는 3개의 사업부(투자중심점)를 운영하고 있다. 각 사업부와 관련된 주요 자산, 부채, 자본 관련자료와 수익자료는 다음과 같다.

	A사업부	B사업부	C사업부
총자산	₩1,000,000	₩3,000,000	₩5,000,000
유동부채	300,000	500,000	1,500,000
매출액	2,000,000	5,000,000	10,000,000
영업이익	300,000	600,000	900,000

태진사의 자본구조는 타인자본이 ₩5,000,000이고 타인자본비용은 10%이며, 자기자본은 ₩5,000,000이고 자기자본비용은 14%이다. 또한 동사의 필수투자수익률은 12%이고, 법인세율 40%로 가정한다.

◉ 요구사항

다음 각 성과평가 지표를 이용하여 각 사업부의 영업성과를 평가하시오.

1. 투자수익률(ROI)
2. 잔여이익(RI)
3. 매출수익률(ROS)
4. 경제적 부가가치(EVA)

해답

1. 투자수익률(ROI)

	총자산(X)	영업이익(Y)	ROI(Y/X)
A사업부	₩1,000,000	₩300,000	30%
B사업부	3,000,000	600,000	20%
C사업부	5,000,000	900,000	18%

∴ A사업부가 가장 우수한 성과를 달성한 것으로 평가됨.

2. 잔여이익(RI)

	총자산×필수수익률	영업이익	RI
A사업부	₩1,000,000 × 12% = ₩120,000	₩300,000	₩180,000
B사업부	3,000,000 × 12% = 360,000	600,000	240,000
C사업부	5,000,000 × 12% = 600,000	900,000	300,000

∴ C사업부가 가장 우수한 성과를 달성한 것으로 평가됨.

3. 매출액수익률(ROS)

	총자산(X)	영업이익(Y)	ROS(Y/X)
A사업부	₩2,000,000	₩300,000	15%
B사업부	5,000,000	600,000	12%
C사업부	10,000,000	900,000	9%

∴ A사업부가 가장 우수한 성과를 달성한 것으로 평가됨.

4. 경제적 부가가치(EVA)

경제적 부가가치를 산출하기 위해서는 우선 기업 전체의 가중평균자본비용을 계산하여야 한다.

가중평균자본비용(WACC)

$$= \text{타인자본비용} \times (1 - \text{법인세율}) \times \frac{\text{타인자본}}{\text{총자본}} + \text{자기자본비용} \times \frac{\text{자기자본}}{\text{총자본}}$$

$$= 10\% \times (1 - 0.4) \times \frac{₩5,000,000}{₩10,000,000} + 14\% \times \frac{₩5,000,000}{₩10,000,000}$$

$$= 10\%$$

	세후영업이익*	총자산(X)	유동부채(Z)	(X－Z)×WACC	EVA(Y/X)
A사업부	₩180,000	₩1,000,000	₩300,000	₩70,000	₩110,000
B사업부	360,000	3,000,000	500,000	250,000	110,000
C사업부	540,000	5,000,000	1,500,000	350,000	190,000

* ₩300,000×0.6; ₩600,000×0.6; ₩900,000×0.6

∴ C사업부가 가장 높은 경제적 부가가치를 산출한 것으로 평가됨.

제3절 균형성과표[1]

1 균형성과표의 의의

오늘날 기업들은 정보화 및 지식기반시대의 경영환경 속에서 경쟁하고 있다. 이러한 환경 속에서 기업들은 더 이상 유형자산의 관리만으로는 버티기 어렵게 되었다. 즉 유형자산과 아울러 지식이나 핵심역량과 같은 무형자산을 효과적으로 운영·활용할 수 있어야 경쟁에서 이길 수 있게 되었다. 따라서 경영성과측정에 있어서도 무형자산의 가치를 제대로 반영하고 피드백할 수 있는 새로운 성과측정지표의 개발이 요구되는 것이다. 그런데 기존의 성과측정 시스템은 지나치게 재무적 성과에만 치우쳐 있어서 새로운 환경변화에는 적합하지 않다는 비판을 받아 왔다. 따라서 1990년대 들어와서 Kaplan과 Norton은 10여개의 우량기업들의 성과평가실무를 조사하고 이를 토대로 새로운 성과평가 시스템인 균형성과표(balanced scorecard, BSC)를 개발하였다.

성과평가는 기업이 달성해야 할 목표와 비전 그리고 목표를 설정한 후 경영자가 실제로 수행한 성과를 이미 설정한 목표에 따라 평가하여 그 평가결과를 보상시스템과 연결하여 보상을 실시하는 경영관리의 중요한 도구이다. 그리고

1) Robert S. Kaplan and David P. Norton, The Balanced Scorecard, 1996.

성과평가를 하려면 먼저 적절한 성과평가지표가 마련되어져야 한다. 기존의 성과평가에 있어서 주요 문제점은 단기적인 재무측정치에 지나치게 의존하였다는 점이다. 가령 재무측정치에만 의존하게 되면 단기적으론 경영성과가 좋은 것으로 나타났으나 장기적인 측면에선 정보화, 직원능력개발, 고객만족, 그리고 핵심역량개발 등을 등한시하여 경쟁력을 상실하게 되어 해당 기업에 보다 큰 문제가 야기될 수도 있는 것이다. 물론 재무적인 측정치가 중요하지 않다든가 무시하라는 이야기는 아니다. 균형성과표는 재무적인 측정지표에 비재무적인 측정지표가 보완되어 균형잡힌 관점에서 성과평가를 해보자는 생각의 산물인 것이다. 이러한 균형성과표는 경영자들로 하여금 정보화 및 지식기반 시대의 경쟁상황에서 지식이나 핵심역량 등을 포함한 무형자산을 적절히 운용·활용함으로써 기업이 경쟁력을 갖추는 데 도움을 줄 수 있을 것으로 기대된다.

2 균형성과표의 개념

균형성과표는 과거성과에 대한 재무적인 측정지표와 미래성과의 동인(driver)에 대한 비재무적인 측정지표를 모두 포함하고 있는 성과평가 시스템이다. 균형성과표에서 균형이란 단기적 지표와 장기적 지표, 재무적 지표와 비재무적 지표, 그리고 후행지표(lagging indicator)와 선행지표(leading indicator) 이들간의 균형을 의미한다. 이러한 균형성과표 속의 측정지표들은 기업조직의 비전과 전략으로부터 도출되는 것이다. 따라서 세부적인 측정지표들은 해당기업의 비전과 전략에 따라 선정될 것이다. 세부적인 측정지표들은 기업마다 다르지만 이러한 측정지표들은 크게 균형성과표의 네 가지 관점 속에 포함된다. 이는 **그림 17-1**에 나타난 바와 같이 재무적 관점, 고객 관점, 내부비즈니스 프로세스 관점, 학습과 성장 관점이다. 네 가지 관점 가운데 재무적 관점을 제외한 나머지 3개의 관점은 비재무적 지표, 장기적 지표, 선행지표들이 포함되는 관점이다.

이러한 균형성과표의 유용성으로는 네 가지 상이한 관점에서 정보를 제공해 주면서도, 기업이 경쟁력을 제고하는 데 신경을 써야 할 여러 가지 핵심 요소들을 한꺼번에 묶어서 단일 경영보고서로 보여 주는 데 있다. 또 다른 유용성으로는 기업전체의 최적화에는 오히려 장애를 가져다 줄 수 있는 부분 최적화를 방지하는 데 있다. 즉 한 관점에서의 향상이 또 다른 관점을 희생시키면서 성취된

그림 **17-1** 균형성과표의 네 가지 관점

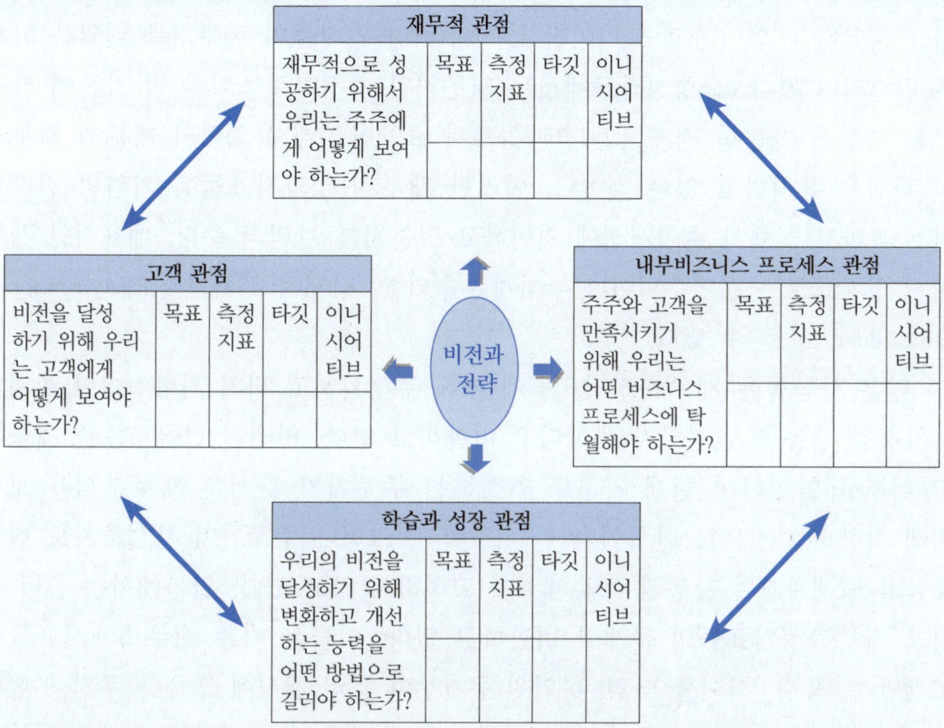

자료원: Robert S. Kaplan and David P. Norton, "Using the Balanced Scorecard as a Strategic Management System," *Harvard Business Review, January-February* 1996, p.76(수정)

것인지 아닌지를 파악할 수 있다.

BSC는 결과적으로 다음과 같은 4가지 문제제기에 대한 대답이라고 할 수 있는데, 이러한 4가지 대답을 통합적으로 조망할 수 있는 틀을 제공해 주기도 한다.

첫째, 재무적 성공을 입증하기 위해 우리는 주주에게 어떻게 보여야 하는가?(재무적 관점), 둘째, 비전을 달성하기 위해 우리는 고객에게 어떻게 보여야 하는가?(고객의 관점), 셋째, 주주와 고객을 만족시키기 위해 우리는 어떠한 비즈니스 프로세스에 탁월해야 하는가?(내부비즈니스 프로세스 관점), 마지막으로 우리의 비전을 달성하기 위해 변화하고 개선하는 능력을 어떤 방법으로 길러야 하는가?(학습과 성장의 관점).

(1) 재무적 관점

기존의 성과평가에 있어 재무적인 성과지표가 일반적이었다. 사실 회계는 기업을 경영하는 언어라고 불리어진다. 재무적인 거래들의 장부기록 내역은 고도로 발전되어 왔다. 균형성과표에서는 재무적인 측정지표들이 이미 기존에 사용하는 측정이 가능한 경제적인 결과들로서 요약하는데 유익하기 때문에 재무적인 관점을 유지하고 있는 것이다. 이러한 재무적 성과지표들은 기업의 전략과 실천 그리고 집행이 손익개선에 기여하고 있는지를 가리켜 준다. 대표적인 재무적 측정지표로는 운영수익이나 투하자본수익률, 경제적 부가가치(EVA, economic value added)를 들 수 있다.

많은 사람들은 재무측정지표들에 대해 부정확하고 과거 지향적이며 현재의 가치창출 행동을 반영하지 못한다고 비판하고 있다. 미래의 현금흐름을 예측하고 이것을 할인하여 현재 가치로 추정하는 주주가치 분석은 재무분석을 보다 미래 지향적인 것으로 만들기 위한 시도이다. 그러나 주주가치 분석조차도 현금흐름을 발생시키는 활동과 프로세스를 고려하지 않고 있다. 일부에서는 좀더 강하게 재무측정지표들의 문제를 비판하고 있다. 이들은 기존 재무측정지표들이 고객만족, 품질, 사이클 타임, 종업원 동기부여 등의 개선에 도움을 주지 못한다고 주장한다. 이들은 재무적 성과는 단지 운영 행동의 결과이고 따라서 재무성과가 성공적이었다면 이는 사업의 기반요인이 잘 수행되었음을 말해 주는 논리적인 결론에 지나지 않는다고 말한다.

많은 기업들은 모든 사업부와 사업단위에 대해 동일한 재무적 목표를 적용하고 있다. 가령 회사 전체의 목표로 수립된 수익률을 각 사업단위가 똑같이 달성해야 한다고 요구할 수 있다. 이와 반대로 만일 회사가 경제적 부가가치 측정기준을 사용하고 있다면, 모든 사업은 분기별로 경제적 부가가치를 최대화하도록 요구받을 수 있다. 이와 같이 일률적인 접근방법하에서는 모든 사업단위의 관리자를 동일한 측정기준으로 평가하게 되므로 편리하고 일관성이 있으며 어떤 의미에서는 공정하다고 볼 수 있지만 실제로는 사업단위가 다른 만큼 전략도 다를 수 있다는 사실을 간과하고 있는 것이다. 일반적으로도 단 하나의 목적이 모든 사업단위에 적용되는 것은 바람직하지 않다. 따라서 사업단위의 중역진은 재무적 관점을 개발하기 시작할 때 전략에 부합되는 재무적 측정기준을 결정해야 한다. 즉 재무적 목표와 측정지표는 전략으로부터 기대되는 재무적 성과를 규정하여야 한다.

(2) 고객 관점

오늘날 많은 기업들은 고객들에게 초점을 맞추고 있다. 이의 전형적인 예가 '고객에게 가치를 제공할 수 있는 일등기업이 되자'이다. 그러므로 최고경영자는 자사의 업무활동을 어떻게 하면 고객 관점에서 수행되도록 만들 것인가에 최우선 순위를 두고 있다. 이러한 고객만족경영에 의해 고객의 관점에서 한 기업이 어떻게 실행하고 있느냐 하는 것은 최고경영층의 관심사이다. 일반적으로 고객의 관심사는 시간, 품질, 성능, 서비스, 비용 등 네 가지 범주로 구분된다. 따라서 시간, 품질, 성능, 서비스에 대한 목표를 분명하게 설정하고, 그런 다음 이 목표를 구체적인 측정지표로 전환시켜야 한다.

고객의 관점에서는 회사의 재무적 목표에서의 수입의 원천이 되는 고객 및 세분시장을 파악한다. 회사의 목표가 아무리 고객만족이라 해도 수익을 창출하지 못하는 고객만족은 곧 기업의 붕괴를 의미한다. 즉 고객만족이 재무적 지표들의 선행지표가 되어야 하는 것이다. 또한 내부비즈니스 프로세스와도 밀접한 관계를 가지고 있는데 이 지표들에게는 후행지표가 되는 것이다. 즉 고객의 욕구를 만족시키기 위하여 내부프로세스를 개선하는 것이다.

고객을 고려하지 않는 기업은 지속적인 성장을 할 수가 없는 것이다. 따라서 기업의 입장보다는 고객의 입장에서 조직을 바라보고 고객의 요구사항을 적극 수용하는 것이 미래 기업의 가치를 향상시키는 것이다.

고객 관점에서의 대표적인 측정지표로는 시장점유율, 고객확보율, 고객수익성, 고객유지율, 그리고 고객만족도 등이 있다.

(3) 내부비즈니스 프로세스 관점

고객 지향적인 측정지표도 중요하지만 이들 측정지표는 고객의 기대에 부응하기 위하여 기업이 내부적으로 무엇을 해야 하는가에 대한 측정지표로 전환되어야 한다. 즉 고객관점에 기반을 둔 측정지표를 토대로 하여 자사가 고객들의 기대에 부응하여 내부적으로 무엇을 해야 하는가에 대한 측정지표를 구해야 한다. 결국 고객의 관점에서 본 우월한 고객은 조직 전반에 걸쳐서 일어나는 프로세스, 결정, 그리고 활동으로부터 나타난다. 따라서 경영자는 고객의 욕구를 충족시켜 줄 수 있는 중요한 내적 운영활동에 관심을 집중시킬 필요가 있다.

내부측정지표는 고객만족에 가장 큰 영향을 주는 비즈니스 프로세스에서 유래한다. 내부프로세스란 기업 내의 원재료, 정보, 사람 등과 같은 입력요소를 제품과 서비스 등의 산출요소로 변환시키는 과업이나 활동들의 집합을 의미한다. 예를 들면 신제품개발, 주문 처리, 자원배분 등을 들 수 있다. 기업은 이러한 비즈니스 프로세스를 활용하여 고객의 기대를 충족시키고 조직의 전략을 성공적으로 실행할 수 있다. 따라서 기업은 고객의 욕구를 가장 신속하게 파악하고 충족시켜 주는 내부프로세스를 보유함으로써 급변하는 경쟁환경하에서 잘 적응해 나갈 수 있다. 내부프로세스 관점은 앞의 고객 관점을 만족시키기 위하여 경영관리 측면에서 필요한 프로세스, 의사결정, 조직을 통한 기업의 장점에 대한 지표들로 이루어져 있다. 즉 고객의 욕구를 만족시켜 주는 데에 중요한 내부프로세스관리에 초점을 맞추는 것으로 순환주기, 품질, 종업원기술, 생산성에 영향을 미칠 수 있는 요소들이 포함된다.

균형성과표에서의 내부비즈니스 프로세스 관점은 혁신 프로세스, 운영 프로세스, 그리고 판매후 프로세스 등 세 가지 주요 비즈니스 프로세스를 포함한다. 혁신 프로세스(innovation process)는 현재와 미래의 고객욕구를 파악하고 그 욕구를 충족시킬 수 있는 제품과 서비스를 기획·창출하는 가치사슬에서의 첫번째 과정이며, 운영프로세스(operations process)는 창출된 제품과 서비스를 제조하여 고객에게 전달하는 가치사슬에서의 두 번째 과정이며, 마지막으로 판매후 서비스 프로세스(post-sale service process)는 고객욕구를 충족시켜 주기 위해 판매후 고객에게 각종 부대서비스를 제공하는 가치사슬에서의 마지막 과정이다. 판매후 서비스로서는 가령 판매한 기계장비의 효율적 작동을 위해 고객회사 종업원들에게 훈련프로그램을 제공하거나, 판매한 장비고장에 대해 즉각적인 조치를 취하는 것을 들 수 있다. 전통적인 접근방식에서는 가치사슬에서의 두 번째 관점인 운영프로세스만 중점관리를 해왔으나, 균형성과표에서는 혁신, 운영, 그리고 판매후 서비스 등 가치사슬의 모든 프로세스를 중시 여기고 있다.

(4) 학습과 성장 관점

고객관점의 측정지표와 내부비즈니스 프로세스 관점의 측정지표는 기업이 경쟁에서 이기기 위해 가장 중요하게 고려해야 할 요인들을 식별하는 데 도움을 준다. 이는 현재와 미래의 성공을 위해 가장 중요한 요소들을 파악하는 것이다.

그런데 문제는 기업이 현재의 기술과 역량만으로는 고객 그리고 내부비즈니스 프로세스 관점에서의 장기적 목표를 충족시키기가 왕왕 어렵다는 데 있다. 즉 조직의 현재 역량과 필요한 역량간에는 차이가 존재하고 있으며, 그 차이를 줄이기 위해서 기업은 종업원들을 재교육시키고, 정보기술과 시스템을 강화시켜야 하며, 조직의 절차와 일상적인 업무를 전략에 부합되도록 정렬시키는 일에 노력을 기울여야 한다.

학습과 성장관점에서는 부족한 조직역량을 개선시키기 위해서 조직의 학습과 성장을 실행시키기 위한 목표와 측정지표를 개발한다. 조직학습과 성장은 주요한 세 가지 원천인 사람, 시스템, 그리고 조직의 각종 절차로부터 나온다. 전략이 효과적으로 달성되기 위해서는 조직의 역량을 구축하도록 도와주는 사람과 시스템, 그리고 프로세스에 대해 상당한 투자가 필요하다.

학습과 성장관점에서는 앞의 세 가지 관점에서 나타난 기업의 궁극적인 목표인 장기적인 성장과 가치창조를 위해 필요한 목표와 측정지표를 개발한다. 혁신하고 개선할 수 있는 기업의 능력은 곧바로 기업의 가치창조와 연결되기 때문에 학습과 성장 관점은 중요한 성과측정 부문이 된다. 학습과 성장 관점에는 종업원의 역량, 조직의 각종 절차(동기부여, 권한위양, 그리고 정열) 등의 영역이 존재하며, 각 영역별로 세부적인 측정지표들을 개발해야 한다. 핵심적 측정지표로서는 직원만족도와 직원생산성, 그리고 직원유지도 등이 있다.

3 성과지표들의 연계성

앞에서 살펴본 균형성과표의 4가지 관점은 서로 독립적인 것이 아니며 서로 인과관계를 지니고 있다. 이러한 4가지 관점에 의한 측정지표는 결과적으로 기업의 전략과 연결시켜야 한다. 대부분의 성과평가시스템의 궁극적인 목적은 기업의 전략을 성공적으로 이행할 수 있도록 하는 것이다. 전략은 원인과 결과에 대한 일단의 가정들이다. 성과평가시스템은 다양한 관점에서 목표들간의 관계들을 명확하게 하여야 한다. 이러한 성과지표들의 연계는 원인-결과 관계의 그림을 이용하면 더욱 쉽게 표현될 수 있다. 일례를 그림으로 제시하면 **그림 17-2**와 같다. **그림 17-2**는 종업원 사기라는 비재무적인 지표가 궁극적으로 어떠한 경로로 투자자본수익률이라는 재무적 지표에 영향을 주는지를 보여 주고 있다. 종업원의

그림 17-2 성과지표들의 인과관계

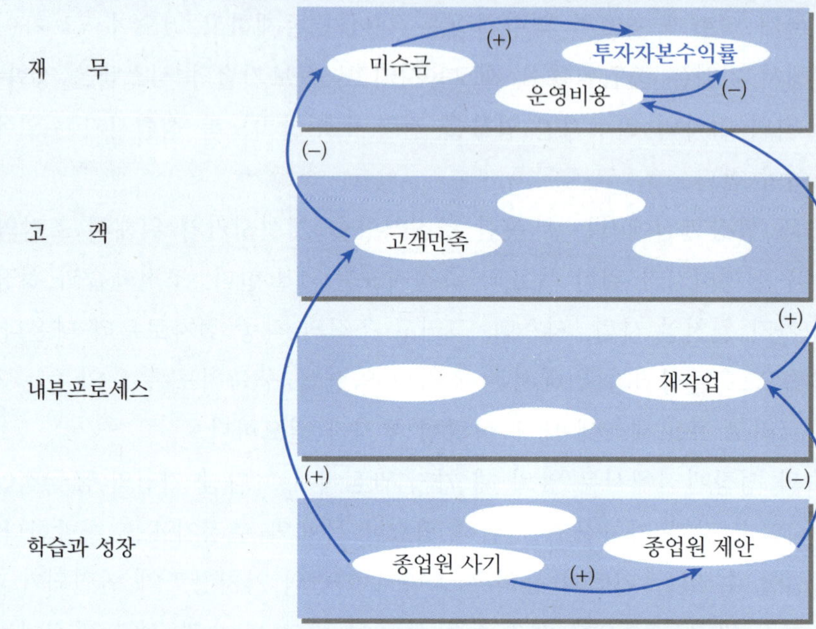

자료원: Robert S. Kaplan and David P. Norton, *The Balanced Scorecard*, 1996, p.255.

사기는 균형성과표의 학습과 성장 관점에 속한 지표이며, 이는 종업원의 사기가 올라가면 직원의 고객들에게 대하는 태도가 달라져 고객의 만족도가 증가하게 되고 결과적으로 재무적 목표를 달성할 수 있음을 보여 주고 있다.

균형성과표의 다양한 영역들은 분리되어 측정되는 것이 아니라 서로 연계되어 인과관계를 가지며, 서로를 강화시켜 주고 궁극적으로 재무성과로 연결되어야 한다. 즉 재무성과의 향상은 보통 연계과정에서 궁극적인 목표가 되어야 한다.

4 성과평가의 예

오늘날 은행조직들은 여느 기업들과 마찬가지로 새로운 경쟁환경에서 경쟁력의 확보가 시급한 과제로 등장하고 있다. 그러나 은행조직들은 일반적으로 전체조직의 목표와 하부조직 즉 사업부별, 영업점별, 개인별의 목표가 한 방향으로 통합되는 데 애로를 느끼고 있다고 한다. 또한 고객만족도 향상, 프로세스 개선 등을 위한 업무들이 은행의 성과를 향상시키는 동인이라는 것을 알고 실천하고 있음에도 불구하고 이러한 노력이 적절한 성과지표로 관리되지 못하고 있는 실정이다. 즉 은행경영의 패러다임이 고객중심경영, 지식경영 등 가치중심 경영으로 전환되고 있기 때문에 은행경영자들은 어느 때보다 가치를 만들어 내는 동인에 대한 이해를 잘 해야 할 필요성이 있게 되었다. 따라서 지금까지 중점적으로 관리해 온 재무적 지표뿐만 아니라 비재무적 지표도 적극적으로 관리하여야 은행들은 정보화, 지식기반시대의 무한경쟁에서 생존·성장할 수 있게 되었다. 이를 해결하기 위한 한 방안으로 은행들은 지적자산을 관리하고 평가할 수 있는 시스템으로서 균형성과표를 적용하게 된다.

균형성과표를 적용하기 위해서는 전사적 차원의 비전을 정립하고, 이러한 비전에 맞추어 전략을 규명하여 균형성과표의 4가지 관점에 따라 핵심성공요인을 규정하여 재무적 지표뿐만 아니라 비재무적 지표를 개발하여 평가할 수 있어야 한다.

예를 들어 어느 은행이 21세기 한국을 대표하는 대표은행이 되겠다는 비전을 가지고 있다고 하자. 그리고 이러한 비전에 따라 이 은행은 전략을 수립하게 되는데 기존의 고객으로부터 수익원을 확대시키겠다는 수익성전략과 고품질의 서비스 및 상품을 제공하여 고객만족을 달성하겠다는 전략, BIS비율 등 리스크 관리를 중시하겠다는 전략 등을 수립하였다고 하자. 그러면 이 은행은 이러한 전략의 방향에 따라 균형성과표에서 살펴본 4가지 관점별 핵심관리지표를 설정하고 이러한 지표에 따라 균형 있는 평가를 할 수 있다. 구체적으로 4가지 관점별 핵심관리지표를 예를 들어 살펴보면 다음과 같다.

(1) 재무적 관점

재무적 관점의 전략적 목표는 수익증대, 비용절감, 위험감소 등을 들 수 있고 이러한 목표를 평가하는 지표로서 투자수익률, 수익증가율, 비용절감, 그리고 관련 재무비율의 향상 등을 들 수 있다.

(2) 고객 관점

고객중심경영이라는 관점하에서는 고객만족증대, 고품질의 서비스나 신상품 제공을 통한 고객차별화, 고객과의 관계강화 등을 통해 고객만족도 향상을 들 수 있다. 이러한 전략적 목표를 측정하기 위한 고객관점의 지표는 고객유지율, 설문을 통한 고객만족도, 주거래고객 증가 및 유지율, 신규고객 확보율 등이 있다.

(3) **내부프로세스 관점**

내부프로세스 관점에서의 전략목표는 혁신적인 상품개발, 상품 및 서비스의 교차판매 강화 등을 들 수 있다. 이러한 전략적 목표를 측정하기 위한 내부프로세스 관점의 지표로서는 신상품판매비율, 고객당 수익성, 교차판매 비율, 서비스완료시간 등을 들 수 있다.

(4) **학습 및 성장 관점**

학습 및 성장 관점의 전략적 목표는 개인의 역량개발, 전략적 정보시스템, 개인목표와 조직목표와의 부합도, 창의성 및 지식공유정도 등을 들 수 있다. 이러한 전략적 목표를 측정하기 위해서 직원만족도, 종업원 1인당 수익, 지식지수, 핵심인력 유지율 등을 들 수 있다.

위에서 살펴본 4가지 관점별 성과평가지표를 가지고 전략에 맞추어 평가할 수 있는 평가시스템의 구축과 활용이 필요하다 하겠다. 올바른 평가시스템은 여러 가지 평가지표가 상호 인과관계에 의한 균형잡힌 시각으로 보아야 한다. 앞에서 살펴본 균형성과표를 작성하여 재무적인 단기지표만을 중시하지 말고 미래에 가치를 창출할 수 있는 고객만족, 내부프로세스, 학습과 성장 관점의 통합된 평가시스템을 구축하여야 한다. 앞의 예에서 살펴본 금융기관뿐만 아니라 모든 산업분야에서 기업들은 균형성과표를 통하여 기업의 무형자산을 측정하게 하면 기업의 경쟁력을 제고시킬 수 있을 것이다.

제4절 투자중심점 업적측정의 문제점

1 투자의 정의

책임중심점별로 수익과 비용을 어떻게 정의하느냐 하는 문제는 원가중심점이나 이익중심점에와 마찬가지로 투자중심점에도 적용된다. 이에 추가해서 투자중심점의 업적을 평가하려면 사업부의 투자를 명확하게 정의내려야 한다. 흔히 사용되는 투자에 대한 정의는 다음과 같다.

- **총가용자산** 자산의 목적에 상관없이 사업 단위의 모든 자산이 포함된다.
- **총활용자산** 투자중심점의 이익을 창출하는 데 활용된 순자산이 포함된다. 투자중심점의 정상적 사업활동에 사용되지 않는 자산은 이러한 개념의 투자에는 제외된다. 가령 투자 목적으로 보유하고 있는 토지나 투자주식이 이에 해당된다.
- **운전자본에 고정자산을 합친 것** 유동부채로 조달된 유동자산은 투자에 포함되지 않는다.
- **소유주지분** 이는 투자자로 돌아가는 수익률을 측정하는데 출자자본금과 이익유보액이 모두 포함된다.
- **기타** 경영자는 상황에 따라 운전자본, 총고정자산, 그리고 순고정자산 등을 가능한 투자개념으로 사용한다.

많은 기업들은 총자산이나 운전자본에 고정자산을 합친 개념을 투자의 정의로 사용한다. 그러나 최고경영자가 사업부경영자로 하여금 여분의 자산을 보유하도록 지시하였다면 투자의 정의는 총활용자산으로 하는 것이 총자산으로 하는 것보다 좀더 합리적일 것이다. 또한 투자중심점이 모회사에 의해 자회사로 운영되는 경우에는 투자의 정의로 소유주지분을 사용하는 것이 적합하다. 운전자본에 고정자산을 합친 개념을 투자의 정의로 사용하는 이유는 사업부경영자가 사업부의 단기부채에 관한 의사결정에 영향을 주기 때문이다. 물론 업적평가 목적을 위해선 어떠한 경우에도 본부가 사용하는 자산은 사업부의 투자에는 포함시키지 말아야 한다.

2 자산의 측정

사업부 투자에 대한 정의가 내려진 다음에도 투자계산에 포함되는 자산을 어떻게 측정하느냐에는 여러 가지 방법이 있다.

- **자산의 순장부가치** 자산의 역사적 원가에서 감가상각누계액이나 대손충당금 등 자산의 차감적평가항목을 차감한 금액이다.
- **역사적 원가** 회계장부에 기록된 자산의 취득원가이다. 역사적 원가로 자산

을 평가하면 자산의 취득시점이 다를 때 사업부간 ROI가 좀더 비교가능한 것으로 된다.

- **현재가치** 현재가치법은 자산을 추정할인현금흐름을 기초로 측정한다. 투자의 경제적 가치를 회계가치보다 미래현금흐름을 기초로 측정한다는 점에서 유용하나 기대순현금흐름을 추정하는 일은 매우 어려운 일이다.
- **현행원가** 현행원가(current cost)법은 현재 사업부가 지니고 있는 자산을 오늘 취득할 때 지불해야 하는 원가로 자산을 측정한다. 인플레하에서 회계장부에 기록된 금액을 기준으로 자산을 평가하면 취득한 지 오래된 자산을 많이 보유하고 있는 사업부의 평가치는 좋게 나타나게 된다. 현행원가를 사용하면 이런 문제가 해결된다.

3 그 밖의 문제

(1) 감가상각방법

감가상각비는 이익과 차후 자산의 순장부가치에 영향을 주므로 감가상각비를 결정하는 감가상각방법은 결국 재무적 측정치에 영향을 준다. 가령 직선법은 연수합계법이나 이중체감법과 같은 조속상각법에 비해 자산내용연수 첫해의 감가상각비가 적어진다. 이는 당해연도 이익과 차후 순장부가치에 영향을 준다. 보통 조속상각법을 사용하면 초년도 투자수익률이 크게 감소한다. 정도의 차이는 있지만 직선법에서도 거의 같은 현상이 발생된다. 그렇게 되면 아무리 장기적으로 사업부에 유리한 투자제안이라 해도 경영자는 초년도 업적평가가 저하되기 때문에 이를 받아들이기가 어렵게 된다. 이를 해결하는 한 가지 방법으로 업적평가를 위한 감가상각방법으로 **복리이자법**[(compound interest depreciation) 또는 현금할인법(discounted cash flow depreciation)] 등이 제안된다.

(2) 본부자산과 본부비용

이론적으로는 본부자산과 마찬가지로 본부비용도 사업부의 업적평가를 하는데 사업부에 할당되지 않아야 한다. 이는 사업부 경영자의 입장에서 본부비용은 통제할 수 없기 때문이다. 그럼에도 불구하고 실무에서는 많은 기업들이 본부비용을 사업부에 할당하는 것으로 알려져 있다. 본부비용을 사업부에 할당하는 이유는 사업부 경영자에게 본부비용이 존재한다는 것을 알려주기 위한 것이고, 또한 본부자원을 보다 효율적으로 활용하도록 촉구하기 위한 것으로 보고 되었다. 최근 활동기준원가관리개념을 이용한 **차지백 시스템**(chargeback system)에 의한 본부비용의 할당은 이 문제를 해결하는 데 적어도 하나의 실마리를 제공하고 있다.

(3) 기타사항

그 밖에 장기리스에 의한 부외자산은 재무적 업적평가에 있어선 포함되어져야한다. 또한 이자비용은 운영활동에 관한 것이라기보다 재무활동에 관한 것이므로 제외되어야 한다.

보론: 경제적 부가가치

1 경제적 부가가치(EVA)의 등장배경

경제적 부가가치(economic value added, EVA)란 기업이 투하자본에 대한 자본비용을 차감한 이후의 영업성과를 측정하기 위한 성과평가 지표의 일종이다. 즉 경제적 부가가치란 기업경영의 궁극적인 목표인 이익의 개념을 기존의 회계이익 개념에서 경제적 부가가치 개념으로 전환한 것을 의미한다. 이와 같이 기업경영의 목표를 경제적 부가가치 창출에 기반을 두고 기업의 경영전략, 조직구조 및 업무프로세스 등을 재편하는 것을 가치기반경영(value based management, VBM)이라 한다.

EVA는 기존의 회계이익에 기초한 이익중심 경영의 한계를 극복하기 위해서 등장하였다. 기존의 회계이익 극대화라는 개념은 현금흐름의 시간성과 불확실성을 고려하지 않고 있으며 아울러 투자의사결정에 있어 자기자본비용을 고려하지 않는다는 문제점을 가지고 있다. 이에 비해 EVA는 회계관습과 발생주의 회계원칙의 결과로 산출된 재무제표상의 순이익이 경제적 이익을 반영하도록 수정하며, 자본조달의 대가를 명시적으로 고려한다.

회계적 이익이 주주지분에 대한 기회비용을 무시하기 때문에 경제적 이익에 비해 투자이익을 과대계상한다는 점은 오래 전부터 알려져 왔다. 그럼에도 불구하고 최근에 와서 많은 기업들이 새로운 성과지표로서 EVA에 지대한 관심을 가지는 이유는 무엇일까? 그것은 EVA 경영이 성과평가의 척도, 성과에 대한 보상기준, 그리고 투자기회의 평가 등 경영자 또는 기업의 중요한 3가지 의사결정 기능을 통합해 준다는 것이다.

원래 이들 기능은 모두 경영자의 행동을 긍정적으로 통제하기 위한 것이지만 기존의 방법 하에서는 많은 경우 이들 기능이 서로 충돌하여 경영자들이나 투자자를 혼란시켜 왔다. 그러나 EVA에 기초한 경영관리에서는 기업의 목표는 보다 높은 EVA를 창출하는 것이 된다. EVA의 증가로 기업의 성과를 측정하고 경영성과에 대한 보상도 EVA에 따라 결정된다면 그것은 명확하고 단순하고 누구나 쉽게 이해할 수 있을 것이다.

EVA는 성과측정의 강력한 도구로서 경영활동 목적에 맞게 사용되고 있다. 동일업종내 세계적 기업들과의 경영성과 비교지표로서 기업내 사업부별·부문별 평가수단으로서 사용되고 있으며 신규프로젝트, 신규상품, 신규시장의 진입여부 판단자료로서 그리고 제품별, 세부시장별, 그리고 고객집단별 수익성분석에도 사용되고 있다. 그 밖에 기업내 투자 우선순위 결정이라든가 종업원에 대하여 실적에 따라 지급하는 공정한 평가 보상시스템으로 활용되고 있다.

일부 전문가들은 1990년대 들어 미국경기가 유례 없는 호황을 누리고 있는 원인 중의 하나를 EVA도입이라고 말하고 있다. 1970년대 이후 침체의 길을 걷고 있던 미국기업 중 일부는 기업의 경영이념에 일대전환을 시도하였다. 이때 등장한 것이 기업의 경제적 부가가치에 초점을 맞춘 EVA개념이며, 이를 바탕으로 기존 사업구조에 대대적인 조정을 실시하였으며, 이를 통해 미국경제는 10년 동안의 유례 없는 대호황을 누리고 있는 것이다.

이들 기업 중 대표적인 사례로는 세계적인 다국적기업인 코카콜라사를 들 수 있다. 코카콜라사는 과거에는 청량음료를 비롯하여 포도주, 커피 등 다양한 사업부문을 운영해 왔다. 그러나 1980년대에 들어 라이벌인 펩시사와의 경쟁에서 시장점유율하락 등 기업 경쟁력이 약화되면서 새로운 경영관리 기법인 EVA를 1987년부터 도입하기 시작하였다.

코카콜라사는 EVA를 전사적차원·사업부차원·개인차원에서 목표설정의 동인(動因)으로 이용하고 있으며, 기업가치를 증가시키기 위해 자본비용을 초과하는 수익률을 올리는 프로젝트에의 집중 투자 및 저수익 사업부문에서의 철수와 같은 자본비용 축소전략에 적극 이용하였다. 이를 통해 파스타, 인스턴트 커피와 같이 수익이 자본비용에도 미치지 못하는 사업부문을 과감하게 정리하고 거대한 이익이 남는 청량음료 사업에 집중함에 따라 청량음료 사업부문의 수익률이 37.2%로 상승하게 되었다.

EVA를 이용하여 영업이익률의 개선, 집중 구매에 의한 경비절감 및 운전자본의 삭감과 같은 효율성의 향상을 가져왔으며 이러한 노력의 결과로 평균자본비용을 16%에서 12%로 낮추었다. 그리고 52개 생산부문을 40개로 축소한 결과 코카콜라사의 EVA는 1987년의 490억 달러에서 1995년에는 2,172억 달러로 상승하였고 주가도 동 기간동안 주당 9.53달러에서 74.25달러로 상승하였다.

2 경제적 부가가치(EVA)의 의의 및 개념

기업이 경쟁력을 제고하려면 경영목표를 설정하고 이를 적극 추진한 다음 경영성과를 정확히 평가하고, 이에 따른 적절한 보상제도를 실시함으로써 경영자들의 적극적인 노력을 유도할 수 있어야 한다. 이러한 일련의 계획과 통제의 과정을 효과적으로 추진하려면 경영목표수립과 성과평가를 위한 적절한 지표가 개발되어야 한다. 그 동안 대부분의 기업들이 사용해 온 전통적인 성과평가 지표로는 잔여이익(residual income, RI), 투자수익률(return on investment, ROI)이 있으며 투자수익률로는 자기자본수익률(return on equity, ROE)을 많이 사용하였다.

잔여이익은 당기순이익에서 투하자본에 대한 금융비용을 차감한 것이다. 잔여이익을 성과평가지표로 사용할 경우에는 잔여이익 값이 양수(+)이어야 기업이 가치를 창출한 것으로 간주한다. 또한 성과평가지표로 자기자본수익률을 사용할 경우에는 자기자본수익률이 자기자본비용률(혹은 최저필수수익률)보다 커야 기업이 가치를 창출한 것으로 평가한다.

개념상으로 EVA는 잔여이익과 유사하며 자기자본 EVA율은 자기자본이익률에서 가중평균자기자본비용(WACC)을 차감한 것과 같아 이 비율이 양수이면 주주를 위한 가치가 창출된 것으로 평가한다. 이렇게 EVA는 개념상으로 잔여이익이나 자기자본이익률과 같은 전통적인 성과지표와 차이가 없는데도 불구하고 미국의 유수 기업들이 EVA를 새로운 성과지표로 도입하고 있는 이유는 무엇일까?

EVA에 적용된 기본 개념은 전통적인 지표와 같지만 EVA는 현행 재무회계정보를 사용하여 기업의 경영성과를 평가할 때에 발생할 수 있는 한계점을 개선한 지표이다. 즉 현행 재무회계의 한계점은 객관적인 손익계산을 너무 중요시하여 대차대조표의 자산과 부채를 기업의 성과평가에 필요한 투하자본으로 사용할 수 없다는 것이다. 예를 들면 기업에서는 중요한 투자라고 생각하는 연구개발비, 교육훈련비, 기업홍보비 등의 임의적 지출(discretionary expenditure)을 미래 효익의 불확실성을 이유로 하여 당기에 비용 처리하고 있다. 결과적으로 이들 항목은 투하자본으로 고려되고 있지 않다.

또한 현행 재무회계는 수익 비용 대응원칙을 너무 엄격히 적용하여 현금지불이 계속 연기되는 퇴직급여와 같은 항목도 당기에 비용처리하고 있다. 이러한 회계처리는 단기간 내에 현금의 유출을 요하지 않는 항목인데도 불구하고 비용으로 처리되어 이익을 감소시키는 결과를 초래한다. 이렇게 감소된 이익은 이익잉여금을 감소시켜 궁극적으로는 투하자본의 과소평가를 초래한다. 이렇게 투하자본을 과소평가하는 속성을 지닌 재무회계정보를 그냥 사용하는 경우 잔여이익과 자기자본에 대한 이익률인 자기자본이익률을 과대계상하게 된다. EVA는 이러한 재무회계의 투하자본의 과소평가문제를 적절한 수정절차를 거쳐 조정함으로써 보다 정확한 목표설정과 성과평가를 가능하게 한다.

구체적으로 EVA는 투하자본에 의하여 창출된 이익에서 투하자본인 타인자본과 자기자본에 대한 자본비용을 차감한 액수이다. 손익계산서상의 당기순이익은 타인자본에 대한 자본비용인 이자비용을 차감하고 자기자본에 대한 비용은 차감하지 않은 결과치이다. 따라서 EVA를 손쉽게 계산하려면 당기순이익에서 자기자본비용을 차감하면 된다. 기업활동에 투자된 자기자본에 대한 비용은 기업의 영업활동에 투하된 자기자본에 대한 기회비용의 개념으로서 투하된 자기자본이 가져와야 할 최소한의 이익이다. 자기자본비용은 자기자본에 자기자본비용률을 곱하여 계산된다. 이렇게 계산되는 EVA는 한 기업이 일정 기간 동안에 어느 정도의 부가가치를 창출하였는가를 나타내 주는 지표로 이의 계산내역을 식으로 표시하면 다음과 같다.

$$\text{EVA} = \text{당기순이익} - \text{자기자본비용}$$

$$\text{자기자본비용} = \text{자기자본} \times \text{자기자본비용률}$$

여기에서 당기순이익 대신에 투자중심점의 세후영업이익을 사용하고, 자기자본 대신에 총자산에서 유동부채를 차감한 금액을 사용할 경우 EVA산출을 위한 산식은 다음과 같이 조정할 수 있다.

$$\text{경제적 부가가치} = \text{투자중심점의 세후영업이익} - [\text{가중평균자본비용} \times (\text{총자산} - \text{유동부채})]$$

$$\text{가중평균자본비용} = \text{타인자본비용} \times (1 - \text{법인세율}) \times \frac{\text{타인자본}}{\text{총자본}} + \text{자기자본비용} \times \frac{\text{자기자본}}{\text{총자본}}$$

사업부문의 업적을 평가하는 전통적인 지표로는 잔여이익이 있다. 잔여이익은 일정 사업부가 영업활동을 전개하여 이익에서 사업부문에 투자된 타인자본과 자기자본 즉 총투하자본에 대한 자본비용을 차감하여 계산된다. 이렇게 잔여이익도 EVA와 같이 타인자본은 물론 자기자본에 대한 자본비용을 차감하여 계산된다. 이러한 점에서 EVA에 적용된 개념은 잔여이익과 같다.

잔여이익과 같이 사용되는 전통적인 지표로는 투자수익률이 있다. 투자수익률은 투자를 무엇으로 하느냐에 따라 달라진다. 흔히 사용되는 투자수익률로는 총자산이익률과 자기자본이익률이 있다. 이 중에 EVA에 관련하여 고려해 볼 수 있는 비율은 자기자본이익률이다. 이 비율은 이익의 규모만으로 기업의 경영성과를 평가할 때에 투하된 자본의 규모를 고려하지 않는다는 한계점을 극복하기 위하여 개발된 지표로서 투하된 자기자본에 대한 이익의 규모를 상대적으로 평가하는 지표이다. 영리를 추구하는 기업의 목표 자기자본이익률을 자기자본비용보다 높게 책정하여 기업을 운영하고 실적 자기자본이익률이 자기자본비용률보다 높을 때에 비로소 잔여이익이 발생하였다는 것을 상대적으로 판단할 수 있다. 이러한 경영관리 기법은 자기자본이익률에서 자기자본비용률을 차감한 것이 자기자본 잔여이익률이라는 논리에 근거한 것이다. 이렇게 전통적으로 사용되는 잔여이익이나 자기자본이익률을 사용할 때 응용되는 개념은 EVA와 같은 것이다.

EVA는 새로운 개념을 제시한 데에 공헌이 있는 것이 아니고 기존의 관리지표를 적용할 때 사용하는 재무회계정보에 문제점이 있다는 것을 인식하고 이를 개선한 데에 의의가 있다. 재무회계는 정보의 신뢰가능성과 수익과 비용의 대응을 너무 강조하였기 때문에 소유주의 투하자본인 자기자본이 과소 평가되는 한계점이 있다. EVA는 이러한 한계점을 극복한 구체적인 방법으로 이해되어야 한다.

기업에 있어서의 가치는 미래의 수익성에 의해서 결정된다. 따라서 경영자는 수익률을 극대화하려고 한다. 그 동안 기업의 각종 경영지표로서 사용되어 왔던 수익률의 개념은 유용한 의사결정수단이기는 하지만 기업 전체적인 성과의 측정치로서는 부적절한 면들을 보인다. 기업의 가치가 창조되는지 혹은 파괴되는지를 적절하게 설명하는 성과측정치가 바로 EVA이다.

3 경제적 부가가치와 시장부가가치

EVA는 기업의 내재적 시장가치와 연관되어 있다. 경제적 부가가치를 예측하고 그것을 현재가치로 할인하면 그것이 곧 현재의 투하자본에 반영될, 경영자가 창출하거나 파괴한 가치가 된다. 이를 시장부가가치(market value added, MVA)라 하

그림 17-3 EVA와 MVA의 관계

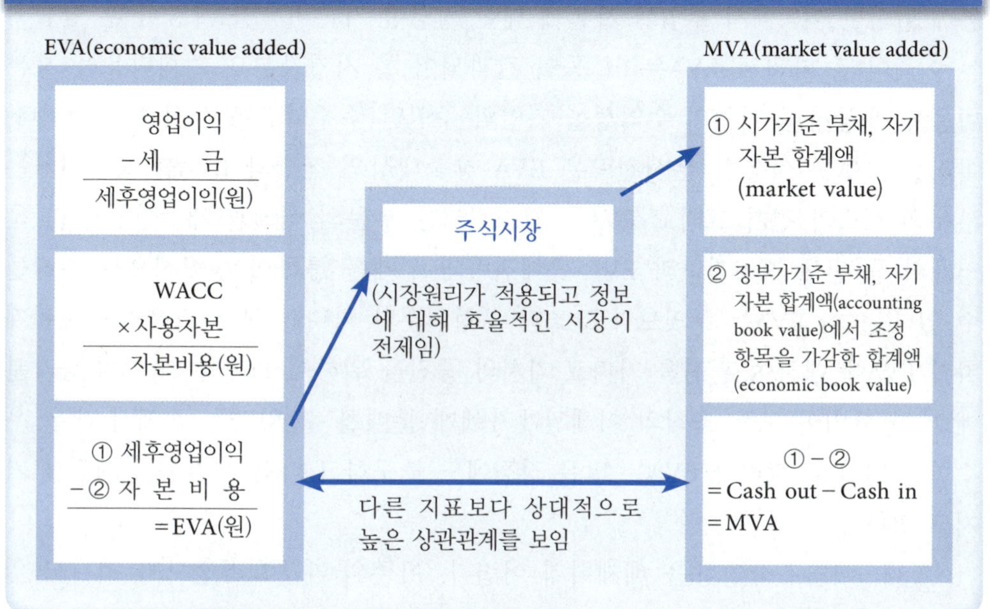

며 또한 그것은 기업의 시장가치와 투하자본과의 차이다.

EVA가 특정 연도의 정보를 바탕으로 한 단기적 성과측정지표라는 한계를 가지고 있으므로 수익에 따른 위험의 감안과 화폐의 시간가치 개념을 충분히 반영하지 못할 수 있다. 그러나 MVA는 미래의 경제적 이익을 근거로 측정되므로 EVA가 가지는 한계를 보완해 줄 수 있다. 간단하게 말하자면 EVA는 MVA라는 바다로 흘러가는 강물과 같은 역할을 한다고 할 수 있다.

MVA는 시장에서 형성된 기업가치에서 주주와 채권자의 실제 투자액을 차감한 금액이다. 주가는 미래의 모든 예상 현금흐름을 반영하므로, 효율적 시장에서는 모든 미래의 초과이익(EE), 또는 경제적 부가가치(EVA)의 현재가치의 합계가 MVA로 나타나게 된다. 그러나 MVA는 미래 여러 기간에 대한 예상 초과이익의 할인가로서 주식시장의 영향을 받는 반면에, EVA는 매기 초과이익을 나타내므로 경영관리분야에서 유용한 수단으로 각광을 받고 있다.

4 EVA의 한계점

EVA 경영이란 기업의 모든 프로세스를 EVA의 극대화에 맞추어 재편하는 것을 말한다. 앞에서 설명한 것과 같이 EVA는 기업의 주된 활동인 영업활동을 통해 달성한 이익에서 투입된 자본에 대한 정당한 자본비용을 차감한 후 산출되는 이익이다. 따라서 EVA는 그 동안 간과되어 온 자기자본의 기회비용을 자본비용에 계상하여 기업의 수익성을 기업의 주인인 주주입장에서 산출한 것이다. 이러한 EVA를 이용한 분석전략은 EVA 창출대상의 식별과 EVA를 증가시키는 부문의 식별과 평가 그리고 EVA를 감소시키는 부문의 식별과 개선방안강구, 운영계획 등 전체 경영전략과 EVA 증대전략과 연계를 통하여 성공적으로 추진될 수 있다. 또한 EVA는 무엇보다도 조직 구성원뿐만 아니라 모든 조직의 이해관계자가 EVA에 대하여 관심을 가지고 가치의 증진을 위하여 노력할 때 가치 증가분에 대한 효익이 모든 조직의 이해관계자에게 분배될 수 있다는 점에서 매우 우수한 기법이다. 그러나 EVA는 많은 장점에도 불구하고 다음과 같은 한계점을 가지고 있다.

첫째, 이익조작영향을 배제하기 어렵다. 기존의 재무회계정보가 지니고 있는 한계점으로 EVA 역시 기존의 재무회계 정보를 사용하고 있기 때문에 발생하는 한계점이라 할 수 있다. 즉 EVA는 세후영업이익에서 자본비용을 차감해서 산출되는데 경영자가 이익조작을 통하여 영업이익을 실제보다 크게 조정할 경우 EVA는 크게 나타날 수 있다.

둘째, 계열사간의 내부거래문제를 제거하기 어렵다. EVA가 기업의 가치를 제대로 반영하려면 자회사나 계열사들이 모기업과 독립적인 관계에 있어야 한다. 시장가격이 아닌 내부자 가격(insider pricing)에 의한 내부거래가 있을 경우 이익이 왜곡될 수밖에 없기 때문이다.

셋째, 정확한 자기자본비용 산출이 불가능하다. EVA값은 자본비용의 크기에 따라 달라지며 기업가치에 대한 평가도 달라지게 된다. 따라서 정확한 자기자본비용의 측정 없이는 EVA분석은 제 기능을 다할 수 없게 된다.

5 EVA의 유용성

기업경영의 계획 통제의 과정을 보다 효과적으로 수행하는 데 무엇보다 중요한 것은 정확한 성과평가이다. 왜곡된 성과평가는 임직원의 동기부여에 심각한 문제를 발생시켜 최악의 경우 도산이 발생하는 경우에 이르게 된다. EVA는 재무회계정보를 사용하여 성과평가를 수행하는 경우 투하자본이 과소 평가되어 왜곡된 평가결과를 가져올 수 있다는 것에 착안하여 이에 대한 개선안으로 제시된 것이다. 이러한 EVA는 몇 가지 한계점에도 불구하고 다음과 같은 유용성을 제공한다.

첫째, EVA는 임의적 지출을 투자로 간주하여 경영진이 이에 대한 수익을 올려야 보다 나은 평가를 받게 한다. 이들 지출이 전액 비용 처리되는 경우 경영진은 일단 비용으로 처리되어 성과에 반영되었으니 더 이상 책임을 느낄 필요가 없다고 생각하기가 쉽다. 그러나 EVA는 임의적 지출을 투하자산으로 간주하기 때문에 경영진이 이에 대한 일정 수익을 창출해야 높은 평가를 받게 된다.

둘째, EVA는 회수가능성이 낮은 채권이라 하여도 이들 채권이 투하자본으로 간주된다. 경영진은 부실채권에 따른 대손충당금을 설정하여 대손상각비에 이들을 포함하면 이들 부실채권에 대한 책임은 면하는 것으로 종종 이해해 왔다. 그러나 EVA에 의하여 기업성과를 평가하게 되면 부실채권이라 하여도 기업의 자금에 의하여 신용이 제공되었기 때문에 자금사용에 따른 적절한 수익이 있어야 한다는 것을 경영진에 알리는 효과가 있다.

셋째, EVA를 사용하면 영업권과 같이 기업의 인수합병의 대가는 기업의 자금지불에 의하여 이루어진 만큼 이에 대한 적절한 수익이 있어야 한다는 것을 경영진에 요구하게 된다. 이러한 요구는 기업의 인수 합병 책임자가 기업의 인수 합병에 투입된 실제 총자금에 대한 수익을 얻고자 하는 노력을 하게 한다.

넷째, EVA는 수익비용대응원칙의 엄격한 적용의 결과인 퇴직급여충당금, 이연법인세대, 제품보증금충당금과 같은 추정부채에 의하여 왜곡된 자기자본을 조정하여 투하자기자본 실질에 근거한 경영성과를 평가하게 하여 기업 경영에 있어서 계획 통제의 기능을 효과적으로 수행할 수 있게 한다. 대개 퇴직급여, 법인세비용, 제품보증비용 등은 차입금과 같은 자금 조달원으로서의 부채이기보다는 수익비용대응원칙의 산물로서 기록된 부채이다. 따라서 이들 항목은 무이자부채로 분류되어 이익잉여금을 감소시켜 투하자기자본을 감소시키는 결과를 초래한다. 즉 타인자본이 아니면서 자기자본을 감소시켜 결국 투하자본을 과소 평가하는 결과를 초래하는 것이다. EVA는 이렇게 왜곡된 투하자기자본을 조정한 지표이기 때문에 보다 효과적인 지표인 것이다.

한편 EVA는 다음과 같은 기업평가지표로서의 유용성이 있다.

첫째, EVA는 이상적인 기업의 목표지표로서 사용될 수 있다는 점이다. 일반적으로 기업은 흔히 매출액, 생산량 등을 이용하여 목표를 정하고 그 목표의 달성 여부로써 경영성과를 측정한다. 이 경우 피평가자인 전문경영자는 목표치를 낮게 잡을수록 유리하고 현재의 성과는 미래의 목표치 결정에 영향을 미칠 수 있기 때문에 평가자(이해관계자)와 피평가자(전문경영인)간에 알력이 작용해 기존의 목표기준들은 최고의 성과추구를 오히려 방해하는 요소로 작용할 수 있다. 반면에 EVA를 이용해서 기업목표를 설정하면 기존에 사용되는 목표지표들의 단점을 미연에 방지할 수 있다.

둘째, EVA는 전문경영자의 보상평가기준(incentive plan)으로 사용될 수 있을 뿐만 아니라 대리인비용(agency cost)을 줄일 수 있다는 점이다. 기업의 이해관계자들이 EVA로 전문경영자의 경영성과를 평가하면 전문경영자는 소유경영자와 같은 자세로 경영활동에 참가하게 된다. 따라서 대리인비용을 줄일 수 있을 뿐만 아니라 이로 인해 창출되는 새로운 경제 부가가치로 인해 전문경영자뿐만 아니라 이해관계자 모두가 그 이득을 누릴 수 있다.

셋째, EVA는 투자안의 경제성 평가기준으로 사용될 수 있다. EVA를 투자안의 경제성 평가기준으로 사용하면 투자안을 보다 합리적으로 선택할 수 있다. 즉 경영자는 주먹구구식의 투자결정에서 벗어나 자본효율성의 극대화 측면에서 투자안을 선택할 수 있다.

넷째, EVA는 투자자가 투자대상기업 선정시 사용되어질 수 있다. 투자가가 다른 기업평가지표들보다 EVA로써 투자대상기업을 선택하면 자신의 부의 극대화 측면에서 합리적이라 할 수 있다.

연습문제

문 1 투자중심점의 성과평가: ROI와 RI

서강전자(주)는 TV, 냉장고, 오디오의 3개 사업부로 분권화되어 있다. 각 사업부에 대한 당기의 자료는 다음과 같다.

	영업자산	영업이익
TV사업부	₩4,000,000	₩800,000
냉장고사업부	6,000,000	1,440,000
오디오사업부	800,000	60,000

냉장고사업부는 신규투자안을 고려중인데, 이 투자안에 의하면 ₩2,000,000을 투자하여 ₩500,000의 이익을 얻을 수 있다.

서강전자(주) 전체의 최저필수수익률은 15%이다.

요구사항

1. 다음의 성과평가기준에 따라 각 사업부의 성과를 평가하시오.
   ① 투자수익률(ROI)
   ② 잔여이익(RI)
2. 냉장고사업부의 신규투자안에 대한 채택여부를 다음의 성과평가기준에 따라 검토하시오.
   ① 투자수익률(ROI)
   ② 잔여이익(RI)

문 2 여러 가지 성과평가기준의 비교

서강(주)는 분권화된 네 개의 사업부(감사부, 조세부, 컨설팅부, 국제부)가 있다. 4개의 사업부의 평균투자액과 영업이익은 다음과 같다.

사 업 부	평균투자액	영업이익
감 사 부	40억	30억

조 세 부	20억	4억
컨설팅부	10억	8억
국 제 부	4억	0.4억

서강(주)의 평균투자자본에 대한 최저필수수익률은 12%이며, 각 사업부의 고유위험은 동일하다.

요구사항

1. 다음 기준에 따라 각 사업부의 성과를 평가하고 우선순위를 결정하시오.
   ① 투자수익률
   ② 잔여이익
2. 최저필수수익률이 12%가 75%로 각각 바뀐다고 가정하면 잔여이익법에 의한 우선순위는 어떻게 되는가?
3. 컨설팅부는 새로운 투자안을 검토하고 있다. 이 투자안의 투자규모는 20억이며, 영업이익은 8억으로 예상된다. 여기에 소요되는 예산은 현재의 자본비용수준으로 조달할 수 있다. 이 투자안의 채택여부를 아래 기준에 따라 결정하시오.
   ① ROI
   ② RI

문 3 투자중심점의 성과평가: ROI와 RI 비교

(주)한강은 대규모의 분권화된 제조기업으로서 각 사업부는 지역별로 투자중심점을 설정하여 실질적으로 자율성을 갖고 사업을 운영하고 있다. 다음은 각 지역별 사업부에 대한 영업구조이다.

	경기 사업부	영남 사업부	호남 사업부
평균투자액	30억	10억	① ?
매출	150억	② ?	③ ?
영업이익	9억	④ ?	7.5억
자산회전율	⑤ ?	250%	200%
매출수익률	⑥ ?	10%	25%

(주)한강의 평균 투자자본에 대한 최저 필수수익률은 15%이다.

요구사항

다음의 물음에 답하시오.

1. 위 빈 칸의 ①~⑥을 채우고, 각 사업부를 투자수익률(ROI)에 의해 평가할 경우 가장

우수한 성과를 보인 곳은 어느 사업부인가?

2. 잔여이익(RI)에 의하여 사업부를 평가할 경우 가장 우수한 성과를 보인 사업부는 어느 사업부인가?
3. 최소필수수익률이 30%로 증가할 경우 투자수익률(ROI)과 잔여수익률(RI)의 성과평가는 어떻게 달라지는가?
4. 영남사업부가 새로운 프로젝트를 검토하고 있다. 이 프로젝트의 평균투자액은 5억원이며 매출은 10억원이 예상된다. 이 프로젝트의 예산은 현재의 자본비용인 15%수준으로 조달할 수 있을 것으로 예상되며, 새로운 프로젝트의 매출수익률은 기존사업부와 동일한 것으로 예상된다. ROI와 RI 각각의 기준에 의한 프로젝트의 채택여부를 결정하시오.

문 4 ROI와 다원적인 성과평가기준

서강전자는 대규모의 분권화된 제조기업이다. 각 사업부는 투자중심점으로 설정되고 제품개발, 마케팅, 생산에 관한 실질적으로 완전한 자율성을 갖고 있다.

사업부 경영자의 성과는 정기적으로 최고 경영자에 의해 평가되는데, 현재는 투자수익률(ROI)이 유일한 평가기준이다. 최고경영자는 ROI가 사업부의 손익계산서 및 대차대조표를 분석하여 얻은 계량적인 정보를 통합한 것이기 때문에 적절한 성과측정치라고 믿고 있다.

몇몇 사업부경영자는 단 하나의 성과평가기준을 사용하는 것이 불충분하고 비효과적이라고 불평한다. 그들이 성과평가기준에 포함되어야 한다고 믿는 기준은 다음과 같다.

> …수익성, 시장 내에서의 위치(market position), 생산성, 제품선도력(product leadership), 인력개발, 종업원의 태도, 공공에 대한 책임(public responsibility) 및 장·단기목표의 균형…

요구사항

1. 사업부 경영자의 유일한 성과평가기준으로 ROI를 사용하는 경우의 문제점을 설명하시오.
2. 사업부 경영자의 성과평가기준으로 여러 개의 다원적인 성과평가기준을 함께 사용하는 장점은 무엇인가?
3. 회사의 사업부 경영자들이 열거한 여러 개의 다원적인 성과평가기준을 함께 적용하는데 따른 문제점은 어떤 것들이 있는가?

문 5 대체적인 성과평가기준

(주)서강의 사업부 담당 이사들은 현재의 각 사업부 성과를 평가하는 방법에 점점 많은 불만을 보이고 있다. 사업부 성과는 매 분기별로 지난 해에 작성된 고정 예산(static budget)과

의 비교로 이루어진다. 그들의 불만은 많은 요소가 완전히 그들의 통제 밖에 있는데도 성과평가에 포함되며, 따라서 이 결과는 불공정하고 성과평가를 오도하는 것이 된다는 데 있다.

이사들은 특히 표준과 예산을 설정하는 과정에 대해 매우 비판적이다. 분기별로 설정되는 연차 예산은 예산회계연도 시작 6개월 전에 편성된다. 이익을 증가시켜 반영하라는 사장의 압력으로 이사들은 종종 예상 수익은 과대계상하고 예상비용은 과소계상해 왔다. 게다가 일단 예산이 설정되면 각 사업부들은 '예산과 생사를 같이 할 것'을 요구받았다.

외부요인(경제 상황, 고객의 선호도 변화, 경쟁업체 동향 등)들이 사장이 각 사업부에 제시하는 예산편성 환경변수(budget parameters)에 종종 적절히 반영되지 않아 왔다.

사장은 현재의 문제점을 인식하고 현 상황을 검토하여 새로운 성과평가시스템을 제안할 위원회를 설립하기로 동의했다. 위원회는 각 사업부 담당 이사, 회계담당 이사 및 의장 역의 부사장으로 구성되었다. 첫번째 회의에서 어느 이사가 목표달성시스템(Achievement of Objectives System, AOS)을 제안하며, 그 개요를 설명했다. 이 시스템에서는 사업부는 다음의 3가지 기준에 따라 평가된다.

- 전년 대비 성과: 여러 가지 측정치가 전년도와 비교된다.
- 목표 실현성: 당년도의 실제 성과가 실제적인 계획 또는 목표와 비교된다.
- 유동자산 운용: 경제여건과 사업환경의 변화에 대한 사업부 담당이사의 업적과 대응을 평가하기 위해 여러 가지 측정치를 사용한다.

그 이사는 사업부가 3가지 다른 관점에서 평가되기 때문에 현재 시스템의 많은 문제점을 극복할 수 있을 것으로 믿었다. 게다가 이사들은 통제할 수 없는 외부 요인의 변화에 어떻게 대응하는지 그리고 그 효과가 어떠했는지를 보여 주는 기회를 갖게 될 것이라고 말했다.

또 한 이사가 AOS에 찬성했다. 그러나 새로운 평가 시스템이 성공하려면 사장의 완전한 지지가 필요하다고 조심스럽게 말했다. 더 나아가 이 지지는 모든 사업부 내에서 가시적인 것이어야 한다고 말했다. 그는 위원회가 각 사업부에 동기를 부여하고 경쟁적인 분위기를 조성할 어떤 절차를 제안해야 한다고 믿었다.

요구사항

1. 제안된 AOS가 지금의 평가시스템보다 더 나은 것이 되는지를 설명하시오.
2. 제안된 AOS 내의 3가지 기준에 따른 각 사업부의 성과평가 측정치를 구체적으로 예시해 보시오.
3. 제안된 성과평가시스템의 동기부여 및 행동적인 측면에 대해 설명하시오. 또 사업부 담당 이사들에게 사기를 높이고, 동기를 부여하기 위해 적용될 수 있는 특정의 계획을 제안해 보시오.

문 6 ROI, RI, 그리고 EVA

(주)서강은 투자중심점으로 A, B, C 등 3개의 사업부를 운영하고 있다. 이들 사업부와 관련된 이익 및 투자자료는 다음과 같다.

	A사업부	B사업부	C사업부	합 계
총자산	₩5,000,000	₩10,000,000	₩20,000,000	₩35,000,000
유동부채	1,000,000	3,000,000	8,000,000	12,000,000
영업이익	1,000,000	1,700,000	3,000,000	5,700,000
장기타인자본				20,000,000
자기자본				20,000,000

요구사항

1. 이익측정치로 영업이익을 사용하고, 투자측정치로 총자산을 사용하여 각 사업부의 ROI를 계산하시오.
2. (주)서강은 각 사업부에 대한 평가를 RI를 기준으로 하고 있다. 영업이익과 총자산을 이용하고, 최저필수수익률을 12%로 가정할 때 각 사업부의 RI를 계산하시오.
3. 장기타인자본에 대한 이자율은 10%이고, 자기자본의 비용은 15%이며, 법인세율은 40%로 가정한다. 그리고 각 사업부는 유사한 리스크를 가지고 있기 때문에 동일한 가중평균자본비용을 적용한다. 각 사업부의 EVA를 계산하시오. 그리고 당신은 1, 2, 3에서 계산된 측정치들 중에서 어느 것을 추천하겠는가? 이유를 설명하시오.

문 7 투자수익률과 경영자 보상계획

(주)성문은 다음과 같은 3가지의 사업부를 운영하고 있다.

	영업이익		매 출 액		총 자 산	
	19×7	19×8	19×7	19×8	19×7	19×8
가전사업부	₩3,000	₩3,850	₩30,000	₩35,000	₩20,000	25,000
반도체사업부	4,000	4,480	25,000	28,000	18,000	22,400
항공사업부	1,500	1,600	18,000	0,000	30,000	32,000

각 사업부의 경영자는 사업부별 투자수익률(ROI)에 기초한 연간 보너스를 지급받는다. ROI는 '영업이익/각 연도말총자산'으로 계산한다.

최근 반도체사업부는 새로운 사업에 대한 투자를 고려하고 있다. 이 사업을 수행하기 위해서는 ₩5,000의 신규투자를 필요로 한다. 이 사업에 투자하면 19×9년 반도체사업부의 연간이익은 19×8년에 비해 ₩800 정도 증가할 것이다. 이 회사의 사업부에 대한 요구수익률은 연간 13%이다.

◉ 요구사항

1. Du Pont 기법을 이용하여 각 사업부의 19×8년의 ROI 차이를 설명하시오.
2. 반도체 사업부의 경영자는 새로운 투자를 받아들일 것인가? 회사 전체의 관점에서는 반도체사업부 경영자의 어떤 의사결정이 바람직한가?
3. 19×8년 각 사업의 잔여이익(RI)을 계산하시오.
4. 잔여이익(RI)에 따라 경영자의 보상에 결정될 경우 반도체사업부 경영자는 어떤 의사결정을 내리겠는가?

문 8 활동기준경영과 균형성과표

한라전자는 고성능 PC인 HDC를 생산하여 판매하는 회사로 단위당 직접비는 다음과 같다.

- 직접재료비 : 단위당 ₩10
- 직접노무비 : 단위당 0.5시간, 직접노무비 임률은 시간당 ₩20

한라전자의 생산담당이사인 박이사는 HDC의 직접비 이외에 제조간접비을 추정하기 위해서 지난 수개월 간의 제조간접비을 측정하여 다중회귀분석을 한 결과 다음과 같은 제조간접비 다중회귀추정식을 도출하였다.

- 제조간접비 = ₩50,000+₩50×직접노동시간+₩10,000×lot수

고성능 PC의 1lot는 1,000단위로 생산하고 있으며 제조간접비 중 원가동인에 비례하지 않는 원가는 고정비로 간주한다.

◉ 요구사항

1. 회사는 외부로부터 HDC제품 1,000단위를 단위당 ₩45에 납품해 달라는 특별주문을 받았다. 회사의 유휴설비는 충분하며 위의 회귀추정식에 따른다면 회사는 특별주문을 수락할 것인가? 만약 수락한다면 회사의 영업이익은 얼마나 증가 또는 감소하는가?
2. 생산담당부장인 권부장은 회사의 제조간접비에 대해 박이사와 다르게 직접노동시간만을 독립변수로 하여 다음과 같은 회귀추정식을 도출했다.

   - 제조간접비 = ₩80,000+₩40×직접노동시간

   권부장의 회귀추정식을 사용할 경우에 위 요구사항 1의 특별주문은 수락할 것인가?

수락한다면 회사의 영업이익은 얼마나 증가 또는 감소하는가?

3. 특별주문을 수락하여 실제로 발생한 제조간접비는 박이사가 추정한 회귀추정식에 의해 산출된 것과 같았으며 이외의 직접비 실제발생액은 다음과 같았다.

- 직접재료비 : 단위당 ₩11
- 직접노무비 : 단위당 0.56시간, 직접노무비 임률은 시간당 ₩20

이 특별주문을 수락하여 한라전자의 실제 영업이익은 얼마나 증가 또는 감소하였는가?

※ 위 기본자료와 별도로 다음 자료에 의하여 이하의 요구사항에 답하시오.
한라전자는 지난 수년간 생산담당이사의 상여금을 아래와 같은 방법으로 지급해 왔다.

- 상여금 = ₩150,000+원가절감액×2%+영업이익×1%

최근에 한라전자는 고객만족도, 품질향상, 종업원성취도 등과 같은 다양한 목표를 설정하고 그 성과를 상여금에 반영하려고 한다.
회사는 이를 위해 상여금 지급방법을 다음과 같이 변경하였다.

- 정시납품률이 증가하는 경우 상여금을 추가지급한다.
- 제품배달시간이 감소할 경우 상여금을 추가지급한다.
- 불량품수량 감소에 따른 재작업원가 절감액의 5%를 상여금에 가산한다.
- 종업원의 업무만족도에 증가하는 경우에 상여금을 추가지급한다.

4. 위의 사항들을 성과평가에 반영할 경우에 장점은 무엇인가?
5. 위의 성과표와 관련하여 회사가 고려해야 할 관점(perspective)을 간략하게 기술하시오.

문 9 단답형 기출문제

1. ㈜태종에는 A와 B 두 개의 사업부가 있는데, 다음은 성과평가와 관련된 자료이다.

	A사업부	B사업부
투자액	₩2,000	₩4,000
순이익	400	720

㈜태종의 자본비용은 10%이다. A사업부와 B사업부의 투자수익률과 잔여이익은 각각 얼마인가?

2. ㈜한국의 A부문의 20×1년도 회계자료는 아래와 같다.

매 출	₩1,000,000
변동비	600,000
고정비(추적가능원가)	100,000
평균투자자본	200,000
부가이자율(최저필수수익률)	6%

위의 자료에 의할 때 잔여이익은 얼마인가?

3. 다음은 ㈜누리의 남부사업부와 중부사업부의 대차대조표와 손익계산서 자료의 일부이다.

	남부사업부	중부사업부
총 자 산	₩2,000,000	₩10,000,000
유동부채	500,000	3,000,000
세전영업이익	250,000	2,000,000

㈜누리의 가중평균자본비용 계산에 관련된 자료는 다음과 같다.

장기부채 :	시장가치	₩7,000,000	이자율	10%
자기자본 :	시장가치	7,000,000	자본비용	14%

법인세율은 40%이다. 남부사업부와 중부사업부의 경제적 부가가치(EVA)는 각각 얼마인가? 단, 각 사업부에는 동일한 가중평균자본비용을 적용한다.

4. ㈜한해는 당기 초부터 고객에 대한 신용매출 기간을 3개월에서 6개월로 연장하는 판매촉진정책을 실시하였다. 그 결과 당기에는 전기에 비해 매출액과 세후이익이 모두 증가하였고, 재고자산과 매출채권은 각각 ₩4,000과 ₩3,500만큼 증가하였다. 회사가 제시한 비교손익계산서와 법인세율 및 자본비용(cost of capital)은 다음과 같다.

항목	당기	전기	증감
매출액	₩275,000	₩250,000	10.0% 증가
차감			
매출원가	₩192,500	₩175,000	
판매관리비	55,000	50,000	
이자비용	1,400	1,400	
세전이익	₩26,100	₩23,600	
법인세비용	9,135	8,260	
세후이익	₩16,965	₩15,340	10.6% 증가
법인세율	35%	35%	
자본비용	15%	15%	

새로운 판매촉진정책의 실시로 인하여 당기의 경제적 부가가치는 전기에 비해 얼마만큼 증가(혹은 감소)하였는가? 단, 세후영업이익에 대한 추가적인 조정은 없으며 재고자산과 매출채권 이외에 투하자본(invested capital)의 변동은 없다고 가정한다.

제 18 장

대체가격

제 1 절 대체가격의 기초
제 2 절 최소대체가격과 최대대체가격
제 3 절 다국적기업의 대체가격

학습목표

제16장과 제17장에서는 각각 이익중심점과 투자중심점의 성과평가에 대해 공부하였다. 여기에서는 이익중심점과 투자중심점 성과평가시 고려할 사항 중의 하나인 내부대체거래 및 대체가격에 대하여 알아보고자 한다. 이 장을 공부하고 나면 다음 사항을 파악할 수 있어야 한다.

1. 대체가격 결정시 고려할 기준
2. 대체가격 결정방법
3. 최소대체가격과 최대대체가격
4. 대체여부가 회사 전체이익에 미치는 영향
5. 다국적기업의 대체가격

제18장 대체가격

제1절 대체가격의 기초

1 의 의

우리는 **제16장**과 **제17장**을 통하여 이익중심점과 투자중심점의 성과평가에 대해 공부하였다. 이익중심점에서는 수익에서 비용을 차감하여 산정된 이익을 대상으로 하여 성과평가를 하고, 투자중심점에서는 수익에서 비용을 차감하여 산정된 이익을 대상으로 성과평가를 하되 투자액을 고려한다. 여하튼 이익중심점이든 투자중심점이든 사업부의 성과를 평가하기 위해서는 공통적으로 수익과 비용에 근거한 이익을 결정하는 것이 중요하다.

기업이 기업외부와 거래를 통하여 수익을 얻는 경우에는 시장가격에 의하여 거래가 이루어지므로 객관성과 공정성이 확보되어 문제가 발생할 소지가 적다. 그러나 기업의 하부 조직(사업부)간에 내부대체거래가 이루어지는 경우에는 사업부간에 특수관계에 있기 때문에 거래에 있어서 객관성과 공정성을 확보하기가 어렵다. 더욱이 내부대체거래가 있는 경우 판매부문에서는 수익이 인식되고 구매부문에서는 원가(비용)가 인식되기 때문에 각 사업부의 성과를 올바르게 평가를 위해서는 내부대체거래 및 대체가격에 대해 깊이 있게 이해할 필요가 있다.

기업내부에서 사업부간에 이루어지는 재화나 용역의 내부거래를 **이전거래** 또는 **대체거래**(transfer transaction)라고 한다. 그리고 기업내의 사업부간에 대체거래가 발생하는 경우 이전되는 재화나 용역에 부여되는 가격을 이전가격 또는 대체가격(transfer price)이라 한다.

이때 재화나 용역을 제공하는 사업부을 판매사업부 또는 공급사업부라고 하며, 재화나 용역을 구입하는 사업부를 구매사업부라고 한다. 대체가격의 결정은 각 사업부의 이해관계를 고려하고 각 사업부의 자율성을 유지하며 동시에 기업 전체의 이익을 극대화키는 방향으로 결정되어야 하는 어려운 문제이다.

공급사업부 입장에서는 특정 중간제품을 내부에 공급할 것인가 아니면 외부에 판매할 것인가를 결정하고, 구매사업부의 입장에서는 특정 중간제품을 내부에서 조달할 것인가 아니면 외부로부터 구입할 것인가를 결정하게 된다. 이 같은 사업부간의 대체 여부를 결정하는 권한은 각 사업부에 위임되어 자율적으로 이루어진다고 가정한다. 하지만 지나친 각 사업부의 자율성은 각 사업부의 이익극대화에는 도움이 되나 기업 전체의 이익극대화에는 바람직하지 않는 결과를 초래할 수도 있다.

2 대체가격 결정시 고려할 기준

대체가격은 사업부의 책임범위 결정, 성과평가 및 재고자산 가액의 결정 등에 사용된다. 대체가격은 다음과 같은 네 가지 선택기준을 신중히 고려하여 결정하여야 한다. 다만, 다음에서 설명하는 네 가지 기준은 본질적으로 서로 상충되는 경우가 많아 이를 동시에 만족시키는 대체가격은 없는 경우가 대부분이다.

(1) 목표일치성기준

목표일치성(goal congruence)기준은 각 사업부 경영자가 조직전체의 이익이 극대화되는 범위내에서 자기사업부의 성과가 극대화되도록 대체가격을 결정하는 기준이다. 분권화된 조직의 각 사업부는 책임중심점으로 운영되기 때문에 각 사업부의 경영자들은 자신들의 성과측정치를 극대화하기 위해서 기업전체의 이익을 극대화시키지 않는 대체가격을 선택할 수도 있다. 그러나 조직을 분권화한 목적은 복잡한 환경에 보다 효과적으로 대처하여 기업전체의 목표를 극대화하는데 있다. 따라서 최고경영자는 각 사업부의 경영자가 각 사업부의 목표와 조직전체의 목표를 동시에 극대화시키는 의사결정을 하도록 유도하여야 한다. 목표일지성기준은 가장 상위의 기준으로서 여러 가지 기준이 서로 상충될 때 최우선적으로 고려되는 기준이다.

(2) 성과평가기준

성과평가(performance evaluation)기준은 각 사업부나 사업부 경영자의 성과를 공정하게 평가할 수 있도록 대체가격이 결정되어야 한다는 기준이다. 대체거래가 발생하는 경우 대체가격이 어느 수준으로 결정되느냐에 따라 각 사업부의 이익은 영향을 받는다. 그러므로 대체가격이 합리적으로 결정되지 않으면 사업부 경영자는 대체가격으로 인하여 자신의 성과평가가 공정하게 이루어지지 않으므로 성과평가에 대한 사업부 경영자의 불신을 초래하고, 궁극적으로는 분권화의 목적을 달성하지 못하게 될 수가 있다. 따라서 대체가격은 사업부 경영자가 공정한 것으로 받아들일 수 있도록 설계되어야 한다. 이를 위해서는 대체거래가 이루어지기 전에 최소한 관련 사업부의 경영자들이 대체가격을 협상할 수 있도록 하는 제도적인 장치가 마련되어야 한다.

(3) 자율성기준

자율성(autonomy)이란 각 사업부의 경영자에게 자기 사업부와 관련된 의사결정을 자율적으로 할 수 있도록 권한이 주어지는 것을 말하는데, 의사결정의 자유는 분권화의 본질이다. 자율성기준은 각 사업부 경영자들이 자기 사업부를 분권화된 독립된 실체로 인식하고 충분한 재량권을 가지고 대체가격을 결정해야 한다는 기준이다. 그러나 자율성기준을 지나치게 강조하면 각 사업부는 자기 사업부의 이익을 가장 중요시하게 되므로 개별사업부 입장에서는 최적이지만, 조직 전체의 관점에서는 최적이 되지 않는 현상 즉, 준최적화(sub-optimization)현상이 발생할 수 있다.

(4) 공기관에 대한 재정관리기준

공기관에 대한 재정관리기준은 국세청, 공정거래위원회, 관세청, 물가당국 등과 같은 공기관이 기업에 미칠 수 있는 불리한 영향을 최소화하고, 유리한 영향을 최대화할 수 있도록 대체가격을 결정해야 한다는 기준이다.

예를 들어 다국적기업의 경우 각 사업부가 전 세계에 분산되어 있어 사업부마다 적용되는 법률규정이나 세율이 상이하다. 따라서 대체가격을 얼마로 결정하느냐에 따라 다국적기업의 총세금 부담액에 큰 영향을 미칠 수 있다. 이런 경우 일반적으로 회사는 상대적으로 높은 세율이 적용되는 지역의 사업부에 대해서는 이익을 낮추어 보고하려 하는 반면, 그 지역의 정부는 세금을 많이 확보하기 위해서 이익을 적게 보고하려는 회사를 엄격하게 통제하려 할 것이다. 이런 경우 공기관과의 마찰로 인하여 발생할 수 있는 불리한 영향을 최소화하기 위하여 대체가격을 적정한 범위내에서 결정해야 한다. 이에 대해서는 **제3절**에서 자세히 설명할 것이다.

3 대체가격의 결정방법

대체가격에 영향을 미치는 요인은 매우 많다. 또한 기업과 각 거래부문의 상황에 따라서 결정방법이 각기 다르다. 아래에서는 대체가격을 결정하는 일반적인 방법에 대하여 설명하고자 한다.

(1) 시장가격

대체가격으로 가장 많이 주창되는 형태는 공개시장에서 재화나 서비스에 부과되는 금액인 시장가격(market price)이다. 시장가격은 판매사업부가 외부 고객에게 판매할 때 받는 가격이며 동시에 구매사업부가 외부 거래처로부터 구매할 때 지불해야하는 금액이다. 시장가격을 지지하는 사람들은 시장가격은 시장에서 거래당사자들간에 결정되기 때문에 가장 논리적이라고 주장한다.

시장가격은 논리적 대체가격 결정방법으로 널리 지지 받고 있지만 단점이 전혀 없는 것은 아니다. 사업부문간 거래되는 일부 제품이나 서비스는 시장이 형성되지 않아서 시장가격이 존재하지 않는 경우도 있다. 이와 같이 내부 제품이 외부에서 거래되는 제품과 다른 경우에는 제품이나 서비스의 특별한 특성을 반영하기 위해 시장가격을 적절히 조정해야 한다.

(2) 조정된 시장가격

사업부문간에 거래되는 특정제품이나 서비스에 대한 시장가격은 존재하지 않더라도 유사한 제품이나 서비스에 대한 시장가격은 존재하는 경우가 흔히 있다. 이때 경영층은 유사한 제품이나 서비스의 시장가격을 조정하여 대체가격을 결정할 수 있다. 이를 조정된 시장가격(modified market price)이라 한다. 그런데 많은 기업들은 유사한 시장가격도 존재하지 않는 제품을 생산하기도 한다. 이럴 경우 기업은 도리없이 원가정보를 이용하는 수밖에 없다.

(3) 실제원가

시장가격기준 대체가격에 대한 대안적인 방법으로 널리 사용되는 것은 역사적 원가(historical cost)라 불리기도 하는 실제원가(actual cost)이다. 이러한 대체가격은 제품을 생산하거나 서비스를 제공하는 실제원가에 기초한다. 구매사업부는 제품이나 서비스의 실제원가를 부담한다. 실제원가를 대체가격으로 사용하는 이유는 실제원가는 확정적이고 사용 가능하다는 데 있다. 실제원가를 사용함으로써 특수화된 제품이나 서비스의 시장가격을 결정해야 하는 필요성이 제거된다. 또 하나의 장점은 실제원가에 기초한 대체가격은 쉽게 이해되고 관리된다는 점이다. 각 조직은 모두 그들 활동에 대한 원가를 기록 누적한다. 그러므로 비영리 조직까지도 대체가격을 결정하는 데 실제원가를 사용할 수 있다.

실제원가가 사용된다면 변동제품원가인지, 전부제품원가인지, 아니면 전부제품원가에다 판매관리비의 일정부분까지 포함된 액수인지 등을 결정해야 한다. 많은 기업에서는 전부제품원가를 사용하고 있지만 운영활동을 감독 통제하는 경영층의 정보욕구를 충족시켜 준다면 이와는 다른 어떠한 유형의 실제원가도 사용할 수 있을 것이다. 실제원가 대체가격은 쉽게 사용될 수 있는 것으로 받아들여지고 있지만 사업부문업적을 측정하는 데에는 심각한 단점을 지닐 수도 있다. 즉 판매부문은 자신의 비능률적 부분까지 실제원가를 통해서 구매부문에 이전시킬 수 있다. 따라서 판매부문의 경영자는 구매부문과는 달리 자기부문을 효율적으로 관리하고자 하는 유인이 거의 없게 된다. 이와는 별도로 실제원가 대체가격을 사용하면 판매부문은 이익을 벌어들일 수 없게 된다. 모든 원가가 판매부문으로 이전되므로 판매부문은 손익분기점에 있을 것이다. 이러한 문제를 해결할 수 있는 한 가지 방법은 판매부문에서 제공하는 재화와 서비스에 대해 사전 예정원가 또는 기대원가를 설정하는 것이다.

(4) 표준원가

표준원가 대체가격방법에서는 사전 예정표준원가가 사업부문간 재화와 서비스의 대체가격으로 사용된다. 표준과의 차이는 판매부문의 업적보고서에 보고된다. 차이는 판매부문 평가에 사용되고 표준원가를 대체가격으로 사용하여 판매부문에서 발생된 어떠한 효율성이나 비효율성도 구매부문에 이전되지 않는다.

표준원가를 대체가격으로 사용하는 것의 주요단점은 모든 제품이 기업내 다른 부문에 판매되어진다면 판매부문의 이익은 보고기간동안의 유리한 순차이에 한정된다. 만약에 순차이가 불리하다면 판매부문은 손실을 발생시킬 것이다.

(5) 조정된 원가

때로는 경영층의 보고목적을 충족시켜 주기 위해서 원가기준 대체가격을 조정할 필요가 있다. 가령 한 기업이 사용하기 편리한 원가기준 대체가격방법을 사용하면서 모든 운영사업부문에 대해 이익중심점 업적측정을 하기를 원한다고 하자. 이때 이 기업은 원가기준 대체가격으로 이익측정을 하기 위해서 실제원가에 마크업을 가산한 것을 기준으로 하는 원가가산 대체가격(cost-plus transfer price)을 사용한다. 제품마진은 20% 마크업과 같이 원가를 기준으로 일정 퍼센티지로 표현될 수도 있고 또한 단위당 ₩500과 같이 일정금액이 될 수도 있다.

경영층은 대체가격을 계산하는 데 어떠한 유형의 원가도 그 기준으로 사용할 수 있다. 그중 실제원가는 원가가산 대체가격 방법에서 가장 많이 사용되는 기준이다. 정부계약의 가격결정시에도 이 방법이 가장 많이 사용된다. 물론 표준가격도 사용될 수 있다. 경우에 따라선 경영층의 특정 목표를 충족시키기 위해서 총원가의 일정 부분만 대체가격에 사용된다. 단지 총원가의 일정부분만 재화나 서비스에 부담지운다면 부분원가대체가격(partial-cost transfer price)방법을 사용하는 것이다. 이는 비논리적으로 보일지 모르나 특정 서비스에 대해서는 기업의 목표를 달성하는 데 적합할 수 있다. 가령 기업이 새로 컴퓨터를 구입했을 때 처음에는 잉여능력이 존재하는 것이 보통이다. 경영자들로 하여금 컴퓨터의 사용을 장려하기 위해서 컴퓨터서비스 사업부는 사용자에게 서비스에 대한 총실제원가의 일정부분만 부담지운다. 장기적으로는 부문원가대체가격은 결코 논리적 대체가격이라고 볼 수 없다. 부문원가대체가격을 사용하면 또한 해당 재화나 서비스에 대한 수요가 급속도로 팽창할 수도 있다. 구매부서에서는 제품이나 서비스의 실제원가를 실제로 발생하는 것보다 적은 것으로 간주하게 된다. 이는 궁극적으로 부적절한 자원배분 결정을 유도할 수도 있다.

(6) 협상가격

협상대체가격(negotiated transfer price)은 구매자와 판매자간의 협상에 의해 결정된다. 협상대체가격은 기업외부의 주체와 거래할 때 직면하는 것과 유사한 팔

거리 (arm's-length) 거래를 제안한다. 이런 유형의 대체가격은 논리적이고 공정한 것처럼 들리고 또한 흔히 그러하다. 그러나 제도적으로 협상이 효과적으로 되려면 구매사업부와 판매사업부는 내부 협상과정이 성공적이지 않은 경우에는 기업외부와 거래할 수 있는 능력을 지녀야만 한다. 구매사업부와 판매사업부가 단독으로 서로 거래를 해야 한다면 쌍방 독점이 존재하게 된다. 쌍방독점은 합리적 경제해결점에 도달될 수 없다고 한다. 따라서 이론적으로 이 경우 대체가격은 협상되어질 수 없는 것이다. 그렇지 않으면 단지 누군가에 의해 제안된 조건을 기초로 대체가격이 결정되어질 수 있을 것인데 이때는 최고경영층이 개입하여 대체가격을 좌우하게 된다. 이는 결코 대체가격이 협상되어지는 것은 아닌 셈이다. 그러므로 관련된 두 당사자들이 모두 내부 및 외부 고객 및 공급자들과 거래를 할 수 있고 협상과정 또는 외부 당사자들과의 거래를 간섭하는 경영정책이 없을 때 비로소 협상대체가격은 잘 적용될 수 있다.

(7) 목표이익

때로는 대체가격은 사업부에 목표이익을 가져다주도록 구체적으로 설계되기도 한다. 만약 시장가격이 존재하지 않는다면 목표이익을 제공하도록 의도된 대체가격은 논리적 대안이 될 수 있다. 종종 **목표이익대체가격**(target profit transfer price)은 어떤 원가측정치에 목표이익 수준을 가산시킨 것을 기준으로 결정한다. 목표이익은 이익을 제공하는 것을 강조한 원가가산대체가격의 특별한 경우로 생각될 수 있다.

(8) 기타 대체가격

어떤 기업은 대체가격을 결정하는 데 정교한 수학적 모형을 사용하기도 한다. 어떠한 방법도 그것이 경영층의 정보욕구를 충족하는 한 받아들여질 수 있다. 어떠한 대체가격 결정방법이 사용되든 모든 당사자들이 쉽게 이해할 수 있어야 하고 쉽게 관리되어질 수 있어야 한다.

4 대체가격결정의 일반지침

조직의 모든 상황에서 적절히 적용될 수 있는 단일의 대체가격결정방법은 존재하지 않는다. 즉 조직이 처해 있는 상황에 따라서 적절한 대체가격결정방법도 달라진다. 이론적으로 관련 두 당사자의 이해관계와 기업전체의 경영관리목적을 충족시킬 수 있는 대체가격결정방법이 적절한 방법이다. 가령 이해가 상충되는 구매자와 판매자의 이해관계를 항상 충족시킬 수 있는 방법 가운데 하나는 이중가격결정방법(dual pricing)이다. 이 방법은 단일 대체가격을 사용하는 것이 아니라 두 개의 대체가격을 적용하는 것이다. 즉 판매사업부문엔 그들이 원하는 가격으로 재화나 서비스를 본부가 구입한 다음 구매사업부문엔 그들이 원하는 가격으로 다시 본부가 재화나 서비스를 판매한다. 이러한 이중가격으로 구매자와 판매자는 만족시키지만 회사전체로 보면 구매부문과 판매부문을 제대로 관리한다고 볼 수 없기 때문에 결코 적절한 방법이라 할 수 없다.

대체가격을 결정하는 방법은 상황에 따라 다른데 상황에 따른 적절한 대체가격 결정지침을 제시하면 다음과 같다.

- 시장가격이 존재하는 경우는 시장가격을 이용한다.
- 시장가격이 존재하지 않고 거래금액이 크지 않으면 협상가격을 이용한다.
- 시장가격이 존재하지 않고 거래금액이 큰 경우 공급부서의 여유조업능력이 존재한다면 표준변동원가를 기준으로 결정한다.
- 시장가격이 존재하지 않고 거래금액이 큰 경우 공급부서의 여유조업능력이 존재하지 않는다면 표준전부원가를 기준으로 결정한다.

마지막으로 재화나 서비스를 공급하는 사업부의 기회비용을 보장할 수 있도록 하는 대체가격결정의 일반지침을 제시하면 다음과 같다. 이 지침은 많은 상황에서 최소대체가격을 산정하는 첫 번째 단계로 유용하다.

$$\text{최소대체가격} = \text{대체시 발생하는 단위당 변동원가} + \text{대체시 발생하는 공급부서의 단위당 기회비용} \quad (18\text{-}1)$$

위의 등식 (**18-1**)에서 '대체시 발생하는 단위당 변동원가'는 사내대체를 위하여 공급부서에 재화나 용역을 생산·공급하는 경우에 발생하는 단위당 변동원가를 의미한다. 따라서 외부에 생산·공급하는 경우에 발생하는 변동원가 중에서 사내대체시에는 발생하지 않는 변동원가가 있다면 이는 제외하여야 한다. 그리고 '대체시 발생하는 공급부서의 단위당 기회비용'은 유휴설비가 부족한 상황에서 사내대체를 위하여 외부판매량을 감소시켜야 하는 경우 이로 인하여 감소되는 외부판매공헌이익 또는 유휴설비를 다른 용도로 사용하고 있는데, 사내 대체를 위하여 이를 포기하는 경우에 감소하는 공헌이익 등으로 인하여 발생하는 기회비용을 대체수량으로 나누어 산정한 것이다. 최소대체가격에 대해서는 다음 절에서 자세히 설명할 것이다

다음 예제를 통하여 다양한 대체가격의 결정방법에 대하여 구체적으로 살펴보기로 한다.

예제 1 대체가격의 결정

태진사는 전자계산기를 생산하는 분권화된 기업이다. 조립사업부에 부품을 공급하는 생산사업부가 여러 개 있다. 그중 전자계기사업부가 생산한 전자계기판은 시장에서 단위당 ₩15,000에 판매된다. 최근 전자계기판의 단위당 원가는 다음과 같다.

항　목	표준원가	실제원가
직접재료비	₩6,000	₩6,300
직접노무비	2,000	2,200
변동제조간접비	1,000	900
고정제조간접비	1,500	1,500
계	₩10,500	₩10,900

요구사항

시장가격의 85%, 표준전부원가의 120%, 실제전부원가의 115%, 그리고 변동표준원가의 100%로 대체가격을 결정해 보시오.

해답

이 예에서 가장 단순한 대체가격은 시장가격인 단위당 ₩15,000이다. 그러나 경영층은 사업부간의 거래는 기업내 거래인 만큼 마케팅비용과 분배비용이 절약될 수 있으므로 대체가격은 외부시장가격보다 낮게 책정되어야 한다고 생각한다. 시장가격의 85%로 대체가격을 결정하기로 했다면 대체가격은 ₩12,750이다.

$$
\begin{aligned}
\text{대체가격} &= \text{시장가격} \times 85\% \\
&= ₩15{,}000 \times 85\% \\
&= ₩12{,}750
\end{aligned}
$$

만약에 시장가격이 존재하지 않기 때문에 표준전부원가를 대체가격으로 사용한다면

₩10,500이 된다. 실제원가 대체가격은 표준원가 ₩10,500에 불리한 차이 ₩400이 가산되어 ₩10,900이 된다.

조정된 원가 대체가격은 표준원가를 기준으로 산정할 수도 있고 실제원가를 기준으로 산정할 수도 있다. 표준전부원가에 20%를 가산하여 대체가격이 결정된다면 ₩12,600이다.

대체가격 = 표준전부원가 + 표준전부원가의 20%
= ₩10,500 + (₩10,500 × 0.20)
= ₩12,600

실제전부원가에 15%를 가산하여 결정한다면 대체가격은 ₩12,535이다.

대체가격 = 실제전부원가 + 실제전부원가의 15%
= ₩10,900 + (₩10,900 × 0.15)
= ₩12,535

그 밖에도 수많은 조정된 원가 대체가격이 사용될 수 있다. 가령 변동표준원가를 기준으로 대체가격이 결정된다면 ₩9,000이다.

대체가격 = 표준직접재료비 + 표준직접노무비 + 표준변동제조간접비
= ₩6,000 + ₩2,000 + ₩1,000
= ₩9,000

만약에 전자계기사업부가 조립사업부에서 공급받기 원하는 물량을 충분히 소화할 수 있는 여유조업능력을 가지고 있다면 표준원가를 사용한 단위당 최소대체가격은 ₩9,000이다.

최소대체가격 = 단위당 변동원가 + 내부대체시 발생하는 단위당 기회비용
= ₩9,000 + ₩0
= ₩9,000

반대로 전자계기사업부는 생산할 수 있는 물량전체를 외부시장에 단위당 ₩15,000에 판매할 수 있다. 이 때 표준원가를 사용한 단위당 최소대체가격은 ₩15,000이다.

최소대체가격 = 단위당변동원가 + 내부대체시 발생하는 단위당 기회비용
= ₩9,000 + (₩15,000 − ₩9,000)
= ₩15,000

이때의 단위당 최소대체가격은 시장가격과 같음을 알 수 있다.

제2절 자율성기준에 의한 내부대체 의사결정

각 사업부에 자율성이 주어진 경우 공급사업부와 구매사업부는 각각 자기 사업부의 이익이 극대화 되도록 대체가격을 결정할 권리가 있다. 그런데 공급사업부 입장에서는 대체가격이 수익이 되므로 가능한 한 대체가격을 높게 설정하려 할 것이고, 구매사업부 입장에서는 대체가격이 원가(비용)가 되므로 가능한 한 대체가격을 낮게 설정하려 할 것이다. 그러므로 공급사업부 입장에서 관심사는 이익을 감소시키지 않는 범위내에서 최소한 받아야 할 대체가격(최소대체가격)이고, 구매사업부 입장에서 관심사는 이익을 감소시키지 않는 범위내에서 최대한 지급 할 수 있는 대체가격(최대대체가격)이다. 공급사업부와 구매사업부가 모두 수용할 수 있는 대체가격의 범위가 존재한다면 대체가 이루어지고, 모두 수용할 수 있는 대체가격의 범위가 존재하지 않는다면 자율적으로는 대체가 이루어지지 않을 것이다.

1 공급사업부의 최소대체가격

공급사업부는 대체하지 않았을 경우의 사업부 이익보다 대체하는 경우의 사업부 이익이 크거나 같아야 대체할 것이다. 즉, 최소한 대체 전의 이익과 대체 후의 이익이 같아야만 대체에 응할 수 있다. 공급사업부가 자기사업부의 이익을 감소시키지 않으면서 대체할 수 있는 단위당 최소 판매가격을 최소대체가격이라 하는데 최소대체가격은 다음과 같이 나타낼 수 있다.

최소대체가격 = 대체시 발생하는 단위당 변동원가 (18-2)
+ 대체시 발생하는 단위당 고정원가
+ 대체시 발생하는 단위당 기회비용

(1) 유휴설비가 있는 경우

유휴설비가 있다는 것은 외부판매시장이 더 이상 존재하지 않아서 유휴설비를 활용하여 내부대체를 할 수 있다는 뜻이다. 따라서 유휴설비가 있는 경우에는 일반적으로 내부대체로 인하여 기회비용이 발생하지 않는다. 다만, 유휴설비를 임대 등의 대체적인 용도로 사용할 수 있는 경우에 내부대체를 요구받았다면 유휴설비를 대체적인 용도로 사용하지 못하므로 인하여 발생하는 이익 상실분은 기회비용이 된다.

(2) 유휴설비가 없는 경우

유휴설비가 없다는 것은 현재의 생산능력보다 외부수요가 많아서 내부대체를 하려면 신설비를 구입(임차)하던지 아니면 외부판매를 감소시켜야 한다는 뜻이다. 따라서 이때에는 신설비 구입(임차)으로 인한 고정원가 증가분이나 외부판매 감소로 인하여 발생하는 기회비용을 고려하여 대체가격을 결정한다.

다음 예제를 통하여 공급사업부의 최소대체가격을 산정하는 방법에 대하여 구체적으로 알아보자.

예제 2 공급사업부의 최소대체가격

(주)태진은 두 사업부로 구성되었는데, A사업부는 중간제품을 생산하고, B사업부는 중간제품을 추가가공하여 완제품을 생산하여 판매한다. A사업부는 자체생산한 중간제품 X를 외부에 판매하거나 B사업부에 대체할 수 있다. B사업부는 중간제품 X를 외부에서 구입할 수도 있고, A사업부로부터 적정한 가격에 대체받을 수도 있다. B사업부가 필요로 하는 중간제품 X의 수량은 300단위이다. 한편, A사업부가 생산하는 중간제품 X와 관련된 자료는 다음과 같다.

최대생산능력	900단위
중간제품 X의 외부 판매가격	₩820
단위당 변동제조원가	400
외부판매시 단위당 변동판매관리비	100
내부대체시 단위당 변동판매관리비	50
고정제조간접비 총액	150,000

◉ 요구사항

다음은 각각 독립적인 상황이다. 각 상황별로 300단위를 내부대체하는 경우 공급사업부(A사업부)의 최소대체가격을 구하시오.

1. 충분한 유휴설비가 존재하며, 유휴설비를 외부에 ₩30,000에 임대할 수 있으나 내부대체를 하면 유휴설비를 임대할 수 없는 경우

2. 유휴설비가 없어서 내부대체하기 위해서는 새로운 장비를 구입하여야 하며, 이로 인하여 고정제조간접비가 ₩60,000 증가하는 경우
3. 외부에 정상적으로 판매가능한 수량이 900단위인 경우

해답

단위당 최소대체가격을 TP라 가정하고 풀이하면 다음과 같다.

1.

$$TP = 400 + 50 + \frac{30,000}{300} = ₩550$$

내부대체시 발생하는 변동원가는 변동제조원가 ₩400과 변동판매관리비 ₩50이며, 내부대체를 위해 유휴설비의 임대수익 ₩30,000을 포기해야 하므로 이 부분을 기회비용으로 반영해야 한다. 위에서 구한 최소대체가격은 다음과 같이 증분접근법으로 풀이할 수 있다. 즉, 공급사업부 입장에서 내부대체시 발생하는 증분수익과 증분비용을 이용하여 최소대체가격을 구하는 것이다.

증분수익	증분비용	
매출증가 300×TP	변동원가 증가	300×450
	기회비용	30,000

$$\therefore\ 300TP \geq 300 \times 450 + 30,000$$

$$\therefore\ TP \geq 400 + 50 + \frac{30,000}{300}$$

$$\therefore\ TP \geq ₩550$$

2.

$$TP = 450 + \frac{60,000}{300} = ₩650$$

내부대체시 발생하는 변동원가는 ₩450이고, 내부대체 300개를 위해 고정원가 ₩60,000이 증가하므로 이를 반영하여 대체가격을 결정한다. 즉, 고정원가 증가분 ₩60,000으로 인한 손실을 막기 위해서는 대체수량 300개에 대하여 대체가격을 단위당 ₩200씩 높여야 한다.

3.

$$TP = 400 + 50 + \frac{900 \times 320 - 600 \times 320}{300} = ₩770$$

최대조업도에 해당하는 900단위를 전량 외부에 정상적으로 판매할 수 있는 상황에서 내부대체에 대한 요청을 받았으므로 내부대체를 하려면 외부판매량을 300단위 감소시켜야 한다. 이로 인하여 기회비용이 발생하므로 이를 반영하여 최소대체가격을 결정하여야 한다. 외부에 정상적으로 판매하는 경우 단위당 공헌이익은 ₩320(820－400－100)이다. 위 산식에서 900×320은 내부대체하지 않을 경우의 외부판매 공헌이익

을 의미하고, 600×320은 내부대체하는 경우의 외부판매 공헌이익을 의미하며, 둘 간의 차이는 내부대체로 인한 기회비용이다. 위에서 구한 최소대체가격은 다음과 같이 증분접근법으로 풀이할 수 있다. 즉, 공급사업부 입장에서 내부대체시 발생하는 증분수익과 증분비용을 이용하여 최소대체가격을 구하는 것이다.

증분수익	증분비용	
매출증가 300×TP	변동원가 증가	300×450
	기회비용	900×320−600×320

$$\therefore\ 300TP \geq 300 \times 450 + (900 \times 320 - 600 \times 320)$$

$$\therefore\ TP \geq 450 + \frac{900 \times 320 - 600 \times 320}{300}$$

$$\therefore\ TP \geq ₩770$$

한편, 최소대체가격 ₩770은 다음과 같이 이해할 수도 있다. 즉, 외부에 전량을 판매할 수 있는 상황이므로 이익을 감소시키지 않는 범위내에서 받아야 할 최소대체가격은 기본적으로 외부판매가격인 ₩820이다. 다만 내부대체하는 경우 변동판매관리비를 ₩50 절감할 수 있으므로 이 부분을 차감한 금액 ₩770(820−50)만큼은 최소한 받아야 한다.

2 구매사업부의 최대대체가격

구매사업부의 입장에서는 외부에서 구입할 수 있는 가격보다 내부대체가격이 낮아야만 이에 응할 수 있다. 그러므로 구매사업부의 최대대체가격은 일차적으로 외부구입가격이 된다. 다만, 외부구입가격보다 내부대체가격이 저렴한 경우라도 추가가공을 하여 손실을 보는 경우라면 외부구입도 하지 않고 내부대체도 하지 않는 것이 더 유리하다. 즉, 구매사업부 입장에서는 생산을 포기하는 것이 최선의 선택이다. 따라서 최대대체가격은 외부구입가격보다 저렴하면서 최소한 손실이 발생하지 않거나 기존 이익을 유지할 수 있는 범위내에서 결정된다.

다음 예제를 통하여 구매사업부의 최대대체가격을 산정하는 방법에 대하여 구체적으로 알아보자.

예제 3 구매사업부의 최대대체가격

예제 2와 같은 상황에서 (주)태진의 B사업부는 중간제품 X에 단위당 추가원가 ₩1,000을 투입하여 완제품을 생산하여 외부에 단위당 ₩2,400에 판매할 수 있다.

요구사항

1. B사업부가 중간제품 X를 외부에서 단위당 ₩800에 구입할 수 있는 경우 B사업부가 내부대체시 지급할 수 있는 단위당 최대대체가격은 얼마인가?

2. B사업부에서 생산하는 완제품의 단위당 판매가격이 ₩2,400이 아니고 ₩1,700이라고 가정하자. 요구사항 **1**에 다시 답하시오.

해답

1. 외부구입가격이 ₩800이고, 손실을 보지 않기 위해 최대한 줄 수 있는 금액이 ₩1,400(2,400−1,000)이므로 최대대체가격은 ₩800이다. 즉, 손실을 보지 않기 위해 최대한 지급할 수 있는 금액은 ₩1,400이나 외부구입하는 경우의 단위당 이익이 ₩600(2,400−800−1,000)이므로 이를 유지하기 위해서는 최대한 ₩800까지만 지급할 수 있다는 뜻이다.

2. 외부구입가격이 ₩800이고, 손실을 보지 않기 위해 최대한 줄 수 있는 금액이 ₩700(1,700−1,000)이므로 최대대체가격은 ₩700이다. 즉, 외부구입가격이 ₩800이므로 이 가격에 구입하여 추가가공하여 판매하는 경우 B사업부는 손실이 발생한다. 따라서 손실을 보지 않기 위한 최대구입가격은 단위당 ₩700이며 ₩700보다 더 높은 가격을 지불해야 하는 경우라면 생산을 하지 않는 것이 B사업부에 가장 유리하다.

3 대체여부 의사결정이 회사전체 이익에 미치는 영향

공급사업부의 최소대체가격보다 구매사업부의 최대대체가격이 높은 경우에는 공급사업부와 구매사업부 모두가 수용가능한 대체가격의 범위가 존재한다. 이는 다음과 같이 나타낼 수 있으며, 이와 같이 대체가격의 범위가 성립하는 경우에는 내부대체하는 것이 회사전체의 이익을 증가시킨다.

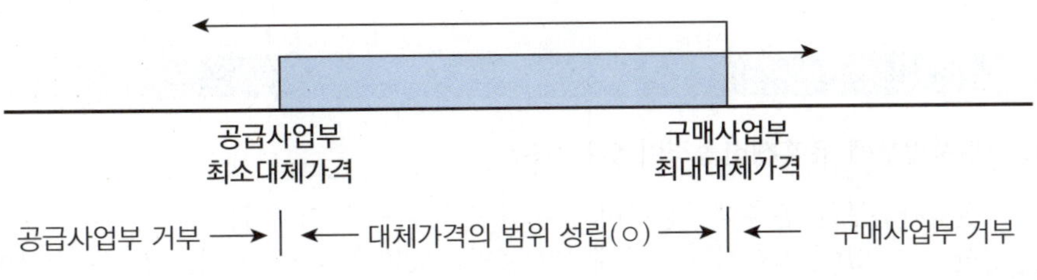

한편, 공급사업부의 최소대체가격보다 구매사업부의 최대대체가격이 낮은 경우에는 공급사업부와 구매사업부 모두가 수용가능한 대체가격의 범위가 존재

하지 않는다. 이는 아래 그림과 같이 나타낼 수 있으며, 이와 같이 대체가격의 범위가 성립하지 않는 경우에는 내부대체하지 않는 것이 회사전체의 이익을 증가시킨다.

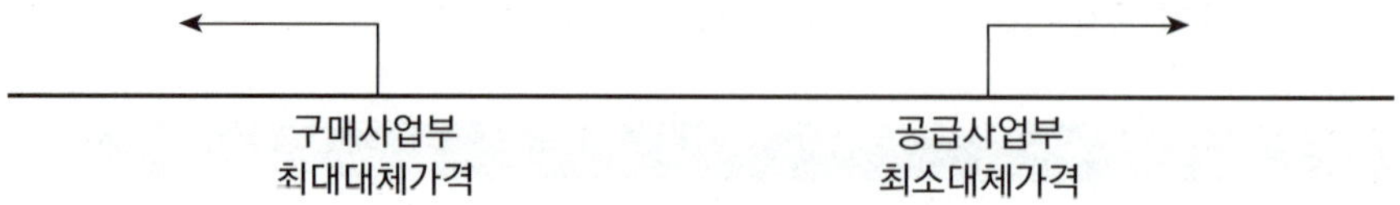

대체가격의 범위 성립(×)

위의 내용을 **예제 4**를 통하여 구체적으로 알아보자.

예제 4 대체여부 의사결정이 회사전체 이익에 미치는 영향

(주)태진은 호떡사업부와 설탕사업부를 독립된 이익중심점으로 운영하고 있다. 설탕사업부는 흑설탕을 생산하고 있는데 흑설탕의 단위당 변동원가는 ₩1,000이며, 단위당 ₩2,000에 외부에 판매될 수도 있고 적절한 가격으로 호떡사업부에 내부대체할 수도 있다. 한편, 호떡사업부는 흑설탕 1,000단위를 필요로 하고 있으며 외부에서 흑설탕을 단위당 ₩1,800에 구매할 수 있다.

요구사항

다음 각각의 경우에 대체가격의 범위를 결정하고 사내대체여부가 회사전체 이익에 미치는 영향을 계산하시오.

1. 설탕사업부가 사내대체에 필요한 흑설탕 1,000단위를 추가적으로 생산할 수 있는 유휴생산능력을 갖고 있는 경우

2. 흑설탕에 대한 외부수요가 충분하여 설탕사업부가 사내대체에 필요한 흑설탕 1,000단위를 추가적으로 생산할 수 있는 유휴생산능력이 전혀 없는 경우

해답

1. 설탕사업부에 유휴생산능력이 있는 경우

설탕사업부는 유휴생산능력이 충분한 상황이므로 기회비용 없이 사내대체 수량을 생산할 수 있다. 따라서 최소대체가격은 ₩1,000이다. 한편, 호떡사업부는 외부에서 흑설탕을 단위당 ₩1,800에 구입할 수 있는 상황이므로 최대대체가격은 ₩1,800이다. 이를 그림으로 나타내면 다음과 같다.

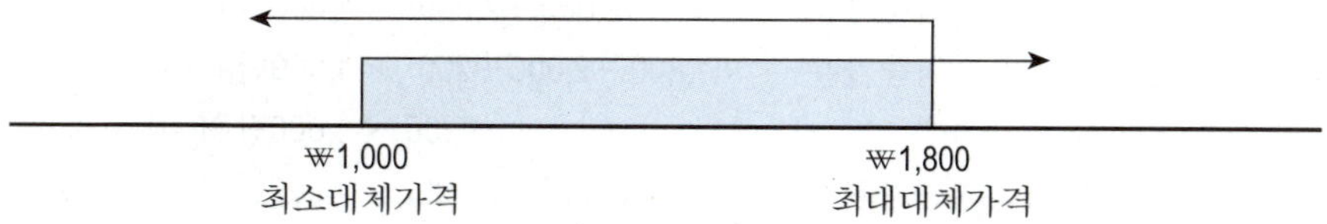

대체가격의 범위 성립(○)

위와 같이 대체가격의 범위가 성립하는 경우에는 사내대체하면 최대대체가격과 최소대체가격의 차이에 대체수량을 곱한 금액인 ₩800,000만큼 회사전체 이익은 증가한다. 예를 들어 두 사업부가 단위당 ₩1,500으로 대체한다면 대체로 인하여 각 사업부와 회사전체의 이익은 다음과 같이 증가할 것이다.

설탕사업부의 이익증가분	(1,500 − 1,000) × 1,000단위 =	500,000
호떡사업부의 이익증가분	(1,800 − 1,500) × 1,000단위 =	300,000
회사전체의 이익증가분	(1,800 − 1,000) × 1,000단위 =	800,000

즉, 설탕사업부에서는 이익을 감소시키지 않는 범위내에서 최소 ₩1,000을 받아야 하는데 ₩1,500을 받게 되면 단위당 ₩500의 이익이 발생하고, 호떡사업부는 이익을 감소시키지 않는 범위내에서 최대 ₩1,800을 지급할 수 있는데 ₩1,500을 지급하면 단위당 ₩300의 이익이 발생한다. 따라서 회사전체 입장에서는 대체가격의 범위가 성립하는 경우 실제 대체가격이 얼마가 되느냐에 관계없이 대체가 이루어지면 회사전체 이익은 증가한다.

2. 설탕사업부에 유휴생산능력이 없는 경우

설탕사업부에 유휴생산능력이 없는 경우에 사내대체를 하려면 외부에 정상적으로 판매하는 흑설탕량을 줄여야 한다. 따라서 사내대체로 인하여 발생하는 단위당 기회비용은 ₩800(2,000−1,200)이고 이를 반영한 설탕사업부의 최소대체가격은 단위당 ₩2,000(1,200+800)이 된다. 최대대체가격은 ₩1,800이며 이를 그림으로 나타내면 다음과 같다.

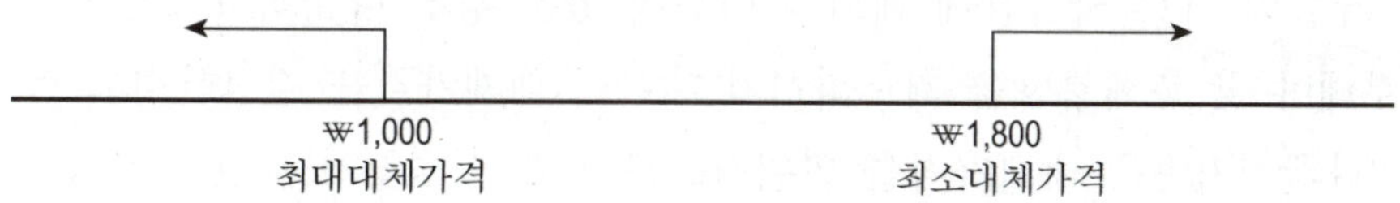

대체가격의 범위 성립(×)

위와 같이 대체가격의 범위가 성립하지 않는 경우에는 사내대체하지 않으면 최대대체가격과 최소대체가격의 차이에 대체하지 않는 수량을 곱한 금액인 ₩200,000만큼 회사전체 이익은 증가한다. 다시 말해서 대체가격의 범위가 성립하지 않는 상황에서 억지로 사내대체를 하면 사내대체하지 않는 경우에 비하여 회사전체 이익이 감소한다. 예를 들어 본부에서 호떡사업부에 단위당 ₩200의 보조금을 주면서 설탕사업부가 생산하는 흑설탕을 단위당 ₩2,000에 구입하여 사용하도록 강제한다면 각 사업부와 회사전체의 손익증가분은 다음과 같이 나타낼 수 있다.

설탕사업부의 손익증가분	(2,000 − 2,000) × 1,000단위	=	0
호떡사업부의 손익증가분	(1,800 − 2,000 + 200) × 1,000단위	=	0
본부의 손익증가분	(−)200 × 1,000단위	=	(−)200,000
회사전체의 손익증가분	(1,800 − 2,000) × 1,000단위	=	(−)200,000

즉, 설탕사업부에서는 이익을 감소시키지 않는 범위내에서 최소 ₩2,000을 받아야 하는데 ₩2,000을 받게 되면 손익에 변화가 없고, 호떡사업부는 이익을 감소시키지 않는 범위내에서 최대 ₩1,800을 지급할 수 있는데 ₩2,000을 지급하므로 단위당 ₩200의 손실을 보지만 본부로부터 단위당 ₩200의 보조금을 받으므로 역시 손익에 변화가 없다. 그러나 본부에서는 단위당 ₩200의 보조금을 지급하므로 회사전체 입장에서는 사내대체로 인하여 오히려 손실이 발생한다. 따라서 위와 같이 대체가격의 범위가 성립하지 않는 경우에는 사내대체하지 않고 설탕사업부는 흑설탕을 외부에 단위당 ₩2,000에 판매하고, 호떡사업부는 흑설탕을 외부에서 단위당 ₩1,800에 구입하는 것이 회사전체 입장에서 이익이 된다.

제3절 다국적기업의 대체가격

국내기업의 사업부간 대체가격 결정시 중점을 두는 사항은 목표일치성과 동기부여이다. 그러나 다국적 기업의 경우에는 동기부여나 성과평가 또는 자율성보다는 법인세비용 및 수입관세의 최소화, 인플레이션과 환위험 및 과실송금 등을 고려하여 대체가격을 결정한다.

세율이 다른 국가간에 재화의 이동이 있는 경우 다국적기업은 각 나라에서 납부해야 할 총세부담을 최소화하기 위하여 대체가격을 결정하려고 할 것이다. 즉, 다국적기업은 대체가격을 인위적으로 높게 설정하거나 낮게 설정하여 기업전체 세부담을 최소화하고 이를 통하여 기업전체 세후이익을 극대화하려고 노력할 것이다. 이를 위한 방법 중 하나는 세율이 높은 국가에 있는 기업의 소득을 적게 발생시키고 세율이 낮은 국가에 있는 기업의 소득을 많이 발생시키는 것이다. 그러면 세전이익이 동일하더라도 총세부담은 최소화 된다.

결국 대체가격에 대하여 국가의 규제가 없다면 다국적기업은 법인세를 절감하기 위해 고세율국가에서 저세율국가로 이익을 이전하도록 대체가격을 조작할 것이다. 그러나 현실적으로는 부당거래 등에 대하여 법률적인 규제가 있기 때문에 다국적기업은 공기관(관세청, 국세청 등)과의 마찰을 고려하여 그 규제의 범위 내에서 대체가격을 결정하여야 한다.

예제 5 다국적기업의 대체가격

(주)글로벌은 한국에서 핵심부품을 제조하여 미국에 설립한 현지법인으로 수출을 한다. 미국 현지법인은 이를 추가가공하여 최종 완제품을 생산하여 판매하고 있다. 한국에서 생산하는 부품의 단위당 제조원가가 ₩15, 미국 현지법인의 단위당 추가가공비가 ₩20, 최종 완제품의 단위당 판매가격이 ₩80이다. 한국의 법인세율은 40%이고, 미국의 법인세율은 20%이다. 한국에서 생산하여 대체하는 수량이 5,000단위이고 전량이 미국에서 최종 완제품이 되어 판매되었다.

요구사항

대체가격을 단위당 ₩20으로 설정한 경우와 단위당 ₩25으로 설정한 경우 (주)글로벌 전체의 총세전이익, 총법인세, 그리고 총세후이익을 각각 계산하시오.

해답

1. 대체가격이 단위당 ₩20일 때

	한 국		미 국	
매 출 액	5,000×20 =	100,000 →	5,000×80 =	400,000
대체가격		–		→ 100,000
제조원가, 추가가공비	5,000×15 =	75,000	5,000×20 =	100,000
세전이익		25,000		200,000
법 인 세(40%, 20%)		10,000		40,000
세후이익		15,000		160,000

총세전이익 : 25,000 + 200,000 = ₩225,000
총법인세 : 10,000 + 40,000 = ₩50,000
총세후이익 : 15,000 + 160,000 = ₩175,000

2. 대체가격이 단위당 ₩25일 때

	한 국		미 국	
매 출 액	5,000×25 =	125,000 →	5,000×80 =	400,000
대체가격		–		→ 125,000
제조원가, 추가가공비	5,000×15 =	75,000	5,000×20 =	100,000
세전이익		50,000		175,000
법 인 세(40%, 20%)		20,000		35,000
세후이익		30,000		140,000

총세전이익 :	25,000 + 200,000	=	₩225,000
총법인세 :	20,000 + 35,000	=	₩55,000
총세후이익 :	30,000 + 140,000	=	₩170,000

대체가격은 공급사업부 입장에서는 수익이 되고, 구매사업부 입장에서는 비용이 되므로 대체가격을 얼마로 하든 회사전체 입장에서 보면 총세전이익(₩225,000)은 동일하다. 하지만 사업부별로 적용되는 세율이 다른 경우에는 법인세효과로 인하여 총법인세나 총세후이익은 달라질 수 있다. 위 예제의 경우 공급사업부가 부담하는 세율이 높으므로 공급사업부의 이익을 적게 하기 위하여 대체가격을 낮게 설정하는 것이 회사전체의 총법인세는 줄이고 총세후이익은 늘리는 효과가 있다.

연습문제

문1 최소대체가격

(주)서울에는 A사업부와 B사업부가 있다. A사업부는 부품을 생산하고 있으며, B사업부는 그 부품에 추가가공을 하여 완제품을 생산하여 판매하고 있다. A사업부의 원가자료는 다음과 같다.

부품의 최대생산능력	100,000단위
단위당 변동제조원가	₩200
단위당 변동판매비	30(외부판매시에만 발생)

한편, B사업부는 A사업부가 만드는 부품 20,000단위를 필요로 하고 있다.

● 요구사항

다음은 각각 독립된 상황이다.

1. A사업부가 부품을 단위당 ₩1,000으로 외부에 80,000단위를 판매할 수 있는 상황이다. 20,000단위 대체시 최소대체가격은 얼마인가?
2. A사업부가 부품을 단위당 ₩1,000으로 외부에 80,000단위 판매할 수 있는 상황이다. 그런데 내부대체를 위하여 생산량을 100,000단위로 증가시킬 경우에는 고정비가 ₩500,000증가한다. 20,000단위 대체시 최소대체가격은 얼마인가?
3. A사업부가 부품을 단위당 ₩1,000으로 외부에 100,000단위를 판매할 수 있는 상황이다. 20,000단위 대체시 최소대체가격은 얼마인가?
4. A사업부가 판매가격을 단위당 ₩1,000으로 하면 외부에서 80,000단위를 판매할 수 있으나, 판매가격을 단위당 ₩980으로 인하라면 외부에 100,000단위를 판매할 수 있는 상황이다. 20,000단위 대체시 최소대체가격은 얼마인가?
5. A사업부가 판매가격을 단위당 ₩1,000으로 하면 외부에서 80,000단위를 판매할 수 있으나, 판매가격을 단위당 ₩980으로 인하하면 외부에 90,000단위를 판매할 수 있다. 20,000단위 대체시 최소대체가격은 얼마인가? 단, 외부수요가 없는 분과 외부수요가 있는 분으로 구분하여 최소대체가격을 결정하시오.

문 2 최소대체가격과 회사전체 이익

서강(주)는 많은 사업부를 가진 회사이며 각 사업부의 경영자들은 이익에 대해 모든 책임을 지고 있으며, 다른 사업부로부터 대체하는 것을 허용하거나 거절할 수 있는 자율성이 있다. 동사의 A사업부는 경쟁적인 시장에서 판매할 수 있는 반제품을 생산하고 있으며, B사업부는 A사업부에서 생산하는 반제품을 이용하여 완제품을 생산하고 있다. B사업부에서 생산하는 완제품은 단위당 W3,600에 판매하고 있다. A사업부는 반제품을 B사업부에 시장가격인 단위당 ₩2,100에 대체하고 있다.

A사업부의 변동비는 단위당 ₩1,560이며, B사업부의 변동비는 반제품의 대체가격을 제외하고 ₩1,800이다. B사업부의 경영자는 현재의 대체가격으로는 이익을 낼 수 없으므로, A사업부는 반제품을 시장가격보다 낮은 가격으로 대체하여야 한다고 생각하고 있다.

요구사항

1. 반제품을 시장가격으로 대체하는 경우 대체수량 한 단위에 대한 A사업부, B사업부, 그리고 회사전체 공헌이익은 얼마인가?
2. A사업부에서 만든 제품을 모두 시장에서 팔 수 있는 상황이라면 회사전체 입장에서 어떻게 하여야 하는가?
3. A사업부의 매월 생산능력은 10,000단위이며, 현재 시장가격으로 판매할 수 있는 수량이 5,000단위밖에 되지 않으며, 10,000단위 전량을 판매하기 위해서는 20%의 가격인하를 하여야 한다. 모두 시장에서 판매하는 경우, 5,000단위만을 대체하는 경우, 10,000단위 모두 대체하는 경우에 있어서 각각의 총공헌이익을 구하시오.

문 3 최소대체가격과 최대대체가격

(주)가온은 제품별 사업부제를 채택하고 있다. 각 사업부의 경영자는 자기사업부의 제품을 외부에 판매하거나 다른 사업부에 대체할 도 있는 자율권이 부여되어 있다. 사업부 B는 비디오테이프를 생산하고 있으며, 비디오테이프 생산에 필요한 필름은 사업부A에서 구입할 수도 있고, 외부의 공급업자로부터 구입할 수도 있다. 사업부B에서 필요하는 연간 필름 소요량은 10,000개이며, 사업부A에서 생산하는 필름과 관련된 자료는 다음과 같다.

연간 최대조업도	30,000개
단위당 변동제조원가	₩5,000
연간 고정비	₩2,000,000
단위당 외부판매가격	₩6,000

요구사항

1. 다음 각각의 경우에 사업부A의 최소대체가격은 얼마인가?
   ① 유휴설비가 존재하고 유휴설비의 대체적인 용도가 없는 경우
   ② 유휴설비를 부품생산에 사용하지 않는다면 외부에 임대하여 연간 ₩500,000의 임대수익을 얻을 수 있는 경우
   ③ 현재 사업부A의 정상조업도가 30,000개인 경우
2. 사업부B가 단위당 ₩1,000의 변동비를 추가로 투입하면 비디오테이프를 생산하여 단위당 ₩7,500에 판매할 수 있다. 사업부B가 지불할 수 있는 최대대체가격은 얼마인가?
3. 대체가격이 다음과 같이 결정될 경우 내부대체로 인하여 각 사업부와 회사전체의 이익은 얼마나 증가하겠는가?
   ① ₩5,000 ② ₩5,500 ③ ₩6,000

문 4 대체가격 결정방법에 따른 사업부 경영자의 보너스

(주)국세는 다양한 종류의 과일을 수확하여 과일주스를 생산하여 판매한다. 회사는 다양한 종류의 과일을 수확하는 청과사업부와 과일주스를 생산하는 주스사업부로 구성되어 있다. 주스사업부는 평균적으로 1킬로그램의 과일을 가공하여 0.5리터의 주스를 생산한다. 청과사업부와 주스사업부의 생산원가와 판매가격에 대한 자료는 다음과 같다.

	청과사업부	주스사업부
단위당 변동원가	₩100	₩200
연간 총고정원가	₩125,000,000	₩100,000,000
단위당 외부판매가격(시장가격)	₩600(킬로그램당)	₩2,100(리터당)

요구사항

1. (주)국세가 연간 500,000킬로그램의 과일을 수확하여 이를 모두 주스로 만들어 판매하는 경우 회사 전체의 영업이익을 계산하시오.
2. (주)국세는 각 사업부 연간 영업이익의 5%를 각 사업부의 경영자에게 보너스로 지급하고 있다. 회사는 각 사업부의 영업이익을 결정하기 위해서 청과사업부로부터 주스사업부로 내부 대체되는 과일에 대하여 다음과 같은 방법으로 결정된 대체가격을 사용할 것을 고려하고 있다.
   ① 전부원가의 200%
   ② 시장가격

   각각의 경우 회사가 청과사업부와 주스사업부의 경영자에게 지급해야 하는 연간 보너스금액를 계산하시오. 단, 이 경우 청과사업부의 연간 과일수확량은 500,000킬로그램이

고 수확된 500,000킬로그램 과일 전량이 주스사업부로 내부 대체되어 주스로 가공되어 판매된다고 가정하시오.

3. 각 사업부의 경영자는 요구사항 2에서 제시된 두 가지의 대체가격 중에서 어느 것을 선호하겠는가? 만약 두 사업부의 경영자가 선호하는 대체가격이 상이한 경우 회사전체 입장에서 이에 대한 해결책에는 어떠한 방법이 있겠는가?
4. 회사가 청과사업부와 주스사업부를 독립된 이익중심점으로 운영하기로 결정하여 두 사업부의 구매 및 판매활동에 자율성을 허용하기로 결정하였다. 그러나 아직 분권화의 도입초기임을 고려하여 회사는 내부대체의 경우 전부원가의 200%를 대체가격으로 사용할 것을 두 사업부에 강제하기로 결정하였다. 이 경우 청과사업부는 수확된 과일의 판매(외부시장 판매 혹은 주스사업부와의 내부 판매)에 대하여, 주스사업부는 과일의 구매(외부시장으로부터의 구매 혹은 청과사업부로부터의 내부 구매)에 대하여 어떠한 반응을 보이겠는가? 또한 두 사업부의 구매 및 판매활동에 대한 이러한 행동이 회사전체의 영업이익에는 어떠한 영향을 미치겠는가?

문 5 제약조건하의 대체가격

(주)한국은 사업부 갑과 사업부 을로 구성되어 있으며, 각 사업부는 독립된 이익중심점으로 운영되고 있다. 사업부 갑은 3가지 부품을 생산하고 있으며, 관련 원가는 다음과 같다.

	A	B	C
단위당 판매가격	₩1,000	₩700	₩1,400
단위당 직접재료비	200	100	220
단위당 직접노무비	100	50	80
단위당 변동제조간접비	100	90	110
단위당 변동판매관리비	50	60	90
예상시장수요	2,000개	6,000개	5,000개

부품의 종류에 관계없이 직접노동시간당 임률은 ₩200이며, 연간 고정제조간접비는 ₩800,000이다.

요구사항

특별한 가정이 없는 한 물음은 상호 독립적이다.

1. 사업부 갑에서 부품생산에 투입할 수 있는 직접노동시간은 최대 5,000시간이다. 사업부 갑이 최대이익을 달성하기 위하여 어느 제품을 얼마만큼 생산하여야 하는가?
2. 1의 상황을 가정한다. (주)서울로부터 부품C 1,500개를 단위당 ₩800에 구입하겠다는 특별주문 받았다. 이를 수락하겠는가? 수락하는 경우에 회사의 손익에 미치는 영향은 얼마인가? 단, 특별주문에 대하여도 변동판매관리비는 동일하게 발생하며, 특별주문을

수락하여도 부품C의 시장수요량 5,000개에는 미치는 영향이 없다.

3. 사업부 을은 연간 1,000단위의 부품B를 외부에서 단위당 ₩600에 구입할 수 있다. 다음 각각의 경우에 각 사업부 입장에서 부품B에 대해 수용가능한 대체가격을 결정하고 기업전체의 관점에서 대체하여야 하는지를 결정하려고 한다. 이를 결정하기 위하여 다음과 같은 표를 작성할 때 ⓐ~ⓕ에 들어갈 금액이나 내용을 쓰시오. 단, 내부대체시에는 변동판매관리비가 발생하지 않는다.
   ① 사업부 갑이 이용가능한 직접노동시간이 연 5,000시간인 경우
   ② 사업부 갑이 이용가능한 직접노동시간이 연 4,000시간인 경우
   ③ 사업부 갑이 이용가능한 직접노동시간이 연 3,000시간인 경우

	최소대체가격	최대대체가격	대체가격의 범위	기업전체 관점
①	ⓐ	600	ⓐ ≤X≤600	대체가 유리
②	ⓑ	600	ⓒ	ⓓ
③	ⓔ	600	없음	ⓕ

문 6 다국적기업의 대체가격

(주)삼삼은 한국에 본사를 설립하고 세계 곳곳에 지사를 두고 디지털 카메라를 제작·판매하는 다국적기업이다. 일본과 중국에 각각 지사가 설립되어 있으며 각 지사는 이익중심점으로 운영되고 있다. 일본지사에서는 핵심부품 A를 생산하고 있으며, 중국지사에서는 핵심부품 A를 추가가공하여 디지털 카메라를 제작하여 판매하고 있다. 일본지사에서는 20×1년에 핵심부품 A를 2,500개 생산할 계획이다. 그 중 60%는 일본시장에서 판매하고, 나머지는 중국지사로 대체 판매하려 한다. 중국지사는 아직 핵심부품 A를 자체 생산할 능력이 없으므로 일본지사에서 대체 판매하는 것을 구입하던지 아니면 외부시장에서 구입하여 추가가공하여 판매하여야 한다. 일본의 법인세율은 40%이고, 중국의 법인세율은 25%이다. 일본지사와 중국지사의 제조원가와 관련된 자료는 다음과 같다. 단, 중국지사 변동비에는 핵심부품 A의 구입가격은 포함되어 있지 않다.

	일본지사	중국지사
단위당 변동비	₩25	₩20
단위당 판매가격	70	120
연간 고정비	50,000	20,000

요구사항

1. 대체가격을 전부원가로 결정하는 경우 일본지사와 중국지사의 법인세차감후순이익을 각각 계산하시오.

2. 대체가격을 시장가격으로 결정하는 경우 일본지사와 중국지사의 법인세차감후순이익을 각각 계산하시오.
3. 일본지사와 중국지사의 대체와 관련하여 (주)삼삼의 기업전체의 이익을 최대화하기 위해서는 전부원가와 시장가격 중 어떤 것이 대체가격으로 결정되는 것이 바람직한가? 그 원인을 법인세율과 관련하여 설명하시오.

문 7 특별주문과 대체가격

컴퓨터회사의 사업부는 보드를 제작하는 사업부와 컴퓨터를 조립하는 사업부로 구성되어 있으며, 보드제작사업부와 컴퓨터조립사업부는 이익중심점으로 각각의 의사결정을 하는 성과평가제도를 쓰고 있다. 보드사업부의 생산능력은 5,000단위인데, 현재 80%의 조업도인 4,000단위를 생산하여 전부 조립사업부로 대체하고 있다(대체가격은 제시하지 않음). 조립사업부는 보드를 외부시장에서도 구입가능한데 가격은 ₩800이다. 보드사업부의 원가자료는 다음과 같다.

직접재료비(4,000단위, 단위당 ₩250)	₩1,000,000
직접노무비(4,000단위, 단위당 ₩100)	400,000
변동제조간접비(4,000단위, 단위당 ₩50)	200,000
고정제조간접비	650,000

보드부문의 생산량 4,000단위는 모두 조립부문에 대체되고 있으며 외부시장에는 판매하고 있지 않고 있다. 그런데 최근에 보드부문은 외부 구입업체로부터 최대생산능력의 50%에 해당하는 2,500단위를 ₩600에 공급해 달라는 주문을 받았다. 이 주문을 전량 수락하거나 거부해야 한다. 또한 주문된 보드는 기존의 보드와는 조금 다르나 동일한 작업시간에 소요된다. 주문된 보드의 직접재료비는 단위당 ₩200이고 직접노무비는 단위당 ₩80이며, 변동제조간접비는 단위당 ₩50이다.

요구사항

1. 이 회사는 회사 전체의 관점에서 보드부문 경우 2,500단위의 주문은 수락해야 하는가?
2. 회사의 올바른 의사결정을 유도하는 대체가격의 범위는?
3. 보드부문의 경영자는 보드의 대체가격을, 제조간접비를 모두 배부한 후의 전부원가로 결정하자고 제안하였다. 보드사업부는 제조간접비를 생산량에 기초하여 보드에 배부하고 있다.
   ① 보드부문 경영자의 제안하에서 보드의 대체가격을 구하시오.
   ② 대체가격으로 생산부문의 전부원가를 사용하는 방법의 장점과 단점을 각각 2가지씩 제시해 보시오.

4. 세금효과를 고려하여 다음에 답하시오.
컴퓨터 회사가 전체적인 관점에서 법인세 지급액을 최소화하기 위해서는 대체가격을 얼마로 결정해야 하는가? 양국가의 국세청에서는 총원가(full cost)보다는 크거나 같고 컴퓨터회사가 생산하는 것과 유사한 보드의 시장가격보다는 작거나 같은 대체가격만을 용인해 준다고 한다. 단, 조립부문은 10%의 법인세가 부과되는 국가에 위치하고 있으며 보드부문은 법인세가 부과되지 않는 국가에 위치하고 있다고 가정한다.

문 8 대체가격 결정 및 합병대가 결정

B(Big)사는 외부에서 엔진을 구입하여 자동차를 조립생산하는 기업으로 자동차 엔진을 생산·판매하는 S(Small)사를 합병하는 안을 고려하고 있다. B사가 S사를 합병하는 경우 통합법인은 S사와 B사를 엔진사업부와 조립사업부로 각각 분권화시켜, 독립적인 투자중심점으로 활용할 계획이다. S사는 제조한 엔진을 개당 ₩40에 판매하고 있으며, 엔진의 단위당 제조원가 및 판매관리비의 합인 총원가는 다음과 같이 구분된다.

변동비	₩24
고정비(생산량 500,000개 기준)	6
총원가	30

S사는 매년 600,000개의 생산능력을 갖추고 있으나 현재는 500,000개만 생산하여 판매하고 있다. B사는 매년 100,000개의 엔진을 개당 ₩40에서 대량구매에 따른 할인율 10%를 적용한 가격으로 다른 회사로부터 구입하고 있다. 만일 두 회사가 합병하여 S사가 엔진을 내부이전(Transfer)하는 경우에는 개당 ₩4의 판매관리비를 절감할 수 있을 것이다. 예비접촉에서 양사는 합병이 서로에게 유리하다는 점에 동의하고 있다. S사는 S사가 합병이후 받아들일 수 있는 연간 공헌이익의 10배를 합병가격으로 판단했다. 10배의 승수는 자본시장에서의 기업가치평가 관행에 근거하여 S사의 업종과 위험 등 기업가치평가에 영향을 미치는 여러 가지 요소들을 고려하여 계산된 값이다.

요구사항

다음 물음은 특별한 가정이 없는 경우 각각 독립적이다.

1. 합병이 성사되어 B사와 S사가 통합법인의 독립적인 투자중심점인 조립사업부와 엔진사업부로 각각 분권화되었다고 가정할 때, 엔진의 내부 이전이 이루어지기 위한 내부 이전가격(transfer price)의 범위를 결정하시오.
2. 합병이 성사되어 통합법인의 독립적인 투자중심점인 엔진사업부로 통합된 S사가 연간 600,000개의 엔진을 외부에 판매할 수 있다고 가정할 때, 내부 이전가격 (transfer price)의 범위를 결정하시오.

3. 물음 2와 같은 상황을 가정한다. 다만 기본자료와 달리 B사가 엔진을 외부에서 구입하지 않고 S사 엔진을 내부 이전받아 사용하는 경우에는 B사의 단위당 변동비가 ₩2 증가한다고 가정한다. 내부 이전가격(transfer price)의 범위를 결정하시오.
4. 원래 예상대로 S사가 연간 500,000개를 외부에 판매할 수 있다고 가정할 때, S사가 자신의 주주가치를 손상시키지 않도록 B사로부터 받아야 할 최소 합병가격은 얼마인가?
5. 원래 예상대로 S사가 연간 500,000개를 외부에 판매할 수 있다고 가정할 때, B사가 자신의 주주가치를 손상시키지 않도록 S사에게 지불할 수 있는 최대합병가격은 얼마인가?

문 9 단답형 기출문제

1. 밸브 생산능력이 연간 100,000단위인 한국회사의 수익과 원가자료는 다음과 같다.

단위당 외부판매가격	₩30
단위당 변동비	16
단위당 고정비(연간 100,000단위 기준)	9

이 회사는 밸브를 이용한 펌프 제작공장을 보유하고 있다. 이 공장은 현재 연간 10,000단위의 밸브를 단위당 ₩29에 외부에서 조달하고 있다. 회사가 생산하는 제품 전량을 외부시장에 판매할 수 있고 사내대체시 단위당 변동비 ₩3을 절감할 수 있다. 최소대체가격과 최대대체가격은 각각 얼마인가?

2. 대한회사의 부품 생산부문은 최대생산량인 360,000단위를 생산하여 외부시장에 전량 판매하고 있다. 부품생산 부문의 관련정보는 다음과 같다.

단위당 외부판매가	₩100
단위당 변동제조원가	58
단위당 변동판매비	8
단위당 고정제조원가	14
단위당 고정관리비	10

단위당 고정비는 최대생산량 360,000단위 기준의 수치이다. 부품 생산부문의 이익을 극대화시키기 위해 사내대체를 허용할 수 있는 단위당 최소 사내대체가격은 얼마인가? 단, 사내대체물에 대해서는 변동판매비가 발생하지 않는다.

3. ㈜한국은 분권화된 사업부 갑과 을을 이익중심점으로 설정하고 있다. 사업부 갑에서 생산되는 제품A는 사업부 을에 대체하거나 외부시장에 판매할 수 있으며, 관련원가자료가 다음과 같이 제시되어 있다. 사업부 을은 제품A를 주요부품으로 사용하여 완제

품을 생산하고 있으며, 공급처는 자유로이 선택할 수 있다. 현재 사업부 갑은 100,000단위의 제품A를 생산하여 전부 외부시장에 판매하고 있으며, 사업부 을에서는 연간 50,000단위의 제품A를 단위당 ₩42의 가격으로 외부공급업자로부터 구입하고 있다. 만일 사업부 갑이 제품A를 사업부 을에 사내 대체한다면 단위당 ₩8의 판매관리비를 절감할 수 있다고 할 때, 제품A의 사내대체가격은 어느 가격범위에서 결정되어야 하겠는가?

단위당 외부 판매가격	₩45
단위당 변동원가	₩30(변동판매관리비 포함)
연간고정원가	₩1,000,000
연간최대생산능력	100,000단위

4. ㈜대덕은 A사업부와 B사업부를 운영하고 있다. A사업부는 매년 B사업부가 필요로 하는 부품 1,000개를 단위당 ₩2,000에 공급한다. 동 부품의 단위당 변동원가는 ₩1,900이며 단위당 고정원가는 ₩200이다. 다음연도부터 A사업부가 부품단위당 공급가격을 ₩2,200으로 인상할 계획을 발표함에 따라, B사업부도 동 부품을 외부업체로부터 단위당 ₩2,000에 구매하는 것을 고려하고 있다. B사업부가 외부업체로부터 부품을 단위당 ₩2,000에 공급받는 경우 A사업부가 생산설비를 다른 생산활동에 사용하면 연간 ₩150,000의 현금운영원가가 절감된다.

(1) A사업부가 부품을 B사업부에 공급하는 경우, 대체가격(transfer price)은 얼마인가? 단, 대체가격은 대체시점에서 발생한 단위당 증분원가와 공급사업부의 단위당 기회원가의 합계로 결정한다.

(2) B사업부가 부품을 외부업체로부터 공급받는 경우, ㈜대덕의 연간 영업이익 증가(감소)는 얼마인가?

V

현대원가관리회계

제19장 JIT회계: 역류원가계산

제20장 전략적 원가관리

제 19 장

JIT회계: 역류원가계산

제1절 전통적 생산

제2절 적시생산

제3절 역류원가계산

학습목표

이 장에서 우리는 적시생산 및 구매제도의 특징에 대해 살펴본 후 적시생산제도에서 사용되어질 수 있는 독특한 제품원가계산인 역류원가계산을 기술하고자 한다. 이 장을 공부하고 나면 다음 사항을 파악할 수 있어야 한다.

1. 전통적 생산방법과 적시생산방법의 차이점
2. 적시생산 및 구매제도의 특징
3. 적시생산 및 구매제도의 장점
4. 역류원가계산하에서 회계처리

제19장 JIT회계: 역류원가계산

제1절 전통적 생산

전통적인 제조방식은 일반적으로 생산에 푸쉬방식을 사용한다. 푸쉬제조방법은 생산스케줄에 의한 작업지시에 따라 첫번째 작업공정에서 시작된다. 한 작업공정에서 특정작업이 완료되면 재고로 쌓이든지 아니면 후속작업공정으로 작업이 넘겨지고 이로 인해 후속작업공정의 작업이 시작된다. 즉 생산은 선행작업공정의 작업완료에 의해 착수되기 때문에 후속작업공정에서 무엇이 필요한 것인지와는 아무런 관련이 없을 수도 있다. 후속작업공정이 선행작업공정으로 넘겨받은 작업을 제대로 소화해낼 수 없다면 완충재고가 생겨나게 된다.

푸쉬방식에서는 제품은 기능적으로 배치된 공장에서 대규모의 롯트로 생산된다. 기능적 배치공장(functionally arranged factory)은 아래 그림과 같이 작업을 하는 모든 기계를 군집 배치하는 것을 의미한다.

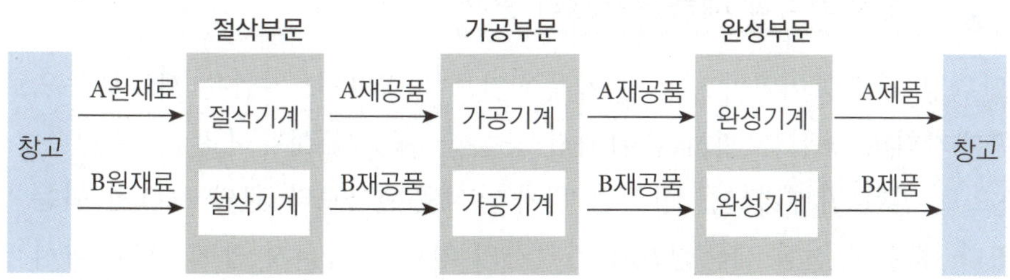

푸쉬제조방식을 사용하는 기업의 경영자들은 생산설비를 극대화하여 효율적으로 보이도록 시도한다. 푸쉬기업에서 기계 및 노동력의 활용을 극대화하는 것은 해당작업공정에서의 효율성은 향상되지만 이는 또한 재공품 재고를 누적시키고 완제품을 필요 이상 많이 생산할 가능성도 증대시킨다.

1 푸쉬시스템에서의 제품원가계산

푸쉬생산시스템에서의 제품원가계산은 재공품 재고를 계산해야 하기 때문에 복잡해진다. 또한 부서별 재공품의 진척도가 다 다르기 때문에 복잡한 종합원가계산절차가 요구된다. 푸쉬기업에서 실제원가계산을 사용하면 경영층은 단위당 고정비를 줄이기 위해서 생산설비를 적정수준 이상 활용하여 과잉생산을 할 위험이 존재한다. 단위당 고정비를 감소시키는 것은 나쁘지 않지만 과잉재고는 창고면적을 차지하고, 자금을 동결시키며, 진부화시킬 위험이 있다. 생산과 판매의 균형을 이룩하는 것이 국제경쟁의 중요한 요소이기 때문에 관련범위 내에서 활동하는 것이 기업의 목표가 되어야 한다.

푸쉬기업이 표준원가계산을 사용하면, 직접노무비 능률차이를 신경 써서 봐야 하므로 이 또한 장기적으로 기업이 과도한 재고를 보유하게 될 위험에 빠뜨릴 수 있다. 개별 작업공정에서의 효율이 반드시 경쟁력을 향상시키는 것은 아니다. 사실 효율적 생산에 대한 압력 때문에 제품품질을 훼손시켜 오히려 정반대의 결과를 나타나게 할 수 있다. 또한 작업공장간에 재고가 누적되기 때문에 한 작업공정에서 생산된 불량생산품은 후속작업공정의 작업자가 사용하기 전까지는 발견되지 않은 채로 지나치게 된다. 따라서 불량품이 발견될 때까지 많은 양의 불량품이 선행작업공정에서 계속 생산되어지게 된다.

2 매출총이익과 제품원가간의 관계

단위당 매출총이익이 단위당 제품원가보다 크다면, 기업은 재고부족으로 인한 판매기회의 상실을 피하기 위해서 충분한 재고를 보유하려 할 것이다. 재고부족으로 인한 판매기회를 상실한 원가가 제품원가보다 훨씬 크다면 이는 일리가 있다. 그런데 점점 제품원가와 가격간의 차이가 좁혀져 감에 따라, 다시 말해서 이익마진이 작아져 감에 따라, 필요한 수요량만큼을 생산하는 전략이 매우 중요시되고 있다. 좁은 이익마진과 증대되는 경쟁을 경험하고 있는 많은 기업들은 과대한 재고유지와 관련된 제반 비용 및 위험을 극소화시키기 위해서 적시생산제도를 도입하고 있다.

제2절 적시생산

풀방식으로 특정지어지는 **적시생산제도**(just in time production system, JIT)는 후속 작업공정에 필요한 물량을 적시에 생산해 냄으로써 과도한 재고를 보유할 필요성을 배제한다. 풀방식에서 제품의 생산은 고객주문에 의해 착수된다. 여기서 고객은 최종구매자일 수도 있고 또는 기업내 또 다른 작업공정일 수도 있다. 한 작업공정은 선행작업공정으로부터 생산을 위해 요구되는 물품을 인출한다. 그러면 선행작업공정은 인출된 부품을 보충하기에 필요한 양만큼만 생산하고 또 다시 그 공정의 선행작업공정으로부터 필요한 부품을 인출한다. 풀방식은 완제품으로부터 역으로 진행된다. 그러므로 고객주문이 최종결합공정으로 하여금 모든 선행작업공정들의 작업속도와 생산요구량을 설정하도록 만든다.

현재 전자부품, 자동차, TV, 사진기, 그리고 복사기 등 많은 양이 반복적으로 생산되는 제품을 생산하는 많은 기업에서 JIT개념을 적용하고 있다. 또한 JIT개념을 적용하는 많은 기업들은 공장을 **초점공장**(focused factories)으로 배치함으로써 운영을 개선시키고 있다. 초점공장은 아래 그림과 같이 각 제조 셀(cell)이나 각 공장에 대하여 단일제품의 제조만 전담시키는 공장이다. 많은 기업들은 단일 공장건물 안에 여러 개의 초점공장들이 있도록 공장을 배치한다.

제조셀 A 제조셀 B

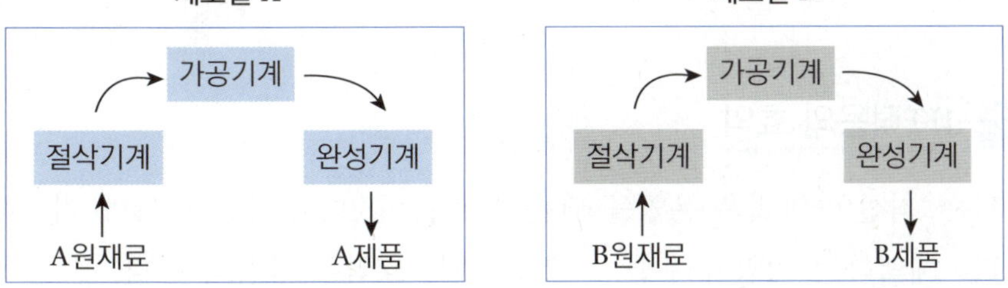

1 JIT에서 간반의 사용

후속작업공정에 의한 인출에 필요한 부품의 생산시기 및 생산량에 대한 정보는 허용된 재고 각 단위마다 하나의 빈(bin)을 사용함으로써 가능하다. 일반적으로 간반(kanban)은 또 다른 단위나 롯트규모의 생산을 착수시키기 위해서 한 작업공정으로부터 선행작업공정에 건네 주는 카드이다. 여러 형태의 간반이 있는데, 어떤 것은 생산주문 간반으로 불리어지고 또 어떤 것은 인출간반으로 불리어진다. 한 작업공정에서 사용되는 간반의 숫자는 생산라인에 균형을 가져다 줄 수 있는 부품의 최대재고량을 나타내 준다. 실무에서 많은 기업들은 빈이나 카트를 사용하는데 이 역시 간반이며 간반은 미리 설정된 양의 부품을 담고 있다. 후속작업공정 작업자가 빈을 가져오면, 그는 선행작업공정에 빈을 보충하기에 필요한 양만큼만 생산을 착수하라는 신호를 보낸 것이다. 이러한 과정은 외부구매자가 필요한 구매물품을 더 보내 달라고 할 때까지 모든 이런 작업공정에 걸쳐서 차례로 반복된다. 고객의 주문에 대해 신속하게 반응하고 또한 고객을 경쟁사에게 잃어버리지 않기 위해서 적시생산시스템에서 배달시간은 크게 줄어들어야 한다.

적시생산환경에서의 원가흐름은 전통적인 원가회계관행을 사용해서는 포착할 수 없다. 적시생산환경에서의 프로세스는 전통적인 제품원가계산 절차와는 정반대이다. 이에 대해서는 다음 절에서 설명할 것이다.

JIT에 대한 최고경영층의 몰입은 결정적인 것이다. 그렇지 않으면 JIT시스템을 생성하기에 필요한 자원, 종업원 보상, 그리고 그 밖의 요소들이 활용될 수 없기 때문이다. JIT의 도입활용은 푸쉬생산방식에서 가려졌던 많은 문제점들이 노출되기 때문에 장기간이 소요되는, 경우에 따라서는 고통스런 프로세스이다. 경영층과 작업자들은 이러한 문제들을 신속하게 교정해야 한다.

2 JIT적용의 효익

JIT는, '최선의 방법은 운영을 단순화시키는 것이다'라는 철학에 기초하고 있다. JIT를 채택하는 기업이 누릴 수 있는 주요 효익은 다음과 같다.

(1) JIT는 수월성을 가져다 준다

JIT의 가장 중요한 효익은 조직의 철학 및 태도에 변화를 가져다 주는 것이다. JIT철학은 제조수월성과 지속적 개선 프로세스를 강화시킨다. JIT는 물량취급, 재고량, 재고통제, 회계 및 자료처리시스템 등을 복잡하게 만드는 복잡한 제조시스템과는 대조적으로 단순성을 강조하는 개념이다. 보통 JIT의 도입으로 기업은 보다 신뢰할 수 있는 다기능을 지닌 몰입된 작업인력을 지니게 되고, 공급자들과 고객들과의 관계도 향상되며, 예방적 보수유지도 개선되어질 뿐만 아니라 제품품질의 향상을 이룩할 수 있다.

(2) JIT는 재고절감을 가져다 준다

JIT철학은 과도한 재고는 불필요한 재고유지비용을 발생시킬 뿐만 아니라 구매, 생산 및 마케팅의 비효율성과 제품품질문제를 위장시키기 때문에 나쁜 것으로 간주된다. 그리고 재고가 증가되면 자본의 기회비용, 창고비용, 관리비용, 진부화 등 관련 비용 또한 늘어나게 된다. JIT는 재고절감을 가져다 주어 결국 관련비용을 감소시킨다.

(3) JIT는 여러 문제점들을 노출시킨다

전통적 생산방식에서 필연적으로 나타나는 재고는 불량품의 생산, 부실한 설비유지보수, 작업자의 오류, 그리고 기계작동의 비효율성 등 많은 문제점들을 위장시킬 수 있다. 푸쉬시스템에서 그러한 문제점들이 발견되는 때에는 대부분 최종검사 시점이기 때문에 불량품의 생산이 이미 상당량의 원재료, 가공시간 그리고 설비자원의 낭비가 이루어진 후이다.

JIT하에서는 재고수준이 낮아짐에 따라 생산에 있어서 어떠한 차질도 중대한 문제라는 인식이 고조된다. 이는 마치 강물의 수위가 낮아지면 이전에는 보이지 않았던 암석이 노출되는 것과 같다. 강물의 흐름이 재고라면 암석은 문제점이다. JIT의 주요 관건은 안전재고 없이 최저재고수준을 유지하는 것이기 때문에 어떠한 실수나 불량품공급도 운영에 차질을 일으킬 수 있으므로 차질의 원천이 식별 수정되어야 한다.

흔히 JIT시스템에서 생산작업자는 생산에 주요문제가 나타나면 전체 생산을 정지한다. 이를 **라인정지(line-stop)**라 한다. 많은 기업들은 장기적으로 불량품을 생산하는 것보다 라인정지 후 적절한 조치를 취하는 것이 오히려 비용절감에 보탬이 된다고 생각한다.

(4) JIT는 종업원관여를 유도한다

JIT는 종업원들이 팀으로 작업하는 것을 장려하기 때문에 종업원관여는 결정적이다. 사실 종업원 관여 없이 JIT를 시행한다는 것은 불가능하다. 팀개념은 종업원들에게 권한을 부여해 생산성이나 그 밖에 프로세스와 관련된 문제들을 해결하는 방법에 대해서 의사결정하는 데 참여케 만든다.

(5) JIT는 부가가치 창출활동에 초점을 둔다

JIT기업에서는 풀환경에 적합하지 않은 전통적인 측정치로 업적을 측정하고 평가하는 일을 정지하는 것이 중요하다. JIT환경에서 설비나 기계의 최대활용이 회사목표가 되어서는 안 된다. 많은 푸쉬기업들은 보통 값비싼 전용기계를 구입하여 이의 조업수준을 높이는 것을 경제적인 것으로 간주한다. 될 수 있는 한 생산량을 늘려서 단위당 원가를 낮추려 함으로써 많은 양의 재고를 산출한다. 이러한 전통적인 자원활용철학은 JIT에 위배된다. JIT는 각 작업공정마다 제품에 가치가 부가되는 통합 구매, 제조, 조합 및 선적 프로세스이다. 부가가치활동은 원재료를 완제품이나 해당작업공정에서의 부품으로 가공하는 활동이다. 그러므로 원재료를 이동시키거나 부품을 검사하는 것과 같은 비부가가치활동들은 제거되어야 한다. **제8장**에서 설명된 활동기준원가계산방법도 경영자에게 비부가가치활동을 알려 줘서 이를 극소화시킬 수 있는 실마리를 제공해 준다.

(6) JIT는 품질을 증대시킨다

품질통제의 전통적인 방법은 대부분 산출품의 검사에 치중해 왔다. 반면에 JIT의 목적은 결합 전 투입물품을 검사함으로써 불량품 생산을 제거하려는 데 있다. JIT제조에서 강조점은 첫번째에 올바른 것을 만듦으로써 무결점을 달성하려는 데 있다. JIT환경에서 낮은 재고수준은 품질에 조그마한 차질도 심각한 운영상의 문제를 야기할 수 있기 때문에 품질관리의 중요성이 증대된다.

JIT제조에서 기업은 총체적 품질통제로 양질의 재료와 노동력을 사용함으로써 최종산출물의 재작업을 극소화하려 한다. 총체적 품질통제(total quality control, TQC)는 제품수명주기 초기부터 품질에 집중하는 것을 의미한다. TQC 프로그램을 시행하는 가장 좋은 방법은 경영층의 초점을 제품 속에 품질을 설계하는 데 맞추는 것이다. 제품에 품질을 설계한다는 것(designing quality into the product)은 제품이 기능적이고, 고객을 염두에 두고 설계되어서 제조가능하고 최종소비자가 바람직한 것으로 받아들이는 것을 확실시하는 것이다.

(7) JIT는 **융통성을 증대시킨다**

JIT는 작은 규모의 롯트생산을 필요로 한다. 기계를 준비하는 데 오랜 시간이 걸리는 기업은 JIT방식으로는 성공적으로 작업할 수 없다. 따라서 JIT상황에서 첫번째로 해야 할 것 가운데 하나는 운영을 단순화시키는 것이다. 다음으로 작업준비시간을 낮추어야 한다. 하나의 준비에서 다른 준비로 신속하게 변경시킬 수 있는 기업만 작은 규모의 롯트생산을 가능하게 한다. 작업준비시간이 감축됨으로써 리드 타임이 줄어들어 결국 기업은 주문시간과 주문량의 변화에 신속하게 대응할 수 있게 된다. 또한 재공품 재고를 적게 가지고 있기 때문에 그만큼 융통성이 늘어나 기업은 작업을 신규주문에 맞게 쉽게 조정할 수 있다.

(8) JIT는 **현금흐름을 개선시킨다**

JIT로 융통성이 증대될 뿐만 아니라 재고에 투자된 자금을 줄일 수 있으므로 기업의 현금흐름이 개선된다. 뿐만 아니라 원자재가 적시에 공급되고 안전재고를 보관하는데 사용되던 공간이 더 이상 필요 없이 되기 때문에 시설규모를 줄일 수 있다.

3 성공적 JIT적용의 조건

JIT의 효익을 완전히 실현시키기 위해서 제조기업은 가급적 고객의 수요를 유연화시킬 필요가 있다. 경영층은 적시에 다음 작업공정이나 고객의 수요를 충족시키기 위해서 소규모의 롯트로 무결점 제품의 생산을 진작시킬 수 있는 분위기를 조성해야 한다. 기업은 필요한 시기에 필요량만큼의 높은 품질의 원자재를 공급받을 수 있도록 공급자들과의 관계도 잘 형성시켜야 한다. 또한 기업은 공장 및 기계배치를 JIT에 맞게 배열할 수 있는 충분한 자원을 확보해야 한다. 경영층과 작업자들은 팀워크를 받아들이도록 동기부여되어져야 한다. 기업은 최종제품을 검사한다는 품질에 대한 전통적인 사고방식에서 탈피하여 각 작업공정에서 제품에 대해 품질을 설계하고 이룩한다는 사고로 전환할 수 있는 능력과 성숙성을 지녀야 한다. 판매와 생산간에 엄청난 조정이 있어야 하고 생산작업자와 특히 최고경영층의 수월성에 대한 진실된 몰입이 있어야 한다.

4 JIT 구매제도

JIT제조는 구매의 적시수납을 의미하는 JIT구매를 필요로 한다. 요구되는 높은 품질의 원재료나 부품을 적시에 제공받을 수 있는 능력은 공급자들과의 관계에 좌우된다. JIT제도를 시행하는 제조기업은 공급자의 숫자를 선별적으로 감소시켜야 하고 공급자와의 관계를 개선시키도록 작업을 해야 한다. 많은 JIT제조기업체들은 공급자들과 밀접하게 활동을 벌이며 그들이 JIT시스템으로 전환하는데 도움을 주고 있다.

(1) 공급업체의 관리

JIT구매는 바람직한 품질의 요구되는 재고를 생산 또는 판매가 필요한 시점에서 공급자들로부터 공급받는 것을 의미한다. 이는 매우 단순한 개념이지만 성공을 거두기 위해서는 용의주도한 계획, 통제 및 의사소통이 요구된다.

(2) 공급업체의 근접성

하나의 주요 이슈는 공급자들의 기업에의 근접성이다. 많은 제조기업들은 공급자들이 그들과 근접한 곳에 공장을 세우기를 요구한다. 필요로 하는 때에 필요한 양의 재고를 제공하는 공급자의 능력이 성공적인 JIT 구매제도의 관건이다. 공급자의 공장을 가깝게 배치시킴으로써 대기시간을 감축시킬 수 있으며 이는 곧 원가를 절감시키고 생산신축성과 경쟁적 지위를 증가시킬 수 있다.

(3) 공급업체의 품질

JIT구매에서 구입물품의 품질은 효율적이고 효과적인 생산활동을 영위케 하는 데 결정적인 역할을 한다. JIT생산에서는 구입된 물품이 즉시 생산에 투입되어야 하기 때문에 물품의 품질이 떨어지면 생산활동이 정지되거나 지연되어 큰 손해를 입힐 수도 있다. 불량물품을 공급한 공급자는 즉시 공급을 중단시켜야 한다. 외부로부터 유입되는 재료에 대한 검사비용을 회피하기 위해서 JIT회사들은 적시에 높은 품질의 물품을 공급하는 공급자들에게 의존한다.

(4) 공급업체와의 장기관계

공급자들과 장기적인 관계를 유지함으로써 JIT기업은 규모, 형태 및 성과 등의 요구수준에 대한 상세한 명세서를 요구할 수 있다. 상호신뢰와 협조관계가 이룩된 후에 공급 및 구매기업들은 적시에 소규모 롯트로 공급하는 스케줄에 합의할 수 있다. 때로는 공급자가 구매자에게 활동을 개선시킬 수 있는 방안을 제시할 수도 있다. 확립된 관계로 기업들은 회수가능한 용기 및 설계개선 등과 같은 원가절감안을 개발할 수도 있다.

우리나라의 자동차제조업체나 전자제조업체 등에서 많은 공급업체를 협력기업체로 분류해서 관리하는 것은 이상에서 언급한 공급업체의 근접성, 품질, 그리고 장기 관계를 모두 고려한 관리방법으로 간주된다.

5 JIT 업적 측정

세계적 경쟁은 기업업적을 측정·평가하는 전통적인 방법에 새로운 도전을 가하고 있다. 가령 전통적인 제조업적 측정치는 품질수준이나 차후작업공정에서의 필요성 등과는 상관없이 투입된 투입물에 대한 생산된 산출물의 숫자를 가름하는 것이 주였다. 그러나 JIT시스템에서는 품질의 중요성 때문에 적시에 필요한 양을 무결점으로 생산하는 것을 높게 평가한다. JIT에서 사용되는 업적 측정치로는 스루풋시간, 제조사이클 효율성, 그리고 직진율 등이 있다.

(1) 스루풋시간

스루풋시간(throughput time)은 **제조사이클시간**(manufacturing cycle time)이라고도 하는데, 원재료가 투입되어 완제품으로 전환되기까지 소요되는 시간을 의미한다. 이런 스루풋시간은 가공시간(process time), 검사시간(inspection time), 이동시간(move time), 그리고 대기시간(queue time)으로 구성된다.

스루풋시간 가운데 가공시간을 제외한 검사시간, 이동시간 그리고 대기시간은 부가가치를 창출하지 않는 **비부가가치시간**(non-value added time)이다. 반면에 가공시간은 부가가치를 창출하는 **부가가치시간**(value added time)으로 간주된다.

(2) 제조사이클 효율성

제조기업들은 비부가가치시간인 검사시간, 이동시간, 그리고 대기시간을 감축시킴으로써 스루풋시간을 단축시킬 수 있다. 스루풋시간을 단축시킨다는 것은 고객에게 적시에 원하는 제품을 공급할 확률을 높인다는 측면에서 매우 중요하다. 스루풋시간의 단축은 **제조사이클 효율성**(manufacturing cycle efficiency, *MCE*)으로 측정될 수 있다. *MCE*는 부가가치시간(가공시간)을 스루풋시간으로 나누어서 계산된다. 이를 등식으로 표현하면 등식 (**19-1**)과 같다.

$$\text{제조사이클 효율성}(MCE) = \frac{\text{부가가치시간}}{\text{스루풋시간}} \qquad (19\text{-}1)$$

*MCE*는 0보다 크고 1보다 작은 값을 지니는데 그 값이 작을수록 그만큼 스루풋시간 가운데 부가가치를 창출하지 않는 낭비시간이 많음을 나타내 준다.

(3) 직 진 율

직진율(first pass yield)은 재작업 등을 거치지 않고 한번 작업으로 품질 등의 기준을 온전히 양품으로 통과하는 비율을 나타내 준다. 가령 직진율이 95%라면 전체 생산제품 가운데 재작업을 거치지 않고 한번에 기준을 통과한 양품은 95%이고 나머지 5%는 재작업을 거쳐서 양품으로 되거나 불량품으로 생산됨을 의미한다. 따라서 직진율이 높다는 것은 그만큼 품질관리가 잘 되고 있음을 간접적으로 시사해 줌과 동시에 재작업과 불량품생산 등으로 인한 자원소모가 적음을 알려 주는 것이다.

제3절 역류원가계산

전통적인 표준원가계산에서는 원가자료는 물리적 생산의 연속적 흐름에 따라서 앞으로 이전된다. 직접재료비는 구매하면 원재료에서 재공품으로 그리고 완제품으로 순차적으로 이전된다. 노무비와 제조간접비도 재공품으로 그리고 완제품으로 물리적 생산흐름에 따라 차례로 이전된다. 제품원가자료는 제품과 함께 완제품재고로 이동된다. 완제품이 판매될 때 제품원가는 매출원가로 이전된다. 그런데 JIT는 앞서 설명한 바와 같이 풀생산전략이므로 JIT에서는 전통적인 표준원가계산절차를 사용하면 제품원가계산이 보다 어렵게 된다. 상이한 제품군의 빈번한 소규모의 롯트로부터 기인되는 많은 양의 거래 때문에 JIT환경에서 전통적인 기록유지는 비용이 많이 든다. 기록유지를 단순화시키고, JIT에 적합치 않은 계정들을 제거하기 위해서 역류원가계산이 사용된다. 역류원가계산(backflush costing)은 지연원가계산(delayed costing)이라고도 하는데, 산출물에 초점을 맞추고 역순으로 판매된 제품과 기말재고단위에 원가를 할당하는 작업을 하는 표준원가계산제도이다. 제품의 생산완료나 판매가 회계기장을 불러일으키는 시점이다. 즉 역류원가계산에서는 회계처리는 단지 제품이 회계기장시점(trigger point)에 도달할 때만 이루어진다.

자료1

태진사는 단일제품을 생산하고 있다. 기초재고는 없었고 표준원가는 다음과 같이 설정하고 있다.

직접재료비	₩20
가공비	10
단위당 표준원가	₩30

태진사의 최근 한 달간 활동에 관한 자료는 다음과 같다.

- 원재료 ₩2,000,000어치를 구매하였다.
- 제품 90,000단위를 생산하는데 표준가액으로 ₩1,800,000의 원재료가 직접재료로 투입되었다.
- 또한 90,000단위를 생산하는데 가공비 ₩960,000이 발생하였다.
- 제품 90,000단위가 완성되었다.
- 그중 80,000단위를 단위당 ₩50에 판매하였다.

역류원가계산에서는 통상 직접노무비의 비중이 작기 때문에 별도로 추적하지 아니하고 제조간접비와 합쳐서 가공비계정에 포함시킨다. 역류원가계산은 회계기장시점을 어디까지 지연시켜 잡느냐에 따라 다음 세 가지 유형으로 구분된다.

유 형	회계기장시점
역류원가계산 1	① 원재료의 구입 그리고 ② 제품생산의 완료
역류원가계산 2	① 원재료의 구입 그리고 ③ 제품의 판매
역류원가계산 3	① 제품생산의 완료

1 역류원가계산 1

이 방법에서 회계기장 시점은 ① 원재료의 구입과 ② 제품생산의 완료 두 군데이다. 여기서는 원재료 계정과 재공품 계정을 하나의 계정으로 통합시켜 재공원료(raw in-process, RIP)계정을 사용한다.

① 원재료의 구입 이는 역류원가계산 1에서 첫번째 회계기장 시점이다.

(차) 재공원료	₩2,000,000	(대) 매입채무	₩2,000,000

표준원가로 ₩2,000,000의 원재료를 구입하다.

② 원재료의 투입 이때는 분개를 생략한다.

분개생략

③ 가공비 발생 이때는 가공비계정에 차기한다.

(차) 가공비	₩960,000	(대) 제좌	₩960,000

가공비 ₩960,000이 발생하다.

④ 제품생산의 완료 이는 역류원가계산 1에서 두 번째 회계기장 시점이다.

(차) 완제품(₩30×90,000)	₩2,700,000	(대) 재공원료	₩1,800,000
		가공비(₩10×90,000)	900,000

제품 90,000단위가 완성되다.

⑤ 제품의 판매

(차) 매출원가(₩30×80,000)	₩2,400,000	(대) 완제품	₩2,400,000
(차) 매출채권(₩50×80,000)	₩4,000,000	(대) 매출	₩4,000,000

제품 80,000단위를 단위당 ₩50에 판매하다.

⑥ 초과(또는 부족) **가공비의 조정** 여기서는 편의상 매출원가에서 전액 조정하기로 한다.

(차) 매출원가	₩60,000	(대) 가공비	₩60,000

부족배부 가공비 ₩60,000을 매출원가계정에서 조정하다.

이상에서 역류원가계산 1에 의해 분개한 내용을 제품원가관련 T계정을 사용해서 요약하면 다음과 같다.

역류원가 1의 요약

재공원료

차변	대변
① 2,000,000	④ 1,800,000
200,000	

완제품

차변	대변
④ 2,700,000	⑤ 2,400,000
	⑥ 60,000
300,000	

매출원가

차변	대변
⑤ 2,400,000	

가공비

차변	대변
③ 960,000	④ 900,000
	⑥ 60,000
0	

위의 그림에 나타난 바와 같이 역류원가계산 1에 의한 총기말재고자산은 재공원료가 ₩200,000 그리고 완제품이 ₩300,000이므로 모두 ₩500,000이다.

2 역류원가계산 2

이 방법에서 회계기장시점은 ① 원재료의 구입과 ② 제품의 판매 두 군데이다. 역류원가계산 1에서는 두 번째 회계기장시점을 제품생산의 완료로 잡은 것에 반해 여기서는 판매시점으로 잡은 이유는 생산보다 판매를 더 강조하기 위함이다. 역류원가계산 2는 재고로 쌓아두기 위한 생산에 대한 인센티브를 전혀 주지 않는다. 이 방법에 의하면 가공비는 재고가능원가(inventoriable cost)가 아니라 기간비용이 된다. 따라서 이 방법은 초변동원가계산(supervariable costing) 또는 스루풋 원가계산(throughput costing)과 그 내용이 일치된다. 또한 여기서는 모든 재고자산을 통합시켜 재고계정에 기록한다. 이 방법은 재공품과 완제품의 재고가 없는 경우에 적용하기 적합한 방법이다.

① 원재료의 구입 이는 역류원가계산 2에서 첫번째 회계기장 시점이다.

(차) 재고	₩2,000,000	(대) 매입채무	₩2,000,000

₩2,000,000의 원재료를 구입하다.

② 원재료의 투입 이때는 분개를 역시 생략한다.

분개생략

③ 가공비 발생 이때는 가공비계정에 차기한다.

(차) 가공비	₩960,000	(대) 제좌	₩960,000

가공비 ₩960,000이 발생하다.

④ 제품생산의 완료 역류원가계산 2에서는 분개를 생략한다.

분개생략

⑤ 제품의 판매 역류원가계산 2에서 두 번째 회계기장 시점이다.

(차) 매출원가(₩30×80,000)	₩2,400,000	(대) 재고(₩20×80,000)	₩1,600,000
		가공비(₩10×80,000)	800,000
(차) 매출채권(₩50×80,000)	₩4,000,000	(대) 매출	₩4,000,000

제품 80,000단위를 단위당 ₩50에 판매하다.

⑥ 차이 및 초과(또는 부족) **가공비의 조정** 여기서는 편의상 매출원가에서 전액 조정하기로 한다.

(차) 매출원가	₩160,000	(대) 가공비	₩160,000

부족배부 가공비 ₩160,000을 매출원가계정에서 조정하다.

이상에서 역류원가계산 2에 의해 분개한 내용을 제품원가관련 T계정을 사용하여 요약하면 다음과 같다.

역류원가계산 2의 요약

재고		가공비		매출원가	
① 2,000,000	⑤ 1,600,000	③ 960,000	⑤ 800,000	⑤ 2,400,000	
			⑥ 160,000	⑥ 160,000	
400,000		0			

위의 그림에 나타난 바와 같이 역류원가계산 2에 의한 총기말재고자산은 재고 ₩400,000이다. 이 재고 ₩400,000 속에는 원재료 형태의 기말재고 ₩200,000(₩2,000,000－₩1,800,000)과 기말완제품형태의 재고 ₩300,000(₩2,700,000－₩2,400,000) 속에 포함된 원재료 ₩200,000(₩20×10,000단위)이 담겨져 있다. 앞서 설명했이 역류원가계산 2에 의하면 기말완제품 속의 가공비(이 경우 ₩100,000(₩10×10,000단위)는 제품원가의 일부로 재고자산 속에 포함되지 아니하고 기간비용으로 처리된다. 따라서 역류원가계산 1과 비교해 보면 역류원가계산 1에서는 총기말재고

자산이 ₩500,000이었으나 여기서는 ₩400,000이다. 역류원가계산 1에서는 판매시점이 아닌 생산완료시점에서 회계기장을 하므로 기말완제품 속의 가공비(이 경우 ₩100,000)도 역시 재고자산 속에 포함시킨다. 따라서 두 방법간의 총기말재고자산의 차이는 ₩100,000(₩500,000과 ₩400,000)이 나타나게 된다.

3 역류원가계산 3

이 방법에서 회계기장 시점은 제품생산의 완료이다. 모든 회계처리를 완제품의 생산에까지 뒤로 미루기 때문에 이 방법은 원재료나 재공품 재고가 없는 경우에 적합한 방법이다. 원재료계정과 재공품계정은 사용하지 않고 대신 완성시점에서 완제품계정만 사용된다.

① 원재료의 구입 이 방법에서는 분개가 생략된다.

분개생략

② 원재료의 투입 분개는 역시 생략된다.

분개생략

③ 가공비 발생 이때는 가공비계정에 차기한다.

(차) 가공비	₩960,000	(대) 제좌	₩960,000

가공비 ₩960,000이 발생하다.

④ 제품생산의 완료 역류원가계산 3에서 유일한 회계기장 시점이다.

(차) 완제품	₩2,700,000	(대) 매입채무	₩1,800,000
		가공비	900,000

제품 90,000단위가 완성되다.

⑤ 제품의 판매 역류원가계산 1에서는 같은 분개를 한다.

(차) 매출원가(₩30×80,000)	₩2,400,000	(대) 완제품	₩2,400,000
(차) 매출채권(₩50×80,000)	₩4,000,000	(대) 매출	₩4,000,000

제품 80,000단위를 단위당 ₩50에 판매하다.

⑥ 초과(또는 부족) 가공비의 조정, 역류원가계산 1에서와 같은 분개를 한다.

(차) 매출원가	₩60,000	(대) 가공비	₩60,000

부족배부 가공비 ₩60,000을 매출원가계정에서 조정하다.

이상에서 역류원가계산 3에 의해 분개한 내용을 제품원가관련 T계정을 사용하여 요약하면 다음과 같다.

역류원가계산 3의 요약

완제품		가공비		매출원가	
④ 2,700,000	⑤ 2,400,000	③ 960,000	④ 900,000	⑤ 2,400,000	
			⑥ 60,000	⑥ 60,000	
300,000		0			

위의 그림에 나타난 바와 같이 역류원가계산 3에 의한 총기말재고자산은 완제품 ₩300,000이다. 앞서 설명한 바와 같이 역류원가계산 3에서는 회계기장 시점이 제품생산의 완료까지 지연되므로 원재료재고나 재공품재고는 인식되지 않는다. 이 예에서도 원재료기말재고 ₩200,000(₩2,000,000－₩1,800,000)은 인식되지가 않았다.

4 역류원가계산제도의 평가

역류원가계산제도는 원가회계거래를 조금만 사용한다. 이는 지속적으로 재고를 추적하지 않기 때문에 무재고생산의 JIT개념과 잘 어울리는 간단한 제도이다. 역류원가계산에서는 이 프로세스의 결과는 공장내 업적측정 및 평가에 사용될 수 없다는 것을 기억할 필요가 있다. 또한 역류원가계산은 가격결정이나 그 밖의 특수의사결정에서 사용될 수 없다.

역류원가계산제도는 JIT시스템에서 사용되는 경우가 많지만 회계처리비용을 감소시킬 수 있다는 점에서 어느 생산시스템과도 병행될 수 있다. 그러나 역류원가계산제도가 사용될 수 있는 여건은 JIT시스템의 도입을 첫번째로 꼽을 수 있다. 그 외에도 경영층에서 회계처리비용을 감소시킬 목적으로 단순한 회계제도를 선호한다면 역류원가계산제도가 그 대안으로 고려될 만하다. 역류원가계산제도가 도입되기에 앞서 반드시 제품별 표준원가나 예정원가가 설정되어 있어야 한다. JIT를 도입하지 않은 경우에도 일정한 재고수준을 유지하는 경우에는 역류원가계산의 결과는 회계기록을 물리적 흐름에 일치시켜 순차적으로 하는 전통적인 회계처리의 결과와 큰 차이를 보이지 않는다. 그러나 역류원가계산의 가장 큰 문제점은 재공품재고가 존재하는 데도 불구하고 이를 인식하지 않으므로 일반적으로 인정된 회계원칙에 위배된다는 데 있다. 또한 증거자료를 제공해 주지 못한다는 점에서는 역류원가계산제도는 한계를 지닌다. 따라서 회계정보시스템의 단순화는 어디까지나 기업운영활동의 단순화에 뒤따라가야 한다. 경영층은 너무 복잡하여 적시에 정보를 제공해 주지 못하는 회계제도나 너무 단순하여 완벽한 정보를 제공해 주지 못하는 회계제도는 피하여야 한다.

연습문제

문 1 JIT시스템의 원가흐름

서강자동차는 스포츠카를 제조·판매하고 있는데 JIT 생산시스템을 운영하고 있다. 지난 달의 원가자료는 다음과 같다.

기초재고	0
원재료 구입	₩800,000
사용된 원재료	520,000
직접노무비 발생액	160,000
제조간접비 발생액	256,000
완성된 제품	936,000
매출원가	700,000
기말재고	0

회사는 제조간접비를 직접노무비의 160%로 배부하며, 배부차이는 연말에 매출원가에서 조정한다.

요구사항

1. 전통적인 원가시스템하에서 행할 분개를 제시하시오.
2. 역류원가계산시스템하에서 행할 분개를 제시하시오.(단, 재고자산은 원재료구입시와 제품완성시에 인식한다.)

문 2 JIT회계

서강회사는 트랜지스터 라디오를 만드는 사업부를 가지고 있다. 단위당 생산시간은 몇 분밖에 걸리지 않는다. 회사는 JIT 생산시스템을 사용하고 분개를 위한 다음의 두 가지 유발시점을 가진 역류원가시스템을 가지고 있다.

- 직접(원)재료의 구입
- 완제품의 완료

기초 재고는 없다. 4월의 생산에 관한 자료는 다음과 같다.

구입한 직접(원)재료	₩8,800,000
사용된 직접(원)재료	8,500,000
전환원가	4,220,000
전환원가의 배분	4,000,000
완제품에 이전된 원가	12,500,000
완제품원가	11,900,000

요구사항

1. 4월의 분개를 하시오. 단, 과소 또는 과대배분된 전환원가는 처리하지 말고 직접재료의 차이는 없다고 가정할 것.
2. 재고통제, 전환원가통제, 배분된 전환원가, 그리고 매출원가를 위해 요구사항 1의 분개를 T계정에 전기하시오.
3. 이상적인 JIT생산시스템하에서는 요구사항 1에서의 분개와 어떻게 다른가?

문 3 역류원가계산

서강(주)는 세탁기를 생산·판매하고 있으며, JIT시스템을 도입하기 위하여 두 가지 유발시점을 통해 역류원가계산을 실시한다. 20×7년 9월 1일 원재료 재고는 없으며, 기초 및 기말 재공품도 없다. 동사의 원가계산 시점은 다음과 같다.

- 1단계: 완성시점
- 2단계: 판매시점

20×7년 9월에 생산된 세탁기의 단위당 표준원가는 직접재료비 ₩200, 가공비 ₩150이며, 단위당 판매가격은 ₩500이다. 실제원가 발생액 내역은 다음과 같다.

원재료 구입	₩23,000,000
가공비	16,000,000
완제품수량	100,000단위
판매수량	80,000단위

요구사항

1. 20×7년 9월 한 달 동안의 분개를 하시오. 단, 직접재료비 차이는 없는 것으로 간주하고, 가공비 차이는 매출원가에서 조정한다.

2. T계정에 전기하시오.

문 4 JIT와 전부원가계산, 변동원가계산

(주)즉석은 전자계산기를 생산, 판매하고 있으며 표준원가계산 시스템을 채택하고 있다. 다음은 회사의 1999년 12월의 생산, 판매에 관한 자료이다. 기초재고자산은 없다.

- 원재료 구입액: ₩4,200,000
- 원재료 사용액: 4,000,000
- 가공비 발생액: 3,100,000
- 가공비 배부액: 3,000,000(직접노무비: ₩1,600,000, 고정제조간접비: ₩1,400,000)
- 매출액: 6,500,000
- 95%가 제품으로 완성되었다.
- 생산된 제품 중 90%가 판매되었다.
- 원가차이는 오직 고정제조간접비에서만 발생하였고, 모든 차이는 매출원가에서 조정된다.

요구사항

1. 회사는 작업별 (전통적)원가계산제도를 사용하고 있으며 내부보고 목적으로는 변동원가계산제도를, 외부보고 목적으로는 전부원가계산제도를 사용한다. 각각의 손익계산서를 작성하고 기말재고자산금액 및 두 이익의 차이조정과정을 보이시오.
2. 회사는 전자계산기의 수명주기가 짧아짐에 따라 재고를 최소화하기 위하여 다음해부터 JIT생산시스템을 사용하고자 하며 역류원가계산을 도입하고자 한다. 따라서 시험적으로 99년 12월부터 적용해 보기로 하였다. 두 개의 유발시점(원재료 구입시, 제품 완성시)을 가질 때 요약장부 분개를 행하시오. 단, 원가차이는 고려하지 말고, 직접재료비와 직접노무비는 구분하지 말 것.
3. 2에서 기말재고자산 금액을 구하고, 요구사항 1에서 전부원가계산에서의 기말재고자산 금액과의 차이가 발생하는 이유가 무엇인지를 설명하시오.
4. JIT생산시스템이 도입됨에 따라 변동원가계산과 전부원가계산의 이익의 차이는 어떻게 변화하는가?

문 5 정상원가계산과 역류원가계산 비교

신촌(주)는 선풍기를 생산·판매하고 있으며, JIT시스템과 역류원가계산제도를 채택하고 있다. 현재 동사는 원재료 구입시점과 판매시점에서 원가계산을 실시하고 있다. 20×7년 10월중에 발생한 원가자료는 다음과 같다.

원재료 구입	₩750,000
원재료 사용	720,000
가공비 발생	450,000
가공비 배부	480,000

신촌(주)는 원재료 구입과 가공비 발생액에 대해서는 실제원가를 기록하고 있으며, 제품이 판매될 때 전체 표준원가에 대하여 역류원가시스템에서 반영하고 있다. 동사의 단위당 표준변동원가는 다음과 같다.

직접재료비	₩24
직접노무비	12
변동제조간접비	4

20×7년 10월중 30,000단위를 생산하여, 27,000단위를 판매하였으며, 기초 및 기말재고는 없으며, 재공품 재고도 없는 것으로 간주한다. 당사의 가공비는 직접노무비와 변동제조간접비로 구성된다.

요구사항

1. 정상원가계산하에서 20×7년 10월의 요약분개를 하시오. 단, 가공비 배부차이는 매출원가에서 조정한다.
2. 역류원가계산하에서 20×7년 10월의 요약분개를 하시오.
3. 요구사항 1과 2의 재고자산을 비교하시오.

문 6 역류원가계산: 유형1

다음 자료를 참고하여 요구사항에 답하라.

구입된 원재료	①
사용된 원재료	₩400,000
발생된 가공비	320,000
배부된 가공비	300,000
제품으로 대체된 원가	②
매출원가	650,000

유발시점은 재료의 구입과 제품 생산의 완성시점이다.

	전통적 원가계산	역류원가계산
기말원재료	₩50,000	–
기말재공원료	–	₩58,000
기말재공품	③	–
기말제품	④	⑤
총재고자산	⑥	⑦

요구사항

1. 재공품이 제품으로 완성된 비율은 얼마인가?
2. ①~⑦의 금액을 구하시오.
3. 총재고자산의 차이와 그 이유를 설명하시오.

문 7 역류원가계산: 유형2, 유형3

서강회사는 TV 부품을 생산하는 제조업체이다. 서강회사는 적시생산시스템을 채택하고 있으며 제품 한 단위를 생산하는 시간은 몇 분 정도이다.

서강회사는 다음의 2가지 거래시점을 인식하고 역류원가계산제도를 적용하고 있다.

- 원재료와 부품의 구입시점
- 제품의 완성시점

월초재고자산은 없으며 이번 달에 발생된 원가자료는 다음과 같다.

원재료구입액	₩12,320,000
원재료사용액	11,900,000
가공비발생액	5,908,000
가공비배부액	5,600,000
완성품원가	17,500,000
매출원가	16,660,000

요구사항

1. 이번 달에 필요한 분개를 하시오.
2. 제품의 완성시점에만 거래를 인식하는 경우 분개를 하시오.

문 8 역류원가계산 종합

서강통신은 전화기를 생산하고 있다. 회사는 JIT생산시스템을 사용하고 있기 때문에 6월에 원재료의 기초재고가 없고 또 기초 및 기말재공품도 없었다. 또한 제품원가계산을 위하여 원재료의 구입 및 제품의 완성시점에서 분개하는 역류원가계산을 사용하고 있다.

6월에 회사의 전화기 제품단위당 표준원가는 직접재료비 ₩182, 가공비 ₩105이며, 재공재료와 제품이라는 두 개의 재고계정이 사용된다.

재료비의 원가차이는 없었으며, 다음의 자료가 6월의 제조활동과 관련된다.

원재료 구입액	₩37,100,000
가공비 발생액	₩21,560,000
제품 완성수량	200,000개
제품 판매수량	195,000개

요구사항

1. [제1유형] 6월의 거래를 재공재료, 제품, 매출원가, 가공비 계정에 기록하시오(단 가공비의 부족/초과배부처리는 하지 말 것).
2. [제2유형] 다른 자료는 동일하나, 분개가 이루어지는 시점을 원재료 구입과 제품판매시점이라고 가정한다. 재료재고는 형태(창고 저장, 재공품, 제품에 포함)에 관계없이 재고자산의 단일계정을 사용한다. 가공비는 재고자산의 가액에 포함하지 않으며 표준원가로 매출원가에 직접 배부한다. 부족/초과 배부된 가공비는 월별 매출원가에서 조정된다. 가공비의 부족/초과배부액 처리를 포함하여 6월의 거래를 재고자산, 가공비, 매출원가 계정에 기록하시오.
3. [제3유형] 다른 자료는 같으나, 분개는 제품의 완성시점에서만 이루어진다고 가정한다. 가공비의 부족/초과배부액처리(매출원가에서 조정)를 포함하여 6월의 거래를 제품, 가공비, 매출원가 계정에 기록하시오.
4. [원가차이의 처리] 2의 경우와 동일하나, 재료에 대하여 불리한 구입가격차이 ₩210,000과 불리한 수량차이 ₩490,000이 발생하였다고 가정한다. 재료비차이와 가공비차이를 월별 매출원가에서 조정한다고 하고, 재료비차이와 가공비차이를 포함하여 재공재료, 매출원가 계정의 기록내용을 보이시오.

제 20 장

전략적 원가관리

제1절 서 론

제2절 원가회계와 가치사슬

제3절 제품수명주기 원가계산

제4절 목표원가계산

제5절 카이젠원가계산

제6절 품질원가계산

학습목표

세계적인 경쟁기업이 되려면 글로벌 경쟁요구에 맞게 모든 원가가 지능적으로 식별, 측정 그리고 관리되어야 함을 경영자들은 잘 인식하고 있다. 특히 최근에 경영자들은 제조이전 단계에서 발생된 원가와 제품이 완성된 이후단계에서 발생된 원가에 대해 더 많은 초점을 두고 있다. 이에 더해서 경영자들은 한 달, 한 분기 또는 일 년과 같은 짧은 기간보다도 제품수명주기동안의 제품의 수익 및 원가에 관심을 쏟고 있다. 이 장에서는 이러한 최근의 경영자들의 새로운 관심사에 대해서 설명하고자 한다. 이 장을 공부하고 나면 다음 사항을 이해할 수 있어야 한다.

1. 전략적 원가관리의 의미
2. 가치사슬
3. 제품수명주기 원가계산
4. 목표원가계산과 카이젠원가계산
5. 품질원가계산

제20장 전략적 원가관리

제1절 서 론

1 전략적 원가관리

오늘날의 고객들은 계속해서 새로운 제품과 서비스를 요구하고 있다. 또한 국제경쟁의 강도는 많은 기업조직들로 하여금 가능한 한 가장 낮은 원가로 혁신적 제품과 서비스를 신속하게 출시할 것을 요구하고 있다. 다행스럽게도 이와 동시에 관리회계분야에서의 새로운 혁신적인 방법이 개발되어 제품설계 및 개발활동의 업적을 측정·평가하는 도구로 사용되고 있다.

이 장에서는 특히 새로운 제품 및 서비스의 원가를 감소시키는 것과 관련지어 관리회계분야의 새로운 혁신적 방법에 초점을 맞추어 설명하려 한다. 여기서는 이러한 새로운 혁신적 관리회계방법을 전략적 원가관리(strategic cost management)라 칭한다. 또한 전략적 원가관리의 체계적인 틀로서 수명주기를 사용하려 한다. 이틀 내에서 목표원가계산, 카이젠원가계산, 제품수명주기원가계산, 그리고 품질원가계산 등의 네 가지 구체적인 전략적 원가관리 방법에 대하여 설명하려 한다.

이 장에서 다루어질 전략적 원가관리 내용을 수명주기에 대비시켜서 요약하면 **그림 20-1**과 같다.

그림 **20-1** 전략적 원가관리: 새로운 혁신적 관리회계방법

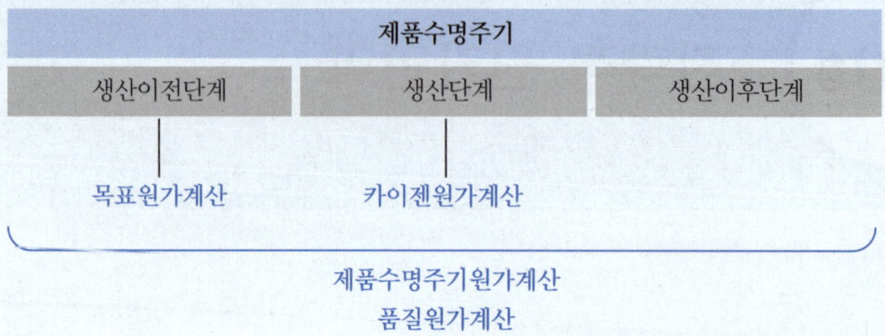

2 전략적 관리 및 원가자료

전략적 관리란 기업의 목적과 목표를 설정히고 설정된 목표를 달성하기 위한 경영전략을 고안하는 과정을 의미한다. 만족할 만한 이익을 벌어들이고, 사회가 필요로 하는 질 좋은 제품이나 서비스를 제공하며 종업원들에게 보상을 주는 일자리를 제공해 준다는 것과 같은 일반적 목적(goals)을 보다 구체적인 목표(objectives)로 전환시켜야 한다. 경영전략은 기업목적 및 목표의 달성과 일치되어야만 한다. 이에 추가해서 원가회계제도를 포함한 경영정보시스템은 이러한 경영층의 전략적 미션 및 관련활동을 보조하는데 시기적절하고도 적합한 정보를 제공해야 한다.

전통적인 제품원가계산제도는 단지 제조프로세스에만 초점을 두고 있기 때문에 기업의 전략계획을 수행하는 데 도움이 되는 정보를 제공하지 못한다. 전통적 원가계산제도에서는 생산이전 단계나 생산이후 단계에서 발생된 원가는 모두 기간비용으로 처리되어 결국 이러한 원가는 개별제품에 연계되지 못하고 있다. 그런데 이러한 원가정보 없이 제품이 전략적 목표에 부합되는지의 여부를 결정한다는 것은 매우 어려운 일이다. 가치사슬과 제품수명주기원가계산의 개념은 바로 전략적 계획 및 통제에 결정적인 원가자료를 제공해 준다.

의사결정의 유형에 따라서 경영자들은 다른 유형의 정보를 필요로 한다. **제 13장** 특수의사결정에서 설명한 단기의사결정에서는 주로 증분원가가 활용되었다. 그러한 단기의사결정에서는 가령 제품설계 및 개별원가에 대한 정보를 필요

로 하지 않았다. 그러나 장기적으로는 가령 초기의 제품연구개발비가 전략적 계획 제품평가에서는 마땅히 고려되어져야 한다. 그렇다고 단기적 의사결정분석의 사용이 반드시 전략적 분석 및 의사결정에 위배된다고는 볼 수 없다. 많은 단기적 의사결정도 전략적 계획과 일치된다. 가령 유휴조업능력의 단기적 사용은 만족할 만한 이익 목적의 달성에 도움이 된다. 경영층이 파악해야 할 것은 언제 단기적 의사결정이 기업의 전략적 계획과 일치되지 않는지를 알아야 한다. 단기적 의사결정 철학이 전체 전략적 계획의 일환이기보다 정상적 운영절차가 되어버리면 기업들은 심각한 문제에 직면하게 된다.

제2절 원가회계와 가치사슬

전통적으로 원가회계는 주로 제품제조원가의 측정을 다루어 왔다. 그러나 최근에 경영층은 제품과 관련된 제조 이외의 원가를 측정·평가하는 데 많은 관심을 갖게 되었다. 제품과 관련된 이러한 원가는 가령 연구개발, 제품설계, 그리고 생산시스템엔지니어링과 같은 생산이전단계에서 발생된 것이다. 이에 추가해서 경영자들은 완제품재고 보관 및 취급비용, 판매, 분배, 대고객 서비스 및 보증비용 등과 같은 생산이후단계에서 발생된 원가를 분석한다. 이러한 모든 원가들은 제품의 수익성에 지대한 영향을 미칠 뿐만 아니라 제품의 수명주기에 연루된 많은 기업기능을 책임지고 있는 인력의 업적평가에도 적지 않은 영향을 미친다. 기업

그림 20-2 기업의 가치사슬

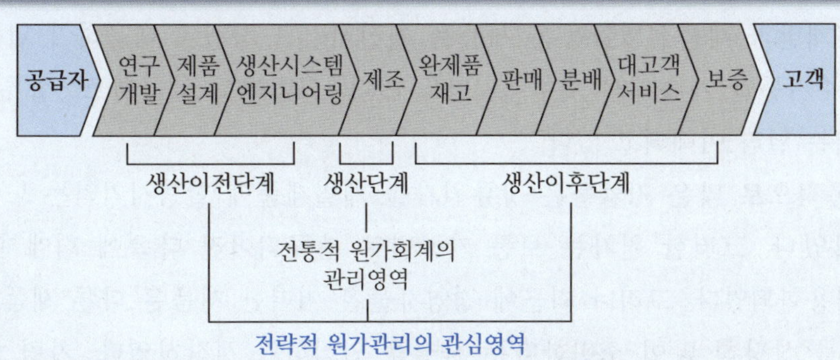

이 제공하는 제품이나 서비스에 대해 가치를 제공하는 모든 기능들은 상호 관련된 활동들의 사슬을 형성하는데 이러한 기능들의 사슬을 가치사슬(value chain)이라 부른다. 가치사슬을 그림으로 나타내면 **그림 20-2**와 같다. 특정제품이나 서비스와 관련된 이러한 가치사슬기능의 원가를 측정 보고하는 것을 가치사슬원가계산(value chain costing)이라 부른다.

제3장부터 **제8장**까지 6개 장에 걸쳐 설명된 원가계산과 원가배부에서는 주로 제품의 제조원가의 측정을 강조하였다. 이러한 원가는 제조성과나 제조원가 추세를 파악하는데 중요한 정보이다. 또한 제조원가는 외부보고목적을 충족시키는 데 필요한 정보이다. 그러나 제품수명주기에 걸쳐 제품을 평가하고 관리하는 데에는 개발, 마케팅, 대고객서비스 기능 등 제조 이외의 기능에서 발생된 많은 원가들이 제조원가보다 더 중요할 수 있다. 제품수명주기(product life cycle)는 제품개발에서 시작해서 제품이 폐쇄되어 더 이상 기업에서 보조하지 않을 때까지의 기간이다.

1 가치사슬원가의 식별

어떠한 제품이나 서비스를 고객에게 제공하기 위해서는 기업은 생산이전 단계와 생산단계 그리고 생산이후 단계의 일련의 기능을 거쳐야 한다. 때로는 생산이전에 발생된 활동과 관련된 원가를 상류원가(upstream costs)라 부르고 반면에 생산이후에 발생된 활동과 연루된 원가를 하류원가(downstream costs)라 부르기도 한다. 물론, 상류와 하류로써 이러한 보조부문의 원가를 기술하는 것은 엄밀한 의미에서 정확한 것은 아니다. 왜냐하면 하류로 분류되는 마케팅과 판매활동은 제품생산단계 이전에서도 나타날 수 있기 때문이다. 마찬가지로 상류로 분류되는 연구개발과 제품설계활동은 제품을 개선시키고 경쟁에 대응하기 위해서 제품수명주기동안 계속해서 이루어지기도 한다. 그럼에도 불구하고 "상류-하류"란 용어는 널리 이해되고 있다.

전통적으로 많은 기업들은 상류원가를 개별제품에 할당시키려는 노력을 보이지 않았다. 그러한 원가는 보통 기능별로 분류되어진 다음에 회계기간중에 전액 비용화되었다. 그러나 최근에 경영자들은 어떠한 제품은 다른 제품보다 상류원가를 상당히 많이 소비한다는 사실을 인식하기 시작하였다. 가령 어떤 의

약품을 개발하는 데는 연구개발비가 많이 소요되는가 하면 어떤 제품은 상세한 제품설계기능이 요구되기도 한다. 제품간에 상류원가에 큰 차이를 보이고 있으면 이러한 차이는 제품수명동안 제품성과의 평가에 극적인 효과를 가져다 줄 것이다.

두 번째 이슈는 제품수명주기이다. 어떤 제품은 큰 변화 없이 수년간 판매된다. 그러나 또 어떤 제품은 수명주기가 짧은 것도 있다. 많은 전자제품의 수명은 18개월 미만이다. 일반적으로 제품의 수명주기는 점점 단축되어 가고 있다. 수명주기가 단축되어 갈수록 상류원가는 제품제조원가와 비교해서 점점 중요하게 된다. 제품에 대한 이러한 상류원가의 식별은 제품가격결정에 중요한 정보를 제공한다. 제품이 생산된 후에 발생되는 하류원가도 역시 제품, 고객, 시장지역 등 적절한 원가대상별로 식별되어질 수 있다.

2 상류 및 하류 원가의 측정

특정제품과 서비스에 대한 상류 및 하류원가를 식별하는 것은 분명히 중요한 관리적 가치를 지닌다. 불행하게도 특정원가대상에 연관지어 이러한 원가를 식별 측정하는 것이 경우에 따라서는 매우 어렵다. 많은 경우 비제조활동은 직접원가가 적기 때문에 제조활동보다는 제품과 활동간의 관계를 식별하기 더 어렵다.

우선 원가를 측정하려면 제품이나 서비스에 의한 상세한 원가를 포착할 수 있는 시스템을 설치해야 한다. 가령 연구개발비를 측정하려면 각 프로젝트별 인력시간, 소모품, 설비 그리고 그 밖의 자원을 측정할 수 있는 시스템을 갖추어야 한다. 그 다음 이러한 상세한 자료는 연구개발활동으로부터 나타난 특정제품에 취합된다. 한 연구프로젝트에서 많은 제품에 효익을 준다면 논리적으로 연구개발활동을 분배할 필요가 있다. 그러나 연구개발비를 성공한 제품에 분배해야 하느냐에 대해서는 찬반양론이 있다. 이에 대해 반대하는 사람들은 그러한 분배가 자의적이기 때문에 전략적 제품관리에 오히려 장애를 가져다 줄 수도 있다고 생각한다.

그 밖의 상류원가를 제품에 식별하는 것은 연구개발비보다는 쉽다. 또한 하류원가를 제품에 식별 측정하는 것도 비교적 용이하다. 가령 태진사의 연간 마케팅비용을 식별측정하면 **표 20-1**과 같다고 하자.

표 20-1 마케팅비용의 식별측정

마케팅 비용

태진사 20×7년

제 품	제품에 식별된 마케팅비용	제품라인에 식별된 마케팅비용	마케팅 관리비용	총마케팅 비용
제품라인A		₩125,000		
A-13	₩45,000			
A-15	60,000			
A-16	30,000			
A-18	80,000			
	₩215,000			
제품라인B		₩195,000		
B-30	₩105,000			
B-40	80,000			
B-50	90,000			
B-80	210,000			
	₩485,000			
계	₩700,000	₩320,000	₩525,000	₩1,545,000
	(45%)	(21%)	(34%)	(100%)

총마케팅비용 가운데 약 34%인 ₩525,000은 특정제품이나 제품라인에 식별되어질 수 없는 관리비용이다. 약 21%인 ₩320,000은 특정제품과는 식별이 안 되지만 특정라인과는 식별되어질 수 있는 비용이다. 그리고 약 45%에 해당하는 나머지 ₩700,000은 특정제품과 식별되는 마케팅비용이다. 이러한 상류 및 하류 원가들은 기업에 대한 각 제품의 전략적 가치를 평가하는 데 제조원가와 함께 고려되어져야 한다.

3 가치사슬 정보의 유용성

가치사슬원가계산이 많은 전략적 기업의사결정에서 합목적원가를 식별해 내는 데 필수적임은 분명하다. 가령 지난 10년간 많은 기업들은 낮은 인건비를 찾아서 제조활동의 많은 부분을 동남아로 내보냈다. 제조활동의 많은 부분을 외국으로 이전시키는 많은 의사결정은 단지 국내임률과 국외임률간의 인건비 차에 기초한 것이었다. 여기서는 그 밖에 고려해야 될 원가인 상류원가와 하류원가가 거의 고려되지 않았다. 그 결과 어떤 기업들은 운송비, 외국노동자 훈련비, 주재국 세무 및 회계보고와 관련된 회계처리비, 그리고 대고객 이미지 실추에 따른 기회비용 등 인건비 절감보다 더 큰 손해를 보고 있다.

제3절 제품수명주기 원가계산

제품수명주기 원가계산(product life-cycle costing)에서는 특정제품에 대한 잉태(conception)에서부터 종료(termination)까지의 모든 비용을 식별 추적한다. 대부분의 전통적인 제품원가계산과 비교해 볼 때 이러한 방법은 제품의 성과를 평가하는 데 좀더 포괄적이고 좀더 현실적인 기초를 제공한다는 이점을 지니고 있다. 제품수명주기 원가계산은 특히 수명주기가 짧은 고기술 제품을 생산하는 기업에 적합하다. 제품의 수명주기와 연관된 모든 현금흐름이 제품라인별로 추적된다.

다음 사례를 잉용하여 제품수명주기 원가계산을 예시하고 또한 전통적 원가계산과 비교하려 한다. 태진전자의 제품 중 하나인 제품B는 1년에 걸쳐 개발되어 18개월의 수명을 지니고 있다. 회사는 제품라인별 수익성에 관심을 갖고 있다.

1 전통적 원가계산

전통적 원가계산에 따른 제품B의 제조원가보고서와 손익계산서는 다음과 같다.

제품B 제조원가보고서

태진사	19×1년 1월 1일~19×2년 6월 30일
생 산 량	10,000단위
직접재료비	₩850,000
직접노무비	150,000
제조간접비	880,000
총제조원가	₩1,880,000

제품B 손익계산서

태진사	19×1년 1월 1일~19×2년 6월 30일
판 매 량	10,000단위
매 출	₩3,750,000
매출원가	1,880,000
매출총이익	₩1,870,000

$$제품매출총이익률 = \frac{₩1,870,000}{₩3,750,000} = 49.87\%$$

제품B는 한 대당 ₩375에 판매되었다. 전통적 원가계산에 의해 나타난 제품 성과보고서는 위에서와 같이 만족할 만한 것이다.

2 제품수명주기 원가계산

제품수명주기 원가계산보고서에는 전통적 제조원가에 추가해서 특정제품과 관련해서 발생한 연구개발, 제품설계 및 생산시스템 디자인, 그리고 생산설비를 위한 특수도구 등과 관련해서 생산이전에 발생된 원가가 포함된다. 뿐만 아니라 특정제품과 관련해서 생산이후에 발생된 원가도 포함된다. 제품수명주기 동안 발생한 이러한 상류 및 하류원가를 모두 포함시킨 결과 제품의 수명주기원가 및 이에 따른 제품성과보고서는 **표 20-2**와 같이 나타난다.

제품B의 수명주기원가보고서에 나타난 바와 같이 제조원가와 비교해 볼 때 제품B의 비제조원가는 상당히 큰 편이었다. 제품수명주기원가를 고려한 제품B의 성과보고서에는 제품수명주기동안 제품B는 이 회사에 ₩45,000의 손실을 가져다 주는 것으로 나타났다.

표 20-2에 나타난 제품수명주기원가보고서에 의하면 단위당 총제품수명주기원가는 ₩379.50으로 오히려 판매가격 ₩375보다 ₩4.5이나 높은 것으로 나타났다. 회사경영층은 어떤 제품이 전략계획을 달성함에 있어 경쟁적인 요소가 있는지를 결정하기 위해 제품수명주기원가보고서를 가지고 제품을 평가해야 한다. 특히 신제품의 경우 기업은 특정제품이 기업의 전략적 목표를 충족시키고 있는가를 평가하려면 생산원가뿐만 아니라 모든 상류 및 하류원가를 추정해 보아야 한다. 보다 현명한 제품관리 의사결정을 내리기 위해서는 제조원가뿐만 아니라 제품과 관련된 모든 상류 및 하류원가를 식별하는 것이 중요하다. 물론 원가측정시

표 20-2 제품의 수명주기와 성과보고서

제품B의 수명주기 원가자료		
태진사		19×1년 1월 1일~19×2년 6월 30일
생산판매량		10,000단위
생산이전원가		
연구개발	₩350,000	
제품설계	240,000	
생산시스템설계	170,000	
도구제작	230,000	
총생산이전원가		₩990,000
제조원가		
직접재료비	₩850,000	
직접노무비	150,000	
제조간접비	880,000	
총제조원가		1,880,000
생산이후원가		
마케팅	345,000	
주문처리	75,000	
배송	65,000	
대고객서비스	160,000	
보증	280,000	
총생산이후원가		925,000
총제품수명주기원가		₩3,795,000

$$\text{단위당 총제품수명주기원가} = \frac{₩3,795,000}{10,000\text{단위}} = ₩379.50/\text{단위}$$

제품B의 성과보고서		
태진사		19×1년 1월 1일~19×2년 6월 30일
매　출		₩3,750,000
생산이전원가	₩990,000	
매출원가	1,880,000	
생산이후원가	925,000	(3,750,000)
기업이익에 대한 제품의 공헌		(₩45,000)

스템이 제품과 관련된 이러한 비제조원가는 정확하게 측정 보고해야만 한다. 이러한 목적을 달성하기 위해서 기업들은 각각의 이러한 활동에 대한 효과적인 원가계산제도를 운영해야 한다. 이런 측면에서 **제8장**에서 설명한 활동기준원가계산

의 개념은 제품수명주기 원가계산을 운영하는 데 도움을 주리라 생각된다.

3 제품수명주기 가격결정

제품가격결정은 기업조직에서 매우 중요한 결정이다. 경제상황, 경쟁기업의 반응 등 여러 요인이 가격결정에 영향을 주지만 항상 영향을 주는 정보는 원가이다. 장기적으로 보면 항상 가격은 원가와 관련이 있다. 전통적으로 기업은 가격결정에 있어 평균 제품제조원가를 주로 사용하였다. 그러나 위의 예에서 나타난 바와 같이 제조원가에만 의존하는 제품가격결정은 현명하지 못하다. 기업은 모든 제품관련원가를 가격결정에 고려하는 제품수명주기원가계산을 사용해야 한다. 태진사가 제품수명주기원가를 사용한다면 제품B의 가격은 높게 책정되었을 것이다. 가령 태진사가 총수명주기원가의 10%이익을 달성하도록 하는 제품가격정책을 사용하고 있다면 제품B의 단위당 가격은 ₩417.45으로 결정될 것이다.

$$가격 = 제품수명주기원가 \times 1.1 = ₩379.50(1.1) = ₩417.45$$

이러한 목표가격이 시장에서 지지 받을 수 없다면 기업은 원가절감을 이룩하든지 또는 이 제품을 폐쇄시켜야 하는 것이다.

제4절 목표원가계산

목표원가계산(target costing)은 불연속적인 제조공정에서 생산되며 비교적 제품수명주기가 짧은 제품에 초점을 맞춘 원가기획방법이다. 따라서 목표원가계산은 제품의 기획, 설계 등 제조이전단계에서 주로 활용된다.

목표원가계산은 회로 운송장비, 정밀장치, 전자, 기계 등의 산업을 중심으로 일본기업들에서 널리 사용되고 있는 관리회계기법이다. 일본기업들은 적시생산시스템의 성공적인 적용으로 생산단계에서는 더 이상의 원가절감이 곤란해지자 원가절감의 초점을 생산이전단계에 맞추어 목표원가계산을 사용하게 되었다. 현재 이 방법은 우리 나라와 미국의 기업들에서도 관심을 가지고 적용되고 있다.

목표원가계산은 단순한 원가통제방법이 아니라 원가 및 이익관리의 종합적인 접근방법이다.

1 전통적 원가계산과 목표원가계산

전통적 원가절감을 위한 프로세스는 목표원가계산과 크게 다르다. 전통적 원가계산방법에서는 기업들은 고객의 요구사항에 대한 시장조사를 한 후 이에 따라 제품설계에 들어간다. 이 단계에서 제품원가는 제품설계의 중요요인이 아니다. 엔지니어와 설계자가 제품설계를 결정한 후 기업들은 공급자들로부터 필요한 가격정보를 받아 제품원가를 추정한다. 만약 추정원가가 너무 높다고 판단되면 제품설계를 수정할 수도 있다. 전통적 원가계산방법에서 이익마진은 기대판매가격과 추정제조원가간의 차이의 결과로 나타난다. 이 관계를 등식으로 표현하면 다음과 같다.

이익마진 = 판매가격 – 제품원가

또 다른 전통적인 방법인 원가가산방식에서는 추정제품원가에 추정이익마진을 더해서 판매가격을 산정한다. 이를 등식으로 표현하면 다음과 같다.

판매가격 = 제품원가 + 이익마진

이와 같은 전통적인 방법에서는 제품설계자들은 특정원가목표를 달성하고자 시도하지 않는다.

목표원가계산에서는 제품원가를 결정하는 사고방식과 절차가 전통적 원가계산과는 크게 다르다. 고객요구사항을 결정하는 시장연구와 그에 따른 제품설계 등 첫번째 두 단계는 전통적 원가계산과 크게 다르지 않다. 그러나 그 이후의 과정은 사뭇 다르다. 즉 그 다음 단계인 목표판매가격과 목표제품생산량의 결정은 기업이 인식하는 고객에게의 제품의 가치에 의존한다. 목표이익마진은 보통 매출수익률을 기초로 한 장기이익분석으로부터 산출한다. 매출수익률은 각 제품별 수익성과 가장 밀접하게 연계되어질 수 있기 때문에 가장 널리 사용되는 성과측정치이다. 목표원가는 목표판매가격과 목표이익마진간의 차이이다. 목표원가계산방법에서의 이러한 관계를 등식으로 표현하면 다음과 같다.

목표원가 = 목표판매가격 – 목표이익마진

한번 제품에 대한 목표원가가 설정되고 나면 기업은 각 부품에 대한 목표원가를 결정해야 한다. 가치공학 프로세스는 기능성과 수행능력은 그대로 유지하면서 원가를 절감시킬 수 있는지를 결정하기 위해서 제품의 각 부품에 대한 조사를 포함한다. 어떤 경우에는 제품설계가 변경될 수도 있고, 생산에 사용되는 원재료가 대체될 수도 있으며, 또는 제조 프로세스가 재설계될 수도 있다. 가령 제품설계변경으로 이전보다 좀더 많은 공통부품이 사용될 수 있다. 보통 최종 목표원가가 결정되어지면 여러 차례의 이러한 가치공학프로세스를 거치게 된다.

공급자들 또한 목표원가계산이 작동하는 데 중요한 역할을 한다. 수많은 협력기업체들을 지닌 자동차 제조업체들은 특정부품의 원가를 절감시킬 필요가 있다고 생각하면 해당부품을 공급하고 있는 협력기업들로 하여금 원가를 절감시키는 방법을 모색하도록 강구하기도 한다.

2 목표원가계산의 문제점

목표원가계산은 분명한 장점을 지니고 있지만 동시에 목표원가계산을 시행하는 데 있어 잠재적인 문제점도 지니고 있다. 특히 목표원가를 달성하는 데 초점을 둔다면 기업전체목표를 달성하는 데 원가 이외의 다른 요소들을 등한시할 가능성이 있다. 몇 가지 잠재적인 문제점을 나열하면 다음과 같다.

첫째, 목표원가계산프로세스에서 관련된 여러 당사자들간에 마찰이 생겨날 수 있다. 종종 기업체들은 계획 및 원가절감에 맞추라고 협력기업체(공급업체)들에게 심한 압력을 준다. 이로 인해 협력업체들을 상실할 수도 있다. 때로는 설계엔지니어들은 예를 들면 관리, 마케팅 등 기업의 다른 부문에서 원가의식을 가지고 있지 않아서 당황해 하기도 한다.

둘째, 목표원가계산제도하에서 일한 경험이 있는 종업원들은 목표원가를 충족시켜야 한다는 압력 때문에 심한 고통을 경험한다. 특히 설계엔지니어들은 가장 심한 고통을 경험하는 것으로 알려져 있다.

셋째, 원가절감을 위한 반복적인 가치공학 덕분에 목표원가가 성취되더라도 그만큼 개발 시간이 더 많이 소요되므로 적절한 신제품출시시기를 놓치는 경우도 발생한다. 가령 어떤 제품인 경우 원가를 조금 더 발생시키는 것보다 출시시기를 놓치는 것이 훨씬 치명적일 수 있다.

기업들은 원가 이외에 많은 요소들을 관리해야만 한다. 따라서 목표원가계산 방법을 사용하는 데 관심이 있는 기업들은 도입 전에 이런 잠재적인 문제점들을 잘 파악하고 있어야 한다. 이러한 잠재적인 문제점을 지니고는 있지만 목표원가계산은 경영자들에게 제품수명주기의 결정적인 국면에서 제품원가를 절감하는 데 커다란 실마리를 제공할 수 있다.

제5절 카이젠원가계산

목표원가계산은 제조이전단계에 초점을 두는 데 반해 **카이젠원가계산(kaizen costing)**은 제품의 수명주기의 제조단계에서 원가를 절감시키려는 데 초점을 맞추고 있다. **카이젠(kaizen)**은 커다란 혁신을 통해서가 아니라 프로세스에 대한 개선을 조금씩 조금씩 이룬다는 일본용어이다. 제품이 이미 생산프로세스에 있기 때문에 이러한 카이젠의 의도는 합리적이다. 생산단계에서 원가절감을 위해 커다란 변화를 일으킨다는 것은 어렵고도 비용이 많이 드는 일이다.

카이젠 원가계산은 이익계획시스템과 연계되어 있다. 가령 일본 자동차산업에서 연간 예산상의 이익목표는 각 공장에 할당된다. 각 자동차는 예정된 원가기준을 지니고 있는데 이는 전년도 자동차의 실제원가와 똑같은 금액이다. 모든 원가절감프로세스는 이 원가기준을 출발점으로 사용한다.

목표절감률(target-reduction rate)은 이 원가기준에 대한 목표절감액의 비율이다. 이 비율을 모든 변동비에 적용시켜 재료비, 부품비, 직접 및 간접노무비, 그리고 그 밖의 변동비에 대한 구체적인 목표절감금액이 산정된다. 그러면 경영층은 모든 변동비에 대해 실제 절감금액과 미리 설정된 목표절감금액을 비교하여 차이를 산정한다. 카이젠 원가계산의 목표는 실제생산원가를 원가기준보다 낮게 발생시키는 것이다.

1 전통적 원가계산과 카이젠원가계산

카이젠 원가계산제도는 전통적인 표준원가계산제도와는 큰 차이를 보인다. 전통적 표준원가계산제도에서 전형적인 목표는 불리한 차이를 내지 않으면서 원가표준을 달성하는 것이다. 카이젠 원가계산에서는 그 목적이 원가절감 목표를 달성시키는 데 있다. 통상 표준원가계산에서 차이분석은 실제원가를 표준원가에 비교한다. 카이젠원가계산에서는 차이분석은 목표원가절감금액을 실제원가절감금액과 비교한다. 일본에서 표준원가계산제도는 재무회계기준에 부합하는 방향으로 운영되기 때문에 카이젠원가계산은 표준원가계산제도 영역 밖에서 운영된다.

표준원가계산과 카이젠원가계산의 또 다른 주요 차이점은 기업에서 누가 프로세스를 개선시키고 원기를 절감시키는 데 가장 많은 지식을 가지고 있느냐에 대한 가정과 관련이 있다. 전통적인 표준원가계산에서는 엔지니어와 경영자가 기술적 전문성을 지니고 있기 때문에 가장 잘 알고 있다고 가정한다. 그러므로 그들이 미리 설정된 표준 및 절차에 따라서 작업자들이 수행하여야 할 절차를 결정한다. 그러나 카이젠원가계산에서는 작업자들이 실제로 제품을 생산하는 제조과정에서 작업을 하기 때문에 작업자들이 프로세스를 어떻게 개선시킬지에 관해서 가장 많은 지식을 지니고 있다고 가정한다. 그러므로 카이젠원가계산의 주요 목적 가운데 하나는 프로세스를 개선하고 원가를 절감하는 데 작업자들에게 책임을 부여하는 것이다.

2 카이젠원가계산의 문제점

카이젠원가계산은 또한 목표원가계산과 마찬가지의 이유로 비판의 대상이 될 수 있다. 즉 카이젠원가계산하의 조직구성원들은 모든 원가를 절감해야 하는 가중한 압력을 받게 된다. 이러한 문제에 대처하는 한 가지 방편으로 어떤 일본 자동차 제조기업에서는 자동차 새 모형이 출시되기 전에는 카이젠원가계산의 적용면제기간을 두기도 한다. 원가유지기간으로 불리는 이 기간은 회사가 조직구성원들에게 카이젠 원가나 목표원가를 부과하기 전에 어떠한 새로운 절차를 습득할 수 있는 기회가 된다.

제6절 품질원가계산

원가절감은 단순히 제품설계비용을 절감시키기 위한 방법을 모색하는 것으로 끝나는 것이 아니다. 원가절감 노력의 기저가 되는 전제는 제품품질을 유지하거나 향상시키면서 원가를 감소시키는 것이다. 오늘날의 환경에서 품질은 경쟁적이기 위해서는 중요한 수단이 되고 있다. 기업들은 제품이나 서비스가 품질표준을 충족시키고 있는지를 평가할 필요가 있다. 만약 제품과 서비스가 품질표준에 부합되지 않고 있다면 그 기업은 **품질표준에 부합되지 않는 원가**(cost of nonconformance to quality standards) 또는 품질원가로 알려진 원가를 발생시키는 것이다. 품질원가는 제품의 전 수명주기에 걸쳐서 적용된다. 품질은 사람마다 그 의미가 다르다. 품질은 고객의 입장에서 보면 약속된 서비스수준과 실현된 서비스 수준의 차이로 볼 수 있다. 이에 추가해서 품질은 보통 두 가지 주요 요인에 의해 결정되어지는 것으로 볼 수 있다. 한 가지는 기능성 및 모양 등과 같은 제품의 속성 및 성능에 대한 고객기대를 충족시키는 것이고 나머지 한 가지는 제품의 설계 및 성능의 기술적 측면이 제조기업의 관점으로부터의 표준에 부합되도록 확실하게 하는 것이다.

글로벌 경쟁은 국제품질표준을 개발시켰다. 이러한 표준에 따른 기업의 인증은 고객들에게 경영층이 고품질재화와 서비스의 생산을 확실시하기 위한 절차 및 프로세스를 따르도록 그들의 회사를 운영하고 있음을 나타내 준다.

1 품질표준

유럽에서는 스위스 제네바에 본부를 둔 **국제표준화기구**(International Standardization Organization, ISO)가 1987년에 ISO 9000 표준시리즈를 개발하였다. 아흔 여섯의 회원국의 목표는 제품과 서비스에 대한 전세계적으로 인정받는 품질표준을 개발하는 것이었다. 많은 형태의 조직들이 다음 사항을 성취하여 ISO 9000 인증을 받는 데 관심을 지니고 있다.

- 외부규제기관에 순응함
- 고객요구사항을 충족시키거나 추월함
- 경쟁적이기 위해 품질개선 프로그램을 시행함

이 외에도 미국과 일본 등에서도 효과적인 품질통제를 위한 표준을 마련해 놓고 있다. 일본은 품질관리를 위한 표준으로 산업표준 Z시리즈를 사용하며, 미국은 품질표준의 Q시리즈로 알려진 독자적인 품질표준을 사용하고 있다. 우리나라에서는 KS로 알려진 한국표준을 사용하고 있으며 이와 동시에 우리 기업들은 수출을 위해 유럽 및 각국의 표준시리즈에 부합하고자 노력하고 있다.

2 품질원가

품질원가를 이해하는 데 가장 잘 알려진 틀은 품질원가를 다음의 네 범주로 구분하고 있다.

- 예방원가
- 평가원가
- 내부실패원가
- 외부실패원가

이러한 틀은 불량품이 발생한 후 불량품을 찾아내고 수선하는 것보다 불량품을 예방하는 것이 훨씬 비용이 적게 들어간다는 경험을 바탕으로 하고 있다. 또한 이 틀은 품질원가의 범주와 범주간의 상충관계를 보여 주고 있다.

(1) 예방원가

기업들은 1980년대 총제조원가의 20%에서 30%를 조사, 내부 및 외부 실패 등과 같은 품질관련 프로세스에 지출한 것으로 보고되고 있다. **예방원가(prevention costs)**는 기업이 품질표준에 따라 제품을 생산하는 것을 확실히 하기 위해 발생되는 원가이다. 품질엔지니어링, 품질을 유지하도록 설계된 방법에 대한 종업원훈련 그리고 통계적 프로세스 통제 등은 예방원가의 예이다. 예방원가는 또한 공급업체들이 불량품 없는 부품이나 재료를 공급할 수 있도록 하기 위한 공급업체의 훈련 및 인증 등도 포함한다.

(2) 평가원가

내부고객들은 이전 프로세스단계의 산출물에 대해서 기능을 수행하는 업무를 지니고 있다. 외부고객은 제조기업으로부터 제품을 구매한다. 평가원가(appraisal costs)는 대부분 제품이 내부고객과 외부고객의 요구사항을 충족하고 있는지 확실하게 하기 위해서 제품을 검사하는 것과 관련이 있다. 구입된 부품이나 재료의 검사비용과 조립라인에서의 품질검사비용은 평가원가로 간주된다. 반입재료의 검사 이외 검사장비의 유지보수와 프로세스 통제감시 등이 평가원가의 예이다.

(3) 내부실패원가

내부실패원가(internal-failure costs)는 제조프로세스에서 불량부품이나 제품을 생산하고 이러한 사실이 내부적으로 탐지될 때 발생한다. 발견된 불량품을 프로세스의 한 단계에서 다음 단계로 이동하는 결과로 나타난 생산의 기계가동중단원가는 내부실패원가의 한 예이다. 또 다른 예로는 스크랩과 재작업이 있다. 엔지니어들은 어떤 불연속 제조공정에서는 불량품이 탐지되지 않고 다음 단계로 넘어갈 때마다 탐지원가는 10배씩 증가된다고 추정하고 있다.

(4) 외부실패원가

외부실패원가(external-failure costs)는 제품의 접수시 고객에 의해 탐지된다. 제품의 수선, 보증원가, 서비스를 위한 전화, 그리고 제조물책임소송 등 문제를 해소하기 위해 발생된 모든 원가가 외부실패원가의 예이다. 많은 기업들에서 외부실패원가는 회피되어야만 하는 가장 중요한 원가이다. 외부실패로 인해 단기적으로 문제를 해결하는 데만 비용이 소요되는 것이 아니라 장기적으로는 기업의 고객만족과 명성에 좋지 못한 영향을 미치게 된다.

이상에서 설명한 품질원가 범주별 품질원가항목을 요약해 보면 **표 20-3**과 같다.

표 20-3에서 요약한 품질원가범주를 사용한 품질원가보고서(a cost-of-quality report)를 예시하면 **표 20-4**와 같다.

표 20-4에 의하면 총매출액이 ₩100,000,000인 태진사의 총품질원가는 총매출액의 15.23%인 ₩15,230,000이 발생하였다. 세분해서 보면 예방원가는 총매출액의 1.54%, 평가원가는 2.73%, 내부실패원가는 3.12%, 그리고 외부실패원가는

표 **20-3** 품질원가 범주별 품질원가의 예

범 주	정 의	예
예 방 원 가	· 제품 또는 서비스의 불량 및 실패를 예방하기 위한 관련원가	· 설계엔지니어링 · 프로세스 엔지니어링 · 품질 엔지니어링 · 공급업체 평가 및 인증품질 훈련 · 고객 요구사항 조사 · 통계적 프로세스 통제
평 가 원 가	· 제품, 공정 또는 서비스 질이 품질표준에 부합하도록 하기 위한 관련원가	· 특구입재료의 검사 · 검사장비의 유지보수 · 프로세스 통제 감시 · 공급업체 감사 · 제품품질 감사
내부실패원가	· 선적, 출하 전에 발견된 불량품 관련원가	· 불량품으로 인한 기계가동중단 · 공손 · 재작업 · 스크랩
외부실패원가	· 제품의 출하후 고객의 불량품 발견으로 인한 제반 원가	· 제조물책임소송 · 보증책임이행 · 반품 · 현장에서의 수리비용 · 명성의 실추

총매출액의 7.84%인 것으로 나타나 있다. 태진사가 지니고 있는 한 가지 분명한 문제는 외부실패원가가 너무 높게 발생하고 있다는 사실이다. 가령 많은 우수한 기업의 총외부실패원가가 매출액의 4% 정도라면 태진사의 품질원가는 정도를 벗어나고 있는 것으로 판단할 수 있다. 품질원가보고서는 이와 같이 경영자에게 품질원가의 크기가 많다는 것을 보여 줌으로 해서 품질원가의식을 갖도록 하는 데 일차적 목적을 지닌다. 또한 네 가지 범주의 원가를 보고함으로써 범주간 원가를 잘 안배할 수 있도록 유도할 수 있다. 가령 태진사의 예방 및 평가원가는 실패원가에 비해서 낮게 발생하고 있다. 예방 및 평가에 보다 많은 노력을 기울임으로써 실패원가의 발생을 크게 감소시킬 수 있는 방안을 마련해야 할 것이다. 태진사의 품질원가는 외부실패원가, 내부실패원가, 평가원가 및예방원가 순으로 많이 발생하고 있으나 보다 바람직한 분포는 이와는 정반대로 예방원가,평가원가, 내부실패원가및 외부실패원가의 순으로 많이 발생하는 것이라 한다.

표 20-4 품질원가보고서

품질원가보고서		
태진사		20×7년
품질원가범주	발생원가	매출액의 비율
예방원가:		
설계 엔지니어링	₩300,000	0.30%
품질 엔지니어링	400,000	0.40
공급업체평가 및 보증	120,000	0.12
품질훈련	150,000	0.15
고객요구사항조사	120,000	0.12
통계적 프로세스 통제	450,000	0.45
총예방원가	₩1,540,000	1.54%
평가원가:		
구입재료의 검사	₩550,000	0.55
검사장비의 유지보수	450,000	0.45
프로세스 통제감시	1,110,000	1.11
제품품질검사	620,000	0.62
총평가원가	₩2,730,000	2.73%
내부실패원가:		
기계가동중단	₩260,000	0.26
공 손	720,000	0.72
재작업	1,440,000	1.44
스크랩 순원가	700,000	0.70
총내부실패원가	₩3,120,000	3.12%
외부실패원가:		
제품liability소송	2,900,000	2.90
보증책임이행	2,450,000	2.45
반 품	1,550,000	1.55
현장에서의 수리비용	940,000	0.94
총외부실패원가	₩7,840,000	7.84%
총품질원가	₩15,230,000	15.23%

3 품질원가의 관리

예방원가와 평가원가를 **통제원가**(control costs)라 하고, 내부실패원가와 외부실패원가를 **실패원가**(failure costs)라 한다. 즉, 통제원가는 품질에 결함이 발생하

그림 20-3 허용품질수준 관점과 무결점수준 관점

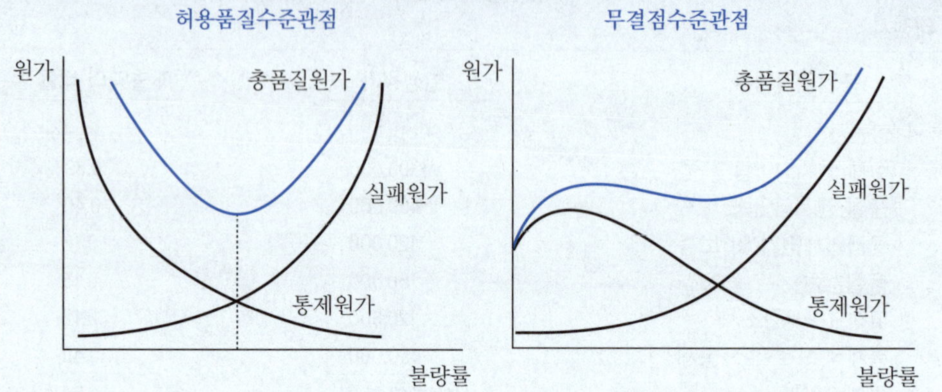

지 않도록 예방하거나 품질에 결함이 있는지를 검사하는 과정에서 발생하는 원가를 말하고, 실패원가는 통제활동에도 불구하고 품질에 결함이 발생하여 부담하게 되는 원가를 말한다. 통제원가와 실패원가는 서로 성격이 상이하며, 최종목표는 두 원가의 합을 최소화하는 것이다. 이와 관련하여 두 가지 관점 즉, 허용품질수준 관점과 무결점수준 관점이 있다.

허용품질수준 관점(acceptable quality view)에서는 통제원가와 실패원가 사이에 상충관계가 존재하므로 총품질원가를 최소화하기 위해서는 일정 수준의 불량률을 허용해야 하며, 이를 허용품질수준(acceptable quality level, AQL)이라 한다. 한편, 무결점수준 관점(zero-defects view)에서는 통제원가와 실패원가 사이에 반비례관계가 존재하나 통제원가의 지출이 많아져 불량이 발생하지 않으면 통제원가 자체도 감소하여 총품질원가가 감소하므로 불량률이 '0'이 되도록 품질원가를 관리해야 한다고 주장한다.

허용품질수준 관점과 무결점수준 관점은 **그림 20-3**과 같이 나타낼 수 있다.

4 품질원가계산의 문제점

품질원가계산제도도 분명한 장점을 지니고 있음에도 불구하고 몇 가지 잠재적 문제점을 내포하고 있다. 국내기업을 대상으로 품질원가계산을 적용 또는 도입함에 있어서 그 장애요인이 무엇인지에 대해서 조사한 결과는 **표 20-5**와 같다.

표 20-5 품질원가계산의 애로사항

순위	애로사항	응답비율
1	· 각 품질원가 범주별 규명의 어려움	68.3%
2	· 전문인력의 부족	41.5
3	· 품질원가집계의 어려움	36.6
4	· 품질원가분석의 어려움	36.6
5	· 자료수집 및 정리의 어려움	34.1
6	· 최고경영자의 이해부족	24.4
7	· 품질원가계산 후 활용의 어려움	19.5

자료: 한국의 원가관리 p. 478

표 20-5에 나타난 바와 같이 국내기업들이 품질원가계산에 대해 가장 큰 어려움으로 생각하고 있는 것은 각 품질원가 범주별 세부적인 원가요소 규명이 쉽지 않다는 것이었다. 그 다음으로는 전문인력의 부족, 제품원가의 집계 및 분석의 어려움이 장애요인으로 나타나고 있다. 그럼에도 불구하고 품질원가계산은 경영자에게 품질에 대한 측정치를 화폐단위로 나타내 주고 있다는 점에서 품질향상에 관심을 지니고 있는 경영자들에게 유용한 정보를 제공할 수 있다.

연습문제

문 1 목표원가계산

서강주식회사는 직접재료비를 기준으로 가공비를 배부하는 원가계산방법을 적용하고 있으며, 당 원가계산기간동안 제품A 100개와 제품B 200개를 생산하였다. 생산관련 데이터베이스는 다음과 같다.

제 품	단위당직접재료비	부품수	선반기계회전수	기계시간	선적된 주문서수	조립시간
A	₩16,000	50개	80회	30시간	1회	200시간
B	24,000	100개	150회	20시간	1회	200시간

활 동	원가동인	가 공 비
⑤ 부품조립활동	조립시간 400시간	₩1,020,000
③ 선반작업활동	기계회전수 230회	690,000
② 절삭작업활동	기계시간 50시간	2,000,000
① 재료처리활동	부품수 150개	1,500,000
④ 연마작업활동	부품수 150개	1,950,000
⑥ 선적작업활동	선적주문서수 2회	3,040,000
		₩10,200,000

서강회사는 동종업계인 동강회사로부터 기존의 제품A와 제품B를 좀더 개량한 유사한 제품에 대하여 각각 100단위씩 특별주문 공급을 의뢰받았다. 이 경우 개량한 제품인 제품A1과 제품B1의 단위당 원가 및 활동자료는 다음과 같으며, 목표이익은 원가의 10%이다.

	제품A1	제품B1
직접재료비	₩16,000	₩24,000
재료처리활동—부품수:	0.5개	0.5개
절삭작업활동—기계시간:	0.3시간	0.1시간
선반작업활동—기계회전수:	1회	1.5회
연마작업활동—부품수:	0.5개	0.5개
부품조립활동—조립시간:	2.5시간	1.5시간
선적작업활동—선적횟수:	–	–

단, 선적작업활동 관련원가는 기존 제품의 생산과 관련한 원가 이외에는 추가로 발생되지 않는다고 가정한다. 특별주문단가는 제품 A1이 ₩44,000, 제품 B1이 ₩55,000이다.

요구사항

1. 목표원가(target costing)를 구하시오. 단, 기존시스템의 경우와 ABC 시스템인 경우로 나누어 접근하시오.
2. 목표원가와 관련하여 회사가 종전의 원가계산방법을 적용할 경우 어떤 의사결정을 하여야 하는가?
3. 목표원가와 관련하여 회사가 ABC 방법을 따를 경우 어떤 의사결정을 하여야 하는가?

문 2 활동기준원가계산과 목표원가

서강회사는 직접재료비를 기준으로 가공비를 배부하는 원가계산방법을 채택하고 있으나 보다 정확한 원가계산을 위해 활동기준원가계산(ABC)의 도입을 추진하고 있다. 회사는 20X8년에 A제품 100개와 B제품 200개를 생산하였으며 생산관련자료는 다음과 같다.

제 품	단위당직접재료비	부품수	기계회전수	기계시간	조립시간	기계가동횟수
A	₩19,500	78개	80회	45시간	100시간	1회
B	22,750	91개	150회	30시간	100시간	1회

활 동	원가동인 및 총수	가 공 비
①	부품수 169개	₩1,690,000
②	기계시간 75시간	3,000,000
③	기계회전수 230회	690,000
④	부품수 169개	2,535,000
⑤	조립시간 200시간	760,000
⑥	기계가동횟수 2회	4,325,000
계		₩13,000,000

요구사항

1. 기존의 원가계산방법에 따라 각 제품의 단위당 원가를 계산하시오.
2. 활동기준원가계산방법(ABC)에 따라 각 제품의 단위당 원가를 계산하시오.
3. 서강회사는 경쟁업체인 신촌회사가 생산하고 있는 제품과 동일한 제품 X, Y를 단위당 ₩55,000, ₩71,500에 판매하려고 하므로 회사도 제품 A, B의 가격을 이와 같게 하려고 한다. 한편 회사의 목표이익은 원가의 10%이다.
   ① 목표원가의 의미를 설명하고 각 제품의 목표원가를 계산하시오.
   ② 기존의 원가계산방법에 따라 각 제품의 경제성을 목표원가와 비교평가하시오. 경제

성이 있는가?

③ 활동기준원가계산방법에 따라 각 제품의 경제성을 목표원가와 비교평가하시오. 경제성이 있는가?

문 3 수명주기원가계산, 활동기준원가계산

(주)서울은 첨단 통신장비를 생산하는 회사다. 회사는 신제품인 WT에 대해 제품수명주기 예산을 작성중이다. WT에 대한 추정치는 다음과 같다. 화폐의 시간가치는 무시한다.

수명주기 생산 및 판매량	400,000단위
단위당 판매가격	₩40
수명주기원가	
연구개발 및 설계원가	₩1,000,000
제조원가	
단위당 변동원가	₩15
생산묶음당 변동원가	₩600
생산묶음당 제품수량	500단위
고정원가	₩1,800,000
마케팅원가	
단위당 변동원가	₩3.2
고정원가	₩1,000,000
물류원가	
물류묶음당 변동원가	₩280
물류묶음당 제품수량	160단위
고정원가	₩720,000
단위당 고객서비스원가	₩1.5

요구사항

1. 신제품에 대한 수명주기 예산영업이익을 계산하시오
2. 연구개발 및 설계단계까지 발생하는 원가는 수명주기 예산총원가의 몇 %가 되는가?
3. 한 연구결과에 따르면 신제품에 대한 수명주기 예산총원가의 80%가 연구개발 및 설계단계까지 동결된다고 한다. 이와 같은 연구내용이 WT의 원가를 관리하는 데 주는 시사점은 무엇인가?
4. 회사의 시장연구부는 WT의 가격을 ₩3 줄일 경우 수명주기 동안의 판매량을 10% 증가시킬 것으로 예측하였다. 판매량이 10% 증가한다면, 회사는 생산과 물류에 대한 묶음당 제품수량을 10% 증가시킬 예정이다. 기타 모든 변동원가와 고정원가는 동일하다고 가정하자. 회사가 WT의 가격을 ₩3 인하하여야 하는지를 결정하시오.

문 4 품질원가분석

다음은 서강자동차가 생산, 판매하고 있는 스포츠카 V2의 20×7년의 품질원가항목과 금액이다.

검사장비보수원가	₩100,000	예방유지원가	₩45,000
제품보증원가	400,000	종업원훈련원가	240,000
설계원가	160,000	구입재료검사원가	80,000
기계고장수리원가	70,000	반품원가	50,000
소비자불만처리비	40,000	재작업원가	250,000
제품검사원가	90,000	보증수선비용	500,000

서강자동차의 20×7년의 매출액은 ₩30,000,000이었다.

요구사항

1. 스포츠카 V2의 품질원가를 예방원가, 평가원가, 내부실패원가, 외부실패원가로 세분하여 각 항목의 합계를 계산하시오.
2. 매출액에 대한 각 항목별 비율을 계산하시오.
3. 스포츠카 V2의 품질원가 분포를 바람직한 품질원가의 방향과 관련하여 설명하시오.

문 5 품질원가의 분류와 시사점

(주)완벽이 수행한 품질관리활동 및 관련원가는 다음과 같다.

① 제품검사활동	₩1,000	⑧ 예방적 설비보수활동	₩1,600
② 제품보증활동	3,200	⑨ 종업원 품질교육활동	1,300
③ 설계엔지니어링활동	1,500	⑩ 검사장비의 유지보수활동	1,000
④ 기계고장수리활동	1,800	⑪ 반품의 재작업활동	3,500
⑤ 소비자불만처리활동	4,400	⑫ 공손품의 재작업활동	2,100
⑥ 구입재료검사활동	1,400	⑬ 부품공급업체의 평가활동	1,100
⑦ 원재료의 반품활동	1,900	⑭ 공정평가활동	1,700

(주)완벽의 당기 매출액은 ₩500,000이다.

요구사항

1. 각 활동에서 발생한 원가를 다음 예와 같이 예방원가, 평가원가, 내부실패원가, 외부실패원가로 구분하여 각 항목의 합계를 계산하시오.

[예]	예방원가	평가원가	내부실패원가	외부실패원가
⑮	3,300			
:				
계	xxx	xxx	xxx	xxx

2. 위에서 계산된 각 항목별 합계액이 다음과 같다고 가정한다.

	예방원가	평가원가	내부실패원가	외부실패원가
계	5,400	5,000	6,000	11,000

각 항목별 합계액이 매출액에 대하여 차지하는 비율을 계산하고, 품질원가 발생과 관련하여 앞으로의 품질원가관리의 바람직한 방법에 대해 설명하시오.

3. 다음은 품질원가의 최적분포에 대한 전통적인 관점(허용품질수준 관점)과 현대적인 관점(무결점수준 관점)을 나타내는 도표이다. 도표에서 곡선(①~③)이 나타내는 것은 무엇인가?

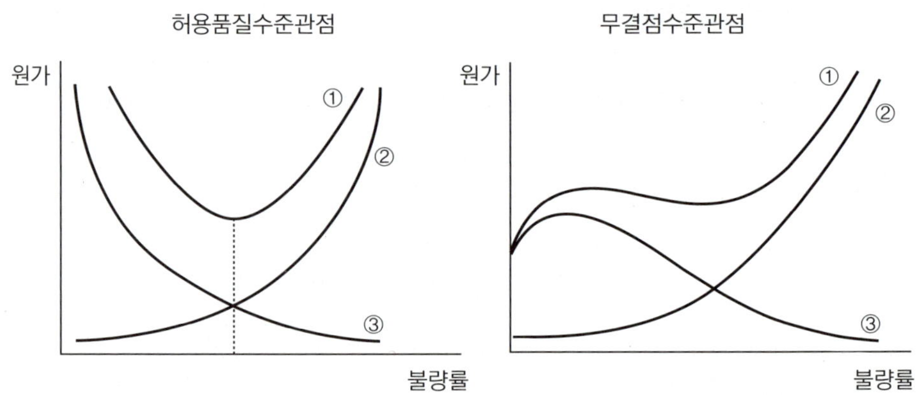

문 6 ABC와 목표원가

당사는 최근 경쟁이 심화되면서 현재의 판매가격으로는 현재의 판매량을 유지할 수 없게 되었다. 다음의 영업담당이사와 생산부장의 대화내용을 보고 물음에 답하시오.

영업담당이사 : 현재 시장상태로 보아 현재의 판매가격으로는 판매수준을 유지할 수 없다고 보는데, 자네 생각은 어떠한가?

생산부장 : 그렇습니다. 경쟁사의 출현으로 경쟁이 심해지고 있기 때문에 현재의 판매량을 유지하려면 판매가격을 인하해야 합니다.

대표이사 : 가격인하를 위해서는 현재의 원가를 절감해야 하지 않나? 원가절감 방안에는 어떠한 것들이 있지?

생산부장 : 현재의 생산방식으로는 기존 원가의 5%밖에 감소시킬 수 없습니다. 하지만 설계변경을 한다면 기존의 원가보다 13%나 감소시킬 수 있습니다.

영업담당이사 : 판매량은 600개가 적당하다고 보는데, 설계변경을 텅한 원가절감 가능성에 대한 보고서를 준비해 보게나.

회사는 현재 600개의 제품을 생산하여 판매하고 있으며 그 원가 내역은 다음과 같다.

	원 가	기 타
직접재료원가	₩10,000	
직접노무원가	12,000	고정원가임
기계작업원가	4,000	주문횟수 8회
주문원가	2,500	작업준비시간 10시간
작업준비원가	2,720	부품사용개수 80개
부품처리원가	4,000	
검사원가	8,380	총제조수량의 10%(재작업수량포함)
재작업원가	10,400	
총원가	₩54,000	

회사는 원가절감을 위하여 설계변경을 고려하고 있으며, 설계변경 후 원가가 다음과 같이 절감될 것으로 예상된다.

기계작업원가	단위당 기계작업시간 25% 절감
주문횟수	4회로 감소
작업준비원가	작업준비시간 5시간 절감
부품사용갯수	50개로 감소
검사원가	25% 절감 가능
기 타	설계변경전과 동일
재작업원가	총제조수량의 5%(재작업수량포함)

요구사항

1. 활동기준원가계산을 이용하여 제품의 설계변경 후 단위당 제조원가를 구하시오.
2. 설계변경후 원가 절감액이 회사의 목표인 13% 이하로 달성되었는가? 계산과정을 통하여 보이시오.
3. 공정단계에서의 원가절감 노력보다 설계변경으로 인한 원가절감 노력이 더 효과적인 이유는 무엇인가?

문 7 ABC와 목표원가

하남전자(주)는 100개의 부품을 조립하여 에어컨 OAC(Old Air Conditioner)를 생산하여 단위당 판매가격을 530원으로 매월 5,000단위씩 중국 바이어에게 수출하고 있다. OAC의 단위당 제조원가는 485원이며 매월 제조원가는 2,425,000원이고 이에 대한 자료는 다음과 같다.

직접재료비	1,500,000원
직접노무비	300,000원
기계가공원가	250,000원
검사원가	100,000원
재작업원가	15,000원
엔지니어링원가	260,000원
총제조원가	2,425,000원

하남전자(주)의 경영진이 확인한 결과 활동원가집합, 각 활동원가동인 및 각 간접원가 집합별원가동인 단위당 원가는 다음과 같다.

제조활동 원가집합	내 용	원가동인	원가동인의 단위당 원가
기계가공원가	부품기계조립	기계시간	기계시간당 50원
검사원가	부품과 제품검사	검사시간	검사시간당 10원
재작업원가	불합격품 수리	OAC의 재작업량	단위당 30원
엔지니어링원가	제품과 공정의 설계·관리	엔지니어링 시간	엔지니어링시간당 400원

위에서 설명한 바와 같이 각 활동원가는 해당 원가동인에 따라 변화한다. 또한 OAC의 설계에 관한 추가정보는 아래와 같다.

- 단위당 기계가공시간은 1시간이며, 단위당 검사시간은 2시간이다. 이때 부품과 제품 검사는 모든 단위에 대한 전수 검사가 실시된다.
- 기존 제조공정 하에서는 OAC 생산량의 10%가 재작업 대상이다.

최근 중국산 경쟁제품이 저가격 파상공세로 대량 출하되면서 가격경쟁이 치열해지고 있다. 경영진은 이에 대한 대응방안을 모색한 결과 가격경쟁력을 유지하기 위해서는 단위당 판매가격을 480원 수준으로 인하할 필요가 있다고 판단하였다. 그러나 가격 인하조치에도 불구하고 판매증가는 없을 것이며, 만일 현행 판매가격을 그대로 유지한다면 엄청난 수출감소가 예상된다. 이러한 위기에서 경영진은 원가관리회계 팀장에게 단위당 제조원가를 50원만큼 절감할 수 있는 구체적인 방안을 강구하라고 요구하였다. 그러나 원가회계 팀장의 판단으로는 단위당 30원 정도 절감할 수 있을 것으로 예상하였다. 이와 달리 엔지니어링 팀장은 가치공학 목표원가 방식을 도입하여 기존 OAC의 부품을 10% 수준으로 줄여 검사를 단순화 시켜줄 설계변경을 제안하였다. 즉 설계변경을 통하여 기존 OAC를 대체할 NAC(New Air Conditioner)를 내놓는 일이다. 설계변경에 따른 구체적인 원가절감의 기대효과는 아래와 같다.

- NAC의 직접재료원가 절감액: 단위당 30원
- NAC의 직접노무원가 절감액: 단위당 10원
- NAC의 기계가공시간은 10% 감소되며, 미사용 기계가공 생산능력은 선풍기의 제조용으로 활용된다.
- NAC의 검사소요시간의 감소: 10%
- NAC의 재작업수량비율의 감소: 10% → 5%
- 엔지니어링 생산능력은 설계변경전과 동인한 수준으로 유지된다.

OAC의 원가동인 단위당 원가는 그대로 NAC에도 적용되는 것으로 가정한다.

요구사항

1. NAC의 단위당 제조원가를 계산하시오.
2. 설계변경에 따른 NAC에 대해 책정된 단위당 원가절감 목표액을 달성할 것으로 보는가? 구체적인 계산과정을 제시하시오.
3. 위의 상황에서는 원가절감을 위한 전략으로 ① 기존 제조공정의 효율성을 개선하는 방안과 ② 설계변경에 따른 대체품 NAC를 개발하는 방안이 제안되고 있다. ①과 ② 중 원가절감의 효과가 큰 전략은 어느 것인가? 이유에 대해서도 설명하시오(5줄 내외).
4. 최근 디지털기기 등 첨단제품의 가격이 급락하고 제품제조기술을 혁신하여 시장경쟁력을 획기적으로 높이는 기업들이 다수 출현하고, 장기불황하에서 제조기술을 개발하고 제조공정을 혁신해 온 일본기업들이 경쟁력을 회복하면서 이들 선진기업과의 기술격차가 국내기업들에게 큰 위협요인으로 작용하고 있다. 결과적으로 이러한 경영환경의 변화하에 실무계와 학계로부터 표준원가 중심의 전통적인 원가절감 사고에 대한 한계가 지적되었고, 그 대안으로 부상하고 있는 원가기획, 즉 가치공학과 목표원가 중심의 새로운 원가절감 사고에 대한 관심이 커지고 있다. 과연 전통적 원가절감사고와 새로운 원가절감 사고에는 어떤 차이가 있는가? 수명주기 원가의 관점에서 보면, 원가기획에서는 원가절감에 대한 발상의 대전환이 필요하다는 점을 알수 있는데 이러한 원가기획의 구체적인 시각은 무엇인가에 대해 간략하게 설명하시오(5줄 내외).

문 8 시간기준 성과와 의사결정

㈜초록은 A39제품을 만들기 위해 주입식 주물기계를 사용하고 있으며 고객으로부터 주문을 받은 후에만 제품을 생산한다. ㈜초록은 다음 해에 A39의 주문을 50회(1회 주문당 주문수량 1,000개) 받을 것으로 추정하고 있다. A39제품 1회 주문당 제조시간은 80시간이며, 연간 기계가동능력은 5,000시간이다. ㈜초록이 A39제품만 생산하는 경우의 주문당 평균대기시간은 160시간이다.

제조주기시간(manufacturing cycle time)은 대기시간(waiting time)과 제조시간(manufacturing time)의 합으로 계산되며, 제조주기시간은 제조소요시간 또는 생산리드타임(manufacturing lead time)이라고도 한다. 한편, 제조주기시간 이외의 시간 즉, 접수시간(receipt time)과 배송시간(delivery time)은 없는 것으로 가정한다.

요구사항

1. A39제품만 생산할 경우 다음 해에 ㈜초록은 총기계가동능력의 몇 %를 사용할 것으로 예상되는가?
2. ㈜초록은 신제품 B28의 도입을 검토하고 있다. 다음 해에 B28제품의 주문을 25회(1회 주문당 주문수량 200개) 받을 것으로 추정된다. B28제품 1회 주문당 제조시간은 20시간이며, B28제품의 도입이 A39제품의 수요에는 영향을 미치지 않을 것으로 예상된다. B28을 도입하여 A39와 B28을 동시에 생산하는 경우 주문당 평균대기시간은 얼마인가? 단, 관리부서에서는 대기시간을 산출할 수 있는 다음과 같은 산식을 개발하였다. 이를 이용하여 평균대기시간을 산정하시오.

$$\text{주문당 평균대기시간} = \frac{(AQ \times AMT^2) + (BQ \times BMT^2)}{2 \times [MCT - (AQ \times AMT) - (BQ \times BMT)]}$$

AQ : A제품의 제조주문횟수
BQ : B제품의 제조주문횟수
AMT : A제품의 1회 주문당 평균제조시간
BMT : B제품의 1회 주문당 평균제조시간
MCT : 연간 기계가동시간

3. (물음 2에 계속하여) B28제품 도입에 대한 의사결정을 하기 위하여 다음과 같은 자료를 추가로 입수하였다.

	주문당 평균판매가격			
	주문당 제조주기 320시간 이하일 때	주문당 제조주기 320시간 초과할 때	주문당 변동원가	주문별 시간당 재고유지원가
A39	₩27,000	₩26,500	₩15,000	₩0.75
B28	8,400	8,000	5,000	0.20

(1) A39만 생산·판매하는 경우에 비하여 두 제품을 동시에 생산·판매하는 경우 회사의 매출액은 얼마나 증가 또는 감소하는가?

(2) A39만 생산·판매하는 경우에 비하여 두 제품을 동시에 생산·판매하는 경우 회사의 원가는 얼마나 증가 또는 감소하는가?

문 9 단답형 기출문제

1. ㈜한국은 품질원가의 측정을 위해 품질관련 활동원가를 계산하고 있다. 다음 나열된 품질관련 활동원가 중 예방원가와 외부실패원가에 포함되어야 할 금액은 각각 얼마인가?

활 동	활동원가	활 동	활동원가
품질방침기획/선포활동	₩10	제품품질검사/시험활동	₩60
선적전 불량품 재작업활동	20	원자재공급사 평가활동	70
반품 재작업활동	30	반품 재검사활동	80
예방적 설비보수/유지활동	40	품질교육/훈련활동	90

2. ㈜대전은 20×1년 품질과 관련된 원가를 분류한 결과 다음과 같은 항목을 파악하였다.

항목	금액	항목	금액
• 반품재작업	₩100억	• 설계 개선작업	₩200억
• 사후수리(A/S)	₩150억	• 완성품검사	₩50억
• 불량재공품재작업	₩100억	• 고객 불량품 피해 손해배상	₩150억
• 품질교육	₩100억		

㈜대전의 원가담당자는 위의 항목들을 예방원가, 평가원가, 내부실패원가, 외부실패원가로 재분류한 후 구체적으로 분석한 결과, 현재 예방원가에 사용된 자원의 50%만큼을 추가로 투입하는 경우 내부실패원가를 50%, 외부실패원가를 40%씩 절감할 수 있다고 주장하였다. 원가담당자의 주장을 수용하는 경우 이익은 얼마나 증가하는가?

3. ㈜태종은 생산공정을 개선하기 위하여 JIT시스템을 도입하였으며 동 시스템의 효과를 제조사이클효율성(MCE)을 통해 검증하고자 한다. JIT 도입 후의 MCE는 얼마인가?

	JIT 도입 전	JIT 도입 후
접수시간	20분	10분
검사시간	50분	10분
이동시간	150분	60분
대기시간	250분	50분
가공시간	150분	120분
인도시간	30분	20분

부 록

표 1 Z-분포표(표준정규분포표)

표 2 t-분포표

표 3 화폐의 시간가치 계산표

표 1 Z-분포표(표준정규분포표)

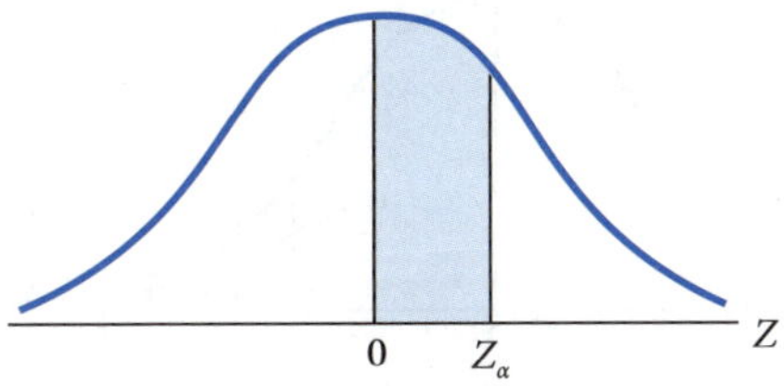

* 이 표는 $Z=0$에서 Z점까지의 넓이를 나타내준다.

Z	.00	.01	.02	.03	.04	.05	.06	.07	.08	.09
0.0	.0000	.0040	.0080	.0120	.0160	.0199	.0239	.0279	.0319	.0359
0.1	.0398	.0438	.0478	.0517	.0557	.0597	.0636	.0675	.0714	.0753
0.2	.0793	.0832	.0871	.0910	.0948	.0987	.1026	.1064	.1103	.1141
0.3	.1179	.1217	.1255	.1293	.1331	.1368	.1406	.1443	.1480	.1517
0.4	.1554	.1591	.1628	.1664	.1700	.1736	.1772	.1808	.1844	.1879
0.5	.1915	.1950	.1985	.2019	.2054	.2088	.2123	.2157	.2190	.2224
0.6	.2257	.2291	.2324	.2357	.2389	.2422	.2454	.2486	.2518	.2549
0.7	.2580	.2612	.2642	.2673	.2704	.2734	.2764	.2794	.2823	.2852
0.8	.2881	.2910	.2939	.2967	.2995	.3023	.3051	.3078	.3106	.3133
0.9	.3159	.3186	.3212	.3238	.3264	.3289	.3315	.3340	.3365	.3389
1.0	.3413	.3438	.3461	.3485	.3508	.3531	.3554	.3577	.3599	.3621
1.1	.3643	.3665	.3686	.3708	.3729	.3749	.3770	.3790	.3810	.3830
1.2	.3849	.3869	.3888	.3907	.3925	.3944	.3962	.3980	.3997	.4015
1.3	.4032	.4049	.4066	.4082	.4099	.4115	.4131	.4147	.4162	.4177
1.4	.4192	.4207	.4222	.4236	.4251	.4265	.4279	.4292	.4306	.4319
1.5	.4332	.4345	.4357	.4370	.4382	.4394	.4406	.4418	.4429	.4441
1.6	.4452	.4463	.4474	.4484	.4495	.4505	.4515	.4525	.4535	.4545
1.7	.4554	.4564	.4573	.4582	.4591	.4599	.4608	.4616	.4625	.4633
1.8	.4641	.4649	.4656	.4664	.4671	.4678	.4686	.4693	.4699	.4706
1.9	.4713	.4719	.4726	.4732	.4738	.4744	.4750	.4756	.4761	.4767
2.0	.4772	.4778	.4783	.4788	.4793	.4798	.4803	.4808	.4812	.4818
2.1	.4821	.4826	.4830	.4834	.4838	.4842	.4846	.4850	.4854	.4857
2.2	.4861	.4864	.4868	.4871	.4875	.4878	.4881	.4884	.4887	.4890
2.3	.4893	.4896	.4898	.4901	.4904	.4906	.4909	.4911	.4913	.4916
2.4	.4918	.4920	.4922	.4925	.4927	.4929	.4931	.4932	.4934	.4936
2.5	.4938	.4940	.4941	.4943	.4945	.4946	.4948	.4949	.4951	.4952
2.6	.4953	.4955	.4956	.4957	.4959	.4960	.4961	.4962	.4963	.4964
2.7	.4965	.4966	.4967	.4968	.4969	.4970	.4971	.4972	.4973	.4974
2.8	.4974	.4975	.4976	.4977	.4977	.4978	.4979	.4979	.4980	.4981
2.9	.4981	.4982	.4982	.4983	.4984	.4984	.4985	.4985	.4986	.4986
3.0	.4987	.4987	.4987	.4988	.4988	.4989	.4989	.4989	.4990	.4990
4.0	.4999									

표 2 t-분포표

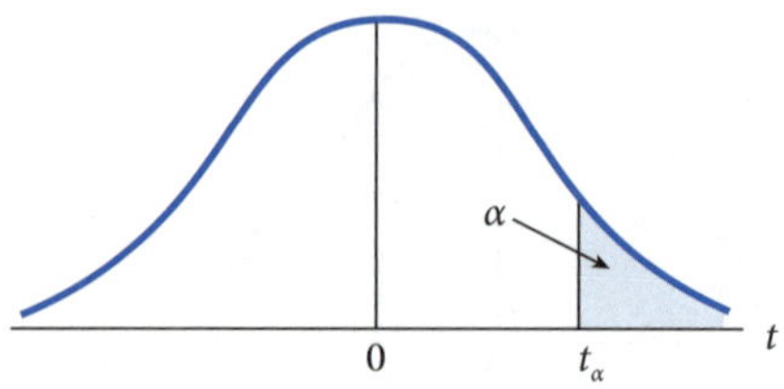

* 오른쪽 넓이 α

자유도	.4	.25	.1	.05	.025	.01	.005	.0025	.001	.0005
1	.325	1.000	3.078	6.314	12.706	31.821	63.657	127.32	318.31	636.62
2	.289	.816	1.886	2.920	4.303	6.965	9.925	14.089	22.327	31.598
3	.277	.765	1.638	2.353	3.182	4.451	5.841	7.453	10.214	12.924
4	.271	.741	1.533	2.132	2.776	3.747	4.604	5.598	7.173	8.610
5	.267	.727	1.476	2.015	2.571	3.365	4.032	4.773	5.893	6.869
6	.265	.718	1.440	1.943	2.447	3.143	3.707	4.317	5.208	5.959
7	.263	.711	1.415	1.895	2.365	2.998	3.499	4.029	4.785	5.408
8	.262	.706	1.397	1.860	2.306	2.896	3.355	3.833	4.501	5.041
9	.261	.703	1.383	1.833	2.262	2.821	3.250	3.690	4.297	4.781
10	.260	.700	1.372	1.812	2.228	2.764	3.169	3.581	4.144	4.587
11	.260	.697	1.363	1.796	2.201	2.718	3.106	3.497	4.025	4.437
12	.259	.695	1.356	1.782	2.179	2.681	3.055	3.428	3.930	4.318
13	.259	.694	1.350	1.771	2.160	2.650	3.012	3.372	3.852	4.221
14	.258	.692	1.345	1.761	2.145	2.624	2.977	3.326	3.787	4.140
15	.258	.691	1.341	1.753	2.131	2.602	2.947	3.286	3.733	4.073
16	.258	.690	1.337	1.746	2.120	2.583	2.921	3.252	3.686	4.015
17	.257	.689	1.333	1.740	2.110	2.567	2.898	3.222	3.646	3.965
18	.257	.688	1.330	1.734	2.101	2.552	2.878	3.197	3.610	3.922
19	.257	.688	1.328	1.729	2.093	2.539	2.861	3.174	3.579	3.883
20	.257	.687	1.325	1.725	2.086	2.528	2.845	3.153	3.552	3.850
21	.257	.686	1.323	1.721	2.080	2.518	2.831	3.135	3.527	3.819
22	.256	686	1.321	1.717	2.074	2.508	2.819	3.119	3.505	3.792
23	.256	.685	1.319	1.714	2.069	2.500	2.807	3.104	3.485	3.767
24	.256	.685	1.318	1.711	2.064	2.492	2.797	3.091	3.467	3.745
25	.256	.684	1.316	1.708	2.060	2.485	2.787	3.078	3.450	3.725
26	.256	.684	1.315	1.706	2.056	2.479	2.779	3.067	3.435	3.707
27	.256	.684	1.314	1.703	2.052	2.473	2.771	3.057	3.421	3.690
28	.256	.683	1.313	1.701	2.048	2.467	2.763	3.047	3.408	3.674
29	.256	683	1.311	1.699	2.045	2.462	2.756	3.038	3.396	3.659
30	.256	.683	1.310	1.697	2.042	2.457	2.750	3.030	3.385	3.646
40	.255	.681	1.303	1.684	2.021	2.423	2.704	2.971	3.306	3.551
60	.254	.679	1.296	1.671	2.000	2.390	2.660	2.915	3.232	3.460
120	.254	.677	1.289	1.658	1.980	2.358	2.617	2.860	3.160	3.373
∞	.253	.674	1.282	1.645	1.960	2.326	2.576	2.807	3.090	3.291

표 3 화폐의 시간가치 계산표

A 미래가치표(복리종가표): $A = P(1+i)^n$

기간수 (n)	1%	2%	3%	4%	5%	6%	7%	8%	9%	10%
1	1.0100	1.0200	1.0300	1.0400	1.0500	1.0600	1.0700	1.0800	1.0900	1.1000
2	1.0201	1.0404	1.0609	1.0816	1.1025	1.1236	1.1449	1.1664	1.1881	1.2100
3	1.0303	1.0612	1.0927	1.1249	1.1576	1.1910	1.2250	1.2597	1.2950	1.3310
4	1.0406	1.0824	1.1255	1.1699	1.2155	1.2625	1.3108	1.3605	1.4116	1.4641
5	1.0510	1.1041	1.1593	1.2167	1.2763	1.3382	1.4026	1.4693	1.5386	1.6105
6	1.0615	1.1262	1.1941	1.2653	1.3401	1.4185	1.5007	1.5869	1.6771	1.7716
7	1.0721	1.1487	1.2299	1.3159	1.4071	1.5036	1.6058	1.7138	1.8280	1.9487
8	1.0829	1.1717	1.2668	1.3686	1.4775	1.5938	1.7182	1.8509	1.9926	2.1436
9	1.0937	1.1951	1.3048	1.4233	1.5513	1.6895	1.8385	1.9990	2.1719	2.3579
10	1.1046	1.2190	1.3439	1.4802	1.6289	1.7908	1.9672	2.1589	2.3674	2.5937
11	1.1157	1.2434	1.3842	1.5395	1.7103	1.8983	2.1049	2.3316	2.5804	2.8531
12	1.1268	1.2682	1.4258	1.6010	1.7959	2.0122	2.2522	2.5182	2.8127	3.1384
13	1.1381	1.2936	1.4685	1.6651	1.8856	2.1329	2.4098	2.7196	3.0658	3.4523
14	1.1495	1.3195	1.5126	1.7317	1.9799	2.2609	2.5785	2.9372	3.3417	3.7975
15	1.1610	1.3459	1.5580	1.8009	2.0789	2.3966	2.7590	3.1722	3.6425	4.1772
16	1.1726	1.3728	1.6047	1.8730	2.1829	2.5404	2.9522	3.4259	3.9703	4.5950
17	1.1843	1.4002	1.6528	1.9479	2.2920	2.6928	3.1588	3.7000	4.3276	5.0545
18	1.1961	1.4282	1.7024	2.0258	2.4066	2.8543	3.3799	3.9960	4.7171	5.5599
19	1.2081	1.4568	1.7535	2.1068	2.5270	3.0256	3.6165	4.3157	5.1417	6.1159
20	1.2202	1.4859	1.8061	2.1911	2.6533	3.2071	3.8697	4.6610	5.6044	6.7275
21	1.2324	1.5157	1.8603	2.2788	2.7860	3.3996	4.1406	5.0338	6.1088	7.4002
22	1.2447	1.5460	1.9161	2.3699	2.9253	3.6035	4.4304	5.4365	6.6586	8.1403
23	1.2572	1.5769	1.9736	2.4647	3.0715	3.8197	4.7405	5.8715	7.2579	8.9543
24	1.2697	1.6084	2.0328	2.5633	3.2251	4.0489	5.0724	6.3412	7.9111	9.8497
25	1.2824	1.6406	2.0938	2.6658	3.3864	4.2919	5.4274	6.8485	8.6231	10.835
26	1.2953	1.6734	2.1566	2.7725	3.5557	4.5494	5.8074	7.3964	9.3992	11.918
27	1.3082	1.7069	2.2213	2.8834	3.7335	4.8223	6.2139	7.9881	10.245	13.110
28	1.3213	1.7410	2.2879	2.9987	3.9201	5.1117	6.6488	8.6271	11.167	14.421
29	1.3345	1.7758	2.3566	3.1187	4.1161	5.4184	7.1143	9.3173	12.172	15.863
30	1.3478	1.8114	2.4273	3.2434	4.3219	5.7435	7.6123	10.063	13.268	17.449
35	1.4166	1.9999	2.8139	3.9461	5.5160	7.6861	10.676	14.785	20.414	28.102
40	1.4889	2.2080	3.2620	4.8010	7.0400	10.286	14.974	21.725	31.409	45.259
45	1.5648	2.4379	3.7816	5.8412	8.9850	13.765	21.002	31.920	48.327	72.891
50	1.6446	2.6916	4.3839	7.1067	11.467	18.420	29.457	46.902	74.358	117.39
60	1.8167	3.2810	5.8916	10.520	18.679	32.988	57.946	101.26	176.03	304.48

* ₩1의 일정기간·일정률로 현재시점에서 누적될 금액을 나타내는 표

기간수 (*n*)	11%	12%	13%	14%	15%	16%	17%	18%	19%	20%
1	1.1100	1.1200	1.1300	1.1400	1.1500	1.1600	1.1700	1.1800	1.1900	1.2000
2	1.2321	1.2544	1.2769	1.2996	1.3225	1.3456	1.3689	1.3924	1.4161	1.4400
3	1.3676	1.4094	1.4429	1.4815	1.5209	1.5609	1.6016	1.6430	1.6852	1.7280
4	1.5180	1.5735	1.6305	1.6890	1.7490	1.8106	1.8739	1.9388	2.0053	2.0736
5	1.6851	1.7623	1.8424	1.9254	2.0114	2.1003	2.1924	2.2878	2.3864	2.4883
6	1.8704	1.9738	2.0820	2.1950	2.3131	2.4364	2.5652	2.6996	2.8398	2.9860
7	2.0762	2.2107	2.3526	2.5023	2.6600	2.8262	3.0012	3.1855	3.3793	3.5832
8	2.3045	2.4760	2.6584	2.8526	3.0590	3.2784	3.5115	3.7589	4.0214	4.2998
9	2.5580	2.7731	3.0040	3.2519	3.5179	3.8030	4.1084	4.4355	4.7854	5.1598
10	2.8394	3.1058	3.3946	3.7072	4.0456	4.4114	4.8068	5.2338	5.6947	6.1917
11	3.1518	3.4785	3.8359	4.2262	4.6524	5.1173	5.6240	6.1759	6.7767	7.4301
12	3.4985	3.8960	4.3345	4.8179	5.3503	5.9360	6.5801	7.2876	8.0642	8.9161
13	3.8833	4.3635	4.8980	5.4924	6.1528	6.8858	7.6987	8.5994	9.5964	10.699
14	4.3104	4.8871	5.5348	6.2613	7.0757	7.9875	9.0075	10.147	11.420	12.839
15	4.7846	5.4736	6.2543	7.1379	8.1371	9.2655	10.539	11.974	13.589	15.407
16	5.3109	6.1304	7.0673	8.1372	9.3576	10.748	12.330	14.129	16.172	18.488
17	5.8951	6.8660	7.9861	9.2765	10.761	12.468	14.427	16.672	19.244	22.186
18	6.5436	7.6900	9.0243	10.575	12.375	14.463	16.879	19.673	22.901	22.623
19	7.2633	8.6128	10.197	12.056	14.232	16.777	19.748	23.214	27.252	31.948
20	8.0623	9.6463	11.523	13.743	16.367	19.461	23.106	27.393	32.429	38.338
21	8.9492	10.804	13.021	15.668	18.822	22.574	27.034	32.324	38.591	46.005
22	9.9336	12.100	14.714	17.861	21.645	26.186	31.629	38.142	45.923	55.206
23	11.026	13.552	16.626	20.362	24.891	30.376	37.006	45.008	54.648	66.247
24	12.239	15.179	18.788	23.212	28.625	35.236	43.297	53.109	65.032	79.497
25	13.586	17.000	21.231	26.462	32.919	40.874	50.658	62.669	77.388	95.396
26	15.080	19.040	23.991	30.167	37.857	47.414	59.270	73.949	92.092	114.48
27	16.738	21.325	27.109	34.390	34.535	55.000	69.345	87.260	109.56	137.37
28	18.580	23.884	30.634	39.204	50.066	63.800	81.134	102.97	130.41	164.84
29	20.624	26.750	34.617	44.693	57.575	74.009	94.927	121.50	155.19	197.81
30	22.892	29.960	39.116	50.950	66.212	85.850	111.06	143.37	184.67	237.38
35	38.575	52.800	72.068	98.100	133.18	180.31	243.56	327.99	440.70	590.67
40	65.001	93.051	132.78	188.88	267.86	378.72	533.86	750.38	1051.6	1469.8
45	109.53	163.99	244.64	363.68	538.77	795.44	1170.5	1716.7	2509.6	3657.3
50	184.56	289.00	450.74	700.23	1083.7	1670.7	2566.2	3927.4	5988.9	9100.4
60	524.06	897.60	1530.1	2595.9	4384.0	7370.2	12335.	20555.	34105.	56347.

B 현재가치표(복리현가표): $P^n = \dfrac{1}{(1+i)^n}$

기간수 (n)	1%	2%	3%	4%	5%	6%	7%	8%	9%	10%
1	.9901	.9804	.9709	.9615	.9524	.9434	.9346	.9259	.9174	.9091
2	.9803	.9612	.9426	.9246	.9070	.8900	.8734	.8573	.8417	.8264
3	.9706	.9423	.9151	.8890	.8638	.8396	.8163	.7938	.7722	.7513
4	.9610	.9238	.8885	.8548	.8227	.7921	.7629	.7350	.7084	.6830
5	.9515	.9057	.8626	.8219	.7835	.7473	.7130	.6806	.6499	.6209
6	.9420	.8880	.8375	.7903	.7462	.7050	.6663	.6302	.5963	.5645
7	.9327	.8706	.8131	.7599	.7107	.6651	.6227	.5835	.5470	.5132
8	.9235	.8535	.7894	.7307	.6768	.6274	.5820	.5403	.5019	.4665
9	.9143	.8368	.7664	.7026	.6446	.5919	.5439	.5002	.4604	.4241
10	.9053	.8203	.7441	.6756	.6139	.5584	.5083	.4632	.4224	.3855
11	.8963	.8043	.7224	.6496	.5847	.5268	.4751	.4289	.3875	.3505
12	.8874	.7885	.7014	.6246	.5568	.4970	.4440	.3971	.3555	.3186
13	.8787	.7730	.6810	.6006	.5303	.4688	.4150	.3677	.3262	.2897
14	.8700	.7579	.6611	.5775	.5051	.4423	.3878	.3405	.2992	.2633
15	.8613	.7430	.6419	.5553	.4810	.4173	.3624	.3152	.2745	.2394
16	.8528	.7284	.6232	.5339	.4581	.3936	.3387	.2919	.2519	.2176
17	.8444	.7142	.6052	.5134	.4363	.3714	.3166	.2703	.2311	.1978
18	.8360	.7002	.5874	.4936	.4155	.3503	.2959	.2502	.2120	.1799
19	.8277	.6864	.5703	.4746	.3957	.3305	.2765	.2317	.1945	.1635
20	.8195	.6730	.5537	.4564	.3769	.3118	.2584	.2145	.1784	.1486
21	.8114	.6598	.5375	.4388	.3589	.2942	.2415	.1987	.1637	.1351
22	.8034	.6468	.5219	.4220	.3418	.2775	.2257	.1839	.1502	.1228
23	.7954	.6324	.5067	.4057	.3256	.2618	.2109	.1703	.1378	.1117
24	.7876	.6217	.4919	.3901	.3101	.2470	.1971	.1577	.1264	.1015
25	.7798	.6095	.4776	.3751	.2953	.2330	.1842	.1460	.1160	.0923
26	.7720	.5976	.4637	.3604	.2812	.2198	.1722	.1352	.1064	.0839
27	.7644	.5859	.4502	.3468	.2678	.2074	.1609	.1252	.0976	.0763
28	.7568	.5744	.4371	.3335	.2551	.1956	.1504	.1159	.0895	.0693
29	.7493	.5631	.4243	.3207	.2429	.1846	.1406	.1073	.0822	.0630
30	.7419	.5521	.4120	.3083	.2314	.1741	.1314	.0994	.0754	.0573
35	.7059	.5000	.3554	.2534	.1813	.1301	.0937	.0676	.0490	.0356
40	.6717	.4529	.3066	.2083	.1420	.0972	.0668	.0460	.0318	.0221
45	.6391	.4102	.2644	.1712	.1113	.0727	.0476	.0313	.0207	.0137
50	.6080	.3715	.2281	.1407	.0872	.0543	.0339	.0213	.0134	.0085
60	.5504	.3048	.1697	.0951	.0535	.0303	.0173	.0099	.0057	.0033

* 미래의 특정시점에 가서 ₩1이 되기 위해 현재 얼마를 투자해야 할 것인가를 나타내는 표

기간수 (*n*)	11%	12%	13%	14%	15%	16%	17%	18%	19%	20%
1	.9009	.8929	.8850	.8772	.8696	.8621	.8547	.8475	.8403	.8333
2	.8116	.7972	.7831	.7695	.7561	.7432	.7305	.7182	.7062	.6944
3	.7312	.7118	.6931	.6750	.6575	.6407	.6244	.6086	.5934	.5787
4	.6587	.6355	.6133	.5921	.5718	.5523	.5337	.5158	.4987	.4323
5	.5935	.5674	.5428	.5194	.4972	.4761	.4561	.4371	.4190	.4019
6	.5346	.5066	.4803	.4556	.4323	.4104	.3898	.3704	.3521	.3349
7	.4817	.4523	.4251	.3996	.3759	.3538	.3332	.3139	.2959	.2791
8	.4339	.4039	.3762	.3506	.3269	.3050	.2848	.2660	.2487	.2326
9	.3909	.3606	.3329	.3075	.2843	.2630	.2434	.2255	.2090	.1938
10	.3522	.3220	.2946	.2697	.2472	.2267	.2080	.1911	.1756	.1615
11	.3173	.2875	.2607	.2366	.2149	.1954	.1773	.1619	.1476	.1346
12	.2858	.2567	.2307	.2076	.1869	.1685	.1520	.1372	.1240	.1122
13	.2575	.2292	.2042	.1821	.1625	.1452	.1299	.1163	.1042	.0935
14	.2320	.2046	.1807	.1597	.1413	.1252	.1110	.0985	.0876	.0779
15	.2090	.1827	.1599	.1401	.1229	.1079	.0949	.0835	.0736	.0649
16	.1883	.1631	.1415	.1229	.1069	.0930	.0811	.0708	.0618	.0541
17	.1696	.1456	.1252	.1073	.0929	.0802	.0693	.0600	.0520	.0451
18	.1523	.1300	.1103	.0946	.0803	.0691	.0592	.0508	.0437	.0376
19	.1377	.1161	.0981	.0829	.0703	.0596	.0506	.0431	.0367	.0313
20	.1240	.1037	.0863	.0723	.0611	.0514	.0433	.0365	.0303	.0261
21	.1117	.0926	.0768	.0633	.0531	.0443	.0370	.0309	.0259	.0217
22	.1007	.0326	.0680	.0560	.0462	.0382	.0316	.0262	.0218	.0181
23	.0907	.0738	.0601	.0491	.0402	.0329	.0270	.0222	.0183	.0151
24	.0817	.0659	.0532	.0431	.0349	.0284	.0231	.0188	.0154	.0126
25	.0736	.0588	.0471	.0378	.0304	.0245	.0197	.0160	.0129	.0105
26	.0663	.0525	.0417	.0331	.0264	.0211	.0169	.0135	.0109	.0087
27	.0597	.0469	.0369	.0291	.0230	.0182	.0144	.0115	.0091	.0073
28	.0538	.0419	.0325	.0255	.0200	.0157	.0123	.0097	.0077	.0061
29	.0485	.0374	.0289	.0224	.0174	.0135	.0105	.0082	.0064	.0051
30	.0437	.0334	.0256	.0196	.0151	.0116	.0090	.0070	.0054	.0042
35	.0259	.0189	.0139	.0102	.0075	.0055	.0041	.0030	.0023	.0017
40	.0154	.0107	.0075	.0053	.0037	.0026	.0019	.0013	.0010	.0007
45	.0091	.0061	.0041	.0027	.0019	.0013	.0009	.0006	.0004	.0003
50	.0054	.0035	.0022	.0014	.0009	.0006	.0004	.0003	.0002	.0001
60	.0019	.0011	.0007	.0004	.0002	.0001	.00008	.00005	.00003	.00002

B 연금의 현재가치표-연도말지급(복리연금의 현가표): $P^n = \dfrac{1-\dfrac{1}{(1+i)^n}}{i}$

기간수 (n)	1%	2%	3%	4%	5%	6%	7%	8%	9%	10%
1	0.9901	0.9804	0.9709	0.9615	0.9524	0.9434	0.9346	0.9259	0.9174	0.9091
2	1.9704	1.9416	1.9135	1.8861	1.8594	1.8334	1.8080	1.7833	1.7591	1.7355
3	2.9410	2.8839	2.8286	2.7751	2.7232	2.6730	2.6243	2.5771	2.5313	2.4868
4	3.9020	3.8077	3.7171	3.6299	3.5460	3.4651	3.3872	3.3121	3.2397	3.1699
5	4.8534	4.7135	4.5797	4.4518	4.3295	4.2124	4.1002	3.9927	3.8897	3.7908
6	5.7955	5.6014	5.4172	5.2421	5.0757	4.9173	4.7665	4.6229	4.4859	4.3553
7	6.7282	6.4720	6.2303	6.0021	5.7864	5.5824	5.3893	5.2064	5.0330	4.8684
8	7.6517	7.3255	7.0197	6.7327	6.4632	6.2098	5.9713	5.7466	5.5348	5.3349
9	8.5660	8.1622	7.7861	7.4353	7.1078	6.8017	6.5152	6.2469	5.9952	5.7590
10	9.4713	8.9826	8.5302	8.1109	7.7217	7.3601	7.0236	6.7101	6.4177	6.1446
11	10.368	9.7868	9.2526	8.7605	8.3064	7.8869	7.4987	7.1390	6.8052	6.4951
12	11.255	10.575	9.9540	9.3851	8.8633	8.3838	7.9427	7.5361	7.1607	6.8137
13	12.134	11.348	10.635	9.9856	9.3936	8.8527	8.3577	7.9038	7.4869	7.1034
14	13.004	12.106	11.296	10.563	9.8986	9.2950	8.7455	8.2442	7.7862	7.3667
15	13.865	12.849	11.938	11.118	10.380	9.7122	9.1079	8.5595	8.0607	7.6061
16	14.718	13.578	12.561	11.652	10.838	10.106	9.4466	8.8514	8.3136	7.8237
17	15.562	14.292	13.166	12.166	11.274	10.477	9.7632	9.1216	8.5436	8.0216
18	16.398	14.992	13.756	12.659	11.690	10.828	10.059	9.3719	8.7556	8.2014
19	17.226	15.679	14.324	13.134	12.085	11.158	10.336	9.6036	8.9501	8.3649
20	18.046	16.351	14.877	13.590	12.462	11.470	10.594	9.8181	9.1285	8.5136
21	18.857	17.011	15.415	14.029	12.821	11.764	10.835	10.017	9.2922	8.6487
22	19.660	17.658	15.937	14.451	13.163	12.042	11.061	10.201	9.4424	8.7715
23	20.456	18.292	16.444	14.857	13.489	12.303	11.272	10.371	9.5802	8.8832
24	21.243	18.914	16.935	15.247	13.799	12.550	11.469	10.529	9.7066	8.9847
25	22.023	19.524	17.413	15.622	14.094	12.783	11.654	10.675	9.8266	9.0770
26	22.795	21.121	17.877	15.983	14.375	13.003	11.826	10.810	9.9290	9.1609
27	23.560	20.707	18.327	16.330	14.643	13.210	11.987	10.935	10.027	9.2372
28	24.316	21.281	18.764	16.663	14.898	13.406	12.137	11.051	10.116	9.3066
29	25.066	21.844	19.188	16.984	15.141	13.591	12.278	11.158	10.198	9.3696
30	25.808	22.397	19.600	17.292	15.373	13.765	12.409	11.258	10.274	9.4269
35	29.409	24.999	21.487	18.665	16.374	14.498	12.948	11.655	10.567	9.6442
40	32.835	27.356	23.115	19.793	17.159	15.046	13.332	11.925	10.757	9.7791
45	36.095	29.490	24.519	20.720	17.774	15.456	13.605	12.108	10.881	9.8628
50	39.196	31.424	25.730	21.482	18.256	15.762	13.801	12.233	10.962	9.9148
60	44.955	34.761	27.676	22.623	18.929	16.161	14.039	12.376	11.048	9.9671

* 매년도말에 ₩1씩을 일정기간 · 일정률로 투하할 때의 현재가치를 나타내는 표

기간수 (*n*)	11%	12%	13%	14%	15%	16%	17%	18%	19%	20%
1	0.9009	0.8929	0.8850	0.8772	0.8696	0.8621	0.8547	0.8475	0.8403	0.8333
2	1.7125	1.6901	1.6681	1.6467	1.6257	1.6052	1.5852	1.5656	1.5465	1.5278
3	2.4437	2.4018	2.3612	2.3216	2.2832	2.2459	2.2096	2.1743	2.1399	2.1065
4	3.1024	3.0373	2.9745	2.9137	2.8550	2.7982	2.7432	2.6901	2.6386	2.5887
5	3.6959	3.6048	3.5172	3.4331	3.3522	3.2743	3.1993	3.1272	3.0576	2.9906
6	4.2305	4.1114	3.9975	3.8887	3.7845	3.6847	3.5892	3.4976	3.4098	3.3255
7	4.7122	4.5638	4.4226	4.2883	4.1604	4.0386	3.9224	3.8115	3.7057	3.6046
8	5.1461	4.9676	4.7988	4.6389	4.4873	4.3436	4.2072	4.0776	3.9544	3.8372
9	5.5370	5.3282	5.1317	4.9464	4.7716	4.6065	4.4506	4.3030	4.1633	4.0310
10	5.8892	5.6502	5.4262	5.2161	5.0188	4.8332	4.6586	4.4941	4.3389	4.1925
11	6.2065	5.9377	5.6869	5.4527	5.2337	5.0286	4.8364	4.6560	4.4865	4.3271
12	6.4924	6.1944	5.9176	5.6603	5.4206	5.1971	4.9884	4.7932	4.6105	4.4392
13	6.7499	6.4235	6.1218	5.8424	5.5831	5.3423	5.1183	4.9095	4.7147	4.5327
14	6.9819	6.6282	6.3025	6.0021	5.7245	5.4675	5.2293	5.0081	4.8023	4.6106
15	7.1909	6.8109	6.4624	6.1422	5.8474	5.5755	5.3242	5.0916	4.8759	4.6755
16	7.3792	6.9740	6.6039	6.2651	5.9542	5.6685	5.4053	5.1624	4.9377	4.7296
17	7.5488	7.1196	6.7291	6.3729	6.0472	5.7487	5.4746	5.2223	4.9897	4.7746
18	7.7016	7.2497	6.8399	6.4674	6.1280	5.8178	5.5339	5.2732	5.0333	4.8122
19	7.8393	7.3658	6.9380	6.5504	6.1982	5.8775	5.5845	5.3162	5.0700	4.8435
20	7.9633	7.4694	7.0248	6.6231	6.2593	5.9288	5.6278	5.3527	5.1009	4.8696
21	8.0751	7.5620	7.1015	6.6870	6.3125	5.9731	5.6648	5.3837	5.1263	4.8913
22	8.1757	7.6446	7.1695	6.7429	6.3587	6.0113	5.6964	5.4099	5.1486	4.9094
23	8.2664	7.7184	7.2297	6.7921	6.3988	6.0442	5.7234	5.4321	5.1668	4.9245
24	9.3481	7.7843	7.2829	6.8351	6.4338	0.0726	6.7465	5.4509	5.1822	4.9371
25	8.4217	7.8431	7.3300	6.8729	6.4641	6.0971	5.7662	5.4669	5.1951	4.9476
26	8.4881	7.8957	7.3717	6.9061	6.4906	6.1182	5.7831	5.4804	5.2060	4.9563
27	8.5478	7.9426	7.4086	6.9352	6.5135	6.1364	5.7975	5.4919	5.2151	4.9636
28	8.6016	7.9844	7.4412	6.9607	6.5335	6.1520	5.8099	5.5016	5.2223	4.9697
29	8.6501	8.0218	7.4701	6.9830	6.5509	6.1656	5.8024	5.5093	5.2292	4.9747
30	8.6938	8.0552	7.4957	7.0027	6.5660	6.1772	5.8294	5.5168	5.2347	4.9789
35	8.8552	8.1755	7.5856	7.0700	6.6166	6.2153	5.8582	5.5386	5.2512	4.9915
40	8.9511	8.2433	7.6344	7.1050	6.6418	6.2335	5.8713	5.5482	5.2582	4.9966
45	9.0079	8.2825	7.6609	7.1232	6.6543	6.2421	5.8773	5.5523	5.2611	4.9986
50	9.0417	8.3045	7.6572	7.1327	6.6605	6.2463	5.8801	5.5541	5.2623	4.9995
60	9.0736	8.3240	7.6873	7.1401	6.6651	6.2491	5.8819	5.5553	5.2630	4.9999

찾아보기

ㄱ

가공원가 • 36
가변수 • 316
가중평균 공헌이익률법 • 353
가중평균법 • 121
가치공학 • 487
가치기반경영 • 636
가치사슬 • 18, 716
가치사슬원가계산 • 716
간반 • 690
간접노무비 • 35
간접원가 • 28
간접재료비 • 35
개별원가계산 • 66
개별작업번호 • 68
검사 • 148
검사시점 • 148
결과 • 476
결정계수 • 306
결합생산공정 • 185
결합원가 • 186
결합제품 • 185
경제적 부가가치 • 620
경험곡선 • 519
계단식원가 • 32
계열상관 • 312
계정분류분석법 • 297
고정예산 • 551
고정원가 • 31
공손품 • 146
공손품재고 • 164
공장전체 제조간접비배부율 • 87
공통원가 • 222
공학적 방법 • 296
공학적 원가 • 448
공학적 표준 • 547
공헌손익계산서 • 382
공헌이익 • 338
공헌이익률 • 338
관련범위 • 31, 293
관련성 • 463
관련원가 • 32, 464
관리비예산 • 436
관리회계 • 6
국제표준화기구 • 727
균등분포 • 362
균등이익률법 • 191
균형성과표 • 18, 623
기간비용 • 41
기능손익계산서 • 382
기능적 배치공장 • 687
기댓값에 대한 신뢰구간 • 309
기댓값의 표준오차 • 309
기말재공품원가 • 114
기본표준 • 547
기초원가 • 35
기회원가 • 33, 469

ㄴ

내부실패원가 • 729
내재비용 • 620
노무비 배합차이 • 566, 568
노무비 수율차이 • 566, 568
노무비 임률차이 • 550
노무비 효율차이 • 550
누적평균시간모형 • 512

ㄷ

다중공선성 • 317
다중선형회귀 • 303
다중회귀분석 • 314
단계배부법 • 227
단순선형회귀 • 303
단위관련원가동인 • 254
단위관련활동 • 259
단위당 공헌이익 • 337
단일배부기준 • 87
단일배부율법 • 223
닫힌 작업원가집계표 • 69
당기제품제조원가 • 44
당기총제조원가 • 44
대량생산제품 • 270
대안적 행동 • 475
대응원칙 • 40
대체가격 • 656
대체거래 • 655
더빈-왓슨검증 • 313
독립성 • 288
두 단계 절차 • 233
등분산 • 312
등분산성 • 313
땅콩버터원가계산 • 254

ㄹ

라인정지 • 691

ㅁ

매몰원가 • 33
매출배합차이 • 600
매출수량차이 • 600
매출수익률 • 618, 619
매출수익차이 • 593
매출원가 • 41
매출원가예산 • 434
매출조업도차이 • 598, 600
매출총차이 • 598
목적적합성 • 463
목적함수 • 475
목표관리 • 546
목표원가 • 489
목표원가계산 • 487, 722
목표이익대체가격 • 661
목표일치성 • 656
목표절감률 • 725
물량흐름 • 113
물리적 단위법 • 187
미래 • 33
민감도 분석 • 360

ㅂ

배치관련활동 • 260
변동예산 • 551
변동원가 • 31
변동원가계산 • 381
보조부서 • 219
보조부서원가 • 219
복리이자법 • 634
복수배부기준 • 87
부가가치시간 • 695
부분원가대체가격방법 • 660
부산물 • 185, 196
부서별 제조간접비배부율 • 87
분권화 • 615
분리가능원가 • 186
분리점 • 186
분리점에서의 판매가치법 • 188
불량품 • 146
불리한 차이 • 547
불완전정보 • 478
불완전정보의 기대가치 • 478
비관련원가 • 464
비부가가치시간 • 695
비정상공손 • 146, 147

ㅅ

산포도법 • 301
상관계수 • 307
상류원가 • 716
상태에 관한 확률 • 475
상호배부법 • 230
생산부서 • 219
생산예산 • 428
선입선출법 • 123
선택기준 • 475
선형계획법 • 522
선형대수법 • 230
설비유지활동 • 261
성과평가 • 657
소량생산제품 • 269
손익분기선 • 392
손익분기점 • 335
순실현가치 • 189
순실현가치법 • 189, 197
스루풋 공헌 • 395
스루풋 원가계산 • 394, 699
스루풋시간 • 695
스크랩 • 146
스트레치 목표 • 447
스트레치 예산편성 • 447
시간 및 동작연구 • 296
시계열분석 • 295
시장가격 • 658
시장부가가치 • 640
실제발생원가 • 16
실제원가 • 659
실제원가계산 • 72
실제조업능력 • 398
실패원가 • 731

ㅇ

안분 • 559
안전한계 • 339
안전한계율 • 340
역류원가계산 • 697
역사적 원가 • 659
열린 작업원가집계표 • 69
영기준 검토 • 451
영기준예산편성 • 450
영업레버리지 • 345
영업레버리지도 • 346
예방원가 • 728
예산게임 • 446
예산슬랙 • 446
예산여유 • 446
예외관리 • 575
예측치의 표준오차 • 309
오류비용(기회비용) • 14
완벽한 제도 • 14
완성품(차공정대체)원가 • 114
완성품환산량 • 108, 113
완성품환산량 단위원가 • 114
완전정보 • 477
완전정보의 기대가치 • 477
완제품 • 37
완제품기말재고예산 • 428
외부실패원가 • 729
운영비용(측정비용) • 14
운영예산 • 425, 427
원가 • 26
원가·조업도·이익 분석 • 331
원가가산 가격결정 • 484
원가가산 대체가격 • 660
원가구조 • 345
원가대상 • 27, 220

원가동인 • 15, 257
원가목표 • 220
원가부담능력 • 596
원가접착성 • 313
원가-조업도-이익 그래프 • 340
원가중심점 • 542
원가풀 • 220
원가행태 • 30, 293
원가회계 • 8
원재료 • 37
원재료기말재고예산 • 429
유리한 차이 • 547
유실품 • 146
의사결정 • 463
의사결정 패키지 • 450
의사참여 • 445
이론적 표준 • 546
이론조업능력 • 397
이분산성 • 314
이산분포 • 361
이상적 표준 • 546
이익계획 • 425
이익-조업도 그래프 • 340
이익중심점 • 543
이전가격 • 656
이전거래 • 655
이중가격결정방법 • 662
이중배부율법 • 223
인과관계 • 222
임계확률 • 576

ㅈ

자기상관 • 312
자문적 예산편성 • 445
자본예산편성 • 438
자본지출예산 • 438
자산회전율 • 618
자유재량고정원가 • 31
자유재량원가 • 449
자유재량원가중심점 • 543
자율성 • 657
잔여이익 • 620
장기부채관련예산 • 441
재고가능원가 • 39, 381, 699
재고자산 • 37
재공원료 • 698
재공품 • 37
재료비 가격차이 • 548
재료비 배합차이 • 563, 565
재료비 수량차이 • 548
재료비 수율차이 • 563, 565
재무예산 • 425
재무회계 • 6
재작업품 • 146
적시생산제도 • 689
적정원가계산제도 • 14
적합도 • 307
전공정대체 • 117
전략적 관리 • 714
전략적 원가관리 • 713
전부원가계산 • 381
전제적 예산편성 • 444
전환원가 • 36
정규분포 • 364
정규성 • 311
정규의사결정 • 465
정상공손 • 146
정상등식 • 303
정상연간활동 • 398
정상원가계산 • 72
정상활용 • 398
제약이론 • 402
제조간접비 • 35
제조간접비 능률차이 • 555
제조간접비 변동예산차이 • 553
제조간접비 소비차이 • 555
제조간접비 예정배부율 • 73
제조간접비 조업도차이 • 553
제조간접비예산 • 432
제조간접비차이분석 사분법 • 557
제조간접비차이분석 삼분법 • 555
제조간접비차이분석 이분법 • 553
제조사이클 효율성 • 696
제조사이클시간 • 695
제조원가 • 34
제조원가명세서 • 43
제조원가보고서 • 105, 110
제품수명주기 • 716
제품수명주기 원가계산 • 17, 719
제품원가 • 41
제품원가요소 • 34
제품원가의 3요소 • 35
제품원가의 흐름 • 38
제품유지활동 • 260
조정된 시장가격 • 658
조직기반원가 • 449
종단면적 분석 • 295
종점검사 • 148
종합예산 • 425
종합예산활용 • 398
종합원가계산 • 66, 103
주제품 • 185, 196
준고정원가 • 32
준변동원가 • 32
준최적화 • 657
중간원가목표 • 220
중요성 • 29
증분단위시간모형 • 514
증분수익 • 203
증분예산편성 • 449
증분원가 • 33, 203, 465
증분접근법 • 464
지연원가계산 • 697
직접노무비 • 35
직접노무비예산 • 431

직접배부법 • 154, 226
직접법 • 226
직접원가 • 28
직접재료비 • 34
직접재료비예산 • 430
직진율 • 696

ㅊ

차공정대체 원가 • 110
차년도 기대활동 • 398
차액원가 • 33, 465
차이 • 33
차이분석 • 547
차이안분 • 559
차지백 시스템 • 237, 635
참여적 예산편성 • 445
책임중심점 • 542
책임회계 • 541
초변동원가계산 • 394, 699
초점공장 • 689
총산출량 • 113
총액접근법 • 463
총투입량 • 113
최소자승기준 • 303
최소자승추정치 • 305
최종원가목표 • 220
추가가공에 관한 의사결정 • 203
추가가공원가 • 186
추적가능성 • 29
추정손익계산서 • 436
추정재무상태표 • 441
추정치의 표준오차 • 308
추정현금흐름표 • 443

ㅋ

카이젠 • 446, 725
카이젠 예산편성 • 446
카이젠원가계산 • 725

ㅌ

통제가 안 되고 있는 상태 • 576
통제원가 • 731
투자수익률 • 618
투자중심점 • 543, 615
특별주문 • 465
특수의사결정 • 465
특정값에 대한 예측구간 • 309

ㅍ

판매가격차이 • 598
판매비예산 • 435
판매예산 • 427
패키지법 • 352
편의상 통제가 되고 있는 상태 • 576
평가원가 • 729
평균연간활동 • 398
표준원가 대체가격방법 • 659
표준원가중심점 • 543
표준전부원가계산에서의 손익분기점 • 390
표준종합원가계산 • 572
푸쉬방식 • 687
품질원가보고서 • 729
품질표준에 부합되지 않는 원가 • 727
프로젝트 펀딩 • 451

ㅎ

하류원가 • 716
학습곡선 • 509
학습효과 • 509
한국채택국제회계기준 • 46, 77, 202, 562
핵심성공요인 • 21
허용원가 • 487
현금예산 • 439
현금할인법 • 634
현금흐름분기점 • 348
현재 달성가능한 표준 • 547
협상대체가격 • 660
혼합원가 • 32
확률나무 • 366
확정고정원가 • 31
확정원가 • 16
활동기준 예산편성 • 448
활동기준원가계산 • 257
활동기준원가계산제도 • 15
회계 • 6
회계기장시점 • 697
회계학적 CVP 모형 • 334
회귀계수의 표준오차 • 310
회귀분석 • 302
횡단면적 분석 • 295

영문용어

A

a cost-of-quality report • 729
abnormal spoilage • 146
absorption costing • 381
account classification analysis method • 297
accounting • 6
activity-based budgeting • 448
activity-based costing(ABC) • 15, 257
actual cost • 659
actual costing • 72

allowable costs • 487
appraisal costs • 729
asset turnover • 618
authoritative budgeting • 444
autocorrelation • 312
autonomy • 657
average annual activity • 398

B

backflush costing • 697
balanced scorecard(BSC) • 18, 623
batch-related activities • 260
breakeven line • 392
breakeven point • 335
budget game • 446
budget slack • 446
budgeted income statement • 436
by-product • 185, 196

C

capital budgeting • 438
capital expenditure budget • 438
cash breakeven point • 348
cash budget • 439
cause and effect • 222
chargeback system • 237, 635
closed job cost sheet • 69
coefficient of determination • 306
committed cost • 16
committed fixed cost • 31
common cost • 222
compound interest depreciation • 634
confidence interval for E[y|x] • 309
constant gross-margin percentage net realizable value method • 191
constant variance • 313
consultative budgeting • 445
contribution income statement • 382
contribution margin • 338
contribution margin ratio • 338
control costs • 731
conversion cost • 36
correlation coefficient • 307
cost • 26
cost accounting • 8
cost behavior • 30, 293
cost center • 542
cost driver • 15
cost object • 220
cost objective • 27, 220
cost of goods manufactured • 44
cost of goods sold • 41
cost of nonconformance to quality standards • 727
cost of production report • 105
cost pool • 220
cost stickiness • 313
cost structure • 345
cost-driver • 15, 257
cost-plus pricing method • 484
cost-plus transfer price • 660
cost-volume-profit(CVP) analysis • 331
critical probability • 576
critical success factor • 21
cross-sectional analysis • 295
cumulative average-time model • 512
currently attainable standards • 547

D

decentralization • 615
decision making • 463
decision package • 450
defected units • 146
degree of operating leverage • 346
delayed costing • 697
departmental overhead rate • 87
differential cost • 33, 465
direct allocation method • 226
direct costs • 28
direct labor budget • 431
direct labor cost • 35
direct materials budget • 430
direct materials cost • 34
discounted cash flow depreciation • 634
discrete distribution • 361
discretionary cost center • 543
discretionary costs • 449
discretionary fixed cost • 31
disposition • 559
downstream costs • 716
dual pricing • 662
dual-rate method • 223
dummy variable • 316
Durbin-Watson test • 313
dynamic budgets • 551

E

economic value added(EVA) • 620
engineered costs • 448
engineering method • 296
engineering standards • 547
equivalent units • 108
estimated net relizable value method • 189
expected activity for the coming year • 398
expected value of imperfect information • 478
expected value of perfect information • 477
experience curve • 519
external-failure costs • 729

F

facility-sustaining activities • 261
failure costs • 731
favorable variance • 547
financial accounting • 6
financial budget • 425
finished goods • 37
first pass yield • 696
first-in first-out method • 123
fixed budget • 551
fixed cost • 31
flexible budgets • 551
focused factories • 689
full costing • 381
functional income statement • 382
functionally arranged factory • 687
further processing costs • 186

G

goal congruence • 656
goodness of fit • 307

H

heteroscedasticity • 314
high-volume product • 270
historical cost • 659
homoscedasticity • 313

I

ideal standards • 546
ideal system • 14
imperfect information • 478
imputed cost • 620
in-control state • 576
increamental unit-time model • 514
incremental budgeting • 449
incremental cost • 33, 465
independence • 312
indirect costs • 28
indirect labor cost • 35
indirect materials cost • 35
infrastructure costs • 449
inspection • 148
inspection point • 148
internal-failure costs • 729
International Standardization Organization(ISO) • 727
inventoriable costs • 39, 381, 699
investment center • 549
irrelevant costs • 464

J

job number • 68
job-order costing • 66
joint cost • 186
joint production process • 185
joint products • 185
just in time production system(JIT) • 689

K

kaisen • 446, 725
kaizen budgeting • 446
kaizen costing • 725
kanban • 690
K-IFRS • 46, 77, 202, 562

L

labor efficiency variance • 550
labor mix variance • 566, 568
labor rate variance • 550
labor yield variance • 566, 568
learning curve • 509
learning effect • 509
least squares estimator • 305
least-squares criteria • 303
linear algebra method • 230
linear programming • 522
line-stop • 691
longitudinal analysis • 295
lost units • 146
low-volume product • 269

M

major product • 185, 196
management by exception • 575
management by objectives • 546
managerial accounting • 6
manufacturing cost • 34
manufacturing cycle efficiency(MCE) • 696
manufacturing cycle time • 695
manufacturing overhead cost • 35
manufacturing overhead efficiency variance • 555
manufacturing overhead flexible budget variance • 5531
manufacturing overhead spending variance • 555
manufacturing overhead volume variance • 553
margin of safety • 339
margin of safety ratio • 340
market price • 658
market value added(MVA) • 640
master budget • 425
master-budget utilization • 398
matching principle • 40
materiality • 29
materials mix variance • 563, 565
materials price variance • 548
materials quantity variance • 548
materials yield variance • 563, 565

mixed cos • 32
modified market price • 658
multicollinearity • 317
multiple linear regression • 303
multiple regression analysis • 314

N

negotiated transfer price • 660
net realizable value approach • 197
non-value added time • 695
normal annual capacity • 398
normal costing • 72
normal distribution • 364
normal equations • 303
normal spoilage • 146
normal utilization • 398
normality • 311
NRV • 190

O

open job cost sheet • 69
operating budget • 425, 427
operating leverage • 345
opportunity cost • 33, 469
optimal cost accounting system • 14
outcomes • 476
out-of-control state • 576

P

package method • 352
partial-cost transfer price • 660
participative budgeting • 445
payoffs • 476
peanut-butter costing • 254
perfec system • 14
perfect information • 477
performance evaluation • 657
period costs • 41
physical units allocation method • 187
plant-wide overhead rate • 87
practical capacity • 398
predetermined overhead rate • 73
prediction interval fory • 309
prevention costs • 728
prime cost • 35
probability tree • 366
process costing • 66, 103
product cost elements • 34
product costs • 41
product life cycle • 716
product life-cycle costing • 719
production budget • 428
production department • 219
product-sustaining activities • 260
profit center • 543
profit plan • 425
project funding • 451
proration • 559
proration of variances • 559

R

raw in-process(RIP) • 698
raw materials • 37
reciprocal allocation method • 230
relevance • 463
relevant cost • 32, 464
relevant range • 31, 293
residual income(RI) • 620
responsibility accounting • 541
responsibility center • 542
return on investment(ROI) • 618
return on sales(ROS) • 619
reworked units • 146

S

sales budget • 427
sales mix variance • 600
sales price variance • 598
sales quantity variance • 600
sales revenue variance • 593
sales value at split-off method • 188
sales volume variance • 598, 600
scatter-diagram method • 301
Schedule of Cost of Goods Manufactured • 43
scrap • 146
sell or process further decision • 203
semi-fixed cost • 32
semi-variable cost • 32
sensitivity analysis • 360
separable costs • 186
serial correlation • 312
service department • 219
simple linear regression • 303
single-rate method • 223
special order • 465
split-off point • 186
spoiled units • 146
spoiled units inventory • 164
standard cost center • 543
standard error of the coefficient • 310
standard error of the estimate • 308
standard process costing • 572
static budget • 551
step cost • 32
step-allocation method • 227
strategic cost management • 713
stretch budgeting • 447
stretch targets • 447
sub-optimization • 657
sunk cost • 33
super-variable costing • 394, 699

T

target costing • 722
target costs • 487, 489
target profit transfer price • 661
target-reduction rate • 725
terminal inspection • 148
the ability to bear costs • 596
The Theory of Constraints • 402
theoretical capacity • 397
theoretical standards • 547
throughput contribution • 395
throughput costing • 394, 699
throughput time • 695
time-series analysis • 295
total current manufacturing costs • 44
total sales variance • 598
traceability • 29
transfer price • 656
transfer transaction • 655
transferred-in • 117
transferred-out cost • 110
trigger point • 697
two-stage procedure • 253

U

unfavorable variance • 547
uniform distribution • 362
unit contribution margin • 337
unit-related activities • 259
unit-related cost driver • 254
upstream costs • 716

V

value added time • 695
value based management(VBM) • 636
value chain • 18, 716
value chain costing • 716
value engineering • 487
variable cost • 31
variable costing, direct costing, contribution approach to costing • 381
variance analysis • 547

W

weighted average contribution margin ratio method • 353
weighted-average method • 121
work in process • 37
zero-base budgeting • 450
zero-base review • 451

저자약력

김 순 기

서강대학교 대학원 경영학과 석사
University of Houston, Ph.D.
공인회계사시험 출제위원
서강대학교 언론사 주간교수
서강대학교 총무처장, 기획처장
한화에너지, LG생명과학 등 사외이사
(현)서강대학교 대외부총장

[주요저서]

예수님께 가까이(샘앤북스)
K-IFRS 회계원리(박영사, 공저)
한국의 원가관리(홍문사, 공저) 등

황 국 재

Michigan State University, MBA
Syracuse University, Ph.D.
공인회계사시험 출제위원
세무사시험 출제위원
공인회계사, 삼일회계법인 근무
한국공인회계사회 회계감사 연구위원
한국관리회계학회 회장
(현)서강대학교 경영대학 교수

[주요저서]

관리회계(홍문사, 공저)
내부통제리스크평가(CFO아카데미, 공저) 등

임 태 종

서강대학교 대학원 경영학과 석사
서강대학교 대학원 경영학과 박사
세무사시험 출제위원
임태종 세무회계사무소 대표세무사
국세청 인트라넷 원가관리회계 외래교수
LG인화원 MBA과정 외래교수
(현)삼육대학교 경영학과 교수

[주요저서]

원가관리회계(지혜의샘)
원가관리회계 100선 plus+(지혜의샘) 등

이 상 완

서강대학교 대학원 경영학과 석사
서강대학교 대학원 경영학과 박사
공인회계사시험 출제위원
세무사시험 출제위원
동아대학교 재무처장
경영교육연구 편집위원장
(현)동아대학교 경영학과 교수

[주요저서]

K-IFRS 회계원리(박영사, 공저)
관리회계(홍문사, 공저) 등

제4판 원가관리회계

2007년 3월 20일 제1판 발행
2011년 8월 22일 제2판 발행
2015년 3월 2일 제3판 발행
2021년 2월 25일 제4판 발행

저 자 김순기·황국재·임태종·이상완
발행인 임 권 규
발행처 弘 文 社

05855 서울시 송파구 송파대로167 테라타워 B동 802호
등 록: 1993. 6. 24. 제1-1543호
전 화: 02-712-5311(代)
F A X: 02-716-5311
홈페이지: http://www.hongmoonsa.co.kr

값 39,000원

ISBN 978-89-7770-470-1 93320